BELGIQUE ET HOLLANDE

MANUEL DU VOYAGEUR

PAR

K. BÆDEKER

DOUZIÈME ÉDITION

REVUE ET CORRIGÉE

AVEC 12 CARTES, 19 PLANS DE VILLES
ET PLUSIEURS PLANS DE MUSÉES

LEIPZIG
KARL BÆDEKER, ÉDITEUR
1885

Qui pense à voyager
Doit soucis oublier,
Dès l'aube se lever,
Ne pas trop se charger,
D'un pas égal marcher
Et savoir écouter.

BELGIQUE ET HOLLANDE

Tableau comparatif des monnaies.

Voir p. 1 et 201.

Belg. France, etc.		Hollande		Allemagne	
francs	*centimes*	*florins*	*cents*	*marcs*	*pfennigs*
—	10	—	4.72	—	8.10
—	12.35	—	5.88	—	10
—	20	—	9.45	—	16.20
—	21.16	—	10	—	17.01
—	24.69	—	11.76	—	20
—	37.04	—	17.64	—	30
—	42.33	—	20	—	34.02
—	49.38	—	23.52	—	40
—	50	—	23.62	—	40.50
—	61.73	—	29.40	—	50
—	75	—	35.77	—	60.75
1	—	—	47.25	—	81
1	05.82	—	50	—	85.05
1	23.46	—	58.79	1	—
1	58.73	—	75	1	27.58
2	—	—	94.50	1	62
2	11.64	1	—	1	70.10
2	46.92	1	17.58	2	—
5	—	2	36.24	4	05
5	29.10	2	50	4	25.25
6	17.30	2	93.95	5	—
10	—	4	72.49	8	10
10	58.20	5	—	8	50.50
12	31.60	5	87.90	10	—
20	—	9	44.98	16	20
21	16.40	10	—	17	01
24	69.20	11	75.80	20	—

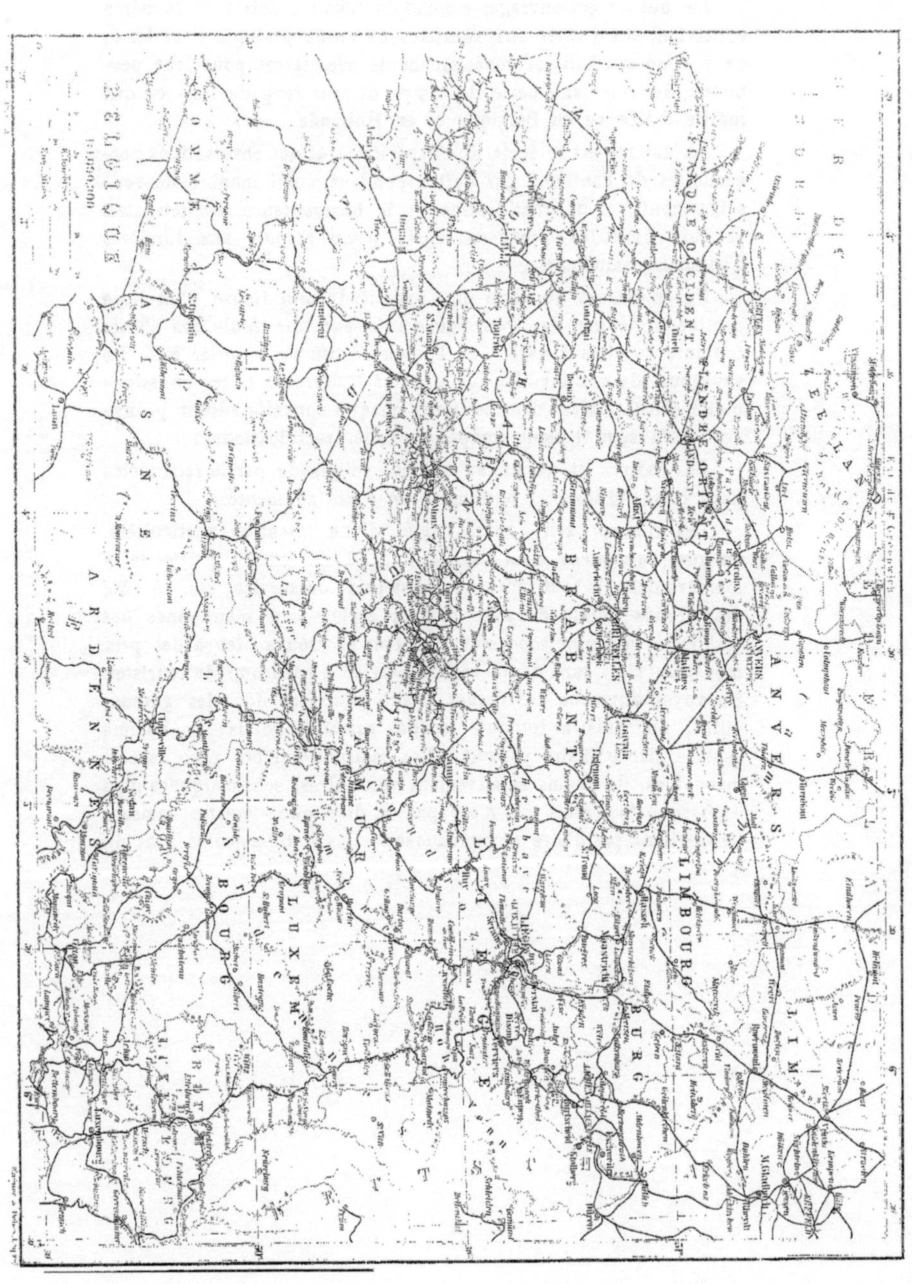

PRÉFACE

Le but de cet ouvrage, comme de tous les autres de la même collection, est d'offrir aux touristes un guide pratique et sérieux; on y a donc réuni les renseignements nécessaires pour leur permettre de voir sans perte de temps et sans trop de frais ce qui mérite d'être vu en Belgique et en Hollande.

Ce Manuel est le fruit de l'expérience et des observations personnelles de l'auteur, qui doit cependant aussi nombre de renseignements et de rectifications à la bienveillance des touristes, et qui, pour les questions d'art, a eu recours aux lumières d'hommes compétents.

Nul n'exigera du reste une exactitude minutieuse d'un livre destiné à donner des renseignements sur une foule des choses toujours sujettes à varier, et l'auteur continue de prier MM. les voyageurs de vouloir bien lui signaler les erreurs et les omissions qu'ils constateraient dans ce livre: chaque nouvelle édition prouve avec quel soin il tient compte de telles rectifications.

Les CARTES et les PLANS ont été en grande partie renouvelés pour cette édition, et le nombre en a été augmenté.

Les HÔTELS sont aussi l'objet d'une attention particulière, vu que l'agrément d'un voyage dépend en grande partie de la manière dont ils sont tenus, de leurs prix, du service, etc. A côté des grands hôtels dans le dernier style, sont mentionnés des établissements plus modestes, où l'on se trouve bien à des prix modérés; c'est sans doute rendre service à beaucoup de touristes. En voyageant avec des dames, sauf peut-être dans les grandes villes, on choisira toujours un des premiers hôtels; un homme seul se tire d'affaire partout. Les maisons qui ont paru recommandables, du moins relativement aux autres, sont marquées d'un astérisque(*); mais ce n'est pas à dire que d'autres maisons ne méritent pas d'être recommandées. Ces établissements sont du reste sujets à de rapides changements, les exigences diffèrent selon les personnes, et les dispositions dans lesquelles on se trouve exercent sous ce rapport une influence considérable: le voyageur raisonnable ne rendra pas l'auteur absolument responsable de ses indications. Quant aux données relatives aux prix, elles sont en général basées sur des comptes de ces dernières années, mais elles n'ont pas la prétention d'être absolument exactes, car les prix des hôtels varient souvent avec les saisons. Toutefois ces indications auront au moins l'avantage de servir à classer un hôtel. On n'a pas cru devoir en recommander spécialement à Anvers, à cause de l'exposition universelle, pendant laquelle les conditions seront tout à fait anormales, comme précédemment à Paris, à Vienne, à Amsterdam.

Le principal but de l'auteur est d'être réellement utile aux voyageurs; c'est pourquoi, non seulement il ne néglige rien pour leur offrir des guides pratiques et sérieux, mais il s'efforce encore d'être impartial. Il rappelle donc de nouveau à MM. les hôteliers, restaurateurs, etc., que ses recommandations ne peuvent s'acheter à aucun prix, pas même sous forme d'annonces.

TABLE MÉTHODIQUE

Hollande.

Cartes.

Plans.

Abréviations.

Les abréviations employées dans ce livre sont faciles à comprendre; voici celles qui se rencontrent le plus fréquemment:

hôt., hôtel.	*M.*, marc d'Allemagne (1 fr. 25).	kil., kilomètre.
ch., chambre.	pf., pfennig (100 = 1 *M.*).	m., mètre ou mort en ...
boug., bougie.	E., est.	min., minutes.
serv., service.	O., ouest.	p., page.
déj., 1er déjeuner.	S., sud.	pers., personne.
dîn., dîner.	N., nord.	pl., plan.
fr., franc.	dr., droite.	R., route.
c., centime ou cent en Hollande.	g., gauche.	stat., station.
fl., florin.	h., heure.	s., siècle.
	hab., habitants.	v., voir.
		voit., voiture.

L'astérisque (*) a pour but de désigner les choses particulièrement dignes d'attention et les hôtels, restaurants, etc., relativement recommandables.

L'ART DANS LES PAYS-BAS

PAR

A. SPRINGER.

Parcourir la Belgique et la Hollande sans voir les trésors artistiques qu'elles possèdent encore, c'est se priver de la plus grande jouissance qu'offre un voyage dans ces deux pays. En effet, leurs musées ont l'avantage de renfermer beaucoup des créations capitales de l'art ancien, des œuvres qui n'y ont pas été réunies par le hasard, mais qui sont, pour ainsi dire, les produits du sol, et dont les formes se reflètent toujours dans la nature de la contrée, dans les mœurs du peuple. Que des œuvres d'art parlent plus clairement à notre esprit quand nous les considérons dans leur véritable milieu, c'est chose reconnue et confirmée par l'expérience. Tout ce qui, par exemple, contribue si essentiellement à déterminer le caractère d'un tableau : la lumière et l'air, les formes du paysage et de l'architecture, les costumes et les usages, se présente immédiatement aux yeux. Les impressions dont se nourrit l'imagination de l'artiste, y sont aussi parfaitement claires pour nous, maintes particularités qui sans cela passeraient inaperçues ou ne seraient pas comprises, s'en trouvent suffisamment expliquées. Sans doute on peut reconnaître partout la valeur esthétique des tableaux ; un Titien brille toujours par son coloris, même à St-Pétersbourg ; on remarque aussi à Madrid le dessin vigoureux de Durer ; mais pour comprendre l'importance historique de l'art et son développement, il faut en suivre la marche sur place, et on n'en a même l'intelligence complète que lorsque le lieu où il s'est développé n'a pas subi trop de changement. Dans les Pays-Bas, comme dans l'Italie, nous avons l'avantage d'être mieux initiés au travail mystérieux de l'esprit artistique, parce que nous y voyons distinctement ses rapports avec la nationalité. Il y a d'autres avantages qu'on trouve en Italie et qui manquent ici, ce sont la continuité et l'universalité de l'art national. Deux fois seulement, au xve et au xviie s., les Pays-Bas occupent sous ce rapport une place éminente dans l'histoire ; les siècles antérieurs sont pauvres, et celui qui sépare ces deux cycles brillants manque aussi d'un charme réel. On n'y remarque pas davantage un épanouissement régulier de toutes les branches de l'art ; il ne s'y est rien produit dans les domaines de l'architecture et de la sculpture qu'on puisse comparer aux magnifiques créations de la peinture.

Architecture.

Au moyen âge, les Pays-Bas ne marchent pas, pour l'art, d'un pas égal avec les contrées voisines, la France et l'Allemagne; leurs progrès sont lents, et ils subissent successivement l'influence de l'une et de l'autre de ces deux contrées. Il n'est question de la Hollande que dans la période gothique, et le nombre des édifices romans sur le sol belge n'est pas grand, le principal d'entre eux étant la *cathédrale de Tournai.* L'influence du style particulier aux pays rhénans (à Cologne), influence qu'on retrouve dans toutes les vieilles églises des bords de la Meuse, se fait sentir également dans ce monument; mais on y constate aussi un penchant vers le style français, qui domine aux alentours depuis le XIIIe s. Nous manquons malheureusement de documents exacts sur la cathédrale de Tournai. Il est probable que l'édifice actuel fut commencé au XIIe s. et achevé au XIVe. Tandis que la nef porte encore l'empreinte du style roman pur, le transept fait présager le style ogival par ses proportions plus élancées. Ce transept a été construit dans le genre usité à Cologne, mais probablement par des ouvriers français, qui renouvelèrent encore ailleurs leurs essais d'innovation, par ex., à la cathédrale de Noyon, dont le style annonce une relation intime avec celle de Tournai.

Le style ogival s'étant ainsi formé dans le nord de la France par le développement des piliers et des voûtes, les Pays-Bas suivirent l'exemple donné. Dès lors, la partie méridionale de cette contrée est couverte d'édifices par les Français, dont elle subit aussi de plus en plus l'influence sous le rapport de la politique et de la civilisation. D'imposantes cathédrales gothiques s'élèvent dans les grandes villes de la Belgique; après *Ste-Gudule de Bruxelles* viennent le chœur de *Notre-Dame de Bruges* et *St-Bavon de Gand*, *St-Rombaut de Malines*, la *cathédrale de Louvain* et surtout la célèbre *cathédrale d'Anvers*, dont la tour fait du reste fortement regretter un manque d'harmonie dans l'ensemble, et paraît plus hardie que belle dans son élévation. Bien qu'on vise avec une certaine prédilection à la hauteur dans les tours, généralement une seule à l'ouest à la façade, il règne néanmoins dans les églises une tendance à la largeur, et l'on n'y retrouve pas les proportions sveltes si fortement accentuées des cathédrales françaises et allemandes. Les églises à cinq nefs ne sont pas rares, tandis que l'élévation de la grande nef ne dépasse guère 25 à 30 m., de sorte qu'elle n'égale pas trois fois, comme ailleurs, mais seulement deux fois la largeur de l'édifice. Les églises de la Hollande sont bâties dans les mêmes conditions. Le style ogival y est plus répandu qu'on ne le croit ordinairement. *Utrecht, Amsterdam, Leyde, Harlem, Rotterdam,* etc., ont encore des temples gothiques, généralement grands et larges. Mais la brique qu'on y emploie, rend déjà les constructions massives; les voûtes en bois et la simplification des membres d'architecture leur donnent un certain air de nudité, outre que le changement survenu dans le culte leur a enlevé beaucoup de leur beauté primitive. Du reste, on ne va pas en Hollande pour y étudier les églises gothiques du moyen âge.

En revanche, l'intérêt est d'autant plus excité par les édifices civils du style ogival, dont la Flandre possède un si grand nombre. A partir du XIIe s. s'élèvent au milieu des villes transformées en communes, des *beffrois* ou tours monumentales, munies d'une cloche qui sert à convoquer les bourgeois, à l'approche de l'ennemi ou lors d'un incendie. Au beffroi se rattachent, à moins qu'elles ne soient isolées, de vastes *halles* pour la vente des produits très importants de l'industrie flamande, surtout de ses tissus de laine. L'ornement de la principale place publique est l'*hôtel de ville*, dont la façade nous montre la richesse et l'élégance du style portées souvent jusqu'à l'excès, tandis que sculpteurs et peintres ont trouvé à l'intérieur l'occasion de développer leur talent. Les beffrois de *Tournai* et de *Gand*, les halles de *Bruges* et d'*Ypres*, les hôtels de ville de *Bruges*, de *Bruxelles* et de *Louvain* sont des monuments qu'aucun voyageur ne devra négliger de voir. On verra aussi bien des maisons remarquables par leur architecture dans les principales villes de commerce, surtout à *Bruges* et à *Anvers*. Une partie des édifices civils datent du XVe s., voire même du XVIe; c'est aussi alors que la peinture nationale brillait de son premier éclat.

Peinture.

On est facilement tenté de voir une relation intime entre cette période brillante des arts et la puissance et la richesse des villes flamandes, de trouver dans l'amour des princes de Bourgogne pour le faste la cause principale du rapide développement de la peinture dans les Pays-Bas. L'œil du peintre se réjouissait certainement à la vue de la foule si variée qui se pressait dans ces cités florissantes, à la vue des différents costumes, des types bien tranchés, des diverses nationalités qui s'y coudoyaient. Sans aucun doute, l'imagination de l'artiste a dû être surexcitée par les tableaux pleins de coloris que présentaient des marins habitués à braver la tempête, de robustes artisans, de fiers bourgeois, d'habiles négociants. L'esprit qui régnait alors dans ces mêmes villes contribua également à y faire naître de bonne heure la peinture de portraits. Il fallait une bourgeoisie pleine d'énergie et d'activité, ayant conscience d'elle-même, pour s'intéresser à cette branche de l'art. La magnificence des ducs de Bourgogne, si l'on en croit des témoignages dignes de foi, était aussi une source multiple d'occupations pour les artistes et les artisans; à une cour fastueuse, dans une suite brillante, il y avait des vêtements de luxe, des armes étincelantes, toute sorte de choses précieuses et élégantes à étudier. Tout cela eut nécessairement de l'influence sur les tendances de la peinture dans les Pays-Bas, mais ne fut pas le principe de son développement. Si elle fut accueillie dans les villes et à la cour de Flandre, c'est après avoir osé franchir les limites étroites dans lesquelles elle était restée jusque là renfermée.

Jusqu'au commencement du xve s., l'art n'était pas plus avancé dans cette contrée que dans les pays voisins, l'école de peinture de Cologne pouvait même prétendre sans contestation au premier rang. Ce qui est resté dans les Pays-Bas de peintures murales du xive s., témoigne du peu d'habileté des artistes de ce temps. Mais la miniature occupe alors une place plus distinguée, parce qu'on la cultivait assidûment, par suite de commandes de princes français, et elle révèle dans le dessin des maîtres mieux exercés. La sculpture y a fait aussi plus de progrès. A en juger par plusieurs tombeaux de Tournai, datant du commencement du xve s., il y aurait eu dans cette ville une école de sculpture qui travaillait avec succès à reproduire la nature. L'usage de peindre les statues et les bas-reliefs les rapprochait déjà de la peinture, mais la sculpture était en outre si avancée, que les peintres crurent devoir en imiter le style dans leurs tableaux, dans la manière d'ordonner les groupes, dans le dessin et dans l'arrangement des draperies. Il se passe encore beaucoup de temps avant qu'il se soit formé un style propre à la peinture, et que les réminiscences des bas-reliefs aient complètement disparu. Telle est la situation dans laquelle se trouvait l'art néerlandais lorsque parurent les van Eyck. Nous n'avons pas de données plus précises sur leurs prédécesseurs immédiats ni sur le milieu dans lequel s'est développé leur talent.

Les deux frères van Eyck étaient originaires de Maas-Eyck ou Eyck-sur-Meuse, près de Mastricht. **Hubert van Eyck**, l'aîné, naquit probablement entre 1360 et 1370. On trouve bien l'éloge des peintres de Cologne et de Mastricht dans le Parcival de Wolfram d'Eschenbach, comme étant les meilleurs de cette époque, mais nous ignorons ce qu'était la peinture à Mastricht ou à Limbourg du temps d'Hubert van Eyck. Il n'existe aucun renseignement sur les débuts de ce dernier, sur l'école qu'il a fréquentée ni sur ses premières œuvres. Nous le trouvons vers 1420 établi avec son frère à Gand, où il y avait déjà depuis longtemps une corporation de peintres. Quel rôle a-t-il joué là, est-ce lui qui recevait ou qui donnait, y a-t-il changé de principes et de procédés, ou bien a-t-il apporté un nouvel esprit dans la corporation, c'est ce qu'on ne saurait dire. Nous ne connaissons d'Hubert qu'une seule œuvre authentique, qu'il créa dans les dernières années de sa vie et laissa inachevée; c'est le tableau d'autel colossal qu'il peignit à Gand, pour St-Bavon, sur l'ordre de Jodocus Vyts. Il observe encore l'arrangement traditionnel et s'en tient fidèlement à l'ordre symétrique, à la disposition architectonique; il ne partage pas encore les masses en groupes indépendants; mais il sait déjà mettre dans les têtes une individualité qui tient du portrait, et de même qu'il rend exactement les draperies, il reproduit aussi la nature jusque dans les plus petits détails, en traitant le nu. Dans son Adam, par exemple (actuellement au musée de Bruxelles, ainsi qu'Eve, le pendant), il a peint avec soin les petits poils des bras et des jambes. Toutefois la principale innovation de ce maître est dans le coloris, auquel il a donné la plus grande puissance et la plus grande harmonie, et qu'il a rendu propre à refléter la réalité. Il ne faut sans doute pas prendre au pied de la lettre la tradition d'après laquelle Hubert van Eyck aurait inventé la peinture à l'huile; on se servait déjà depuis longtemps de l'huile pour lier les couleurs; mais cela ne diminue en rien le mérite de van Eyck, car il n'est pas moins le premier qui en ait rendu l'emploi précieux pour l'art, qui ait mis à profit sa fluidité pour produire des couleurs bien fondues et harmonisées, et qui ait amélioré les procédés techniques, au point qu'il a pu se conformer parfaitement à la nature vivante. Il a eu en son pouvoir les moyens qui font seuls l'art véritable. Rien ne prouve mieux l'importance de la manière de peindre introduite par Hubert, que la grande réputation dont il jouit en Italie. Cette manière parut assez importante pour que l'invention et la propagation en fussent décrites d'une façon romanesque.

Quant au frère d'Hubert, **Jean van Eyck**, né entre 1381 et 1395, on lui reconnaît généralement un génie artistique beaucoup plus grand, mais c'est à tort. L'aveu tracé de sa main sur le tableau de Gand: «Hubertus — major quo nemo repertus», parle déjà à l'encontre, et ce tableau lui-même, en tant qu'il est d'Hubert, montre que celui-ci est au moins l'égal de son frère. Nous sommes mal renseignés aussi sur les débuts de Jean van Eyck, mais nous connaissons un peu mieux sa vie publique. Pendant qu'Hubert, à ce qu'il semble, trouvait ses principaux protecteurs dans la bourgeoisie de Gand, Jean était attaché d'abord à la cour de Jean de Bavière, ensuite à celle de Philippe le Bon. Il vécut plusieurs années à la Haye et à Lille, séjourna à Gand après la mort de son frère pour terminer le tableau de St-Bavon, puis alla se fixer, en 1432, à Bruges, où il mourut le 9 juillet 1440, environ 14 ans après son frère. C'est aussi à Bruges qu'on est le mieux à même d'apprécier son talent, non parce qu'on y trouve beaucoup d'œuvres de sa main, mais bien parce qu'on y est dans le véritable milieu où s'est formée la vieille école flamande. Depuis le XVIe s., Bruges est restée stationnaire; les maisons de ce temps n'y ont rien perdu de leur aspect ni de leur caractère par la présence de nouvelles constructions, rien, dans ses rues calmes, ne distrait le visiteur des souvenirs du passé de cette ville; de même que Nuremberg nous rappelait encore au commencement de ce siècle le temps d'Albert Durer, Bruges permet toujours de se reporter au siècle où vivaient les van Eyck et Memling. Du reste, abstraction faite de cela, l'Académie de Bruges possède deux œuvres excellentes de Jean van Eyck, qui permettent de bien juger de son style. Si l'on y constate un penchant plus accentué à rendre fidèlement et minutieusement la nature, on remarque aussi dans ses procédés techniques la tendance à donner plus de rondeur aux formes et à accentuer davantage les détails réalistes. Cette tendance est caractérisée par ce fait qu'il a composé, à n'en pas douter, de véritables tableaux de genre, par exemple des Salles de bain.

Il n'est pas douteux que Jean van Eyck n'ait formé des élèves, mais il est également certain qu'il y avait à Gand comme à Bruges des peintres qui ont adopté ses procédés, qui ont imité son style, sans vivre proprement avec lui dans les rapports d'élèves à maître. Vu le peu de renseignements que nous avons sur l'école flamande au XVe s., il n'est pas possible de rien déterminer à ce sujet. On donne pour élève à Jean *Petrus Cristus* de Bruges, et pour imitateurs, *Gérard van der Meire* et *Hugo van der Goes*, de Gand.

Les Pays-Bas n'aimaient pas plus la centralisation en matière artistique qu'en matière politique. Pendant que les frères van Eyck importaient, de la vallée de la Meuse, la peinture à Bruges et à Gand, un autre grand artiste fondait une école à Bruxelles. *Roger van der Weyden* est évidemment le même que *Rogelet de la Pasture*, qui, en 1426, faisait son apprentissage à Tournai chez Robert Campin, et qui fut reçu en 1432 maître dans la corporation des peintres. Nous trouvons Roger van der Weyden peintre de la ville de Bruxelles en 1436; en 1450, il est à Rome, et c'est le premier artiste du nord dont le nom devienne familier aux Italiens et dont le talent ne fut jamais contestée par eux, quoiqu'il restât fermement attaché au genre flamand. Après son retour, il vit et travaille à Bruxelles, pour y mourir en 1464. Il n'a signé aucune de ses œuvres, ce qui fait que beaucoup d'entre elles ont été attribuées tantôt à Jean van Eyck, avec lequel il n'a toutefois aucun rapport, tantôt à son élève Memling. Ses tableaux sont du reste dispersés au loin, et il faut pour les connaître les aller chercher à Madrid, à Rome, à Munich, à Berlin, à Francfort, etc. Cependant le musée d'Anvers possède dans le triptyque des Sept sacrements une œuvre capitale de ce maître, qui réussit pleinement dans la reproduction de scènes dramatiques (Descente de croix), mais qui, en sachant y mettre une grande vivacité d'expression, manqua souvent du sentiment des belles formes et fit des choses qui rappellent trop des bas-reliefs peints.

Hans ou *Jean Memling,* élève de Rog. van der Weyden, est au moins son égal. D'après une tradition autrefois généralement admise, Memling aurait pris part à la bataille de Nancy (1477), y aurait été blessé et serait allé à Bruges, où il aurait été bien soigné à l'hôpital St-Jean et aurait peint en reconnaissance beaucoup de tableaux. Cette tradition mérite la même foi que ce qu'on raconte, par ex., de la femme acariâtre de Durer ou du libertinage des peintres hollandais de la dernière période. Memling est né vers 1430 (dans la Gueldre?), peignait déjà en 1472, avait fixé son domicile à Bruges en 1478, y était propriétaire aisé sur le Vlamincdam, aujourd'hui rue St-Georges, et mourut en 1495. Si nous sommes peu instruits sur ce qui le concerne, nous avons en revanche beaucoup de ses œuvres, et Bruges peut se vanter de posséder un véritable musée de Memling. L'Académie renferme de lui le triptyque avec St Christophe, et l'hôpital St-Jean, le prétendu Autel St-Jean, l'Adoration des Mages, la Vierge avec Martin Nieuwenhoven, le portrait de Sibylle Zambetha et enfin la châsse Ste-Ursule, la plus jolie, la plus délicieuse peinture de légende que l'art ancien ait produite. L'école des van Eyck atteint du reste son apogée avec Memling. La clarté et l'éclat du coloris s'unissent à la correction du dessin, à une observation attentive de la nature, ainsi qu'à un sentiment épuré du gracieux. Crowe et Cavalcaselle, dans leur histoire de l'ancienne peinture flamande, l'appellent un lyrique, et bien que ses figures ne soient pas idéales, il sait néanmoins leur donner un cachet de beauté suave et unir la dignité à la grâce dans ses Vierges, dont la chevelure d'or retombe sur les épaules ou s'enroule en boucles charmantes.

Parmi les derniers maîtres de cette école, il faut encore nommer *Dieric Bouts* de Louvain (florissait de 1465 à 1475) et *Gérard David* de Bruges (1483-1523), dont le nom vient d'être retrouvé. Ce dernier surtout était un peintre de premier rang, réussissant parfaitement dans la reproduction des scènes paisibles de la Sainte Famille et de figures de femmes tendres et gracieuses. Le soin avec lequel il cultiva la miniature, contribua beaucoup à lui former un style d'une très grande finesse, et à répandre sur son œuvre un souffle dont la délicatesse fait qu'on est porté quelquefois à le mettre en tête de son école. — *Jac. Kornelissen* (J. van Oostzanen), dont l'existence n'est également connue que depuis peu, occupe une situation analogue en Hollande. Il commença à peindre vers 1506 et continua jusqu'en 1530. Ce fut un excellent coloriste, surtout habile à rendre la beauté féminine.

Nous avons bien sujet de nous plaindre de l'action destructive du temps, quand nous faisons la somme de ce qui subsiste encore de tableaux authentiques de l'ancienne école flamande. C'est à peine s'il se rattache à une dizaine de noms de peintres des souvenirs assez vifs pour que nous puissions avoir une notion claire de leur talent, et pourtant cette école exista pendant près de quatre-vingts ans et ne fut pas restreinte dans les murs de Bruges et de Gand, car elle eut aussi des élèves à Anvers, dans le nord, à Leyde et à Harlem. Une des causes de cette ignorance dans laquelle nous sommes à son sujet, a été sans doute que la peinture flamande est entrée au XVIe s. dans de nouvelles voies, qu'on a en conséquence moins estimé les premiers maîtres et qu'on les a peu à peu oubliés. Les Pays-Bas ont en effet, comme tout le nord de l'Europe, subi l'influence de la renaissance italienne. La littérature avait déjà précédemment, sous la domination des ducs de Bourgogne, cessé d'être l'expression de la vie du peuple flamand; les beaux-arts se trouvèrent ensuite dans le même cas. *Lucas de Leyde* (1494-1533) et *Quinten Massys* d'Anvers (1460-1531) sont les derniers des grands artistes qui surent résister au nouveau courant. Les délicieuses gravures que nous possédons du premier sont toutefois le plus important de son œuvre, et Quinten Massys montre quelquefois une rudesse qui est en contradiction avec le style de ses devanciers, et annonce que de nouvelles idées prennent le dessus. En effet, Quinten Massys est généralement regardé comme marquant la transition entre l'ancienne école des van Eyck et celle de Rubens.

Si l'historien est obligé d'étudier à fond les peintres des Pays-Bas au XVIe s., pour découvrir la voie suivie par eux, un voyageur qui cherche simplement, en Belgique et en Hollande, les jouissances artistiques, ne s'occupera guère d'une étude de ce genre. Quant à l'amateur, la vue des différentes peintures de cette époque fera le plus souvent sur lui une impression fâcheuse, à cause de la division qui règne alors parmi les artistes. Ces formes classiques auxquelles ils visent, ce dessin idéal qu'ils imitent, cet étalage de science qu'ils font alors dans leurs sujets mythologiques, produisent l'effet d'un déguisement mis de force. Le style simple et naïf de l'école flamande est préférable à des imitations à demi réussies du genre italien. Le XVIe s. pensait sans doute autrement sur ce point, il vanta l'introduction du style de la renaissance dans l'art national comme un grand progrès. Anvers fut surtout, pendant quelque temps, le centre d'où les princes des pays voisins faisaient venir des artistes et des œuvres d'art.

Les Pays-Bas ne manquèrent donc pas de gloire. Ils ne manquèrent pas non plus de natures bien douées, qui, dans des conditions plus favorables, eussent produit des choses plus importantes. Les vieux tableaux de *Gossaert* ou *Mabuse* (1470-1532) réjouissent par la perfection du dessin et la vigueur du coloris; *Bernard van Orley* (1488-1542) a profité de son séjour à Rome et appris à imiter habilement le style de l'école de Raphaël, dans la manière de grouper ses personnages comme dans le dessin, et si nous pouvons seulement louer la fertilité de *Michel van Coxie* (1499-1592), si nous sommes choqués du manque d'idée et de l'exagération des formes chez *François de Vriendt*, surnommé *Floris* (1520-1570), si *Karel* ou *Ch. van Mander* doit surtout sa réputation à ses œuvres littéraires et *Hubert Goltzius* à son universalité, il reste cependant une branche de l'art dont les peintres néerlandais se sont fait une spécialité: c'est le portrait, dans lequel se sont distingués au XVIe s. *J. van Schooreel* (1495-1562), *Ant. Mor* (1518-1578), *P. Pourbus le Vieux* (1510-1584) et *Geldorp* (1553-1616).

Il faut aussi noter à cette époque les débuts dans la peinture de genre et dans le paysage, qui prirent plus tard un si grand développement. On peut même déjà en trouver les éléments dans les œuvres des van Eyck. L'habitude d'observer de près la nature, l'intérêt attaché à tous les événements de la vie, ont fait donner même aux petites choses, aux choses insignifiantes et toutes spéciales, un charme artistique. La peinture réaliste joue un grand rôle dès le principe, et l'esprit humoristique se manifeste de bonne heure par la représentation de scènes tirées de la vie commune, malheureusement défigurées d'abord par le mélange d'éléments fantastiques (diableries). *Brueghel le Vieux* et *Vinckboons* ont déjà peint des paysans; *Patinir* de Dinant et *Paul Bril*, des paysages riches en figures, et *Roelant Savery*, des animaux.

Parmi tous ces peintres, les plus intéressants sont ceux de la famille *Brueghel*. Ils sont un exemple frappant du bon usage en vertu duquel les professions étaient héréditaires de père en fils, et ils personnifient aussi la transition de l'ancien au nouveau style. Le premier représentant de cette famille de peintres, *Pierre Brueghel*, dit *le Vieux* ou *le Drôle* (environ de 1520 à 1569), entreprend également, il est vrai, un voyage d'étude en Italie, mais il reste fidèle aux idées et aux formes de son pays, et de même que ses figures ont tout à fait le type flamand, de même la finesse de son coloris rappelle l'étude de la nature dans les pays du nord. De ses deux fils *P. Brueghel* dit *Brueghel d'Enfer* (env. de 1564 à 1637) et *Jean Brueghel* dit *Brueghel de Velours* (1568-1625), le plus important fut ce dernier, qui dut son surnom à la prédilection avec laquelle il portait du velours. Ses paysages, avec leur ton bleuâtre du second plan et de l'arrière-plan, quelquefois factice, mais toujours délicat, et avec leurs petites figures du premier plan, amirables de finesse, lui acquirent autant d'amis que ses tableaux de fleurs, dans lesquels il sacrifia à une passion nationale. Les fils de ces deux peintres, qui portèrent les mêmes noms qu'eux, conservèrent le style des Brueghel jusque assez avant dans le XVIIe s.

Néanmoins tout cela est peu de chose en comparaison de ce qu'ont fait les artistes des Pays-Bas au XVIIe s. La lutte de quatre-vingts ans des Hollandais contre la tyrannie espagnole était terminée; bien que couverte de mille blessures, la jeune république s'était maintenue victorieusement et avait fini par se faire reconnaître. Deux mondes se trouvent en présence dans cette contrée sur un espace restreint: dans les Pays-Bas du Sud, toujours espagnols, se maintiennent encore les anciennes autorités politique et religieuse, dans les Provinces-Unies ont surgi une nouvelle forme de gouvernement, le principe fédératif, un nouveau système politique et économique, et une nouvelle croyance. Ces deux mondes se reflètent d'une manière bien caractéristique dans l'art contemporain. Rubens emploie surtout l'art à la glorification de l'ancienne puissance et de l'ancienne foi, ce qui l'amène à se rallier à l'art italien et aux idées mythologiques; l'art hollandais est le fruit de la nouvelle vie et de la nouvelle croyance; il prend un caractère national. Les écoles de Harlem, de la Haye, de Leyde, de Delft et d'Amsterdam figurent ici au même rang. Les tableaux historiques sont remplacés par des groupes de portraits des représentants de la commune. Les sujets religieux sont dépouillés de leur voile idéaliste et mystique pour être représentés avec toute la vérité possible et sous les formes les plus palpables, conformément au principe du protestantisme au XVIe et au XVIIe s. Sans doute il ne suffit pas, pour comprendre entièrement la peinture flamande et la peinture hollandaise au XVIIe s., de se rappeler les conditions dans lesquelles se trouvait alors la société de part et d'autre, mais la considération n'en est pas du tout superflue. Cette considération sert en particulier à faire bien ressortir l'opposition qui existe entre Rubens et les Hollandais, et qu'on a souvent méconnue. Malgré mainte analogie extérieure (même accentuation du coloris), les deux styles ont des principes et des buts tout différents; tandis que Rubens rompt, à vrai dire, avec la tradition artistique du pays, celle-ci devient le point de départ du mouvement en Hollande, et elle y est encore suivie de nos jours. Pour comprendre Rubens, nous avons souvent besoin de recourir à l'histoire; dans les Hollandais, au contraire, nous reconnaissons la nature.

Rubens et son école.

Cologne et Anvers se sont, des siècles durant, disputé l'honneur d'avoir vu naître le grand peintre flamand. Leurs prétentions ont dû récemment céder devant les droits mieux fondés de Siegen, petite ville qui faisait jadis parti du duché de Nassau. Le père de notre artiste, *Jean Rubens*, échevin d'Anvers, soupçonné de pencher vers le protestantisme, s'était soustrait par la fuite à l'inquisition espagnole, et s'était attaché à Guillaume d'Orange. Pendant son séjour sur les bords du Rhin, où se réunissaient les émigrants, il eut avec Anne de Saxe, femme de Guillaume, également passionnée pour le vin et les hommes, des relations qui fournirent au prince un nouveau motif légitime de divorce, et qui firent de plus enfermer l'amant dans la forteresse de Dillenbourg, en 1571. La femme de Jean Rubens, *Marie Pypeling*, qui l'avait suivi en exil, lui pardonna ses infidélités, en raison d'une si dure expiation, et l'alla retrouver à Siegen, lieu qui lui fut assigné comme séjour en 1573. C'est dans cette ville que naquit, le 29 juin 1577, jour de la St-Pierre et St-Paul, **Pierre-Paul Rubens**. L'année suivante, Jean Rubens reçut l'autorisation d'aller demeurer à Cologne. On conçoit que de telles aventures aient modéré son zèle pour le service de la maison d'Orange et l'aient prédisposé à une réconciliation avec les Espagnols. Jean mourut pendant les négociations qui devaient l'amener. Sa veuve retourna à Anvers en 1588 et fit, comme preuve de son entière conversion, élever son fils dans une école des jésuites. Rubens n'en eut pour cela rien de jésuitique dans le caractère, mais on découvrira facilement l'influence de l'éducation qu'il reçut dans cette école, alors des plus prospères, à la magnificence que déploient ses tableaux religieux, et au style de ses sujets antiques, qui, quoique brillants, n'ont souvent rien que de superficiel et de théâtral.

Rubens étudia la peinture sous la direction d'*Adam van Noort*, homme habile dans son art, à ce que l'on assure, car il ne subsiste pas d'œuvre authentique de lui, et sous celle d'*Otto* ou *Othon van Veen*, nommé ordinairement *Venius* ou *Vaenius*, peintre plus savant que doué d'une grande imagination, qui fut attaché à la cour du duc de Parme. On met au nombre des premiers tableaux de Rubens la *Trinité* et la *Vierge au perroquet* du musée d'Anvers. S'ils sont vraiment de sa jeunesse, il faut reconnaître qu'il acquit de bien bonne heure certaines qualités, et qu'il était artiste avant son voyage en Italie.

En 1600, Rubens entreprit un voyage dans le midi, suivant l'usage des artistes de ce temps, qui voyaient dans l'Italie la haute école de l'art. Les années suivantes, nous le rencontrons au service du duc *Vinc. de Gonzague*, prince très avide de plaisirs et très grand amateur des arts. Rubens fut envoyé en 1603 à la cour de Philippe III d'Espagne, pour y porter de riches présents et surtout de nombreux tableaux. De retour en Italie, il séjourna alternativement à Mantoue, à Rome et à Gênes, jusqu'à son retour dans les Pays-Bas, en 1608.

Qu'est-ce que Rubens rapportait dans sa patrie de ce séjour de huit ans en Italie? C'est peu que nous retrouvions dans quelques-unes de ses productions des réminiscences d'œuvres italiennes. Sa fameuse Descente de croix de la cathédrale d'Anvers rappelle le tableau de Daniel de Volterre; dans son Baptême de J.-C., qui a disparu, mais dont le dessin existe encore, il répète certaines figures du carton de la Bataille de Michel-Ange; la Communion de St François a quelque chose d'une composition d'Annibal Carrache, de même que la Bataille des Amazones a eu pour modèle une œuvre du Titien. Ce qui est plus important, c'est que les Italiens ont définitivement décidé Rubens à s'en tenir aux traditions mythologico-historiques, et lui ont fait consacrer particulièrement son art à glorifier ces traditions. Par là, il devient un trait d'union important entre l'art italien et celui du nord, sans néanmoins perdre son individualité. Bien plus, la comparaison de ses œuvres avec celles des Italiens ses contemporains montre combien il leur était supérieur, pour la spontanéité des impressions et l'originalité.

Rubens s'établit à Anvers, épousa *Isabelle Brandt* en 1609, puis, après la mort de celle-ci (1626), *Hélène Fourment*, en 1630. Il mena une vie très active. De son propre aveu, il a constamment le pied dans l'étrier pour servir les régents Albert et Isabelle, fait à plusieurs reprises les voyages de Londres, de Paris et de Madrid, et est obligé de voir son temps non moins pris par la politique que par l'art. Vu le nombre surprenant de ses œuvres, on ne croirait certainement pas qu'il fut fort occupé d'autre part. Près de mille tableaux, dont beaucoup de très grandes dimensions, portent le nom de cet artiste. On explique cette fertilité en disant qu'il se faisait aider par ses nombreux élèves et qu'il avait lui-même une facilité d'exécution surprenante. Il n'est pas toujours aisé d'être juste envers Rubens, d'abord parce qu'il est rendu responsable d'une quantité d'œuvres auxquelles il n'a pris personnellement qu'une faible part, puis parce que souvent il n'a pas le même sentiment des formes que nous, avec nos idées modernes. On ne peut toutefois lui reprocher un véritable manque de goût que dans sa manière de traiter le corps de la femme. Une des tâches les plus précieuses de l'art consiste à représenter la beauté pure et intacte du corps de la jeune fille, tandis qu'il nous répugne avec raison de voir nu le corps de la femme défiguré par l'enfantement. Néanmoins il ne faut pas oublier, à la vue des formes rudes, des corps pesants et des hommes violemment agités que nous rencontrons si souvent dans les toiles de Rubens, qu'ils sont la juste expression des sentiments energiques et passionnés et de la force vitale que le maître a voulu représenter.

Les premiers tableaux de Rubens, tout en se distinguant par la chaleur et le relief du coloris, ont sur ses derniers l'avantage de rester dans certaines limites et de montrer une exécution large, mais soignée. Le plus important de ceux qu'il fit immédiatement après son retour d'Italie a été malheureusement enlevé à son pays et se trouve dans la galerie du Belvédère à Vienne. Il représente, au milieu St Ildephonse recevant de la Vierge une riche chasuble, sur les côtés les donateurs et à l'extérieur la fuite en Egypte, ou la Vierge sous le pommier. Il nous montre l'artiste dans toute la plénitude de son talent, car il n'a jamais peint depuis, avec un tel fini, un tableau de ce genre. Le souvenir encore frais des modèles italiens modérait alors son imagination, qui sortit ensuite trop souvent des justes limites. Une toile du même genre, pour la beauté, est l'*Incrédulité de St Thomas*, au musée d'Anvers, avec les deux volets, le bourgmestre Rockockx et sa femme. La fameuse *Descente de croix* de la cathédrale et le Christ entre les deux larrons ou le Coup de lance, au même musée, sont aussi dans ce genre.

Pour les tableaux religieux qu'il composa plus tard, il a eu souvent recours à l'aide de ses élèves, ce qui fait qu'il est difficile de le juger d'après ces œuvres. Une autre raison fait qu'il est difficile de l'apprécier dans son pays, c'est que, par suite de sa célébrité universelle, ses œuvres n'y sont pas restées, mais ont été dispersées au loin, même de son vivant. L'Angleterre, Madrid, Paris, Munich, Vienne et St-Pétersbourg peuvent se vanter de posséder dans leurs galeries des œuvres capitales de Rubens. Cependant le musée d'Anvers renferme une série de créations délicieuses de ce maître, et il offre de plus à l'observateur l'occasion d'apprendre à le connaître sur le sol où il a grandi.

Si toutes les œuvres de Rubens ne plaisent pas indistinctement, on ne saurait du moins refuser de lui reconnaître une grande importance historique. Elle est surtout basée sur la fidélité avec laquelle il a conservé les traditions de l'art national, sur l'habileté avec laquelle il a su adapter ces traditions aux nouvelles idées et aux nouveaux principes artistiques de son temps, et sur son universalité, qui le rendait capable de s'illustrer dans tous les genres et de dominer son siècle. Il fut à la fois un peintre des plus fertiles dans le genre religieux et un peintre enthousiaste des dieux et des héros de l'antiquité. Il voit ceux-ci plutôt avec les yeux de Virgile qu'avec ceux d'Homère; il les reproduit plus souvent en rhéteur qu'en poète; il montre une préférence marquée pour les figures bachiques, mais il les peint avec une fraîcheur et une énergie que n'a eues aucun de ses contemporains. Les grandes compositions historiques ne lui sont pas étrangères, non plus que les brillantes allégories, par lesquelles son siècle remplaçait la naïveté des inventions poétiques qu'il n'avait pas. Rubens peignit des batailles et des combats d'animaux, des scènes galantes et des fêtes populaires, des portraits et des paysages. Lui seul a possédé cette universalité de talent; il n'a eu que certains traits communs avec les peintres contemporains, outre les idées et les traditions du pays.

Il n'est pas étonnant qu'on découvre chez les artistes flamands contemporains de Rubens des caractères qui lui sont empruntés, une parenté qui est allée maintes fois jusqu'à donner lieu à des confusions. *Abraham Janssens* (1567-1632) se rapproche assez de lui pour la vigueur du pinceau et la mobilité passionnée des figures. Peu de ses contemporains, du reste, purent se soustraire complètement à son influence, qui s'étendit sur tous les arts, qui se fit aussi particulièrement sentir dans la gravure. Les plus éminents parmi les artistes d'Anvers du temps de Rubens sont: *Gérard Seghers* (1591-1651), *Théodore Rombouts* (1597-1637), *Gaspard de Crayer* (1582-1669), qui s'est surtout heureusement signalé dans les scènes paisibles, et *Lucas van Uden* (1595-1672), qui peignit souvent les paysages des tableaux de Rubens, comme *François Snyders* (1579-1657) les animaux.

Le plus célèbre des élèves de Rubens fut *Antoine van Dyck*, né à Anvers en 1599 et mort à Londres en 1641. Vu le peu de temps que cet artiste est resté dans son pays, celui-ci ne possède pas beaucoup de ses œuvres principales. Après avoir étudié la peinture chez *Henri van Balen*, puis chez Rubens, van Dyck partit à l'âge de vingt-quatre ans pour l'Italie, où il donna, comme son maître, la préférence à Gênes. Il vécut ensuite à Anvers de 1626 à 1632, puis à Londres, au service de Charles Ier. Ce n'est pas seulement parce qu'ils étaient recherchés dans les cercles aristocratiques qu'il se décida à faire des portraits, mais parce qu'il avait un talent spécial pour ce genre de peinture. Son imagination ne brille nullement par l'invention de scènes riches et animées, mais il n'a guère de rivaux pour rendre quelque chose avec finesse et avec vérité, notamment quand il s'agit de reproduire les traits de personnes de distinction. Non seulement ses portraits sont pleins de vie, mais ils captivent encore par la dignité et la grâce qu'il a su y mettre, et qui relèvent et embellissent les personnages sans sacrifier la vérité. Nous avons la meilleure preuve du scrupule avec lequel van Dyck respecte cette dernière, dans les délicieuses gravures à l'eau forte que nous possédons de lui, notre meilleure galerie de portraits du XVIIe s.

Parmi les autres élèves de Rubens, peu ont acquis une grande célébrité, quoique cependant ils ne soient pas sans importance à cause de leur grande fertilité, et qu'ils aient régné sur tout le XVIIe s. dans le domaine de la peinture religieuse. Nous citerons *Diepenbeeck, Erasme Quellin*, *Cornelis* ou *Corneille Schut,* et surtout *Jacques* (Jacob) *Jordaens* (1593-1678). Toutes les études de ce dernier en Italie ne sont pas capables de le faire rompre avec la tradition de son pays, et ses croyances font qu'il dédaigne la glorification de l'idéal religieux. Alors il se met à peindre des scènes d'intérieur, des fêtes populaires pleines de gaîté et sans contrainte, et il forme ainsi la transition à la peinture de genre, à laquelle l'art néerlandais doit ses plus beaux triomphes. Tout le monde connaît Jordaens par sa Fête des Rois et ses Concerts extravagants, qu'il a lui-même souvent reproduits. Son humour est sans recherche, ses figures ne sont rien moins que fines et gracieuses; mais il s'est placé à un rang si élevé comme coloriste, qu'on oublie le caractère presque cynique de ses sujets grotesques. Jordaens est important aussi comme peintre d'histoire, ainsi que le prouvent ses toiles de la Maison du Bois, près de la Haye, qui sont l'apothéose du prince Frédéric-Guillaume d'Orange, et qui comptent parmi les meilleures productions de l'école flamande.

Au nombre des élèves peu connus et cependant assez importants de Rubens figure encore *Jean van den Hoeck* (1598-1651), qui approche de son maître pour la reproduction de scènes calmes et que pour cela l'on confond souvent avec lui.

Rubens exerça également une influence durable sur le plus

grand peintre de genre que les Pays-Bas du Sud aient produits, *David Teniers le Jeune* (1610-1690; prononcez Ténirss). Les kermesses et les bambochades peintes par ce dernier ne charment pas seulement par la nature joyeuse du sujet et l'exubérance de vie qu'il y a mise, en saisissant la nature sur le fait, mais encore particulièrement par la perfection du coloris: sa palette donne à de telles scènes une véritable poésie. Pour la gradation des tons, la merveilleuse harmonie des couleurs, l'effet pittoresque de l'ensemble, Teniers est incontestablement un maître dans la peinture. Il est aussi admirable dans sa manière de nuancer un ton dominant et d'en tirer de l'effet, que dans son habileté à établir des contrastes hardis et à les résoudre. Les tableaux qu'il fit à l'âge de quarante ans et dans lesquels il passa au ton argentin, sont ceux où on peut le mieux étudier son grand talent de coloriste. Malheureusement ses œuvres sont dispersées au loin et se rencontrent en très petit nombre dans sa patrie. Il faut en dire autant de la plupart des peintres de genre du même pays. La France était trop proche pour ne pas attirer, sinon les artistes eux-mêmes, du moins leurs œuvres, et, du reste, il ne régna plus dans la suite assez de bien-être ni assez d'amour de l'art en Belgique pour y retenir les créations nationales. Sous ce rapport aussi, la Hollande est mieux partagée; les principales et les meilleures œuvres de son école y sont toujours, bien que leur valeur enfin reconnue ait éveillé, dans ces derniers temps, l'avidité des amateurs de tous les pays.

Rembrandt, ses élèves et ses contemporains.

La grandeur des peintres hollandais au XVIIe s. a éclipsé à nos yeux les mérites de leurs devanciers, et rejeté à l'arrière-plan ce que l'école hollandaise a produit avant Rembrandt. C'est de nos jours seulement que des investigations ont permis de reconstituer l'histoire des premiers temps de cette école, et ont fait retrouver des précurseurs et des coopérateurs à Rembrandt, qui, jusque là, brillait plutôt de l'éclat d'un météore dont l'apparition aurait été soudaine. L'art florissait aussi dès le XVe s. en Hollande, mais nous ne saurions préciser de caractères qui le distinguent nettement de l'art flamand à la même époque; il y aura eu difficilement, du reste, une différence marquée, lorsque la nationalité était la même. Quand dans la suite, au commencement du XVIe s., il se manifesta dans la peinture du Nord une tendance à imiter le genre italien, les maîtres hollandais la suivirent aussi. Il est à noter cependant que la manière qu'ils prirent surtout promptement et le mieux, fut celle qui répondait d'abord à l'esprit national, c'est-à-dire le réalisme rude créé par le Caravage. A *Karel van Mander, Heemskerck* et *Bloemaert,* partisans d'une manière tenant plus de l'idéal, succédèrent *Honthorst (Gherardo della Notte)* et ses collègues, dont les conceptions sont tout à fait réalistes dans le sens en question. Ces peintres reproduisent tout hardiment, sans se soucier de la beauté ni de la dignité. Ce qui est vulgaire et repoussant leur paraît même digne d'être représenté, s'il y a de la force et de l'énergie. Rien qui ne convienne mieux à la violence des passions et à la fougue de l'expression, souvent poussée jusqu'à la grimace, que les vigoureux contrastes de lumière dans les scènes nocturnes, qu'on traitait alors avec prédilection. Un autre artiste que le Caravage exerce encore à cette époque une forte influence sur les Hollandais, c'est *Adam Elzheimer* (1578-1620), qui était originaire de Francfort, mais qui vécut et mourut à Rome. Il peignait «la nature comme à travers une chambre obscure», mais ses tableaux, de très petite dimension et d'une finesse d'exécution excessive, sont parfaitement ordonnés et pleins d'effet, grâce à un coloris admirable. C'est à son école que se sont formés *P. Lastman, Poelenburg, Goudt,* etc.

Les luttes terribles du XVIe s. contre la double oppression espagnole, devaient naturellement paralyser l'activité artistique dans les Pays-Bas. Ces luttes sont une des causes qui firent passer tant de peintres hollandais en Italie, où ils allèrent chercher le moyen de se perfectionner, que ne pouvait offrir leur patrie profondément ébranlée. Mais comme les Pays-Bas du Nord sortirent finalement vainqueurs d'une lutte de quatre-vingts ans et qu'ils acquirent richesses et puissance dans la même proportion que leur adversaire, l'Espagne, jadis maîtresse du monde, s'appauvrit et tomba au rang de nullité politique, ainsi l'art hollandais prit pendant et après la guerre un essor admirable. Les peintres néerlandais acquirent alors la conscience du monde qui leur convenait, du style qui était le plus dans leurs idées; ils découvrirent pour ainsi dire l'art national. La guerre avait fait surgir les héros de toute part, la nécessité avait retrempé le courage et élargi les idées. L'œil rencontrait partout des hommes remarquables, braves sur le champ de bataille, expérimentés dans les affaires de l'Etat, portant la piété dans le cœur et au caractère gai; les représenter, aussi bien séparément, à cause de leurs qualités personnelles, que groupés dans les assemblées de leurs corporations, lorsqu'ils partent pour s'exercer à la lutte ou célèbrent de joyeuses fêtes, c'est ce dont les artistes font leur tâche favorite. Peindre une existence douce et paisible, le bien-être d'un intérieur agréable, paraît doublement attrayant dans un temps gros de calamités; la gaîté et le sans-gêne qui jouit pleinement du présent et ne se soucie point du lendemain, charme l'imagination et lui fournit matière à de nombreux tableaux.

Non seulement les Hollandais vainqueurs se créèrent un nouveau monde dans lequel les sentiments nationaux se reflétèrent fidèlement, mais ils trouvèrent de plus la forme qui lui convenait le mieux; presque tous, comme peintres, sont de grands coloristes. Maintes qualités de l'imagination artistique ne sont pas représentées chez eux; les figures, en elles-mêmes, ne sont pas idéales et les groupes ne sont pas disposés d'après des lois architectoniques; mais, par contre, ils savent mettre dans le coloris des charmes faits pour compenser parfaitement ces défauts. Le mot «compenser» pourrait cependant donner lieu ici à des malentendus. On ne saurait dire qu'il ne doive y avoir qu'une manière de s'exprimer en peinture. Les Italiens ont formé chaque figure et composé l'ensemble de leurs tableaux d'après des lois déterminées, et cela avec raison, car ces lois leur étaient tracées par leurs traditions et par leur sentiment de l'art. Les Hollandais n'avaient pas moins le droit de baser leurs productions artistiques sur des lois conformes à leurs idées nationales et à leur manière de sentir. Il ne faut pas se figurer la chose comme si les peintres de la Hollande s'étaient efforcés après coup, lorsqu'un tableau était déjà entièrement composé, de lui donner un beau coloris, comme si celui-ci n'était que superficiel et ajouté. Les tons existaient dans leur conception et dans leurs impressions, et ils ne connaissaient que des compositions aux couleurs accentuées. La fine gradation des tons, la disposition des masses de lumière et d'ombre et le clair-obscur sont leurs principaux moyens d'expression. En accentuant le coloris, ils ont rendu poétiques des choses en elles-mêmes insignifiantes et communes. On sait à quel point la couleur donne du relief à un objet qui sans cela ne serait pas remarqué. Aux yeux du Hollandais, son mobilier a une grande valeur. La richesse, le bon ordre, la propreté et le brillant du mobilier sont le miroir d'un intérieur paisible. Pour exprimer cette valeur, l'art n'avait pas d'autre ressource que le charme du coloris, qui ôte aux objets leur aspect vulgaire. Il en est de même des scènes de la vie commune, que la palette a le don d'idéaliser. Les effets mystérieux qu'elle produit ne sauraient s'expliquer, il faut les voir, les considérer de ses propres yeux, ce qu'on a la meilleure occasion de faire dans les galeries de la Hollande.

Au premier rang parmi les créations de l'école de peinture hollandaise figurent les tableaux dits de syndics (Regenten) et de maisons de tir (Doelen). C'était l'usage de faire en groupes les portraits des syndics des différentes corporations et des établissements d'utilité publique ou de bienfaisance, des membres des nombreuses associations, surtout des compagnies d'arquebusiers, et de suspendre les tableaux dans les maisons des corporations et dans les maisons de tir. Au nombre des plus anciennes toiles de ce genre est sans doute le Banquet des archers peint en 1533, par *Corn. Anthonissen,* à Amsterdam. Cependant ce n'est que plus tard que ces sujets acquièrent une véritable importance artistique. Le musée de Harlem possède un tableau du même genre par *Cornelis Corneliszoon,* de 1583, et quatre autres de *Frans Pieterszoon de Grebber,* dont les moins anciens surtout se distinguent par la fraîcheur du coloris. L'hôpital de Delft possède de *Mich.*

van Mierevelt (né à Delft en 1567, m. en 1651), peintre de portraits excessivement fertile, qu'on désigne à tort comme le peintre de Guillaume d'Orange (assassiné en 1584), un de ces tableaux de syndics, une Leçon d'anatomie, à laquelle travailla aussi son fils *Pierre*. *Jacob Gerritsz* Cuyp*, fondateur de la corporation des peintres de Dordrecht et élève de Mierevelt, ainsi que *Paul Moreelse* (1571-1638), ne semblent pas s'être essayés dans ce genre; mais d'autres, comme *Thomas de Keyser* (env. 1595-1679) et *Jean van Ravesteyn* (1572-1657), s'y sont d'autant plus adonnés. Néanmoins ce n'est qu'avec Frans Hals de Harlem et avec le plus grand peintre du Nord, Rembrandt, que le genre en question atteint sa plus haute perfection.

Rembrandt Harmensz van Rijn, fort calomnié et maltraité par les critiques du XVIIIe s., n'a été dignement apprécié que depuis vingt ou trente ans, grâce aux pieuses recherches de savants hollandais, en particulier de Scheltema et de Vosmaer.** Il était fils d'un meunier de Leyde et naquit probablement en 1607. Il n'est pas plus exact qu'il ait vu le jour dans le moulin de son père qu'il n'est vrai qu'il ait fait ses premières études artistiques entre des sacs de farine. On lui donne comme maîtres *Jac. Swanenburgh*, peintre qui avait étudié en Italie et qui avait épousé une Napolitaine, et *Pierre Lastman*. Sa première œuvre originale date de 1627, et c'est en 1630 qu'il se rendit à Amsterdam. Cette ville avait peu à peu surpassé toutes les autres de la Hollande, était devenue la vraie capitale des Provinces-Unies, au point que non seulement son influence était décisive dans les affaires politiques, mais qu'elle donnait encore le ton dans le monde artistique. Une nouvelle architecture imposante témoigne alors de la magnificence de la ville. *Vondel, Huygens, Hooft*, y représentent la poésie, et il y a beaucoup de graveurs et beaucoup de peintres, dont plusieurs se joignirent plus tard à Rembrandt, comme *S. Koninck, Livens* et *van Vliet*.

Rembrandt acquit de bonne heure une grande célébrité. Il fut aussi d'abord heureux en amour. A partir de 1633, on voit figurer dans ses peintures une belle femme à la mine joyeuse; c'est la Frisonne *Saskia van Ulenburgh*, fille d'un jurisconsulte, qu'il épousa en 1634. De nombreux portraits de cette femme, que l'artiste peignit avec une complaisance visible, en ont rendu les traits populaires. Les meilleurs de ces portraits sont à Dresde et à Cassel; celui du musée d'Anvers a été fait de mémoire ou n'est pas du tout de la main de Rembrandt. Après la mort de Saskia (1642), les choses prirent une mauvaise tournure dans l'intérieur de l'artiste. Les embarras financiers qui se faisaient sentir à Amsterdam depuis 1653 l'atteignirent également. Il de-

* Les terminaisons de noms hollandais en *sz*, *szen* ou *szoon* ont la signification de fils: *Gerritsz*, fils de Gérard; *Pieterszoon*, fils de Pierre.
** *Vosmaer*, Rembrandt, sa vie et ses œuvres. 2e éd. La Haye, 1877. 10 flor.

vint insolvable en 1656, et ce qu'il possédait fut saisi et vendu l'année suivante. L'inventaire qui fut fait alors chez lui existe encore; il fournit la meilleure arme pour combattre l'assertion que Rembrandt aurait été un homme sans éducation. Les murs de sa vaste habitation étaient tapissés de tableaux, non seulement de lui et de ses élèves, mais encore d'Italiens tels que Palma et le Giorgion. Il possédait des bustes antiques et surtout, sans compter beaucoup de curiosités, un choix de gravures qui rend le plus beau témoignage à la pureté de son goût artistique. Du reste, les relations intimes de Rembrandt avec Huygens et Jean Six sont déjà une preuve contre l'opinion, autrefois répandue, qu'il aurait été un homme vulgaire. Il ne s'est pas remarié, mais il a vécu jusqu'au moment où elle est morte, vers 1661, avec sa domestique Hendrickje Stoffels, qui lui fut très dévouée. Il passa les dernières années de sa vie dans la plus grande obscurité, mais toujours adonné au travail et, comme le montre un de ses portraits faits par lui-même vers 1668, sans avoir perdu l'envie de rire. Il mourut le 8 octobre 1669.

Le talent de Rembrandt se développa d'une façon brillante et continue jusque dans sa vieillesse. Il visa sans doute déjà dans ses premiers tableaux aux effets de lumière, mais c'est seulement quelques années après son arrivée à Amsterdam qu'il obtint ce ton brun-doré, auquel ses peintures doivent un charme considérable et tout particulier. A partir de 1654 environ, ses peintures sont encore plus brunes, souvent au point d'en devenir obscures, et la touche s'y distingue par la liberté et l'ampleur. Celles de ses grandes œuvres que possèdent les galeries de la Hollande montrent parfaitement ces différents genres. C'est de 1632 que date la « Leçon d'anatomie », au musée de la Haye, le tableau qui représente le professeur Nicolas Tulp et les membres de la corporation des chirurgiens. Cette toile porte déjà un excellent témoignage de l'art avec lequel le maître sait donner a un groupe de portraits une vie dramatique, en concentrant l'expression et en accentuant une action momentanée. Dix ans plus tard, c'est le morceau capital de Rembrandt, la «Ronde de nuit», qui se trouve au musée d'Amsterdam. Cette page est signée avec la date de 1642, et elle nous révèle le maître du clair-obscur, qui, par l'emploi intelligent de cette ressource, sait transformer en une scène poétique d'un effet saisissant un événement en soi prosaïque. Dans le tableau des «Syndics des drapiers», qui est de 1661, tous les tons sont reliés par une teinte brun-doré. Jamais l'art n'a créé depuis une vie plus riche, plus vraie et plus expressive, ni un coloris plus enchanteur et plus poétique que n'en révèlent ces trois œuvres. On pense involontairement aux figures de Shakespeare, et l'on reconnaît chez les deux plus grands héros de l'art dans le Nord une affinité de nature et une tendance analogue de l'imagination.

Il ne faudrait pas croire, du reste, que Rembrandt se soit contenté de peindre des syndics, des groupes de portraits (la «Fiancée juive» au musée van der Hoop à Amsterdam) et des portraits isolés (Jean Six et Anne Six, dans la collection J.-P. Six à Amsterdam); nous avons en outre de lui de nombreux sujets bibliques, des scènes tirées de l'Ancien et du Nouveau Testament, dont la plupart sont, il est vrai, dispersées à l'étranger, mais dont la Haye possède encore au moins deux exemplaires, un de chaque genre: Suzanne au bain et Siméon au temple (daté de 1631). Même en traitant cette catégorie de sujets, Rembrandt conserve son originalité. Dans ses tableaux de la Passion, la scène tragique est rendue d'une façon indépendante et sous des formes rudes; c'est pour ainsi dire le commentaire des mots que répète l'Eglise: «Son âme est abîmée dans la douleur et son corps n'est qu'une plaie». Dans les paraboles qu'il nous traduit, règne un sérieux doux et aimable, qui rapproche singulièrement de nous ce que sans cela nous ne voyons qu'à une assez grande distance. Ses compositions tirées de l'histoire de la jeunesse de J.-C. rappellent des idylles; toutes ses peintures religieuses, en effet, accusent chez lui une tendance à en mettre le sens plus à la portée des hommes, tendance qui est celle du protestantisme au XVIIe s. — Rembrandt travailla aussi dans le genre mythologique, mais, on le comprend, avec moins de succès. Ses paysages, au contraire, si simples qu'en soient les sujets, des plaines sans accident et désertes, montrent sous le jour le plus brillant l'intelligence des couleurs et l'esprit poétique du maître.

Il est à peine nécessaire de dire que pour bien apprécier la personnalité de Rembrandt, il faut accorder une attention particulière à ses gravures à l'eau forte (plus de 300). Au nombre des plus célèbres, on compte son propre portrait avec le sabre, la Résurrection de Lazare, la feuille dite aux cent florins (Guérison des malades; le nom de «feuille aux cent florins» était déjà populaire au XVIIIe s., mais n'est plus exact aujourd'hui, puisqu'on a offert, en 1867, 25,000 fr. pour une copie de cette estampe), l'Annonciation, un Ecce homo, le Bon Samaritain, la grande Descente de croix, les portraits de Tolling, de Bonus et de Six, ainsi que les paysages avec le moulin et les trois arbres.

Une foule nombreuse d'élèves et d'imitateurs se groupent autour de Rembrandt. Son influence ne se restreint pas aux peintres d'Amsterdam, mais s'étend aussi sur les artistes voisins, par exemple sur ceux de Harlem. Parmi ses élèves proprement dits se trouvent *Gerbrand van den Eeckhout* (1621-1674), dont les œuvres sont souvent attribuées à Rembrandt lui-même, et *Ferdinand Bol* de Dordrecht (1611-1681), qui, après la mort de son maître, s'écarta de nouveau du style national. Une toile de ce dernier, dans sa meilleure manière (1649), est le tableau de syndics de la léproserie d'Amsterdam.

Un peintre qui se rapproche assez de Rembrandt dans ses premiers temps est *Govaert Flinck* de Clèves (1615-1660). Outre ses deux meilleurs tableaux de syndics de 1642 et 1648, Amsterdam possède aussi, au musée un sujet biblique de sa main, Isaac bénissant Jacob, sujet que l'école de Rembrandt représente avec prédilection.

A la pleïade de cette école appartiennent encore *Jean Livens, Jean Fictoor* ou *Victors* (env. 1600-1670), nom sous lequel sont compris plusieurs artistes; *Phil. de Koninck* (1619-1689), le paysagiste, et *Salomon Koninck* (1609-1668?), qui a beaucoup d'analogie avec Rembrandt et dont les scènes bibliques, ainsi que les portraits, sont souvent confondus avec les siens; puis *Jac. Backer* (1609-1651), étroitement lié avec Govaert Flinck dans sa jeunesse, et qui travailla ensuite avec lui dans les ateliers de Rembrandt; *Nicolas Maes* de Dordrecht (1632-1693), qui, à son très grand détriment, se laissa influencer par l'école de Rubens, lorsqu'il alla s'établir à Anvers dans un âge avancé (ses meilleures œuvres sont celles de sa jeunesse, entre 1650 et 1660 environ); puis encore *Karel* ou *Ch. Fabritius,* qui fut frappé d'une mort prématurée lors de l'explosion d'un bateau de poudre à Delft (1654), *Bernard Fabritius,* etc.

Jean van der Meer (1632-1675), de Delft et qu'il ne faut pas confondre avec le paysagiste du même nom (p. XXVI), est encore un peintre considérable du temps de Rembrandt, qui ne subit peut-être pas longtemps l'influence de K. Fabritius, et qui eut son genre à part. Des filles occupées à différents travaux du ménage ou saisies dans des entretiens galants, des intérieurs, des ruelles, des paysages, sont les sujets ordinaires des ses ouvrages, tous d'une clarté de coloris admirable, pleins d'effets de perspective charmants, d'une gaîté inoffensive et délicieux de vérité, au point qu'ils méritent d'être comptés parmi les perles de l'art hollandais.

Pieter ou *Pierre de Hooch* (1632-1681), célèbre par ses effets de lumière saisissants, figure près de J. van der Meer de Delft; on l'a même souvent confondu avec lui.

Enfin il faut encore mentionner parmi ceux qui ont du rapport avec Rembrandt ou qui ont étudié sous lui, le prince de la peinture de petites dimensions et d'une excessive finesse, *Gérard Dov* (pron. Guérarde Daou), né à Leyde en 1613, mort en 1675. Son Ecole du soir, ses Filles éclairées par une bougie, ses Ermites, sont des sujets favoris du public, aussi admirés que payés cher. Cependant il faut dire que le faire l'a emporté chez lui sur la poésie, et que l'essor de son imagination est restreint en proportion du soin qu'il prend pour arriver à une exécution minutieuse, qui néanmoins mérite les plus grands éloges. Gérard Dov est aussi le coryphée d'un groupe de peintres: *Fr. van Mieris le Vieux* (1635-1681), *Pierre van Slingeland* de la même ville (1640-1691), *Godefroid Schalcken,* né à Dordrecht et mort à la Haye (1643-1706), *A. van Gaesbeeck, Abr. de Pape* (m. 1666), etc.

On le voit, l'influence de Rembrandt fut aussi étendue que ses créations personnelles furent grandes et considérables. Les peintres dans les genres les plus différents l'honorent comme leur maître et leur modèle, et dans la peinture historique, dans celle des portraits, ainsi que dans celle dite de genre et dans le paysage, il a ouvert de nouvelles voies. Sous ce rapport, *Barth. van der Helst*, qu'on place sans cela volontiers à côté de lui comme le meilleur réaliste, ne peut soutenir la comparaison. Van der Helst naquit en 1611 ou 1612 à Harlem et y mourut très estimé et fort riche en 1670. Son maître n'est point connu et on ne sait rien non plus de ses relations avec Rembrandt, près duquel, à ce qu'il semble, il marcha sans rien emprunter de son style. Il fut le portraitiste favori de la classe riche d'Amsterdam, et il n'a guère créé que des portraits et des tableaux de syndics. Son œuvre la plus célèbre, le «Banquet des arquebusiers», de 1648, au musée d'Amsterdam, comparée à la «Ronde de nuit» de Rembrandt, permet de se rendre le mieux compte de la différence entre les deux maîtres. Van der Helst rend la nature comme elle est, sans y rien ajouter qui vienne de lui. Si la nature avait pu se peindre elle-même, elle se serait représentée comme van der Helst l'a peinte. Dans chacune des compositions de Rembrandt, au contraire, on voit percer la personnalité de l'artiste, qui saisit les objets à sa façon et les rend conformément à sa manière de sentir, tout en restant fidèle à la vérité. Les toiles de van der Helst sont exemptes de personnalité et vraies jusqu'à l'illusion, mais sans laisser une profonde impression. Le musée d'Amsterdam a encore de lui deux tableaux du même genre, de 1639 et 1657.

Frans Hals, qui est un peu plus vieux, paraît avoir plus d'analogie, du moins quant à l'influence, avec le roi des peintres hollandais. Il naquit vers 1584, à Anvers, de parents originaires de Harlem. On ne sait pas à quelle époque il alla s'établir dans cette dernière ville. Il se maria en 1610, mais il ne paraît pas avoir été très heureux dans son intérieur. En 1616, il est réprimandé par le bourgmestre pour avoir maltraité sa femme, et il doit promettre de se corriger de l'ivrognerie. La vie joyeuse qu'il peint avec tant de talent, est celle qu'il mène lui-même, aussi ne connut-il jamais le bien-être. Ses meubles furent vendus en 1652 pour payer ses dettes, et il fut dans ses vieux jours le pensionnaire de la ville. Sa mort tombe en 1666, à l'âge de 82 ans; il avait travaillé pendant un demi-siècle. La plus ancienne œuvre que nous connaissions de Frans Hals date de 1616. C'est un Banquet d'archers, au musée de Harlem, où sont réunis ses principaux tableaux de ce genre, parmi lesquels ceux de 1633 et 1639 figurent au premier rang. Dans les ouvrages qu'il fit pendant les dix années suivantes, on remarque l'influence de Rembrandt, influence qui toutefois n'efface pas l'individualité de l'artiste. La plus grande vivacité de conception, l'harmonie et la transparence du coloris, une ampleur d'exécution qui va, dans ses dernières œuvres, jusqu'à une liberté extrême, au point que les tons doivent tenir lieu de dessin, tels sont les caractères du style de Fr. Hals, qui, outre les sujets déjà mentionnés, a créé aussi de nombreux portraits et immortalisé quelques figures du peuple.

Les plus célèbres parmi les élèves de Fr. Hals sont: *Adrien Brouwer*, né à Audenarde et mort à Anvers (1605-1638), et *Adrien van Ostade*, de Harlem (1610-1685). Nous manquons de renseignements biographiques exacts sur le premier. C'est lui qui se rapproche le plus de son maître, pour le faire et la manière naïve de rendre les types populaires, et peut-être que s'il eût vécu plus longtemps et produit davantage, il eût remporté la palme qu'on donne maintenant à Adr. van Ostade. Il y a une grande parenté entre les premiers tableaux d'Ostade et ceux de Brouwer. A partir de 1640 environ, quand Rembrandt a exercé sur lui son influence, le premier développe entièrement les qualités techniques et le sens du pittoresque qui en ont fait le favori des véritables amateurs. Ce ne sont ni la beauté ni la grâce qui distinguent les personnages dont il remplit ses chambres de paysans ou dont il anime ses vues de cours; mais ils sont toujours pleins de vie et de caractère et tout à l'affaire du moment, qu'il s'agisse de jouer une partie de cartes, de vider une chopine, de fumer une pipe ou de danser au son du violon. Ostade sait en outre tirer tant d'effet de sa palette, il est si habile dans l'emploi du clair-obscur, que presque chacun de ses tableaux enchante le regard. Les reproductions de cours de paysans, généralement fermées, offrent peut-être encore plus de charme et de pittoresque que les intérieurs; elles étaient dans tous les cas plus difficiles à ordonner et à présenter avec un coloris harmonieux. Van Ostade eut de son côté pour imitateurs son frère *Isaac van Ostade* (1621-1649), *Corn. Bega* (1620-1664) et *Corn. Dusart* (1660-1704).

Nous voici arrivés maintenant à la série presque innombrable des peintres de genre, qui ont donné à l'art hollandais son cachet original et qui lui ont procuré le plus beau triomphe. Quand on parle de ces peintres, il ne peut guère être question de différents degrés d'habileté, chacun d'eux a une spécialité restreinte, mais presque chacun est un maître dans cette spécialité. Malheureusement les collections de la Hollande sont moins bien partagées sous ce rapport que les galeries étrangères. Il nous suffira donc de citer les noms les plus importants.

On divise généralement la peinture de genre en plusieurs groupes, d'après les sujets traités de préférence; par ex. celui du genre élevé et celui du genre vulgaire, selon que les tableaux nous transportent dans les régions supérieures ou dans les dernières couches de la société, dans le monde élégant ou dans la classe grossière des paysans. Mais cela sert pour la classification et non pour l'étude de l'art hollandais, dans lequel il n'y a de distinction qu'entre les écoles.

Représenter des soldats et des cavaliers en lutte avec Vénus et Bacchus, comme aussi de vraies batailles et des escarmouches, la génération turbulente et passionnée du XVIIe s., avec sa légèreté et son avidité pour les jouissances, c'est le rôle que prennent *Dirck Hals,* le frère cadet de Fr. Hals, auquel on attribue maintes œuvres de Dirck; *Ant. Palamedesz* (1601?-1673?), *J.-A. Duck, P. Codde,* etc.

Un autre se charge de nous introduire dans un milieu d'un caractère tout opposé, dans un monde paisible, dans des intérieurs élégants, où de temps à autre une affaire de cœur apporte un léger trouble, c'est *Gérard Ter Borch* ou *Terburg,* né à Zwolle en 1608, qui a beaucoup voyagé et qui mourut à Deventer, en 1681. Lui et ses successeurs, *Gabriel Metsu,* de Leyde et d'Amsterdam (1630-apr. 1667), *Gaspard Netscher,* né à Heidelberg et mort à la Haye (1639-1684), etc., portent ordinairement le nom de peintres de draperies, parce que les étoffes des vêtements, la soie, le satin, jouent un très grand rôle chez eux. Sans doute ils ne pouvaient négliger les détails d'un intérieur fort riche, ils devaient reproduire avec soin tout ce qui appartient à une vie élégante; mais chacun se convaincra qu'ils ne se sont pas astreints à rendre simplement la partie matérielle dans un sujet, qu'il y a une idée dans chacun de leurs tableaux, un élément pittoresque, par exemple dans le «Conseil paternel» de Terburg, au musée d'Amsterdam. Du reste Terburg s'est fait aussi un nom important comme peintre de portraits; sa toile la plus célèbre dans ce genre est la Conclusion de la paix de Westphalie, qui a été achetée 182,000 fr. à la vente de la galerie Demidoff.

Il faut encore nommer comme peintre de sociétés, d'un genre tout particulier, *Jan Steen* (1626-1679), le prétendu joyeux cabaretier de Leyde, qui vécut aussi à la Haye et Harlem. Ce qu'on a dit de lui, qu'il aurait été un ivrogne fieffé, est une des nombreuses calomnies dont on a chargé les peintres hollandais, quoiqu'il ait été certainement un bon viveur. Le principal pour nous, c'est qu'il a mis dans ses œuvres une franche gaîté, une fraîcheur d'humour et de plus une telle puissance de coloris, qu'en somme son œuvre passe pour le plus attrayant de toute l'école. On pourrait appeler ses compositions des scènes de la comédie humaine, car il y passe par l'étamine les folies de l'homme, il s'y rit des faiblesses de ses semblables, mais sans tomber dans l'exagération ni dans le genre moralisateur désagréable des compositions analogues de Hogarth, qu'on ne peut réellement goûter à cause de cela.. De joyeux régals et des fêtes de famille, des noces, des couples mal assortis, des charlatans, des jeunes filles dévorées du mal d'amour, des ménages sans ordre, des scènes de Georges Dandin, etc., sont les sujets favoris de ce peintre: ce n'est pas à tort qu'on la comparé à Molière. La plupart et les meilleurs de ses tableaux sont en Angleterre. Il est relativement mal représenté dans les musées d'Amsterdam et de la Haye. Le duc d'Arenberg, à Bruxelles, possède une des rares compositions bibliques de ce maître, les Noces de Cana.

Jean Steen fut une personnalité isolée; il ne fit pas école. Mais les peintres qui ont employé l'art à illustrer les beautés de la nature dans le paysage, et qui ont su l'animer et l'enrichir de figures, sont d'autant plus nombreux et ont d'autant plus de relation entre eux. Bien souvent les paysages à figures sont le produit de l'association. Ainsi, c'est *Adrien van de Velde* (1635-1672) d'Amsterdam, un des plus aimables et des meilleurs artistes de la Hollande, qui a peint les figures des paysages de son maître J. Wynants (ci-dessous), de Moucheron, et même de Hobbema et de Ruisdael. Le plus célèbre parmi tous les peintres de paysages à figures est *Philippe Wouwerman* (1619-1668), dont l'œuvre se compose d'au moins 800 tableaux. Il a créé un nombre extraordinaire de Combats de cavalerie et de Scènes de chasse, mais une grande partie de ces compositions ne sont cependant que d'une valeur secondaire.

Il serait impossible d'énumérer ici tous ceux qui ont cultivé ce genre de peinture, c'est précisément dans celui-ci que les richesses de l'école hollandaise sont immenses. — Nous nous contenterons de nommer, comme s'étant illustré dans un genre qui tient beaucoup du précédent et dans les productions duquel passe aussi un souffle idyllique, grâce aux paysages qui en forment le fond, dans la peinture d'animaux, *Paul Potter*, né en 1625 et mort à Amsterdam en 1654. Il est resté un modèle classique sous ce rapport, et il fut à la fois habile comme dessinateur, au point que ses animaux sont des types de correction, et comme coloriste, surtout dans les petites toiles. — C'est à lui que doit ses meilleures qualités *Karel du Jardin* (env. de 1625 à 1678), peintre excessivement fertile, qui ne sut toutefois pas s'affranchir d'autres influences et dont les tableaux présentent pour cette raison une grande inégalité. Deux idylliques qui méritent encore d'être mentionnés, quoique déjà fort inférieurs, sont *Jean Asselyn* (1610-1660) et *Nicolas Berchem* ou *Berghem* (1620-1683), tous deux d'Amsterdam.

Nous nommerons enfin comme paysagistes: *Jean van Goyen* de la Haye (1596-1656), *Albert Cuyp* de Dordrecht (1620-1691 envir.), fils de J. Gerritsz (p. XXVIII), connu aussi comme peintre d'animaux et de portraits; puis, *Jean Wynants*, de Harlem (1600-1670 environ), connu par ses nombreux élèves et ses progrès continuels, qui recourut volontiers à l'assistance de ses collégues pour faire les figures de ses paysages; *Allart van Everdingen*, d'Alkmaar (1621-1675), et surtout *Jac. van Ruisdael* (pron. Reuyezdal), né en 1625 (?) à Harlem et mort en 1682, chez qui «le sentiment de la poésie dans la nature du Nord est joint à la vérité et à la perfection du rendu, comme elle ne l'est chez aucun autre maître», et *Meindert Hobbema*, auquel on rend seulement depuis peu les honneurs qu'il mérite. Ce peintre est né à Amsterdam en 1638 et n'est mort qu'en 1709. Sa composition ne témoigne pas d'un grand talent, les mêmes motifs reviennent régulièrement dans ses paysages (les figures y sont le plus souvent d'une autre main), mais la finesse d'exécution et surtout la manière dont il traite l'air et la lumière font de ses tableaux des créations délicieuses. — *Jean van der Meer de Harlem* (1628-1691) se rapproche de Ruisdael. Plusieurs paysagistes conservèrent les traditions du pays; mais il s'y méla bientôt de nouveaux éléments comme dans les Clairs de lune et les Incendies d'*Aart van der Neer*, d'Amsterdam (env. 1603-1682). La mode fut d'étudier les paysages italiens, qui servirent définitivement de modèles dans la seconde moitié du XVIIe s. Les plus anciens représentants du nouveau genre dans les Pays-Bas furent *Jean Both*, d'Utrecht (env. 1610-1652), *Adam Pynacker* (1621-1673) et *Herman Swanevelt* (1620-1659?).

On sait que la peinture de marine et celle d'architecture ont aussi fleuri en Hollande. Dans le premier genre se distinguèrent *Willem van de Velde le Jeune* (1633-1707) et *Hendrik van Vliet* (m. 1675, à Delft); dans le second *Jean van der Heyden* (1637-1742) et *Emmanuel de Witte*, d'Amsterdam (1607-1692). Enfin l'art national s'éteignit dans la peinture des natures mortes, avec *Guill. van Aelst* de Delft et Jean Both, Adam Pynacker et Herman Swanevelt dont il vient d'être question, ainsi que dans la peinture de fleurs, avec *Jean Davidsz de Heem* d'Utrecht et d'Anvers (1600-1683); *Rachel Ruysch* d'Amsterdam (1664-1750); *Jean van Huysum* (1682-1749), etc.

Nous terminerons ces remarques sans prétention en exprimant le vœu qu'elles puissent engager à visiter avec attention les œuvres de l'art hollandais, car l'étude est le seul moyen de les apprécier.

BELGIQUE

I. Plan de voyage.

Voici à peu près comment, dans un voyage en Belgique, nous conseillons de distribuer son temps:

Pour se rendre à Bruxelles	1 jour	Courtrai, Tournai et Mons 2 jours
Bruxelles et ses environs	3 „	Namur et la vallée de la Meuse . . . . 1 „
Louvain et Malines	1 „	Liège et Seraing . . . . . . 1 „
Anvers	1 „ 1/2	Mastricht et la montagne de St-Pierre . . . . 1 „
Gand	1 „	
Bruges et Ostende	1 „ 1/2	

Dans la visite d'une ville, il est bon, pour s'éviter des détours et des courses inutiles, de marquer d'abord sur le plan la situation des différentes choses qu'on se propose de voir. Si l'on est pressé, prendre une voiture à l'heure et la faire attendre, à moins qu'on ne doive rester longtemps dans un endroit. Les guides (2 à 3 fr. pour 1/2 journée, 4 à 5 fr. pour 1 journée) sont tout à fait inutiles; il faut même se défier de certains importuns qui vous assaillent de leurs offres de services dans les rues et devant les églises.

II. Monnaie. Frais de voyage.

La *monnaie* belge est conforme au système français depuis 1833. Les pièces en circulation sont de 20 et de 10 fr. en or; de 5, 2 et 1 fr., 50 et 20 c. en argent; de 20, 10 et 5 c. en nickel; de 2 et 1 c. en cuivre. Il circule aussi en Belgique beaucoup de pièces de cuivre françaises (10 et 5 c.), mais elles n'ont pas cours légal, et il peut arriver qu'on vous les refuse, par ex. au chemin de fer.

Les billets de la Banque nationale, fondée en 1850 (Bruxelles, p. 21), sont au pair avec l'or et l'argent. Ces billets sont de 1000, 500, 100, 50 et 20 fr.

Les *frais de voyage* sont à peu près les mêmes en Belgique que dans les autres pays habituellement fréquentés par les touristes. Un voyageur seul dépense, en moyenne, 20 à 25 fr. par jour, 10 à 15 seulement lorsqu'il fait un séjour prolongé, et moins encore s'il va dans les petits hôtels, et s'il peut se contenter de boire de la bière (v. p. 4). Les frais de chemin de fer sont relativement peu de chose.

III. Chemins de fer. Passeport. Douane.

A la première station belge, le voyageur achètera le *Guide officiel des voyageurs sur tous les chemins de fer belges,* de préférence l'édition à couverture jaune, contenant une carte et qui coûte 20 c. Il en paraît une nouvelle édition chaque mois.

L'organisation intérieure des wagons est la même qu'en France et fort inférieure à ce qu'elle est en Allemagne, au moins pour les 2e et 3e classes; mais les prix sont peut-être aussi les moins élevés de tous les chemins de fer. D'après le tarif normal, les prix sont maintenant de 50 c. en 1re cl., 40 en 2e et 25 en 3e par 5 kil. pour les trains de grande vitesse et de 40, 30 et 20 pour les trains ordinaires. On compte à peine 10 c., 7 c. $^1/_2$ et 5 c. par kil. pour les longs parcours. Il y a enfin des *billets d'aller et retour*, avec 20% de réduction, valables pour 1 jour jusqu'à une distance de 75 kil., 2 jours jusqu'à 130 kil. et 3 jours au delà.

Le bagage est le compagnon le plus gênant et le plus dispendieux en voyage. Il met en contact avec une foule de gens, portefaix, conducteurs d'omnibus, etc., qui ne sont pas précisément de nature à rehausser les agréments du voyage. Il n'est rien dû aux employés qui transportent les bagages au chemin de fer, mais il est d'usage de leur donner quelques sous. Il n'est pas accordé de franchise de bagages dans l'intérieur du pays. Il est donc préférable de ne se charger que d'une *valise* que l'on puisse porter à la main et garder avec soi dans la voiture. Si l'on voyage avec des bagages considérables, le mieux est de les expédier jusqu'à Bruxelles ou une autre ville importante et de les y laisser à l'hôtel, pour entreprendre de là, muni d'un parapluie et d'un petit sac de voyage, ses diverses excursions dans le pays. On peut aussi déposer ses effets à la consigne, moyennant 5 c. par colis (10 c. par jour au minimum), ou les expédier immédiatement plus loin, puisqu'il n'est pas nécessaire pour cela d'avoir pris son billet, et qu'il n'est accordé aucune franchise. Enfin les voyageurs ont encore la faculté d'assurer leurs bagages en payant un supplément de 10 c. par 100 fr. de valeur. — Le conducteur d'un train s'appelle en Belgique *garde* et dans les pays flamands *wachter*.

Il n'y a de *buffets* qu'aux gares principales, et il existe pour les consommations un tarif que donne le Guide officiel.

Bien qu'un *passeport* ne soit point nécessaire aux frontières belges, il sera néanmoins bon d'en avoir un; c'est le meilleur moyen de légitimation en cas de besoin. Une pièce authentique est même nécessaire pour prouver son identité, lorsqu'on a une lettre chargée à retirer de la poste.

Quant à la *visite de la douane*, on devra y assister en personne; il faudra aussi y présenter les petits colis qu'on aura avec soi dans le wagon. On peut introduire en franchise jusqu'à une livre de cigares et de tabac, mais on devra cependant le déclarer.

IV. Langues parlées dans le pays.

La population de la Belgique se compose de deux races principales, la *race wallone*, habitant en très grande partie le bassin de la Meuse, et la *race flamande* dans le bassin de l'Escaut. La limite entre les deux pays serait assez bien marquée par une ligne droite tirée de Liège à Calais et passant au sud de Bruxelles, dont les habitants sont mélangés. La proportion entre l'élément wallon et le flamand est de 3 à 5 environ *.

---

* Le recensement de 1880 a fait constater que, sur 5 520 099 hab., il y en avait 2 479 746 parlant seulement le flamand, 2 237 868 seulement le français, 420 313 le flamand et le français, 41 072 seulement l'allemand, 35 321 l'allemand et le français, 2809 le flamand et l'allemand, 13 534 ces trois langues et 6415 des langues étrangères, sans compter 282 931 qui n'avaient pas encore atteint l'âge de deux ans.

Le *français* est la langue officielle du pays, celle de la plupart des journaux et de la littérature en général, et par conséquent celle des classes instruites; elle était déjà parlée par la noblesse du temps des croisades.

Le *flamand* a cependant aussi ses partisans dans la classe élevée et ses écrivains, connus même à l'étranger, comme H. Conscience (m. 1883) et Snieders. Depuis 1873, il est admis jusqu'à certain point aux tribunaux, et en 1883 on en a autorisé l'usage dans les classes moyennes des écoles des provinces flamandes. Le flamand est à peu près la même langue que le hollandais; quelques différences légères qui subsistaient encore dans l'orthographe, ont été officiellement supprimées en 1864.

Le *wallon* n'est guère qu'un dialecte français, un patois roman mêlé de celtique, qui a encore assez de vitalité. L. Guichardin, qui passa plusieurs années dans les Pays-Bas en qualité d'ambassadeur de Florence, et qui écrivit en 1567 une *Description des Pays-Bas*, fait la remarque suivante: «*Sermo communiter Gallicus: sed quia Galliam inter atque Germaniam positi, corruptus valde et perabsurdus*». Voici, comme échantillon de wallon, quelques sentences tirées de ces fameux almanachs qui ont immortalisé le mathématicien liégeois Mathieu Laensbergh:

Pour janvier.

<table>
<tr><td>Il gna pu d'broûlî ki d'poussîr.</td><td>Il y a plus de boue que de poussière.</td></tr>
</table>

Pour février.

<table>
<tr><td>Li chôd' sop' so on vî stoumak,
So n'freut paî, on bon spet cazak,

Ni frî nin pu d'bin ki l'solo,
Si volef lûr on po sor no.</td><td>La chaude soupe sur un vieil estomac,
Dans un pays froid, une épaisse casaque,
Ne ferait pas plus de bien que le soleil,
S'il voulait luire un peu sur nous.</td></tr>
</table>

Pour avril.

<table>
<tr><td>C'est l'usèg dis't-on d's'attrapé
Lonk et l'aut', li prumî d'avri;
Si c'n'esteu ko qu'po s'diverti,
Qu'on koirah' in' got' à s'dupé!
Mais c'n'est pu po rire' qu'on s'surprin:

Dèmon si on ze reie, ce n'est k'de gros des dîn;
On s'tromp', on s'dispoïe al tournaïe:

C'est l'prumî d'avri tot' l'annaïe.</td><td>C'est l'usage, dit-on, de s'attraper,
L'un et l'autre le premier d'avril;
Si ce n'était que pour se divertir,
Qu'on cherchât un peu à se duper!
Mais ce n'est plus pour rire qu'on se surprend:
Du moins si l'on en rit, ce n'est que du gros des dents;
On se trompe, on se dépouille à la tournée:
C'est le premier avril toute l'année.</td></tr>
</table>

V. Hôtels.

Les hôtels de premier rang dans les grandes villes, aussi bien en Belgique qu'en Hollande, ne diffèrent guère des hôtels français, suisses ou allemands. On y compte ordinairement 2 fr. 50 à 3 fr. pour la chambre, mais il est toujours bon de se renseigner d'avance: cela se fait même pour une nuit. Les autres prix sont: 1 fr. 50 pour le premier déjeuner (café, etc.), 3 à 4 et 5 fr. pour le dîner à table d'hôte et 1 fr. 50 à 1 fr. 75 pour la demi-bouteille de vin de Bordeaux. Le dîner a lieu le plus souvent, dans les grandes villes, à 4 h. 1/2, 5 h. ou 5 h. 1/2, ce qui fait qu'on peut se passer de souper. Le service est généralement porté en compte à raison de 1 fr., mais cela n'empêche pas les domestiques de faire la haie pour vous tendre la main au départ. Il suffit de donner 50 c. au portier, des services duquel on n'a guère besoin, et 25 à 30 c. au garçon.

Dans les petites maisons, les prix sont à peu près les suivants: chambre, 1 fr. 50; service, 50 à 75 c.; 1er déjeuner, 1 fr. à 1 fr. 25; dîner, 2 fr. à 2 fr. 50, plus les pourboires. Le voyageur s'y trouve souvent aussi bien que dans les autres, surtout s'il est seul, et il y rencontre pour l'ordinaire la même propreté, plus d'égards et un service plus attentif.

Peu d'hôtels, en Belgique comme en Hollande, ont des omnibus particuliers aux gares; ce service est fait par un omnibus commun qui dessert successivement tous les hôtels (25 à 50 c.). Les fiacres se paient habituellement un franc la course, plus quelques sous pour les bagages.

VI. Eglises et musées.

Les *églises* catholiques sont généralement ouvertes de 6 h. du matin jusqu'à midi. L'après-midi, il faut, pour y entrer, s'adresser au sacristain. Si donc l'on ne visite un de ces monuments qu'à cause de l'architecture, le meilleur moment est dans la matinée. Mais s'il y a des objets d'art à voir, il faut bien recourir au sacristain pour se faire découvrir les tableaux, dont la plupart sont voilés, et pour se faire ouvrir les chapelles latérales. Dans ce cas, le mieux est d'y aller de midi à 3 ou 4 h., parce qu'il n'y a pas d'office à ces heures-là, sauf les dimanches et fêtes. Une personne seule donne 50 c. de pourboire, quelquefois 1 fr.; une société en proportion. Il y a même des églises où il existe un tarif, et malgré cela les sacristains demandent encore quelquefois un pourboire.

Les *musées* sont habituellement visibles de 10 ou 11 h. à 3, 4 ou 5 h., gratuitement ou moyennant un pourboire de 50 c. à 1 fr. Lorsqu'il s'agit de collections particulières, une personne seule ne peut guère donner moins de 2 fr.

VII. Poste et télégraphe.

La *poste* a en Belgique une réglementation analogue à celles des autres pays de l'Union postale universelle. Voici les tarifs qu'il importe le plus de connaître: lettres ordinaires, pour la Belgique, 10 c.; pour l'étranger, 25 c. Lettres recommandées, 25 c. en plus; — cartes postales, 5 et 10 c.; envois sous bande, 2 et 5 c. par 50 gr.

Lettres avec valeur déclarée: à l'intérieur du royaume, 25 c.

en plus et droit proportionnel de 10 c. par 1000 fr.; entre la Belgique et les Pays-Bas, 5 c.; l'Allemagne, la France et le Luxembourg, 10 c.; l'Autriche, le Danemark, la Russie et la Suisse, 15 c.; l'Italie, 20 c. par 200 fr., plus 25 c. de droit fixe.

Mandats: à l'intérieur du royaume, 10 c. de 1 à 20 fr., 20 c. de 20 à 50 fr., 30 c. de 50 à 100 fr., puis 20 c. par 100 fr.; entre la Belgique et le Luxembourg et les Pays-Bas, 25 c. par 50 fr., avec maximum de 500 fr.; entre la Belgique et l'Allemagne, l'Autriche, la France, l'Italie, la Norvège, le Portugal, la Roumanie, la Suède, la Suisse et l'Egypte, 25 c. par 25 fr., avec maximum de 500 fr.; entre la Belgique et l'Angleterre, 20 c. par 10 fr., avec maximum de 10 l. sterl. ou 252 fr.

Pour le *télégraphe*, voir dans les bureaux ou le Guide officiel des chemins de fer le règlement spécial et les tarifs exceptionnels. Télégramme ordinaire: pour la Belgique, 50 c. pour 10 mots, puis 10 c. par série de 5 mots; pour l'Allemagne, 80 c. de taxe fixe et 10 c. par mot; la France, 10 c. par mot pour les départements touchant à la frontière, 15 c. pour les autres, 25 c. pour l'Algérie; l'Angleterre, 80 c. de taxe fixe et 15 c. par mot; le Luxembourg et les Pays-Bas, 50 c. et 5 c.; la Suisse, 90 c. et 18 c.; l'Autriche et le Danemark, 1 fr. et 20 c.; l'Italie, 1 fr. 15 et 23 c.; la Russie, 2 fr. et 40 c.; etc.

VIII. Histoire et statistique.

HISTOIRE. — Les provinces qui composent aujourd'hui la Belgique, furent primitivement occupées par des tribus celtiques, envahies plus tard par des peuplades germaniques et soumises à la domination romaine par *Jules César*, après une vigoureuse résistance. Cette domination se soutint jusqu'au commencement du ve s., époque où les Francs saliens vinrent se fixer entre l'Escaut, la Meuse et le Bas-Rhin.

Au IXe s., le pays fit partie du vaste empire de *Charlemagne* et les provinces occidentales, c'est-à-dire la Flandre et l'Artois, échurent à la France au traité de Verdun (843), tandis que celles de l'est, en particulier le Brabant, furent données à l'Allemagne. Ensuite le territoire fut partagé entre divers princes, qui réussirent à se soustraire peu à peu à la suzeraineté de la France et à celle de l'Allemagne. C'est ainsi que se formèrent les comtés de Flandre, d'Artois, de Hainaut et de Namur, les duchés de Brabant et de Limbourg, la principauté de Liège, le marquisat d'Anvers et la seigneurie de Malines.

La Flandre, que l'industrie et le commerce avaient rendue très prospère, soutint pendant de longues années contre la France des luttes d'où elle sortit tout à fait indépendante, grâce aux efforts des villes de Gand et de Bruges. A l'extinction de la famille des comtes de Flandre, dont la dernière fille avait épousé Philippe le Hardi de Bourgogne, le comté passa à la Bourgogne

(1385), qui par d'autres mariages, par des achats et des héritages, finit par être maîtresse de la plupart des autres pays au commencement du xve s. Ce changement de dynasties fut très favorable aux arts dans les Pays-Bas. Si Philippe le Hardi (m. 1404), qui était un prince magnifique, occupa de préférence les orfèvres, le nom de son petit-fils *Philippe le Bon* (1419-1467) est associé à l'histoire des premiers progrès de la peinture flamande, car Jean van Eyck fut son peintre.

En 1477, le mariage de *Marie de Bourgogne*, unique héritière de *Charles le Téméraire*, dernier duc de Bourgogne, avec l'archiduc *Maximilien* plus tard empereur, transféra à la maison de Habsbourg les états réunis jusqu'alors sous le sceptre de Bourgogne. *Charles-Quint*, petit-fils de Maximilien, né à Gand en l'an 1500, empereur d'Allemagne et roi d'Espagne, hérita de tous ces petits Etats, qui passèrent sous la domination espagnole par suite de son abdication en faveur de son fils *Philippe II*. Celui-ci chargea du gouvernement des Pays-Bas sa sœur *Marguerite de Parme* (1559-1567), à laquelle il adjoignit *Granvelle*, évêque d'Arras. Des agitations religieuses, l'augmentation considérable des évêchés en 1559, la présence illégale de troupes espagnoles dans le pays furent, entre autres, les motifs de troubles, dont la cruelle répression par le *duc d'Albe*, que le roi y envoya avec 20000 hommes, amena le fameux soulèvement des Pays-Bas contre l'Espagne, en 1568. Cette célèbre révolution aboutit à l'affranchissement des provinces septentrionales, qui composent actuellement le royaume des Pays-Bas. Quant aux provinces méridionales, la Belgique actuelle, elles luttèrent vainement et retombèrent sous le joug espagnol. Cependant elles reconquirent leurs franchises communales, dont la perte avait été le premier motif du soulèvement, sous le gouvernement d'*Alexandre Farnèse*, duc de Parme.

En 1598, Philippe II transmit les Pays-Bas, à titre de fief, à sa fille *Isabelle*, mariée à l'archiduc d'Autriche *Albert*, gouverneur-général des provinces méridionales depuis 1595. Sous leur gouvernement, le pays commença à se remettre des maux de la guerre. Le commerce et l'industrie refleurirent, la justice fut réorganisée, en un mot le prince et la princesse firent de louables efforts pour le bien-être du pays. Le zèle religieux provoqué par la Réforme ne se manifesta pas seulement par la fondation de nouveaux couvents, de collèges, etc., mais encore par l'impulsion considérable qu'il donna aux arts. On construisit de nombreuses églises dans le style maniéré de l'époque, on les orna de magnifiques tableaux d'autel, et l'archiduc sut retenir dans sa patrie le plus grand des peintres flamands, Rubens, lorsqu'il voulait se rendre pour la seconde fois en Italie: il le nomma son peintre, avec la permission de séjourner à Anvers, centre de l'art flamand.

Albert étant mort sans héritier, en 1621, le pays fit retour à l'Espagne, qui en perdit plusieurs parties dans les guerres de la seconde moitié du XVIIe s.: le comté d'Artois, Thionville, etc., et à la paix de Rastadt, en 1714, les Pays-Bas passèrent à la maison d'Autriche.

Dès lors, les «Pays-Bas autrichiens» firent partie de la monarchie autrichienne et furent administrés par des gouverneurs-généraux. Ceux-ci, ordinairement de la famille impériale, tels que *Marie-Elisabeth*, 1725-1741; *Charles-Alexandre*, duc de Lorraine, 1744-1780; *Marie-Christine* et son époux *Albert de Saxe-Teschen*, 1781-1792, s'attachèrent à faire refleurir le commerce et les arts, protégèrent les lettres et les sciences, et le pays conserve encore un souvenir de respect et de reconnaissance à l'impératrice *Marie-Thérèse*, fondatrice de l'Académie des sciences et belles-lettres de Bruxelles.

La résistance que les Belges opposèrent aux réformes tentées par l'empereur *Joseph II*, dégénéra en révolution sous la conduite de *van der Noot* et de *Vonk*. A la fin de 1789, le régime autrichien avait cessé d'exister; la nation s'était affranchie sous le nom d'Etats-Unis de la Belgique, et elle était gouvernée par un congrès. Son indépendance ne dura cependant qu'un an, et l'Autriche reprit possession du pays sous *Léopold II*. Mais cette révolution, dite brabançonne, avait préparé la voie aux Français, appelés du reste par le clergé et les libéraux. Les guerres de 1792 à 1794 se terminèrent par la réunion à la France des provinces autrichiennes et de la principauté de Liège, qui jusqu'alors avait fait partie de l'Empire. La Belgique fut divisée en 9 départements, dont voici les noms, avec ceux de leurs chefs-lieux: la Dyle (Bruxelles), l'Escaut (Gand), la Lys (Bruges), la Meuse-Inférieure (Mastricht), les Deux-Nèthes (Anvers), l'Ourthe (Liège), Sambre-et-Meuse (Namur), Jemmapes (Mons), les Forêts (Luxembourg). La domination française dura jusqu'en 1814.

Le traité de Londres de 1814 et le congrès de Vienne de 1815 réunirent la Belgique et la Hollande sous le nom de *Royaume des Pays-Bas* et sous le sceptre de *Guillaume d'Orange-Nassau*, fils du dernier stathouder des sept Provinces-Unies. Cette union fut dissoute par la révolution de sept. 1830. Un gouvernement provisoire convoqua le 10 nov. suivant un *congrès national*, qui, après avoir voté la constitution du nouvel Etat, élut roi des Belges, d'abord le *duc de Nemours*, 2e fils de Louis-Philippe, roi des Français; puis, sur le refus de Louis-Philippe, le prince *Léopold de Saxe-Cobourg-Gotha*, qui monta sur le trône le 21 juillet 1831.

Les grandes puissances intervinrent de nouveau par un traité signé à Londres, le 15 nov. 1831, mais une armée française dut pénétrer en Belgique pour en assurer l'exécution, et s'emparer d'Anvers, après 24 jours de bombardement. Le roi de Hollande ne reconnut qu'en 1839 ce traité, qui a fixé les limites et les rapports entre les deux royaumes de Belgique et de Hollande.

Depuis le 10 déc. 1865, le roi des Belges est *Léopold II*, né en 1835, fils du roi Léopold Ier (1790-1865) et de sa seconde femme Louise, fille du roi Louis-Philippe de France (m. 1850). La reine est *Marie-Henriette*, fille de feu l'archiduc Joseph d'Autriche, née en 1836. De leur mariage sont issus: la princesse *Louise*, née en 1858 et mariée en 1875 au prince Philippe de Saxe-Cobourg; le prince *Léopold*, duc de Brabant, né en 1859 et mort en 1868; la princesse *Stéphanie*, née en 1864 et mariée depuis 1881 avec le prince héritier Rodolphe d'Autriche, et la princesse *Clémentine*, née en 1872. Les frère et sœur du roi sont: *Philippe*, comte de Flandre, marié en 1875 avec Marie, princesse de Hohenzollern-Sigmaringen (enfants: le prince Baudouin et les princesses Henriette et Joséphine) et *Charlotte*, mariée en 1857 à l'empereur du Mexique, Ferdinand-Maximilien, frère de l'empereur d'Autriche, fusillé en 1867.

Statistique. — La plus grande étendue de la Belgique est de 290 kil., du N.-O. au S.-E., et de 180 du N. au S.; sa superficie, de 29 455 kil. carrés, et sa population, de 5 585 846 hab. (en 1878; 3 785 864 en 1831), dont 2 millions $1/2$ de Flamands et 2 millions de Wallons. La religion catholique est celle de la grande majorité du pays, car il n'y a en tout que 15 000 protestants et environ 3000 juifs, dont plus de la moitié, des uns comme des autres, sont dans les provinces d'Anvers et de Brabant.

Le royaume est divisé en neuf provinces: *Anvers* (283 173 hect., 590 267 hab.), *Brabant* (328 296 hect., 1 002 543 hab.), *Flandre Occidentale* (323 467 hect., 697 686 hab.), *Flandre Orientale* (299 995 hect., 889 539 hab.), *Hainaut* (372 162 hect., 986 674 hab.), *Liège* (289 388 hect., 672 240 hab.), *Limbourg* (241 234 hect., 212 284 hab.), *Luxembourg* (441 776 hect., 210 186 hab.) et *Namur* (366 025 hect., 324 427 hab.).

L'armée belge, destinée en principe à défendre le pays et la neutralité que lui assure le traité de Londres (p. 7), se compose, sur le pied de guerre, de 103 890 hommes, dont 3373 officiers, et sur le pied de paix, de 46 380 hommes. Il y a 19 régiments d'infanterie ou de *ligne*, de *chasseurs à pied*, de *grenadiers* et de *carabiniers*, 8 régiments de cavalerie ou de *chasseurs à cheval*, de *guides* et de *lanciers*, 4 régiments d'artillerie de campagne et 3 d'artillerie de place, les premiers avec 40 et les seconds avec 48 batteries de 6 pièces. Il y a en outre le génie, le train, etc., et la garde civique, forte de 29 833 hommes

La marine marchande de la Belgique possédait à la fin de 1882: 59 bâtiments, dont 18 à voiles et 41 à vapeur, jaugeant ensemble 77 840 tonneaux. Le nombre de ses bateaux pêcheurs était à la même époque de 299, d'une capacité de 10 476 tonneaux et comptant 1500 hommes d'équipage. Il n'y a pas de marine militaire.

Les couleurs du pays sont, depuis 1831, rouge, jaune et noir, juxtaposés verticalement comme celles de France. Ce sont les couleurs de l'ancien duché de Brabant, sous lesquelles la révolution brabançonne avait triomphé du régime autrichien en 1789 (p. 7).

Les armes du royaume sont le lion de Brabant debout, avec la légende: *L'union fait la force.*

Les vers suivants sont généralement cités pour caractériser les diverses villes de la Belgique:

Nobilibus Bruxella viris, Antwerpia nummis,
Gandavum laqueis, formosis Bruga puellis,
Lovanium doctis, gaudet Mechlinia stultis.

«Bruxelles est fière de sa noblesse, Anvers de ses financiers, Gand de ses cordes au cou (allusion à sa soumission après la révolte de 1540); Bruges de ses belles filles, Louvain de ses savants et Malines de ses fous». On dit que la dernière pointe fait allusion à un événement de l'histoire malinoise. Un jour les bourgeois mirent en mouvement toutes les pompes à incendie de leur bonne ville, et après bien des efforts, ils découvrirent que le feu qu'ils combattaient était tout bonnement la lune, qui brillait à travers les lucarnes de la tour de St-Rombaud.

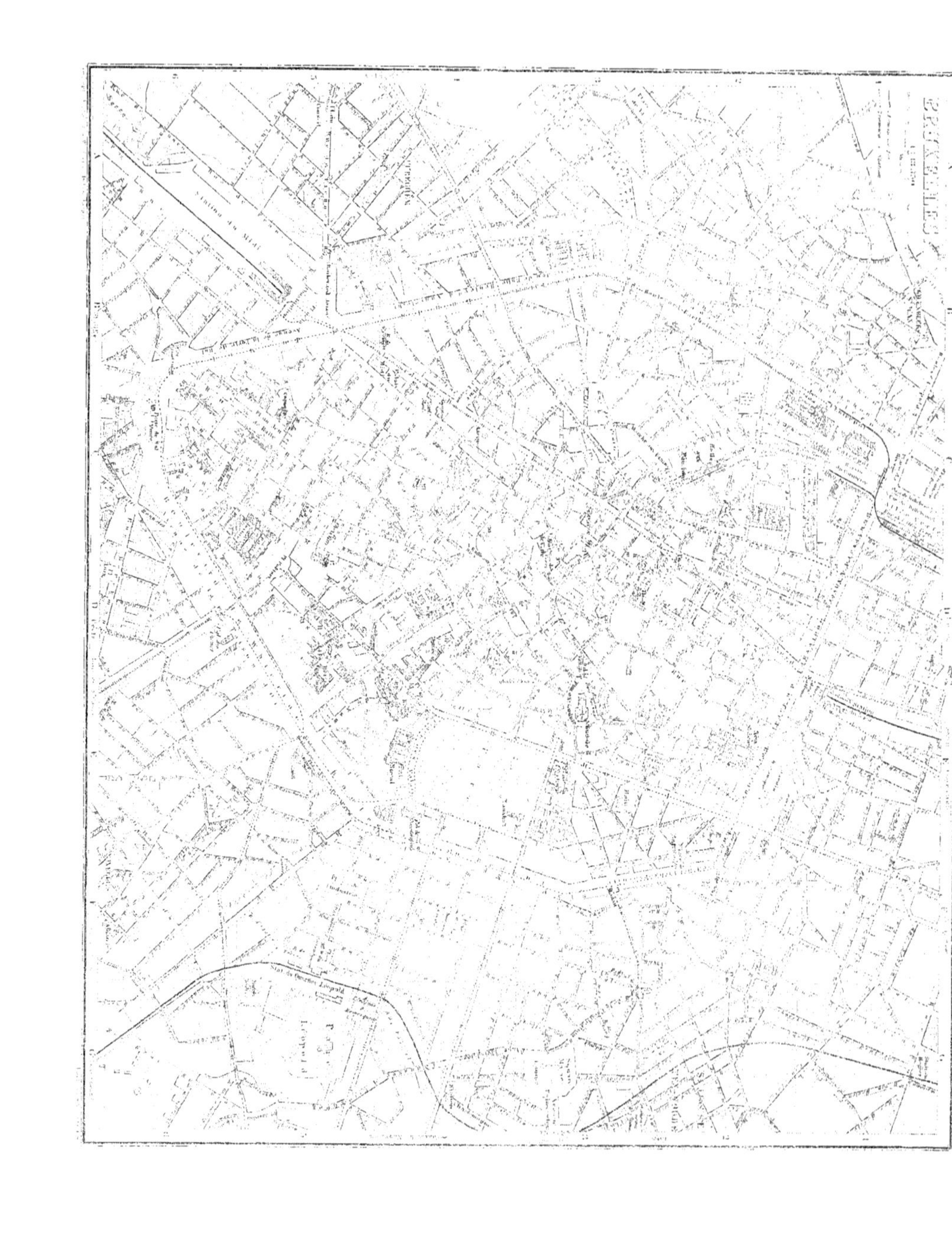

1. Bruxelles.

Arrivée. Bruxelles a trois gares : 1º la station du Midi (pl. B 5), pour les trains de Charleroi, de Namur par Baulers, de Braine-le-Comte, de Tournai et de France (entrée rue Fonsny) ; — 2º la station du Nord (pl. E 1), pour ceux d'Ostende, d'Anvers, de Louvain, de Liège et d'Allemagne (bon *restaurant*) ; — 3º la station du Quartier-Léopold (pl. F G 5), pour ceux d'Ottignies, de Namur, de Givet (France), de Luxembourg, etc. ; toutefois la plupart des trains de cette ligne partent aussi de la station du Nord. — Il y a bien une quatrième gare (pl. D 1), mais elle ne sert qu'au transport des mar-

---

Légende du plan de Bruxelles.

1. Abattoirs . . . . . B 3, F 2
Académie Royale des Sciences, des Lettres et des Beaux-Arts . . . . . E 4
Bain Royal . . . . . . E 3
2. Bains Léopold . . . . . D 4
3. - St-Sauveur . . . . D 3
4. Banque Nationale . . . . E 3
5. Bibliothèque Royale . . . D 4
6. Bourse de Commerce . . C 3
7. Casernes . . . C 1-2 ; E 3 ; C 5
9. Chapelle Salazar ou de l'Expiation . . . . D 4
10. Colonne du Congrès . . . E 3
11. Conservatoire de musique . D 5
12. Ecole vétérinaire . . . . B 5
13. Eglise du Béguinage . . . C 2
14. - St-Boniface . . . . . E 6
15. - Ste-Catherine . . . . C 2
- Ste-Gudule (cathédrale) E 3
16. - St-Jacques-sur-Caudenberg . . . . E 4
17. - St-Jean-et-St-Etienne . D 5
18. - des Jésuites . . F 2, C 4
19. - St-Joseph . . . . . F 4
20. - Ste-Marie-de-Schaerbeek . . . . F 1
21. - St-Nicolas . . . . . D 3
22. - Notre-Dame-de-Bon-Secours . . . . . C 3-4
23. - Notre-Dame-de-la-Chapelle . . . . . . C D 4
24. - Notre-Dame-des-Victoires . . . . D 5
25. Entrepôt Royal . . . . . C 1
26. Etablissement géograph. Van der Maelen . . . . . . B 2
Galerie du Commerce . . D 2
- du Nord . . . . . D 2
Galeries ou passage St-Hubert . . . . D 3
Halles Centrales . . . . C 3
Hôpital St-Jean . . . . . E 2
30. Hôtel du Gouvernement. . C D 4
- de Ville . . . . . . D 3
34. Institut des aveugles . . . C 6
Jardin botanique . . . . E 2
35. Maison du Roi . . . . . D 3
36. Manneken-Pis . . . . . C 4
M C. Marché couvert ou de la Madeleine . . . . . . D 4
38. Monument des Martyrs . . D 2
39. - d'Egmont et de Hornes D 5
39. - de Cockerill . . . . F 5
Musée d'Antiquités, v. Porte de Hal.
41. Musée d'histoire naturelle . D 4
- de peinture . . . . D 4
- Wiertz . . . . . . G 5
43. Observatoire . . . . . . F 2
44. Palais d'Arenberg . . . . D 5
45. - des Beaux-Arts . . D E 4
46. - de Justice (ancien) . D 4
47. - - (nouveau) . . C D 5
- de la Nation (chambre des députés) . . E 3
- des Académies . . . E 4
49. - du comte de Flandre . D E 4
- Royal . . . . E 4
53. Porte de Hal . . . . . . C 6
Poste . . . . D 2
Prison des Petits-Carmes D E 5
Station du Midi . . . . B 5
- du Nord . . . . . E 1
- du Quartier-Léopold . F 5
- de l'Allée-Verte . . . D 1
59. Statue de Belliard . . . . E 4
- d'Egmont et de Hornes, v. nº 39.
60. - de Godefroid de Bouillon . . . . E 4
61. - de Léopold Ier . . . F 6
- de Quetelet, devant l'Académie.
- de Vésale, place des Barricades . . . . F 2
63. Synagogue (nouvelle) . . . D 5
64. Télégraphe (bureau central) E 1
Théâtre de la Monnaie . . D 3
66. - des Galeries St-Hubert D 3
67. - du Parc . . . . . . E 3-4
68. - Molière . . . . . . E 5
71. - Flamand (Alhambra) . D 2
74. Université . . . . D 4
Vauxhall . . . . E 3-4

chandises. — Un chemin de fer de ceinture relie les diverses gares et dessert quelques-unes des localités environnantes. — *Voitures* entre les gares et la ville: à 1 chev., 1 fr., plus 10 c. pour une malle. Il n'est rien dû pour les petits colis à la main, mais il est d'usage de donner un pourboire (v. p. 13). On commandera expressément au cocher d'aller à l'hôtel qu'on lui désignera. Il est mainte fois arrivé que des étrangers ont été entraînés par toute sorte de belles paroles des cochers à descendre dans d'autres maisons que celles où ils avaient voulu aller d'abord, ou même qu'ils ont été menés ailleurs à leur insu.

Hôtels. — Ville haute, dans le voisinage du Parc: *H. de Bellevue* (pl. a, E 4), place Royale, 9, pied-à-terre des princes, de la noblesse, etc., et cher (dîn., 6 fr.; serv., 1 fr. 50; 1er déj., 2 fr.); — **H. de Flandre* (pl. b, E 4), même place, 7 et 8 (dîn., 5 fr.); **H. Mengelle* (pl. d, E 2), rue Royale, 75, au N. de la colonne du Congrès (ch., 2 fr. 50 à 6 fr., d'ordinaire 4 fr.; serv., 1 fr.; 1er déj., 1 fr. 50, 2e déj., 3 à 4 fr.; dîn., 5 fr.; pens., 12 fr. en été, 10 fr. 50 en hiver); **H. de l'Europe* (pl. c, D E 4), place Royale, 12; **H. de France* (pl. e, E 3-4), Montagne-du-Parc, 4 à 8; *Gr.-H. Britannique*, place du Trône, 3 (pl. E 5), derrière le Palais Royal (dîn., 4 fr.). Ces hôtels sont tous de premier ordre, chers et fort recherchés par les Anglais, à cause de leur situation avantageuse, près du Parc et des plus beaux quartiers de la ville. *Prix:* ch., de 3 à 10 fr. et au delà; 1er déj., 1 à 2 fr.; boug., 1 fr.; serv., 1 fr.; table d'hôte, à 5 h., 5 h. 1/2 ou 6 h. — *H. Windsor* (pl. g, D 4), plus simple, presque uniquement fréquenté par les Anglais (dîn., 3 fr. 50).

Ville basse: **Gr.-H. de Bruxelles* (pl. *a*, C D 3), boulevard Anspach, 21, grande maison ayant env. 200 chambres (éviter celles qui donnent sur la cour vitrée), avec restaur. et café au rez-de-chaussée (ch., dep. 3 fr.; boug., 1 fr.; serv., 1 fr.; 1er déj., 1 fr. 50; dîn., à 6 h., 5 fr.); — **H. de Suède* (pl. h, D 3), rue de l'Evêque, 29 (ch., dep. 3 fr.; boug., 1 fr.; serv., 1 fr.; déj., 1 fr. 50; dîn., à 6 h., 4 fr. 50); **H. de l'Univers* (pl. i, D 2), rue Neuve, 38-40 (dîn., 4 fr.); *H. de Saxe* (pl. l, D 2), même rue, 77-79; **H. de l'Empereur* (pl. k, D 2), même rue, 63 (dîn., à 5 h. 1/2, 4 fr.); **H. de Hollande* (pl. n, D 3-4), rue de la Putterie, 61, vieil hôtel (ch., 3 fr.; déj., 1 fr. 50; dîn., à 3 h., 4 fr.); *H. de la Poste* (pl. o, D 3), rue Fossé-aux-Loups, 28 (ch., 2 fr. 50 à 3 fr.; dîn., à 5 h. 1/2, 3 fr. 50); **H. du Rocher de Cancale*, rue Fossé-aux-Loups, 17-19 (pl. D 3), surtout restaur. (v. p. 11; ch., dep. 2 fr. 50; pas de table d'hôte). — *H. du Grand-Miroir* (pl. s, D 3), rue de la Montagne, 28 (dîn., à 6 h., 3 fr.); *H. du Grand-Café*, rue des Eperonniers, 24-26 (pl. D 3-4); **H. de Vienne* (pl. u, D 3), rue de la Fourche, 24-26 (ch., 2 fr. 50 à 3 fr.; 1er déj., 1 fr. 25; dîn., 3 fr.). — *H. du Grand-Monarque* (pl. r, D 3), rue des Fripiers, 17; *H. de la Campine*, Marché-aux-Poulets, 45; *H. de Bordeaux*, rue du Midi, 135 (pl. C 4), un peu à l'écart, mais bon (ch., 2 fr.; dîn., 3 fr. 25, vin compris); *H. Frank*, place des Martyrs, 13, dans un endroit calme; *H. de Cologne*, rue de la Fourche, 13-15, etc. — Près de la station du Nord: *Gr.-H. Gernay*, boulevard Botanique, 15; *H. des Boulevards*, avec un grand café-restaur., place des Nations, 1, etc. — A la station du Midi: *H. des Acacias*, *H. de l'Europe*, *H. de Calais*, *H. de l'Espérance*, etc.

Quelques-unes des tavernes mentionnées p. 11 ont aussi des chambres convenables et pas chères pour des hommes seuls.

Pensions dans le genre suisse, surtout fréquentées par les Anglais: *S. Bernard*, rue Belliard, 50; *Wiltcher*, boul. de Waterloo, 23 et 24 (8 à 11 fr. par jour); *Mme Gachet*, rue Caroly, 10; *G. Janssens*, rue de Vienne, 26; *Hoffmann*, rue Montoyer, 51-53; *Mme Mason*, rue de la Concorde, 61, avenue Louise; *Schulte*, rue Joseph II, 19, etc.

Cafés. Les cafés sont nombreux à Bruxelles et à peu près généralement bons (café, 30 c.; bière, 30 à 35 c.; glace, 70 c.). Nous mentionnerons seulement quelques-uns des plus importants: **C. des Mille Colonnes*, *C. Suisse*, tous deux place de la Monnaie, près du théâtre; *C. du Cercle*, rue Léopold (v. Restaur.), tous dans le voisinage du théâtre de la Monnaie; **C. du Grand-Hôtel*, boulevard Anspach, 23, au N. de la Bourse, avec une grande salle de billard; *C. Sesino*, id., 3, près de la poste; *C. Central*, id., 83, au S. de la Bourse, etc. — Glace, dans tous les cafés et particulièrement chez *Brias et Cie*, rue Cantersteen, 5 (pl. D 4); **Brosi*, rue Treurenberg, 8, à l'E. de la cathédrale; *Mathis*, même rue, 25 (50 c. chez ces deux derniers); *Marchal*, au Parc (Vauxhall), dans l'angle N.-E., près du théâtre.

Restaurants. **Aux Frères Provençaux*, rue Royale, 40, près du Parc (dîn., de 5 h. à 7 h. 1/2, 5 fr.; vin à partir de 3 fr.; beefsteak, 3 fr.); **Mengelle*, v. ci-dessus; **A. Perrin*, ancienne maison Dubos, rue Fossé-aux-Loups, 69, à l'E., dans le voisinage du théâtre; **Dubost*, rue de la Putterie, 23; *Café Riche*, rue de l'Ecuyer, 23, au coin de la rue de la Fourche, très bon, le rendez-vous de la «jeunesse dorée» de Bruxelles (dîn., depuis 5 fr.); *Maison dorée*, rue Léopold, au coin de la rue des Princes, dîn. depuis 4 fr.; **restaur. du Grand-Hôtel* (p. 10), boulevard Anspach, très fréquenté et pour cette raison un peu bruyant; **Au Rocher de Cancale*, rue Fossé-aux-Loups, 17-19. — Ces restaurants sont élégants et dans le genre des restaurants de Paris à la carte; tout y est bon, mais naturellement cher. Ils servent de très fortes portions, de sorte qu'un seul plat suffit souvent pour une personne. On fera donc bien de n'y aller qu'à trois ou au moins à deux.

Ensuite viennent les **cafés-restaurants** et les **tavernes** ou **brasseries-restaurants**. On y a, lors des repas, le choix entre trois ou quatre plats, nommés *plats du jour*, dont le prix est de 75 c. à 1 fr. 25 au déjeuner et de 1 fr. à 1 fr. 50 au dîner. Le potage et le fromage coûtent chacun 40 à 50 c. Il y a des maisons qui servent des repas à prix fixe, de 2 à 5 fr., ce qui est d'ordinaire affiché au dehors. Mais on peut encore partout manger à la carte et à toute heure. Pourboire, 15 à 30 c. — La boisson habituelle est la bière anglaise ou la bière allemande; cependant on sert aussi du vin au verre. Les «tavernes» de la ville haute et les maisons anglaises du reste de la ville servent particulièrement du *pale ale* et du *porter* ou *stout*, dans des demi-pintes, de zinc, au prix de 30 c., et les «cafés» de la ville basse ont la spécialité des bières allemandes, de *Bavière*, *Francfort*, *Pilsen*, *Vienne* et *Strasbourg* («bock»), à 30-40 c. le grand verre et 20 c. le petit verre. Nous mentionnons les mieux situées de ces maisons.

Ville haute: **Tav. du Globe*, **Tav. de la Régence*, toutes deux place Royale; *rest. Duvivier*, *Carter's English Tav.*, *Brass. du Musée* (ch., avec pens., 5 fr. par jour); *British Tav.*, ces quatre dernières maisons place du Musée, en face de la bibliothèque (pl. F 4); *Tav. Léopold*, rue du Commerce, 66.

Ville basse, près de la place de la Monnaie: **rest. Tortoni* («Gr.-brass. de Bohême»), rue de l'Ecuyer, 33; *C. du Cercle*, rue Léopold, 3, et rue de l'Ecuyer, 24; *C. de la Monnaie*, rue Léopold, 7; *Aux Caves Rhénanes*, rue Léopold, 9 (dîn., 2 fr. 75, avec un verre de vin); *Tav. de Strasbourg*, rue Léopold, au coin de la rue Fossé-aux-Loups (plat du jour dep. 75 c.); **Tav. Goldschmidt*, rue de l'Ecuyer, 45; *Tav. de Londres*, rue de l'Ecuyer, 15-17; **Tav. Royale* (Meurisse), passage St-Hubert, galerie du Roi et rue d'Arenberg; *Tav. St-Jean*, rue St-Jean, dans le bas de la Montagne-de-la-Cour, à l'O. — Boulevard Anspach ou dans le voisinage: **rest. Jean Dubois*, place de Brouckère, à l'O., en face de la poste; *café-rest. du Parc aux Huîtres*, boulev. Anspach, 29, et les brasseries anglaises mentionnées ci-dessous; *rest. de la Bourse*, à la Bourse, sur le derrière; **Au Filet de Sole* (Ed. Beaud), rue Grétry, 1, près des Halles Centrales. — Assez éloignés: **C. Puth*, rue de Stassart, 24 (pl. E 5; dîn., dep. 3 fr.; plats du jour); *H.-Rest. Duranton* (P. Strobbe), avenue Louise, 62, sur le chemin du bois de la Cambre.

Enfin il faut encore mentionner, comme bons restaurants fréquentés surtout par les Belges, les petits locaux des ruelles au N. de la Grand'Place, du côté de la rue du Marché-aux-Poulets. On y mange surtout des huîtres, des beefsteaks et des côtelettes de mouton, et on y boit du vin et de la bière: *Au Gigot de Mouton*, *Au Filet de Bœuf*, etc., rue des Harengs; *A la Faille déchirée*, rue Chair-et-Pain; *Grand-Eperon*, rue du Marché-aux-Herbes, 105.

Brasseries. Bières anglaises: *Prince of Wales*, rue Villa-Hermosa, 8 première rue à dr. de la rue de la Montagne-de-la-Cour, en descendant de la place Royale; *Old Tom Tavern*, rue des Princes, place de la Monnaie. — Bières allemandes: **Tav. Clarenbach*, succursale de celle de la galerie de la Poste (v. ci-dessous), rue de la Madeleine, 60; *Tav. Jean*, impasse du Parc (pl. E3); *Aux Trois Suisses*, rue des Princes; *Gr. Cave de Munich*, au coin des rues Léopold et de la Reine, toutes deux près de la place de la Monnaie; *Tav. Bass*, boul. Anspach, 8, près de la galerie de la Poste (pl. D2-3); *Tav. Clarenbach*, même galerie; *Tav. Joseph*, boul. Anspach, 52, près de la Bourse; *Happel* (hôtel), même boulevard, au coin de la rue du Marché-aux-Poulets, au N. de la Bourse; *Tav. Salvator*, rue des Fripiers, 14; *Au Roi de Bavière*, rue des Chapeliers, 2, Grand' Place; *Tav. du Dôme*, galerie du Commerce, 53 et 55 (pl. D2), etc.

Les ESTAMINETS, qui débitent de la bière belge, sont très nombreux à Bruxelles et fréquentés par toutes les classes, mais surtout par le peuple. Les principaux sont sur la Grand' Place, par ex. l'*Hôtel des Brasseurs*, et dans le voisinage, par ex. *Au Tonnelier*, rue des Bouchers, 12. La bière ordinaire, brune, claire et amère, se nomme *faro* (15 cent. le verre); la *bière de Louvain* est une bière blanche, trouble et douceâtre; le *lambicq*, une vieille bière forte; l'*Uytzet*, une bière un peu amère et assez forte. Depuis quelque temps, on brasse aussi de la *bière* dite *de Bavière*: «bock national», 10 c.

Bains: *Bain Royal* (pl. E3), rue de l'Enseignement, 62 (bains froids et bassin de natation), au coin de la rue du Moniteur, 10-12 (bains chauds, 1 fr. 20 à 2 fr.); *B. St-Sauveur* (pl. 3, D3), Montagne aux Herbes-Potagères, 33; *B. Léopold* (pl. 2, D4), rue des Trois-Têtes, 8, aussi pour les nageurs (1 fr.); et beaucoup d'autres moins élégants. — CABINETS INODORES: dans le passage St-Hubert, galerie des Princes, à g.; dans le Parc, près du petit bassin; dans la rue Neuve (galerie du Commerce); dans le petit passage des Postes, boul. Anspach.

Magasins. Les plus riches se trouvent dans les *rues de la Madeleine* et *de la Montagne-de-la-Cour*, principales artères de la circulation entre la ville haute et la ville basse, ainsi que dans la *rue Neuve*, dans les *passages* et *boulevard Anspach*. On vend partout à prix fixe. — CHANGEURS: Montagne-de-la-Cour, Marché-aux-Herbes et rue des Fripiers.

Dentelles de Bruxelles, le plus célèbre article de l'industrie de cette ville, en particulier chez *Verdé-Delisle & Cie (Comp. des Indes)*, rue de la Régence, 1; *Daimeries-Petitjean*, rue Royale, 2; *Böval-de Beck*, même rue, 74; *Baert & Cie*, boul. du Nord, 23; *Robyt*, rue du Midi, 4; *Junckers*, même rue, 132; *de Vergnies et Sœurs*, rue des Paroissiens, 26; *des Marés*, rue Chancellerie, 15; *Sacré*, place des Martyrs, 20; *Buchholtz & Cie*, rue Léopold, 3; *Herm. Duden & Cie*, rue Fossé-aux-Loups, 75; *Müser & Cie*, même rue, 1; *Schürmann & Cie*, rue Grétry, 13. — La dentelle est moins chère aujourd'hui qu'autrefois, parce qu'au lieu d'appliquer des fleurs sur un fond fait au fuseau, on se sert de tulle fait à la mécanique. Les fleurs appliquées sur ce réseau se font tantôt au fuseau, et alors ce sont des *fleurs en plat*, tantôt à l'aiguille, et dans ce cas on les appelle *fleurs en point*. La ville exporte pour 2 à 3 millions de francs de dentelle en France seulement. — L'industrie de la dentelle occupe en Belgique environ 130000 ouvrières. Le chiffre de la production s'élève à près de 50 millions de fr.

Librairies: *Office de publicité (Lebègue & Cie)*, rue de la Madeleine, 46; *C. Muquardt*, rue de la Régence, 45; *Kiessling & Cie* (en même temps cabinet de lecture), Montagne-de-la-Cour, 72.

Objets d'art: *Goupil & Cie*, Montagne-de-la-Cour; *Géruzet*, rue de l'Ecuyer; *Leroy & fils*, Montagne-de-la-Cour, 83; *Bernheim*, même rue, 94; *Dietrich & Cie*, rue Royale, 23 A.

Poste aux lettres: *bureau central* (pl. D2), provisoirement dans l'ancien temple des Augustins, à l'extrémité N. du boulevard Anspach, ouvert de 5 h. du mat. à 8 h. du soir. Il y a en outre de nombreux *bureaux auxiliaires*, qui sont ouverts de 7 h. du mat. à 7 h. du soir.

Télégraphe: *bureau central* (pl. 64; E 1), à la station du Nord, rue de Brabant; *bureaux auxiliaires* aux autres stations et aux bureaux de poste.

Voitures de place, *à 1 chev.*, pour 1 à 3 pers., dans l'intérieur de la ville, de 6 h. du matin (7 h. de déc. à mars) jusqu'à minuit: la première 1/2 h., 1 fr.; chaque 1/4 d'h. suiv., 50 c.; de min. à 6 ou 7 h. du matin, le double.

Ce tarif s'applique aussi aux promenades au bois de la Cambre, au parc de Laeken, etc., mais il est dû 1 fr. d'indemnité pour le retour, si l'on ne garde pas la voiture.

Les *voitures à 2 chev.* ne sont pas tarifées.

Bagages: 10 c. par colis placé sur la voiture. Les cochers sont obligés de charger et de décharger les bagages. — 10 à 20 c. de pourboire.

Les voitures des faubourgs ont à peu près l même tarif.

Les *voitures de grande remise*, avec cochers en livrée, ont des tarifs plus élevés.

Tramways. Bruxelles possède maintenant un réseau très complet de tramways, dont les lignes sont marquées sur notre plan. Prix: 10 à 60 c. selon le trajet effectué.

1. De SCHAERBEEK (pl. F 1) au BOIS DE LA CAMBRE, d'abord par la *rue Royale*, puis par la *place du Palais* et le *boul. de Waterloo* (plaques et feux jaunes), ou bien par la *rue de la Régence* (plaques et feux rouges) et par l'*avenue Louise* (pl. D 6) jusqu'au bois.

2. De la STATION DU NORD (pl. E 1) à la STATION DU MIDI, par les *boulevards du haut* (pl. E F 2-5).

3. De la STATION DU NORD à la STATION DU MIDI par les *boulevards du bas* (pl. C B 1-6).

4. De LAEKEN à la STATION DU MIDI (plaques blanches, feux verts), par la rue du Progrès, la *station du Nord* et les *boulevards intérieurs* (pl. D C 1-5).

5. De SCHAERBEEK, rue du Pavillon, à ST-GILLES (plaques noires, feux jaunes), par la *station du Nord*, les *boulevards intérieurs* et la *station du Midi*.

6. De SCHAERBEEK, place Liedts, à FOREST (plaques jaunes, feux rouges), par la *station du Nord*, les *boulevards intérieurs* et la *station du Midi*.

7. De LAEKEN à CUREGHEM et ANDERLECHT, par la chaussée d'Anvers, la rue de Laeken, la rue van Artevelde et la chaussée de Mons.

8. De l'IMPASSE DU PARC (pl. E 3) à l'ancien CHAMP DE MANŒUVRES, par la *rue de la Loi*.

9. De la PLACE ROYALE (pl. E 4) au PARC LÉOPOLD (pl. G 5), par la rue Belliard.

10. De la PLACE ROYALE à UCCLE (pl. D 6), par la rue de la Régence, l'avenue Louise, la chaussée de Charleroi et l'avenue Brugman.

Tramway à vapeur de la *place Madou* (pl. F 3) à *Evere*, au cimetière central, et de la *place de Namur*, extrémité de la rue du même nom (pl. E 5), au *bois de la Cambre*.

Théâtres. *Théâtre Royal de la Monnaie* (pl. D 3), place de la Monnaie (opéra); représentations presque tous les jours, excepté en mai, juin, juillet et août. Les représentations commencent à 7 h. et durent jusqu'à 11 h. et plus tard. Prix: fauteuils d'orchestre et 1res loges, 6 fr.; balcon (places réservées devant les loges de premier rang) et 2es loges du milieu, 5 fr.; parquet (derrière les fauteuils d'orchestre), 4 fr. 50; 2es loges de côté, 3 fr. 50; 3es loges et parterre, 2 fr. Louées d'avance, les places coûtent 50 c. à 1 fr. de plus. Le bureau de location est ouvert de midi à 3 h. — *Théâtre Royal des Galeries St-Hubert* (pl. 66, D 3; 1500 places), donnant des opérettes, des comédies et des vaudevilles: prix le plus élevé, 5 fr., 6 fr. en location. — *Théâtre du Parc* (pl. 67, E 3-4; comédies, drames, vaudevilles): prix le plus élevé, 5 fr. — *Théâtre Molière* (pl. 68, E 5), rue du Bastion, donnant des drames et des vaudevilles: prix le plus élevé, 5 fr. — *Alcazar Royal*, rue d'Arenberg (pl. D 3; opéra bouffe): prix le plus élevé, 4 fr. 50. — *Eden-Théâtre*, rue de la Croix-de-Fer (pl. E F 3;

féeries): entrée, 2 fr.; places réservées plus chères. — *Théâtre Flamand* (pl. 71, D 2), nommé généralement *Alhambra*, rue du Cirque, etc.

Concerts: en hiver, dans le nouveau local du *conservatoire de musique* (pl. 11, D 5), rue de la Régence, au coin du Petit-Sablon (1 à 3 fr.). — *Concerts populaires et classiques*, ordinairement tous les quinze jours, le dimanche, à 1 h., à l'Alhambra (v. ci-dessus); — en été, du 1er mai au 31 août dans le Parc, musique militaire de 3 h. à 4 h. 1/2 (de 1 h. à 2 h. 1/2 le dim.); — au *Vauxhall* (pl. E 3-4), dans l'angle N.-E. du Parc, à 8 h. du soir, concert de l'orchestre du théâtre royal (1 fr.), etc.

Fêtes populaires: kermesse, à la fin de juin; fêtes commémoratives de la révolution, les 23-26 sept. (procession à la cathédrale). L'élément brabançon se révèle encore dans tout son réalisme à la kermesse. — *Courses de chevaux* plusieurs fois par an à l'hippodrome, sur la route de Boitsfort (p. 50).

Service protestant: en français, dans la chapelle royale près du musée, le dimanche à midi; dans les temples du boulevard de l'Observatoire, 50, le dim. à 11 h. et à 6 h., et de la rue Belliard, 13, à 10 h. 1/2 et à 6 h.; en flamand, place Ste-Catherine, 5, et rue Blaes, 93, à 10 h. 1/2 et à 5 h.; chaussée de Wavre, 338, à 10 h. 1/2 et à 7 h. 1/2. — *Chapelle russe*, rue des Chevaliers, 29. — *Synagogue*, rue de la Régence (v. p. 36).

Jours et heures d'ouverture des musées, de certains monuments, etc.

Bibliothèque royale (p. 22), tous les jours de 10 h. à 3 h. en hiver et 4 h. en été.

Bourse (p. 41), tous les jours. Bourse des valeurs, de 1 h. à 3, ensuite Bourse aux grains.

Cabinet d'histoire naturelle (p. 33), tous les jours de 10 h. à 3 h.

Hôtel de ville (p. 38), l'intérieur, de préférence le matin avant 9 h., ou le soir après 4 h. Entrée, 50 c.; 2 fr. pour une société de 8 personnes.

Jardin botanique (p. 44), toute la journée; serres visibles moyennant un pourboire, de 10 h. à 2 et de 2 à 4, excepté le dimanche.

Musée d'antiquités de la porte de Hal (p. 45), tous les jours, le lundi de 1 h., les autres jours de 10 h. à 3 h.

Musée de peinture (p. 23), tous les jours de 10 h. à 3, 4 ou 5 h.

Musée des plâtres (p. 18), tous les jours de 10 h. à 4 h.

Musée Wiertz (p. 45), tous les jours de 10 h. à 4 h.

Palais des Académies (p. 18), fresques de la grande salle, tous les jours moyennant 50 c.

Palais du duc d'Arenberg (galerie de peintures; p. 35), dans la semaine, en l'absence du duc, de 10 h. à 4 h.: on s'inscrit chez le concierge. Lorsque le duc est à Bruxelles, la galerie n'est visible qu'avec une autorisation qu'il faut demander par écrit. 3 à 5 fr. de pourb.

Palais Royal (p. 17), seulement en l'absence de Sa Majesté et avec une autorisation spéciale du maréchal du palais ou du ministre de la maison royale.

Principales curiosités: le *Parc* (p. 17) et ses environs, la *colonne du Congrès* (p. 19), *Ste-Gudule* (p. 19), le *musée de peinture* (p. 23), le *palais de justice* (p. 36), la *Grand' Place*, avec l'*hôtel de ville* (p. 38), le *Manneken-Pis*, comme singularité (p. 39); les *nouveaux boulevards* et la *Bourse* (p. 42), les *galeries St-Hubert* (p. 40), le *musée Wiertz* (p. 45), le *musée d'armes et d'antiquités de la porte de Hal* (p. 46).

Bruxelles, en flam. *Brussel*, capitale de la Belgique, résidence du roi et siège du gouvernement et des chambres, est située à peu près au milieu du royaume, sur la *Senne*, petite rivière qui est un affluent de l'Escaut. La ville se compose d'une partie basse, au N.-O., et d'une partie haute, au S.-E., sur la hauteur qui s'élève doucement de la vallée de la Senne. La rivière elle-même est voûtée dans l'intérieur de la ville et passe sous les boulevards du Hainaut, Anspach et de la Senne (v. p. 42, 43). — Lors du recensement de 1881, la population de Bruxelles était de 165 350 hab. ou de 388 781, en y comprenant ses neuf faubourgs, qui sont, du N. à l'E., au S. et à l'O. : *Schaerbeek, St-Josse-ten-Noode, Etterbeek, Ixelles, St-Gilles, Cureghem, Anderlecht, Koekelberg, Molenbeek-St-Jean, Laeken.*

Les chroniques mentionnent dès le VIIIe s. une localité du nom de *Broeksele* (habitation au bord d'un marais), et une charte de l'empereur Othon le Grand prouve qu'il y existait une église en 966. Cette localité fut considérablement agrandie et entourée de murailles au XIe s., et bientôt elle devint la station principale de la grande route commerciale qui reliait Bruges à Cologne. Les princes du pays, alors les comtes de Louvain, qui prirent le titre de «ducs de Brabant», s'établirent au XIIe s., avec leur cour, sur la hauteur qui domine la vallée. Au XVe s., sous la domination des ducs de Bourgogne, on vit s'y introduire, avec la chevalerie française, la langue et, plus ou moins, les mœurs de ce pays. Cette circonstance a beaucoup influé sur le caractère de la ville. Dans la partie élevée, où résidaient la cour et la noblesse, dominent encore la langue et les manières françaises; dans la vallée, où se trouvaient la bourgeoisie et le commerce, la langue et les mœurs flamandes. Le pays étant échu en 1477 à la maison de Habsbourg, Bruxelles fut la résidence d'une cour brillante, surtout sous Charles-Quint. Philippe II y transféra le siège du gouvernement général des Pays-Bas, sous Marguerite de Parme (p. 6). C'est à Bruxelles qu'eut lieu, en 1566, le premier soulèvement contre l'oppression espagnole (p. 35); mais après bien des combats, la ville finit par rester à l'Espagne. Elle eut beaucoup à souffrir des guerres de Louis XIV et de Louis XV et des luttes contre le gouvernement autrichien (v. p. 37), jusqu'au jour où le régime bienveillant de Marie-Thérèse et de son représentant, le duc Charles de Lorraine (1741-80), y ramena la paix et le calme. Incorporée à la France sous la première république et le premier empire, Bruxelles fut réunie, le 21 sept. 1815, au nouveau royaume des Pays-Bas et dès lors, alternativement avec la Haye, le siège des états-généraux et la résidence royale. Mais en 1830 éclata dans la même ville la révolution qui sépara la Belgique de la Hollande, et le 21 juillet 1831, Léopold de Saxe-Cobourg-Gotha, élu roi des Belges, faisait son entrée dans la capitale. Le nombre des habitants était alors de 100 000, et il s'élevait en 1856 à 150 000.

Bruxelles a conservé aussi à l'extérieur un double caractère, comme sa population. La ville haute, reconstruite après le grand incendie de 1731, comprend les palais, les ministères, les hôtels du corps diplomatique et de la noblesse et en général les habitations de la haute société, tandis que le commerce et l'industrie sont établis dans la ville basse. La partie qui caractérise le mieux cette dernière est la Grand'Place, avec son hôtel de ville splendide, ses magnifiques maisons des corporations et ses autres riches monuments rappelant le moyen âge, qui en font une place comme on en rencontre rarement ailleurs. La ville basse a du reste déjà pris comme l'autre un cachet moderne, plus accentué encore par la création des boulevards intérieurs.

On a souvent comparé Bruxelles à Paris; on l'a même appelée un petit Paris. Il y règne en effet une certaine tendance à l'imitation de la grande ville, et elle réussit bien en beaucoup de choses. Le Parisien y retrouve ses cafés, son jardin des Tuileries (Parc), ses boulevards, son bois de Boulogne (bois de la Cambre), etc., mais tout cela en petit et sans animation. — Dans les arts, Bruxelles est également aujourd'hui en grande partie française et parisienne. Elle ne s'est pas distinguée sous ce rapport, aux siècles derniers, à l'égal de Gand, de Bruges et d'Anvers, bien qu'elle ait eu comme peintre officiel *Roger van der Weyden* ou *de la Pasture* (m. 1464). *Jacques-Louis David*, chef de l'école française moderne, s'y étant réfugié lors de son bannissement en 1815, pour avoir voté la mort de Louis XVI, et ayant vécu dans cette ville jusqu'en 1825, les tendances académiques s'y sont maintenues grâce à lui plus longtemps qu'ailleurs en Belgique. *Navez*, *Portaels* et *Mathieu* qui y travaillèrent après 1830 et 1840, sont les représentants du style correct et méthodique, mais absolument froid et sans vie, qui régnait dans la peinture religieuse.

Bruxelles a eu peu de part à la transformation qui s'est opérée en Belgique dans le goût et les arts depuis 1830; c'est Anvers qui a été à la tête du mouvement. Cependant l'importance politique de la ville, les richesses artistiques qu'elle possède, les débouchés qu'elle offre, y ont réuni la colonie la plus considérable d'artistes belges, entre lesquels il n'y a toutefois aucune relation d'école.

Louis Gallait, né à Tournai en 1810, et *Edouard de Biefve*, né à Bruxelles en 1808, furent les peintres les plus en vue après 1840. Leurs œuvres, l'Abdication de Charles-Quint (p. 32) et le Compromis des nobles (p. 33), ont été admirées dans l'Europe entière. Leur genre, surtout celui de Gallait, est un naturalisme soigneux, une grande application à rendre les détails, sans aspirer encore aux effets techniques des peintres de nos jours. Comme ils se sont attachés à rendre les idées nationales et en particulier à glorifier Egmont, cela n'a pas peu contribué à leur popularité. Gallait a dû aussi un grand attrait à une certaine sentimentalité, qui s'est habituellement maintenue dans de justes limites.

Dans la nouvelle génération, on distingue surtout, comme peintres d'histoire et de genre, *Slingeneyer*, *Markelbach*, *Wulfaert*, élève de Gallait; *de Vriendt*, *Madou* et *Stallaert*. Le plus célèbre des peintres nationaux est peut-être actuellement *Emile Wauters*, tandis que les principaux représentants du genre français en Belgique sont *Alfred Stevens* et *Willems* : le premier est même plus de Paris que de Bruxelles. — *G. Guffens* et *J. Swerts*, qui ont fait beaucoup ensemble pour introduire la peinture à fresque en Belgique (Ypres, p. 163; Courtrai, p. 167), appartiennent au contraire à une école qui soigne surtout le dessin et qui rappelle le genre allemand. — *E. Verboeckhoven* s'est fait une spécialité dans la peinture des animaux, de même que *Robbe* et *Tschaggeny*. Pour le paysage, la Belgique a peu de noms qu'elle puisse mettre à côté de ceux de l'école hollandaise.

Wiertz, dont les œuvres sont réunies dans un musée spécial (p. 45), occupa une place tout à fait à part. Il était réellement bien doué, et il a réussi jusqu'à un certain point à s'approprier le genre de Rubens; mais son humeur hypocondriaque et des querelles littéraires ont fini par l'égarer, et il a poussé quelquefois la bizarrerie jusqu'aux limites de la folie.

Dans la sculpture, Bruxelles compte quelques noms marquants, comme ceux d'*Eug. Simonis*, *A. Fraikin* et *Jehotte*. Mais c'est surtout dans la sculpture religieuse et plus particulièrement dans la sculpture en bois que se distingue la Belgique. C'est même une spécialité du pays depuis le XVIIe s. Elle se cultive notamment à Bruxelles et à Louvain, et les maîtres dans ce genre sont *Geerts* et les frères *Goyers*. Les œuvres de l'école sont si nombreuses dans les églises restaurées et les églises neuves qu'elles attirent déjà suffisamment l'attention.

Les constructions élevées dans ces derniers temps à Bruxelles et qui en ont considérablement modifié l'aspect, sont pour la plupart dans le goût français. Le style dominant est celui de la *renaissance française*, dans le sens large du mot, du temps de Louis XIII à celui de Louis XVI. Mais on trouve aussi à côté le style de la *renaissance flamande* du XVIe s., qui devient de plus en plus à la mode, non seulement dans les constructions particulières, dans ces jolies petites maisons où les murs des façades sont remplacés par de légers pilastres, mais encore dans les édifices publics.

Le ***Parc** (pl. E 4), l'ancien jardin des ducs de Brabant, a été créé tel qu'il est aujourd'hui en 1774. Il se trouve au centre de la ville haute, dont l'aspect est bien caractérisé par les rues imposantes mais uniformes qui l'environnent. Il a la forme d'un grand carré long, mesurant 450 m. sur 320, et il possède de jolis massifs d'arbres, des pelouses, des bassins, etc. Parmi les sculptures, nous mentionnerons: des statues de Diane et de Narcisse, au jet d'eau du côté du palais de la Nation, par *Grupello;* un buste de Pierre le Grand, donné par le prince Demidoff; une Madeleine par *Jér. Duquesnoy;* deux statues de Méléagre, par *Lejeune*, une Vénus, par *Olivier*, etc. Les groupes en pierre qui décorent la porte en face du palais du roi, représentant l'Eté et le Printemps, sont de *Poelaert* et de *Melot*. — Durant la bonne saison, il y a musique militaire dans le parc (v. p. 14), qui est alors le rendez-vous du beau monde (chaise, 10 c.). On ferme le parc 1 ou 2 h. après la chute du jour; les promeneurs en sont avertis par le son d'une cloche. — Pendant les sanglantes journées du 23 au 26 sept. 1830, le parc fut le principal théâtre de la lutte. Le prince Frédéric des Pays-Bas était entré le 23 dans la ville révoltée, avec une armée de 10 000 hommes, et avait occupé le château et le parc. Il ne put pénétrer dans les rues latérales, fermées par des barricades, et il évacua le Parc dans la nuit du 26 au 27.

Les rues qui avoisinent le Parc: la *rue Royale*, la *rue Ducale*, la *rue de la Loi*, ainsi que la *place des Palais* et la *place Royale*, ont été créées à peu près en même temps que le Parc et en grande partie sur les plans de l'architecte *Guimard*.

La RUE ROYALE, qui longe le Parc à l'O., marque de ce côté la limite de la ville haute; ce n'est que depuis peu de temps qu'il y a quelques magasins. Du côté O., les maisons y ont de petites terrasses, d'où l'on devait avoir, dans le plan de Guimard, de belles vues sur la ville basse: elles sont aujourd'hui presque toutes masquées. Sur la première de ces terrasses, encore en partie dégagée, s'élève la *statue du comte Belliard* (pl. 59, E 4), en marbre, érigée par la nation à ce général français qui fut, en 1831 et 1832, ministre plénipotentiaire de France auprès du gouvernement belge; elle est de *Guill. Geefs*.

Le **Palais Royal** (pl. E 4), place des Palais, se composait jusque dans ces derniers temps de deux bâtiments réunis en 1827 au moyen d'un avant-corps orné de six colonnes corinthiennes. Il vient d'être complètement transformé sur le derrière, du côté du jardin, par *Balat*. La visite n'en est permise qu'avec l'autorisation du maréchal du palais ou du ministre de la maison royale. Sa principale richesse consiste en tableaux de maîtres anciens et contemporains: *Rubens*, *van Dyck*, *Hobbema*, *Frans Hals*, parmi les anciens; *de Braekeleer*, *Coomans*, *Gallait*, *Verboeckhoven*, *Wappers*, etc., parmi les autres. — Un drapeau hissé sur le palais indique que le roi est à Bruxelles.

Près du Palais Royal, à l'E., donnant sur la rue Ducale, se trouve le **palais des Académies** (pl. E 4), l'ancien palais du Prince d'Orange, nommé ordinairement *Palais Ducal*. Il a été bâti aux frais de la nation et donné par elle, en 1829, au prince d'Orange, plus tard Guillaume II, roi des Pays-Bas, et il est devenu la propriété de l'Etat en 1842. Aujourd'hui, ce palais renferme au rez-de-chaussée le *musée des plâtres*, tant de sculptures anciennes que de sculptures modernes, ouvert tous les jours de 10 h. à 4 h. (v. aussi p. 14). Le premier étage est occupé depuis 1878 par l'*Académie des Sciences, des Lettres et des Beaux-Arts* et par l'*Académie de Médecine.*

La GRANDE SALLE du premier étage, qui mérite d'être vue (entrée, v. p. 14), a été décorée par *E. Slingeneyer* de douze excellentes fresques représentant les principaux épisodes de l'histoire politique et intellectuelle de la Belgique: 1, à g. dans le fond, les Premiers Belges, avec leur chef Ambiorix, jurant de délivrer leur patrie du joug des Romains, l'an 54 av. J.-C.; 2, la Civilisation chrétienne: Clovis promettant de se faire chrétien, à la bataille de Tolbiac, en 496; 3, les Institutions carlovingiennes: Charlemagne (768-814) à l'école d'Héristal; 4, la Féodalité: Godefroid de Bouillon visitant le St-Sépulcre après la prise de Jérusalem, 1099; 5, les Communes: Jacques d'Artevelde recommandant aux villes de Flandre la neutralité dans la guerre entre la France et l'Angleterre, 1337; 6, les Corporations: Anneessens (p. 37), l'énergique défenseur de leurs droits contre la domination autrichienne, avant son exécution, 1719; — 7, à dr., Fondation de la dynastie nationale, 1831; 8, les Belles-lettres: Albert et Isabelle d'Autriche assistant, après leur entrée à Louvain, au cours d'histoire de Juste-Lipse; 9, la Musique: Willaert, Clément, Lassus, Grétry, etc.; 10, l'Art ancien: Philippe le Bon, de Bourgogne, rendant visite à Jean et à Marguerite van Eyck; 11, l'Art moderne: Rubens reçu à son retour dans sa patrie par van Dyck, Snyders, Jordaens, etc.; 12, les Sciences naturelles: l'Anatomiste Vésale sur le champ de bataille, comme médecin de Charles-Quint.

Le palais est entouré d'un jardin ouvert au public, où l'on voit, devant la façade, la *statue de Quetelet* (p. 44), l'astronome, en marbre, par *Fraikin* (1880); derrière, le Vainqueur, statue en bronze par *J. Geefs;* Caïn, par *Jehotte*, et un Lanceur de disque, par *Kessels.*

Au N. du Parc passe la rue de la Loi. Là s'élève le **palais de la Nation** (pl. E 3), où siègent le sénat et la chambre des députés. Il a été construit de 1779 à 1783, sur les plans de *Guimard*, pour le conseil de Brabant, et il a servi de palais de justice sous la domination française et de palais des Etats-Généraux de 1817 à 1830. Le tympan du fronton contient un bas-relief de *Godecharle*, représentant la Justice. Le bâtiment principal a brûlé complètement à l'intérieur le 9 déc. 1883, et pendant la restauration, qui doit être terminée en 1885, la chambre des députés tient ses séances dans la salle du sénat, dans l'aile droite.

Les bâtiments qui touchent au palais de la Nation à l'E. et à l'O. sont occupés par divers ministères. — En face, dans l'angle oriental du Parc, le *Vauxhall* (pl. E 3-4; concerts, v. p. 14), occupé en partie par le cercle artistique et littéraire. A côté, le *théâtre du Parc* (pl. 67). — Au n° 22bis de la rue Ducale (pl. F 3) est une maison de bois dans le style flamand du XVIe s., nommée *'t Lucashuis*, construite en grande partie avec de vieux matériaux, par le peintre Th. Smaelen. — Au n° 22, du côté du Parc, le *musée scolaire de l'Etat*, ouvert tous les jours de 10 h. à 4 h., excepté le vendredi et le samedi. Il y a une riche collection d'objets relatifs à l'enseignement, dans les écoles primaires comme dans les écoles supérieures de Belgique, de France, d'Allemagne, de Hollande, d'Angleterre et de Russie.

A mi-chemin entre la rue de la Loi et le boulevard Botanique, au bord de la rue Royale, est la petite place du Congrès, avec la **colonne du Congrès** (pl. 10, E 3). Ce monument, dont le roi Léopold posa la première pierre en 1850, et qui fut solennellement inauguré en 1859, est consacré au souvenir du Congrès national (assemblée constituante) qui, après la révolution de 1830, établit le pacte fondamental belge, et appela au trône le prince Léopold de Saxe-Cobourg. Le fût de la colonne, du style corinthien, a 45 m. de hauteur, et il est surmonté d'une statue en bronze du roi Léopold Ier, de 4 m., par *Guill. Geefs*. Le piédestal est couvert de bas-reliefs par *Simonis*, symbolisant les neuf provinces du royaume. Les noms des 237 membres du Congrès et ceux des membres du gouvernement provisoire sont gravés sur des tables de marbre. Les quatre coins du stylobate sont occupés par quatre grandes figures de femmes assises, en bronze: la Liberté de la presse, par *Jos. Geefs;* celle de l'enseignement, par le même; celle d'association, par *Fraikin*, et celle des cultes, par *Eug. Simonis*. On arrive à la galerie par un escalier en limaçon de 192 marches; le panorama de la ville et des environs qui se déroule de là est magnifique. On donne un petit pourboire au gardien. Les deux lions en bronze, à l'entrée, sont l'œuvre de *Simonis*. — Un large escalier conduit de la place du Congrès vers le centre de la ville; au pied de cet escalier, à dr. et à g., deux *marchés couverts*.

L'église Ste-Marie de Schaerbeek (p. 44) forme perspective à l'extrémité N. de la rue Royale, au delà du boulevard.

***Ste-Gudule** ou *Ste-Gudule-et-St-Michel* (pl. E 3), la cathédrale, est à peu de distance de la place du Congrès, sur le versant de la colline de la ville haute. C'est une église à trois nefs, du style goth., avec pourtour et des niches latérales ressemblant à des chapelles. Elle a été commencée vers 1220, à la place d'une autre qui avait été consacrée en 1047. Certaines parties du chœur datent encore de l'époque de transition ou du XIIe s.; le reste du chœur et le transept, les arcades de la grande nef et le bas côté S., du style ogival primitif, ont été achevés en 1273. Le bas côté

N., la voûte et les fenêtres de la grande nef ont été construits entre 1350 et 1450. Les fenêtres dans le haut du chœur et les tours inachevées de la façade sont de la fin du XVe s., la grande chapelle du St-Sacrement, au N., de 1534-1539, et celle de Notre-Dame-de-Délivrance, au S., de 1649-1653. Tout l'édifice a été restauré de 1848 à 1856 par Suys. Le grand portail s'élève sur un perron de 40 marches, achevé en 1861. Les nombreuses statuettes qu'on a placées dans les niches et sur les consoles du portail, ne sont malheureusement pas en harmonie avec le style de l'édifice.

INTÉRIEUR. — L'église est fermée de midi à 4 h., et l'entrée coûte alors 1 fr. pour le fonds de restauration ou 50 c. par pers. si l'on est plusieurs, et le suisse demande encore quelque chose pour ouvrir les chapelles. On entre alors par le bras S. du transept.

L'intérieur, qui a env. 108 m. de long et 50 m. de large, se distingue par ses proportions simples et nobles. On admire les **vitraux*, qui datent de toutes les époques depuis le XIIIe s., et qui sont remarquables par leur coloris harmonieux.

Les plus beaux vitraux sont ceux de la *chapelle du N., à g. du chœur (v. ci-dessus), la *chapelle du St-Sacrement-des-Miracles;* ils ont été donnés de 1540 à 1547 par cinq des plus puissants princes cathol. de l'Europe, en l'honneur des hosties miraculeuses (v. ci-dessous). On voit à chaque fenêtre le portrait du donateur avec son patron. 1re à g., Jean III, roi de Portugal, et la reine Catherine, sœur de Charles-Quint. — 2e, Louis de Hongrie et la reine Marie, aussi une sœur de Charles-Quint. Ces deux vitraux ont été exécutés d'après des cartons de *Michel Coxcie*, par *Jean Haeck*. — *3e fenêtre, François Ier de France et la reine Eléonore, une troisième sœur de Charles-Quint, d'après des cartons de *Bern. van Orley*. — 4e fenêtre, Ferdinand Ier, empereur d'Allemagne, frère de Charles-Quint, et son épouse. Les compositions de la moitié supérieure de cette fenêtre rappellent l'histoire des hosties: des juifs ayant volé des hosties, les portèrent dans leur synagogue (v. p. 36) et les y transpercèrent à coups de canif; alors ces hosties se mirent à saigner, et ils furent tellement effrayés qu'ils résolurent de les restituer secrètement; mais ils furent trahis et punis de mort. — 5e fenêtre, au-dessus de l'autel, Charles-Quint, l'impératrice Eléonore-Louise, et, dans le haut, l'Adoration de l'Agneau sans tache et des saintes hosties. Ce vitrail est une bonne reproduction de l'ancien, qui a été détruit; il a été peint en 1848 par *Capronnier*. L'autel en bois sculpté, du style goth., par *Goyers* (1849), est aussi fort remarquable.

Les vitraux de la chapelle du S. ou de *Notre-Dame-de-Délivrance*, exécutés en 1656 à Anvers, d'après des cartons de *Théod. van Thulden*, par *J. de la Baer*, sont inférieurs aux précédents pour le dessin et le coloris, mais ce sont encore de très bons spécimens de peinture au XVIIe s. (école de Rubens). Ils représentent des épisodes de la vie de la Vierge, avec les portraits de l'archiduc Léopold-Guillaume, frère de l'empereur Ferdinand (1649), de l'archiduc Albert et de sa femme, l'infante Isabelle (1633); de l'empereur Léopold Ier (1658) et de l'empereur Ferdinand II. En face de l'autel, dans la même chapelle, se trouve le *monument* en marbre, exécuté par *Guill. Geefs*, à la mémoire du comte Frédéric de Mérode, tué en 1830 au combat de Berchem. Les armes de la famille de Mérode sont accompagnées de cette belle devise: « plus d'honneur que d'honneurs ». On a placé au-dessus du monument un grand tableau de *Navez*, l'Assomption de la Vierge. La même chapelle renferme encore deux autres monuments en marbre, l'un, par Fraikin, du comte *Phil.-Balt. de Mérode* (m. 1857), frère aîné du précédent, connu par le rôle important qu'il joua comme homme d'Etat belge pendant et après la lutte pour l'indépendance contre les Hollandais, et l'autre, du général espagnol comte *Ernest d'Isenbourg-Grenzau* (m. 1664).

Les vitraux des 5 fenêtres supérieures du chœur sont du milieu du

XVIe s.; ils représentent Maximilien d'Autriche et sa femme, Marie de Bourgogne; Philippe le Beau et sa femme, Jeanne de Castille; les empereurs Charles-Quint et Ferdinand; Philippe II et sa première femme, Marie de Portugal; Philibert, duc de Savoie, et Marguerite d'Autriche, tous placés très haut et difficiles à reconnaître. — Dans le chœur, on voit le monument du duc Jean II de Brabant (m. 1312) et de sa femme, Marguerite d'York; il est en marbre noir et surmonté d'un lion d'airain doré, coulé en 1610 et pesant 6000 livres. En face se trouve le mausolée de l'archiduc Ernest (m. 1595), frère de l'empereur Rodolphe II et gouverneur-général des Pays-Bas. Le prince est représenté couché. Ces deux monuments ont été érigés aux frais de l'archiduc Albert, frère d'Ernest. Une dalle de marbre blanc couvre l'entrée du caveau des ducs de Brabant et des princes de la maison d'Autriche.

Le pourtour du chœur a des vitraux par *Capronnier*, dans le style du XIIIe s., exécutés en 1879 et représentant des scènes de l'histoire des patriarches et du peuple d'Israël, ainsi que de la vie de J.-C. et de l'histoire de l'Eglise. — La chapelle derrière le maître autel, dans le style rococo, a un autel provenant de l'abbaye de la Cambre (p. 50) et des vitraux avec les armes des Mérode, également de *Capronnier* (1843), représentant, à g., St Michel entre St Henri et St Félix; à dr., Ste Marguerite entre St Werner et Ste Françoise.

Les *vitraux du transept représentent, au N., Charles-Quint et son épouse, avec leurs patrons; au S., Louis II de Hongrie et son épouse, par *Bern. van Orley* (1538). On voit encore dans le transept des tableaux par *Coxie* (1592): en face de la chap. du N., la Vie de Ste Gudule; en face de la chap. du S., un Crucifiment.

Les vitraux modernes des bas côtés, tous de *Capronnier*, sont des dons du roi, de la famille royale et de grandes familles de Belgique. Ils sont également relatifs au vol des hosties, et la série commence dans le bas côté S., près du transept. La *fenêtre du grand portail*, le Jugement dernier, remarquable par le grand nombre des figures, est par *Fr. Floris* et de 1528, mais elle a été plusieurs fois restaurée. Des douze statues massives des apôtres placées contre les piliers de la nef, quatre sont de *Jér. Duquesnoy*: St Paul, St Barthélemy, St Thomas, St Mathieu, et trois de *Fayd'herbe*: St Jean, St André et St Jude. — La *chaire, en bois de chêne, a été faite, en 1699, pour les jésuites de Louvain, par *H. Verbruggen* d'Anvers. Les sculptures représentent Adam et Ève chassés du paradis terrestre et, dans des rameaux d'arbres, toutes sortes d'animaux. Dans le haut est une statue de la Vierge avec l'enfant Jésus, écrasant la tête du serpent. — On remarque encore dans les bas côtés des confessionnaux de *Van Delen* (XVIIIe s.). Le bas côté du S. renferme le monument du chanoine *Triest* (m. 1846), par *Eug. Simonis;* celui du N., le monument du comte *Cornet de Ways-Ruart*, par *Geefs* (1872): la Foi soutenant la vieillesse et maintenant la jeunesse. Les bas-reliefs de marbre du chemin de la croix sont de *P. Puyenbroeck*. — Depuis longtemps, la ville et le gouvernement consacrent des sommes considérables à l'entretien et à l'embellissement de l'édifice.

L'ascension de la TOUR, qui offre une belle vue, coûte 2 fr. pour une pers. et 3 fr. pour plusieurs personnes.

Le bâtiment au N. de la cathédrale est la **Banque Nationale** (pl. 4, E 3), dans le style du XVIIIe s., achevée en 1864, sur les plans des architectes *H. Beyaert* et *Janssens*. C'est une des plus belles constructions modernes de Bruxelles. Les figures allégoriques de l'Industrie et du Commerce, au-dessus des frontispices, sont par *Léop. Wiener* et le reste de l'ornementation par *Houtstout*. L'intérieur est également remarquable; l'entrée ordinaire est par la rue Berlaimont.

A côté du Parc, également au S.-O., se trouve la PLACE ROYALE (pl. E 4), qui doit aussi sa forme actuelle, comme nous l'avons dit p. 17, à l'architecte *Guimard* (1778). A g. s'élève l'église de **St-Jacques-sur-Caudenberg** (pl. 16), construite sur l'emplacement d'une vieille abbaye d'augustins. Elle a été commencée par *Guimard* en 1776 et achevée par *Montoyer* en 1785. Elle a un péristyle d'ordre corinthien, avec les statues de Moïse par *Olivier* et de David par *Janssens.* Depuis 1852, le fronton est orné d'une fresque sur fond d'or, peinte par *Portaels* et représentant la Vierge consolatrice des affligés. A l'intérieur, de chaque côté du chœur, des figures allégoriques de l'Ancien et du Nouveau Testament, par Godecharle.

Devant l'église, sur la place, qui paraît trop petite, se dresse depuis 1848 la **statue équestre de Godefroid de Bouillon* (pl. 60), le célèbre chef de la première croisade, chef-d'œuvre d'*Eug. Simonis.* L'artiste a représenté le héros au moment où il part pour la croisade (1097); il tient en main sa bannière, qu'il lève vers le ciel, et paraît prononcer les mots fameux: *Dieu le veut!* La statue est à peu près à l'endroit, «sur une montagne non loin de la ville de Bruxelles», où Godefroid appela le peuple à sa suite.

En face débouche la rue de la *Montagne-de-la-Cour,* toute remplie de magasins et l'une des principales artères de la ville, toujours parcourue par des omnibus et d'autres voitures, bien qu'elle soit fort raide (v. aussi p. 40). — Au S., entre le palais du comte de Flandre et le nouveau palais des Beaux-Arts, la *rue de la Régence* (v. p. 34).

En passant par l'arcade dans l'angle à l'O. de la place Royale on arrive sur la PLACE DU MUSÉE (pl. D 4), dont le côté dr. est occupé par les hôtels et les tavernes mentionnés p. 11, tandis qu'à g. se trouve la Bibliothèque.

La **Bibliothèque Royale** (pl. 5) est précédée d'une cour fermée par une grille, où s'élève depuis 1846 une *statue du duc Charles de Lorraine* (p. 15), en bronze, par *Jehotte.*

La bibliothèque comprend six départements: 1, imprimés; 2, manuscrits; 3, estampes, cartes et plans; 4, monnaies et médailles; 5, administration; 6, journaux.

Le DÉPARTEMENT DES IMPRIMÉS, qui compte env. 300 000 vol., est logé dans l'aile gauche du bâtiment. Le fonds de cette bibliothèque fut constitué en 1837 par l'achat de la collection d'un bibliophile renommé, M. van Hulthem, qui fut acquise par le gouvernement au prix de 315 000 fr. Depuis, il s'est augmenté de l'ancienne bibliothèque de la ville et de diverses acquisitions, telles que la bibliothèque du célèbre physiologiste Jean Muller (1860), la bibliothèque musicale de F. Fétis (1872) et la bibliothèque héraldico-généalogique de F.-V. Goethals. — La *salle de la bibliothèque* est ouverte de 10 h. à 3 h. en hiver et 4 h. en été, sauf durant la semaine sainte. Elle est décorée de portraits des souverains du pays jusqu'à Marie-Thérèse et Joseph II. Il y a dans une vitrine de beaux dessins chinois. Les chambres votent annuellement 60 à 65 000 fr. pour la bibliothèque.

Le DÉPARTEMENT DES MANUSCRITS se compose surtout de la célèbre *bibliothèque de Bourgogne*, fondée au XVe s. par Philippe le Bon, duc de Bourgogne. Elle est ouverte au public tous les jours de 10 h. à 3 h., sauf le dimanche. Parmi ses 12 000 manuscrits, on remarque surtout quelques somptueux livres d'heures, enrichis de précieuses miniatures, dont plusieurs de la vieille école flamande: le livre d'heures des ducs de Bourgogne, plus tard propriété du roi de Hongrie Mathias Corvin, fait en 1485 par *Attavante* de Florence; la chronique du Hainaut, en sept volumes in-folio, avec des miniatures, dont le titre, où se voit l'auteur, Jacques de Guise, présentant l'ouvrage au duc Philippe le Bon de Bourgogne, est attribué sans preuve à *Roger van der Weyden*; — la Cyropédie de Xénophon ayant appartenu à Charles le Téméraire; le «Pardon accordé par Charles-Quint aux Gantois» en 1540, d'anciens manuscrits remontant jusqu'au VIIe s., des jeux de cartes faits à Ulm en 1594, des autographes de François Ier, de Henri IV, de Philippe II, du duc d'Albe, de Voltaire, de Rubens, etc. Les volumes provenant de l'ancien fonds des ducs de Bourgogne sont généralement reliés en maroquin rouge.

Le *cabinet des estampes*, qui comprend plus de 60000 numéros, mérite particulièrement l'attention des amateurs. On y entre du musée de peinture. L'école flamande y est la mieux représentée. Une curiosité historique est une estampe de 1418, trouvée il y a quelques années à Malines. — Le *cabinet des médailles* est également considérable; il est ouvert de midi à 3 h. et l'entrée est rue du Musée, 5.

Une grande partie du rez-de-chaussée du palais est occupée par l'*école industrielle*. — Les bâtiments qui font suite à la Bibliothèque constituent ce qu'on nomme généralement l'Ancienne Cour. Après 1731, le feu ayant consumé l'ancien palais des ducs de Brabant, ils servirent de résidence aux gouverneurs-généraux autrichiens. On y a installé de nos jours le musée de peinture et le cabinet d'histoire naturelle. La chapelle, à dr. de l'entrée, fondée par Charles de Lorraine en 1760, est affectée au culte protestant: on l'appelle ordinairement l'*église du Musée*.

**Musée de peinture.

Le *musée royal de Belgique* (pl. D 4), dont le noyau fut la collection cédée à l'Etat par la ville en 1845, gagne toujours en importance. Après avoir été fort inférieur à celui d'Anvers, il peut être regardé maintenant comme le premier de la Belgique. La vieille école flamande du XVe s. y est représentée par une série de tableaux importants, du moins pour l'étude de la peinture, tels que l'Adam et Eve d'*Hub. van Eyck* (n° 13), la Vierge de *P. Cristus* (21), les Jugements d'Othon III par *Dierick Bouts* (51, 52), et la Ste Famille de *Quinten Massys* (38). Les écoles flamande et hollandaise du XVIIe s. sont aussi maintenant bien représentées par suite de plusieurs achats importants. Les *Rubens* que possède Bruxelles ne peuvent, il est vrai, se comparer à ceux d'Anvers, ni pour le nombre ni pour la beauté; mais cependant l'Adoration des mages (410) est un de ses meilleurs tableaux dans ce genre et ses portraits, ainsi que la Vierge avec l'enfant Jésus dans un paysage (412) méritent aussi de fixer l'attention. Il faut encore signaler la grande Kermesse de *Teniers* (465), le portrait en pied de Willem van Heythuysen (283) et un autre portrait (282) par *Frans Hals*, les portraits de *van der Helst* (291, 292) et de *Gér. Dov* (258). — Le bon *catalogue* de la galerie, par *E. Fétis*, coûte 1 fr. Les noms des artistes sont généralement marqués sur les cadres des tableaux. Le musée faisant toujours de nouvelles acquisitions, il y a assez souvent des changements dans la classification.

L'ENTRÉE (v. p. 14) est dans l'hémicycle à l'E. de la place du Musée. On passe dans une rotonde où il y a deux portes ouvertes. Celle qui est en face donne sur la cour, où est l'entrée du cabinet d'histoire naturelle, à g. (v. p. 33). Nous prenons à g. par la porte vitrée et nous arrivons à un escalier où se voit un Hercule de *Delvaux*. C'est là qu'est le vestiaire.

L'escalier conduit également à une rotonde où se trouvent, à g., l'entrée du *musée ancien;* à dr., l'entrée du *musée moderne*. Nous tournons à g. et nous sommes d'abord dans un corridor dont les murs sont couverts de tapisseries flamandes du XVIIe s. Il y a là en outre des sculptures, la plupart d'artistes belges modernes: *Guill. Geefs, C.-A. Fraikin* (l'Amour prisonnier), *Ad. Fassin, J. de Braekeleer, Eug. Simonis, J.-J. Jaquet, Jos. Geefs* (l'Ange du mal, une de ses meilleures œuvres), *Barth. Frison*, etc. Les armoires renferment des terres cuites des XVIIe et XVIIIe s. — La porte à g. au fond de ce corridor est celle du

MUSÉE ANCIEN.

Ire SALLE, surtout des œuvres de l'école hollandaise. Au mur de g.: 344, *van der Meulen*, l'Armée de Louis XIV campée devant Tournai; *467, *Dav. Teniers le Jeune*, Tentation de St Antoine; 359, *Moucheron*, paysage; 518, *école allemande*, portr. d'homme, de 1557.

Au mur en face de l'entrée: 270, *Gov. Flinck*, portr. de femme, de 1640; 253, *van Delen*, Portique d'un palais, avec figures d'*A. Palamedesz;* sans num., *J. de Bray*, portr. d'homme; *425, *Sal. van Ruysdael*, le Bac; 387, *F. Pourbus*, portr. d'homme, de 1573; 278, *J. van Goyen*, Vue de Dordrecht, avec figures de *Cuyp*; 356, *A. Mor*, portr. du duc d'Albe; 261, *Dusart*, Kermesse hollandaise, de 1695; 421, *Rachel Ruysch*, Fleurs et fruits; 314, *Jordaens*, tête d'apôtre, esquisse en couleurs. — Dans le haut: 430, 431, *Sallaert*, l'Infante Isabelle abattant l'oiseau au tir du Grand-Serment, près de l'église du Sablon (1615); la Procession des Pucelles du Sablon ou jeunes filles dotées par l'infante; 473, *Tilborgh*, les Princes de Ligne, de Chimay, de Rubempré, de la Tour et Taxis et le duc d'Arenberg sortant, à cheval et en costume de chevaliers de la Toison d'or, du palais des ducs de Brabant, à Bruxelles.

Au mur du fond: 315, *Jordaens*, Rencontre d'Eliézer et de Rébecca à la fontaine, dans un grand paysage par *Wildens;* s. n., *Bont* et *Boudewyns*, deux paysages.

Au mur du côté de l'entrée: 264, *J.-W. Delff*, portr. d'homme; 288, *J. de Heem*, nature morte; 176, *N. Berchem*, Repos dans la prairie; 354, *A. Mor*, portr. d'Hub. Goltzius (1576); s. n., *G.* et *J. Berck-Heyde*, Eglise de Harlem; 297, *M. d'Hondecoeter*, nature morte, un coq accroché par la patte; 394, *J. van Ravesteyn*, portr. de femme; 193, *Adr. Brouwer*, Buveurs attablés (Anvers), tableau acheté 13 000 fr., en 1882; 319, *Koedyk*, Intérieur hollandais; 321, *Phil. Koninck,* Site aux environs de Schéveningue. — Dans le haut: 155, 156, *D. van Alsloot,* la Procession de Ste-Gudule défilant sur la place de l'Hôtel-de-Ville de Bruxelles, la seconde partie présentant, au milieu, la vieille maison du Roi. — Nous revenons au corridor pour entrer, à l'extrémité, dans la

IIe SALLE. A dr. de la porte: 14, 15, *L. Cranach le Vieux,* Adam et Eve. Au-dessous: 477, *le Pérugin* (?), la Vierge, l'enfant Jésus et St Jean, tableau ovale encadré dans une guirlande

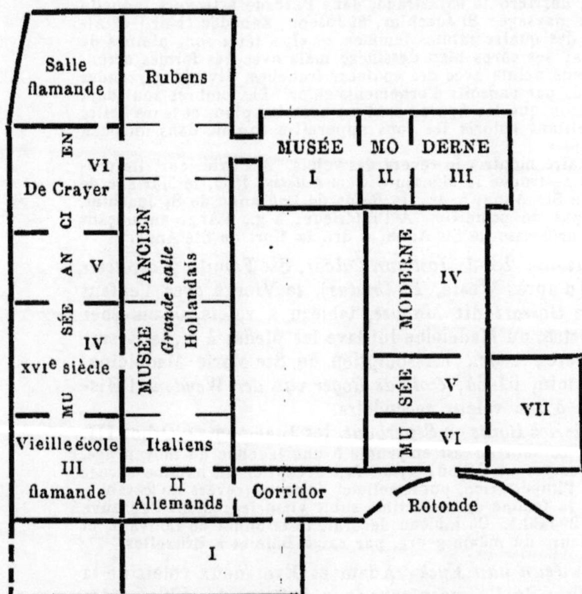

de fruits en terre cuite; 1, *Amberger,* portr. d'homme; 13, *L. Cranach le V.,* portr. d'homme (1529). — Mur suivant, tableaux italiens des xive et xve s., sur fond d'or: 16, 17, *Carlo Crivelli,* la Vierge, St François d'Assise; 50, *M. Schœn,* J.-C. chez Simon le Pharisien; 5, *B. de Bruyn,* portr. d'homme (1543). — A dr. de la porte du fond: 144, *inconnu,* portr. de l'empereur Maximilien Ier; 27, *H. Holbein le Jeune* (?), prétendu portr. de Thomas Morus, grand chancelier d'Angleterre. — A g. de la porte: 126, 140, *école rhénane,* Jésus sur la croix entre les deux larrons, la Vierge avec l'enfant Jésus et onze saintes.

IIIe SALLE, vieille école des Pays-Bas des xive-xvie s., œuvres aussi pour la plupart d'artistes inconnus, le nombre des tableaux authentiques de cette époque, c.-à-d. dont les auteurs sont connus (signatures ou documents), étant comme on le sait très restreint. — A g.: 2, *Henri de Bles*, Tentation de St Antoine.

**38, *Quinten Massys* ou *Quentin Metsys*, la Légende de Ste Anne, de 1509, achetée en 1879, pour 200 000 fr., à l'église St-Pierre de Louvain.

Dans la composition principale, la Vierge avec l'enfant Jésus, à qui Ste Anne présente une grappe de raisin; à dr., Marie Salomé avec ses deux fils, St Jacques le Majeur et St Jean l'Evangéliste; à g., Marie de Cléophas, avec ses fils St Jacques le Mineur, St Simon, St Thaddée et Joseph le Juste; derrière la balustrade, dans l'arcade à travers laquelle on voit un riche paysage: St Joachim, St Joseph, Zébédée (à dr.) et Alphée, les maris des quatre saintes femmes. — «Les têtes sont pleines de vie, mais calmes; les corps bien dessinés, mais avec des formes arrondies; les vêtements peints avec des couleurs franches, divisés en grandes masses et décorés par endroits d'ornements en or. Les ombres sont déjà fortes par la raison que les figures sont au premier plan, et leurs belles formes, leur brillant coloris les font apparaître comme dans un beau jour de printemps.»

On peut se faire montrer le revers des volets. A l'extérieur, ils présentent: à g., où se trouve la signature *Quinte Metsys* 1509, le Mariage de St Joachim et de Ste Anne; à dr., le Refus de l'offrande de St Joachim, parce qu'il n'a pas de postérité. A l'intérieur: à g., l'Ange annonçant à St Joachim la grossesse de Ste Anne; à dr., la Mort de Ste Anne.

Au mur suivant: 28, *J. Jost van Calcar*, Ste Famille; 21, *école des van Eyck* (d'après Weale, *P. Cristus*), la Vierge avec l'enfant Jésus; 24, *Jan Gossart* dit *Mabuse*, tableau à volets, Jésus chez Simon le Pharisien, où Madeleine lui lave les pieds; à g., la Résurrection de Lazare, à dr., l'Assomption de Ste Marie Madeleine; 57-60 et, plus loin, 61-64, *école de Roger van der Weyden*, l'Histoire de J.-C., d'une valeur secondaire.

*51, *52, *Dierick Bouts* ou *Stuerbout*, les Jugements d'Othon III.

Le sujet de ce tableau est emprunté à une légende du moyen âge, selon laquelle l'empereur Othon, ayant fait décapiter un homme accusé injustement par l'impératrice, punit celle-ci de mort (revers du 2e tabl.), après avoir vu la femme de la victime subir victorieusement l'épreuve du feu (face du 2e tabl.). Ce tableau décorait le tribunal de Louvain, et il y en a eu ailleurs du même genre, par ex. à Bâle et à Bruxelles.

*19, *Hub.* et *Jean van Eyck*, Adam et Eve, deux volets de la célèbre Adoration de l'Agneau mystique à Gand (p. 126), cédés à l'Etat comme peu convenables pour une église; l'Etat donna en échange des copies de six volets qui se trouvent à Berlin.

«L'on peut voir, dans la figure d'Adam, la connaissance approfondie du peintre en anatomie et des principes de la perspective appliquée à la forme humaine. Quoique la figure, dans son ensemble, manque d'une certaine noblesse, la tête a de la dignité et le corps de justes proportions. Eve n'est pas aussi bien réussie. La grande intelligence de l'artiste, pour exprimer la beauté des formes par les lignes extérieures, est remarquable dans la main et l'avant-bras; mais la tête est trop grande, le corps penche légèrement en avant, et les jambes sont trop grêles.» (*Crowe et Cavalcaselle*, *Les Anciens Peintres Flamands. Trad. Delepierre*).

Sur les revers de ces deux volets, qu'on peut aussi se faire montrer, ont été peintes, également par les van Eyck, la Sibylle Erythrée et la Sibylle de Cumes, avec une vue d'intérieur.

113, *inconnu,* la Femme adultère, et sur les volets, les donateurs avec leurs patrons (1526). 47, *école de Bern. van Orley,* la Vierge et l'enfant Jésus.

Au mur du fond: 152, *école française,* portrait d'Edouard VI d'Angleterre (?); 69, 76, *école flamande,* le Christ descendu de la croix; portr. de Guillaume de Croy; 145, 146, portraits de Maximilien II et d'Anne d'Autriche enfants; *42, 40, *B. van Orley,* portrait du médecin Georges de Zelle; J.-C. mort pleuré par la Vierge, avec les portraits des donateurs sur les volets, peint avant 1522, sous l'influence italienne.

A l'autre mur: 44, *B. van Orley* (?), volets d'un retable de 1528, avec des scènes de la vie de Ste Anne: Nativité de la Vierge et Refus de l'offrande de St Joachim, Mariage de Ste Anne et Apparition de J.-C.; 56, *Roger van der Weyden* (?), tête de femme en pleurs; *34, *Memling,* portr. d'homme; 29, *Lombard,* la Cène (1531); *55, *Rog. van der Weyden,* portr. de Charles le Téméraire; 39, *J. Mostert,* Miracle de St Benoît; 49, *M. Schœn,* J.-C. présenté au peuple. *31, *Memling* (?), le Christ en croix, pleuré par la Vierge et par St Jean; au premier plan, à genoux, Franç. Sforza, duc de Milan, sa femme et son fils; sur les volets, la Nativité et la Résurrection, avec des saints; sur les revers, St Jérôme et St Georges, en camaïeu. *32, *33, *Memling,* portr. de Guill. Moreel, bourgmestre de Bruges, et de sa femme, «vrais types de bons bourgeois»; 43, 41, *B. van Orley,* portr. de Guill. de Norman (1519), les Epreuves et la Patience de Job; 20, *J. van Eyck* (d'après Crowe & Cav., plutôt *Gérard David*), une Adoration des mages dont les figures sont un peu raides, mais ne manquent pas de naturel, et dont le coloris est vigoureux; 53, *Dier. Bouts,* la Cène; 12, *Corn. van Coninxloo,* la Parenté de la Vierge; 8 et 9, *Jan van Coninxloo,* Naissance et Mort de St Nicolas.

IVe SALLE: A g., 26, *Mart. van Heemskerck (van Veen),* Mise au tombeau, avec le donateur, sa femme et leurs patrons sur les volets (1559). — Au mur suivant: 4, *P. Brueghel le Vieux* ou «le Drôle», le Massacre des innocents, que l'artiste, dans sa naïveté, a placé en un pays couvert de neige (pendant à l'autre extrémité du mur); 185, *J. Bosch,* la Chute des anges rebelles, œuvre étrange d'une imagination dévergondée; s. n., *Nic. Maes,* portr. d'homme et de femme; 313, *Jac. Jordaens,* Allégorie des vanités du monde; s. n., *P. Brueghel le J.,* l'Hiver dans un village flamand (1610). — Au mur du fond: 443, 442, *P. Snayers,* Bataille de Wimpfen (1622), avec Tilly au premier plan; Bataille de Prague (1620). — A l'autre mur, dans le haut, deux grands retables: 231, 232, *Mich. van Coxie,* la Cène, la Mort de la Vierge; 333, *Nic. Maes,* portr. d'homme; 275, *J. Fyt,* Gibier; s. n., *Barth. van der Helst,* portrait de 1658; 445, 444, *Snayers,* Siège de Courtrai (1648), Bataille de Hœchst (1622).

Ve SALLE. Sans num., *Nic. Maes*, portr. de femme. 211, *Phil. de Champaigne*, St Benoît recevant la visite d'un prêtre. La plupart des autres tableaux de cet artiste qui se trouvaient ici (miracles de St Benoît), n'ont pas encore été replacés. 168, *Corn. de Baeilleur*, Adoration des mages; s. n., *Ferd. Bol*, portr. d'homme; 476, *Adr. van Utrecht*, Intérieur de cuisine; 175, *N. Berchem*, paysage avec ruines; 218, *Ph. de Champaigne*, St Benoît éteignant un incendie; 486, *T. Veraeght*, Aventure de chasse de l'empereur Maximilien Ier; 184, *Ferd. Bol*, Philosophe en méditation. — Mur de dr.: 194, *Adr. Brouwer*, la Dispute au cabaret; 483, *Will. van de Velde*, le Zuiderzée; 428, *H. Saftleven*, Une grange; au-dessus, 205, *Ph. de Champaigne*, Présentation au temple; 392, *A. Pynacker*, Chasse au daim; 237, *Gasp. de Crayer*, l'Assomption de Ste Catherine (le musée possède 13 tableaux de cet artiste); 393, *Dan. Seghers* et *Er. Quellin*, le Christ entouré de fleurs; 366, *Is. van Nickele* (m. 1703), Intérieur de la Grande-Eglise de Harlem; 386, *P. Pourbus*, portr. de J. van Gheenste, échevin et conseiller de la ville de Bruges; 295, *M. d'Hondecoeter*, l'Entrée d'un parc. — Du côté de l'entrée: 259, *F. Duchatel*, portr. d'enfants; au-dessus, 220, *Ph. de Champaigne*, son portrait, de 1668.

VIe SALLE: 221, *J.-B. de Champaigne*, l'Assomption de la Vierge. — Au 2e mur de g., 4 grands tableaux de *G. de Crayer*: 247, l'Adoration des bergers; 235, la Pêche miraculeuse, un de ses meilleurs tableaux; 236, Martyre de St Blaise (répétition à Gand, p. 132); 246, Apparition de J.-C. à St Julien l'hospitalier et à sa femme Ste Basilisse, qui l'avaient accueilli dans leur hospice sous les traits d'un voyageur, tableau de l'hospice St-Ghislain, à Bruxelles; 509, *inconnu*, portr. de femme. — Au mur du fond: 167, *Lud. Bakhuisen* (?), marine, de 1662; 420, *Géricault* (1820), d'après *Rubens*, copie du St-Martin qui est à Windsor; 409, *Rubens*, le Couronnement de la Vierge. — Dans le coin entre les deux portes, 395, *Jan van Ravesteyn*, portr. de femme. — Au mur suivant: 181, 182, *Ferd. Bol*, portr. d'homme et de femme; entre les deux, 178, *Karel Em. Biset*, Guillaume Tell s'apprêtant à abattre la pomme sur la tête de son fils, avec les membres de la corporation de St-Sébastien comme témoins; 301, *J.-B. Huysmans*, paysage avec animaux; 488, 489, *Mart. de Vos*, portr. d'homme et de femme; entre les deux, 439, *J. Siberechts*, Intérieur d'une cour de ferme. — Du côté de l'entrée, 361, *P. Neefs*, Intérieur de la cathédrale d'Anvers; 298, 299, *Huchtenburgh*, Batailles.

Ensuite vient la SALLE FLAMANDE, salle longue et irrégulière, garnie de lambris en bois sculpté et avec une cheminée et des tapisseries de cuir du XVIIe s. Elle contient actuellement des cartons et des esquisses de peintures religieuses, par *J. Swerts* et *Guffens*, ainsi que le grand carton de la peinture murale exécutée par ce dernier à l'hôtel de ville d'Ypres (p. 163); puis la copie d'un tableau de *Jean van Eyck* qui est à Madrid, par F. Meerts, et celle d'un tableau de *Campana* à Séville, par C. Meunier. On a des fenêtres une belle vue de la ville basse. — Nous passons maintenant dans la Grande salle (v. le plan, p. 25).

GRANDE SALLE, divisée en 5 travées par des colonnes accouplées. Contre ces colonnes sont placés dans chaque travée quatre bustes en bronze de peintres des Pays-Bas. Dans la première, qui est au fond: à dr., Rubens; à g., Jordaens.

1re travée. A dr. et à g. de l'entrée: 209, 208, *Phil. de Champaigne,* St Etienne et St Ambroise. Puis, à g.: 310, 309, *Jordaens,* Allégorie de la fertilité, St Martin guérissant un possédé; *415, *416, *P.-P. Rubens,* portr. plus grands que nature de l'archiduc Albert et de l'infante Isabelle, sa femme, peints pour l'arc de triomphe érigé à l'occasion de leur entrée à Anvers (p. 6); entre les deux, 407, *Rubens,* l'Assomption de la Vierge, peinte pour l'église des carmélites d'Anvers; 265, 264, *Ant. van Dyck,* St François en extase devant le Crucifix; St Antoine de Padoue tenant l'enfant Jésus; 408, *Rubens,* le Christ mort sur les genoux de la Vierge, endommagé. — Mur du fond: 339, *Peeter Meert,* les Syndics de la corporation des poissonniers à Bruxelles; 405, *Rubens,* le Christ montant au Calvaire, peint en 1637 pour l'abbaye d'Afflighem; 490, *Corn. de Vos,* le Peintre et sa famille. — Mur suivant: 157, *J. d'Arthois,* le Retour de la kermesse, avec figures de *Teniers le Vieux*; 406, *Rubens,* le Seigneur voulant foudroyer le monde, peint pour l'église des franciscains de Gand; 413, *Rubens,* Vénus dans la forge de Vulcain; 411, *Rubens,* le Martyre de St Liévin, dont un bourreau présente à un chien la langue, arrachée avec des tenailles, une des scènes les plus cruelles reproduites par le peintre, exécuté pour l'église des jésuites de Gand; 311, *Jordaens,* le Satyre et le Passant, d'après la fable d'Esope; 179, *G. de Crayer* et *J. d'Arthois,* Conversion de St Hubert; *410, *Rubens,* Adoration des mages, peinte pour les capucins de Tournai; 300, *C. Huysmans,* paysage.

2e travée: portr. de l'archiduc Albert et de l'infante Isabelle. — Porte des salles du musée moderne (v. p. 31). — En face, à dr., 273, *Fr. Franck,* Solon dans le palais de Crésus.

3e travée. Mur de g.: 266, *Ant. van Dyck,* portrait d'Alex. Delafaille, magistrat d'Anvers; *294, *Hobbema,* le Bois de Harlem; *397, *Rembrandt,* portrait d'homme (1641); 187, *Both,* paysage site d'Italie; 239, *G. de Crayer,* St Paul et St Antoine ermites; 375, *A. Palamedesz (Stevaerts),* portr. d'homme (1650); 249, *Alb. Cuyp,* Intérieur d'étable; *465, *D. Teniers le Jeune,* Kermesse flamande; 502, *Wynants,* paysage; 422, *Jac. van Ruisdael,* paysage, avec figures par *A. van de Velde;* au-dessus, 243, *G. de Crayer,* la Vierge protectrice du Grand-Serment de l'Arbalète; 312, *Jordaens,* Triomphe du prince Frédéric-Henri de Nassau, esquisse (v. p. 269); 496, *J. Weenix,* Gibier mort (1703); 466, *D. Teniers* *le J.*, Intérieur de la galerie de l'archiduc Léopold-Guillaume, avec les noms des artistes sur les cadres (1651). — Mur de dr., en recommençant à l'entrée: *455, *J. Steen,* l'Offre galante; 364, *Aart van der Neer*, Plaisir d'hiver; *332, *Nic. Maes,* la Lecture; au-dessus, 497, *Em. de Witte*, Intérieur de l'église de Delft; 262, *van Dyck,* Martyre de St Pierre; *417, *418, *Rubens,* portr. de Charles de Cordes et de sa femme, achetés 130 000 fr. à la famille Beauffort; 462, *D. Teniers le J.*, les Cinq sens; 447, *Fr. Snyders*, Nature morte, gibier et fruits; *412, *Rubens,* la Vierge et l'enfant Jésus dans un paysage, le fond de *J. Brueghel,* auparavant en Angleterre, acheté 75 000 fr. en 1882; 503, 504, *J. Wynants*, paysages; au-dessus, 371, *Adr. van Ostade*, le Mangeur de harengs; 499, *Phil. Wouwerman*, Départ pour la chasse; 454, *J. Steen,* la Fête des Rois; 510, *inconnu,* portrait d'un orfèvre; 453, *J. Steen,* l'Opérateur; au-dessus, 263, *van Dyck,* Silène ivre; 372, *Adr. van Ostade,* le Trio flamand, acheté 19 470 fr. en 1881; 307, *Karel du Jardin,* Cavaliers; 374, *Is. van Ostade*, la Dévideuse; *282, *Fr. Hals*, portr. de J. Hornebeek, professeur de Leyde; au-dessus, 358, *Moucheron,* paysage avec une chasse au cerf; 424, *J. van Ruisdael*, le Lac de Harlem; *183, *Ferd. Bol*, Saskia van Uylenburg, première femme de Rembrandt; 367, *Adr. van Nieulant*, Episode de carnaval sous les murs d'Anvers.

4e travée. Mur de g.: 365, *Aart van der Neer,* l'Yssel au clair de lune; 285, 286, *J. Dav. de Heem,* Bouquet de fleurs et, au-dessus, Vanitas; *461, *Dav. Teniers le V.*, paysage, acheté 10 000 fr. en 1877; plus loin, dans le bas, 498, *de Witte,* Intérieur d'église; *308, *Karel du Jardin,* Retour à l'étable; *283, *Fr. Hals,* portr. en pied de Willem van Heythuysen, fondateur d'un hospice à Harlem; 463, *D. Teniers le J.*, le Médecin du village; au-dessus, 452, *J. Steen,* les Rhétoriciens, une de ces réunions de poètes qui avaient pour but, au XVIe et au XVIIe s., de célébrer les fêtes publiques par la lecture de pièces de poésie, etc.; 491, *P. de Vos,* Chasse au cerf; à dr. et à g., 291, 292, *Barth. van der Helst,* portr. du peintre et de sa femme; plus loin dans le bas, 426, *Sal. van Ruysdael,* paysage; 317, 316, *Th. de Keyser*, portr. de deux sœurs; *258, *Gér. Dov*, portr. de l'artiste, dessinant un Amour à la lueur d'une lampe; 376, *A. Palamedesz*, la Partie de musique, achetée 11 500 fr. en 1881; 500, *Ph. Wouwerman,* Episode de chasse; au-dessus, 427, *Dav. Ryckaert,* Chimiste dans son laboratoire; *343, *G. Metsu,* la Collation; 414, *Rubens,* Martyre de Ste Ursule et de ses compagnes, petite esquisse; 464, *468, *Teniers,* Paysage flamand; portr. d'un jeune homme. — Mur de dr., en recommençant par le haut: 360, *P. Neefs,* Intérieur de la cathédrale d'Anvers; *296, *M. d'Hondecoeter,* le Chant du coq; 196, *J. Brueghel,* dit «Brueghel de Velours», l'Automne; au-dessus, 153, *P. Aertsen,* la Cuisinière hollandaise; 284, *de Heem,* Fruits; 505, *J. Wynants,* paysage, avec figures d'*Adr. van de*

Velde. — De l'autre côté de la porte: 200, *Govert Camphuysen*, Intérieur de ferme; 373, *Is. van Ostade*, Halte de voyageurs; 419, *Rubens*, portr. d'homme, de 1619; 469, *L. van Uden*, les Apprêts de départ pour le marché, les figures par *Teniers le J.*; 195, *J. Brueghel*, la Prédication de St Norbert contre l'hérésie de Tanchellin, à Anvers.

5e travée. Peintres italiens et espagnols peu importants. Mur de g.: 378, *Pannini*, Ruines d'architecture; 340, *Raph. Mengs*, portr. d'homme; 478, *André del Sarto* (?), Jupiter et Léda; 402, 401, *le Tintoret*, portraits; entre les deux, *277, *Claude Lorrain*, Enée chassant le cerf sur la côte de Libye; 154, *l'Albane*, Adam et Eve; 336, *le Maratta*, la Vierge avec l'enfant Jésus adoré par St François; au-dessous, s. n., *J.-L. David*, portr. d'enfant, étude; *Ingres*, Virgile lisant l'Enéide. — Mur suivant: 197, *P. Véronèse*, Junon versant ses trésors sur la ville de Venise, tableau de plafond du palais des Doges à Venise. — Plus loin: 460, *Strozzi* (Génois), portr. d'homme; 199, *P. Véronèse*, la Ste Famille, avec Ste Thérèse et Ste Catherine; 203, *Ann. Carrache*, Diane au bain, surprise par Actéon, qu'elle change en cerf; 172, *le Baroche*, la Vocation de St Pierre et de St André; 171, *le Guerchin*, ex-voto; 226, 225, 227, *Al. Sanchez Coello*, portr. de Marguerite de Parme, de Jeanne et de Marie d'Autriche, filles de Charles-Quint; 513, 514, *école florentine (Lor. di Credi?)*, la Vierge avec l'enfant Jésus et St Jean.

Nous revenons à la 2e travée et nous entrons à dr. dans le

MUSÉE MODERNE.

Ce musée, fondé en 1835 et qui était au Palais Ducal jusqu'en 1877, se compose d'environ 180 tableaux modernes d'artistes belges et de quelques artistes étrangers. Des étiquettes indiquent le nom du peintre et le sujet de chaque tableau.

Ire SALLE. Nous commençons à dr. en venant du Musée Ancien: *Fr.-Jos. Navez*, Athalie et Joas; *J. Impens*, Cabaret flamand; *J. Kindermans*, paysage dans les Ardennes; *J.-B. de Jonghe*, Environs de Tournai; *F. Huygens*, Bouquet d'aubépines et vase de nautilus. — *Th. Fourmois*, le Moulin, la Mare; **H. Leys*, les Trentaines (messes) de Berthall de Haze, armurier d'Anvers; *G.-J. Herreyns*, Adoration des mages. — *van Brée*, la Jeunesse de Sixte-Quint; *Navez*, Hagar et Ismaël; *Portaels*, la Fille de Sion.

IIe SALLE: A dr.: *L. de Winne*, portrait en pied de Léopold Ier; *Louis Gallait*, Léopold II et la reine.

IIIe SALLE: *P.-J. Clays*, la Côte d'Ostende (1863). — *André Hennebicq*, Travailleurs dans la Campagne de Rome; *G.-J. van Luppen*, paysage, printemps; *Ch. Ooms*, la Lecture prohibée. — *E. de Schampheleer*, le Vieux Rhin; *Gallait*, Art et liberté. — *Henri Bource*, la Fatale nouvelle; *Fr. Stroobant*, les Maisons des corporations sur la place de l'Hôtel-de-Ville à Bruxelles; *Ferd.*

Pauwels, la Veuve de Jacques d'Artevelde faisant offrande à la patrie.

IVe SALLE: *P.-J. Clays,* Accalmie sur l'Escaut; *J.-B. Madou,* le Trouble-Fête; *Ch. Tschaggeny,* la Malle-poste des Ardennes. Au-dessus, *van Brée,* St Pierre de Rome le jour de la Fête-Dieu. — *E. de Block,* Lecture de la Bible; *Louis Robbe,* Animaux; *Al. Robert,* Pillage du couvent des carmélites à Anvers, à la fin du XVIe s.; *Eug. Verboeckhoven,* Troupeaux de moutons (1839); *Jos. Stevens,* Rue de Bruxelles le matin (1848). — **Louis Gallait,* Abdication de Charles-Quint, chef-d'œuvre de composition, de dessin et de coloris (1841): Charles-Quint est sous le dais, appuyé de la main gauche sur le prince Guillaume d'Orange; devant lui, à genoux, son fils Philippe II; à dr., sa sœur Marie de Hongrie, assise dans un fauteuil. *A. Thomas,* Judas errant la nuit après la condamnation de J.-C.; *Ch. de Groux,* Junius prêchant la Réforme à Anvers, dans une maison d'où on voit la lueur d'un bûcher; *G. Wappers,* Charles Ier d'Angleterre marchant à l'échafaud. — *J. Lies,* les Maux de la guerre; *J.-H. de Haas,* Vaches au pâturage; *Jos. Stallaert,* Mort de Didon. — **J. Czermak,* Butin de guerre dans l'Herzégowine, de jeunes chrétiennes emmenées pour être vendues par des bachi-bozouks; *Jos. Stevens,* le Marché aux chiens, à Paris; *Al. Markelbach,* les Rhétoriciens d'Anvers se préparant à une lutte oratoire (v. p. 30); *Eug. Delacroix,* Apollon vainqueur du serpent Python, esquisse; *L.-J. Mathieu,* Mise au tombeau (1848); **Ch. Verlat,* Godefroid de Bouillon à la prise de Jérusalem; *Th. Fourmois,* paysage; *Leys,* le Serment de la joyeuse entrée de l'archiduc Charles d'Autriche à Anvers, reproduction de la fresque de l'hôtel de ville d'Anvers; *Roelofs,* paysage; *Leys,* Rétablissement du culte catholique dans la cathédrale d'Anvers, de 1845; *Eug. Verboeckhoven,* Berger dans la Campagne de Rome; *E. Wauters,* Folie d'Hugo van der Goes (on essaie de le calmer par la musique); *J. Lies,* Baudouin VII de Flandre châtiant des chevaliers pillards; *L. Gallait,* Jeanne la Folle.

Ve SALLE: *P.-J. Clays,* le Port d'Anvers; *J.-B. Madou,* la Fête au château; *Hipp. Boulenger,* paysage; *J. Quinaux,* Vue du Dauphiné; *H. Leys,* Atelier du peintre Fr. Floris. — *V. Lagye,* la Magicienne; *Alfr. Stevens,* la Dame rose. — *Ch. Hermans,* A l'aube, dans la capitale (ouvriers allant au travail et débauchés sortant du bal); *Cam. van Camp,* Mort de Marie de Bourgogne. — *Th. Gérard,* Fête en Souabe; *J. Coomans,* la Coupe d'amitié; *L. Robbe,* Site de la Campine.

VIe SALLE: *J.-B. van Moer,* Vue de Bruxelles en 1868; *E.-J. de Prattere,* Marché au bétail à l'abattoir de Bruxelles. — *C. Meunier,* Episode de la guerre des paysans, en 1797. *F. Willems,* la Fête des grands parents; *Ch. de Groux,* l'Ivrogne au lit de sa femme morte de misère et de chagrin. — *Madou,* le Sort interrogé;

H. de Braekeleer, le Géographe; *E. van Bosch,* le Chat s'amuse. — *J.-T. Coosemans,* les Sapinières de la Campine, crépuscule

VIIe SALLE, à g., contenant surtout de grands tableaux: à g., **E. de Biefve,* le Compromis des Nobles des Pays-Bas en 1565, pour repousser l'inquisition et d'autres excès du gouvernement espagnol. Celui qui signe, est le comte de Hornes; le personnage assis dans le fauteuil, Egmont; celui qui est près de la table, revêtu d'une armure, Philippe de Marnix; celui du premier plan, avec un vêtement bleu-foncé, Guillaume d'Orange; à côté de lui, le duc d'Arenberg; le personnage qui engage à signer, sous le portique à gauche, est le comte de Brederode. Ce tableau et celui de l'Abdication de Charles-Quint par Gallait sont deux productions de l'école belge qui firent époque; ils furent exposés et admirés dans presque toutes les capitales de l'Europe en 1843, et ils contribuèrent au succès du genre réaliste, qui doit beaucoup au coloris. — *E. Slingeneyer,* Bataille de Lépante; *G. Wappers,* Commencement de la révolution de 1830 à l'hôtel de ville de Bruxelles, le peuple déchirant la proclamation du prince Frédéric des Pays-Bas, le 24 septembre. — *H. Decaisne,* la Belgique couronnant ses hommes célèbres. — **Nic. de Keyser,* Bataille de Worringen, en 1288: l'archevêque de Cologne est amené prisonnier devant le duc de Brabant et le comte de Berg, tableau de 1839. — Parmi les petits tableaux à l'entrée: *A. de Knyff,* Forêt de Stolen; *Nic. de Keyser,* Juste-Lipse; *J. van Lerius,* Erasme; *de Braekeleer,* les Noces d'or et le Comte de mi-carême (distribution de fruits dans une école).

Le ***cabinet d'histoire naturelle** (pl. 41, D 4), au rez-de-chaussée, est le plus complet du pays. On y entre par la cour (heures, v. p. 14). Dans les arcades de la cour sont quelques sculptures: *Paul Bouré,* Prométhée enchaîné; *L. Mignon,* Combat de taureaux, bronzes. — Dans la cour même et sous un vitrage, outre plusieurs petits fossiles, les squelettes de deux **iguanodon de Bernissart,* provenant des mines de charbon de ce nom (Hainaut), où l'on en a trouvé une vingtaine en 1878. L'iguanodon, dont le squelette, reconstitué ici pour la première fois en entier, a env. 8 m. de haut, était un reptile de la famille des sauriens, dont il passe pour le plus grand représentant. Ce musée est du reste très riche en fossiles et en objets de l'âge de pierre, dus aux nombreuses découvertes qui ont été faites dans les montagnes calcaires de la Belgique.

VESTIBULE. Statue de *J.-J. Omalius d'Halloy* (1783-1875), le premier géologue belge, par *Guill. Geefs.* Aux murs, des ossements *fossiles,* placés par couches, comme ils ont été trouvés dans les terrassements des nouvelles fortifications d'Anvers (p. 87), et qui prouvent, avec ceux de la salle voisine, la richesse du sol de la Belgique en restes d'animaux fossiles. — SALLE D'ANVERS, correspondant à la grande salle du musée ancien (v. le plan p. 25): *fossiles* de même provenance qui ont pu être reconnus et reconstitués, entre autres un squelette à peu près complet de *mosasaurus.* — A côté, dans 4 salles correspondant aux salles III à

VI du musée ancien, les *mammifères* et les *oiseaux*. — Un escalier conduit d'ici au sous-sol, où sont les *mollusques*, les *radiaires*, les *plantes fossiles*, les *minéraux*. — La salle au-dessous de celle de Rubens est consacrée au *mammouth*. — Celles qui correspondent au musée moderne renferment les *reptiles*, les *poissons* et une *collection ostéologique* très riche, surtout les squelettes de deux baleines gigantesques.

La RUE DE LA RÉGENCE (pl. E D 4-5), qui part, au S.-O., de la place Royale (p. 21) est maintenant une des plus belles de Bruxelles. A l'entrée, à g., est le **palais du comte de Flandre** (pl. 49), qui a un bel escalier et renferme des sculptures de *van der Stappen* et des tableaux d'*E. Wauters*, de *Verlat*, de *Stallaert*, etc. A dr., le **palais des Beaux-Arts** (pl. 45), nouvellement achevé sur les plans de *Balat*, dans le style classique. A l'entrée s'élèvent quatre grandes colonnes de granit à socles et chapiteaux de bronze, supportant les statues de la Musique, par *G. Degroot;* de l'Architecture, par *L. Samain;* de la Sculpture, par *G. Geefs*, et de la Peinture, par *E. Melot*. Dans le haut, trois bustes en bronze: Rubens, par *Rasbourgh*, entre Jean de Bologne, par *J. Cuypers*, et J. van Ruysbroeck (p. 38), par *A.-F. Bouré*, et deux bas-reliefs en marbre, les Arts appliqués et la Musique, par *Brunin* et *Vinçotte*. Le palais sert à des expositions des Beaux-Arts, à des fêtes, etc.

On traverse plus loin sur un petit viaduc, le *pont de la Régence*, la rue de Ruysbroeck. Puis vient la place nommée le PETIT-SABLON (pl. D 5), où se voit, à dr.,

Notre-Dame-des-Victoires, ou *N.-D.-du-Sablon* (pl. 24, D 5), église fondée en 1304, par la corporation des arbalétriers, presque complètement rebâtie aux XVe et XVIe s., débarrassée depuis peu des additions qui la défiguraient, mais non encore tout à fait restaurée.

L'INTÉRIEUR, qui mesure 65 m. de long et 26 de large ou 56 au transept, est restauré et décoré de vitraux. Le bras S. du transept renferme une dalle de marbre noir qui porte qu'en 1842, les restes du poète *Jean-Baptiste Rousseau*, mort en exil près de Bruxelles, en 1741, ont été transférés ici de l'ancienne église des Petits-Carmes (p. 35). — Dans la 1re chap. du bas côté du S., le tombeau d'un comte *Flaminio Garnier*, secrétaire du duc de Parme, avec six bas-reliefs en albâtre nouvellement restaurés, dont les sujets sont tirés de la vie de la Vierge (env. de 1570). — On a placé en 1856 à l'extrémité O. de ce bas côté le monument d'*Aug. dal Pozzo, marquis de Voghera*, «commandant général des troupes dans les Pays-Bas autrichiens, général de cavalerie» (m. 1781). — Dans le bras N. du transept, la chapelle funéraire des princes de Tour et Taxis, du XVIIe s. Elle est toute garnie de marbres blanc et noir et ornée de sculptures dépourvues de mérite artistique. La Ste Ursule qui décore l'autel, sculptée par *H. Duquesnoy*, a plus de valeur. A dr., un Ange tenant une torche, par *Grupello*. Le dôme de la même chapelle est orné de nombreuses armoiries. — Le chœur a d'anciennes peintures murales restaurées (des saints) et des vitraux du XVe s. — On remarquera la chaire en bois sculpté, soutenue par l'ange et les animaux symboliques des évangélistes.

La partie S.-E. du Petit-Sablon a été récemment transformé en square, qu'entoure une belle grille et qui renferme le **monument d'Egmont et de Hornes** (pl. 39), par *Fraikin*, auparavant devant la Maison du Roi (p. 39). C'est une fontaine, avec un piédestal du style ogival tertiaire en pierre bleue, sur lequel s'élève le groupe colossal en bronze des deux comtes marchant à la mort. Les 48 petites figures de bronze sur les espèces de colonnes qui tiennent la grille, représentent les corporations artistiques et industrielles du XVIe s., d'après des modèles de *J. Cuypers, P. Comein, J. Courroit, A. Desenfans, Aug., J., F.* et *G. van den Kerkhove, Ch. Geefs, J.-A. Hambresin, J. Laumans, B. Martens, E. Lefever, A.-J. van Rasbourgh*, etc.: elles ont été exécutées en 1882 et 1883, par la comp. des Bronzes de Bruxelles. — Derrière,

Le **palais d'Arenberg** (pl. 44, D 5), jadis la demeure du comte d'Egmont, construit en 1548 et restauré en 1753. L'aile droite est moderne. Il renferme une petite mais précieuse *collection de tableaux (environ 90; entrée, v. p. 14).

Les tableaux sont tous dans un parfait état de conservation; les noms des artistes sont inscrits sur les cadres. A l'entrée, dans la longue salle de g.: *Rembrandt*, ou plutôt *Sal. Koninck*, Tobie rendant la vue à son père; *A. van Dyck*, portr. d'une comtesse espagnole; *Craesbeeck*, l'Atelier du peintre; *A. van Ostade*, Intérieur de cabaret; *A. Brouwer*, id.; *Jac. van Ruisdael*, une Cascade; *Hobbema*, paysage; *P. Potter*, Repos près d'une grange; *Rubens*, deux portraits et deux petites têtes d'anges; *Berck-Heyde*, un Canal; *P. de Hooch*, Intérieur; *Gér. Dov*, portr. du père et de la mère de l'artiste; *G. Metsu*, le Billet doux; *J. van der Meer van Delft*, Jeune fille; *J. Steen*, les Noces de Cana; *Rubens*, un petit portr.; *A. van der Neer*, Marine, effet de lune (1644); *G. Dov*, Vieille femme comptant de l'or; *G. Terburg*, Concert; *Jordaens*, «Quand les vieux chantent, les jeunes jouent du fifre»; *D. Teniers*, une Partie de quilles; *G. Dov*, un Ermite; *N. Maes*, un Savant dans sa chambre; *G. Mieris*, une Marchande de poisson. — Au-dessus de l'entrée, *Berck-Heyde*, Cour de la Bourse à Amsterdam. — A dr. de la porte, *J. van Ruisdael*, paysages; *A. Cuyp*, des Chevaux; *D. Teniers*, Cour de ferme, le Fumeur; *van der Helst*, Couple hollandais et portr. d'homme; *Fr. Hals*, le Buveur; *Everdingen*, une Cascade; *G. Terburg*, portr. de femme; *Fr. Hals*, Deux garçons qui chantent; *Rubens*, deux portr. et une esquisse. — Du côté des fenêtres, entre autres, un portr. de Marie-Antoinette par *Koharsky*, peint au Temple peu de temps avant que la reine fût transférée à la Conciergerie.

Dans la salle de la bibliothèque se voient diverses antiquités: vases, statuettes, bustes en marbre, entre autres la **tête de Laocoon* trouvée il y a 150 ans sous un pont à Florence et achetée par un duc d'Arenberg. Pour la comparaison, on y a joint une copie de la tête de Laocoon qui se trouve à Rome.

Les jardins de l'hôtel ont une grande réputation parmi les amateurs d'horticulture (1 fr. de pourboire).

Un peu plus haut que le palais d'Arenberg, à g., se trouve la prison des *Petits-Carmes* (pl. D E 5), construite sur l'emplacement d'un couvent de carmes déchaussés détruit en 1811, et considérablement agrandie dans ces derniers temps.

C'est un peu plus haut qu'était l'hôtel du comte de Cuylembourg, où fut signée, le 5 avril 1566, par 300 à 400 gentilshommes des Pays-Bas, la fameuse requête adressée à Marguerite de Parme (p. 6), pour obtenir l'abolition de l'inquisition. Le palais de la duchesse était là où se trouve maintenant la place Royale. Au moment où la pétition lui fut remise, plusieurs des nobles entendirent le comte Barlaimont, un de ses courtisans, rassurer Marguerite en lui disant ces mémorables paroles: «*Madame, ce n'est qu'une troupe de gueux*», faisant par là allusion à l'état délabré de leurs finances. Le mot de *gueux* fut vite relevé et devint le nom du parti. Le soir même plusieurs des confédérés, entre autres le comte Brederode, parurent sur le balcon de l'hôtel Cuylembourg, une besace à la ceinture et avec une écuelle, dans laquelle ils burent à la santé des *gueux*. Ce fut là l'origine de la révolution qui amena la séparation des Pays-Bas de l'Espagne. Le duc d'Albe habita l'hôtel Cuylembourg après son entrée à Bruxelles, et y arrêta les comtes d'Egmont et de Hornes. Plus tard, il le fit démolir.

Plus loin dans la rue de la Régence, à g., le **conservatoire de musique** (pl. 11, D 5), bâti en 1876, sur les plans de *Cluysenaar*. Il possède une intéressante collection d'anciens instruments de musique, à partir du XVIe s., augmentée en 1879 de la collection Tolbecque de Paris. Elle est exposée dans la maison n° 11 de la rue aux Laines, qui passe derrière, et elle est visible le jeudi de 2 à 4 h. — Plus loin, aussi à g., la **synagogue** (pl. 63), édifice d'un style simple et sévère, bâti sur les plans de *de Keyser* et achevé en 1878.

Le nouveau ***palais de justice** (pl. C D 5), qui termine la rue de la Régence au S., a été commencé en 1866, sur les plans de *Poelaert* et sous la direction de *Wellens*, et inauguré en 1883. C'est le plus grand monument de notre siècle et l'un des plus curieux, bien que ce ne soit guère le plus beau. Il rappelle par ses dimensions gigantesques les constructions de l'ancienne Egypte et de l'Assyrie, que l'architecte a pris pour modèles sous ce rapport, tandis qu'il a conservé le style classique dans les détails, qui manquent toutefois de pureté. La superficie de l'ensemble est de 24 600 m. carrés ou de 3400 m. de plus que celle de St-Pierre de Rome. La différence de niveau que présentait le terrain a nécessité de grands travaux de substruction. Le corps du bâtiment s'élève sur un soubassement rectangulaire de 180 m. de longueur et 170 m. de largeur. Puis viennent, s'étageant en terrasses au milieu du bâtiment, une autre construction carrée entourée de colonnes, une rotonde à colonnes, avec des statues colossales de la Justice, de la Loi, de la Force et de la Clémence royale, et un dôme relativement petit, terminé par une couronne dorée, dont le sommet est à 122 m. au-dessus du pavé de la rue. Les frais de cette construction gigantesque se sont élevés à env. 50 millions. La façade principale, flanquée de deux ailes, est tournée du côté de la rue de la Régence. Son vaste portail, encadré dans d'énormes pilastres, se termine en ligne droite. Sur les côtés de l'escalier du premier étage, se voient, à dr., les statues colossales de Démosthène et de Lycurgue, par *A. Cattier* (1882); à g., celles de Cicéron et de Domitius Ulpien, par *Ant.-Fel. Bouré* (1883). Le palais compte 27 grandes salles, 245 pièces diverses et 8 cours. La *salle des pas perdus*, avec ses escaliers et ses galeries, a une superficie de 3600 m. carrés. La coupole qui s'élève au-dessus atteint 97 m. 50 de hauteur. On peut visiter les grandes salles tous les jours, excepté le dimanche, de 9 h. à 4 h. $^1/_2$; s'adresser à l'un des gardiens en uniforme.

Non loin du Petit-Sablon (p. 34) au N.-E. s'étend la PLACE DU GRAND-SABLON (pl. D 4), la plus grande de Bruxelles, au milieu de laquelle lord Bruce, comte d'Aylesbury, a fait ériger en 1751, en reconnaissance de l'hospitalité que la ville lui avait accordée dans son exil, une fontaine sans valeur comme monument.

Du côté N., cette place est contiguë à l'*ancien palais de justice* (pl. 46), autrefois une maison des jésuites. L'aile donnant sur la rue de la Paille renferme les *archives* du royaume. La façade donne sur une petite place du côté N.-O., où l'on a érigé en 1874 la *statue d'Alex. Gendebien* (m. 1869), ancien membre du gouvernement provisoire de 1830, marbre par Ch. Vanderstappen.

Non loin de l'ancien palais de justice, dans la RUE HAUTE, est située l'église de **Notre-Dame-de-la-Chapelle** (pl. 23, C 4), du style ogival, commencée en 1216 sur l'emplacement d'une ancienne chapelle. Le chœur et le transept sont du milieu du XIIIe s., et la nef et la tour de la façade ont été achevées en 1483.

L'INTÉRIEUR (sacristain, rue des Ursulines, 24) est orné de fresques et de peintures à l'huile (chemin de la croix), par *J.-B. van Eycken* (m. 1853). — Dans la nef du S. se voient encore, aux trois premiers piliers des chapelles, des restes de fresques du XVe s., représentant des saints. La 1re et la 2e chap. ont des vitraux de *J. van der Poorten* (1867), dont les sujets sont tirés de l'histoire de la Vierge. Dans la 3e chap., le tombeau du peintre *Pierre Brueghel* (Brueghel de Velours, m. 1625), ainsi qu'un tableau de ce maître (le Christ remettant les clefs du ciel à St Pierre), et dans la 4e, un Jésus apparaissant à Marie-Madeleine, par *G. de Crayer*. Dans la chap. au N. du chœur, des paysages de *J. d'Arthois* et d'*Achtschelling*. A côté de l'autel: St Charles Borromée communiant les pestiférés, par *G. de Crayer;* la Prière pour les âmes du purgatoire, par *van Thulden*, et un monument de la famille de Spinola, par *Plumiers* (m. 1721). Contre le pilier, un monument avec buste, à la mémoire du duc *Charles-Alexandre de Croy* (m. 1624), et de l'autre côté une plaque en marbre noir, que les comtes de Mérode et de Beaufort ont fait placer à la mémoire de *François Anneessens*, syndic du quartier de St-Nicolas et doyen des corporations de Bruxelles, décapité le 19 sept. 1719, sur la Grand' Place, pour avoir défendu avec énergie les franchises de la ville et des corps des métiers contre les empiétements du gouverneur autrichien, le marquis de Prié. — Le chœur est depuis peu décoré de belles peintures polychromes par *Charle-Albert*. Le maître autel, peu en harmonie avec l'édifice, a été fait d'après des dessins de *Rubens*. La chaire, où est représenté Elie dans le désert, par *Plumiers*, est plus simple et de meilleur goût que celle de la cathédrale.

A l'extrémité de la rue Haute s'élève la *porte de Hal* (v. p. 46).

Le centre de la ville basse est occupé par la ****Grand' Place** (pl. D 3), de 110 m. de long et 68 m. de large, sur laquelle se trouvent l'hôtel de ville et les anciennes maisons des corporations. C'est l'une des plus belles places du moyen âge, et elle contraste singulièrement avec le reste de la ville, qui a un caractère moderne. Elle a joué un grand rôle dans l'histoire de Bruxelles comme dans celle du pays. 25 gentilshommes des Pays-Bas furent décapités ici au printemps de 1568 sur les ordres du duc d'Albe, et les têtes de Lamoral, comte d'Egmont, et de Philippe de Montmorency, comte de Hornes, y tombaient également sous la hache du bourreau le 5 juin suivant (v. p. 34).

L'***hôtel de ville** (pl. D 3) est sans contredit l'édifice le plus remarquable de Bruxelles et un des plus grands et des plus beaux de ce genre dans les Pays-Bas. Il forme un quadrilatère irrégulier d'environ 60 m. de longueur et 50 de profondeur, au centre duquel est une cour. La façade principale, du côté de la place, est du style gothique; elle a été commencée, dans sa moitié de g., en 1402; dans sa moitié de dr., plus courte et moins riche, en 1443. Sa magnifique tour qui, chose singulière, n'est pas au milieu de l'édifice, a été achevée en 1454; elle a 114 m. de hauteur. Les architectes de l'une et de l'autre furent, dit-on, d'abord *Jacques van Thienen* (1405), puis *Jean van Ruysbroeck* (1448), dont la statue a été placée à la première arcade de la tour. La façade est nouvellement restaurée. On se demande si les niches étaient toutes destinées à recevoir des statuettes ou si une partie n'étaient pas purement décoratives. Dans tous les cas, le premier étage de l'aile du S. et de la tour paraît surchargé, avec sa multitude de statuettes de ducs de Brabant dans le style moderne. La flèche, percée à jour, a été endommagée par la foudre en 1863, mais restaurée depuis. Elle est surmontée d'une statue-girouette de St Michel, en métal doré, faite en 1454 par *Martin van Rode*, et haute de 5 m., bien que du bas elle semble à peine avoir 5 pieds. La façade postérieure de l'hôtel de ville date du commencement du XVIIIe s. — Il y a dans la cour deux fontaines du XVIIIe s. représentant des fleuves, celle de dr. par *Plumiers*.

Pour visiter l'intérieur (v. p. 14), il faut s'adresser au concierge, qui demeure à l'entrée sur le derrière (50 c. d'entrée, une société, jusqu'à 8 pers., 2 fr.). Dans les salles et les corridors se voient quelques tableaux, entre autres un de *Stallaert* représentant les derniers moments de Tserclaes, échevin de Bruxelles (1388), et la Défaite d'Attila près de Châlons (451), de *Coomans*, ainsi que des portraits en pied et de grandeur naturelle, représentant des souverains du pays: Marie-Thérèse, François II, Joseph II, Charles VI, Charles II d'Espagne, etc., puis l'empereur Charles-Quint, Philippe III d'Espagne, Philippe IV, l'archiduc Albert et sa femme l'infante Isabelle, Charles II d'Espagne et Philippe II, ce dernier en grand costume de l'ordre de la Toison d'or. — C'est dans la SALLE DU CONSEIL COMMUNAL, ancienne salle des Etats de Brabant, que les comtes d'Egmont et de Hornes furent condamnés à mort (1568). Cependant la décoration actuelle de cette salle, avec ses riches ornements dorés, rappelant la décoration du palais des Doges à Venise, ne date que de la fin du XVIIe s. Le plafond, représentant l'assemblée des dieux dans l'Olympe, est de *Victor Janssens*, qui a aussi donné les modèles des tapisseries qui garnissent les murs: l'Abdication de Charles-Quint, le Couronnement de Charles VI à Aix-la-Chapelle et la Joyeuse entrée de Philippe le Bon, duc de Bourgogne, c.-à-d. la conclusion d'un pacte entre le souverain, le clergé, la noblesse et le peuple. — Dans les salles voisines sont des tapisseries d'après *Lebrun* et *van der Borght*, représentant l'histoire de Clovis et de Clotilde. — Dans la SALLE D'ATTENTE, des vues du vieux Bruxelles avant le percement des grandes rues neuves; elles sont de *J.-B. van Moer* (1873). — On remarquera aussi la grande SALLE DES FÊTES, d'environ 60 m. de long sur 25 de large, qui a de magnifiques sculptures gothiques modernes en bois de chêne, d'après *Jamaer*, et des tapisseries caractéristiques représentant les corporations, exécutées à Malines, d'après *Guill. Geets.* — La SALLE DES MARIAGES a aussi des lambris en chêne et des fresques allégoriques. — L'ESCALIER est décoré de deux tableaux d'*Em. Wauters:* le Duc Jean III de Brabant laissant aux corporations de Bruxelles le droit d'élire le bourgmestre (1421) et Marie de Bourgogne jurant de respecter les libertés de la ville de Bruxelles, le 4 juin 1477.

La TOUR, dont le concierge a la clef (1 fr.; 4 fr. pour une société de 8 pers.), offre une très belle vue sur la ville et les environs, jusqu'au champ de bataille de Waterloo, au S., où l'on distingue la butte du Lion. Le meilleur moment pour y monter est à 4 h. de l'après-midi.

En face de l'hôtel de ville se trouve la **Maison du Roi** ou *Halle au Pain* (pl. 35), où siégèrent autrefois diverses autorités. Elle avait été construite de 1514 à 1525, dans un style moitié gothique moitié renaissance, et mal restaurée au XVIIIe s.; on l'a reconstruite depuis 1877, sur le plan primitif, et reliée par un tunnel à l'hôtel de ville. C'est dans l'ancienne maison que les comtes d'Egmont et de Hornes passèrent leur dernière nuit: ils furent, dit-on, conduits à l'échafaud en passant par le balcon, dans la crainte que le peuple ne tentât de les délivrer (monument, v. p. 34).

Les anciennes ***maisons des corporations**, sur cette place, sont fort remarquables. Elles ont été rebâties au commencement du siècle dernier, après le bombardement de 1695, par Louis XIV. Au sud, à g. de l'hôtel de ville, l'ancienne *maison des Bouchers*, puis l'*hôtel des Brasseurs*, récemment restauré, dont le pignon est surmonté d'une statue équestre du duc Charles de Lorraine (p. 15), exécutée en 1854, par *Jaquet;* à l'O., la *maison de la Louve*, lieu de réunion des archers, ainsi nommée d'après un groupe figurant l'allaitement de Romulus et Rémus; à g. de celle-ci, la *maison des Bateliers*, dont le pignon représente la poupe d'un vaisseau, avec deux canons en saillie, et à dr. la *maison des Charpentiers*, construction richement dorée datant de 1697. A dr. de la Maison du Roi, la *Taupe*, l'anc. *maison des Tailleurs* (1697), récemment restaurée et décorée de dorures. — Le grand bâtiment qui occupe presque tout le côté S.-E., était autrefois le *Poids public*.

De l'hôtel de ville, en suivant la rue de l'Etuve, au S.-O., on arrive au bout d'environ 220 pas à une des curiosités les plus bizarres, au coin de cette rue et de celle du Chêne. C'est la fameuse fontaine connue sous le nom de **Manneken-Pis** (pl. 36, C4), d'après la statuette en bronze, haute de 1 m. à peine, qui la décore ou plutôt qui la constitue, et qui représente un Cupidon fournissant de l'eau d'une façon toute naturelle, mais peu décente.

Ce *petit homme* (Manneken), œuvre de *Duquesnoy*, datant de 1619, fut de tout temps l'objet de l'affection populaire; il a fourni matière à plusieurs légendes, bien que son origine ne soit due qu'à un trait de facétie d'artiste. Ce palladium de la ville, qualifié de *plus ancien bourgeois de Bruxelles*, a été l'objet de diverses tentatives de vol, dont la dernière a eu lieu en 1817, au grand deuil de public. Aux fêtes, l'usage veut que Manneken revête un costume. Quand Louis XV eut pris la ville en 1747, il porta une grande cocarde blanche au chapeau; en 1789, il fut affublé des couleurs de la révolution brabançonne; l'empire le ceignit de l'écharpe tricolore française, le gouvernement de Hollande lui imposa l'orange, les journées de septembre le virent vêtu d'une blouse, et sous le règne actuel, aux grands jours, il porte fièrement la tunique de la garde civique. Du reste, il a de quoi choisir en fait de costumes; il en possède huit. Louis XV lui conféra même la croix de St-Louis. Son valet de chambre, chargé de sa garde-robe et de son entretien, est nommé par l'autorité et touche un traitement de 200 fr.; car Manneken est riche, il a des rentes et, il n'y a pas encore longtemps, une vieille fille lui a légué une somme de 1000 florins.

Non loin de l'angle N.-E. de la Grand'Place, dans la rue du Marché-aux-Herbes, se trouve l'entrée du **passage** ou des **galeries St-Hubert** (pl. D 3). Ce passage, construit en 1846-47 sur les plans de *Cluysenaar,* avec des sculptures de *Jaquet,* est incontestablement un des plus grands et des plus beaux du continent. Il relie le Marché-aux-Herbes à la rue des Bouchers et plus loin à la rue de l'Ecuyer. La première partie s'appelle *galerie de la Reine,* la seconde *galerie du Roi,* et il y a une galerie latérale dite *galerie des Princes.* Il a 213 m. de long, 18 m. de haut et 8 m. de large, et la circulation y est considérable à toute heure du jour. Pour les cafés, les restaurants, les magasins et le théâtre des Galeries, v. p. 10 à 13.

Environ 200 pas plus haut, dans la rue de la Madeleine, ainsi que dans la rue Duquesnoy et dans la rue St-Jean, sont les entrées du **Marché Couvert**, nommé aussi *marché de la Madeleine* (pl. D 4; «M C.»), construit en 1848 par Cluysenaar. Il mérite une visite dans la matinée, de même que les Halles Centrales (p. 43). Il s'y vend surtout des légumes, des fruits et de la volaille. Une galerie supérieure, qui en fait le tour, est occupée principalement par les marchands de fleurs et de gibier. A la suite de la galerie des fleurs s'en trouve une occupée par des bouquinistes.

La RUE DE LA MADELEINE (pl. D 4) a encore diverses façades du XVIIe s., dans le style de la renaissance. A la suite vient la rue animée dite MONTAGNE-DE-LA-COUR, qui aboutit à la place Royale (v. p. 22). Une rue latérale à g. entre celle de la Madeleine et de la Montagne-de-la-Cour conduit à

L'**Université** (pl. 74, D 4), l'ancien hôtel du cardinal de Granvelle, dans la rue de l'Impératrice. Fondée en 1834 par les chefs du parti libéral, pour contre-balancer l'influence de l'université catholique de Louvain (p. 78), l'université libre de Bruxelles se divise en quatre facultés: philosophie et lettres, sciences, droit, médecine, et une école spéciale de pharmacie. Il a été créé en 1873 une *école polytechnique* qui comprend six sections: exploitation des mines, métallurgie, chimie industrielle, construction des machines, génie civil et architecture. Le nombre des étudiants est plus de 1000, et celui des professeurs de 52. Dans la cour, la *statue de Verhaegen* (m. 1862), l'un des fondateurs de l'université, à laquelle il a légué 100 000 fr. comme l'indique l'inscription du piédestal; cette statue est par Geefs.

A quelques pas de l'Université, rue des Sols, se trouve la *chapelle Salazar* ou *de l'Expiation* (pl. 9, D 4), construite en 1436 en expiation du vol d'hosties commis en 1370 (v. p. 20), sur l'emplacement de la synagogue où elles furent profanées. Elle a été entièrement restaurée de nos jours et l'intérieur est décoré de peintures de toute sorte par J. Tempels, d'un chemin de la croix par G. Payen.

En prenant par les rues animées au N. du Marché Couvert et par les galeries St-Hubert, on arrive à la PLACE DE LA MONNAIE (pl. D 3), où s'élève le **théâtre de la Monnaie**, précédé d'un portique de huit colonnes ioniques. Il a été construit en 1817, sur les plans de l'architecte parisien *Damesne*, mais complètement transformé à l'intérieur depuis un incendie, de 1855. Le bas-relief du fronton, représentant l'harmonie des passions humaines, est de *Simonis* (1854): au milieu, l'Harmonie, entourée de la Poésie héroïque, la Poésie idyllique, la Poésie lyrique et la Poésie satyrique; à g., l'Amour, la Discorde, le Repentir, le Meurtre; à dr., la Sensualité, la Convoitise, le Mensonge, l'Espérance, la Plaisanterie et la Consolation. La salle peut contenir 2000 spectateurs. Le bâtiment qui fait face au théâtre est l'ancienne *Monnaie*, qui doit devenir le bureau central des postes. Il y a sur la place de la Monnaie plusieurs cafés très fréquentés; v. p. 10.

De la place de la Monnaie part, au N., la belle et large RUE NEUVE (pl. D 2), qui va en ligne droite jusqu'à la station du Nord. Un peu avant la première rue qui la traverse, on rencontre à dr. la nouvelle *galerie du Commerce*, passage dans le genre des galeries St-Hubert, mais plus petit, et à g. la *galerie du Nord*, ainsi nommé parce qu'elle conduit au boulevard du Nord (p. 42). Là se trouve le *Musée du Nord*, local destiné à des concerts, à de petites représentations, etc.

En tournant à g. dans ce passage, on arrive à l'ancienne place St-Michel, créée par Marie-Thérèse et appelée aujourd'hui place des Martyrs, depuis qu'on y a érigé, en 1838, le **monument des Martyrs** (pl. 38, D 2), à la mémoire des patriotes tués en 1830, en combattant contre les troupes hollandaises. Au milieu s'élève une statue de la Belgique affranchie, inscrivant les dates mémorables des 23, 24, 25 et 26 sept. Un lion est couché à ses pieds, où se voient aussi des chaînes brisées. Les quatre faces sont ornées de bas-reliefs en marbre: sur celle de devant, la Patrie reconnaissante; à dr., le Serment prononcé, au début de la lutte, devant l'hôtel de ville; à g., le Combat du Parc; derrière, la Consécration des tombeaux. Le plan et l'exécution de ce monument sont l'œuvre de *Guill. Geefs*. Une espèce de crypte carrée, dans laquelle le regard plonge de la place, est garnie tout autour de plaques de marbre noir avec les noms des 445 victimes de la révolution.

La ville basse a subi une transformation considérable par la création des ***boulevards intérieurs** (pl. DCB 2-5; tramw., p. 13), à l'O. de la rue Neuve et de la place de la Monnaie. Ils s'étendent, en traversant la Senne et coupant la ville dans toute sa longueur, du boulevard d'Anvers, non loin de la station du Nord, jusqu'au boulevard du Midi, non loin de la station du Midi. C'est une société anglaise qui a construit ces boulevards, de 1867 à 1871, et couvert le lit de la rivière, voûtée sur une longueur de 2151 m. Les nouveaux boulevards portent les noms de: *boulevard du Nord, boulevard de la Senne, boulevard Anspach*, depuis la mort du bourgmestre de ce nom, en 1879, et *boulevard du Hainaut*. La variété qu'ils présentent dans leur architecture est due en grande partie à la municipalité, qui a ouvert un concours et accordé des primes de 20000 fr. et au-dessous aux propriétaires des vingt maisons avec les meilleures façades.

Le BOULEVARD DU NORD (pl. D 2) et le *boulevard de la Senne* (pl. D 2) se rejoignent près de l'ancien *temple des Augustins*, bâti au XVIIe s., provisoirement le *bureau central des postes* (p. 12).

La maison étroite et haute au N.-E. du temple, boulevard du Nord n° 1, construite par *Beyaert* en 1874, reçut le premier prix dans le concours en question. C'est un beau spécimen du style qu'on aime à appeler « renaissance flamande », aux fenêtres larges et aux murs étroits, remplacés même par des pilastres. Ce style se retrouve dans beaucoup de constructions modernes de Bruxelles, bien que le style Louis XIII soit aussi très souvent imité. — A côté, la *galerie du Nord* (p. 41).

Le BOULEVARD ANSPACH (pl. C 3) fait suite aux deux autres. A g., entre ce boulevard et la rue des Fripiers se dresse, au milieu de la ville, la ***Bourse de Commerce**, magnifique bâtiment moderne du style de la renaissance, construit sur les plans de *Suys le Jeune*. Ses vastes proportions et la richesse quasi excessive de son ornementation en font un monument bien approprié à son but, comme centre du commerce de la capitale. La pierre employée à sa construction étant trop tendre, on a dû la recouvrir d'une couche de peinture à l'huile pour lui donner plus de résistance. La façade principale, qui donne sur le boulevard, est précédée d'un beau péristyle de la hauteur des deux étages de l'édifice, composé de 8 colonnes corinthiennes, dont 6 de front. On y arrive par un escalier comptant 20 degrés, orné de chaque côté d'un groupe allégorique par *J. Jaquet*. Le fronton, par le même, nous montre la Belgique entourée de groupes figurant, à dr. l'industrie, à g. la navigation. D'autres groupes analogues sont placés sur le cintre derrière le fronton, sur les avant-corps latéraux de l'édifice, et il y a aussi tout autour des niches avec des statues, de jolis bas-reliefs au-dessous des fenêtres du premier et un bel attique.

Les façades latérales du monument sont moins remarquables; les parties inférieures, avec leurs petites portes, presque de plain-pied, sont peut-être relativement pauvres en ornements. La façade postérieure a un péristyle de 4 colonnes corinthiennes cannelées, naturellement moins monumental que l'autre. Contrairement à la disposition de la plupart des édifices de ce genre, la salle principale, destinée aux réunions, a la forme d'une croix (43 m. sur 37), au point d'intersection de laquelle est une coupole peu saillante (environ 45 m. de haut), supportée par 28 colonnes. Dans les coins sont quatre petites salles. Des escaliers de marbre conduisent à la galerie, d'où l'on domine la grande salle, et aux autres parties du premier étage La construction de cet édifice a coûté environ 4 millions.

Presque en face de la Bourse, sur le boulevard, l'*hôtel des Ventes*, construit en 1881. — Non loin de là, à l'O., place St-Géry (pl. C3), une *halle* dans le style flamand, ouverte en 1882.

Au boulevard du Hainaut, à g., l'anc. *Panorama*, transformé en *Cirque;* à dr., à l'extrémité de la place Joseph Lebeau (pl. C4), une école dans le style de la renaissance flamande, par *Janlet.* — Puis, à g., sur le boulevard même, n° 80, l'*Ecole-Modèle,* construite par *Hendrickx,* et plus loin, aussi à g., le grand *palais du Midi*, destiné à des expositions.

A l'O. du boulevard Anspach sont les nouvelles **Halles Centrales** (pl. C3), achevées en 1877. C'est un marché couvert pour les comestibles, dans le genre des halles de Paris, mais beaucoup plus petit. Elles sont intéressantes à visiter dans la matinée. En arrivant du boulevard Anspach par la rue Grétry, on a sur la gauche les marchés à la viande, à la volaille et aux légumes, à dr. le marché au poisson. A l'extrémité de ce dernier a lieu la vente à la criée du poisson de mer; les crieurs ont un jargon mêlé de français et de flamand; ils se servent du français pour les dizaines et du flamand pour les nombres intermédiaires. Les ventes en gros des légumes et de la volaille se font au contraire entièrement en français.

On voit encore près de là, sur la place du même nom, et à l'extrémité d'un canal, l'Église Ste-Catherine (pl. 15, C2), édifiée dans ces derniers temps sur l'emplacement d'un bassin desséché. Elle est de l'architecte *Poelaert* et dans le style français de transition de la période goth. à la renaissance. Il y a à l'intérieur des tableaux par de Crayer et O. van Veen, une Assomption attribuée à Rubens et d'autres objets provenant de l'ancienne église du même nom.

L'*église du Béguinage* (pl. 13, C 2), non loin de là, renferme une statue colossale de St Jean-Baptiste par Puyenbroek, et une Mise au tombeau par O. van Veen.

Le musée commercial, rue des Augustins, 17 (pl. D 2), dans le voisinage, créé en 1880 pour favoriser le commerce belge avec l'étranger, comprend des collections de produits étrangers et un bureau de renseignements sur toutes les questions qui s'y rapportent.

Les *__anciens boulevards__ ont été convertis, au commencement de ce siècle, en une promenade plantée d'arbres, d'env. 7 kil. de long. Ils sont toujours couverts, pendant les belles soirées d'été, de nombreux promeneurs à pied, à cheval et en voiture, surtout dans les parties du N. et de l'E. Ils sont particulièrement animés, de 2 h. 1/2 à 4 h., entre l'observatoire (pl. 43, F 2) et la place du Trône (pl. E 5), derrière le Palais Royal: on y trouve des chaises à louer (10 c.). Quelques heures disponibles ne peuvent guère être mieux employées qu'à une *promenade autour de la ville, en suivant les boulevards. A pied, il faut pour cela 1 h. 1/2 à 2 h., mais bien des personnes préféreront faire le tour en tramway (p. 13), du moins dans les quartiers du S. et de l'O.

A l'E. de la *station du Nord*, construite par *Coppens*, on voit d'abord, à dr., l'HÔPITAL ST-JEAN (pl. E 2), bâti de 1838 à 1843, sur les plans de *Partoes*. Cet établissement, qui contient 600 lits, mérite une visite pour son organisation intérieure. L'entrée est rue Pachéco; on y est admis de 9 h. à 5 h., en payant 1 fr., plus 50 c. à 1 fr. de pourboire.

En face de l'hôpital est le **jardin botanique** (pl. E 2; entrée, v. p. 14), avec ses magnifiques serres, construites en 1826. L'entrée est à l'extrémité du viaduc de la rue Royale au-dessus du boulevard Botanique. Belle vue de ce viaduc sur les boulevards du N., jusqu'aux hauteurs qui bornent la vallée de la Senne. — A l'E. du jardin, la nouvelle *église des jésuites* (pl. 18, F 2), construite par Parot, dans le style goth. primitif.

A l'extrémité de la rue Royale s'élève STE-MARIE-DE-SCHAERBEEK (pl. 20, F 1), église du style byzantin, de forme octogone, commencée, il y a des années, sur les plans de *van Overstraeten*, et encore inachevée.

Un peu plus loin, à g. du boulevard, l'*observatoire* (pl. 43, F 2), bâti en 1837 et longtemps sous la direction de *Quetelet* (m. 1874). — Ensuite, à dr., un rond-point, la place des Barricades (pl. F 2), avec le monument de l'anatomiste *Vésale* (né à Bruxelles en 1514), érigé en 1847 et l'œuvre de *Geefs*.

Les rues au S.-O., jusqu'au palais de la Nation et aux ministères (p. 18, 17), n'ont été construites que dans les derniers temps.

A l'E. des boulevards s'étend le nouveau QUARTIER LÉOPOLD, avec ses larges rues se coupant à angle droit. Au centre se trouve l'*église St-Joseph* (pl. 19, F 4), construite en 1849 par *Suys l'Aîné*, dans le style de la renaissance. La façade et les deux tours, qu'on aperçoit de loin, sont en pierre bleue. Le tableau du maître autel, une Ste Famille, est de *Wiertz*.

A l'extrémité E. du quartier, le PARC LÉOPOLD, l'ancien *jardin zoologique* (pl. G 5), supprimé en 1879.

Devant la *station du Quartier-Léopold* (pl. F 5), sur la place du Luxembourg, s'élève depuis 1872 la *statue de John Cockerill* (m. 1840), fondateur des usines de Seraing (p. 63), par A. Cattier. Le haut piédestal, en pierre bleue, est entouré de quatre mineurs. Inscription: «travail; intelligence».

Dans le voisinage de la station du Quartier-Léopold se trouve le ***musée Wiertz** (pl. G 5), dont l'entrée est plus haut, rue Vautier. C'est l'ancienne maison de campagne et l'ancien atelier d'*Antoine-Joseph Wiertz,* peintre de grand talent, mais aussi très bizarre, originaire de Dinant (1806-1865). Il contient presque toutes ses œuvres, l'artiste n'ayant jamais pu se décider à en vendre. Ses tableaux sont en partie dans le genre mat inventé par lui. Ce musée appartient maintenant à l'Etat. Catalogue, avec la biographie du peintre, 50 c.

En face sont deux pièces avec quelques dessins et des esquisses coloriées; à dr., la salle principale contenant sept grands tableaux: vis-à-vis de l'entrée, 1, les Grecs et les Troyens se disputant le corps de Patrocle, 1845; à dr., 3, un Combat homérique; puis, au mur de dr., 16, le Triomphe du Christ, 1848. Plus loin, au mur de l'entrée: 4, un Grand de la terre, Polyphème mangeant les compagnons d'Ulysse, peint en 1860; 14, le Phare du Golgotha; au petit mur de g., 8, la Révolte des enfers contre le ciel, 1842; au mur principal, 52, le Dernier canon, 1855. Parmi les œuvres de moindre dimension: 25 (au-dessus de la porte), le Lion de Waterloo; 23, Vision d'une tête coupée; au-dessus, 36, la Jeune sorcière; 24, les Orphelins, avec la légende: «Appel à la bienfaisance»; 5, la Forge de Vulcain. Dans les coins du petit côté de g.: 21, la Faim, la Folie et le Crime; ensuite, 19, l'Inhumation précipitée; 15, la Mise au tombeau, avec l'Ange du mal et le Péché d'Eve sur les côtés; plus loin à dr., 22, le Suicide; 95, le Concierge; 26, le Soufflet d'une dame belge; 28, Une scène de l'enfer (Napoléon); 37, le Bouton de rose; 76, le portrait du peintre; 73, le portrait de sa mère; 11, l'Education de la Vierge. — Wiertz était aussi sculpteur, comme nous le montrent trois groupes de marbre au milieu de la salle, représentant les progrès du genre humain. Là aussi se trouve le masque de l'artiste.

On a érigé en 1881 un monument à Wiertz dans le faubourg d'Ixelles, place de la Couronne. Il se compose d'un groupe de bronze, par Jaquet, et d'un médaillon de l'artiste.

La rue du Luxembourg ramène de là tout droit aux boulevards. Près de ceux-ci, un peu au S., là où était l'ancienne pace de Namur, s'élève la *fontaine de Brouckère* (pl. E 5), par *Beyaert*, surmontée du buste du bourgmestre de Brouckère (m. 1866), par *Fiers*, et avec un groupe d'enfants, par *d'Union.*

Plus loin, sur le BOULEVARD DE WATERLOO, à g., l'*église des Carmes* (pl. D 6), dont l'intérieur est entièrement décoré de peintures, et ensuite l'*avenue du bois de la Cambre* (p. 50).

Puis, à dr., l'*hospice Pachéco* (pl. D 6), pour les femmes, fondé en 1713 par Isab. Desmares, veuve de don Aug. Pachéco. On y admet de préférence les personnes de bonne famille qui ont éprouvé des revers de fortune; elles doivent être âgées de 50 ans au moins. Il y a 48 lits. Le bâtiment actuel date de 1835. — L'avenue d'Uccle (pl. C 6), de l'autre côté du boulevard, conduit à la *Monnaie*, édifice achevé en 1879, à dr. au delà de la rue de la Victoire.

A l'angle méridional de la vieille ville s'élève la **porte de Hal** (pl. C6), le seul reste de ses fortifications. C'est une construction carrée à trois étages, avec tour en saillie au milieu. Elle fut commencée en 1381 et servit deux siècles plus tard de Bastille au duc d'Albe. L'intérieur a été approprié en 1847 pour recevoir le *MUSÉE D'ANTIQUITÉS ET D'ARMURES, et très habilement transformé depuis dans ce but par *Beyaert*. Malheureusement le local est trop petit pour la multitude d'objets qu'il renferme, et il est mal éclairé: on fera donc bien de ne pas y aller par un jour sombre. Entrée, v. p. 14. Il n'y a de catalogues que pour certaines parties, mais il y a des étiquettes sur les objets.

Rez-de-chaussée. — Ire TRAVÉE: beaux meubles et sculptures décoratives du style goth.; modèle de la Bastille de Paris. — IIe TRAVÉE, où est l'escalier (v. ci-dessous), surtout des sculptures de monuments funèbres et des pierres tombales, des XIVe et XVIe s. (les figures étaient en métal incrusté); au milieu, trois fonts baptismaux du XIIe s.; à dr., une petite reproduction du tombeau de Godefroid de Bouillon; des carreaux en terre cuite; à l'extrémité, à g., une *plaque de 1555, avec des armes émaillées. — IIIe TRAVÉE: sculptures en bois: à dr., 2 armoires et une *porte de la renaissance; à la fenêtre, de vieux canons se chargeant par la culasse, une coulevrine retirée en 1858 du puits de Bouvignes (p. 187), dans lequel les Français l'avaient jetée en 1554 avec les défenseurs de la place. Grande cheminée en marbre du XVIIe s., avec un beau dessus en bois. — Dans l'escalier, des moulages de la colonne Trajane.

Ier étage. Cet étage contient surtout des armes et des armures, disposées en grande partie tout autour, en trophées. Il est divisé en trois nefs par 6 piliers. — A L'ENTRÉE: des chaînes et des instruments de supplice; des canons et des projectiles en pierre et en métal; les chevaux (empaillés) sur lesquels l'archiduc Albert et sa femme Isabelle firent leur entrée solennelle à Bruxelles; à dr., 18, une armure allemande de 1558, avec un Triomphe des Grâces gravé sur la poitrine; à g., 10, une autre armure allemande moins ancienne.

NEF DE DR. Première armoire vitrée: arquebuses à rouet, des XVIe et XVIIe s., les crosses incrustées d'ivoire et de nacre. Armoire du mur de dr.: masses d'armes et haches, cuirasses, le nº 46 de Gustave-Adolphe. Vitrine, plusieurs armes de luxe du XVIe s.: *199, casque à bas-reliefs au repoussé; gantelets et poignard de Charles-Quint et de l'archiduc Albert. — Armoire suivante, armes à feu primitives. Dernière vitrine, poires à poudre en corne et en ivoire sculptés. Mur de dr.: armures, drapeaux, hallebardes, lances, arbalètes, flèches, etc. — 1re fenêtre: pistolets à pierre et armes de la première république et du premier empire français. 2e fenêtre: pistolets à rouet, poires à poudre, etc. 3e fenêtre: casques, dont quelques-uns richement décorés. Devant, nº 7, une armure espagnole. — Mur de g., magnifiques armures; *24, armure gravée de lansquenet, du XVIe s.; *13, armure goth. de tournoi, du XVe s.; *14, armure de la fin du XVIe s., peut-être de Philippe II.

Au commencement de la nef du milieu: 52, cuirasse de tournoi; *36, armure de cavalier avec ornements sur fond noir. Au milieu, une cuirasse de cheval et une de cavalier, ouvrages turcs, celle de cavalier avec des passages du Coran. Parmi les canons, une espèce de mitrailleuse. A g., un grand bouclier du XVIe s.; devant, *4, une armure cannelée du XVIe s.

NEF DE G. Vitrine sur le devant: casques avec ornements au repoussé; *198, casque à bas-reliefs, David vainqueur de Goliath et Judith avec la tête d'Holopherne; *216, bouclier rond avec ornements dorés sur fond noir, du XVIe s., etc. Armoire au mur: poignards et épées. Vitrines du milieu, collection d'armes blanches. A g., une autre armure cannelée. Grande et belle cheminée du xvie s. Ire fenêtre: harnais, éperons et gantelets. IIe fen.: armes turques, fusils de rempart. IIIe et IVe fen.: armes orientales.

Nef du milieu: surtout des armes modernes, des modèles d'artillerie; le cheval (empaillé) que le prince d'Orange montait à Waterloo; des armes du roi Léopold Ier.

IIe étage. Ici sont réunis les petits objets d'art du moyen âge, de la renaissance et du xviiie s. Même division qu'au 1er étage.

Nef du milieu: *29, fonts romans, en bronze, du xiie s.; confessionnal goth. en chêne sculpté, du xvie s.; autels goth. en bois sculpté, peint et doré, avec la Passion, les Martyres de St Léger et de Ste Agnès, des scènes de la vie de la Vierge, de la vie de J.-C., le *Martyre des Macchabées ornements d'église, tapisserie du xvie s., etc. Ire vitrine à l'extrémité: crucifix, la plupart byzantins, avec émaux et pierres précieuses; couronne en cristal de roche, avec figures d'ivoire (xviie s.). IIe vitr.: *22, tête de St Alexandre, pape, en argent repoussé, sur un reliquaire à figures émaillées (xiie ou xiiie s.); précieux reliquaires en or, avec émaux, pierreries et figures en argent repoussé (xiiie s.). IIIe vitr.: table de verre, autres reliquaires précieux, des styles roman (xe-xie s.) et goth. (xive s.).

Abside, la suite de la nef du milieu: crucifix et reliquaires byzantins et romans, surtout du xiie s.; broderies, couvertures de livres, cadres, diptyques, bas-reliefs en albâtre; émaux de Limoges du xvie s.; candélabres, clochettes, encensoirs, calices, ostensoirs.

Nef de dr., à partir du fond: 22, chaire goth. en bois; armoire du xviie s. — Ire fenêtre, verres; IIe, porcelaines; IIIe, grès et faïence de Hollande du xviiie s. — Vitrines du même côté: faïences italiennes et autres, grès des Pays-Bas et d'Allemagne, porcelaines de Bruxelles, etc. — Au mur: suite des meubles, armoire renfermant des chaussures brodées, grandes tapisseries de Bruxelles des xvie et xviie s. (histoire d'Achille). — Vitrines: coupes émaillées, assiettes de Limoges du xvie s.; ouvrages d'orfèvrerie, surtout des grandes coupes à bas-reliefs au repoussé, des xvie et xviie s.; chaînes de dignitaires de corporations, etc.; vases de luxe, nautiles et œufs d'autruche avec de riches montures; couronne du xie s. ornée de pierres précieuses.

Nef de g. Vitrine de g.: *1, reliquaire roman du xiie s., autres reliquaires; défense d'éléphant avec monture d'or romane, figures et vases en ivoire; 15-17, coupes avec de magnifiques bas-reliefs de la renaissance: Bacchanale, Naissance de Vénus, Combat des Amazones. 2e vitrine: diptyques, couvertures de livres, etc., des styles roman et goth., du xie au xve s.; *48, grand diptyque byzantin du viiie s. Armoire de g.: ouvrages de serrurerie artistique. IIe arm. de dr.: cassettes en bois et en métal. — Ire fenêtre, mesures et poids anciens; IIe, coupes et hanaps en métal, figures en bronze; IIIe et IVe, verres de Venise.

Sur les côtés et au milieu, des meubles et des ustensiles en bois; *30, berceau orné de sculptures goth. et de peintures, donné pour celui de Charles-Quint; en face, son buste en bronze. Cheminée goth. du xve s. Tapisseries de Bruxelles et d'Audenarde, des xvie-xviiie s.

IIIe étage. Il renferme une importante collection d'antiquités grecques, romaines et étrusques, en bronze et en terre cuite, le «musée de Ravestein», ainsi nommé d'après le donateur, qui fut 14 ans ministre résident près la cour pontificale et qui a formé cette riche collection durant son séjour en Italie.

Nef de dr. Tables avec des plaques de marbres de couleur ou de pâtes de verres romaines et divers autres petits objets d'art et ustensiles d'origine romaine. Au milieu, une précieuse collection d'échantillons de marbres de couleur. Armoires de dr., antiquités romaines trouvées en Belgique: bronzes, ustensiles et fragments de vases en terre cuite.

La *collection de vases antiques* est exposée dans 4 armoires, qui séparent les nefs de dr. et de g. de celle du milieu. La série commence dans la nef de dr., près de l'entrée. Ire armoire: vases étrusques noirs, avec ornements imprimés ou gravés dans la pâte; vases corinthiens du VIe s. av. J.-C., entourés d'ornements et de figures; lécythes ou vases à parfums et vases à onguent. — IIe arm.: ouvrages de la meilleure époque de la céramique grecque, des Ve et IVe s. av. J.-C., vases à figures rouges sur fond noir; 229-232, amphores panathénaïques ou vases qui, dans le principe, se donnaient pleins d'huile aux vainqueurs dans les jeux des Panathénées (fêtes de Minerve); coupes avec scènes bachiques, ces derniers vases à figures d'épargne, faites en mettant le vernis noir. — IIIe arm., du côté de la nef de g.: 303, grand vase avec un combat de Centaures; 305, 306, Thésée tuant le Minotaure; 291-296, aventures d'Hercule. — IVe arm.: Vases de la Grande-Grèce, de l'époque de la décadence (IVe-IIe s. av. J.-C.), et vases en terre noire et rouge, avec figures imprimées.

Nef du milieu. Ire et IIe vitrines: verres romains, pâtes de verre, quelques spécimens d'une beauté, comme couleur, qu'on n'a pas encore retrouvée. — IIIe vitr.: petits ustensiles de bronze, clefs et parties de serrures, clous, couteaux et cuillers, instruments de chirurgie, amulettes; à g., figures en bronze, ex-voto trouvés aux environs de Viterbe; à dr., ivoires et os sculptés d'origine romaine. — IVe vitr., bijoux: 1478, parure de tête; rosette et feuilles en or fin, boucles d'oreilles, colliers en or et en bronze, bracelets; perles et gros morceaux d'ambre; anneaux et fibules. — Ve et VIe vitr.: miroirs en bronze, la plupart étrusques, le no 1304 d'origine grecque.

Les meilleurs spécimens de la collection sont exposés dans l'abside au fond de la nef du milieu. A dr., des terres cuites: 389, vase à figures noires avec le nom de l'artiste, *Nikosthenes*; 408, vase de Cumes à bandes de figures en relief et dorées; vases de la Grande-Grèce en forme de têtes d'animaux, etc.; figures en terre cuite d'Italie et de Grèce, surtout de Tanagre; masques et têtes, quelques bas-reliefs d'urnes cinéraires en terre cuite; 486, enfant au maillot, grande poupée en terre cuite trouvée près de Viterbe. — A g., plus de 200 figures de bronze. Rangée du haut: à la fenêtre, 821, Jupiter avec la foudre; à côté, des figures très primitives; puis des dieux lares; 845 et suiv., Vénus, des guerriers; 860, Victoire trouvée près de Dijon; 861 et suiv., Mercure; 870-880, Hercule. 2e rangée: à la fenêtre, 903, Ajax se poignardant, d'une authenticité douteuse; puis des figures comiques, des caricatures; 835 et suiv., Minerve, gladiateurs, animaux. Rangées du bas: 946, statuette de guerrier samnite, Fortune, bustes qui ont servi de poids, petits vases ornés de figures et de têtes d'animaux.

Nef de g. La collection de bronzes se continue dans les armoires de ce côté: casques, jambarts, armes, clochettes, animaux, vases, poignées et anses, cistes et candélabres, trépieds, etc. — Ire-IIIe vitr.: lampes de terre. IVe vitr.: pierres taillées et pâtes de verre. Ve vitr.: médailles romaines; grande médaille en or donnée par Pie IX à M. de Ravestein pour l'avoir accompagné à Gaëte en 1848.

A l'entrée, une petite collection d'antiquités égyptiennes, dont quelques momies sont aussi dans la nef du milieu.

Les boulevards qui contournent la vieille ville à l'O. sont généralement désignés sous le nom de «boulevards du bas» ou inférieurs. En venant de la porte de Hal, on parcourt d'abord le boulevard du Midi (pl. B 6-4). A dr., l'*institution des aveugles* (pl. 34, C 6), fondée par la société philanthropique. C'est une construction gothique en briques, avec un clocher, par Cluysenaar (1858). A g., la *Cité Fontainas* (pl. B 6), asile pour les professeurs, les instituteurs et les institutrices sans place. — Plus loin, la *station du Midi* (pl. A 5-6), bâtie par *Payen*, devant laquelle s'ouvrent la large *avenue du Midi*, dont le prolongement, la rue du Midi, aboutit derrière la Bourse (p. 41); à g., le *boulevard du Hainaut* (p. 43).

[A l'extrémité N.-E. de l'avenue du Midi se trouve la place

Rouppe (pl. C 4), avec une fontaine ayant une grande vasque en fonte et, sur un piédestal, une statue par *Fraikin*, tenant une couronne de laurier; on y lit l'inscription: «A N.-J. Rouppe, Bourgmestre de Bruxelles de 1830 à 1838».]

Plus loin sur les boulevards du bas, vers le N., l'*école vétérinaire* (pl. 12, B 5), et les grands *abattoirs* (pl. 1, B 3), près desquels aboutit le *canal* qui relie Bruxelles au bassin de Charleroi, achevé en 1832. Enfin la jolie *caserne du Petit-Château* (pl. 7, C 1-2) et l'*Entrepôt Royal* (pl. 25, C 1).

Au boulevard d'Anvers (pl. C D 1), immédiatement à côté de l'entrepôt qui vient d'être nommé, commence l'Allée Verte, promenade garnie de quatre rangées de tilleuls, ouverte en 1707. Elle s'étend à $^1/_2$ h. de distance le long du *canal de Willebroeck*, qui relie Bruxelles à Malines et Anvers. Après avoir été autrefois, durant les belles soirées d'été, le rendez-vous du beau monde de la ville, cette promenade est maintenant déserte. Les deux lignes de tramways qui relient Laeken à Bruxelles (toutes les 10 min.), ne passent pas à l'Allée Verte (v. le plan, D 1, E 1).

Laeken (pron. «Lâkène»), aujourd'hui un faubourg de Bruxelles, comptant 20 000 hab., est connu comme résidence d'été de la famille royale. Il y a divers restaurants avec jardins: le *Pavillon de la Reine*, près du pont du canal, à l'entrée; la *Grande Grille*, un peu avant l'église, à dr. (plat du jour, 75 c.). La rue de Bruxelles aboutit à Ste-Marie, église neuve sur les plans de *Poelaert*, construite en partie aux frais de l'Etat et en partie avec le produit d'une souscription nationale. L'extérieur est resté inachevé, surtout l'ornementation gothique. L'intérieur présente de belles proportions. En place de chœur, il y a à l'E. une construction centrale octogone, où est le caveau royal, dans lequel reposent les restes de Léopold Ier (m. 1865) et de la reine Louise (m. 1850).

Le cimetière voisin est nommé quelquefois le Père-Lachaise de Bruxelles. Ce n'est pas qu'il se distingue par ses monuments ni par les grands noms historiques, mais le bon ton exige qu'on se fasse enterrer plutôt à Laeken qu'à Bruxelles. On n'y remarque guère que le monument de la *Malibran* (m. 1836), une petite chapelle circulaire, avec la statue de la cantatrice par *Geefs*, et les *galeries funéraires*, sortes de catacombes créées dans la partie S. du cimetière depuis 1877.

La rue neuve qui passe devant l'église et longe ensuite à dr. le jardin et le parc du palais, ordinairement fermés, conduit en $^1/_4$ d'h. à la *montagne du Tonnerre* (60 m. d'altit.), où s'élève le monument de Léopold Ier, érigé en 1880. C'est une haute construction goth. reposant sur de forts piliers et abritant une statue du feu roi par *G. Geefs*. On peut monter par un escalier tournant jusqu'au pied de la pyramide. *Beau coup d'œil sur Laeken et Bruxelles, où les regards sont attirés par le dôme du palais de justice. — Autour du monument est le parc et à l'O. la *ferme royale*.

Au S.-E. du monument de Léopold, à dr. du chemin qui y conduit et d'où on le voit, se trouve le CHÂTEAU ROYAL, construit de 1782 à 1784 par l'archiduc Albert de Saxe-Teschen, gouverneur autrichien des Pays-Bas, et propriété de Napoléon Ier de 1802 à 1814. C'est de là que l'empereur déclara la guerre à la Russie en 1812. Le château appartient au domaine depuis 1815. Léopold Ier y est mort le 16 déc. 1865. Il contient quelques œuvres d'art, mais il n'est visible qu'en l'absence de la famille royale.

A 6 kil. au N. de Laeken et à 1/4 d'h. du village de *Meysse* se trouve le beau château de *Bouchout*, qu'habite depuis 1879 la malheureuse princesse Charlotte, veuve de l'empereur Maximilien du Mexique, fusillé en 1867.

La promenade la plus fréquentée aux environs de Bruxelles est le ***bois de la Cambre**, au S., une partie de la forêt de Soignes transformée en un magnifique parc dans le genre du bois de Boulogne de Paris, sous la direction de l'architecte dessinateur de jardins *Keilig*. Sa superficie est de 183 hect. environ (bois de Boulogne, 900). Une belle allée d'arbres, de 2 kil. 1/2 de long sur 55 m. de large, l'*avenue du Bois de la Cambre*, sur les côtés de laquelle s'élèvent tous les jours de nouvelles constructions fort jolies, y mène du boulevard de Waterloo en 1/2 h. (tramway). Avant d'arriver au bois, on voit à g., en bas, l'*église Ste-Croix* et les deux étangs du faubourg d'*Ixelles*; plus loin, aussi à g., l'anc. *abbaye de la Cambre de Notre-Dame*, occupée aujourd'hui par l'école militaire. Il y a des restaurants et des cafés à l'entrée du bois, un autre dans la deuxième allée transversale, la «laiterie», et un plus petit, le «Trianon», un peu à l'écart à dr., avant la pièce d'eau dite le *lac*. Les arbres et les fourrés sont superbes, et ils offrent vraiment une promenade délicieuse en été. — Au delà du bois de la Cambre, du côté de Boitsfort (p. 185), se trouve l'*hippodrome* de Bruxelles, où ont lieu les courses (p. 14).

La visite du **champ de bataille de Waterloo** est beaucoup plus facile depuis l'ouverture du chemin de fer de *Bruxelles à Luttre* (Charleroi; p. 182). De Bruxelles à *Braine-l'Alleud*: 19 kil., trajet en 40 min., pour 1 fr. 45, 1 fr. 10 et 75 c.; aller et retour, 2 fr. 30, 1 fr. 75 et 1 fr. 15. De la station part un omnibus qui conduit en 20 min. à l'*hôtel du Musée*, près de la *butte du Lion* (1 fr. 50 aller et retour); on y arrive presque aussi vite à pied. Il faut 2 h. à 2 h. 1/2 pour aller de la butte à *la Haie-Sainte*, à *Belle-Alliance* et à *Plancenoit* et revenir par *Goumont* à Braine-l'Alleud. L'excursion prendrait env. 4 h. 1/2 si l'on poussait au S. de Plancenoit jusqu'à Genappe. De la stat. de *Waterloo* (p. 182),

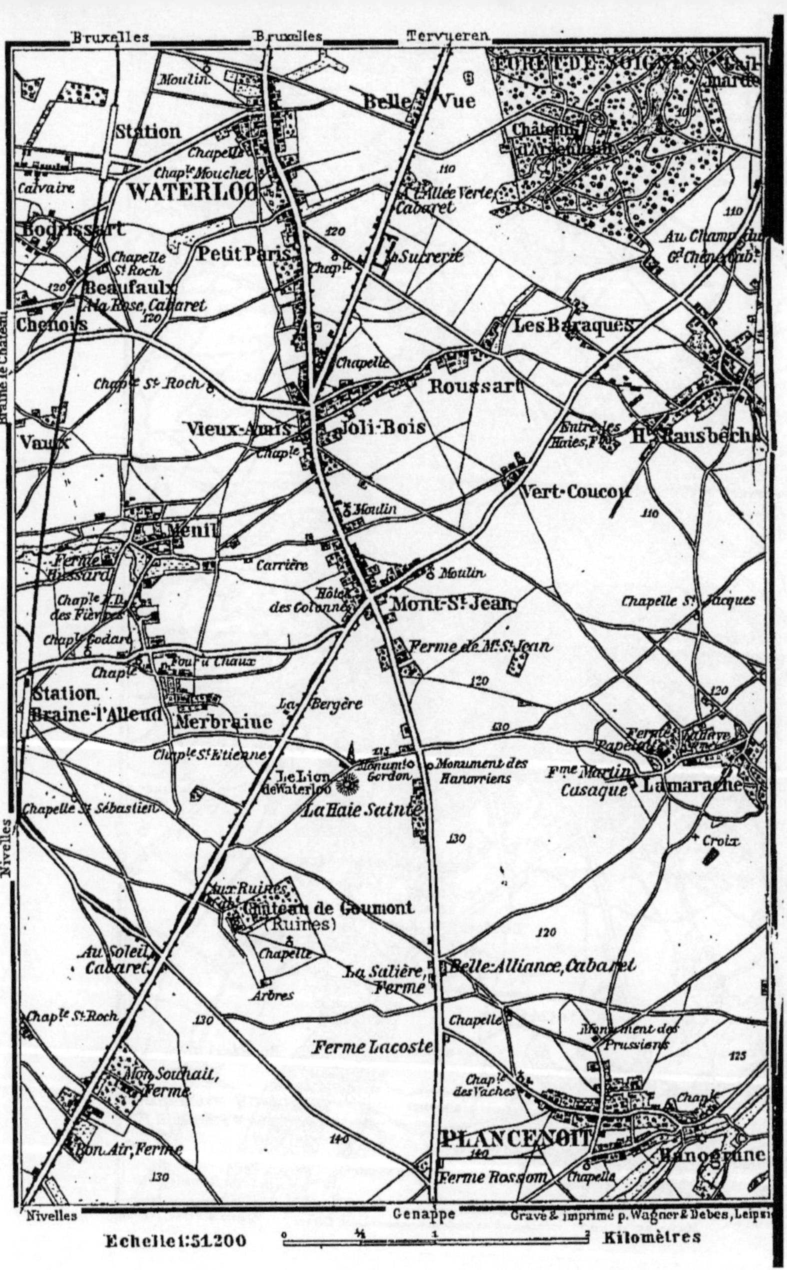

Bruxelles
Bruxelles
Tervueren
Moulin
Belle Vue
Forêt de Soignes
Station
Château d'Argenteuil
Chapelle
Chaple Mouchet
WATERLOO
Calvaire
L'Allée Verte, Cabaret
110
Bodrissart
120
Petit Paris
La Sucrerie
Au Champ du Gd Chêne, Cab.
Chapelle St Roch
Chaple
Beaufaulx
A la Rose, Cabaret
120
Chenois
Les Baraques
Braine le Château
Chapelle
Chaple St Roch
Roussart
Vieux-Amis
Joli-Bois
Vaux
Entre les Haies, Fe
H. Ransbèche
Chaple
Vert-Coucou
Moulin
110
Menil
Ferme Hussard
Carrière
Moulin
Chaple N.D. des Fièvres
Hôtel des Colonnes
Mont-St Jean
Chapelle St Jacques
Chaple Godart
Ferme de Mt St Jean
Four à Chaux
Chaple
120
Station Braine-l'Alleud
Merbraine
La Bergère
120
130
Chaple St Etienne
Monument Gordon
Monument des Hanovriens
Fme Martin
Casaque
Lamarache
Le Lion de Waterloo
Chapelle St Sébastien
La Haie Sainte
Croix
Nivelles
130
Aux Ruines
Château de Goumont
(Ruines)
120
Chapelle
Au Soleil, Cabaret
La Salière, Ferme
Belle Alliance, Cabaret
Arbres
Chaple St Roch
130
Chapelle
Monument des Prussiens
Ferme Lacoste
125
Mon Souhait, Ferme
Chaple des Vaches
Chaple
PLANCENOIT
Hanogrune
Bon Air, Ferme
140
140
130
Ferme Rossom
Chapelle
Nivelles
Genappe
Gravé & imprimé p. Wagner & Debes, Leipzig
Echelle 1:51200
Kilomètres

Merchten
Tamise
Anvers
Jette
Laeken
Esseghem
Drootbeek
Ganshoren
Koekelberg
Stat. Koekelberg
Osseghem
Molen
Evere
Des Maisons neuves
Stat. Josaphat
Schaerbeek
Vallée de Josaphat
Stat. de la rue Rogier
Vinkenberg
BRUXELLES
Cureghem
Champ des Manoeuvres
Etterbeek
La Chasse royale
St. Gilles
Le Chien
Ixelles
La Cambre
Den Hoek
Fleurgat
Le Chat
Langeveld
Boendael
Forest
Koevoet
Uccle
Stat. Watermael
Watermael
Vert Chasseur
Spoels
Stalle
Alsemberg
Bois de Soignes
Geograph. Anstalt von
Maßstab 1:71.000
Kilom.
Wagner & Debes, Leipzig.

qui est à 15 min. du village, il faut 1 h. pour aller à la butte, par *Mont-St-Jean,* et le chemin est mauvais sans être bien intéressant.

Waterloo fut, du 17 au 19 juin 1815, le quartier général du duc de Wellington, commandant en chef de l'armée alliée, composée d'Anglais, d'Allemands et de Hollandais. Les Anglais et les Français ont donné le nom de ce village à la bataille du 18 juin, bien qu'il fût resté en dehors de l'action; les Allemands l'appellent *bataille de Belle-Alliance* (v. ci-dessous). L'*église* de Waterloo, restaurée en 1855, renferme des inscriptions commémoratives en l'honneur des Anglais et des Hollandais et un buste de Wellington, par Geefs.

Mont-St-Jean est à 2600 m. au S. de Waterloo. C'est au delà qu'étaient postées les réserves de l'armée anglaise. A 1 kil. du village, on arrive à un chemin vicinal autrefois creux, qui croise la route de l'E. à l'O., et qui conduit, à g., à Wavre; à dr., à Braine-l'Alleud. C'est là, à dr., que se tint, pendant presque toute la bataille, le duc de Wellington. Au delà du chemin vicinal se trouvent deux monuments; ils sont sur des tertres dont la hauteur indique le niveau primitif du terrain.

A 6 min. environ à dr. s'élève la **butte du Lion**, monticule en forme de cône tronqué, sur le point où le prince d'Orange fut blessé pendant la bataille; elle a 45 m. de hauteur et l'on arrive au sommet par 235 marches. Le lion qui la surmonte a été fondu par Cockerill, avec le bronze de canons pris par les alliés. Une partie de la queue a été brisée, en 1832, par les Français allant faire le siège d'Anvers. On a de cette butte une bonne vue d'ensemble du champ de bataille. On fera bien de s'y placer pour se rappeler, en consultant le plan, les événements de la journée. Dans le bas est l'*hôtel du Musée*, qui est recommandable et où l'on voit une collection de souvenirs et de plans de la bataille.

Les hauteurs qui s'étendent au pied de la butte, à l'E. jusqu'à *Ohain*, à l'O. jusqu'à *Merbraine*, étaient occupées par les premières lignes des alliés. Elles se développaient en hémicycle sur une longueur d'env. 1/2 lieue.

L'armée française occupait la chaîne de collines env. 2000 pas plus loin. Les deux armées n'étaient séparées que par le vallon qui s'étend entre ces deux chaînes de hauteurs. Dès midi, les colonnes françaises s'avancèrent sans relâche à travers ce vallon, droit sur les positions anglaises, mais elles furent chaque fois, malgré quelques avantages passagers, repoussées par l'ennemi. Vers 7 h. du soir, le maréchal Ney, à la tête de la garde, parvint à rompre la première ligne des alliés; mais au même instant l'aile droite des Français était forcée de céder aux charges des Prussiens, et le mouvement rétrograde se communiquant à toute la ligne, les Prussiens et les Anglais se précipitèrent en avant, ce qui décida le sort de la journée.

Le centre des positions anglaises était protégé par la **ferme de la Haie-Sainte**, située à 100 pas des monuments mentionnés ci-dessus, sur la droite de la grande route. Elle fut défendue par la légion allemande (Hanovriens), mais elle dut être abandonnée entre 5 et 6 h. du soir.

Les défenseurs de la ferme de **Goumont** ou *Hougomont*, à 12 min. au S. du Lion, eurent plus de succès. Ce point formait la clef de la position anglaise, et sa prise eût mis Napoléon à même de tourner les alliés. 12000 hommes au moins furent conduits à l'attaque de cette ferme. (L'entrée de la ferme se paie 50 c.). — [Il y a 25 min. de chemin de Goumont à la station de Braine-l'Alleud.]

A 15 min. au S. de la Haie-Sainte, de l'autre côté de la route de Namur, se trouve l'auberge nommée déjà avant 1815 **Belle-Alliance**. Sur une plaque de marbre au-dessus de la porte est gravée cette inscription : «*Rencontre des généraux Wellington et Blücher lors de la mémorable bataille du 18 juin 1815, se saluant mutuellement vainqueurs*». Quelques boulets de canon sont encore engagés dans les murs. La maison était au centre de la position française. Napoléon se tint pendant la plus grande partie de la bataille à dr. de la route.

Plancenoit ou *Planchenois*, village à env. 20 min. au S.-E. de l'auberge (chemin de traverse en deçà), couvrait le flanc droit des Français. Les Prussiens l'attaquèrent à 4 h., sous les ordres de Blücher et de Gneisenau, le prirent et le perdirent plusieurs fois. La résistance désespérée de la garde française ne fut brisée que vers 8 h. du soir.

Napoléon avait 71900 hommes, soit 48950 d'infanterie et 15700 de cavalerie, et 246 bouches à feu. Les alliés, sous les ordres du duc de Wellington, ne comptèrent d'abord que 67600 hommes, soit 49600 hommes d'infanterie et 12400 de cavalerie, et 150 bouches à feu ou près d'un cent de moins que leur adversaire. Mais les Prussiens ayant donné, Napoléon eut à la fin contre lui env. 75000 hommes, avec 220 canons. Les pertes des Français furent d'env. 25000 hommes, celles des alliés d'env. 15000, celles des Prussiens d'env. 7000.

C'est par la route de *Genappe*, localité à 6 kil. au S. de Plancenoit, que s'opéra surtout la retraite de l'armée française. C'est une station de la ligne de Mons à Wavre (p. 181).

2. De Bruxelles à Liège, par Louvain.

99 kil. Trajet en 2 h. 1/4 par l'express, pour 9 fr. 40, 7 fr. 05 et 4 fr. 70, en 3 h. 1/4 par les trains omnibus, pour 7 fr. 50, 5 fr. 65 et 3 fr. 75. On part de la *station du Nord* (p. 9).

3 kil. *Schaerbeek,* jusqu'où l'on suit la ligne de Bruxelles à Malines. On traverse une contrée fertile, des bois et des prairies. — 8 kil. *Dieghem,* où sont des papeteries. — 11 kil. *Saventhem,* dont l'église possède un bon tableau de van Dyck, St Martin partageant son manteau. — 16 kil. *Cortenberg.* — 22 kil. *Velthem.* — 25 kil. *Hérent.*

30 kil. **Louvain** (p. 74).

De Louvain part un embranchement conduisant, au N., par *Rotselaer* à *Aerschot* (16 kil.), stat. de la ligne d'Anvers à Hasselt (p. 117) et plus loin, par *Westmeerbeck, Norderwyk-Morckhoven,* à *Herenthals,* où l'on tombe dans le chemin de fer de Turnhout à Tilburg (p. 84), etc.

De Louvain à Malines (Anvers) et à Gand, v. R. 8; *à Charleroi,* R. 25.

Après Louvain, un petit tunnel. — 35 kil. *Corbeek-Loo.* Plus loin, à dr., l'ancienne abbaye de *Parc,* de l'ordre de St Norbert, fondée en 1131. — 41 kil. *Vertryck.* Nous sommes en plein pays brabançon; nous n'entendons guère que les accents un peu rudes du flamand ou un français qui présente des particularités sensibles, des mots comme *sanzer* pour *changer, serser* pour *chercher, moucheu* pour *monsieur.* L'agriculture et le tissage sont les principales occupations des habitants.

48 kil. **Tirlemont** (hôt.: *du Nouveau Monde,* à la station; *de Flandre,* sur le Marché), en flam. *Thienen,* ville riante de 13700 hab. Comme Louvain, elle avait autrefois une population beaucoup plus considérable. Elle a encore son mur d'enceinte, qui a 2 lieues de circonférence, mais dans lequel est comprise une grande étendue de terres arables. Sur la place du marché s'élève l'*église Notre-Dame-du-Lac,* commencée en 1298, continuée au XVe s., mais qui n'est cependant pas entièrement achevée. A côté de l'église est l'*hôtel de ville,* restauré de nos jours. L'*église St-Germain,* située sur une hauteur, est probablement du XIIe s. Le tableau du maître autel, le Christ sur les genoux de la Vierge, est de *Wappers.* — Tirlemont passe pour avoir vu naître le célèbre jésuite *Bollandus*

(m. 1655), qui a commencé la gigantesque collection des *Acta Sanctorum*, et dont les continuateurs se sont nommés Bollandistes.

De Tirlemont à Namur : 44 kil., chemin de fer, trajet en 1 h. 45 min. pour 3 fr. 35, 2 fr. 50, ou 1 fr. 70 c. A *Ramillies*, cette ligne croise celle de Landen à Gembloux (v. ci-dessous). *Namur*, v. p. 185.

De Tirlemont à Diest (p. 117) : 31 kil., trajet en 50 min., pour 2 fr. 35, 1 fr. 80 et 1 fr. 20. Stations : *Neer-Linter*, *Geet-Betz*, *Haelen*.

De Tirlemont à Tongres, par St-Trond : 44 kil., trajet en 1 h. 20, pour 3 fr. 35, 2 fr. 50 et 1 fr. 70. La première stat. est aussi *Neer-Linter*. — 15 kil. **Léau**, en flam. *Zout-Leeuw* (restaur. *Line-de-Waters*), petite ville de 1900 hab., jadis fortifiée. Elle possède un joli *hôtel de ville* du style flamboyant du XVIe s., et une église gothique, **St-Léonard*, des XIIIe et XIVe s. On voit dans cette dernière de beaux autels sculptés avec des tableaux de la vieille école flamande, ainsi qu'un splendide *tabernacle en pierre, ayant une tour de plus de 30 m. de haut, avec beaucoup de sculptures. C'est un des plus beaux ouvrages de la renaissance en Belgique, exécuté en 1554 par *Corn. de Vriendt*, architecte de l'hôtel de ville d'Anvers. Il lui avait été commandé par Martin de Wilre, seigneur d'Oplinter, qui est inhumé à côté. — 20 kil. **St-Trond**, en flam. *Sent Truyen* (hôt. du Commerce), ville de 11 500 hab., avec de vieilles églises (Notre-Dame, style goth., restaurée; St-Martin, style roman), aussi sur la ligne de Landen à Hasselt (v. ci-dessous). — 26 kil. *Ordange*. — 33 kil. *Looz*. — 39 kil. *Pirange*. — 44 kil. *Tongres* (p. 219).

55 kil. *Esemael*. Nous quittons le Brabant pour entrer en pays wallon. La population y trahit un autre caractère, un tempérament bien moins flegmatique, beaucoup plus d'activité; nous serons bientôt dans une des contrées les plus industrielles de la Belgique.

57 kil. *Neerwinden* ou *Nerwinde* (le village à g.), dans une plaine mémorable par deux batailles, l'une gagnée par les troupes françaises du maréchal de Luxembourg, sur le roi d'Angleterre Guillaume d'Orange, le 29 juillet 1693; l'autre par les Autrichiens sous les ordres du prince de Saxe-Cobourg, sur les Français commandés par Dumouriez, le 18 mars 1793.

62 kil. **Landen**, où se raccordent plusieurs lignes. Son nom rappelle la fondation d'une puissance politique importante. Pépin de Landen ou le Vieux, qui posa les fondements de la grandeur carlovingienne, fut majordome (maire du palais) en Austrasie, sous le roi Dagobert Ier (628-638). Il mourut à Landen vers 640 et fut enterré d'abord sous un monticule qui porte encore son nom, puis transféré à Nivelles, où sa fille Gertrude (m. 659) avait fondé un monastère.

De Landen à Hasselt : 28 kil., trajet en 1 h. 1/4, pour 2 fr. 20, 1 fr. 70 et 1 fr. 10. Pays peu intéressant, plus ou moins montueux. 6 kil. *Velm*. — 10 kil. **St-Trond**, point de jonction avec la ligne de Tirlemont à Tongres (v. ci-dessus). — 17 kil. *Cortenbosch*. — 23 kil. *Alken*. — 28 kil. *Hasselt* (p. 117).

De Landen à Gembloux (Fleurus et Charleroi); 37 kil., trajet en 1 h., pour 2 fr. 80, 2 fr. 10 et 1 fr. 40. — La station de *Ramillies* est le point de croisement de la ligne Tirlemont-Namur (v. ci-dessus). *Gembloux*, v. p. 185; *Fleurus* et *Charleroi*, v. p. 184 et 181.

A Landen aboutit enfin une ligne venant de *Ciney* et qui croise à *Huy* celle de Namur à Liège (v. p. 190).

65 kil. *Gingelom*. — 70 kil. *Rosoux*. — 75 kil. *Waremme*. Ce village était jadis le chef-lieu de la *Hesbaye*, dont les habitants jouissaient d'un tel renom de bravoure et de force, qu'on en disait :

«Qui passe dans le Hesbain, est combattu l'endemain». Après Waremme, on croise une ancienne voie romaine, appelée par le peuple la *chaussée de Brunehaut*. Elle conduisait de Bavai, en France (*Bavacum Nerviorum*), à Tongres (p. 219), et elle est encore fort bien conservée dans toute sa longueur. — 81 kil. *Remicourt*. — 86 kil. *Fexhe*. — 91 kil. *Bierset-Awans*. — 94 kil. *Ans*, avec embranchement sur *Liers* (p. 219). Ans est situé à 150 m. au-dessus de Liège, et les trains venant en sens inverse sont remorqués jusque là par deux locomotives: la pente est dans les proportions de 1 à 30. Les hauts-fourneaux et les houillères annoncent l'approche de Liège. — 98 kil. *Haut-Pré*. Après avoir passé de profondes tranchées, on a un magnifique coup d'œil sur la populeuse cité de Liège et l'admirable vallée de la Meuse.

99 kil. *Liège*.

3. Liège.

Arrivée. Liège a cinq gares: 1° la *station des Guillemins* (pl. AB 7), sur la rive g. de la Meuse, pour les trains d'Aix-la-Chapelle, de Bruxelles, de Namur, de Paris et de Luxembourg; — 2° la *station de Vivegnies* (pl. D E 1), au S.-E., très loin du centre de la ville, pour les trains de la Hollande (R. 33); — 3° et 4° la *station du Palais*, près du palais de justice (pl. B 2), et la *station de Jonfosse* (pl. A 3-4), pour la ligne de raccordement entre les deux précédentes, sur laquelle il y a un train toutes les heures, de 5 h. 1/2 du matin à 11 h. du soir (trajet en 15 min.; prix: 35, 25, 20 c.); — 5° la *station de Longdoz* (pl. C D 5), sur la rive dr., pour les trains de Mastricht et aussi de Namur et Paris.

Hôtels: **H. de Suède* (pl. a, B 3), rue de l'Harmonie, 7, près du théâtre; **H. d'Angleterre* (pl. b, D 3), rue des Dominicains, 2 (ch., 3 fr.; déj., 1 fr. 25); *H. de l'Europe* (pl. c, B 3), rue Hamal, 6, ces deux derniers derrière le théâtre; *H. des Deux-Fontaines* (pl. e, B 3), rue Haute-Sauvenière, 2, également près du théâtre; *H. Schiller* (pl. f, B 3), place du Théâtre, 6; *H. de la Pommelette* (pl. g, C 3), rue Souverain-Pont, 44; *H. du Grand-Monarque*, même rue, 33; *H. Dounen (Frères Provençaux)*, même rue, 46 (pl. C 3); *H. Mohren*, rue du Pont-d'Avroy, 31 (pl. B 3-4), avec une grande brasserie allemande, fréquenté par les voyageurs de commerce (ch., 2 fr. 50); *H. de Flandre*, rue de la Régence, 45 (pl. B C 3); *H. Charlemagne*, place St-Lambert (pl. B C 3); *H. de Dinant*, rue St-Etienne, 2. — Aux gares, pour ceux qui arrivent tard: *H. de l'Univers*, *H. du Chemin de fer*, etc., à la gare centrale (Guillemins); *H. de l'Industrie*, rue Grétry, 89, en face de celle de Longdoz.

Restaurants: **J. Bernay*, derrière le théâtre, rue des Dominicains, 22 (pl. B 3), de 1er rang; **Café Vénitien*, près du théâtre; *Café-Rest. Continental*, place Verte; aux *H. des Deux Fontaines* et *Charlemagne* (v. ci-dessus).

Cafés: **C. Vénitien* (v. ci-dessus); *C. de la Renaissance*, en même temps restaurant, passage Lemonnier; *C. Continental*, *C. Charlemagne*, etc. (v. ci-dessus); *Trink-Hall*, au square d'Avroy (p. 53).

Brasseries: à l'*H. Mohren*, bon local très fréquenté (25 c. le verre); *Taverne Anglaise*, près du théâtre (dîn., de midi à 8 h., 2 à 3 fr.; 1/2 pinte d'ale, 30 c.; plat du jour, 1 fr.); *Taverne Royale de Munich*, rue de la Régence, 21-23, non loin du théâtre; *Taverne de Strasbourg*, rue Lulay, près du passage, etc.

Tarif des fiacres, pour une ou plusieurs personnes.	*Voit. fermées*		*Voit. découv.*	
	A 1 chev.	A 2 chev.	A 1 chev.	A 2 chev.
1° *A l'heure*, 1 h.	1 fr. 50	2 fr. 50	2 fr. —	3 fr. —
„ 1/2 h. en plus . .	— 75	1 25	1 —	1 50
2° *A la course*, dans la ville . .	1 —	1 50	1 50	2 —
„ „ à la Citadelle ou à la Chartreuse . .	2 —	3 —	2 50	3 50

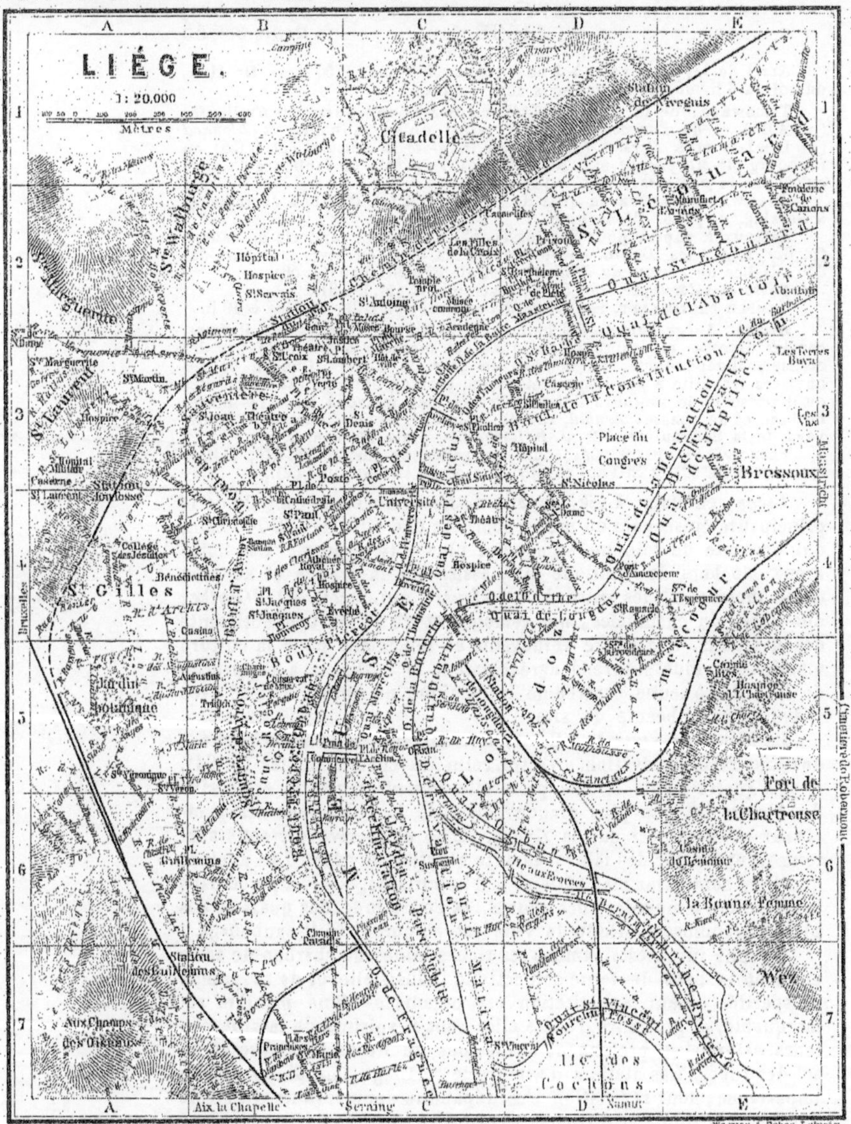

Geograph. Anstalt von Wagner & Debes, Leipzig.

Arrêt de $1/4$ d'h.: voit. à 1 chev., 25 c.; à 2 chev., 50 c. — De 11 h. du soir à 6 h. du matin, les prix sont doublés.

Tramways: de la *place du Théâtre* (pl. B 3) aux *gares des Guillemins* (pl. A B 7) et de *Longdoz* (pl. C D 5), ainsi qu'au faubourg *St-Léonard* (pl. D E 1-2) et à *Herstal* (p. 219); de la *place St-Lambert* (pl. B C 3) au faubourg *Ste-Marguerite* et à *Haut-Pré*, à l'O. (p. 54); au faubourg d'*Amercœur*, par le *pont des Arches*, à l'E.

TRAMWAY À VAPEUR du quai de l'Université (pl. C 3-4), à Jemeppe et à Seraing, v. p. 63. V. le plan.

Bateaux à vapeur pour Seraing (p. 63) et pour la fonderie de canons (p. 62), toutes les 20 min. en été, toutes les $1/2$ h. en hiver. Départ des deux lignes de l'*écluse du Séminaire*, boul. Frère-Orban (p. 56).

Poste et télégraphe, rue de l'Université, 34 (pl. B C 3).

TEMPLE PROTESTANT, rue Hors-Château, 21 (pl. C 2); service à 10 h.

Armes. Liège compte 180 manufactures ou plutôt magasins d'armes, car les diverses pièces sont fabriquées et montées à domicile par des ouvriers indépendants, au nombre de plus de 40 000. Chacun de ces ouvriers travaille à ses risques et périls, car son ouvrage est refusé dès qu'il présente le moindre défaut. Principales maisons pour les armes de luxe et de chasse: *Arnold*, rue de la Cathédrale, 66; *Demoulin*, boulevard de la Sauvenière, 102; *J.-B. Rongé fils*, place St-Jean, 2, etc.

PRINCIPALES CURIOSITÉS: cours du palais de justice (p. 57), églises St-Jacques (p. 60) et St-Paul (p. 60); vue de la citadelle (p. 62).

Liège, en flam. *Luik*, en all. *Lüttich*, ancienne capitale de la principauté épiscopale du même nom, est une ville de 129 200 hab., qui présente de loin un aspect des plus pittoresques. Les nombreux clochers de l'antique cité, assise sur la croupe et au pied d'une montagne, les eaux de la *Meuse*, qui reçoit ici l'*Ourthe;* une forêt de cheminées, qui témoignent de l'industrie florissante des habitants, une vallée verdoyante et renommée pour la culture maraîchère, tout surprend agréablement le voyageur à l'approche de la ville. Aucune contrée de la Belgique ne peut rivaliser avec Liège pour la beauté du site.

La Meuse traverse la ville en formant une île, due en partie à des canaux de dérivation. Outre celui du chemin de fer (p. 64), il y a quatre ponts et une passerelle reliant la rive g. et la rive dr. à cette île. La plus grande partie de la ville, avec ses principaux édifices, est sur la rive g. L'île et la rive dr. sont surtout occupées par des fabriques et le quartier ouvrier. Les anciens quartiers sont assez mal bâtis et peu importants. On y a percé dans les derniers temps des rues neuves, et l'on a créé des quais et des places grandioses. Enfin la ville est entourée de 9 faubourgs.

Ce sont incontestablement ses riches mines de charbon de terre qui sont la base de toute son activité industrielle et de sa grande prospérité. Leur exploitation est organisée d'une manière remarquable, et plusieurs d'entre elles sont si voisines de la ville que leurs galeries se prolongent au-dessous du lit de la Meuse et du sol des rues. Les ateliers d'armurerie de Liège sont d'une grande importance; leur réputation s'est répandue depuis la fin du siècle dernier par toute l'Europe et jusqu'en Amérique. Cependant comme les armes ne s'y font pas en fabrique, l'Angleterre et l'Amérique, qui en livrent à meilleur compte, font à Liège une concurrence assez forte. Ses fonderies de zinc, ses fabriques de machines et autres sont aussi très importantes (v. p. 62).

Le pays de Liège renferme une population wallone (p. 2) douée d'excellentes qualités physiques et intellectuelles, énergique, entreprenante, belliqueuse. « Les citoyens de Liège sont gens industrieux, ingénieux, de grand esprit et prompts à entreprendre toute chose», dit L. Guichardin (p. 3). Les Wallons ne reculent devant aucun genre de travail; leur ardeur se communique même aux femmes, qui partagent avec eux les plus rudes labeurs. Mais aussi ce petit peuple ne manque-t-il ni de fierté ni de courage, soit pour conquérir, soit pour défendre ses libertés, quand, à tort ou à raison, il les croit menacées ou violées. En effet, l'histoire de la principauté de Liège n'offre qu'une succession de luttes sanglantes d'une population jalouse de ses droits, avide de liberté et de puissance, contre les empiétements et l'oppression de ses princes, les évêques. Des armées étrangères vinrent souvent au secours de ces derniers. En 1468, Charles le Téméraire, duc de Bourgogne, s'empara ainsi de la ville, en rasa les murs et fit périr des milliers d'habitants par le fer et le feu ou en les noyant dans la Meuse. Maximilien Ier soumit aussi la ville par deux fois. Les Français la prirent en 1675, 1684 et 1691, et Marlborough en 1702. Durant les guerres de la Révolution, de 1792 à 1794, Liège fut plusieurs fois le théâtre de combats acharnés entre les Français et les Autrichiens. On connaît la bravoure des régiments wallons au service de l'Espagne, de la France et de l'Autriche, et Schiller n'a pas manqué d'en glisser l'éloge dans son Camp de Wallenstein: « *C'est un Wallon, — respectez-le!* »

De la gare principale, la station des Guillemins (pl. A B 7), on atteint en quelques minutes, par la rue du même nom, en face, le *square d'Avroy (pl. B 5), grand et beau jardin qui occupe l'emplacement d'un ancien bras de la Meuse et qui est décoré d'une quantité de statues exécutées par la comp. des Bronzes de Bruxelles. On y a une belle vue de la ville, qui s'étage sur les hauteurs environnantes. Il y a aussi un café, le *Trink-Hall*, dans le style oriental; il donne des concerts tous les soirs en été, et la partie du square qui le précède est alors éclairée à la lumière électrique. La *statue équestre de Charlemagne* (pl. B 5) est par *L. Jehotte*. Le grand empereur, au nom duquel se rattachent les premières franchises de la ville de Liège, est représenté avec tout l'appareil impérial, dans une attitude imposante; du geste, il invite la foule à respecter les lois. Le socle, de style roman, est orné des statues de Pépin de Landen, de Ste Bègue, de Pépin d'Héristal, de Charles Martel, de Pépin le Bref et de la reine Berthe. — Autour du square sont les *avenues d'Avroy* et *Rogier*. Du côté de la rivière, se trouve une terrasse dont le mur est décoré d'un *Dompteur de taureau, en bronze, par *L. Mignon,* et qui le sera aussi prochainement d'un Taureau au repos avec son gardien. Au bord de la rivière passe le *boulevard Frère-Orban*. Sur le *boulevard Piercot*, plus loin au N., se trouve le nouveau *conservatoire de musique*.

A la suite du square d'Avroy, au N., viennent le *boulevard d'Avroy* et le *boulevard de la Sauvenière* (pl. B 3-4), rendez-vous des promeneurs le soir. Belle vue sur l'église St-Martin, dans le haut (p. 61). Le boul. de la Sauvenière, qui fait une grande courbe et traverse la rue du Pont-d'Avroy, s'étend jusqu'à la

PLACE DU THÉATRE (pl. B 3), sous bien des rapports le centre de la ville. Le **théâtre** a été construit de 1808 à 1822, sur le modèle de l'Odéon de Paris, et restauré à l'intérieur en 1861. La façade est ornée de huit colonnes de marbre belge rougeâtre. Il n'y a de représentations qu'en hiver.

Devant ce monument s'élève la *statue de Grétry*, le compositeur, de Liège (m. 1813). Elle est en bronze, par *Guill. Geefs*, et placée sur un haut piédestal de granit dans lequel est le cœur du musicien.

Plus loin à dr., on arrive à la PLACE ST-LAMBERT (pl. B C 2), où se trouvait jadis la cathédrale St-Lambert, détruite en 1794 par les sans-culottes français et leurs partisans liégeois, et dont les restes ont été enlevés en 1808. Là était aussi depuis des siècles la résidence des princes-évêques, actuellement le

***Palais de justice** (pl. B C 2), bâti de 1508 à 1540, par le cardinal Erard de la Mark, un parent du «Sanglier des Ardennes» (p. 195). La façade actuelle, donnant sur la place St-Lambert, a été reconstruite en 1737, à la suite d'un incendie, et tout l'édifice a été restauré de 1848 à 1856. On y a ajouté alors l'aile de l'O., l'*Hôtel Provincial*, avec une façade ornée de statuettes et une salle décorée de peintures par van Marcke. Ce palais comprend deux cours très pittoresques, entourées de galeries voûtées, qui présentent un singulier mélange des styles gothique et de la renaissance. Les chapiteaux originaux de ces colonnes sont l'œuvre de *François Borset* de Liège; ils sont couverts de masques grotesques, de rinceaux capricieux et d'autres ornements variés. Les nervures des voûtes sont en pierre bleue, les compartiments en calcaire jaune-clair, en briques dans les parties restaurées. La première cour, qui sert de passage public et au milieu de laquelle est une fontaine moderne, a été fortement mais bien restaurée. Le côté O. est neuf, comme nous l'avons dit. La seconde cour n'a d'arcades que de deux côtés, et celles du N. sont en grande partie murées. Cette cour est transformée en jardin et contient une quantité de fragments d'architecture. On y entre, quand siègent les tribunaux, soit par la première cour, dans l'angle S.-E., soit par la rue du Palais. Les bâtiments de cette cour, dont les façades extérieures sont restaurées depuis peu, contiennent, avec des salles d'audience, les *archives* et le *musée archéologique*.

Le **musée archéologique** est public le dim. de 11 h. à 1 h. et visible les autres jours en s'adressant au concierge, qui demeure au fond de la première cour (1 fr.). Il est au second étage de l'aile S. de la seconde cour. La SALLE ROMAINE est la plus intéressante. Elle contient des antiquités trouvées pour la plupart dans la province. Au milieu, dans une petite vitrine, une **aiguière* et son *bassin*, un fragment de *tablette de congé militaire* du temps de Trajan (98 ap. J.-C.), le *sceau* d'un médecin romain, etc., tous ces objets en bronze. Derrière, la **fontaine d'Angleur* (p. 64), avec de petites figures en bronze, un lion, un bélier, un scorpion, un poisson, des têtes de satyres, une tête de Méduse, etc. Dans les autres vitrines et dans les armoires, des vases en terre avec des empreintes et d'autres vases romains, des tuiles, des *antiquités gallo-franques* en or et en argent, des verres, des terres cuites, etc. — La GALERIE D'OTREPPE comprend des objets du moyen âge et de la renaissance, des meubles, des grès, des verres, etc. — Une troisième galerie renferme des plâtres, des sculptures et des fragments d'architecture.

Le terrain monte considérablement devant la façade O. de l'Hôtel Provincial (v. p. 57). Il y a un jardin, avec une fontaine dans le bas. En gravissant l'escalier, on arrive à la place St-Pierre, une large rue où est l'église Ste-Croix (p. 61). Plus loin, St-Martin (p. 61). — En face de l'angle N.-O. de l'Hôtel Provincial se trouve la *station du Palais* (p. 54), où aboutissent les deux tunnels du chemin de fer qui relie les stations des Guillemins et de Vivegnies.

A la place St-Lambert se rattache au N.-E. le GRAND-MARCHÉ (pl. C 3). On y remarque deux édifices. Le premier est l'**hôtel de ville**, bâti en 1714 et qui contient quelques tableaux, entre autres le portr. de Napoléon en premier consul, par Ingres, donné par Napoléon lui-même à la ville en 1806. Le second est l'ancienne église à coupole de St-André, transformée en *Bourse*. Il y a aussi trois fontaines baroques. Celle du milieu a été construite en 1696, d'après les dessins de *Delcour*, et elle s'appelle la *fontaine des Trois-Grâces*. Les deux autres, qui datent de 1719, portent les armoiries des «*bourguemaîtres de la noble cité de Liége*».

L'église voisine, *St-Antoine* (pl. C2), du XIIIe s., reconstruite au XVIe et au XVIIe s. et restaurée de nos jours par Systermans, a dans le chœur quatre bas-reliefs en bois du XVIe s., représentant des scènes de la vie de St Bruno, et des fresques de Carpey, dont les sujets sont tirés de la vie de St Antoine (1860-68).

Le **musée communal** (pl. C2) est installé au no 65 de la rue Feronstrée, dans l'ancienne halle aux draps. C'est une collection encore peu importante de tableaux d'artistes liégeois et autres: Berth. Flémalle, Jean-Guill. Carlier, Chauvin, G. Lairesse, Vieillevoye, etc. Il y a en outre des œuvres de P. Delaroche (22, Mater dolorosa), Lepoittevin (77, paysage), Wiertz (les Grecs et les Troyens se disputant le corps de Patrocle, reproduction avec des variantes du tableau de Bruxelles, mentionné p. 45), Wauters, Alb. de Vriendt, V. van Hove, De Haas, Roelofs, etc. Le musée est ouvert les dim. et fêtes de 10 h. à 1 h. et visible en d'autres moments moyennant un pourboire. Le concierge demeure à l'*Académie des Beaux-Arts*, rue Feronstrée, 42. — Pour St-Barthélemy, v. p. 61.

Une grande rue neuve, la *rue Léopold*, conduit au S.-E. de la place St-Lambert au **pont des Arches** (pl. C 3), pont à 5 arches surbaissées sur la Meuse, datant de 1860-63 et récemment décoré de statues allégoriques. Il y avait-là dès le VIIIe s. un pont qui a été ensuite plusieurs fois détruit et refait, et qui a mainte fois joué un rôle dans l'histoire de la ville. Il a été défendu par une tour de 1685 à 1790. — Belle vue sur les deux moitiés de la ville de chaque côté de la Meuse. — On a prolongé depuis peu la rue Léopold sur la rive dr., jusqu'aux nouveaux boulevards dits de la Constitution et Saucy. — Le tramway qui passe sur le pont conduit au faubourg d'Amercœur, au pied de la Chartreuse (p. 62).

De la place du Théâtre partent, au S.-O., plusieurs des rues les plus animées de la ville, la *rue de la Régence* et la RUE DE L'UNIVERSITÉ. Dans cette dernière se trouve, immédiatement à dr., le *passage Lemonnier* (pl. B 3), construit de 1837 à 1839, galerie couverte et remplie de magasins dans le genre de celles que possèdent maintenant beaucoup de villes d'Europe.

Dans le voisinage, **St-Denis** (pl. C 3), église fondée en 987, mais reconstruite en très grande partie dans la seconde moitié du XVe s., avec des additions du XVIIIe s. Le bras gauche du transept renferme un retable richement sculpté, en bois, de la fin du XVe s., représentant la Passion de J.-C. et le martyre de St Denis. Les deux statues à dr. et à g. du maître autel, la Vierge et St Denis, sont de *Delcour*. Le chœur a des vitraux modernes par *Capronnier*.

A l'extrémité de la rue du même nom s'élèvent les bâtiments de l'**Université** (pl. C 3-4), créée en 1817. Ces bâtiments, qui donnent par derrière sur le quai dit aussi de l'Université, proviennent en partie de l'ancien collège des jésuites. Dans la cour principale est une construction imposante, en pierre de taille, avec un péristyle de 8 colonnes ioniques et l'inscription: « *Universis disciplinis* »; c'est la salle académique, qui est éclairée du haut. Les bâtiments de l'Université renferment toutes les collections académiques: bibliothèque (env. 200 000 vol.), cabinet de physique et cabinet d'histoire naturelle, ce dernier riche en fossiles antédiluviens, découverts dans les grottes si nombreuses du pays, surtout dans les environs de Chokier (p. 191). L'Etat a accordé en 1879 les fonds nécessaires pour la construction de nouveaux laboratoires de physiologie, de physique et de chimie. A l'Université sont annexées une *école des Mines* très fréquentée, une *école des Arts et Manufactures* et une *école normale des Humanités*. Le nombre des professeurs est de plus de 50, celui des étudiants de 1400 environ, dont un tiers appartiennent à l'école polytechnique et à l'école des mines.

La place devant l'Université a été décorée en 1866 de la statue d'*André Dumont*, le géologue, revêtu des insignes universitaires, bronze par Eug. Simonis. Dumont, mort en 1857, était depuis 1835 professeur à l'Université, et il est l'auteur de la carte géologique de la Belgique.

Un peu au-dessus de l'Université est le beau *pont de la Boverie*, à quatre arches, construit en 1843; il conduit au quartier de Longdoz, où est la gare du même nom.

A l'O. de l'Université, non loin du passage Lemonnier, se trouve ***St-Paul** (pl. B 4), la cathédrale, fondée par l'évêque Eracle en 968, réédifiée en 1280, où l'on construisit le beau chœur goth. actuel, et dont la nef et les parties qui s'y rattachent ont été terminées en 1528. C'est une ancienne église abbatiale, dont on a fait la cathédrale en 1802 (v. p. 57). La tour, de 1812, a un carillon.

L'intérieur mesure 84 m. 50 de long, 33 m. 60 de large et 24 m. de haut. Les nefs sont séparées par des piliers ronds. LA GRANDE NEF a un joli triforium; les voûtes sont couvertes de peintures, des arabesques du style de la renaissance, de 1579, restaurées en 1860. La chaire, en bois sculpté, est de *Guill. Geefs* (1844); elle montre quelle perfection la sculpture en bois a acquise de nouveau à notre époque en Belgique. Elle est supportée par cinq statues de marbre, également sculptées par G. Geefs: la Religion, St Pierre et St Paul, St Lambert et St Hubert. L'Ange déchu, derrière la chaire, est l'œuvre de *Joseph Geefs*, frère de Guillaume. — BAS CÔTÉ DE DROITE: 2e chap., Jésus au tombeau, statue de marbre par *Delcour* (1696); 3e chap., Adieux de St Pierre et de St Paul, aussi par *Delcour*. Le vitrail du bras droit du transept date de 1530, le sujet principal est le couronnement de la Vierge. A l'extrémité du bas côté de dr., à côté du chœur, un tableau d'*Erasme Quellin*, représentant les quatre Pères de l'Eglise: St Grégoire, St Jérôme, St Ambroise et St Augustin. — Le CHŒUR a des vitraux anciens et modernes, les cinq de l'abside de 1557-1587, les nouveaux par *Capronnier*. Les stalles ont été exécutées sur des dessins de *Durlet* d'Anvers, en 1864. Elles sont du style goth., avec des colonnettes et des sculptures représentant à dr. la résurrection générale, à g. la translation des reliques de St Lambert. Le maître autel vient d'être refait. — Dans le BAS CÔTÉ DE GAUCHE, des vitraux de *Capronnier*. 2e chap., l'Assomption, par *Lairesse*. 3e chap., une statue de marbre de la Vierge par *Rob. Arnold*, un chartreux (XVIIIe s.).

Le TRÉSOR DE L'ÉGLISE est remarquable; il contient entre autres une statuette de St Georges en or émaillé, offerte à la ville par Charles le Téméraire, comme une sorte de réparation après la destruction de la ville en 1468 (p. 56). Visite, 2 fr.

***St-Jacques** (pl. B 4), église située dans le voisinage du square d'Avroy (p. 56), a été fondé en 1014, par l'évêque Baudry II, mais sa tour romane, à l'O., n'a été bâtie que de 1163 à 1173 et elle a été modifiée dans sa forme actuelle de 1513 à 1538. C'est un magnifique édifice du style ogival flamboyant, à trois nefs, avec chœur polygone et chapelles rayonnantes. Le portail renaissance, au N., est un hors-d'œuvre ajouté par *Lambert Lombard*, en 1558. Cette église a été restaurée avec magnificence et avec goût depuis 1833.

L'intérieur, dont les dimensions sont 80 m. de long, 30 m. de large et 23 m. de haut, rappelle par sa décoration le genre espagnol, surtout dans ses arcades à réseaux, semblables à des ouvrages en filigrane, et dans ses voûtes peintes à nervures. Les beaux vitraux du chœur sont de 1520-1540 et représentent le crucifîment et les donateurs, accompagnés de leurs armoiries et de leurs patrons. Les sculptures en pierre du chœur (escalier tournant à deux rampes) sont fort remarquables, ainsi que le buffet de l'orgue, par *André Séverin* de Mastricht (m. 1673). — Dans le transept, des autels de marbre du style renaissance. Sur l'autel de gauche, une belle Mater dolorosa du commencement du XVIe s.; dans le bras dr., la pierre tombale de l'évêque Baudry II, fondateur de l'église, restaurée à la renaissance. — Dans les collatéraux, un chemin de la croix moderne en bas-reliefs.

St-Jean (pl. B 3) a été construit en 982 par l'évêque Notker, sur le modèle de la cathédrale d'Aix-la-Chapelle, mais entièrement réédifié en 1754-57. Cependant le plan octogone est encore le plan primitif. On y a ajouté un long chœur à l'E. La tour romane est du XIIe s., le cloître peut-être du XIVe s.

Sur une hauteur qui domine la ville et où il s'aperçoit de loin, est situé **St-Martin** (pl. A 3), église fondée en 962 par l'évêque Eracle et reconstruite en 1542 dans le style goth., presque en même temps que St-Jacques. Cependant c'est un édifice simple, quoique de proportions imposantes. On l'a restauré de nos jours.

L'intérieur, qui mesure 82 m. de long et 21 de large, est à trois nefs, avec de vastes chapelles latérales. Les vitraux du CHŒUR et du transept sont du XVIe s. Les bas-reliefs modernes, avec l'histoire de St Martin, sont de *P. Franck*, et les paysages au-dessus de *Juppin* (m. 1729). — La PREMIÈRE CHAPELLE DE DR. est ornée de 14 médaillons en marbre par *J. Delcour*, en mémoire de l'institution de la *Fête-Dieu*, qui eut lieu dans cette église en 1246, à la suite d'une vision de Ste Julienne, abbesse de *Cornillon*, près de Liège. La fête fut ordonnée dix-huit ans plus tard pour toute la chrétienté par le pape Urbain IV, qui avait été lui-même chanoine de la cathédrale de Liège. Une plaque de marbre, placée au-dessus de l'orgue en 1746, à l'occasion du cinquième jubilé séculaire de l'institution de la Fête-Dieu, en consacre le souvenir. — L'église fut incendiée de fond en comble le 4 août 1312, lors d'un combat sanglant qui s'était engagé entre les bourgeois et les nobles; deux cents de ces derniers, qui s'y étaient réfugiés, poursuivis par une populace furieuse, y furent brûlés vifs. Cette journée est connue sous le nom de la *male St-Martin*.

La vue qu'on a de la tour principale, restaurée en 1871, est superbe. Le sacristain demeure près de cette tour: 1 fr. d'entrée et quelques sous de pourboire pour celui qui vous accompagne.

Ste-Croix (pl. B 3), sur le chemin de St-Martin, fut fondée par l'évêque Notker, en 979, sur l'emplacement d'un ancien château fort; mais elle a été plusieurs fois transformée. Le chœur occidental, bâti vers 1175, avec une tour octogone et une galerie de colonnettes, rappelle le style des pays rhénans (p. XII); le chœur oriental et la nef sont du style goth. du XIVe s. Tout l'édifice est habilement restauré depuis peu. C'est une église à trois nefs de même hauteur, aux formes élégantes et légères, avec des piliers ronds en pierre bleue, tandis que les murs et les voûtes sont en grès jaune. Dans le transept, des bas-reliefs en forme de médaillons (chemin de la croix), du XIVe ou du XVe s., remplissent les ogives. Le chœur a des vitraux modernes par *Kellner* de Munich et *Capronnier* (1854).

St-Barthélemy (pl. D 2) est une basilique à 5 nefs (il n'y en avait primitivement que 3), avec deux tours romanes, datant du XIIe s., mais complètement modernisée. On y remarque, dans une chapelle à g. du chœur, des fonts baptismaux de bronze, coulés en 1112 par Lambert Patras, de Dinant. Ils reposent sur 12 bœufs et sont ornés de bas-reliefs qui représentent St Jean-

Baptiste prêchant et baptisant J.-C., St Pierre et le centurion Corneille, St Jean l'Evangéliste baptisant le philosophe Craton. Il y a aussi des peintures de Flémalle, Dufour, Fisen, etc.

On remarquera encore dans le voisinage le *Mont-de-Piété*, quai de Mastricht, 10, avec sa haute toiture et ses tours originales; c'est un édifice en pierre et en brique construit en 1560.

Le **jardin d'acclimatation** (pl. C 6; entrée, 1 fr.) ne renferme, il est vrai, que très peu d'animaux, mais il est beau et il offre une belle vue d'une partie de la ville haute. Il y a souvent concert en été. — A ce jardin se rattache, au S., le *parc de la Boverie*, ouvert au public.

Le **jardin botanique** (pl. A 5) est ouvert toute la journée. L'*Institut de Botanique* y a de grandes serres (beaux palmiers), qu'on peut voir en s'adressant au jardinier en chef. — A côté est l'*institut pharmaceutique*.

Les principales fabriques de Liège sont dans le faubourg *St-Léonard* (pl. D E 1-2), par ex. la *manufacture d'armes de l'Etat* (pl. D 2), la *fonderie de canons* (pl. E 2), les ateliers de la *Société St-Léonard* (parties de machines, locomotives), près de la prison (pl. D 2), etc.

On a la plus belle *vue de Liège de la **citâdelle** (pl. C 1; 158 m. d'alt.), fondée en 1650 par le prince-évêque Maximilien-Henri, sur l'emplacement de fortifications plus anciennes. On y monte en 20 à 25 min. par l'une des rues escarpées dites rue Pierreuse et Montagne-Ste-Walburge, ou par un nouveau chemin avec des degrés partant de la rue Hors-Château. Il faut pour y entrer une permission du commandant de place, qu'on obtient ordinairement sans difficulté au *bureau de place,* rue Beckmann, 49 (pl. A 4-5), surtout dans la matinée, de 9 h. à midi. En amont du fleuve, le regard s'arrête aux montagnes des Ardennes; en aval, il pénètre jusqu'à la montagne de St-Pierre, près de Mastricht, et aux plaines du Limbourg.

La *caserne St-Laurent* (pl. A 3-4) est aussi un bon point de vue. On y entre du faubourg St-Laurent, par derrière, et l'on se dirige vers la terrasse à travers la cour, en passant devant le corps de garde (pas de pourb.).

La hauteur fortifiée de la **Chartreuse** (pl. E 5-6), sur la rive dr. de la Meuse, offre une vue toute différente. Le meilleur endroit pour en jouir est l'*hospice de la Chartreuse* (vieillards), à mi-côte. On y entre par le chemin de la Chartreuse (sonner, 50 c. à 1 fr. en sortant). Tramway, v. p. 55 et 59. — Plus haut est situé *Robermont*, dans le voisinage duquel le prince de Cobourg fut battu par Jourdan le 19 sept. 1794; ce fut la dernière bataille que livra l'Autriche sur le territoire belge. Le *cimetière* de Liège se trouve près de Robermont.

La nouvelle *avenue de l'Observatoire* (pl. A 6-7), derrière la station des Guillemins, offre également de belles vues.

Seraing.

BATEAU À VAPEUR: de 7 h. du matin jusqu'à la chute du jour, en été (mai-oct.) toutes les 20 min., en hiver toutes les 1/2 h. Prix: 1re cl., 50 c.; 2e cl., 35. — Départ, v. p. 55. On fera bien d'aller par le bateau (3/4 d'h. à 1 h.) et de revenir par le tramway à vapeur.

TRAMWAY A VAPEUR, du quai de l'Université, tous les 1/4 d'h., de 7 h. du matin à 8 h. du soir. Il remonte la rive g. de la Meuse et s'arrête à *Jemeppe*, au pont de *Seraing* (10 kil.). Stations intermédiaires tous les 300 m. Trajet de 35 min. Prix: 50 et 40 c.

CHEMIN DE FER: par la rive dr., de la *station de Longdoz*, pour Seraing même, et par la rive g., de la *station des Guillemins*, pour *Jemeppe*. La distance est de 8 kil. (15 à 20 min.) d'un côté comme de l'autre: v. p. 54.

Une *excursion à Seraing est intéressante pour avoir une idée de l'activité industrielle extraordinaire du pays wallon. Le trajet en bateau est aussi à faire à cause de la belle contrée qu'on traverse. On passe sous le magnifique pont du chemin de fer du Val-Benoît (p. 64). Plus loin, des deux côtés, des usines de toute sorte. A g., *Ougrée* (stat. de la rive dr.), puis, à dr., *Sclessin*, qui a des hauts-fourneaux et des mines de charbon, et *Tilleur*. Le bateau aborde au beau pont suspendu qui relie *Seraing* et *Jemeppe* (5000 hab.), à 1/4 d'h. de chacune des deux gares.

Seraing, ville de 29500 hab., sur la rive dr. de la Meuse, jouit d'une réputation européenne au point de vue industriel, grâce à l'établissement grandiose que *John Cockerill* y créa en 1817 (on lui a élevé un monument en 1871). Cet établissement appartint d'abord pour une moitié au fondateur et pour l'autre à Guillaume Ier, roi de Hollande, dont la part dut être rachetée par Cockerill après la révolution de 1830, qui sépara la Belgique de la Hollande. A la mort du fondateur, en 1840, l'établissement fut repris par une société au capital de 12 millions 1/2, porté à 15 millions en 1871. On ne peut le visiter qu'avec une permission du directeur général, *M. E. Sadoine*, permission qu'on n'obtient que sur une bonne recommandation.

Un ancien château d'été des princes-évêques de Liège, au XVIIIe s., sur le bord de la Meuse, immédiatement au-dessous du pont déjà nommé, forme en quelque sorte l'entrée de l'établissement gigantesque. Il est habité par le directeur général et il renferme les archives, une bibliothèque, etc. Les ateliers et les bureaux couvrent une superficie de 108 hect.; ils occupent environ 11000 employés et ouvriers, dont les traitements et les salaires s'élèvent annuellement à plus de 10 millions de fr. En 1882, il y avait 337 machines à vapeur en activité, d'une force totale de 14488 chevaux et consumant 24000 quintaux de combustible par jour. La valeur de la production annuelle atteint 45 millions de francs. Les usines peuvent fabriquer, par an, 100 locomotives, 70 machines à vapeur, 1500 autres machines, et 200000 quintaux de fonte pour la construction des ponts et pour d'autres usages, 14 bateaux, etc. L'établissement comprend, avec des houillères, toutes les branches de l'industrie du fer: mines de fer, hauts-fourneaux, fonderies, fabriques d'acier, ateliers pour la construction des machines, etc.; bref, le fer y entre comme minerai et en sort ouvré sous une foule de formes. Le nombre des machines fabriquées à Seraing s'élevait à la fin de 1882 à 52 600, et c'est d'ici que sont sortis, en 1835, la première locomotive faite sur le continent, en 1860, le matériel pour le percement du Mont-Cenis, etc. L'hôpital de l'établissement, fondé en 1857, demande pour son entretien 25 000 fr. par an, l'orphelinat, fondé en 1866, plus de 20 000 fr.

Un peu plus haut que Seraing se trouvent les hauts-fourneaux et les houillères de l'*Espérance;* plus loin encore, dans les bâtiments d'une ancienne abbaye de l'ordre de Cîteaux, la verrerie de *Val-St-Lambert,* une des plus considérables du continent.

4. De Liège à Spa.

32 kil., trajet en 1 h. ou 1 h. 1/2, pour 2 fr. 10, 1 fr. 60 et 95 c. 25% de plus en grande vitesse. On part de la *station des Guillemins* (v. p. 54) et suit la ligne de Verviers jusqu'à Pepinster.

Au sortir de Liège, le convoi traverse le *pont du Val-Benoît,* sur la Meuse, beau pont à 5 arches, de 152 m. de long sur 15 de large, avec une double voie pour le chemin de fer, un passage pour les piétons et un pour les voitures. — 2 kil. *Angleur,* où se trouve une fonderie de zinc de la société de la Vieille-Montagne (p. 69). — Pour la *ligne de l'Ourthe,* qui aboutit ici, v. R. 30.

4 kil. **Chênée,** localité de 4500 hab., où sont d'importantes fonderies de zinc, aussi à la société de la Vieille-Montagne (p. 69), et des usines, à l'embouchure de la *Vesdre* dans l'*Ourthe,* rivière que le chemin de fer traverse. — Embranch. sur *Battice* et *Aubel,* par Herve (p. 69).

La contrée que parcourt notre ligne, en remontant la vallée de la Vesdre, est une alternative continuelle de montagnes escarpées et de profondes vallées. Le lit sinueux de la petite rivière vient à tout instant se placer en travers de la voie, qui court par conséquent tantôt sur une rive, tantôt sur l'autre. Il y a jusqu'à Verviers, à env. 40 kil., plus de 25 tunnels, dans un grès calcaire bleu souvent veiné de marbre. Au sortir de chaque tunnel, le paysage, qui est animé par une infinité d'établissements industriels, de maisons de campagne et de jardins d'agrément, prend un aspect nouveau, soit sombre et sauvage, soit gracieux et riant.

7 kil. **Chaudfontaine** ou *Chaudefontaine (*Grand-Hôtel des Bains; Hôtel d'Angleterre),* petite ville de bains, principalement fréquentée par les Liégeois. Les eaux thermales (32° cent.) auxquelles la localité doit son nom, ont leur source dans une île de

la Vesdre. La rivière est traversée par un beau pont suspendu. A g., près de la station, le casino, avec un jardin dans lequel se donnent des concerts en été. Derrière l'église se trouve un chemin agréable, pourvu de bancs, par lequel on arrive en 10 min. au sommet d'une hauteur d'où l'on jouit d'une vue très pittoresque de la localité, et du beau coup d'œil qu'offrent les détours multipliés de la vallée de la Vesdre.

10 kil. *Trooz,* station avant laquelle on aperçoit, à dr. de la voie, le vieux château du même nom, avec ses tourelles, adossé contre les rochers qui bornent la vue. Il s'y trouve une fabrique d'armes appartenant à la famille Malherbe de Liège.

Nous avons déjà passé 2 tunnels, nous en traversons 2 autres et nous franchissons 4 ponts pour arriver à *Nessonvaux:* à dr. et à g., quelques jolis châteaux.

Puis encore 4 tunnels et 7 ponts, et nous sommes à

20 kil. **Pepinster,** localité de 2500 hab., où la ligne de Spa-Luxembourg se détache de celle de Verviers (R. 5). Le village de Pepinster tire, dit-on, son nom de Pépin, maire du palais des rois francs (p. 219).

La ligne de Spa et Luxembourg (on change de train à Pépinster) remonte la vallée de la *Hoëgne,* petit affluent de la Vesdre. On y voit aussi partout des fabriques, des maisons de campagne, avec de beaux jardins, etc., et des montagnes boisées. — 25 kil. *Theux,* village ayant quelques manufactures de draps et quelques usines. Non loin de là, sur une éminence, les ruines considérables du vieux *château de Franchimont,* jadis résidence des margraves de ce nom. — La Hoëgne fait au-dessus de Theux une grande courbe à l'E.; le chemin de fer tourne dans la vallée du *Wayai,* qui débouche ici. — 28 kil. *La Reid,* où le petit *Chawion* (jolie vallée, 3/4 d'h. de la Reid) se jette dans le Wayai.

32 kil. **Spa.** — Hôtels: *H. de Flandre*, rue du Vauxhall; *H. d'Orange*, rue Royale; *H. des Pays-Bas*, rue du Marché; *H. de l'Europe*, *H. Britannique*, *H. d'York*, tous trois rue de la Sauvenière; *H. du Midi*, avenue du Marteau (ch., 3 fr.; dîn., 4 fr. 50); *H. de Bellevue*, même endroit; *H. des Bains* (Baas), place Royale; *H. du Palais-Royal*, rue du Marché; *H. Royal*, *H. du Nord*, place Pierre-le-Grand; *H. de Portugal*, place Royale; *H. de Laeken*, rue Royale; *H. des Etrangers*, rue du Marché; *H. des Deux-Fontaines*, place Pierre-le-Grand; *H. de Cologne*, rue du Marteau; *H. de la Chaîne-d'Or*, rue de la Sauvenière; *H. de la Poste*, rue du Marché; *H. Brighton*, rue du Marteau. — Table d'hôte généralement à 5 h. Omnibus des grands hôtels à la gare. Pens., 7 à 13 fr. par jour, mais pas dans tous les hôtels. Beaucoup de maisons meublées.

Restaurants: au *casino* (v. p. 66), dans la plupartdes *hôtels*, et aux sources de la *Géronstère*, de la *Sauvenière* et du *Barisart;* ils sont assez chers.

Voitures. Il y a des voit. à 1 chev., à deux et à trois places, et des voit. à 2 chevaux. Les prix suivants du tarif se rapportent à ces trois catégories: *tour des fontaines* (2 h.), 6, 8 et 10 fr.; *Sart* et *Francorchamps*, aller et retour par la *Sauvenière* (3 h. 1/2), 12, 14 et 18 fr.; *Theux* et *Franchimont* (2 h. 1/2), 8, 10 et 12 fr.; *grotte de Remouchamps* (3 h.), 18, 20 et 25 fr.; *Cascade de Coo* (3 h.), 16, 18 et 25 fr., par Stavelot, 18, 20, 30 fr.

Chevaux de louage. Les petits chevaux, d'une race toute particulière et nommés *bidets*, ont le pied aussi sûr que les ânes et les mulets. Promenade de 2 h., 5 fr.; chaque heure en plus, 2 fr. Pour la *grotte de Remouchamps*, 15 fr.; la *Cascade de Coo*, 15 fr., etc.

ABONNEMENT. Depuis la suppression des jeux, la direction des bains fait payer pour la fréquentation du casino, du jardin d'hiver et du parc: pour 15 jours, à 1 pers., 18 fr.; 2 pers., 27 fr.; 3 pers., 32 fr., etc.; pour la saison, 50 fr., 75 fr., 90 fr. Carte pour une journée au casino, au parc et dans le bâtiment du Pouhon, 1 fr. 50; au parc et au Pouhon, 50 c.

CONCERTS: l'après-midi, de 1 h. 1/2 à 3 h. 1/2; le soir, de 6 h. 1/2 à 8 h. 1/2 (50 c.; v. ci-dessous). Il n'y en a pas le matin.

MÉDECINS: les docteurs *Lezaak*, place Royale; *de Bamseaux*, rue Neuve; *Beru*, rue Royale; *Scheuer*, rue de la Sauvenière.

POSTE ET TÉLÉGRAPHE, rue Neuve.

Spa (250 à 330 m. d'altitude) est une jolie petite ville de 6500 hab., exposée au sud, au pied de hauteurs boisées, et dans la charmante vallée du *Wayai*, qui y reçoit la *Picherotte* et le *ruisseau de Spa*. Elle trahit immédiatement son caractère de ville de bains. Des allées ombragées, de nombreux magasins, de grands et de petits hôtels, des commissionnaires exhibant des adresses de tout genre, tout cela indique que la ville compte pour vivre sur le concours des étrangers, et qu'elle est impatiente de les recevoir. Les plus beaux souvenirs de Spa, comme ville de bains, se rattachent au XVIIIe s. Pierre le Grand s'y rendit en 1717, Gustave III de Suède en 1780, l'empereur Joseph II et le prince Henri de Prusse en 1781; le prince Paul Petrovitch de Russie en 1782, etc. La révolution française interrompit cet heureux essor et, sauf quelques bonnes années, comme 1815 et 1818 (congrès d'Aix-la-Chapelle), la ville vit s'effacer de plus en plus sa grande réputation d'autrefois. Elle a repris assez d'importance de nos jours, comme l'annoncent ses constructions neuves. Il y vient maintenant plus de 20000 personnes par an, dont un tiers et même la moitié sont des Belges. Les jolis petits ouvrages en bois verni et couverts de peintures, connus sous le nom de *bois de Spa*, sont célèbres et se vendent ici partout.

En venant de la gare, on entre dans la ville par l'avenue du Marteau (p. 68), qui aboutit à la PLACE ROYALE. Sur cette place s'élève l'*établissement de bains*, belle construction neuve dans le style de la renaissance, de 100 m. de long et 43 de large, sur les plans de Léon Suys, architecte de Bruxelles. Il est parfaitement organisé et ouvert de 6 h. du matin à 6 h. du soir (bains, 1 fr. 30 à 6 fr.). — Non loin de là, rue Royale, se trouve le *casino* qui comprend un restaurant, un café, des salles de bal et de concert et un cabinet de lecture (entrée, v. ci-dessus).

Au centre de la ville, presque en face du casino et sur la place Pierre-le-Grand, jaillit le *Pouhon*, la meilleure des 16 sources de Spa. Il est depuis 1880 dans une rotonde à laquelle se rattachent une galerie pour les promeneurs lorsqu'il fait mauvais temps, une bibliothèque et un joli jardin d'hiver. L'eau du Pouhon, limpide, très gazeuse et très ferrugineuse (10° centigr.), s'expédie au loin. On fait dériver son nom du wallon *pouhir*, qui signifie *puiser*. —

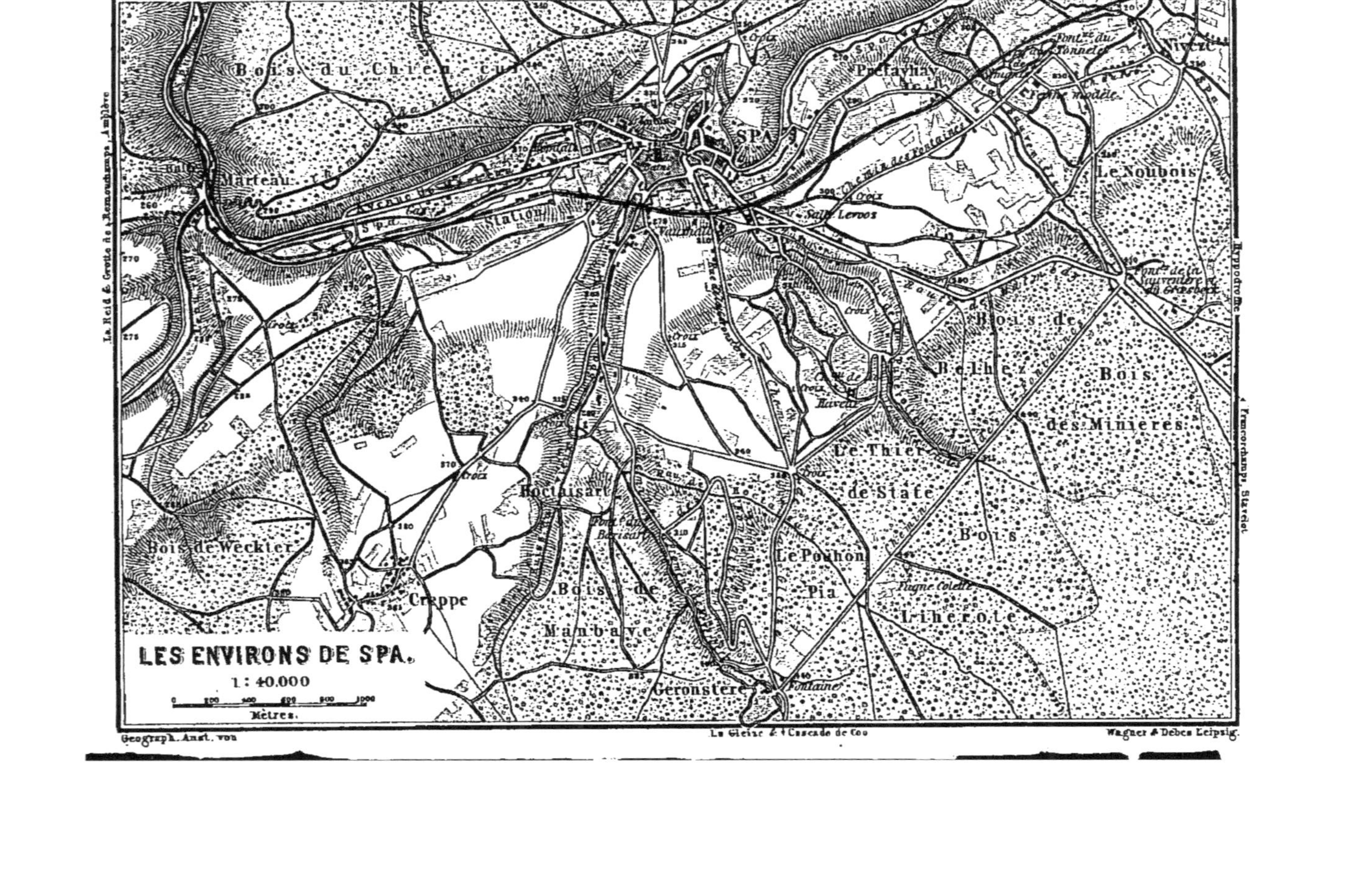

LES ENVIRONS DE SPA.
1 : 40.000
Mètres.
Geograph. Anst. von
Wagner & Debes Leipzig.
Theux
Pepinster
Sart
Luxembourg
La Reid & Grotte de Remouchamps, Amblève
Hippodrome
Francorchamps, Stavelot
La Gleize & Cascade de Coo
Bois du Chien
Marteau
Station
SPA
Pouhon
Le Nouboîs
Chemin des Fontaines
Salle Levoos
Bois de Weckter
Creppe
Hockaisart
Bois de Manbaye
Géronstère
Fontaine
Le Pouhon Pia
Le Thier de Staté
Bois
Liherote
Fagne Colette
Belhez
Bois de
Bois des Minières
Croix

Près de là, rue Dundas, est le *Pouhon du Prince de Condé*, propriété particulière, dont l'eau s'utilise également depuis quelques années. Il y a encore d'autres sources dans le voisinage, mais elles ne sont pas exploitées.

L'après-midi et dans la soirée, le monde élégant se retrouve autour d'un bon orchestre (p. 66), sous les vieux ormes de la *promenade de Sept-Heures*, et sur la place Royale (v. ci-dessus). Pendant les concerts, l'entrée de la promenade coûte 50 c. Aux environs des promenades, plusieurs sentiers montent, sur le versant de la montagne et à travers des bosquets, vers quelques pittoresques saillies de rochers; on a en maint endroit de beaux coups d'œil sur la vallée. En face du pavillon des musiciens sur la place Royale, un chemin par où l'on monte à la *Montagne d'Annette et Lubin*, où il y a de jolies promenades et un café. On fait par là une excursion intéressante de 1 h. 3/4, en redescendant dans la vallée du *Chawion*, qui débouche dans celle du Wayai non loin de la stat. de la Reid (p. 65).

La visite des différentes sources se fait le mieux en suivant le parcours appelé le TOUR DES FONTAINES, qui demande 2 h. 1/2 à 3 h. Pour cela, on suit d'abord, en passant à dr. du Pouhon, la large rue de la Cascade, dans laquelle il y a une fontaine ornée de Génies par Jaquet. Le prolongement de cette rue est la rue de la Sauvenière, qui va en montant et que le chemin de fer traverse à peu près à la sortie de la ville. Puis on suit la grande route ombragée d'ormes («la Sauvenière, 2 kil. 1/2; Francorchamps, 8 kil.»). Au bout de 7 min., immédiatement au delà du *Salon Levoz*, ancienne maison de jeu avec un jardin, à g., une allée d'où l'on a un beau coup d'œil en arrière sur Spa. Elle mène en 20 min. à la source du *Tonnelet* (76 m. au-dessus du Pouhon), qui sert peu maintenant. — A 10 min. à l'E. du Tonnelet est la source de *Nivezé*, nommée depuis 1868 *source Marie-Henriette*, en l'honneur de la reine des Belges.

Une route de voitures monte au S. du Tonnelet, à travers un bois de bouleaux et d'arbres résineux, en 20 min. à la *Sauvenière* (141 m. au-dessus du Pouhon), sur la route de Spa à Francorchamps et Malmédy. A côté est la source de *Groesbeck*. On y rencontre souvent des femmes en prière et buvant de l'eau, car la tradition attribue à l'eau de cette source des vertus salutaires dans les accouchements. Dans le bois se trouve un monument, érigé en 1787 par le duc de Chartres (Louis-Philippe), ses frères et sa sœur, en mémoire de la guérison de leur mère aux eaux de Spa. — Vis-à-vis du restaurant de la Sauvenière se détache de la route la promenade qui mène, en 1/2 h., à la *Géronstère* (restaur.; 144 m. au-dessus du Pouhon). C'était autrefois la source la plus renommée de Spa. Pierre le Grand eut déjà l'occasion d'en apprécier l'action salutaire, comme le constate le certificat que lui délivra son médecin et qui se conserve encore à Spa. On s'y rend aussi directement de Spa (4 kil.). De la place Pierre-le-Grand, prendre à dr., en passant devant l'église, puis devant l'hôtel de Flandre et par la rue du Vauxhall. A une centaine de pas au delà du chemin de fer, à g., le *Vauxhall,* une ancienne maison de jeu. Plus loin, la rue prend le nom de rue de la Géronstère. — De la Géronstère, la route mène plus loin au S., par la Gleize, à la cascade de Coo (9 kil.; v. ci-dessous).

En revenant dans la direction de Spa, on peut prendre, à g., à quelques minutes de la Géronstère, un beau chemin par où l'on va en 20 min. au *Barisart* (50 m. au-dessus du Pouhon), source captée seulement depuis 1850 et où se trouve également un restaurant: il y a encore 20 min. de là à Spa.

Une autre belle promenade de plain-pied est l'*avenue du Marteau,* route garnie de chaque côté d'une double rangée d'arbres et bordée de jolies maisons; elle part de la place Royale (p. 66), remonte à l'E. le cours du *Wayai*, et conduit en 40 min. environ au hameau du *Marteau.*

Excursions de Spa.

A la cascade de Coo: 3 h. 1/2; voit., v. p. 65. La route passe à la Géronstère et monte au *plateau des Fagnes.* Plus loin, elle se bifurque, mais on va des deux côtés à Coo: à g., par *Andrimont* (1 h. 1/2 de Spa) et *Roanne;* à dr., par *Cour* et *la Gleize* (aub. Delvenne). Au pont de *Coo*, on se trouve tout à coup au-dessus de la ***cascade de Coo,** au milieu de montagnes formant un paysage grandiose. Une partie de l'*Amblève* se précipite à travers deux crevasses artificielles pratiquées dans le rocher au siècle dernier, tandis que le reste de l'eau contourne ce rocher pour arriver au pied après un parcours d'une heure. Près de là, l'*hôtel de la Cascade,* avec terrasse et pavillon. — De *Trois-Ponts* à Coo, v. p. 198. — De Coo à *Stoumont,* par la Gleize (v. ci-dessus), 2 h., belle course, chemin de fer en construction.

A Remouchamps: 4 h. 1/4 ou 3 h. 1/2; voit., v. p. 65. La route descend la vallée de la *Hoëgne* jusqu'à la stat. de *la Reid* (p. 65). De là, on remonte à g. une jolie vallée, par *Hestroumont,* pour arriver au village de *la Reid* (270 m. d'altit.), à 3 kil. 1/2 de la station. Un autre chemin, plus court de 3/4 d'h., mais seulement pour les piétons et les cavaliers, y monte directement de Marteau (v. ci-dessus), par *Vieux-Pré.* On passe ensuite à *Haut-regard* et redescend à

Remouchamps (**hôt. des Etrangers,* pens., 5 fr.), village situé à l'un des plus beaux endroits du Val de l'Amblève, et station du chemin de fer mentionné p. 195. On y vient surtout à cause de sa *grotte,* cependant bien moins remarquable que celle de Han-sur-Lesse (p. 192). L'entrée se trouve près de l'hôtel des Etrangers (3 fr., y compris la torche, plus un petit pourb.; costume pour les dames, 1 fr. 50). Cette grotte se divise en deux parties superposées. On descend par un escalier dans la partie inférieure, que traverse un ruisseau. Une particularité que l'on observe ici comme en maint autre endroit où le sol est composé de calcaire, c'est la disparition de presque tous les cours d'eau des environs, au N., dans des crevasses nommées «entonnoirs» ou «chantoirs». Le plus important est l'*entonnoir d'Adseux,* à 1 h. au N. de Remouchamps, par *Dreigne,* où l'on fait bien de prendre un enfant pour guide.

En amont de Remouchamps, sur une hauteur de la rive g., au milieu d'arbres touffus, se montre le vieux *château de Mont-Jardin,* toujours habité et que domine encore le nouveau château, qui a un joli parc. — En aval, sur la rive dr., se trouve *Sougne,* au pied de rochers escarpés, la *Heid des Gattes* (mont des chèvres).

5. De Liège à Aix-la-Chapelle.

55 kil. Jusqu'à Verviers: 25 kil., ligne de l'Etat belge, trajet en 35 ou 60 min., pour 2 fr., 1 fr. 50 et 1 fr.; 25 $^0/_0$ de plus en grande vitesse. — De Verviers à Aix-la-Chapelle: 30 kil., chemin de fer Rhénan, trajet en 40 à 50 min. par la grande vitesse, en 60 à 65 par les trains ordinaires, pour 2 fr. 85, 2 fr. 10 et 1 fr. 50, 5 fr. 50 pour la 1re cl. en grande vitesse. Tout le trajet dure 1 h. $^1/_2$ à 2 h. — La visite douanière ne se fait, pour les gros bagages, qu'au lieu de destination (Aix ou Cologne). Au retour, elle se fait à Verviers, et elle prend ordinairement $^1/_2$ h.

La ligne dont il est question ci-dessous, passe par Pepinster; il y en a une autre de LIÈGE À VERVIERS PAR HERVE, partant de la station des Guillemins. Le trajet dure 1 h. 20 min. — 5 kil. *Chênée* (p. 64). — 25 kil. *Herve.* — 40 kil. *Verviers.*

Jusqu'à *Pepinster*, v. p. 64 et 65. Ensuite la stat. d'*Ensival.* Le village, qui est devenu pour ainsi dire un faubourg de Verviers, se voit dans un fond à g. On traverse un nouveau tunnel et l'on arrive en le quittant à

25 kil. **Verviers.** — HÔTELS: *des Pays-Bas*, dans la ville; *du Chemin de fer*, *d'Allemagne*, à la gare; — BUFFET tarifé à la gare.

Verviers est une ville moderne de 43 000 hab., avec de grandes manufactures de draps, qui y prospèrent depuis le XVIIIe s. Le chiffre de production, pour l'arrondissement de Verviers, se monte à plus de 390 000 pièces par an, dont une grande partie se vend à l'étranger. Il y a aussi d'importantes filatures de laine. Dans le quartier neuf à g. de l'entrée de la gare, une église en briques, du style gothique. On a érigé en 1880 un monument à Chapuis, habitant de la ville qui fut exécuté en 1794, par ordre du prince-évêque de Liège.

Outre le chemin de fer Rhénan, il y en a un autre entre Verviers et Aix-la-Ch., la ligne de Bleyberg, par laquelle on fait le trajet en 1 h. $^1/_4$, mais qui n'a que des trains omnibus. Elle se détache de l'autre à la station de *Welkenraedt*, et passe à *Montzen-Moresnet*, petite localité où se trouve la mine de zinc (calamine) très productive de la *Vieille-Montagne*. Le pays environnant, de 1 lieue de long sur $^1/_2$ lieue de large, est territoire neutre, parce qu'on n'a pas pu s'entendre sur sa possession en fixant les frontières; le produit des impôts y est partagé entre la Prusse et la Belgique. Près de là est le *château d'Einebourg* ou *Emmabourg*, ancienne résidence de Charlemagne, où se nouèrent, selon la tradition, les amours d'Emma, fille de l'empereur, et de son secrétaire Eginhard. — Il n'y a plus ensuite que la station de *Bleyberg*, où sont des mines de plomb et de zinc.

Sur le petit parcours de Verviers à Dolhain, le chemin de fer traverse plusieurs ponts et 7 tunnels. La voie ferrée, la rivière et la grande route se croisent continuellement.

32 kil. **Dolhain** (*hôt. d'Allemagne*), dernière station belge, village moderne, pittoresquement situé au fond de la vallée de la *Vesdre*. Il est bâti sur l'emplacement qu'occupait jadis la partie basse de la ville de *Limbourg*. Au-dessus s'élèvent les belles ruines du *château fort de Limbourg*, berceau de la vieille famille de ce nom d'où sortirent les comtes de Luxembourg et les empereurs d'Allemagne Henri VII, Charles IV, Venceslas et Sigismond. Ce château faisait partie de la grande ville de Limbourg, souvent ravagée pendant les guerres des ducs de Brabant (1288), des Hollandais, des Espagnols et des Français, détruite de fond en comble par Louis XIV, en 1675, et qui a ainsi disparu presque complètement, après avoir été la capitale d'un riche duché, après avoir eu des dimensions telles qu'on y comptait une cathédrale et cinq églises, et qu'elle remplissait toute la vallée de Dolhain. Dans l'intérieur des anciennes fortifications se sont élevées de belles maisons, que domine l'*église St-Georges*, du style goth., nouvellement restaurée. En avant, sur un rocher escarpé, se voit un joli petit château moderne.

On va en 1 h. de Dolhain au barrage de la Gileppe. On remonte d'abord la vallée derrière Limbourg, et l'on tourne au bout de 10 min. dans une vallée à dr. — Le **barrage de la Gileppe**, construit de 1869 à 1878, sur les plans de l'ingénieur *Bidaut* (m. 1868), par Braive, Caillet et Cie, est un ouvrage grandiose destiné à former un réservoir pour Verviers, qui a toujours besoin, pour ses manufactures de draps, d'une plus grande quantité d'eau non mélangée de calcaire. Il se compose d'un mur colossal, construit en travers de la Gileppe, dans un endroit resserré de la vallée de cette rivière. Il a dans le bas 82 m. de longueur sur 65 m. 80 d'épaisseur, et dans le haut 235 m. sur 15. Il arrête l'eau jusqu'à une hauteur de 45 m., et il forme un bassin de plus de 80 hectares, pouvant contenir 12 238 916 m. cubes d'eau. Un aqueduc de 9 kil. de longueur, construit par *Moulan*, le relie à Verviers. Sur le barrage est un lion colossal assis, par Fél. Bouré, fait de 243 blocs de pierre et atteignant une hauteur de 13 m. 50. Les frais de construction de ce barrage se sont élevés à 5 millions de francs.

40 kil. *Herbesthal*, premier village prussien, où se trouve la douane prussienne pour les colis non enregistrés. De là part un embranchement qui conduit à *Eupen*, en 15 min. — 45 kil. *Astenet*. On traverse la *vallée de la Gueule* (Gœhl), sur un *viaduc* de 210 m. de long et 38 de haut, composé de 17 arches à deux étages. Puis deux tunnels. — 52 kil. *Ronheide*, et l'on descend une rampe considérable jusqu'à

55 kil. **Aix-la-Chapelle** (hôt.: *du Grand-Monarque; Nuellens; Bellevue; de l'Empereur*, etc.; *de l'Union, du Nord*, près de la gare). Pour les détails sur cette ville, v. les *Bords du Rhin* ou l'*Allemagne*, par *Bædeker*.

6. De Liège à Mastricht.

30 kil. Chemin de fer, trajet en 1 h. à 1 h. 1/4, pour 2 fr. 40, 1 fr. 80 et 1 fr. 20. Départ de la station de Longdoz (p. 54).

Il est bon, si l'on doit revenir à Liège, d'y laisser ses bagages, pour n'avoir pas à subir deux fois la visite de la douane. Ceux qui sont enregistrés pour Mastricht ne sont visités qu'à l'arrivée.

Liège, v. p. 54. Au sortir de la gare, le chemin de fer décrit une grande courbe à g., sous le fort de la Chartreuse (p. 62); ensuite il reste quelque temps dans le voisinage de la Meuse. — 5 kil. *Jupille,* petite ville de 3600 hab., avec quelques fabriques, une des plus anciennes localités du pays, connue dans l'histoire par le séjour qu'y firent Pépin d'Héristal et Charlemagne: le premier y mourut en 714. — Puis la voie s'écarte de la rivière, qui fait une courbe à l'O. — 8 kil. *Wandre.* — 10 kil. *Cheratte.*

13 kil. *Argenteau,* stat. pour *Hermalle*, localité de la rive g., dont les habitants exercent pour la plupart le métier de vannier. Argenteau est incontestablement l'endroit le plus pittoresque de la vallée inférieure de la Meuse. — Au-dessus du village se dresse, sur des rochers escarpés couverts d'une forêt de chênes, le château moderne du comte Mercy-Argenteau. La cour est reliée par un pont à un autre rocher, sur lequel sont des jardins. Le parc s'étend bien loin au N.

16 kil. **Visé** *(hôt. de Brabant)*, où est la douane belge, petite ville de 2648 hab., jadis fortifiée. C'est ici qu'était le quartier-général de Louis XIV lors du siège de Mastricht, en 1673. — On traverse la frontière et entre dans le duché hollandais de Limbourg.

20 kil. **Eysden**, stat. où est la douane hollandaise, au milieu de riches vergers et d'excellents pâturages, avec un vieux château. — Puis la stat. de *Gronsveld.* En face, sur la rive g. de la Meuse, se montrent les rochers de la montagne de St-Pierre (p. 73), qui s'élève à plus de 100 m. au-dessus de la rivière. — 30 kil. *Mastricht.*

Mastricht. — Hôtels, tous loin de la gare: **H. du Lévrier*, en holl. *Hasenwind* (ch. et boug., 1 fl. 50; déj., 60 cents), dans la Boschstraat et près du marché; *H. de l'Aigle-Noir* ou *de Zwarte Arend*, vis-à-vis du précédent, simple, mais bon. Près de la porte St-Pierre et de Notre-Dame, les hôtels-rest. *Derlon* et *Daenen*, pour voyageurs seuls.

Guide pour la montagne de St-Pierre, avec deux torches, 2 fl. 1/2 à 3 fl. ou 5 à 6 fr., pour une ou plusieurs personnes. Il est bon de faire le prix d'avance.

Omnibus de la gare au marché, 15 cents. — Voiture particulière: de la gare dans la ville, 50 c.; de Mastricht à l'entrée supérieure des galeries, 3 fl.

Mastricht ou *Maastricht,* capitale de la partie hollandaise de l'ancien duché de Limbourg, est une ville de 29600 hab., assez régulièrement et assez bien bâtie. Elle communique avec le faubourg de *Wyk*, sur la rive dr., par un pont construit en 1683. C'est le *Trajectum superius* des Romains ou le passage supérieur de la Meuse *(Maas; Maas-Trecht, Trajectum ad Mosam)*, par opposition à Utrecht, le *Trajectum inferius* ou passage inférieur. Mastricht fut de 346 à 720 le siège d'un évêché, transféré ici de Tongres par St Servais, et elle appartint aux rois francs, dont plusieurs en ont fait leur résidence, puis simultanément aux ducs de Brabant et aux princes-évêques de Liège. En 1579, elle fut assiégée par les Espagnols, sous le commandement du duc Alexandre de Parme. La garnison se composait de 1000 soldats réguliers (Français, Anglais, Ecossais), de 1200 bourgeois et de 2000 paysans des environs. Neuf fois l'assaut des Espagnols fu repoussé, mais tous ces efforts épuisèrent enfin les assiégés, qui durent se rendre. Les vainqueurs furent impitoyables; presque toute la population, qui comprenait, dit-on, 10 000 tisserands, périt par l'épée, par le feu ou dans les flots de la Meuse. La valeur du butin s'éleva à un million de ducats. Les Espagnols avaient perdu 8000 hommes. Parmi les sièges postérieurs, nous en rappellerons trois qui tous se terminèrent par la prise de la forteresse: celui de 1632, par le prince Frédéric-Henri d'Orange; celui de 1672, par Louis XIV, et celui de 1748, par le maréchal de Saxe. Mastricht fut presque la seule ville des Pays-Bas méridionaux dans laquelle, en 1830, la garnison hollandaise réussit à tenir bon contre les Belges. — On rase maintenant les fortifications.

L'*hôtel de ville*, au milieu de la grande place du marché, a été bâti de 1659 à 1664. Il a un beffroi et il renferme plusieurs tableaux de l'école des Pays-Bas, de belles tapisseries (les Israélites au désert), et la bibliothèque de la ville.

St-Servais (St-Servatius), sur la place d'Armes, est une des plus anciennes églises des Pays-Bas, fondée par l'évêque St Monulphe. La partie O. est une riche construction romane du XIe ou du XIIe s. dans ses plus anciennes parties, et la crypte, retrouvée en 1881, est peut-être encore plus vieille. L'intérieur a été restauré vers 1500 dans le style gothique. Parmi les tableaux d'autel, nous signalerons une Descente de croix, par *A. van Dyck*.

L'église a un trésor remarquable (*Schatkamer*), placé depuis 1873 dans une chapelle à part et que l'on peut voir en le demandant, moyennant 50 c. La pièce principale est un reliquaire de St Servais, qui a la forme d'une église du style roman du XIIe s. et 1 m. 74 de long, 52 centim. de large et 71 de haut. Il est en cuivre doré et émaillé, avec ornements de filigrane et des pierres fines.

L'*église Notre-Dame* (*Lieve Vrouwenkerk*), de style roman secondaire, est de la fin du XIe s., mais avec des additions postérieures, telles que ses hideuses voûtes du XVIIIe s.

La visite excessivement intéressante des carrières de pierre qui sont exploitées depuis plus d'un millier d'années dans la MONTAGNE DE ST-PIERRE, près de Mastricht, prend 1 h. 1/2 à 2 h. On sort de la ville au S. par la porte St-Pierre, dans le voisinage de laquelle demeurent les guides. Le village de *St-Pieter* a une

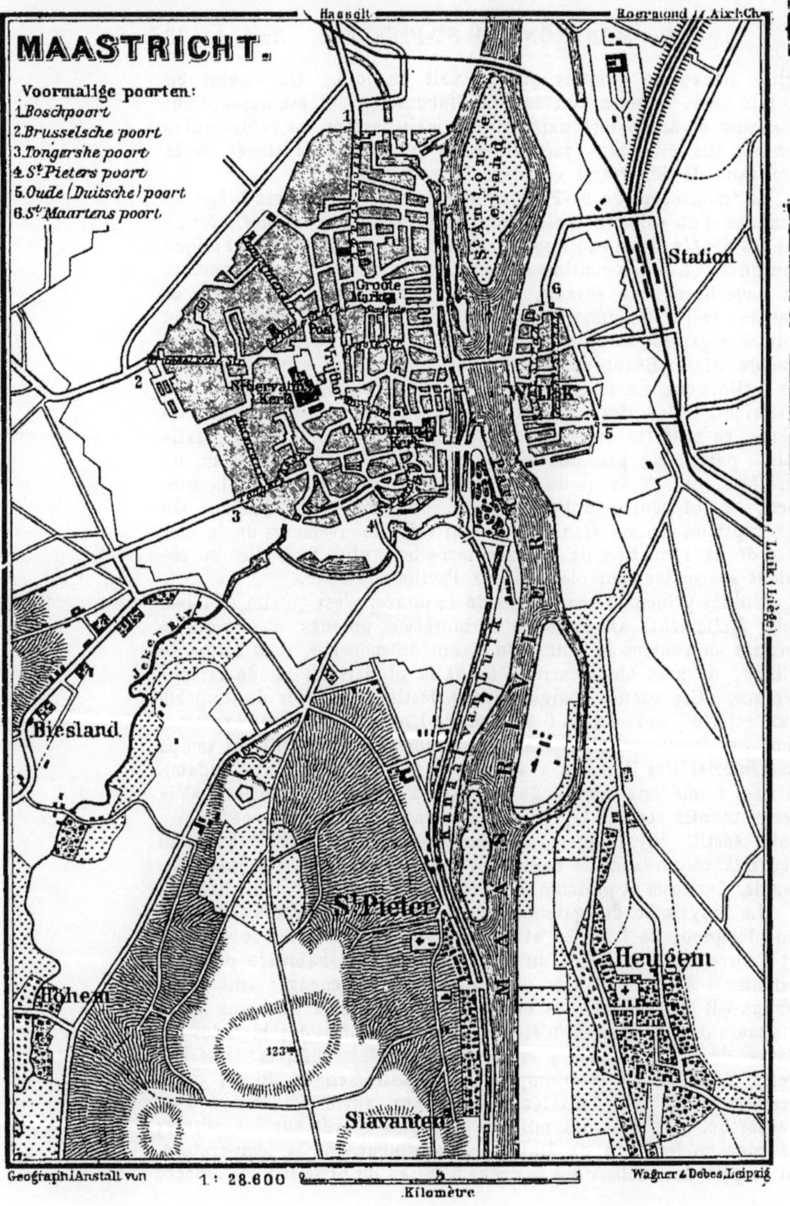
MAASTRICHT.
Voormalige poorten:
1.Boschpoort
2.Brusselsche poort
3.Tongershe poort
4.St. Pieters poort
5.Oude (Duitsche) poort
6.St. Maartens poort
Haasolt
Roermond // Aix-la-Ch.
Station
St. Antonie eiland
Groote Markt
Post
Vrijthof
St. Servaas Kerk
O. L. Vrouwe Kerk
WIJCK
Luik (Liège)
MAAS RIVIER
Biesland
Jeker Riv.
St. Pieter
Heugem
Slavanten
123m
Geograph. Anstalt von
1 : 28.600
Kilomètre
Wagner & Debes, Leipzig

église neuve en briques qui se voit de loin. On atteint en 25 min. env. l'ancien couvent de *Slavanten*, qui est aujourd'hui le casino d'une société particulière, mais dont on ne refuse guère l'entrée aux étrangers (rafraîchiss. et belle vue). L'entrée de la montagne de St-Pierre est dans le voisinage.

La ***montagne de St-Pierre**, qui s'étend jusque vers Liège, se compose d'un calcaire sablonneux et jaunâtre *(tuf crétacé)*, formé par les dépôts d'une eau marine calcifère. C'est là ce qui explique pourquoi l'on retire continuellement des carrières un grand nombre de coquillages, de coraux, de dents de requins, de tortues et d'autres restes d'animaux marins, ainsi que des ossements d'un animal gigantesque ayant la forme d'un crocodile et enfin quantité de silex. Beaucoup de ces pétrifications sont conservées dans les collections de l'université de Liège, d'autres à l'Athénée de Mastricht. Une des curiosités les plus remarquables des carrières, ce sont les *orgues géologiques,* cavités cylindriques, verticales, parfois un peu inclinées, ayant de 30 centim. à 2 m. de diamètre, qui s'élèvent de la base du tuf crétacé jusqu'à la surface, et qui sont remplies d'argile, de sable et d'éboulis. On les explique comme étant les produits des mouvements de la mer lors de la formation de l'écorce terrestre; plus tard elles se seraient successivement élargies par l'action de l'eau.

Un des principaux avantages de la pierre, c'est qu'elle se laisse scier facilement. On la coupe en morceaux oblongs, et elle durcit ensuite au contact de l'air. On a soin de ménager, sous forme de *piliers*, de gros blocs carrés, ayant la plupart 12 m. de circonférence. Ces parties épargnées sont destinées à servir de supports aux galeries, qui ont de 6 à 15 m. de hauteur. Comme l'exploitation des carrières n'a jamais été interrompue depuis un temps immémorial (les Romains y faisaient déjà travailler leurs soldats), il s'est formé une infinité de ces piliers et de ces galeries. «Viscera montis scatent lapide quodam molli, arenoso et parvo negotio sectili, cujus ingens assidue hic effoditur copia, idque tam accuratâ conservandi et montis et fodientium curâ, tamque altis, longis, flexuosis et periculosis quoque meatibus....» (Guichardin).

Le labyrinthe des galeries ou *cryptes* de St-Pierre s'étend sur une longueur de 5 lieues et une largeur de 3. Elles se croisent et s'entrelacent au point qu'il faut une longue habitude pour s'y orienter. Aussi le danger qu'il y aurait à s'y engager sans guide oblige-t-il d'en fermer les entrées. Les accidents survenus à des visiteurs inexpérimentés n'étaient pas rares autrefois; bien des cadavres de ces infortunés y ont été trouvés desséchés, car la sécheresse et le courant d'air empêchent la putréfaction. Si un guide reste plus de 3 h. dans les galeries, un autre est envoyé à sa recherche. On voit des milliers de noms gravés sur les piliers; le plus ancien date de 1037. Ni l'influence de la température, ni l'esprit destructeur des hommes n'ont eu de prise sur ces espaces souterrains, quoiqu'ils aient servi de retraite aux habitants des alentours pendant les sanglantes guerres du XVIIe s.

On remarquera une curiosité dans l'une des galeries. En extrayant de la pierre, les ouvriers ont coupé un arbre fossile. Le sommet de cet arbre est resté engagé dans la voûte, tandis que la partie inférieure a été laissée dans le sol, et il tombe toutes les 9 secondes, de la section du sommet sur celle de la racine, une goutte d'eauqui a fini par y creuser un réservoir.

Une autre particularité intéressante, c'est l'effet produit par la nature friable de la roche lorsque le guide s'éloigne pour un instant des visiteurs et pénètre dans les galeries latérales. Le bruit de ses pas ne s'entend alors presque plus, et on le croit bientôt à une grande distance.

La température de l'air se maintient toujours dans les carrières à 10° Réaumur. Lorsqu'on y entre pendant les chaleurs de l'été et même en temps ordinaire, la transition est assez sensible.

De Mastricht à Aix-la-Chapelle ou à Anvers, v. R. 11; *à Venlo, Nimègue et Rotterdam*, v. R. 34.

7. Louvain.

HÔTELS: *H. du Nord*, en face de la gare, nouvellement agrandi et maintenant recommandable (ch. et déj., 3 fr.; serv., 50 c.); *H. de Suède* (pl. a), place du Peuple; *H. de la Cour-de-Mons*, rue de Savoie, dont la table d'hôte est très fréquentée; *H. du Nouveau-Monde*, *H. de l'Industrie*, ces deux derniers aussi à la gare, plutôt des restaurants.

CAFÉS: *Mathieu* (beaucoup d'étudiants), rue de la Station, en face du théâtre; *Renaissance*, à la gare. La *bière de Louvain* n'est guère du goût des étrangers; on trouve partout d'autre bière.

VIGILANTES: 1 fr. la course.

TRAMWAY de la gare à la Grand' Place et de là à la porte de Bruxelles.

PRINCIPALES CURIOSITÉS: hôtel de ville, au dehors (v. p. 75); église St-Pierre (p. 75); l'Université (p. 78), au dehors; stalles de Ste-Gertrude (p. 77).

Louvain, en flam. *Leuven* et *Loven,* est une ville tranquille de 38100 hab., sur la *Dyle,* qui en traverse une partie et communique par un canal avec le Rupel, son bras inférieur. Une grande partie du sol compris dans ses anciens murs du XIVe s. est encore livrée à la culture. Les remparts, qui s'étendent sur une longueur de 7125 m., ont été convertis en promenades. — Les étymologistes font dériver le nom de la ville du bas-allemand *loo*, colline boisée, et *veen*, marais; ces deux mots transposés forment également le nom de *Venlo*.

Au XIVe siècle, lorsque Louvain était encore la capitale du Brabant et la résidence des ducs, elle avait environ 44000 hab., vivant en grande partie de la fabrication du drap: on y comptait à cette époque 2400 métiers. Les tisserands des grandes villes de la Flandre et du Brabant formaient une population turbulente, toujours jalouse des privilèges de la noblesse et de l'influence qu'elle exerçait dans la magistrature urbaine. Lors d'une émeute qui éclata en 1378, 13 membres de la magistrature appartenant à

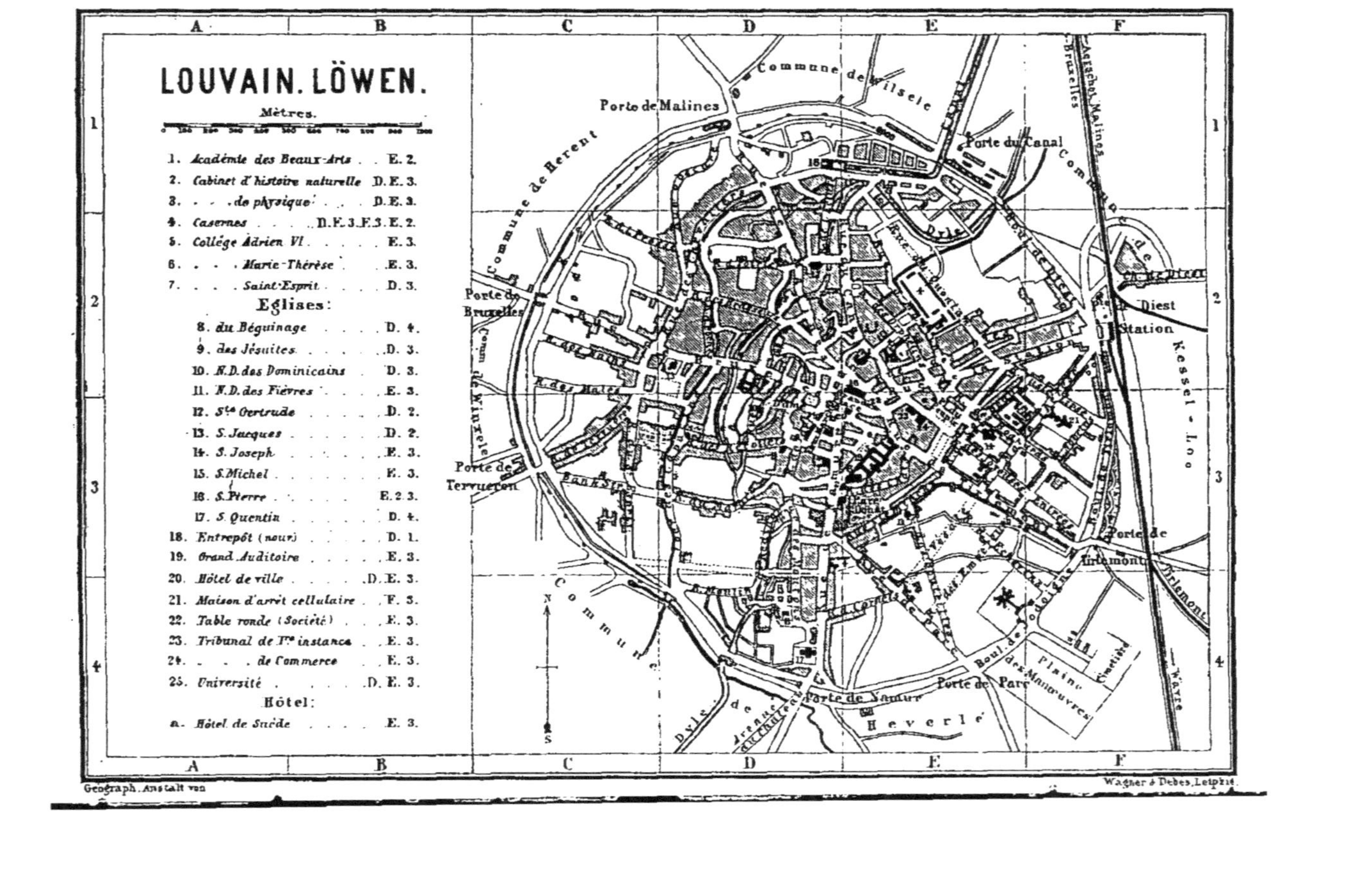
LOUVAIN. LÖWEN.
Mètres.
1. Académie des Beaux-Arts . . E. 2.
2. Cabinet d'histoire naturelle D. E. 3.
3. . . . de physique . . . D. E. 3.
4. Casernes . . . . D. E. 3. E. 3. E. 2.
5. Collège Adrien VI . . . . E. 3.
6. . . . Marie-Thérèse . . . E. 3.
7. . . . Saint-Esprit . . . . D. 3.
Églises:
8. du Béguinage . . . . D. 4.
9. des Jésuites . . . . D. 3.
10. N.D. des Dominicains . . D. 3.
11. N.D. des Fièvres . . . . E. 3.
12. Ste Gertrude . . . . D. 2.
13. S. Jacques . . . . D. 2.
14. S. Joseph . . . . E. 3.
15. S. Michel . . . . E. 3.
16. S. Pierre . . . . E. 2. 3.
17. S. Quentin . . . . D. 4.
18. Entrepôt (nouv.) . . . . D. 1.
19. Grand Auditoire . . . . E. 3.
20. Hôtel de ville . . . . D. E. 3.
21. Maison d'arrêt cellulaire . . F. 3.
22. Table ronde (Société) . . . E. 3.
23. Tribunal de Ire instance . . E. 3.
24. . . . de Commerce . . E. 3.
25. Université . . . . D. E. 3.
Hôtel:
a. Hôtel de Suède . . . . E. 3.
Porte de Malines
Commune de Wilsele
Commune de Herent
Porte du Canal
Porte de Bruxelles
Comm. de Winxele
Porte de Tervueren
Commune
Porte de Namur
Porte de Parc
Heverlé
Plaine des Manœuvres
Cimetière
Porte de Tirlemont
Station
Diest
Kessel - Loo
Wavre
Dyle
Canal
N
S
Geograph. Anstalt von
Wagner & Debes, Leipzig.

la noblesse et qui s'étaient rendus coupables d'avoir assassiné un échevin de la bourgeoisie, furent jetés par les fenêtres de l'hôtel de ville, et reçus par le peuple sur la pointe de ses piques. Le duc Venceslas, voulant tirer vengeance de cette boucherie, assiégea la ville et parvint à la soumettre. Les bourgeois durent implorer leur pardon, à genoux, nu-tête et nu-pieds. L'oppression se fit alors sentir d'un autre côté, et des milliers de tisserands jugèrent prudent de transporter leurs métiers en Hollande et en Angleterre. C'est alors que commença la décadence de Louvain.

Sur la place qui précède la gare (pl. F 2) s'élève un monument en l'honneur de l'avocat *Sylvain van de Weyer* (m. 1874), un des plus ardents fauteurs de la révolution belge de 1830, envoyé du gouvernement provisoire à la conférence de Londres, en 1831. La statue est de *Ch. Geefs.*

La RUE DE LA STATION, à dr. de laquelle s'élève le *théâtre*, conduit directement à la *Grande Place* (pl. DE 3).

L'****hôtel de ville** (pl. 20) est un des plus riches et des plus beaux édifices du style ogival fleuri; il est comparable aux maisons communales de Bruges, Bruxelles, Gand (partie ancienne) et Audenarde, mais les surpasse toutes par l'élégance des détails et l'harmonie de l'ensemble. Il fut construit de 1448 à 1463 par *Mathieu de Layens*, «maître-maçon de la ville et de la banlieue». L'édifice a trois étages, dont chacun présente dix fenêtres ogivales sur la façade principale, du côté de la place. Le toit, fort élevé, est entouré d'une balustrade à réseaux. Aux quatre angles, ainsi qu'au milieu des faces latérales, sur les pignons, s'élèvent six élégantes tourelles terminées en flèches percées à jour. Les trois façades dégagées sont ornées d'une profusion de sculptures. Parmi les statues, celles du bas représentent des hommes célèbres de Louvain, celles du premier étage les différents états au moyen âge, celles du second les souverains du pays. Les consoles qui portent ces statues sont ornées de hauts-reliefs presque complètement détachés, dont les sujets sont tirés de l'Ancien et du Nouveau Testament, quelques-uns d'une crudité qui rappelle le moyen âge. La façade a été restaurée de 1829 à 1842 et aura encore bientôt besoin de l'être.

L'ordonnance intérieure ne répond pas à la richesse du dehors. Il n'y a que des salles d'une apparence toute moderne, ornées de quelques tableaux de *Venius*, *Crayer*, *Mierevelt*, *van Orley*, etc. La Salle Gothique a été décorée depuis peu, par *Hennebicq*, de fresques dont les sujets sont tirés de l'histoire de la ville et qui contiennent des portraits d'hommes célèbres de Louvain. On voit au deuxième étage un petit musée comprenant un certain nombre de tableaux anciens et modernes, parmi lesquels il y a beaucoup de copies, et où l'on remarque un triptyque de *Michel Coxie*, représentant l'ascension de J.-C., des œuvres de *de Crayer*, *M. Mierevelt*, etc. Là aussi sont les parties originales des sculptures qu'on a été obligé de remplacer dans la restauration de la façade; le modèle des tours projetées de l'église St-Pierre, par *Josse Metsys*, exécuté en 1525, des antiquités locales, etc. — Catalogue, 25 c.

***St-Pierre** (pl. 16, E 2-3), qui s'élève vis-à-vis de l'hôtel de ville, est une église gothique en forme de croix, avec pourtour et chapelles rayonnantes, rebâtie de 1425 à 1497. On en admire les nobles proportions. La tour de la façade ne dépasse pas le toit; une flèche en bois qui la couronnait s'est écroulée en 1604.

Intérieur (50 c. à 1 fr. au sacristain, qui demeure rue du Manège, 14; plusieurs personnes, en proportion). L'édifice a 92 m. 50 de long et 26 m. 95 de large dans œuvre. Un bas-relief à l'entrée du côté de la place de l'Hôtel-de-Ville, à g., rappelle la réouverture de l'université en 1834 (p. 78). La nef est séparée du chœur par un *jubé* du plus riche style flamboyant (1490), composé de trois arcades ornées de petites statues et surmonté d'une grande croix. Le lustre à douze branches, qui se trouve en avant, a été forgé par *Jean Massys.*

Nef. — On remarquera d'abord le tambour en bois sculpté à l'intérieur du grand portail, aux formes exagérées de la fin de la renaissance (vers 1557).

1re chap. du N.: fonts en cuivre du style ogival tertiaire, autrefois fermés par un haut et lourd couvercle qu'on ôtait à l'aide du beau bras en fer qui s'y voit encore et qui a été aussi forgé par *J. Massys.*

Les chap. suivantes de ce côté n'ont de remarquable que des clôtures en marbre, du style rococo.

1re chap. du S.: tableau d'autel qui est une copie d'une toile de *Gasp. de Crayer*, St Charles Borromée donnant la communion aux pestiférés (original à Nancy); un ancien tableau à volets de l'école flamande, le Martyre de Ste Dorothée; une statue de St Charles, par *Ch. Geerts* (1855).

2e chap., dite des Armuriers: un singulier Christ noir, revêtu d'une robe bleue. La légende raconte qu'il a arrêté un malfaiteur qui s'apprêtait à commettre un vol dans l'église. La grille est ornée de trophées et de canons en miniature.

La chaire, qui se trouve tout près de là, a été sculptée en 1742 par *Jos. Bergé.* Elle représente, d'un côté St Pierre reniant le Seigneur, de l'autre la conversion de St Paul, en figures de grandeur naturelle, surmontées de hauts palmiers également en bois sculpté. Cette chaire est artistement travaillée, mais de peu de goût.

3e chap. du S.: tableau de l'école de *Memling*, représentant l'histoire d'un cuisinier devenu évêque sous Grégoire V.

Pourtour du chœur. — 2e chap.: **Dierick Bouts,* le Martyre de St Erasme. Deux bourreaux sont occupés à lui dévider les intestins; derrière, on voit l'empereur revêtu d'un riche costume et entouré de trois personnages, et le fond est un paysage d'un travail fort remarquable. Sur les volets, à dr. St Antoine, à g. St Jérôme. Une fausse inscription l'attribue à Memling. — On voit aussi là une belle épitaphe de la renaissance, celle d'Ad. van Baussele (m. 1559).

3e chap.: *G. de Crayer*, la Ste-Trinité. **Bouts*, la Cène, peinte en 1467, aussi avec une fausse inscription l'attribuant à Memling. Ce tableau est le panneau du milieu d'un triptyque dont les volets sont au musée de Berlin (la Pâque et Elie dans le désert) et à la Pinacothèque de Munich (Abraham avec Melchisédech, et les Israélites recueillant la manne). Il y avait dans l'ensemble de la composition une idée symbolique. Une particularité du style de Dierick Bouts, c'est qu'il cherche à caractériser ses divers personnages par une différence bien accentuée dans le teint. Bel épitaphe du prof. Jac. Boyarts (m. 1520).

La 4e chap. renfermait jusqu'en 1879 une Ste Famille célèbre de Quinten Massys; elle est maintenant au musée de Bruxelles (p. 26).

5e chap.: 4 tableaux de *P.-J. Verhaghen,* la Vie et la Mort de la bienheureuse Marguerite de Louvain, très vénérée ici comme patronne des domestiques.

6e chap.: belle grille de fer de 1878; **Roger van der Weyden* (?), Descente de croix, triptyque sur fond d'or, avec les donateurs sur les côtés. D'après une inscription douteuse, ce tableau serait de 1443; c'est probablement une réduction de celui du musée de Madrid. Dans la même chapelle se trouve aussi le tombeau du fondateur de l'église, Henri Ier, duc de Brabant (m. 1235): le soubassement en est moderne.

7e chap.: jolie balustrade en marbre sculpté, avec des enfants qui jouent, représentant le Baptême, la Confession et la Communion, par *Alex. van Papenhoven,* d'Anvers (1709). — A côté, une épitaphe remarquable de la renaissance, celle d'Ant. Bertyns (m. 1563) et de sa femme. — En face, dans le chœur, un magnifique *tabernacle* gothique, de plus de 15 m. de haut, sculpté en 1450 par *M. de Layens,* l'architecte de l'hôtel de ville (p. 75).

Dans le bras N. du transept, un buffet d'orgue richement sculpté, de 1556; une bonne copie de l'Erection de la croix par A. van Dyck, ainsi qu'une Vierge avec l'enfant Jésus, statue de bois peinte et dorée datant de 1442.

Ste-Gertrude (pl. 12, D 2), du style flamboyant, a été construite à la fin du XVe s., sauf le chœur, qui est de 1514-1526. On y remarque de magnifiques *stalles anciennes par *Mathias de Waydere,* décorées de statuettes, de 28 bas-reliefs représentant des scènes de la vie de J.-C. et d'ornements admirables dans le style de la renaissance. Il y a dans la sacristie un reliquaire du XIVe s. Le sacristain demeure à côté du grand portail, n° 22.

St-Michel (pl. 15, E 3), bâti de 1650 à 1666, autrefois l'église des jésuites, se distingue à l'intérieur par de belles proportions et de curieux détails architectoniques rappelant les formes gothiques. On y remarque des toiles de peintres modernes, tels que Mathieu, de Keyser, Wappers, etc.

St-Quentin (pl. 17, D 4), fondé en 1206 et reconstruit au

xve s., près de la porte de Namur, sur une colline qui domine la ville, possède quelques tableaux de l'école de Rubens.

St-Jacques (pl. 13, D 2) en renferme aussi et en outre un bon St Hubert par *de Crayer*, quelques tableaux modernes et un joli tabernacle en pierre de 1467, avec une balustrade en cuivre, fondue en 1568 par *Jean Veldeneer*. La sacristie renferme de très beaux ornements brodés.

L'Université (pl. 25, D E 3) est établie depuis 1679 dans les *halles*, construites en 1317 pour servir d'entrepôt à la corporation des drapiers. On y a ajouté un étage en 1680. L'intérieur est défiguré par les remaniements qu'on lui a fait subir, mais les arcades et les piliers du grand vestibule du rez-de-chaussée attestent encore la richesse et le bon goût de ses fondateurs. La *bibliothèque*, une des plus considérables du pays (70 000 vol., 400 manus.), possède un groupe représentant une scène du déluge, avec figures plus grandes que nature, exécuté en 1839 par Ch. Geerts. On remarque dans le vestibule les portraits d'anciens professeurs, puis un grand tableau de van Brée, le Christ rendant la vue aux aveugles, peint en 1824.

L'*université* de Louvain, fondée en 1426, passait au xvie s. pour la première de l'Europe, surtout à cause de sa faculté de théologie, qui s'est rendue célèbre par son rigorisme à l'égard des innovations de la Réforme. Le nombre de ses élèves dépassait alors 6000. Un de ses professeurs les plus illustres fut Juste-Lipse (m. 1606). Elle fut fermée pendant quelque temps sous Joseph II, mais rouverte bientôt après. Elle jouissait de privilèges si étendus, que personne n'était admis à un emploi public sans avoir pris ses grades à Louvain. Les Français la supprimèrent et elle ne fut rétablie qu'en 1817, sous le règne de Guillaume Ier. Le «collège philosophique» que ce monarque avait institué à Louvain, devint un des principaux griefs du clergé contre le gouvernement hollandais, et il contribua pour sa part à amener la révolution de 1830. Le corps épiscopal ayant fondé à Malines, en 1834, une université libre, placée sous la dépendance de l'Eglise, elle fut transférée en 1835 dans le local de l'ancienne université de Louvain. Elle compte maintenant, dans ses cinq facultés, plus de 1580 étudiants, dont un certain nombre demeurent dans quatre grands collèges dits «pédagogies» du St-Esprit, Marie-Thérèse, Adrien VI et Juste-Lipse.

A l'université se rattachent une *école du Génie civil, des Arts et Manufactures et des Mines*, qui prospère rapidement, et une *école d'Agriculture* fondée en 1878.

On voit dans la rue de Namur de vieilles maisons ayant de jolies façades, et une cour entourée de constructions de la renaissance, au Refuge des vieillards.

Le *pénitencier*, construit en 1860 sur le boulevard de Jodoigne, entre la porte de Tirlemont et la porte du Parc, est admirablement organisé; il peut contenir 634 prisonniers. La *Maison d'arrêt* (pl. 21), ouverte en 1869, a place pour 204 prisonniers (v. p. 134).

Sur une hauteur près de la porte de Malines se voient les restes insignifiants de l'ancien château des comtes de Louvain, ducs de Brabant; on le nomme le *château César*, et l'on en fait à tort remonter l'origine au grand général romain. L'empereur Charles-Quint et ses sœurs y passèrent quelque temps pendant leur jeunesse, sous la surveillance du savant Adrien Dedel, qui fut dans la suite le pape Adrien VI.

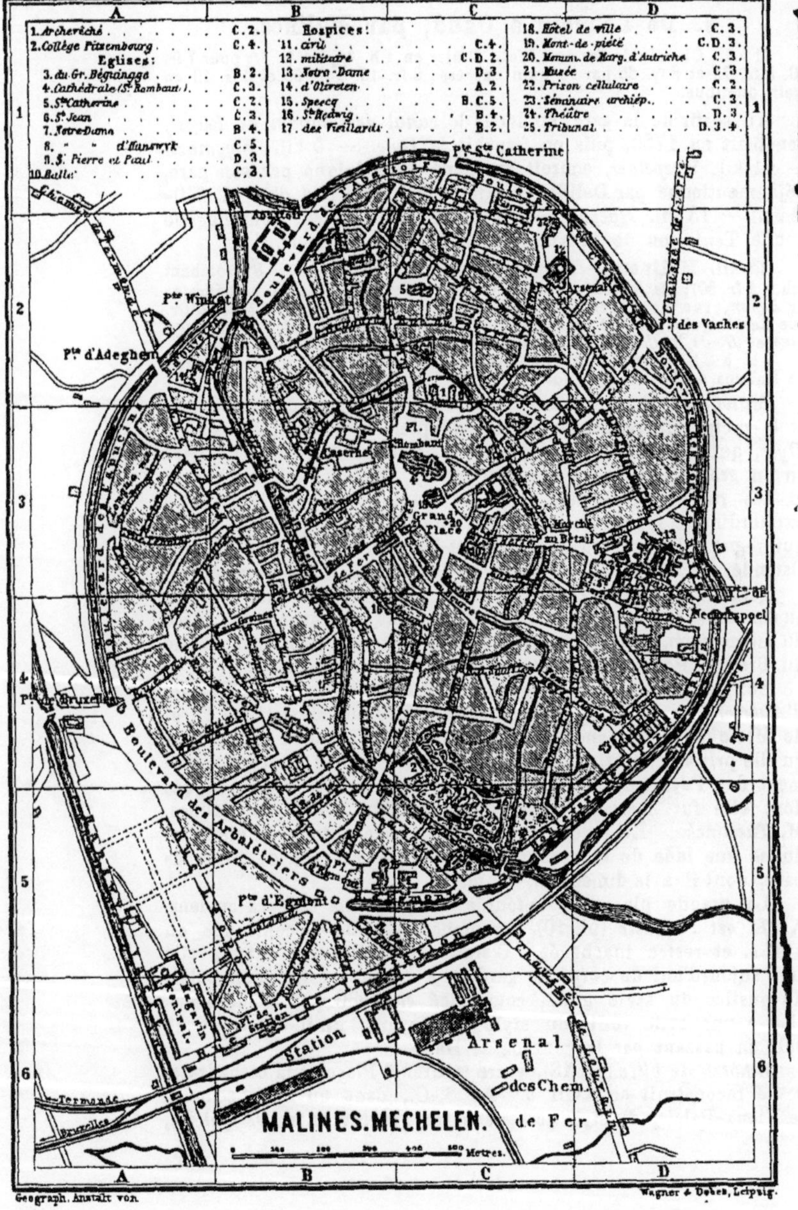
1. Archevêché . . . C. 2.
2. Collège Pitsembourg . . . C. 4.
Eglises:
3. du Gr. Béguinage . . . B. 2.
4. Cathédrale (St. Rombaut) . . . C. 3.
5. Ste Catherine . . . C. 2.
6. St. Jean . . . C. 3.
7. Notre-Dame . . . B. 4.
8. " " d'Hanswyk . . . C. 5.
9. S. Pierre et Paul . . . D. 3.
10. Halle . . . C. 3.
Hospices:
11. civil . . . C. 4.
12. militaire . . . C. D. 2.
13. Notre-Dame . . . D. 3.
14. d'Olivetten . . . A. 2.
15. Speecq . . . B. C. 5.
16. Ste Hedwig . . . B. 4.
17. des Vieillards . . . B. 2.
18. Hôtel de ville . . . C. 3.
19. Mont-de-piété . . . C. D. 3.
20. Monum. de Marg. d'Autriche . . . C. 3.
21. Musée . . . C. 3.
22. Prison cellulaire . . . C. 2.
23. Séminaire archiép. . . . C. 3.
24. Théâtre . . . D. 3.
25. Tribunal . . . D. 3. 4.
Pte Ste Catherine
Boulevard de l'Abattoir
Abattoir
Arsenal
Pte des Vaches
Pte Winket
Pte d'Adeghem
Pl.
St. Rombaut
Caserne
Grand Place
Marché au Bétail
Pte de Neckerspoel
Pte de Bruxelles
Boulevard des Arbalétriers
Pte d'Egmont
Pl. de la Station
Magasin central
Station
Arsenal des Chem. de Fer
Termonde
Bruxelles
MALINES. MECHELEN.
Metres.
Geograph. Anstalt von
Wagner & Debes, Leipzig.

8. De Louvain à Gand, par Malines.

81 kil. Chemin de fer de l'Etat. Trajet en 1 h. 3/4 à 2 h. 1/2 pour 7 fr. 70, 5 fr. 75 et 3 fr. 85 par le train express, 6 fr. 15, 4 fr. 60 et 3 fr. 10 en train omnibus.

Au sortir de la gare, on longe le *canal de Louvain au Rupel,* construit en 1750, puis on franchit la *Dyle.* — 5 kil. *Wygmael.* — 11 kil. *Wespelaer,* endroit renommé en Belgique par son parc, déjà mentionné par Delille et aujourd'hui propriété d'un M. Willems. — 13 kil. *Haeght.* — 16 kil. *Boortmeerbeek*, dont l'église a une Tentation de St Antoine par Teniers le Jeune.

25 kil. **Malines.** — Hôtels : *Buda*, en face de la tour de St-Rombaut (ch., 1 fr. 50); *de la Coupe*, sur la Grand' Place, près de la cathédrale; *de Beffer*, rue de Beffer, 34, près de la Grand' Place; *du Cheval-d'Or*, rue des Béguines, 2; *de la Cigogne*, rue Notre-Dame, 88. *Hôt. de la Campine* et *H. de la Couronne*, près de la gare. — *Buffet-restaurant tarifé.*

2 h. à 2 h. 1/2 suffisent pour visiter St-Rombaut et voir les tableaux de Rubens à St-Jean et à Notre-Dame.

Malines, en flam. *Mechelen*, est une ville ancienne de 44 700 hab. et la métropole religieuse de la Belgique. Elle est située sur la *Dyle*, qui y subit encore l'influence de la marée et qui s'y divise en un grand nombre de bras (35 ponts). Elle a de belles places et des rues généralement larges et régulières, mais leur calme extraordinaire forme un contraste frappant avec la vie très active qui règne à la gare, où se raccordent les grandes lignes de Liège à Ostende, de Bruxelles à Anvers et de Malines à St-Nicolas.

De la gare, on arrive directement à la Grand' Place (pl. C 3) en suivant sur la droite la large rue d'Egmont, en traversant la place du même nom, puis la Dyle, et continuant tout droit par la rue du Bruel. Pour l'église Notre-Dame, à g., v. ci-dessous.

Sur la place s'élève, depuis 1849, la *statue de Marguerite d'Autriche* (m. 1530; pl. 20), fille de l'empereur Maximilien Ier et de Marie de Bourgogne (p. 6), célèbre dans l'histoire par la part qu'elle prit à l'éducation de son neveu Charles-Quint et au gouvernement des Pays-Bas, ainsi que par les négociations diplomatiques dont elle fut chargée. Cette statue est d'un artiste de Malines, M. *Tuerlinckx.* Le cercle tracé dans le pavé autour du piédestal donne une idée de la largeur démesurée des cadrans de St-Rombaut, dont il a la dimension, 13 m. 70.

La grande place est entourée de plusieurs édifices anciens. A l'E. est la *Halle* (pl. 10), commencée en 1340, continuée au XVIe s. et restée inachevée. C'était une halle aux draps; elle sert aujourd'hui de corps de garde. A g., les restes d'un palais de justice du style goth., commencé en 1530 par Keldermans. Il y a une belle voûte du style flamboyant, qu'il est facile de voir en passant par la cour de la Halle.

L'*hôtel de ville* (pl. 18), entre la Grand' Place et la cathédrale, a été reconstruit au XVIIIe s. Au S.-O., dans un renfoncement, le Vieux-Palais, du style goth. tertiaire, converti en *musée* (pl. 21,

C 3) et renfermant une collection d'antiquités, de tableaux, entre autres un petit Christ par Rubens, et d'autres objets d'un intérêt secondaire. 50 c. au gardien, qui demeure sur la place, n° 2, à côté de l'hôtel de ville.

La *CATHÉDRALE, dédiée à *St Rombaut* (pl. 4, C 3; fermée de midi à 2 h. 1/2, et après 5 h. 1/2), fut commencée à la fin du XIIe s. et terminée en 1312, mais considérablement modifiée au XIVe et au XVe s. après un incendie. C'est un édifice goth. en forme de croix, avec pourtour et chapelles rayonnantes, ainsi qu'une tour colossale restée inachevée, qui mesure 99 m. d'élévation et devait en avoir 150. Les cadrans de l'horloge ont, comme nous l'avons dit, 13 m. 70 de diamètre. Il y a un très beau carillon de 45 cloches, qu'on entend particulièrement le lundi et le samedi à 11 h. 1/2. Les frais de la construction de cet édifice ont été surtout couverts par les offrandes des pèlerins venus à Malines aux XIVe et XVe s. pour visiter les reliques de St Rombaut, afin de gagner les indulgences qu'avait promises le pape Nicolas V. La partie la plus remarquable à l'extérieur, outre la tour, est le chœur, pour la richesse de son ornementation; malheureusement il n'est pas assez dégagé. Le portail principal est plus simple que ceux du transept. On restaure actuellement tout l'édifice. — Lorsqu'on augmenta le nombre des évêchés dans les Pays-Bas en 1559 (p. 6), Paul IV éleva l'église St-Rombaut au rang d'église archiépiscopale métropolitaine. Son premier archevêque fut Ant. Perrenot de Granvelle, le ministre détesté de Marguerite de Parme, qui fut promu bientôt après à la dignité de cardinal.

L'intérieur de l'église est grandiose et digne d'une métropole. Sa superficie est de 3870 m. carrés, sa longueur de 94 m. et sa grande nef mesure 27 m. 50 de haut sur 12 de large. Dans le bras S. du transept, un *tableau d'autel d'*A. van Dyck*, peint en 1627 et très bien restauré en 1848. C'est un Christ en croix, remarquable par l'ordonnance des groupes et l'expression variée de la douleur qui se remarque dans les traits des divers personnages. Dans le bras N. du transept (à g.), l'Adoration des Bergers, par *Er. Quellin*. Du même côté, dans la première chapelle à g. de l'entrée, la Cène, par *Wauters;* vis-à-vis, le mausolée en marbre de l'archevêque comte *Méan* (m. 1831), par *Jehotte* de Liège; il représente le prélat agenouillé devant l'ange de la mort. Dans le bas côté méridional, 25 tableaux dont les sujets sont relatifs à St Rombaut, depuis l'époque qui a précédé son épiscopat jusqu'à son martyre et aux miracles opérés par ses reliques; ils sont de l'école flamande du XIVe s. et ils ont été restaurés en 1857. — La *chaire*, en bois sculpté, dans le genre de celle de Louvain (p. 76), représente en bas la conversion de St Paul, plus haut St Jean et les saintes femmes au pied de la croix, et sur les côtés, aussi dans le haut, Adam et Eve avec le serpent. Les piliers de la nef sont garnis de statues des apôtres, du XVIIe s. — Les immenses verrières modernes des fenêtres du transept ont environ 20 m. de haut et 9 de large. Celle du N., par *J.-F. Pluys*, de Malines, représente la proclamation du dogme de l'immaculée conception par Pie IX; celle du S., par *L. Pluys*, le fils, l'hommage rendu à la Vierge lors de la proclamation du même dogme à Malines. — Le chœur a de belles stalles gothiques modernes. Au mur du pourtour, à g. près du portail N., dans le haut, la Circoncision, par *Mich. Coxie*, de Malines (1587). Le reste du pourtour du chœur est décoré d'un certain nombre de grandes toiles, la plupart peintes par *Herreyns*, dont les sujets sont empruntés à la légende de St Rombaut. L'Assomption, dans la chapelle qui se trouve derrière le maître autel, est de *Paelinck*. Dans la chapelle voisine, consacrée à St Engelbert, un devant d'autel en cuivre ciselé, exécuté en 1875 par *L. van Ryswyck*, d'Anvers, d'après un dessin de *Minguay*. Il y a encore dans le chœur et le pourtour quelques monuments d'évêques du XVIIe s. et d'autres verrières modernes, représentant des saints.

L'*archevêché* (pl. 1, C 2), dans un site pittoresque, est de la fin du XVIe s.; il est maintenant un peu négligé.

Non loin de la cathédrale s'élève ST-JEAN (pl. 6, C 3), église insignifiante que nous mentionnons seulement à cause d'un tableau de *Rubens* qu'il possède, un des plus beaux de ce maître. C'est un *triptyque décorant le maître autel. Il représente l'adoration des Mages: à l'intérieur des volets, la Décollation de St Jean-Baptiste et St Jean l'Evangéliste dans la chaudière d'huile bouillante; à l'extérieur, le Baptême de J.-C. et St Jean l'Evangéliste écrivant dans la solitude de l'île de Patmos le livre de l'Apocalypse, tous les deux exécutés dans la meilleure manière de l'artiste. Au-dessous un petit Christ, peut-être aussi de *Rubens*. A g., dans le chœur, Jésus en croix, par *Ch. Wauters* (1860); dans une chapelle du même côté, les Disciples d'Emmaüs, par *Herreyns*. La chaire, sculptée par *Verhaeghen*, représente le Bon Pasteur. On trouve encore dans l'église d'autres sculptures en bois exécutées par le même artiste, notamment des confessionnaux et deux panneaux sous l'orgue. Le sacristain demeure près de l'église, dans la Klapgat (50 c. à 1 fr.).

Rue des Vaches, 67, et rue St-Jean, 2 (pl. CD 2-3) se trouve le *Mont-de-Piété*, l'ancienne maison du chanoine Buysleden, jolie construction du XVIe s., avec des pignons et une tour en pierre et brique (1570), restaurée en 1864.

Dans l'angle N.-O. de la ville se trouvent *Ste-Catherine* (pl. 5, C 2) et l'*église du Grand-Béguinage* (pl. 3, B 2), qu'on pourra aussi visiter pour leurs œuvres d'art si on en a le loisir. La première possède des tableaux de *L. Franchoys* (trans. N.), *Moreels* (S.), *F. Navez* (maître autel) et *J. Paelinck*, etc. — La seconde en renferme de *G. de Crayer* (portail), *Er. Quellin*,

Cossiers, L. Franchoys et *Th. Boeyermans*, plus des sculptures de *Fayd'herbe* et *Duquesnoy* (Christ, dans la sacristie).

St-Pierre-et-St-Paul (pl. 9, D 3), non loin de la Grand' Place, a aussi des tableaux par *Boeyermans, P. Ykens, M. Coxie, Franchoys* et *Quellin*, ainsi que de sculptures par *Verbruggen* (chaire), *J. Geefs* (Apôtres), etc.

Le TRIBUNAL (pl. 25, D 3-4), grand corps de bâtiment avec plusieurs cours, est l'ancien palais de Marguerite d'Autriche. Les parties les plus vieilles, du style goth. tertiaire, sont de *Rombout Keldermans;* les autres ont été construites vers 1517 par Keldermans et *Guyot de Beaugrant* (p. 148): c'est par conséquent le plus ancien spécimen de la renaissance en Belgique. Cet édifice intéressant mérite également d'être vu à l'intérieur, où l'on remarque de belles cheminées et d'autres ouvrages de sculpture. Il a été parfaitement restauré depuis peu par l'architecte Blomme, d'Anvers.

En retournant à la gare, on visitera NOTRE-DAME, dite aussi *N.-D. au delà de la Dyle* (pl. 7, B 4). Cette église gothique du XVIe s., nouvellement restaurée à l'intérieur, possède, dans une chapelle derrière le grand autel, la fameuse *Pêche miraculeuse de *Rubens*, triptyque d'un magnifique coloris, peint en 1618 pour la corporation des pêcheurs, qui le paya 1000 florins; puis, derrière le maître autel, les Disciples d'Emmaüs, par *Huysmans;* dans la 3e chapelle du pourtour, à g., une Tentation de St Antoine, par *M. Coxie;* au grand autel, une Cène par *Er. Quellin;* une chaire par *G. Kerricx*, des statues du Christ, de la Vierge et des apôtres, aux piliers, etc. Le sacristain demeure dans la rue en face du portail de l'église, la Milsenstraat, au n° 58.

Sur le *quai au Sel* (pl. B 4), dans le voisinage, quelques constructions remarquables du XVIe s., surtout près de la rue Serment-du-Fer. Nous mentionnerons l'*hôtel du Saumon,* qui a une belle façade de la renaissance en pierre de taille, avec colonnes, arcades et tympans, construit en 1530-1534, et, tout près de là, une maison en bois avec des sculptures d'une très grande finesse, dans les styles français et flamand, aussi du XVIe s. Malines a du reste conservé en général beaucoup de son ancien caractère et offre bien des choses intéressantes pour les architectes.

Non loin de là se trouve encore *Notre-Dame-d'Hanswyck* (pl. 8, C 5), où l'on remarque au dôme deux grands bas-reliefs par *L. Fayd'herbe*, une fort belle chaire par *Verhaeghen* et de beaux confessionnaux par *Boeckstuyns.*

Malines possède un *Jardin botanique* (pl. C 5), dont l'entrée est rue du Bruel (50 c.); il renferme un buste du botaniste Dodoëns, né à Malines en 1517, par Tuerlinckx.

De Malines à Bruxelles ou *à Anvers*, v. R. 9.

DE MALINES À ST-NICOLAS ET TERNEUZEN, 67 kil., trajet de 2 h. 3/4, pour 5 fr. 15, 3 fr. 70 et 2 fr. 55 c. — Premières stat.: *Hombeeck*, *Thisselt*, *Willebroeck*, sur la ligne d'Anvers à Alost (p. 118) et un canal de la Senne au Rupel. Plus loin, *Puers*, d'où un embranchement conduit à Termonde (v. p. 118); puis *Bornhem*. La contrée prend un aspect de plus en plus riant. On traverse l'Escaut sur un pont à treillis; la rivière, fort large et aux rives bien boisées, présente un joli coup d'œil. A g., sur la rive g., la stat. de *Tamise*, ville industrielle (toile à voiles, etc.), de plus de 10 000 hab. Viennent ensuite *St-Nicolas* (p. 119), sur la ligne de Gand à Anvers; puis *St-Gilles*, *la Clinge*, dernière station belge; **Hulst**, avec la douane hollandaise. Il y a une belle *église* goth. du XVe s.; au Landshuis, un tableau de J. Jordaens, et à l'hôtel de ville un de Corn. de Vos. On est dès lors véritablement dans un autre pays; l'aspect de la contrée est tout différent; les parties boisées ont disparu complètement ou à peu près. — Enfin les stat. d'*Axel*, *Sluyskill* et *Terneuzen* (v. p. 121).

Après avoir quitté la station de Malines et franchi le *canal de Louvain*, puis la *Senne* et le *canal de Bruxelles à Anvers*, le train de Gand prend la direction de l'O. — 28 kil. *Hombeeck*. — 33 kil. *Capelle*. — 38 kil. *Londerzeel*, aussi sur la ligne d'Anvers à Alost (p. 118). — 43 kil. *Malderen*, dernière stat. du Brabant. On entre dans la Flandre. — 45 kil. *Buggenhout*. — 48 kil. *Baesrode*.

52 kil. *Termonde*. Pour cette ville et pour le trajet jusqu'à *Gand*, v. p. 118, 119.

9. De Bruxelles à Anvers.

44 kil. Chemin de fer. Jusqu'à *Malines*, en 25 à 45 min., pour 1 fr. 60, 1 fr. 20 et 80 c. Jusqu'à *Anvers*, en 1 h. à 1 h. 1/2, pour 3 fr. 35, 2 fr. 50 et 1 fr. 70. 20 0/0 de plus par le train express.

On part de la *station du Nord* (p. 9). En venant de la station du Quartier Léopold, il faut changer de voiture à *Schaerbeek* (3 kil.; p. 52). — 7 kil. *Haeren*. On traverse une plaine couverte de prairies dans laquelle serpente la *Senne*.

10 kil. *Vilvorde*, petite ville fort ancienne, avec une prison militaire. Au loin, à dr., à 1 h. du chemin de fer, le village de *Perck*, dans le voisinage duquel se trouve la ferme de *Dry Toren*, habitée jadis par Dav. Teniers le Jeune, qui est inhumé dans l'église du village (m. 1685).

14 kil. *Eppeghem*, stat. près de laquelle se trouve l'anc. château de *Steen*, que Rubens acheta en 1635, la somme de 93 000 fl., pour y passer l'été. Il est à l'E. de la voie, mais on ne le voit guère en passant. — 16 kil. *Weerde*.

Bien avant d'arriver à Malines, on aperçoit à g. l'énorme tour de St-Rombaut, avec son immense cadran; celle de Notre-Dame, plus à dr., et entre les deux les tourelles de la porte de Bruxelles. On franchit le canal de Louvain en arrivant à la station.

20 kil. **Malines** (p. 79).

Puis on traverse un pont tournant sur la *Nèthe*, petite rivière où se fait encore sentir la marée. — 29 kil. *Duffel*. A dr., le vieux *château de Ter-Elst*, du style gothique. — 34 kil. *Contich*. Embranch. sur *Hoboken*, stat. de la ligne d'Alost à Anvers (p. 118).

EMBRANCH. aussi de Contich à Turnhout, où l'on va en 1 h. 1/2. Stat: *Lierre* (p. 116), *Nylen*, *Bouwel*, **Herenthals** (p. 116), *Lichtaert* et *Thielen*.

Turnhout, chef-lieu de district et ville de 16 100 hab., est le siège de différentes industries (draps) et fait un grand commerce de sangsues. L'anc. *château* des ducs de Brabant sert de palais de justice et de prison. Les églises sont sans intérêt. D'ici à *Hoogstraeten*, v. p. 115. — Le chemin de fer continue de là vers la frontière hollandaise et Tilburg; v. p. 225.

38 kil. *Vieux-Dieu* (*Oude-God*); où aboutit un embranch. venant de *Boom* (p. 118). Puis on passe entre les nouvelles fortifications d'Anvers. — 42 kil. *Berchem*, où était le quartier général des Français pendant le siège de 1832. — 44 kil. *Anvers*.

10. Anvers.

Gares. La *gare principale* (pl. D 3-4), pour les lignes de Malines (Bruxelles-Louvain), Termonde-Gand, Hasselt-Mastricht, Turnhout-Tilburg et Roosendaal (Flessingue, Rotterdam), est immédiatement à côté du jardin zoologique; il est question d'en bâtir une autre sur la place de la Commune. — La *station du Sud* (pl. B 6-7), une gare provisoire, n'est que pour les trains de la ligne d'Alost (p. 118). Les trains directs de Gand par le pays de Waes (R. 12 B) partent de la *station de la Tête-de-Flandre* (p. 119), sur la rive g. de l'Escaut: l'embarcadère des bateaux à vapeur qui font la traversée du fleuve, est au quai St-Michel (pl. A 5).

Hôtels: *Grand-Hôtel* (pl. C 4), rue Gérard, nouveau, de 1er ordre, avec 184 ch. et un grand restaurant; *H. St-Antoine* (pl. a, B 4), place Verte, 40; *H. de l'Europe* (pl. b, B 4), place Verte, 38; *H. dela Paix* (pl. c, B 4), rue des Menuisiers, 9; *H. du Grand-Laboureur* (pl. d, C 4), place de Meir, 26. — De 2e ordre: *H. des Flandres* (pl. e, B 4), place Verte, 9; *H. du Grand-Miroir* (pl. f, B 4), Vieux Marché au Blé, 58; *H. du Commerce* (pl. g, C 3), rue de la Bourse, 10; *H. du Courrier* (pl. h, B 4), rempart du Lombard, 52, dans le voisinage de l'hôtel St-Antoine; *H. de la Couronne* (pl. i, C 3-4), rue des Israélites, 6; *H. du Nord*, Grand' Place; *H. de la Fleur-d'Or*, rue des Moines, 1, près de la place Verte, modeste. — Au bord de l'Escaut: *H. du Rhin*, *H. de l'Angleterre*, quai van Dyck (pl. B 3-4). Dans le voisinage, *H. de Hollande* (pl. l, B 4), rue de l'Etuve, 2. — A la gare principale, quantité de nouveaux hôtels peu agréables.

Restaurants: **Bertrand* (Bodin success.), place de Meir, 11 (dîner à partir de 4 fr.); **Degive*, même place, 25 (dîn., 4 fr. et au-dessus; plats du jour); **Au Rocher de Cancale*, à côté de la Bourse et de la place de Meir; *Taverne Alsacienne*, place Verte; *H. de Londres* et *Tav. St-Jean*, avenue de Keyzer, 5; *Cheval de Bronze*, fréquenté pour le dîner, et dans les *hôtels* ci-dessus.

Cafés: *C. de l'Empereur*, place de Meir, 19; *C. Suisse*, place Verte; *Gr. Comptoir de la Bourse*, au coin de la Longue-Rue-Neuve et de la rue de la Bourse (beaucoup de journaux). — Patisserie: *Meurisse* (Leclercq), marché aux Œufs, 50.

Brasseries: *Taverne Alsacienne*, place Verte (bière de Strasbourg); *Münchener Hofbrœu*, canal des Récollets, 49; *Central-Bierhalle*, Courte Rue Neuve, avec un jardin; *Salvatorkeller*, Vieux Marché au Blé, 26, non loin de l'hôtel du Grand-Miroir; plusieurs dans le voisinage de la gare de l'Est, avenue de Keyzer: *Salvatorhalle*, *Lœwenbrœu*, *Cave de Munich*; *Vlaamsche Kelder*, quai Van-Dyck, 19, dans le style flamand, etc.

Voitures. — Voit. à 1 chev.:	*Voit. fermées*		*Voit. découvertes*	
	De 6 h. du m. à 10 h. du s.	De 10 h. du s. à 6 h. du m.	De 6 h. du m. à 10 h. du s.	De 10 h. du s. à 6 h. du m.
La *course* dans la ville proprement dite, à l'exception de la digue, 1 ou 2 pers.	1 fr. —	2 fr. —	1 fr. 50	2 fr. 50
— 3 ou 4 pers.	1 50	2 50		
— dans l'enceinte des nouvelles fortificat., 1 à 4 pers. . .	1 50	2 50	2 —	3 —
A l'heure, 1 à 4 pers., 1 h. . .	1 50	2 50	2 50	3 —
chaque 1/2 h. en plus . .	— 75	1 25	1 —	1 50

Bagages, 20 c. par colis.

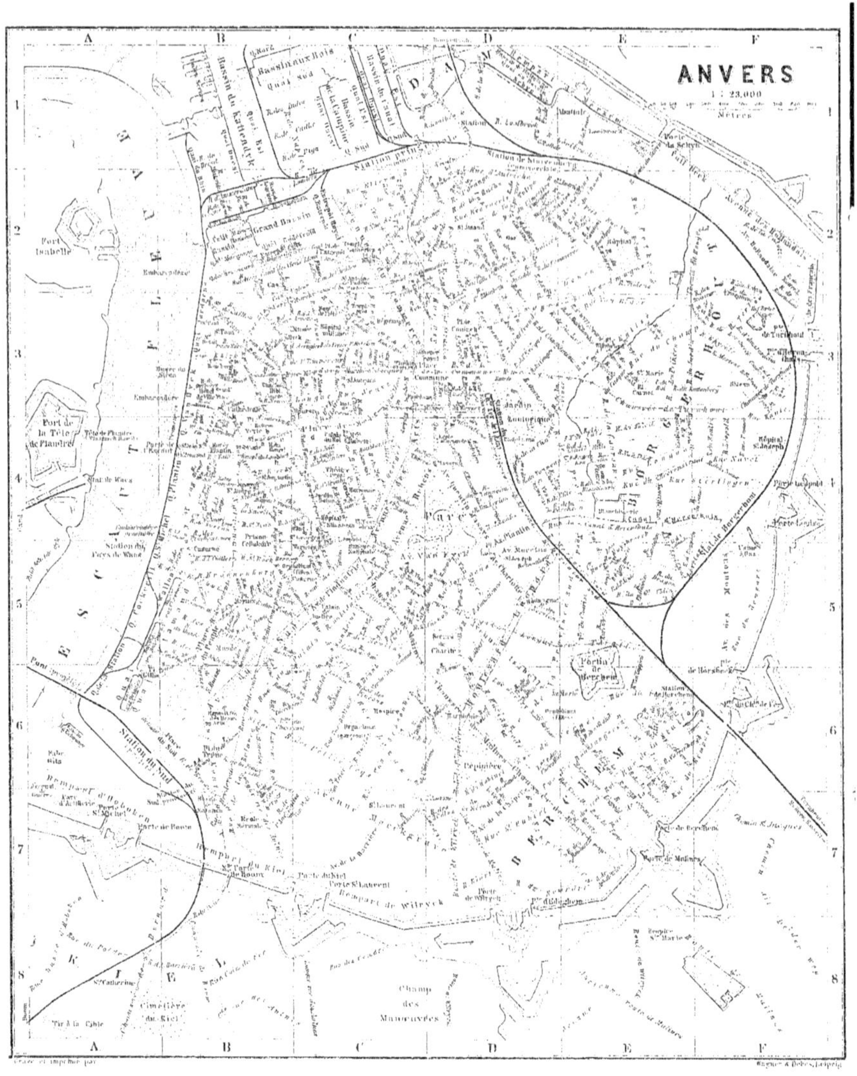
ANVERS
1 : 23,000
Mètres

VOITURES À 2 CHEV., la moitié en plus.

Tramways (v. le plan). Prix: 10 à 25 c.

1. Du *quai van Dyck* (pl. B3) à la *gare principale* (pl. D 3-4), par la place de Meir; puis aux *Trois Coins* près de la Pépinière (pl. D 6), par le boulevard Léopold.

2. De l'*Entrepôt Royal* (pl. C 2) à l'entrée principale de l'*Exposition Universelle* (pl. B 6), par les avenues du Commerce, des Arts, de l'Industrie et du Sud, avec embranch. de l'*avenue de l'Industrie* à l'*embarcadère du quai St-Michel* ou de la station de la Tête-de-Flandre (p. 84).

3. De la *place St-Paul* (pl. B 3) à la *porte de Malines* (pl. E 7), par les rues du Canal des Récollets, des Tanneurs et de l'Hôpital et la chaussée de Malines.

4. «Tramway du Sud d'Anvers», de la *rue des Peignes* (pl. B 4, près de la place Verte) à l'entrée principale de l'*Exposition Universelle* (pl. B 6), par la rue Gérard et l'avenue du Sud; puis à *Kiel* et *Hoboken* (p. 118), par la rue Montigny.

5. De la *rue Kipdorp* (pl. B C 3) à la *porte de Turnhout* (pl. F 3).

6. De la *place de la Comédie* (Théâtre Royal; pl. C 4) à l'*extrémité de la Longue-Rue-d'Argile* (pl. E 5), par la rue Léopold.

7. «Tramway du Nord d'Anvers», de la *rue Klapdorp* (pl. B 3) à *Merxem*, par le marché aux Chevaux et la rue du Viaduc (pl. D 1).

8. «Tramway maritime», des *bassins* à l'extrémité O. de la rue Digue de Terre (pl. B 2) à la *rue Pothoek* (pl. E 2), par la place de l'Entrepôt, l'avenue du Commerce, la rue Vondel et la rue Basse.

Bateaux à vapeur pour Rotterdam, v. p. 217; pour Londres, pour Hull, pour Hambourg, etc., v. le Guide officiel des voyageurs. — Sur l'*Escaut*, en amont, tous les jours en été pour *Rupelmonde* (1 h. 20), pour *Boom* (p. 118) et pour *Temsche* (trajet fort agréable: 1re cl., 1 fr.; 2e cl., 75 c.). Départ de l'extrémité supérieure du quai Van-Dyck (pl. E 6).

Poste aux lettres: nouveau *bureau central*, place Verte, au S. (pl. B 4); bureaux auxiliaires en divers endroits.

Télégraphe: à la gare principale, à la poste centrale, à la Bourse, etc. — TÉLÉPHONES, à l'usage du public (5 min., 25 c.; pour Bruxelles, 1 fr.), dans beaucoup de bureaux des tramways et beaucoup de restaurants.

Théâtres: *Théâtre Royal* (pl. C 4; p. 108), donnant des représentations en français, 4 fois par semaine de sept. à avril; — *Théâtre Flamand* ou *Schouwburg* (pl. C 3; p. 109), donnant des pièces flamandes. — *Théâtre des Variétés* (pl. C 5). français et flamand (parterre, 1 fr. à 1 fr. 50). — CAFÉS CHANTANTS: *Palais Indien*, avenue Wappers; *Scala*, rue Anneessens.

Concerts, sur les places publiques, en été, excepté lorsqu'il fait mauvais: au *parc* (p. 113), le dim. à 4 h. et le mercr. à 8 h. du soir; à la *Pépinière* (p. 113), les lundi et vendr. de 8 h. à 10 h. du soir; *place Verte* (p. 88), les mercr. et sam. de 8 h. à 10 h. du soir; *place St-Jean* (pl. B 4), les lundi et jeudi de 8 h. à 10 h. du soir.

Bains: *B. Royal*, rue Reynders, non loin de la place Verte; *B. St-Pierre*, rue Van-Noort, près du parc, et dans les principaux hôtels. — ECOLE DE NATATION (pl. B 7), au coin des rues de Bruxelles et Brédérode; ouverte du 15 avr. au 15 oct., les lundi et vendr. jusqu'à midi et le mercr. jusqu'à 2 h. pour les dames.

Magasins. LIBRAIRES: *M. Kornicker*, rue des Tanneurs, 12, près de la place de Meir; *O. Forst*, rue du Jambon, 12, près de la place Verte; *A. de Decker*, rue Nationale, 35. — PHOTOGRAPHIES: chez *Zazzarini & Cie*, Marché aux Souliers, 37; *Dreyfuss-Michel* et *Ed. van Mol*, même place, 3 et 17. — OUVRAGES EN CUIVRE REPOUSSÉ, servant en Flandre à décorer les maisons, une vieille spécialité d'Anvers, entre autres chez la *Vve J. Labaer*, rue Neuve, 76.

Panoramas: *bataille de Waterloo*, par Verlat, avenue Wappers (pl. D 4); *bataille de Wœrth*, par Alf. Cluysenaar, au jardin zoologique (pl. D 4): 1 fr. le dim. et le lundi, 2 fr. les autres jours.

Kermesse vers la fin d'août, avec régates, courses, feux d'artifice, etc.

Principales curiosités: *cathédrale (p. 88), *musée de peinture (p. 94), hôtel de ville (p. 93), église St-Jacques (p. 105), musée Plantin-Moretus (p. 110), *bassins du port (p. 114), jardin zoologique (p. 112).

Anvers, en flam. *Antwerp*, en esp. *Amberès*, ville de 201 429 hab. en 1885 et de près de 240 000 avec les faub. de Borgerhout et de Berchem, jadis chef-lieu du marquisat du même nom, qui faisait partie du duché de Brabant, est aujourd'hui le port de mer le plus important du royaume. Il existait ici un bourg dès la fin du VIIe s. L'heureuse situation géographique d'Anvers, sur l'*Escaut*, qui y forme un grand port accessible à tous les navires, à 20 lieues de son embouchure dans la mer du Nord, fut pour la ville une source naturelle de richesses immenses. Le commerce s'y établit vers la fin du XVe s., à la suite du luxe croissant et de la turbulence des cités de Flandre, et Anvers devint bientôt la rivale redoutable de Bruges. A l'apogée de sa prospérité, au XVIe s., elle comptait 125 000 hab. Sous le règne de Charles-Quint, elle était la ville la plus animée, la plus magnifique du monde chrétien, et elle dépassait même sous ce rapport la ville des lagunes, l'opulente Venise. Des foires franches y attiraient des commerçants de tous les pays. Des milliers de navires mouillaient alors dans l'Escaut, une centaine environ entraient et sortaient journellement. *L. Guichardin*, l'ambassadeur florentin que nous avons déjà cité à plusieurs reprises (v. p. 3), et qui mérite toute confiance, rapporte qu'en 1566 l'importation des épices et du sucre de Portugal s'était élevée à 1 million ½ de ducats, celle des soieries et des brocarts d'Italie à 3 mill., celle des céréales de la mer Baltique à 1 mill. ⅓, celle des vins français et allemands à 2 mill. ½, celles des produits de l'Angleterre à 12 millions. Plus de mille maisons étrangères étaient alors établies à Anvers; un Fugger d'Augsbourg y laissa à sa mort une fortune de 6 millions d'écus. L'industrie s'y développa au commencement du XVIe s. avec une égale rapidité; on voyait ses produits (tapis, étoffes, argenterie et orfévrerie) se répandre jusqu'en Arabie, en Perse et aux Indes.

Le déclin de l'ancienne prospérité d'Anvers date de la domination espagnole. Les troubles occasionnés par l'inquisition et le régime du duc d'Albe amenèrent l'émigration de milliers de bourgeois, dont une grande partie allèrent transplanter en Angleterre l'industrie du tissage de la soie. Le sac de la ville par la soldatesque espagnole en 1576 (7000 pers. y perdirent la vie), ainsi que le siège qu'elle eut à soutenir pendant 14 mois contre Alexandre de Parme, en 1583, et qui se termina par la reddition de la place, complétèrent la ruine du commerce et de l'industrie (1584: 85 000 hab.; 1589: 55 000). A cela vint se joindre la perte de la navigation de l'Escaut, qui fut livrée aux Etats du Nord, lors de la formation des Provinces-Unies comme Etat libre et indépendant, en 1609, et la fermeture du fleuve par suite d'une des clauses principales du traité de Westphalie, en 1648. En 1790, le chiffre de la population n'était plus que de 40 000 âmes. Napoléon, qui avait reconnu la grande importance stratégique de la situation d'Anvers, construisit à grands frais les anciens bassins du port, mais ses guerres ne furent nullement favorables au développement de la navigation. En 1814, Carnot, gouverneur d'Anvers, défendit vigoureusement la ville contre les alliés; il ne la rendit qu'après la signature du traité de Paris. Sous le gouvernement des Pays-Bas, la prospérité de la ville s'accrut considérablement, grâce au commerce avec les Indes hollandaises, qui passa aux ports de Rotterdam et d'Amsterdam à la révolution de 1830, à laquelle Anvers prit part un peu malgré elle. Elle fut bombardée de son ancienne citadelle, le 28. oct. de la même année, par le général hollandais Chassé, et elle eut encore beaucoup à souffrir du siège que les Français en firent, sous le maréchal Gérard, du 29 nov. au 23 déc. 1832 (v. p. 7). Il fallut bien du temps pour qu'elle se remît de ces maux, et sa nouvelle ère de prospérité ne date en réalité que de 1863, du rachat du droit de navigation sur l'Escaut, qui avait été laissé à la Hollande à la paix de 1839, et qui lui fut payé 36 millions de francs, $^1/_3$ par la Belgique et le reste par les autres Etats intéressés à cette navigation. En moyenne, il est entré annuellement dans le port d'Anvers: de 1840 à 1849, 1544 navires, jaugeant ensemble 242468 tonneaux; de 1850 à 1859, 1830 navires, jaugeant 367487 tonneaux; de 1860 à 1869, 2957 navires, jaugeant 822533 tonneaux; de 1870 à 1878, 4510 navires, jaugeant 2083516 tonneaux, et en 1884, 4102 navires, jaugeant 3427021 tonneaux, soit 3190 bateaux à vapeur et 912 bâtiments à voiles. L'accroissement est dû surtout à l'augmentation des transports par bateaux à vapeur.

Anvers est la principale place forte de la Belgique et l'une des plus considérables de l'Europe. La ville et l'Escaut sont défendus par une ceinture de forts détachés, construits depuis 1859, et par une enceinte continue, longue de près de 5 lieues. Une partie des environs peuvent être inondés. Anvers est en effet destinée à servir de base d'opération à l'armée belge, au cas où la neutralité du pays serait violée par un adversaire plus puissant. On a calculé qu'il faudrait une armée de 170000 hommes pour l'assiéger. — Les anciens remparts ayant été rasés, l'étendue de la ville est devenue presque six fois plus grande.

Anvers est une des villes les plus intéressantes de la Belgiques la prospérité des âges passés se manifeste encore dans les trésor; artistiques qu'elle a conservés. *Quinten Massys*, *Teniers*, *Rubens*, *A. van Dyck*, *Jordaens*, *G. de Crayer*, *Seghers*, *Neefs* et d'autres ont vécu et travaillé à Anvers. La puissance créatrice de Rubens ne se révèle nulle part avec plus d'éclat; c'est là que sont ses chefs-d'œuvre et qu'il faut venir étudier le grand peintre. — Bien des artistes l'ont encore illustrée de nos jours, d'abord les académiciens *van Brée*, *de Braekeleer*, etc.; puis les romantiques *Gustave Wappers* (1803-1874), qui fit aussi sa révolution en 1830 avec le Dévoûment des bourgmestres de Leyde, et *Nicaise de Keyser* (1813-1880), un grand peintre de batailles; *Henri*

Leys (1815-1869), peintre aux tendances archaïques, qu'on retrouve chez son élève hollandais Alma-Tadema; enfin *van Lerius, Dyckmans, Jacobs, Stobbaerts, Verlat, van Beers,* etc.

Les pas du voyageur se dirigent en premier lieu et avec raison vers la cathédrale. Au S. de cet édifice, au centre de la PLACE VERTE (pl. B 4), qui fut autrefois le cimetière de la cathédrale, s'élève depuis 1840 la **statue de Rubens**, en bronze, par *Guill. Geefs.* Elle a 4 m. 50 de hauteur et le piédestal 5 m. 80. Les rouleaux et les livres, la palette, les pinceaux et le chapeau placés aux pieds de la statue rappellent que Rubens fut homme d'Etat et diplomate, en même temps que peintre. — Concerts, v. p. 85.

La ***cathédrale**, *Notre-Dame* (pl. B 3), la plus grande et la plus belle église gothique de la Belgique, est une basilique à sept nefs, en forme de croix et avec pourtour. La construction commença en 1352, sous la direction de *Jean Amel* ou *Appelmans* de Boulogne, qui mourut en 1398, et elle fut continuée dès lors par son fils *Pierre Amel*, auquel succédèrent *Jean Tac*, en 1434, et *maître Everaert*, en 1449. C'est de cette époque (1352-1449) que date la construction du chœur, avec son pourtour et ses chapelles, des sacristies et de la tour jusqu'à la première galerie. Les bas côtés du S. ont été bâtis de 1425 à 1472 et ceux du N. de 1472 à 1500. De 1502 à 1518, les travaux furent dirigés par *Herman van Waghemakere* et son fils *Dominique*, auxquels est due surtout la partie supérieure de la tour du N., du style flamboyant. La tour du S. est restée inachevée depuis 1474; la grande nef et le transept n'ont été voûtés que de 1611 à 1616. Le portail, richement sculpté, et son immense fenêtre, divisée en huit parties et ornée de réseaux, sont fort remarquables. Cette église a été considérablement endommagée par les iconoclastes en 1566 et par les révolutionnaires en 1794. Elle aussi est malheureusement défigurée à l'extérieur par les maisons qui s'y sont accolées; on a seulement commencé de nos jours à en démolir quelques-unes devant la façade. La restauration a été dirigée par *Fr. Durlet* d'Anvers (m. 1867).

*INTÉRIEUR. — L'église est ouverte aux visiteurs gratuitement le dim. et le jeudi de 8 h. à midi et moyennant 1 fr. les autres jours de midi à 4 h. L'entrée est au S., du côté de la place Verte, par la ruelle à l'extrémité de laquelle on se procure les cartes, à dr. en face du portail, n° 19 (sonner). — L'intérieur est à la fois simple et imposant, les sept nefs y présentent partout à l'œil des perspectives harmonieuses et pittoresques. La longueur du vaisseau est de 117 m., sa largeur de 52 dans la nef ou de 65 au transept, et sa superficie de 4969 m. carrés (Notre-Dame de Paris, 5955; cathédrale de Cologne, 6166; St-Paul de Londres 7875; St-Pierre de Rome, 15160). Les voûtes reposent sur 125 piliers. Le pavé a été exhaussé plusieurs fois.

Dans le bras S. du transept, à côté du portail qui donne sur la place Verte, se trouve le célèbre chef-d'œuvre de *Rubens*, la **Descente de croix, un triptyque; dans le bras N., comme pendant, l'*Elévation de la croix, aussi de *Rubens*. Ce dernier tableau a été peint en 1610, la Descente de croix en 1612, peu de temps après que l'artiste fut revenu d'Italie, où il avait passé huit ans. Ces toiles ont été à Paris de 1794 à 1814. Elles ont été restaurées en 1852.

«La composition de la Descente de croix se recommande par la plus parfaite unité. Tout se meut autour du centre, le corps de Jésus, corps merveilleux, adorable, plein de «morbidezza», bien lourd, bien flasque, bien mort (trop mort, peut-être, car il n'annonce pas la résurrection prochaine), et conservant néanmoins une dignité qu'on peut appeler majesté divine. Le St Jean en manteau rouge, qui, fièrement campé, soutient les restes inanimés du Sauveur; la Vierge, absorbée par sa douleur profonde, et la Madeleine, dont les pleurs augmentent la grâce et la beauté, forment, au pied de la croix, un admirable groupe. Je ne parle ici que de la composition et du style; à quoi bon louer la couleur dans le chef-d'œuvre de Rubens?» — «La Mise en croix me semble fort inférieure à son célèbre pendant. Le sujet est confus, dispersé, et au lieu de cette fougue si vantée, je trouve plutôt un abus de la force corporelle en jeu, un abus des muscles tendus, de la chaire nue et remuante. Toutefois, le corps du Christ est encore d'une grande beauté dans ce tableau, où le public ordinaire de la paroisse admire en outre le portrait du chien de Rubens, qu'il y plaça longtemps après coup, à la demande du curé de Ste-Walburge.» *(L. Viardot.)*

La Descente de croix, la plus remarquable de toutes les créations religieuses de Rubens, doit son origine à un différend entre la corporation des arquebusiers et le peintre, à propos de sa maison à Anvers. Il s'agissait des frais de construction d'un mur séparant sa propriété du jardin de la corporation. Plusieurs des membres de cette dernière trouvaient trop forte la part qu'on leur demandait de payer. Le bourgmestre Rockox, ami de Rubens et capitaine des archers, intervint alors et obtint que Rubens, afin d'égaliser ces frais, ferait un tableau pour la chapelle de la corporation dans la cathédrale. C'est alors qu'il peignit cette Descente de croix, ainsi que la Visitation et la Présentation de J.-C. qui ornent les volets. A l'extérieur est le patron des archers, St Christophe, avec l'ermite et le hibou qui se retrouvent dans toutes les représentations de ce saint. — Telle est l'explication authentique de l'origine du tableau, mais elle a fait place depuis longtemps à une légende fort répandue. D'après cette légende, la corporation des arquebusiers aurait commandé à Rubens un St Christophe, et Rubens, prenant le mot «*Christophorus*» dans son sens étymologique de *Porte-Christ*, aurait exécuté la Descente de croix, où le Christ est supporté par plusieurs personnages qui sont autant de *christophores*. Il plaça également des allégories dans le même sens sur les volets, sur celui de gauche la sainte Vierge rendant visite, dans sa grossesse, à sa cousine Elisabeth; sur celui de droite, le prêtre Siméon tenant l'enfant Jésus sur ses bras lors de la présentation au temple. Les arquebusiers ne saisirent point la pensée de l'artiste et persistèrent à demander, selon la convention passée, un tableau figurant leur patron. Rubens consentit à leur demande et peignit sur la partie extérieure des volets, d'un côté, le St Christophe réclamé; de l'autre, un ermite, une lanterne et un hibou, allusion à l'ignorance des arquebusiers. A en croire une autre anecdote bien connue, le tableau serait un jour tombé du chevalet et aurait été endommagé en l'absence de Rubens. Les élèves auraient alors désigné *van Dyck*, comme le plus habile, pour réparer ce dommage, et le jeune homme s'en tira si bien, que le maître lui-même déclara plus tard avoir été dépassé par son élève. Les parties retouchées par van Dyck seraient les joues et le menton de la Vierge et le bras de la Madeleine. La Marie en robe bleue qui figure sur un des volets, est le portrait de la première femme de Rubens; la personne qui porte une corbeille, celui de sa fille.

Chœur. — Le tableau du maître autel, l'*Assomption de la Vierge, par *Rubens*, a été peint, dit-on, en 16 jours; l'artiste se sera évidemment fait aider par ses élèves. Rubens n'a pas composé moins de dix Assomptions; celle-ci et le tableau qui se trouve dans la galerie du Belvédère à Vienne sont reputées les meilleures. — Le maître autel lui-même est de 1824. — Les nouvelles **stalles* et les deux *trônes épiscopaux* méritent aussi particulièrement l'attention. Ils sont en bois dans le style goth. le plus riche, avec de nombreuses figures et des groupes relatifs à l'histoire de la Vierge, au S., et à celle du Sauveur, au N. La partie architectonique de ce beau travail est l'œuvre de *Guill. Durlet*, la partie plastique celle de *Ch. Geerts*.

Les autres œuvres d'art de la cathédrale sont bien inférieures aux trois tableaux de Rubens. Comme elles changent souvent de place, les indications suivantes ne sauraient être absolument exactes. Nous commençons à côté de la Descente de croix, au S.

Pourtour du chœur. — 1re chap. au S.: vitraux modernes, Jésus descendu de la croix, par *Didron* de Paris (1872). — 2e chap.: Résurrection, demi-grandeur naturelle, peinte par *Rubens* pour orner le monument élevé dans cette chapelle à la mémoire de l'imprimeur *Jean Moretus* (p. 110), son ami. Sur les volets, à l'intérieur, St Jean et Ste Marthe; à l'extérieur, des anges. — 3e chap.: *Artus Quellin le Jeune*, monument en marbre de l'évêque Ambroise Capello, le seul monument d'évêque qui soit resté dans cette église. — 4e chap.: *Jacques de Backer*, le Jugement dernier, avec des portraits de la famille Plantin: il est ordinairement voilé. Au-dessous, le monument du célèbre imprimeur Plantin (p. 110), avec une inscription de Juste-Lipse. — 5e chap.: vitrail moderne par *J. Béthune*. — A coté, un confessionnal sculpté par *P. Verbruggen*, à qui sont dues aussi d'autres boiseries de l'église. — 6e chap.: également des vitraux modernes de *Béthune*. La décoration des murs, dans le style du XVe s., est de *J. Baetens*, élève de Leys. La Mater dolorosa est d'*A. Quellin*.

Derrière le maître autel, la Vierge mourante, grande composition de *Matthyssens* (XVIIe s.). Plus bas, le Mariage, la Visitation de la Vierge, et sa Rencontre avec sa cousine, grisailles imitant parfaitement des bas-reliefs, par *van Brée*. Sur le devant, le tombeau d'Isabelle de Bourbon (m. 1456), femme de Charles le Téméraire, avec une statue couchée, en bronze.

7e chap.: *O. van Veen*, Mise au tombeau; *Luc. de Heere*, Descente de croix, et des vitraux modernes. — 8e chap., la chap. de la corporation de St-Luc, dont on voit les armoiries dans le vitrail (1648). Elle est actuellement en restauration. Tableau d'autel de l'école de Cologne du XIVe s., St Michel combattant le dragon; à dr., une variante du Christ à la paille de *Rubens* (p. 97). —

9e chap.: autel moderne en bois sculpté et peint dans le style du xve s., d'après *Jos. Schadde*, par *J. de Bock* et *J. de Wint*. Les sculptures représentent des scènes de la vie de St Joseph, auquel est dédiée la chapelle. Tableaux de *L. Hendrickx*, Philippe IV d'Espagne consacrant la Belgique à St Joseph et Pie IX mettant l'église catholique sous le patronage de St Joseph. Tableaux à volets d'*Arn. Mytens le Vieux*, Jésus en croix, Voyage et Adoration des mages. En face, la Descente de croix, de *Corn. de Vos le Vieux*. Légende de la vocation de St Joseph et Noces de la Vierge et de St Joseph, de l'école de *Roger van der Weyden*. Vitraux d'après *A. Stalins* et *A. Janssens*, l'Arbre de Jessé. Confessionnaux avec de grandes statues sculptées, en bois, par *Verbruggen*. — 10e chap.: crucifix en marbre de Paros, sculpté par *van der Neer*. — 11e chap., tableau d'autel: d'après van Dyck, la Vierge et l'enfant Jésus. — 12e chap. (grande, adossée à la précédente): *A. Quellin*, statue de St Antoine; *O. van Veen*, le Crucifiment et, sur les côtés, 14 petits sujets tirés de l'histoire de la Passion, vitraux de 1503, peints en souvenir d'un traité de commerce entre Henri VII d'Angleterre et Philippe Ier de Castille.

Transept. — Outre les tableaux de Rubens (p. 90), il faut encore mentionner, au N., des vitraux de 1615 et 1616, restaurés en 1866; au-dessus du portail, l'archiduc Albert et sa femme Isabelle, Godefroid de Bouillon fondant l'ordre des chanoines de St-Michel, etc., tous aussi restaurés en 1866. Puis, de *Francken le Vieux*, Jésus et les docteurs de la loi, avec les portraits de Luther, de Calvin, d'Erasme, etc., et les Pères de l'Eglise sur les volets. Dans le bras S., un grand vitrail de *Capronnier*, les Saints de l'Ancien et du Nouveau Testament. Enfin, de *Murillo*, St François; de *M. de Vos*, les Noces de Cana; d'*O. van Veen*, la Cène. — Sur la croisée s'élève une coupole construite en 1533 par *Dom. van Waghemakere* et que décore une Assomption peinte par *Corn. Schut* en 1647.

La nef principale et les bas côtés ont des *vitraux* anciens et modernes. Les premiers sont des xvie et xviie s., mais ils ont été en grande partie restaurés; les autres, dans le même style, ont été peints pour la plupart par *J. Capronnier*. La *chaire*, en bois sculpté, avec ses arbres, ses buissons et ses oiseaux, est de *van der Voort*, du xviie s.

Dans le bas côté N., la chap. de la Vierge, avec un autel en marbre blanc de 1825, reproduisant exactement celui d'*Art. Quellin le Jeune* et *P. Verbruggen le Vieux*, qui fut détruit en 1798. Ses quatre bas-reliefs, l'Annonciation, la Visitation, la Présentation et l'Assomption, sont encore de *Quellin*. Les vitraux, qui ont rapport au culte de la Vierge, ont été donnés par le roi Léopold II. La célèbre tête de Christ, en marbre blanc, qui se voit à l'entrée de la chapelle et qu'on attribue à Léon. de Vinci, est d'un artiste inconnu des Pays-Bas.

On voit encore dans la nef du S. un chemin de la croix dans le style du moyen âge, exécuté de 1865 à 1867 par *Vinck* et *Hendricks*, élèves de Leys. De ce côté est un tableau de *Corn. Schut*, représentant le St-Esprit entouré d'anges. A l'extrémité E. de la nef, la chapelle du St-Sacrement, avec un autel du commencement de notre siècle. Le tableau d'autel, Jésus à Emmaüs, est de *Herreyns* (1825); le tabernacle, de *Verbruggen*. Vitraux: la Cène, par *Rombouts* (1503), restaurée en 1872; St Amand prêchant l'Evangile à Anvers, St Norbert rétablissant le culte catholique dans la ville, tous deux par *Didron;* St Jean-Baptiste et St Jean l'Evangéliste, du xve s. — Dans la chap. des Mariages, un vitrail de *van Diepenbeeck* (1635). Tableau d'autel, la Ste Famille, par *H. van Balen,* dans un paysage de *J. Brueghel.* La statue de la Vierge est d'*A. Quellin le Vieux.*

Les dimanches et jours de fêtes, à 10 h., on exécute à la cathédrale des messes de grands compositeurs (5 c. pour une chaise).

La **tour* septentrionale de la cathédrale, haute de 123 m, est une construction admirable de légèreté et de hardiesse; aussi Charles-Quint disait-il qu'elle mériterait d'être placée dans un écrin. — L'entrée est à g. du grand portail. Le crucifix qui surmonte cette entrée, a été coulé en 1635 avec le bronze provenant d'une statue que Philippe II avait fait ériger dans la citadelle, «*ex œre captivo*», à la mémoire du duc d'Albe.

Le concierge demeure dans le voisinage, rue des Pèlerins, 14 (pl. B 3-4); il se trouve généralement à l'entrée. On lui paie, d'après un tarif affiché, 75 cent. pour 1 personne, 1 fr. pour 2 pers., et 25 c. en sus pour chaque personne de plus. L'ascension est fatigante; on compte 514 marches jusqu'à la première galerie, et 108 de plus jusqu'à la seconde. On y voit inscrit le nom de *Dom. van Waghemakere*. L'extrémité de la flèche est peut-être de 1592. — La vue est très étendue. Quand le temps est clair, et au moyen d'une lunette d'approche, on peut facilement suivre le cours de l'Escaut jusqu'à Flessingue, et découvrir les tours de Berg-op-Zoom, Bréda, Malines, Bruxelles et Gand. — Le *carillon* passe pour un des plus complets de la Belgique; il se compose de 40 cloches, dont la plus petite a 8 centimètres de circonférence. La plus grosse pèse 16000 livres et a été coulée en 1507, ayant pour parrain le prince Charles, plus tard l'empereur Charles-Quint.

A quelques pas du grand portail, en face de la porte de la tour, on remarque un ancien **puits**, surmonté d'un dôme de feuillage en fer forgé au marteau. Cet ouvrage est attribué à *Q. Massys* (m. 1529), «in synen tyd grofsmidt en daernaer famues schilder» (en son temps forgeron et plus tard célèbre peintre), comme on lit sur une reproduction de sa pierre tumulaire, dans le mur à côté de l'entrée de la tour de la cathédrale (l'original est au musée). Selon la tradition, Massys quitta l'enclume pour obtenir la main d'une jeune fille que son père, un peintre, ne voulait accorder qu'à un homme sachant comme lui tenir la palette et manier le pinceau. L'amoureux forgeron surmonta cet obstacle en peignant le chef-d'œuvre qu'on admire au musée (p. 97). Cette conversion professionnelle est rappelée par une plaque placée en

1629 au même endroit, avec ces mots: *Connubialis amor de mulcibre fecit Apellem* (l'amour conjugal convertit Vulcain en Apelles).

Non loin de là, au N., sur la Grand' Place (pl. B 3), se trouve l'***hôtel de ville**, construit de 1561 à 1565, dans le style de la renaissance, par *Corn. de Vriendt*, et rebâti en 1581 dans sa forme actuelle, après avoir été détruit par les Espagnols. La façade, qui a 76 m. de long et 38 de haut, s'élève sur un soubassement d'ordre rustique, dont les arcades reposent sur de forts piliers, et présente deux étages principaux, d'ordre dorique et d'ordre ionique. Dans le haut se trouve une colonnade qui supporte le toit. Le bâtiment du milieu, dont les fenêtres se terminent en plein cintre, a de son côté trois étages, qui vont en diminuant et qui atteignent une hauteur de 55 m. Dans une niche du haut se trouve, depuis 1585, une statue de la Vierge, patronne de la ville, et au-dessous, à dr. et à g., des figures allégoriques de la Sagesse et de la Justice.

L'intérieur de cet édifice est en pleine restauration depuis 1882, sur les plans de *M.-J. Dens*. On le visitera de préférence le matin avant 9 h. ou le soir après 4 h.: entrées dans les ruelles de dr. et de g.; 50 c. à 1 fr. au concierge, qui ouvre les salles. — L'escalier est richement décoré de marbres belges. La toiture vitrée est supportée par des cariatides en bois, représentant des professions. Aux murs, des vues d'Anvers des xvie et xviie s. — Parmi les salles, qui ont toutes de riches ornements en bois sculpté, on remarque surtout la grande salle (salle Leys), qui a été décorée d'excellentes peintures par *H. Leys*, de 1864 à 1869. Il y a *quatre grands sujets: 1°, à g. de la porte, le Serment de la joyeuse entrée de l'archiduc Charles d'Autriche; 2°, plus loin à dr., au mur principal, le Bourgmestre commandant en chef des troupes de la ville, ou le Bourgmestre van Urselen donnant à l'échevin C. van Spangen le commandement de la garde pour défendre la ville, en 1542; 3°, le Droit de bourgeoisie ou Batt. Palavicini de Gênes reçu bourgeois d'Anvers, en 1541; 4°, le Bourgmestre chef de la police municipale ou Marguerite de Parme remettant les clefs de la ville au bourgmestre pendant les troubles de 1566. On y voit encore représentés les 12 princes marquants dans l'histoire de la ville, surtout ceux qui lui ont octroyé des libertés, depuis Godefroid de Bouillon jusqu'à Philippe le Beau (1491). On remarquera aussi l'architecture de la salle, qui rappelle le beau temps de la renaissance en Italie. Au plafond, les armes de la ville d'Anvers et de ses corporations. Dans le cabinet du bourgmestre, une belle *cheminée* de l'ancienne abbaye de Tongerloo, richement décorée de sculptures ayant pour sujets les noces de Cana, et, au-dessus, l'Erection du serpent d'airain, le Crucifiment et le Sacrifice d'Abraham; puis quelques tableaux modernes. — Dans les autres salles, diverses peintures relatives à l'histoire de la ville, des vues d'Anvers des siècles passés et de nos jours, avant les dernières grandes transformations, dans lesquelles on a rasé les vieilles fortifications espagnoles. Dans la salle du Conseil Communal, un plafond de l'*école de Rubens (Pellegrini)*, un Jugement de Salomon par *Floris*, et les portraits de la famille royale par *de Keyser* et *Wappers*, ainsi qu'une belle balustrade en bois du xvie s., sculptée, dit-on, par un prisonnier de l'inquisition.—La nouvelle salle des Mariages, ouverte en 1885, a une cheminée de la renaissance (xvie s.), en marbres noir et blanc.

C'est devant l'hôtel de ville qu'on voit le mieux la tour de la cathédrale.

La plupart des maisons de la Grand' Place, des xvie et xviie s., étaient des **maisons de corporations**. L'attention est surtout attirée au N. par la *maison de la Vieille Arbalète* (n° 17), de 1513, et au S.-E. par la *maison des Drapiers* (n° 36), reconstruite après le sac de la ville par les Espagnols en 1644, et la *maison des Charpentiers* (n° 40), qui est de 1646.

A quelque distance au N. de l'hôtel de ville sont situées les **vieilles boucheries** (pl. B 3), haute construction gothique, de 1501 à 1503, composée d'assises de briques rouges et de pierres de taille blanches, avec quatre tourelles hexagones aux angles. On en a fait un magasin.

Dans le voisinage se trouve **St-Paul** (pl. B 3), ancienne église des dominicains, du style ogival flamboyant, bâtie de 1540 à 1571, et dont le chœur a été achevé après 1621. On y entre par la rue des Sœurs-Noires (à midi, frapper, 1 fr. de pourb.).

Au mur du bas côté du N. sont placés 15 tableaux, entre autres, l'Annonciation, de *van Balen*; la Visitation, de *J. Francken;* la Nativité et la Purification de la Vierge, de *M. de Vos;* une copie de la Flagellation de *Rubens*; le Portement de croix, de *van Dyck;* l'Adoration des mages, de *Rubens;* le Crucifiment, de *Jordaens;* la Résurrection, de *Vinckenboom.* — Dans le transept: la Vierge et St Dominique, par *de Crayer;* *la Flagellation, de *Rubens* (voilée). A l'autel, une copie d'après *le Caravage*, la Vierge remettant à St Dominique des rosaires pour les distribuer au peuple: l'original, cédé à l'empereur Joseph II, qui en échange en fit faire la copie, se trouve à Vienne. — Dans le chœur, au maître autel, une Descente de croix, de *Cels.* Sur le côté, les tombeaux de *H. van Varick*, margrave d'Anvers (m. 1641) et d'*Anne Damant*, sa femme; des évêques *Ambr. Capello* et *Mich. Ophovius* (m. 1637). — Bas côté du S.: autel de dr., le Corps de J.-C., entouré de Ste Madeleine, de St Jean et d'anges par *de Crayer.* A l'entrée, les Sept œuvres de la miséricorde, une réunion d'estropiés de toute espèce, par *Teniers le Vieux.* Les *boiseries, les stalles, les confessionnaux, etc., sont très bien sculptés; l'orgue est excellent.

On remarque en dehors de St-Paul un curieux CALVAIRE, qui consiste en un tertre artificiel recouvert de rocailles et de débris et orné d'un grand nombre de statues de saints, d'anges, de prophètes et de patriarches: au sommet, le Crucifiment; au pied, une grotte imitée du St-Sépulcre de Jérusalem.

En prenant à l'E. par la rue du Canal-des-Récollets, puis à g. par la rue des Récollets, on arrive à une petite place formée par la rencontre de quatre rues (pl. B C 3); c'est là que se trouve l'entrée du musée de peinture. Au milieu de cette place a été érigée, en 1856, une *statue de van Dyck*, faite et donnée par *Léon. de Cuyper.*

**Musée de peinture.

Ce musée (pl. C 3) est visible tous les jours de 9 h. ou de 10 h. à 4 h. ou 5 h., selon la saison, gratuitement les dimanche et jeudi, moyennant 1 fr. les autres jours: on reçoit alors deux cartes, l'une pour le musée ancien et l'autre pour le musée moderne (p. 103). On passe par une grande porte dans un jardin où se voit un portique, qui est l'entrée de l'ancienne église, dans laquelle sont exposés les tableaux. Le reste du couvent de franciscains dont elle dépendait est occupé par l'*Académie des Beaux-Arts,* qui a succédé à la vieille *corporation de St-Luc* fondée vers le milieu du xve s. par Philippe le Bon, duc de Bourgogne, que Philippe IV d'Espagne dota richement, et qui fut le berceau de l'école de peinture brabançonne. — L'académie ne peut compter plus de 25 membres, dont 10 étrangers. Chacun d'eux doit exécuter une œuvre pour le musée.

MUSÉE ANCIEN.

Le vestibule contient quelques sculptures, surtout des bustes d'anciens membres de l'Académie: à dr., sur un haut socle en bronze, un buste colossal en marbre de *Rubens*, par Pecher, placé là en 1877 lors de la troisième fête séculaire de la naissance du grand peintre flamand. A g., une statue en marbre de *van Brée* (m. en 1839, directeur de l'Académie depuis 1827), par J.-B. de Cuyper, et des bustes plus petits de *Wappers*, par J. de Braekeleer; *Herreyns*, par van de Ven; *Nic. de Keyser* (m. en 1880, directeur de l'académie depuis 1855), par Jos. Geefs; *Geefs*, *J. Debay*, *Kiss* et *Rauch*, par Rietschel, et d'autres sculptures (un groupe de marbre par Quellin).

Les murs ont été ornés depuis 1870, par *N. de Keyser*, de peintures sur toile retraçant l'histoire des arts à Anvers; on les voit surtout bien du haut de l'escalier.

La principale, au-dessus de la porte d'entrée, et les deux grandes des murs de dr. et de g. présentent réunis, dans une espèce de panthéon, les maîtres de l'école anversoise (52, et 42 de chaque côté). Au milieu est représentée la ville d'Anvers sur un trône; au-dessous, l'art gothique et la renaissance. Parmi les artistes, on remarque: à g., Quinten Massys, assis; Frans Floris, debout; au-dessus de Massys, le groupe des maîtres-maçons qui travaillèrent à la cathédrale d'Anvers; du côté dr., Rubens, comme figure principale; sur le devant, à g., son maître Othon van Veen; entre les deux, vêtu de jaune et appuyé sur la balustrade, Jordaens; devant Rubens, assis sur les degrés, Corn. Schut; à côté, à dr., A. van Dyck; à côté de lui et en partie caché par lui, en bleu, David Teniers le Vieux; à l'arrière-plan, au milieu de la première arcade, Gasp. de Crayer; puis Brueghel de Velours, vêtu de rouge, etc. Près de l'entrée, à dr., les Peintres et les Sculpteurs; à g., les Peintres et les Graveurs. Les six compositions plus petites, de chaque côté des grandes, sont destinées à rappeler les influences qui ont le plus contribué au développement des arts dans le Brabant, surtout celles de l'Italie (Raphaël, Michel-Ange, Jules Romain, etc.). Les six du quatrième mur, à dr. et à g. de l'entrée du musée, in diqueraient la faveur dont a joui l'art brabançon à Vienne, à Londres, à Paris, à Amsterdam, à Bologne et à Rome. Les détails ne sont intelligibles qu'à l'aide de l'explication imprimée qu'on peut acheter sur place (1 fr.).

La galerie compte env. 700 tableaux, dont une grande partie proviennent des couvents supprimés et d'anciennes églises d'Anvers. Il y a d'excellents spécimens des œuvres de l'école flamande, autant de la vieille école des van Eyck, que de celle de Rubens. On remarque surtout la Ste Barbe de *Jean van Eyck* (410), les Sept sacrements de *Roger van der Weyden*, la Mise au tombeau de *Quinten Massys* (245); parmi les nombreux *Rubens*, les portraits du bourgmestre Rockox et de sa femme (volets de l'autel St-Thomas, 307), le Christ mort (300) et la Ste Thérèse (299); puis le Crucifix de *van Dyck* (406), le St François de *van den Hoeck*

(381). Parmi les autres tableaux, en petit nombre: le Calvaire d'*Antonello da Messina* (nº 4), le Jeune pêcheur, par *Frans Hals* (188), etc.

Le *catalogue* du musée d'Anvers est le premier qui ait été basé sur les principes de la science, et il passe encore aujourd'hui pour un catalogue modèle. Il coûte 4 fr., mais il y en a un abrégé à 1 fr. Les noms des peintres sont du reste sur les cadres. Nous commençons toujours à g.

Ire SALLE: 215, *Jordaens*, la Cène. 368, *van Brée*, Mort de Rubens, de 1827. — En haut, 652, *Rubens*, le Baptême de J.-C., avec figures de grandeur naturelle, parmi lesquelles on remarque cinq hommes occupés à se rhabiller, qui sont évidemment une réminiscence des célèbres soldats au bain de Michel-Ange. Ce tableau, légué au musée en 1876, a malheureusement des repeints considérables.

327, *Corn. Schut*, Martyre de St Georges, composition et dessin remarquables, une des meilleures toiles de cet artiste; cependant le saint ressemble un peu trop à un Christ. 479 à 482, *O. van Veen (Otto Venius* ou *Vænius)*, quatre toiles: Zachée sur le figuier, Vocation de St Mathieu, Bienfaisance de St Nicolas, St Nicolas sauvant ses ouailles de la famine. Ce peintre est le second maître de Rubens; la composition, le dessin et le coloris de son tableau rappellent qu'il séjourna cinq ans en Italie.

**297, *Rubens*, le Christ entre les larrons, appelé aussi «le coup de lance», tableau très célèbre, peint en 1620.

«Rubens ne fut jamais plus grandiose et plus terrible que dans ce Calvaire, où semble résumée toute la tradition des Italiens, le dessin de Michel-Ange dans le mauvais larron qui s'agite sur sa croix à la gauche du Christ, la couleur vénitienne dans le centurion et le groupe des cavaliers. Aucun peintre avant Rubens n'a traité ce sujet avec une telle verve dramatique, avec autant de grandeur et d'originalité. S'il fallait, à quelque exposition universelle où fussent conviés les premiers peintres du monde, représenter le génie de Rubens par une seule de ses œuvres, on devrait peut-être choisir ce Christ entre les larrons, et sans doute il soutiendrait dignement l'honneur de l'école flamande à côté des autres écoles de l'Europe.» (*Burger*, *Gazette des Beaux-Arts*, 1861).

48, *de Braekeleer*, défense d'Anvers contre les Espagnols (4 nov. 1576). — A l'entrée de la 2e salle, le fauteuil en cuir doré que Rubens occupa lorsqu'il fut nommé doyen de la corporation de St-Luc, en 1633. A dr. de la porte, 626, *Artus Quellin le Vieux*, St Sébastien, statue en bois. Puis, 21, *Th. Boeyermans*, la Piscine Probatique. — Plus loin:

221, *Jordaens*, Adoration des bergers.

«Jac. Jordaens ne se laissa jamais entraîner de l'autre côté des Alpes, et il est bien plus pur Flamand que Rubens et que van Dyck. S'il n'a pas le prodigieux éclat de l'un, ni l'incomparable élégance de l'autre, il représente mieux que personne le naturalisme robuste de son pays. Aucun peintre, dans aucune école, n'a jamais poussé aussi loin les images charnues et sanguines de certains types, d'ailleurs particuliers aux peuples du Nord et surtout à la race flamande. La beauté s'y rencontre parfois avec un caractère sans doute bien différent du caractère de la beauté méridionale.» (*Burger.*)

Au-dessus, 508, *Seghers*, Mariage de la Vierge.

*298, *Rubens*, Adoration des mages.

«En face du Calvaire est une Adoration des mages, où l'on admire surtout un grand mage debout, enveloppé d'une draperie écarlate; il semble que Rubens ait encore songé à Michel-Ange en dessinant cette figure surhumaine. On dit que ce tableau, haut de 4 m. 47 centim., aurait été achevé en treize jours! Il date de 1624, et il provient de l'abbaye de St-Michel à Anvers. Rubens a peint une vingtaine d'Adorations des mages: celle-ci peut compter parmi les plus belles.» *(Burger.)*

A dr. et à g., 372-374, *M. van Coxie*, Martyre de St Georges. — 53, *G. de Crayer*, le Prophète Elie nourri par les corbeaux.

282, *Erasme Quellin*, la Piscine Probatique, de proportions gigantesques (9 m. de hauteur). La partie supérieure de ce tableau (283) se trouve au-dessus de la porte de la 2e salle.

Au milieu de la première salle: *Kiss*, une Amazone luttant contre une panthère, petite reproduction en marbre du groupe au musée de Berlin; *Willemssens*, buste de Rubens.

IIe SALLE: 172, *Fyt*, Deux lévriers dormant et du gibier. 77, *Mart. de Vos*, St Thomas touchant les plaies du Christ; sur les volets, le Baptême du Sauveur et la Décollation de St Jean. *104, *Corn. de Vos*, portrait du messager de la corporation de St-Luc, excellent tableau peint en 1620. Ce personnage est tout couvert de médailles; il est debout auprès d'une table où sont étalées des coupes artistement travaillées et d'autres objets précieux, offerts à l'Académie par des princes et des seigneurs.

315, *Rubens*, Descente de croix, répétition en petit de celle de la cathédrale, peinte en 1612 pour l'autel du Serment des arquebusiers. 650, *Rubens*, portrait de Gasp. Gevaerts. *188, *Fr. Hals* Jeune pêcheur des environs de Harlem, peint, selon Bode, vers 1640.

*300, *Rubens*, «le Christ à la paille» ou le corps de J.-C. couché sur un banc de pierre couvert de paille, peint vers 1617. Le Christ est soutenu par la Vierge, St Jean et Joseph d'Arimathie, derrière lesquels on découvre la tête de Ste Madeleine. Sur les volets, la Vierge, l'enfant Jésus et St Jean l'Evangéliste. 402, *d'après Rubens* (original à Windsor), le portrait de Malderus (m. 1633) évêque d'Anvers, attribué par le catalogue à van Dyck.

*357, *le Titien*, le Pape Alexandre VI présente à St Pierre Jacques de Pesaro, évêque de Paphos, qu'il a nommé amiral, œuvre de la jeunesse du grand maître (vers 1503), les têtes fortement restaurées. — *655, *Hobbema*, Un moulin.

**245, 246, 248, *Quinten Massys*, la Mise au tombeau, triptyque.

«Le tableau central est d'un style superbe... Il y a quelque chose de sculptural dans le groupe où les saintes femmes entourent le corps du Christ étendu dans son suaire et soutenu par Nicodème et Joseph d'Arimathie. La douleur de la Madeleine et de la Vierge est profondément exprimée par les attitudes, par les têtes, et jusqu'aux extrémités de ces figures qui ont un certain rapport avec celles de Rogier van der Weyden. Au fond, le Golgotha et les trois croix, la ville de Jérusalem, des lointains pâles, et, à droite, des rochers où le sépulcre est taillé dans des anfractuosités sombres. Cette nature sauvage et désolée contribue à l'effet dramatique des saintes funérailles.

Sur le volet de gauche (Salomé devant Hérode), grand luxe de décorations, dont les détails sont exécutés avec une extrême finesse...

Le volet droit est remarquable pour l'importance que le peintre a donnée aux deux bourreaux attisant le feu sous la chaudière dans laquelle est agenouillé le martyr. Le catalogue observe que «la rude nature et l'ironie de ces hommes rappellent involontairement Shakespeare». C'est la réalité brutale, en contraste avec la pieuse résignation du pauvre saint qui brûle dans l'huile bouillante. L'art espagnol a souvent aussi ces contrastes saisissants, qui, hélas, ne sont point une invention des poètes, mais un enseignement positif de la vie sociale. Quentin Massys avait cet instinct de la comédie humaine, telle que Shakespeare en Angleterre, Cervantès en Espagne, Molière en France, l'ont comprise et glorieusement écrite. Dans le tableau de l'Ensevelissement, sur le plateau du Calvaire, sont assis deux hommes, l'un qui mange, l'autre qui ôte son soulier pour en secouer la poussière. Ils viennent sans doute de travailler au supplice de l'Homme-Dieu. N'est-ce pas là encore un épisode qui a de l'analogie avec la scène des fossoyeurs présentant à Hamlet le crâne du pauvre Yorick?» *(Burger.)*

Sous le tableau, la pierre tombale de l'artiste (v. p. 92).

399, *G. van de Velde le Jeune,* Mer calme; 339, *J. Steen,* la Noce de village; 503, *Wynants,* paysage avec figures d'*A. van de Velde;* 345, *D. Teniers le Jeune,* Buveurs flamands; 689, *Jordaens,* le Repas; 405, *van Dyck,* portr. de l'ambassadeur espagnol au congrès de Münster, César-Alexandre Scaglia. — 684, *Rubens,* Jupiter et Antiope, de 1614.

*404, *A. van Dyck,* le Christ mort.

«Cette toile passe pour avoir été faite pendant son séjour en Italie (avant 1628). Le dessin et la couleur trahissent l'influence de Venise; on y remarque les teintes sombres, chaudes et harmonieuses du Titien. Le corps du Fils de l'homme est appuyé sur le giron de sa mère, assise au pied d'une roche. Les bras étendus, elle regarde le ciel avec désespoir et a l'air d'implorer le secours divin, pour résister à l'affliction qui l'accable. Jean soulève la main gauche du Christ et en montre la plaie à un ange sortant des nues. Celui-ci joint les mains d'un air de profonde tristesse; un autre envoyé cache sa figure et ses pleurs. Ce cadavre étant placé de côté, le spectateur le voit de face; c'est un beau travail assurément. La vigueur, l'harmonie, le noble caractère et l'habile disposition de l'ensemble frappent dès le premier abord.»
(Michiels, Rubens et l'Ecole d'Anvers.)

*307, *Rubens*, le Christ montrant ses plaies à St Thomas. Les portraits à l'extérieur (v. ci-dessous) sont beaucoup plus beaux que les figures du panneau du milieu.

«Les vantaux, qui représentent un ami de l'artiste, le bourgmestre Rockox vis-à-vis de sa femme, sont célèbres parmi les connaisseurs et au nombre des plus beaux portraits flamands.» *(Michiels.)*.

Au-dessus, 212, *A. Janssens,* Scaldis, le dieu de l'Escaut; 390, *A. van der Neer,* Clair de lune. 26, *J.* et *A. Both,* Vue d'Italie; 54, *J. de Heem,* Fleurs et insectes; 107, *Corn. de Vos,* St Norbert recueillant les Saintes Hosties et les vases sacrés, cachés pendant le règne de l'hérésie de Tankelm; 358, *Valentin,* Joueurs de cartes. — Au petit mur:

108, *Corn. de Vos,* Adoration des mages; 335, 336, *Snyders,* Cygnes et chiens; Gibier tué. — Au grand mur: 31, *P. Brueghel le J.* ou *d'Enfer,* le Christ portant sa croix. — 641, *P. de Ryng,* nature morte. — 651, *306, *Rubens*, portr. d'homme; la Ste

Vierge instruite par Ste Anne, composition pleine de finesse (vers 1630). 464, *Bern. van Orley* et *Joach. de Patinir*, Adoration des mages; 646, *J. van Ruisdael,* Chute d'eau, paysage en Norvège.

*403, *A. van Dyck,* le Christ descendu de croix.

«Le goût de Rubens a jeté sur ce morceau un reflet bien visible; seulement les types sont plus fins, plus élégants que chez le maître. Une grande roche qui surplombe et une partie du ciel occupent tout le haut de l'image, ce qui est contraire aux principes de Pierre-Paul. Nous ne signalerons pas quelques autres différences moins graves. Le Christ a bien la pesanteur et l'inerte abandon de la mort. Sa mère regarde le ciel avec un sentiment de profonde douleur et paraît invoquer l'assistance du juge éternel, comme dans l'œuvre précédente. (nº 404). Madeleine porte cette magnifique robe de soie jaune que Rubens a coutume de draper autour d'elle. Elle baise la main en versant des larmes; sur la figure de saint Jean roulent aussi des pleurs.» *(Michiels.)*

*293, *Rembrandt*, Saskia Uilenburgh, sa première femme: d'après Bode, c'est une variante du célèbre tableau de Cassel (1633), par un élève de l'artiste. — 406, *A. van Dyck,* le Christ en croix, petite imitation de celui de Rubens (nº 313).

344, *Teniers le J.*, Panorama de Valenciennes, encadré d'emblèmes guerriers, avec un buste de Philippe IV; 131, *Gov. Flinck,* groupe de portraits; 329, *D. Seghers,* Guirlande de St-Ignace.

*305, *Rubens,* Communion de St François. Cette toile rappelle la Communion de St Jérôme du Carrache, au moment de l'onction. D'après une quittance qui existe encore: «tot volcomen betalinghe van een stuk schilderye door myne handt gemaekt», Rubens reçut 720 fl. pour ce tableau, qui date de 1619.

«La couleur de Rubens semble modifiée, non moins que son style, par la préoccupation de l'école italienne. La gamme en est brunâtre, avec une proportion d'ombres inusitée chez le maître qui abusait de la lumière et la répandait presque également partout.» *(Burger.)*

112, *Fr. de Vriendt,* dit *Fr. Floris,* surnommé aussi le «Raphaël belge», la Chute des anges, de 1554, un véritable pêle-mêle de corps, que les contemporains vantèrent comme le chef-d'œuvre de l'artiste.

*299, *Rubens,* Intercession de Ste Thérèse en faveur de quelques âmes du purgatoire, un des tableaux les plus agréables des derniers temps de l'artiste. 576, *inconnu,* triptyque, la Prédication de St Eloi, évêque de Noyon et apôtre d'Anvers. *401, *A. van Dyck,* le Christ en croix, à ses pieds Ste Catherine de Sienne et St Dominique, avec l'inscription: «Ne patris sui manibus terra gravis esset, hoc saxum cruci advolvebat et huic loco donabat Antonius van Dyck»; il a été peint en 1629 par l'artiste, alors âgé de 30 ans, sur le désir de son père mourant, pour le couvent des dominicaines. 83-85, *Mart. de Vos,* triptyque, le Denier de César, le Denier du tribut et le Denier de la veuve, de 1601. — 185, *Ant. Goubau,* l'Etude des arts à Rome, de 1662.

Au milieu de cette grande salle: *Debay l'Aîné*, Jeune fille tenant un coquillage à son oreille; *Rauch*, la Victoire jetant des couronnes; *J. Ducaju*, statuette du roi Léopold II; *Guill. Geefs*, Geneviève.

IIIe SALLE: 228, *A. Key*, portraits de la famille de Smitt; 229, *du même*, Marie de Deckere, seconde femme de Smidt, de l'une de leurs filles; 186, *Goubau*, la Place Navone à Rome. — Copie du tableau des frères van Eyck, qui se trouve à Gand, l'Adoration de l'Agneau mystique. — 72, 73, 74, *M. de Vos*, Triomphe du Christ, triptyque; 10, *Nic. Berchem*, paysage d'Italie. 467, *Is. van Ostade*, l'Hiver; 113, *Fr. Floris (de Vriendt)*, Adoration des bergers. 171, *J. Fyt*, le Repas de l'aigle; 647, *Fr. Snyders*, Etalage d'une grande variété de poissons. Au-dessous, 316, 317, *Rubens*, deux esquisses des arcs de triomphe que l'artiste exécuta en 1635 pour la ville d'Anvers à l'occasion de l'entrée triomphale de l'archiduc Ferdinand d'Autriche après la bataille de Nœrdlingen et la victoire de Calloo. Six autres esquisses sont à l'Ermitage de St-Pétersbourg. «C'est dans ces esquisses qu'on voit bien l'abondance imaginative et la fougueuse splendeur du grand Rubens» (Burger). 318, *Rubens*, Char de triomphe. A dr. et à g., 472, 473, *van Thulden*, les deux faces d'un arc de triomphe dit de Philippe Ier, peintes pour la description illustrée de l'arc de triomphe de Rubens, qui fut éditée par van Thulden et Gervatius, en 1641. 265, *Murillo* (copie), St François. — *313, *Rubens*, Christ en croix, peinture souvent imitée et copiée dans l'école de Rubens et même dans l'école française.

Au milieu, le Pêcheur, d'après Gœthe, marbre de *Geefs*.

IVe SALLE. *349, *Gér. Terburg*, Jeune fille jouant de la mandoline. 7, *L. Bakhuisen*, Vaisseau de guerre hollandais; 500, *Ph. Wouwerman*, Halte de cavaliers. 183, *J. Gossart*, dit *Mabuse*, la Vierge et l'enfant Jésus; 145, *A. Francken*, Martyre de St Crépin et St Crépinien; 666, *Breenberg*, Mort d'Abel; 314, *Rubens*, la Trinité; 135, *A. Francken*, la Multiplication des pains; 88, *M. de Vos*, St Luc peignant le portrait de la Vierge; 656, *W. van Aelst*, Fruits; 658, *A. del Campidoglio*, idem; 664, *N. Berchem*, paysage avec animaux; 661, *P. Gysels*, nature morte; *665, *Sal. van Ruisdael*, Vue d'une rivière en Hollande, avec un bac, de 1657. — 669, *Karel du Jardin*, Animaux; 676, *J. Weenix*, nature morte; 685, *Phil. de Koning*, portr. d'enfant; 670, *Eglon van der Neer*, la Visite; 371, *Mich. van Coxie*, Martyre de St Sébastien. — 686, *A. van de Velde*, les Plaisirs d'hiver, de 1662; 653, *C. Decker*, paysage.

*312, *Rubens*, la «Vierge au perroquet», de 1631.

«C'est encore un des chefs-d'œuvre du maître . . . Au centre éclate en pleine lumière la belle Vierge assise, et près d'elle Jésus, debout et de face, dans la pose d'un petit Apollon. Une vigoureuse demi-teinte enveloppe toute la droite, où saint Joseph s'accoude au second plan; sa tête noble et accentuée rappelle un peu celle de Rubens lui-même. A gauche, échappée de paysage et, sur le socle d'une colonne, un perroquet qui a fait baptiser le tableau. . . Le style des figures, l'aménagement du clair-obscur et des ombres, la fermeté du dessin, la splendeur du coloris, montrent que Rubens s'est appliqué plus sévèrement que d'habitude à cette peinture, qu'il destinait au grand salon de sa confrérie.» *(Burger.)*

662, *D. Mytens*, portrait de femme. — Au milieu, un Amour, en bronze, par *A. Dumont*.

A l'entrée de la Ve salle: *530, 531, 255 et 256, quatre excellents petits tableaux, genre miniature, qui forment deux diptyques. L'un représente, dans l'intérieur d'une église gothique, la Vierge portant une haute et riche couronne et tenant dans le bras droit l'enfant Jésus à demi vêtu. Sur le revers, qui est inférieur, le Sauveur en tunique blanche avec les lettres *A (alpha)* et *Ω (oméga)* (le commencement et la fin) et P et F («pater» et »filius» ou «principium» et «finis»), sur un tapis rouge; en bas, les armoiries des deux donateurs, abbés de l'ordre de Cîteaux, et le millésime de 1499. L'autre volet représente les portraits des donateurs. Ces tableaux avaient jusqu'ici été attribués à *Jean Memling;* mais d'après un monogramme dans le haut de celui où est le donateur, C. H., ils auraient eu pour auteur *Corn. Horebout*, peintre brugeois de la fin du xve s. Ils proviennent, ainsi que la plupart de ceux de la cinquième salle, de la collection léguée au musée en 1840 par le bourgmestre *van Ertborn*, dont le buste est au milieu de la même salle.

Ve SALLE. De g. à dr.: 222, *Jordaens*, portrait de femme; 196, *Hoeckgeest*, Vue intérieure de l'Eglise-Neuve, à Delft; 437, *Will. van Mieris*, Marchand de poisson; 502, *J. Wynants* et *A. van de Velde*, paysage; *466, *Adr. van Ostade*, Fumeur; 319, *Rubens* et *J. Brueghel*, le Christ mort pleuré par des saints; au-dessus, 407, *A. van Dyck*, portr. d'une jeune fille, avec des chiens par *Fyt;* 398, *Adr. van de Velde*, paysage; 46, *A. Cuyp*, Deux cavaliers; 125, *Corn. Dusart*, Intérieur; 11, *Berck-Heyde*, Amsterdam et son hôtel de ville. — 257-260, *Simon Martini*, de Sienne (m. 1344), Annonciation, en deux parties, Crucifiment et Descente de croix, autrefois à Dijon; 383-385, *Gér. van der Meire*, Portement de croix, triptyque. 412, bonne *copie d'après van Eyck*, la Vierge avec le chanoine de Pala (original à Bruges; p. 150). 223, *Justus van Gent* (?), Adoration des bergers; 387, *Gér. van der Meire* (?), Jésus au tombeau; *241, *242, *Quinten Massys*, le Christ et la Vierge, deux têtes admirables de beauté et de douceur (répétitions à Londres). 43, *L. Cranach le Vieux*, la Charité. — Plus loin:

132, dans le haut, *Fouquet*, peintre de la vieille école française, la Vierge et l'enfant Jésus; 29, *Dierick Bouts* (?), St Christophe; 42, *L. Cranach le V.*, Adam et Eve; 397, *Roger van der Weyden* (?), portrait de Philippe le Bon, duc de Bourgogne (sous verre); *410, *J. van Eyck*, Ste Barbe, esquisse, de la plus grande beauté; 181, *J. Gossart*, dit *Mabuse*, Ecce homo; 243, *Q. Massys*, Madeleine; 3, *Fra Angelico da Fiesole*, St Ambroise refusant à l'empereur Théodose l'entrée de son église après le massacre de Thessalonique. 28, *D. Bouts* (?), la Vierge; 253, *école de Roger van der Weyden*, portrait; *396, *Roger van der Weyden,* Annonciation, petit tableau d'un fini remarquable, autrefois au monastère de Lichtenthal, près de Bade, attribué pendant longtemps à Memling (sous verre). *4, *Antonello da Messina*, un des premiers artistes italiens qui adoptèrent les procédés des van Eyck, Jésus en croix, avec les larrons à ses côtés, la Vierge et St Jean au premier plan. 250, *Q. Massys*, tête de Christ. *411, *J. van Eyck*, la Vierge, vêtue de bleu, et tenant sur le bras l'enfant Jésus, qui joue avec un chapelet; à sa dr., une fontaine; sous ses pieds, une riche draperie qui est tenue derrière elle par deux anges: œuvre signée du nom de l'artiste et qui porte sa devise, avec la date de 1439. 124, *A. Durer* (?), portrait de Frédéric III, électeur de Saxe, camaïeu. 386, *G. van der Meire* (?), le Christ en croix.

*393, *Roger van der Weyden*, triptyque: sur le panneau du milieu, le Sacrement de l'Eucharistie; les panneaux latéraux ont pour sujets les six autres sacrements.

L'action se passe dans une grande église gothique; les groupes, isolés, sont réunis par l'ordonnance architectonique. Ce tableau, qui est peut-être le plus précieux de la collection van Ertborn, est peint avec beaucoup d'éclat. La représentation du crucifiment à l'arrière-plan du panneau central y introduit un puissant élément dramatique. L'expression de la douleur des femmes aussi vraie et saisissante que celle de la sérénité qui se reflète dans les têtes de l'Extrême-onction plaît au regard. Les anges portant des couleurs symboliques, au-dessus des différents groupes, sont aussi d'une beauté de dessin exceptionnelle.

204, 205, 206, *Lucas van Leyden*, St Luc, St Marc et St Mathieu; 33, *Fr. Clouet* (1510-1572), artiste français qui se rattache à l'école flamande, François II de France, lorsqu'il n'était que dauphin; 64, *Patinir,* la Fuite en Egypte; 244, *Q. Massys* (?), le Comptable; *5, *Ant. da Messina* ou peut-être plutôt *Memling,* portrait; 208, *Lucas van Leyden* (?), Adoration des mages, avec St Georges à g. et le donateur à dr., sur les volets; 47, *Herri de Bles*, le Repos en Egypte.

341, *Sustermans,* portr. d'homme; 198, *Holbein* (?), portr. du célèbre Erasme de Rotterdam. 224, *Justus van Gent* (?), la Bénédiction; 180, *J. Gossart*, dit *Mabuse*, les Juges intègres (Justi judices); 263, 264, *J. Mostaert*, portr. d'homme et de femme; 179, *J. Gossart*, les Quatre Marie et St Jean revenant du tombeau du Christ. 254, *école de Rog. van der Weyden,* portr. d'un membre de la famille de Croy.

338, *Steen*, Samson et les Philistins; 295, *Rembrandt,* un Juif. 34, *Gonzales Cocx*, portr. de dame; 294, *Rembrandt*, Petit pêcheur. 320, *J. van Ruisdael,* paysage, de 1649, une des premières œuvres de ce peintre, rappelant encore beaucoup J. Wynants. 9, *Nic. Berchem*, Pillage; 497, *Weenix*, Port d'Italie; 501, *Wouwerman*, Halte de cavaliers.

Musée moderne.

Ce musée se trouve dans une autre partie de l'ancien couvent, dont l'entrée est rue de Vénus (pl. C 3), entre les num. 32 et 34. Il est public comme l'autre, et les deux catalogues ne font qu'un volume. Anvers a ici tous les trois ans, alternativement avec Bruxelles et Gand, l'exposition des artistes belges.

Ire salle, à g. au fond du vestibule: à g., 34, *P. de Cornélius*, Hagen cachant le trésor des Nibelungs dans le Rhin, carton; 35, *Osc. Begas*, portr. de Cornélius; 112, 113, *R. Mols*, la Rade d'Anvers, le Quai de l'arsenal du sud d'Anvers; 96, *J. Ruyten*, la Grand' Place d'Anvers; 41, *L. Munthe*, paysage, effet d'hiver; 72, *Wappers*, les Frères de Wit, au moment où le peuple envahit leur prison (p. 264); 30, *B.-C. Koekoeck*, Environs de Clèves; 74, *A. de Braekeleer*, Une forge; au-dessus, 122, *M. Verlat*, Voiture à deux chevaux; 12, *Dyckmans*, l'Aveugle; 62, *van Regemorter*, Querelle de joueurs de cartes; au-dessus, sans num., *Verboeckhoven*, Bestiaux, de grandeur naturelle; 18, *Madou*, Jeune homme offrant un collier à une fille; 19, *Al. Robert*, portr. de Madou; 39, *Wappers*, son portrait; 37, *Bendemann*, portr. du peintre Schadow; 38, *Wappers*, la Sulamite, d'après le Cantique des Cantiques; 7, *Calame*, le Wetterhorn, en Suisse; 8, *Rudio*, portr. de Calame; 36, *Schadow*, la Charité; 45, *J. Jacobs*, Porte d'Aral, sur la côte de Normandie; sans num., *J. Jacobs*, portr. de l'artiste; 26, 27, *Robert-Fleury*, le Corps du Titien exposé au palais Barbarigo, à Venise; portr. de l'artiste (au-dessus); 40, *A. Achenbach*, le Port d'Ostende; 20, *Navez*, Ste Famille; 32, 33, *Eug. Verboeckhoven*, Départ pour le marché; portr. de l'artiste; 48, 49, *Bendemann*, Pénélope; portr. de l'artiste; 15, *Ingres*, son portrait; 10, 9, *N. de Keyser*, portr. de l'artiste; Charles-Quint délivrant les esclaves chrétiens à Tunis. — Au milieu de la salle, un grand vase en bronze, par *Drake*.

IIe salle, à g.: 89, *C. Cap*, Souvenir des fêtes nationales de 1880; 47, *Pieron*, Environs d'Anvers; 102, *de Knyff*, Chaslepont, paysage; 39, *Marinus*, Episode de l'inondation de la Meuse en 1872; 81, *Bource*, Retour de la pêche; 60, *van Lerius*, le Dévouement de Lady Godiva (légende); 45, *Ooms*, Philippe II rendant les derniers hommages à don Juan d'Autriche; 85, *H. Schaefels*, l'Algésiras à la bataille de Trafalgar; 55, *van der Ouderaa*, la Réconciliation judiciaire; 71, *Wappers*, Jeune mère jouant avec son enfant; 70, *F.-H. Vinck*, les Gentilshommes des Pays-Bas devant Marguerite de Parme; 68, *Verlat*, la Défense du troupeau; 80, *Asselberghs*, Une mare en Campine; 92 à 94, *J. Swerts*, cartons des fresques de la Chambre de commerce d'Anvers, détruits dans l'incendie de la Bourse en 1858; 1, *Beaufaux*, Salomé épiant la décapitation de St Jean-Baptiste; 84, *de Schampheleer*, Vue de Gouda; 67, *Verlat*, la Mère du Messie accompagnée des évangélistes; 31, *Lamorinière*, paysage; 83, *Coosemans*, Journée d'hiver en Campine; 82, *Carpentier*, Episode de l'insurrection vendéenne (1795); 95, *Swerts*, portr. du cardinal de Schwarzenberg; 97, *Fuchs*, Environs d'Anvers. — Nous repassons par la 1re salle.

IIIe salle, à g.: 63, *van Ysendyck*, portr. du peintre M. van Brée; 78, *van Hove*, tête de St Jean-Baptiste; 75, *Plumot*, Passage d'un pont; 73, *Wiertz*, Combat autour du corps de Patrocle; 110, *Rosseels*, Environs de Waesmunster; 114, 36, *Leys*, Noce flamande au XVIIe s., Rubens à une fête en son honneur, à Anvers; 38, *J. Lies*, l'Ennemi approche; 4, *Col*, le Jour de barbe; 76, *Stobbaerts*, Sortie de l'écurie; 109, *Robbe*, paysage; au-dessus, 69, *Verschaeren*, portr. du peintre Herreyns; 22, *G. Geets*, Exorcisme de Jeanne de Castille, dite la Folle; au-dessus, 33, *Lens*, l'Annonciation; 61, *van Suppen*, paysage, effet d'automne; 7, *de Braekeleer*, Mort du comte de Mérode (p. 20); 105, *Th. Gérard*, les Invités pour le bal de la noce; 117, *de Biefve*, le Compromis de la noblesse («gueux»; p. 35); 79, *de Block*, la Sortie de l'école; 108, *Linnig*, l'Atelier de Geert de Winter, chaudronnier et ciseleur anversois au XVIIIe s.; 100, *de Braekeleer*, Intérieur de cabaret à Anvers; 44, *Ommeganck*, paysage; au-dessus, 66, *Verlat*, portr. du peintre J. Lies; 9, *de Caisne*, Mater dolorosa; 103,

Douzette, Clair de lune, en hiver; au-dessus, 99, *Baron*, la Forêt de Fontainebleau en automne; 121, *Stevens*, Désespéré; 40, *Minguet*, Intérieur de la cathédrale de Bruges; 37, *Lies*, les Prisonniers de guerre; 123, *Fourmois*, paysage, dans les Ardennes, près de Dinant; au-dessus, 98, *de Caisne*, l'Ange gardien, dernière œuvre de l'artiste, inachevée; 118, *van Kuyck*, Intérieur d'étable; au-dessus, 107, *Leemans*, Soirée d'été; 42, *Ommeganck*, Moutons dans la montagne; au-dessus, 14, *Denis*, Cascade; 104, *Geeraerts*, Intérieur de l'église des Dominicains, à Anvers; 120, *de Bruycker*, le Café; 119, *F. de Braekeleer*, Jeune artiste; 90, *Meyers*, les Bords de l'Escaut.

Non loin du musée, rue de l'Empereur, 5, l'ancienne maison du bourgmestre Rockox, dont la façade est d'après Rubens. — L'hôpital militaire actuel (pl. C 3) est l'ancienne maison du bourgmestre van Liere, chez lequel Charles-Quint demeura pendant son séjour à Anvers; Durer en fait l'éloge dans son journal de voyage.

A quelques rues au N. de là, près de l'avenue du Commerce (p. 108), se trouve **St-Antoine** (pl. C 2), petite église construite en 1589 par les capucins. Elle possède deux tableaux remarquables. Au mur occidental du bas côté de gauche, de **van Dyck*, le Christ mort appuyé sur les genoux de la Vierge. Dans le chœur, premier tableau à g., de *Rubens*, la Vierge remettant l'enfant Jésus à St François. En face de ce dernier, St Antoine recevant les stigmates, d'après *Rubens*.

Il y a encore dans le voisinage du musée deux *galeries particulières*, ouvertes aux amateurs, l'une tous les jours, l'autre les dim., lundi, mardi, mercr. et samedi (1 fr. de pourb.).

Mme J.-J. Wuyts, rue du Jardin, 12 (près de la rue Zirk; pl. B 3), possède dans une grande salle éclairée du haut une centaine de tableaux anciens, que le catalogue attribue en partie à de grands maîtres: *Rubens* (Vierge), *van Dyck*, *Teniers* (la Femme jalouse), *Rembrandt* (portrait de jeune fille), *Th. de Keyser*, *J. Steen* (la Visite du médecin), *Hobbema*, *Mieris*, *Maes*, *Brouwer*, *Velazquez* (plus. portraits), *Murillo*, etc. On donne quelque chose pour les pauvres.

M. Notebohm, rue du Fagot, 3 (pl. B 3), possède plus de 60 bons tableaux modernes: **P. Delaroche*, Ste Famille; *Ary Scheffer*, Faust et Marguerite, le Roi de Thulé; *Bellangé*, Napoléon visitant les blessés à la bataille d'Austerlitz; *Gallait*, Mère heureuse et malheureuse; *Koekkoek*, paysage; *Lessing*, Luther brûlant la bulle du pape; *Léop. Robert*, Pêcheurs napolitains jouant de la mandoline; *Gude*, paysage norvégien; *Calame*, paysage suisse. En outre, de *J.-A. van der Veen*, Eve et le serpent; *Jos. Geefs*, Jeune fille au bain, statues de marbre. Dans une autre pièce, 8 tableaux anciens, entre autres une Assomption de *Murillo*, et des portraits de *Slingeland*.

Entre le musée de peinture et la cathédrale se trouve l'ancienne **église des Jésuites** ou *St-Charles-Borromée* (pl. D 3), construite de 1614 à 1621 par le P. *Fr. Aguillon*, sur les plans de *Rubens*, et richement décorée de marbres et d'œuvres d'art. Rubens lui-même n'a pas fourni moins de 39 tableaux pour cette église. Malheureusement l'édifice fut atteint par la foudre en 1718 et brûlé, à l'exception du chœur, de ses deux chapelles latérales et des trois grands tableaux qui se trouvent actuellement au Belvédère de Vienne: l'Assomption et les Miracles de St Ignace de Loyola et de St François-Xavier. L'église fut reconstruite dans le style primitif, mais avec moins de luxe. Belle façade. Remarquer le beau clocher du style de la renaissance.

L'INTÉRIEUR présente les dispositions d'une basilique avec tribunes. Les murs sont garnis, jusqu'à une hauteur d'env. 3 m., de lambris de chêne avec de bonnes sculptures, parmi lesquelles il y a des médaillons reproduisant des scènes de la vie de St Ignace et de celle de St François-Xavier, par *Baurscheidt* et *van der Voordt* (m. 1737). Le maître autel est de *Rubens:* sur cet autel sont placés alternativement, la Vierge reine des cieux de *Corn. Schut*, un Crucifix de *Seghers* et Marie intercédant pour les hommes, de *Wappers*. Les statues de St François Borgia et de St François-Xavier sont d'*A. Quellin*, celles de St Ignace et de St Louis de Gonzague, d'*A. Collyns de Nole* (XVIIe s.). — Dans la chap. de la Vierge se voit un reste de la décoration de marbre de l'église de 1618. — Dans la chap. St-François-Xavier, le saint à genoux devant la Vierge, par *Seghers*. — Dans la sacristie, un beau Christ en ivoire du XVIIe s.

Le bâtiment à l'O. en face de l'église, nouvellement restauré, renferme depuis peu la *bibliothèque de la ville,* publique dans la semaine de 9 h. $^{1}/_{2}$ à 4 h. — Sur la place, un monument érigé à l'écrivain flamand *Henri Conscience* (m. 1883), par Fr. Joris.

En suivant un instant la Longue-Rue-Neuve et en prenant à dr., on arrive à la ***Bourse** (pl. C 3), rebâtie de 1869 à 1872, sur l'emplacement du magnifique édifice gothique construit en 1531 par *Dom. van Waghemakere,* et qui fut détruit par un incendie en 1858. La nouvelle construction, dont l'architecte a été M. *Jos. Schadde*, est dans le style de l'ancienne, mais dans des proportions considérablement plus grandes. Elle s'élève aussi au milieu d'un pâté de maisons, mais elle est accessible des quatre côtés. C'est une vaste et haute salle couverte en verre, de 51 m. de long sur 40 de large, entourée d'une double galerie à 68 colonnes, dont les arcades sont découpées vers le milieu en trèfles d'un style gothico-moresque. Au-dessus règne une autre galerie de 38 colonnes; sur laquelle donnent le tribunal de commerce et les bureaux du télégraphe. A l'intérieur, le plafond est supporté par une belle ferme en fer forgé. Dans le haut sont les armes d'Anvers, alternant avec le Lion de Belgique et les armes des différentes provinces du royaume, et sur les pendentifs, celles des principales puissances maritimes.

***St-Jacques** (pl. C 3), du style ogival tertiaire, est l'église la plus remarquable de la ville après la cathédrale; elle est même plus riche, par la profusion des ornements en marbre et le grand nombre des monuments qu'elle renferme. C'est une basilique en forme de croix, avec pourtour et chapelles de chaque côté. La construction en fut commencée en 1491, sur les plans de maître *Herm. van Waghemakere,* et continuée après sa mort par *Dom. van Waghemakere*, mais elle fut interrompue à partir de 1526, jusqu'après les troubles religieux de la seconde moitié du siècle. Repris en 1602, les travaux furent terminés en 1656, moins ceux du grand portail, qui durèrent encore jusqu'en 1694. Les premières familles de la ville avaient leurs caveaux, leurs chapelles particulières et leurs autels dans cette église. La plus intéressante de ces chapelles est celle des *Rubens*, derrière le maître autel, dans le pourtour du chœur.

Intérieur. — L'entrée principale se trouve du côté sud, dans la Longue-Rue-Neuve. On ne peut voir les tableaux que de midi à 4 h., et il faut payer, en vertu d'un tarif, 1 fr. par personne. Frapper à la porte. — L'édifice se distingue par ses heureuses proportions. Les fenêtres qui l'éclairent sont en partie garnies de vitraux peints, anciens et modernes, les premiers, pour la plupart d'*A. van Diepenbeeck* et de *van der Veeken;* les autres, de *J. Capronnier* (p. 21).

Bas côté du S. 1re chap.: *A. van Dyck*, St Georges combattant le dragon; en face, St Sébastien, statue en bois d'*A. Quellin.* Les bas-reliefs représentant des scènes de la Passion, dans cette chapelle et plusieurs des suivantes, sont de *J. Geefs, J. de Cuyper* et *L. de Cuyper.* — 2e chap.: *M. de Vos*, Tentation de St Antoine. Monument du bourgmestre *van Ertborn* (v. p. 101). Madone du *Guide.* — 3e chap.: *Er. Quellin*, St Roch guérissant la peste (1660). Dans cette chap. et dans les deux suivantes, 12 petits tableaux dont les sujets sont tirés de l'histoire de St Roch (1517). — 4e chap.: tableau d'autel et longs tableaux en face par *O. van Veen.* — 5e chap.: *Fr. Floris*, Femmes occupées autour de l'enfant Jésus et de St Jean. En face, le tombeau de Nic. Mertens, marguillier de l'église, mort en 1586, et de sa femme, avec leurs portraits, par *Ambr. Francken.* — 6e chap.: *M. Coxie*, Baptême du Christ; *Marten de Vos*, Martyre de St Jacques; volets de *Francken*, la Résurrection de la fille de Jaïre, Jésus et la Chananéenne; sur le revers, Jésus à Gethsémani.

Transept. — Les statues de marbre des apôtres sont de *van der Voordt, Kerricx, de Cuyper,* etc. A g. et à dr. de l'entrée du chœur, la Résurrection de J.-C., par *E. Dujardin* (1862) et l'Assomption de la Vierge, par *Boeyermans* (1671). — Dans le bras gauche, l'Erection de la croix, haut-relief de *van der Voort* (1719). Au-dessus du portail, le Christ chassant les vendeurs du temple, par *Honthorst,* les volets par *de Crayer.*

Chœur. — Le maître autel, du style rococo, est d'*Ykens;* les ornements sont de *Kerricx, L. Willemssens*, etc. Les stalles ont été sculptées par les deux *Quellin.* Le vitrail est de *van Diepenbeeck* (1644). — A côté du bras S. du transept se trouve la

Chapelle du St-Sacrement. Elle a un autel de marbre et des statues de St Pierre et de St Paul par *P. Verbruggen, L. Willemssens* et *Kerricx.* Tableau d'autel de *P. Thys*, l'Adoration du St-Sacrement. Autres tableaux d'*E. van Donk*, la Pénitence de St Pierre, et de *J. Massys,* la Vierge et l'enfant Jésus. *Vitrail de 1626, Rodolphe de Habsbourg cédant son cheval à un prêtre qui porte le St-Sacrement, et dans le bas les donateurs.

Pourtour du chœur. — Au mur du chœur, des confessionnaux d'*A. Quellin,* de *Willemssens,* etc. Au-dessus du premier: *Gou-*

bau, le Corps de J.-C.; *M. de Vos*, Ecce Homo (1562); *Verlinde*, la Vierge (1870). — 1re chap.: *H. van Balen le Vieux*, la Trinité; en face, la Vocation de St Pierre (il présente à J.-C. le poisson à la pièce de monnaie), tableau attribué arbitrairement à *A. van Noort*, maître de Rubens. Au-dessous, une copie *d'après van Dyck*, le Christ en croix, dont l'original est au musée. En face, au mur du chœur: *Corn. Schut*, la Vierge pleurant sur le corps de J.-C. — 2e chap.: *Seghers*, St Yves. — 3e chap.: *Seghers*, Apparition de J.-C.; *van der Voordt*, Flagellation de J.-C., groupe de marbre. Au-dessus de la porte voisine, le Couronnement de la Vierge, la Nativité de J.-C. et l'Adoration des mages, tableau à volets d'*A. Janssens*.

4e chap., *chapelle de Rubens. La tombe du grand artiste, mort le 30 mai 1640, à l'âge de 64 ans, est couverte d'une pierre tumulaire placée en 1755 et sur laquelle on lit entre autres éloges: «non sui tantum sæculi, sed et omnis ævi Apelles dici meruit». Le *tableau d'autel, de *Rubens* lui-même, représente la Ste Famille.

L'enfant Jésus, reposant sur le sein de la Vierge, sous une tonnelle, est adoré par St Bonaventure. Derrière la Vierge se trouve St Jérôme; de l'autre côté, St Georges et trois saintes femmes. Selon une vieille tradition, les figures des saints seraient des portraits de famille, St Jérôme aurait les traits du père de l'artiste, St Georges ceux de Rubens même, les trois saintes derrière la Vierge ceux de ses deux femmes et de mademoiselle Lunden, dont le portrait a une réputation universelle sous le nom de «Chapeau de paille» (à Londres). L'exactitude de la tradition est plus que contestable, car le faire du tableau n'est pas celui de l'artiste dans ses dernières années, et ce n'est qu'alors qu'il eût pu peindre les portraits en question.

La statue de marbre de la Vierge, les deux anges et la partie supérieure de l'autel sont probablement de *Lucas Fayd'herbe*, qui avait des relations intimes avec Rubens. — Les deux tombeaux à dr. et à g. dans cette chapelle, ceux de femmes descendant de Rubens, ont été faits en 1839 et 1850 par *Guill. Geefs*.

Plus loin, le Mariage de Ste Catherine, de *Th. Rombouts*. — 5e chap.: *Jordaens*, St Charles-Borromée invoquant la Vierge pour obtenir la guérison des pestiférés. — 6e chap.: *van Lint*, les Adieux de St Pierre et de St Paul; *A. Francken*, la Mise au tombeau et Jésus ressuscité apparaissant à Marie-Madeleine. — 7e chap.: *Victor Wolfvoet*, la Visitation, de 1639; *Moons*, Jésus et les disciples à Emmaüs, de 1843. — Au mur du chœur: *P. Thys*, le Sacrifice d'Abraham et la Trinité.

A côté de la partie N. du transept, la chapelle de la Vierge, avec des vitraux par *de la Baer*, de 1641. Sur l'autel, une petite Vierge avec le corps de J.-C., en bois peint, par *A. Quellin le Vieux*, de 1650.

Bras N. du transept. — Au-dessus du portail, *J. Honthorst* et *Seghers* (volets), Jésus parmi les docteurs, l'Annonciation et l'Adoration des mages. *Thys*, l'Assomption. *Er. Quellin le Jeune*, la Mort de St François.

Au pilier, *C. Schut*, la Vierge avec le corps de J.-C.

Bas côté du N. — 2e chap.: *M. de Vos*. Couronnement de la Vierge, triptyque; *P. van den Avont*, la Vierge et l'enfant Jésus dans un jardin, entourés d'anges qui jouent. Dans le haut, un vitrail: la Cène avec les portraits des donateurs, de 1538. — 3e chap.: **B. van Orley*, le Jugement dernier; sur les volets, St Georges et le bourgmestre Rockox, avec ses trois fils; Ste Catherine et Madame Rockox, avec ses onze filles. — 4e chap.: *H. van Balen le Vieux*; Adoration des mages, avec l'Annonciation et la Visitation sur les volets; *Ryckaert*, portrait de J. Doncker et de sa femme. — 5e chap.: tableau d'autel insignifiant; triptyque de *Marten de Vos*, Entrée de la Vierge dans le temple; tombeau de Corn. Lantschot (m. 1656). — 6e chap.: monument du général espagnol del Pico (m. 1693). Dans la grande nef, une *chaire de *Willemssens*, avec les Evangélistes et les statues de la Vérité, la Foi, la Religion, etc., de 1675.

Rue du Chêne, au S. de St-Jacques, se trouve l'*Institut de Commerce* (pl. C3), qui a un musée spécial.

A l'extrémité E. de la Longue-Rue-Neuve s'élève le nouveau **Théâtre Flamand** (*Schouwburg;* pl. C3), construit de 1869 à 1872, sur les plans de *Dens*, dans le style de la renaissance, et destiné à des représentations en flamand et en hollandais. La façade du côté de la place de la Commune porte l'inscription: «Vrede baart kunst, kunst veredelt het volk» (la paix engendre les arts, et les arts ennoblissent le peuple).

A la PLACE DE LA COMMUNE (pl. C3), au N.-E. de laquelle se trouve encore l'*Athénée Royal*, construit aussi sur les plans de Dens, en 1884, on arrive dans la magnifique artère qui a remplacé depuis 1859 les anciennes fortifications, et qui sépare la vieille ville des nouveaux quartiers. Ce sont de larges avenues plantées d'arbres: au N., l'*avenue du Commerce*, qui conduit aux bassins du port et où se trouve une nouvelle *église scandinave luthérienne*, du style goth., non loin de St-Antoine (p. 104); au S., l'*avenue des Arts*, l'*avenue de l'Industrie* et l'*avenue du Sud*, menant à la station du Sud et à l'exposition de 1885 (p. 112).

Au commencement de l'AVENUE DES ARTS, à l'E., le *Panorama de Waterloo* (p. 85); puis, à l'O., une petite place avec une *statue de Dav. Teniers*, le peintre, bronze par Jos. Ducaju (1867). La rue Leys, qui y fait suite et où se trouve, n° 12, l'ancienne maison du peintre Henri Leys, aboutit à la place de Meir (p. 109).

De l'autre côté de l'avenue des Arts, l'*avenue-Marie-Thérèse* et l'*avenue Louise-Marie*, conduisant au parc (p. 113). Dans la seconde, la *statue de Henri Leys*, aussi par Ducaju (1873).

A l'extrémité de l'avenue des Arts, à dr., s'élève la nouvelle **Banque Nationale** (pl. C5), achevée en 1880, par l'architecte *Beyaert*, de Bruxelles. C'est un bel édifice dans le style flamand de la renaissance, avec des tours rondes aux extrémités. On doit y déposer en temps de guerre le trésor de l'Etat. Sur le devant se construit une fontaine. — Derrière la Banque, la place Léopold (v. ci-dessous).

A l'extrémité de l'Avenue de l'Industrie (pl. C5), à l'E., le nouveau **palais de justice**, par *Baeckelmans,* dans le style des châteaux français du temps de Louis XIII.

L'avenue du Sud passe devant le bâtiment de l'*exposition des Beaux-Arts* et mène directement à l'entrée principale de l'exposition universelle de 1885 (p. 112).

Parallèlement à la Longue-Rue-Neuve (p. 105 et suiv.) s'étend celle qui porte le nom de place de Meir (pl. C3-4), une des plus larges d'Anvers, établie sur un canal voûté, et bordée de belles maisons, la plupart dans le style rococo. C'est là que se trouve, n° 50, le **palais du Roi**, bâti en 1755 pour le bourgmestre d'Anvers, van Susteren, sur les plans de *J.-P. van Baurscheidt.*

Un peu plus loin, à l'E., n° 52, la **maison de Rubens**, «ædes illustrissimi Rubens», bâtie en 1611, sur les plans de l'artiste lui-même, et restaurée en 1864. Elle a deux colonnes corinthiennes et elle est richement décorée et ornée d'un buste du peintre, qui y mourut le 30 mai 1640. On voit dans le jardin de la seconde maison de la rue voisine, la rue Rubens (à g., n° 7), un beau portique avec sculptures par Fayd'herbe, le seul reste de la vieille maison de Rubens: on peut entrer dans ce jardin. — La rue à la suite de la place de Meir dans la direction de la place Teniers, est la rue Leys, mentionnée p. 108.

Les rues au S. de la place de Meir conduisent au **Théâtre Royal** (pl. C4), achevé en 1834. Dans des niches au-dessus des frontons des fenêtres, à l'O., des bustes de poètes et compositeurs de toutes les nations. Dans le haut, sur la balustrade, les neuf Muses.

Le *jardin botanique* (pl. C4), dans le voisinage, est bien entretenu et possède une jolie serre. On y voit une statue du botaniste *P. Coudenberg*, qui vécut à Anvers au xvie s.; elle est par de Cuyper. — A côté, l'*hôpital Ste-Elisabeth.*

Sur la petite place Léopold (pl. C4), de forme triangulaire, s'élève depuis 1868 une **statue équestre de Léopold Ier**, en bronze, par *Jos. Geefs.* Le piédestal en pierre porte sur le devant et par derrière deux inscriptions dédicatoires, la première en français, la seconde en flamand. Les inscriptions latérales reproduisent, d'un côté, les paroles que le roi adressa aux délégués du congrès national, lui annonçant, le 27 juin 1831, son élection comme roi des Belges; de l'autre, sa réponse à l'allocution du bourgmestre d'Anvers, lors de la pose de la première pierre du bassin du port, le 17 août 1856. — On arrive d'ici à l'*avenue des Arts* en passant à côté de la Banque (p. 108).

La MAISON DES ORPHELINES, Longue-Rue-de-l'Hôpital, 29, est de 1552. Il y a au-dessus de la porte un bas-relief représentant une école au XVIe s. L'établissement possède un musée d'objets religieux («Museum der burgerlyken Godshuizen»), ouvert les dim. et jeudi de 11 h. à 3 h. (50 c.) et visible aussi les autres jours en s'adressant au concierge. La chapelle renferme un portrait du bourgmestre Rockox (p. 89).

St-Georges (pl. C 4-5), église goth. terminée en 1853, sur les plans de *Sluys*, avec deux hautes tours surmontées de flèches, renferme des *fresque remarquables exécutéses par *Guffens* et *Swerts*, de 1859 à 1868. Elles représentent: dans le bas côté de dr., en commençant au chœur, la vie de J.-C. jusqu'à son entrée à Jérusalem; dans le bas côté de g., à partir de l'entrée, la Passion de J.-C., sa résurrection, son ascension et la descente du St-Esprit; dans le chœur, J.-C., la Vierge, St Joseph, les évangélistes, les apôtres et St Georges.

Dans l'angle S.-O. de la place Verte (p. 88) a été percée il y a quelques années la RUE NATIONALE (pl. B 4-5), large rue qui relie le centre de la vieille ville avec les nouveaux quartiers du S.-O. Dans le premier tiers (pl. B 4) se trouve le *monument de Théod. van Ryswyck*, le poète flamand (m. 1849).

St-Augustin (pl. B 4), à peu de distance à l'E., du XVIIe s., possède un tableau d'autel avec de nombreuses figures, par *Rubens*, le Mariage de Ste Catherine, malheureusement mal conservé.

On y voit en outre, à dr. de l'entrée principale, Ste Elisabeth et la Vierge, par *Cels*, et la Présentation au temple, par *Lens*, deux tableaux datant du commencement de ce siècle; à g., le Baptême de St Augustin, par *van Brée*. Plus loin à dr., à l'autel, le Martyre de Ste Apolline, par *Jordaens*. A g., la Vision de St Augustin, par *van Dyck*. Le maître autel, avec le tableau de Rubens, est de *Verbruggen*. A dr. du chœur, une chapelle neuve du style roman, avec des fresques de *Bellemans*.

Une rue à l'O., au commencement de la rue Nationale, conduit à la place du Vendredi, dans l'angle S.-O. de laquelle se trouve le ***musée Plantin-Moretus** (pl. B 4). C'est la maison du célèbre imprimeur *Christ. Plantin*, né en Touraine en 1514 et mort en 1589 à Anvers, où il s'était établi en 1555. Son imprimerie, dans cette maison depuis 1579, et qui appartint ensuite à la famille de *Moretus*, son gendre et son successeur, est restée dans son état primitif. A partir du milieu du XVIIe s. jusqu'en 1800, elle ne fit qu'éditer des livres de messe et de prières, par privilège de Philippe II, pour tous les pays soumis à l'Espagne. Le privilège ayant été aboli en 1800, l'imprimerie fut fermée, et elle ne reprit ensuite ses travaux que pour peu de temps, en dernier lieu en 1867. La maison a été achetée par la ville en 1875, avec ses meubles, ses tableaux (environ 90 portraits, dont 14 de Rubens), ses autres collections, etc. C'est un spécimen unique en son genre de maison bourgeoise flamande de la fin du xvie s., avec ses dépendances. Entrée, tous les jours de 10 h. à 4, excepté le samedi, moyennant 1 fr. Catalogue intéressant de M. *Max. Rooses*, 1 fr.

Rez-de-chaussée. — Du vestibule, on tourne à dr. au pied de l'escalier, pour entrer dans la 1re salle, où l'on remarque surtout les anciennes tapisseries flamandes et une table en écaille. — IIe salle: excellents portraits de famille. A dr., au-dessus de la cheminée moderne, du style de la renaissance, le portr. de Plantin, par *Fr. Pourbus le Vieux*, de 1578. Il a servi de modèle à *Rubens* pour celui du fondateur de la maison qui est à dr. de la sortie. C'est aussi de *Rubens* que sont les portraits de Martine Plantin, à la fenêtre; Jean Moretus Ier, gendre de Plantin (m. 1610); Adrienne Gras; Arias Montanus, Abraham Ortelius, P. Plantin, Juste-Lipse, Jeanne Rivière, femme de Plantin, la plupart des ouvrages d'atelier. Du côté de la sortie, deux esquisses de *Rubens*. Là aussi deux bons portraits par *Thom. Bosschaert*, dit *Willebords:* Balth. Moretus Ier, sous lequel l'imprimerie prospéra de nouveau de 1618 à 1641, et Gevartius, greffier de la ville, ami de Moretus et de Rubens. Au milieu de la salle, sous verre, des dessins, des titres de livres, des vignettes, en partie de *Rubens*, qui travailla souvent pour la maison Plantin, comme le prouve une quittance placée du côté de la fenêtre, au milieu. Il y a aussi des œuvres d'*Er. Quellin*, *B. van Orley*, *M. de Vos*, etc. On remarquera encore deux belles armoires du xviie s. — IIIe salle, aussi beaucoup de portraits, entre autres, à g. de l'entrée: Balth. Moretus Ier sur son lit de mort, par *Bosschaert (Willebords)*; Madeleine Plantin et son mari, Gilles Beys, par un inconnu. Il y a parmi les autres portraits des copies de la main de *Rubens*, d'après des maîtres italiens, par ex. du portrait de Léon X par Raphaël. Au milieu, des manuscrits avec des miniatures des xe-xvie s.; des imprimés de Plantin. Au-dessus de la cheminée, une copie de la grande Chasse au lion de Rubens qui est à Munich. — Au sortir de cette salle, on se trouve dans la *cour* pittoresque de la maison, dont tout un côté est couvert des rameaux d'une vieille vigne, et où l'on retrouve à divers endroits la devise des Plantin: «Labore et constantiâ». — Sous les arcades, à dr., la *librairie*, qui a son entrée particulière sur la rue et se compose de deux pièces garnies de vieilles tapisseries flamandes et de lambris en chêne, en partie renouvelés. Il y a aussi une épinette ornée de peintures, du xviie s. — De l'autre côté de la cour est l'*imprimerie*. D'abord la salle des correcteurs, où se voient des épreuves et des échantillons, etc. Puis le bureau du patron, avec des tapisseries de cuir dorées, et la «chambre de Juste-Lipse», garnie de tapisseries de cuir d'Espagne, chambre qu'habitait probablement le célèbre philologue et critique lorsqu'il venait chez son éditeur. On passe ensuite par un corridor dans la salle des caractères, renfermant des échantillons de caractères, des matrices, etc., et enfin dans la salle des compositeurs et des presses, où tout est encore comme si les ouvriers allaient y rentrer. — Du côté de la sortie, deux presses du xvie s.

Ier étage. On y monte par l'escalier du vestibule de l'autre côté de la cour. Il y a deux salles contenant de beaux ouvrages sortis de diverses imprimeries célèbres, des porcelaines de Chine; une petite bibliothèque; deux salles avec des bois gravés et une vue coloriée d'Anvers (1565); plusieurs autres contenant des planches de cuivre d'après *Rubens*, *Jordaens*, *van Dyck*, et de très belles épreuves anciennes; une petite salle où sont exposés les titres des privilèges des Plantin; quelques pièces avec de vieux meubles.

Au IIe étage, la fonderie de caractères. On ressort par la bibliothèque.

Plus au S., mais moins loin de la rue Nationale, se trouve **St-André** (pl. B 4), église construite de 1514 à 1523, qui renferme un certain nombre d'œuvres d'art.

La grande chaire en bois sculpté est de *van Geel* et de *van Hool;* elle représente le Sauveur appelant les apôtres saint André et saint

Pierre, tandis qu'ils se livrent à la pêche sur le lac de Génézareth: les figures sont de grandeur naturelle. — Dans la chapelle au N. du chœur: *Govaerts*, la Fuite en Egypte; *Seghers*, Ste Anne instruisant la Ste Vierge. — Dans le chœur: *O. van Veen*, le Crucifiment de St André; *Er. Quellin*, l'Ange gardien. — Dans la chapelle au S. du chœur: *Franck*, la Cène, tableau d'autel; *Seghers*, la Résurrection de Lazare; *Jordaens*, Adoration des mages; *E. Quellin*, le Sauveur à Emmaüs; *E. Quellin*, Ste Famille. Les deux statues près du chœur représentent, celle de g., St Pierre, par *A. Quellin le Jeune*, celle de dr., St Paul, par *Zielens*. Dans le transept, plusieurs tableaux modernes de *Verlat*, *van Eycken*, etc. Autel latéral du S.: *Pepyn*, Crucifiment; autel latéral du N., *Franck*, Ste Anne instruisant les enfants, avec de nombreuses figures. — A un pilier du transept, au S., un petit portrait-médaillon de Marie Stuart, accompagné d'une inscription, à la mémoire de cette reine infortunée et de deux de ses suivantes, donné par le fils de l'une de ces dernières.

A la suite de la rue Nationale, au S., vient la *rue de Peuple*, qui aboutit à une des quatre entrées de l'exposition universelle. Sur la place Marnix, à l'E. de la rue, se trouve un monument érigé en 1883 sur les plans de Winders, en mémoire de la suppression du péage sur l'Escaut, à laquelle Anvers doit sa prospérité actuelle (v. p. 87). Un nouveau musée est en construction sur la place du Peuple, que longe la rue.

L'**exposition universelle de 1885** (pl. B C 6) a lieu dans l'angle S.-O. de la ville. Elle occupe une superficie de 34 hect.; celle de Londres, en 1862, en occupait 18; celle de Paris, en 1867, 44; la dernière de Paris, en 1878, 76; celle de Vienne, en 1873, 233. L'entrée principale est dans l'avenue du Sud (p. 109), les trois autres sont sur la place du Trône (pl. B 6), sur la place du Peuple (pl. B 5) et sur le quai Flamand (pl. A B 5). L'exposition a été ouverte le 2 mai 1885. Entrée, 2 fr. de 8 h. à 10 h. du matin, 1 fr. le reste du jour et 50 c. le soir pour le parc, 50 c. pour les bâtiments. Abonnement pour la durée de l'exposition, 20 fr.

De jolies promenades dans la ville sont: le jardin zoologique, le parc et la Pépinière, où il y a concert plusieurs fois par semaine (v. p. 85).

Le ***jardin zoologique** (pl. D 3-4), dont l'entrée est rue Carnot, a été fondé en 1843, et il était alors en dehors de l'enceinte fortifiée, entre la ville et le faubourg de Borgerhout. C'est un des plus importants qui existent. Entrée, 1 fr. par personne. En été, concert les dimanche, mardi et jeudi. Les animaux carnassiers reçoivent leur pâture tous les jours à 5 h. du soir, sauf le samedi; les phoques à 11 h. et à 4 h. Les grands animaux sont visibles jusqu'à 7 h. du soir. — *Panorama de Wœrth* (pl. D 4), v. p. 85.

Sur une place de l'ancien FAUBOURG DE BORGERHOUT, à l'E. du jardin zoologique, s'élève une *statue de Carnot* (pl. E 3), défenseur de la ville en 1814. — Au N. de là, un grand *hôpital* (pl. E 2), de construction récente.

Le parc (pl. CD 4) occupe l'emplacement d'une ancienne lunette des fortifications, dont les fossés ont été transformés en jolies pièces d'eau, avec un pont suspendu qui offre une belle vue. On a élevé en 1883 dans l'angle O. du même parc un monument à *Quinten Massys*, le peintre, par H. de Braekelaar.

Sur la place qui précède l'église St-Joseph (v. ci-dessous), à l'extrémité S.-E. du parc, s'élève le MONUMENT Loos, érigé en souvenir de la destruction des remparts de la ville, depuis 1859. Il se compose d'une statue de la ville d'Anvers, sur un haut piédestal entouré de quatre statues représentant le commerce et la navigation et devant lequel est le buste du bourgmestre J.-F. Loos (1848-1862). Ce monument est de *Jules Pecher*.

En face, à l'angle des avenues Quentin-Massys et Plantin (pl. D 4), le magnifique hôtel de M. Ed. Moretus-Plantin (v. p. 110), dans le style flamand, construit depuis peu par *J. Stordiau*. Les médaillons de la façade répresentent des hommes célèbres de l'histoire de l'imprimerie Plantin.

St-Joseph (pl. D 5), dans l'angle formé ici par l'avenue Moretus, au S.-E., et l'avenue Charlotte, au S., est une église moderne du style roman, bâtie par *Gife*, décorée de fresques de la Passion par *L. Hendrix* et possédant de beaux autels et une belle chaire. — A l'extrémité E. de l'avenue Moretus et du boulevard Léopold, le *monument de van Schoonbeke*, bourgeois d'Anvers au milieu du xve s., qui a beaucoup mérité de la ville, par Arendonck. — Boulevard Léopold, en face de l'avenue Charlotte, une *statue de Boduognatus*, chef des Belges dans les guerres contre César, statue colossale par Jos. Ducaju, érigée en 1861.

Le boulevard Léopold aboutit au S.-O. à la chaussée de Malines et à l'entrée de la **Pépinière** (pl. D 6), récemment convertie en un joli parc anglais par Keilig, à qui est due aussi la transformation du bois de la Cambre, à Bruxelles. — Près de là, avenue de Mérode, la nouvelle *église du Sacré-Cœur*, construite par Bilmeyer et van Riel, décorée de vitraux par L. Lefèvre, de Paris, et qui a un autel par Armand Caillat de Lyon.

Pour se faire une idée des nouvelles fortifications d'Anvers, on profitera de l'une des lignes de tramways qui mènent du centre de la ville aux différentes portes, par ex. de la ligne de la *porte de Malines*, près de l'ancien faubourg de Berchem (pl. E 7). La porte elle-même est remarquable par son architecture.

L'Escaut subit l'influence de la marée jusqu'à une grande distance en amont d'Anvers, et son niveau varie ici de 4 à 8 m.: «Bisque die refluo me Scaldis honorat»

Les *quais qu'on a construits du côté de la ville depuis 1881, ont 3600 m. de long et env. 100 m. de large, et ils offrent aux navires un excellent mouillage, de 8 m. de profondeur. On a rectifié en même temps le cours de l'Escaut; sa largeur, qui variait ici entre 270 et 600 m., a été réduite à 350, afin d'obtenir partout la même profondeur. Ces travaux, dont les frais sont évalués à 38 275 000 fr., ont fait d'Anvers, avec les nouveaux bassins (v. ci-dessous), un des premiers ports marchands du monde.

C'est aux quais qu'abordent de préférence les bateaux à vapeur qui font des services réguliers. Les plus curieux sont les transatlantiques belges («Red Star Line»), qui abordent au quai Cockerill (pl. A 5) ou au quai du Rhin (pl. B 1-2). On les visite avec une carte qui s'obtient gratuitement chez MM. van der Becke & Marsily, rue du Rivage, 2 (pl. B 4).

Le coup d'œil que la ville offrait auparavant du côté du fleuve, a perdu beaucoup de son pittoresque par suite des nouveaux travaux. Des anciennes constructions, il est surtout resté la porte de l'Escaut et le Steen.

La **porte de l'Escaut** (pl. B 4), sur le quai Plantin, fut élevée en 1624 en l'honneur de Philippe IV, sur les plans de *Rubens*. Les sculptures sont d'*A. Quellin*. On y lit la pompeuse inscription que voici: *Cui Tagus et Ganges, Rhenus cui servit et Indus,*
Huic famulus gaudet volvere Scaldis aquas;
Quasque olim proavo vexit sub Cæsare puppes,
Has vehit auspiciis, magne Philippe, tuis.

S. P. Q. Antwerp. hanc molem dedic. XVII. cal. Maji MDCXXIV.

(Pour celui à qui obéissent le Tage et le Gange, le Rhin et l'Indus, l'Escaut roule avec plaisir ses ondes complaisantes; les flottes qu'il porta jadis sous l'empereur ton aïeul, il les porte aussi sous tes auspices, ô grand Philippe.)

Le «grand Philippe» à qui fut rendu cet hommage, est le même souverain espagnol qui perdit le Portugal en 1640 et dut reconnaître en 1648 l'indépendance des Pays-Bas.

Le **Steen** (pl. B 3) est une partie de l'ancien château d'Anvers, dont l'origine remonte au xe s., qui appartint aux seigneurs du pays jusqu'en 1549, que Charles-Quint donna à la ville et dans lequel siégea plus tard l'inquisition espagnole. Il est resté debout au milieu du quai, après la démolition des maisons qui l'entouraient. Il renferme un *musée d'antiquités* («museum van oudheden») public tous les jours de 10 h. à 4 h. Ce musée se compose d'antiquités de toutes sortes, de beaux meubles des xve-xviie s., d'armes, de vieilles vues d'Anvers, etc. On voit dans la cour quelques colonnes de l'ancienne Bourse (v. p. 105). Le Steen a encore des oubliettes et d'autres choses qui en rappellent l'ancienne destination.

Les ****bassins du port** (pl. B C 1-2), au N. de la ville, sont grandioses; ils forment une superficie de plus de 100 hect. C'est là qu'abordent les bâtiments qui ne font pas un service régulier. Les transbordements de marchandises s'y font directement à l'aide de grues hydrauliques, qui remplacent de plus en plus les grues à vapeur. On est supris du peu de bruit que font ces machines, en soulevant d'énormes fardeaux. La force motrice leur arrive par des conduits souterrains, partant de deux pompes à feu, au

N. et au S. Un réseau considérable de chemins de fer permet d'expédier rapidement les marchandises. Il part de ce port, en moyenne, 2500 wagons par jour.

Du quai, on arrive d'abord au PETIT BASSIN et au GRAND BASSIN, les deux plus anciens, construits sous Napoléon Ier dans un but militaire, de 1804 à 1813, et qui ont coûté 13 millions. Le gouvernement hollandais les a laissés à la ville après 1814. Le Petit bassin a 175 m. de long sur 147 de large et peut contenir 100 bâtiments de moyenne grandeur; le Grand mesure 402 m. sur 179 et peut recevoir 250 navires. Les bassins sont entourés de vastes magasins. L'un d'eux, entre le Petit et le Grand bassin, est l'ancienne *maison de la Hanse*, construite de 1564 à 1584 sur les plans de *Corn. de Vriendt.* Les villes hanséatiques l'ont donnée en paiement à la Belgique en 1863, comme leur quote-part dans le prix de l'abolition du péage de l'Escaut. — Le plus important des magasins est l'*Entrepôt Royal*, construit de 1829 à 1832 à l'E. du Grand bassin. Il a coûté 3680000 fr., et la ville l'a acheté récemment 3500000. Il y a de grands élévateurs à vapeur, qui permettent d'emmagasiner les marchandises à tous les étages avec une grande facilité.

Au Grand bassin se rattache, au N., par le *bassin de Jonction* le BASSIN DU KATTENDYK, de 700 m. de long sur 100 de large, construit de 1859 à 1860 aux frais de la ville. Il communique aussi directement avec l'Escaut par une écluse de 25 m. de large, sur laquelle il y a un pont intéressant, mu avec une facilité extraordinaire, au passage des navires, par une pression hydraulique. Au N. de cette écluse sont des *cales sèches*, fermées du côté du bassin par des portes d'écluses. Ces cales servent aux réparations à faire à l'extérieur des navires, qu'on y met à sec, après avoir fermé les portes. Il faut voir un navire dans une cale sèche pour se rendre compte de ses dimensions. — Les regards sont attirés à l'E. du bassin du Kattendyk par une grue hydraulique gigantesque.

A l'E. de là s'étendent le *bassin aux Bois*, le *bassin de la Campine* et le *bassin du Canal*, qui ont à peu près les mêmes dimensions, et l'on en construit d'autres sur l'emplacement de l'ancienne citadelle du Nord (plan, au-dessus de A1).

On a un beau coup d'œil de la ville, de la **Tête-de-Flandre**, en flam. *Vlaamsch Hoofd*, sur la rive g. de l'Escaut. Un bateau à vapeur, qui part tous les quarts d'heure, fait la traversée de la rivière (pl. A5; prix, 6 c.). Napoléon Ier trouvait la situation sur cette rive plus favorable que celle où est Anvers (rive dr.) et voulait y fonder une ville. *Chemin de fer du pays de Waes*, v. p. 119.

A env. 35 kil. au N.-E. d'Anvers (serv. des messageries t. les j.; 4 h. 1/2; 3 fr.) et 14 kil. de Turnhout (p. 84; serv. de malle-poste t. les j.; 1 h. 1/2; 1 fr. 70 c.) se trouve **Hoogstraeten** (*hôt. de la Campine*), petite ville de 2000 hab. et localité principale de la *campine anversoise*, avec une belle **église Ste-Catherine*, en briques, du style goth. de la première moitié du XVIe s. Le chœur et le transept ont de magnifiques vitraux de 1520-1550, restaurés en 1846. On y remarque aussi le tombeau en albâtre du fondateur de l'église, le comte Ant. de Lalaing (m. 1540), et de sa femme, Elisabeth de Kuilemborg, ainsi que de belles stalles. L'*hôtel de ville*, de la fin du XVIe s., est une construction simple en briques. L'anc. *château*, aujourd'hui un hospice, est à quelques min. au N., au bord du *Marck*.

11. D'Anvers à Aix-la-Chapelle, par Mastricht.

D'Anvers à München-Gladbach (Düsseldorf).

147 kil. Chemin de fer, trajet en 4 h. 1/2 à 5 h., pour 12 fr. 80, 9 fr. 80 et 6 fr. 40. Visite de la douane hollandaise à Mastricht.

8 kil. *Bouchout*.

14 kil. **Lierre**, en flam. *Lier*, ville de 16 700 hab., avec des fabriques de soieries. Son église St-Gommaire, commencée en 1425 et achevée en 1557, possède de beaux vitraux, dont trois sont un présent de l'empereur Maximilien. Embranchement sur Contich, v. p. 84.

La LIGNE D'ANVERS À MÜNCHEN-GLADBACH (Düsseldorf) se détache à Lierre de celle de Mastricht et Aix-la-Chapelle: 160 kil., trajet en 4 h. à 4 h. 1/2, pour 14 fr. 60, 11 fr. 30 et 7 fr.

22 kil. (d'Anvers) *Nylen*. — 28 kil. *Bouwel*.

34 kil. **Herenthals**, sur le *canal de la Campine* et la *ligne de Louvain à Tilburg* (p. 52; à Louvain, 38 kil., en 55 min.; à Bruxelles, 67 kil., en 1 h. 50 à 2 h.). — 40 kil. *Oolen*.

46 kil. **Gheel** *(hôt. de l'Agneau)*, ville de 10 000 hab., intéressante par sa *colonie d'aliénés*. Dans cette ville et les villages et fermes qui l'avoisinent, sont placés près de 1300 aliénés. La contrée, d'environ 10 lieues de périmètre, est partagée en 4 sections, qui ont chacune un médecin et un surveillant. On remarque à Gheel une belle église du style ogival tertiaire, dédiée à *Ste Dympne*, princesse irlandaise convertie au christianisme, qui eut en cet endroit la tête tranchée par son père païen: c'est par suite des miracles qu'elle opéra, que s'est formée la colonie d'aliénés. L'autel, du même style gothique, a de bonnes sculptures en pierre représentant l'histoire de la sainte. Dans le chœur se trouve une châsse qui renferme ses reliques et qui est ornée de peintures représentant des épisodes de sa vie, probablement par un contemporain de Memling. Dans les chapelles du chœur sont deux autres *châsses, avec des sculptures en bois et des peintures remarquables, récemment restaurées à Bruxelles. Dans le voisinage de l'église, derrière une grille, se voit un groupe en pierre peinte, avec l'inscription suivante: « Als men schreef 30 mey zeshonder jaer, Is Dympna hier onthalst van haer eygen vaer»; c'est-à-dire: lorsqu'on écrivit le 30 mai six cent ans, Dympna fut décapitée ici par son propre père.

53 kil. *Moll*, où aboutit une autre ligne venant de Diest (v. ci-dessous). — 60 kil. *Baelen-Wezel*. — 69 kil. *Lommel*. — 78 kil. *Neerpelt*,

aussi sur la ligne de Liège à Eindhoven et Utrecht (R. 33). — 83 kil. *Lille-St-Hubert-Achel.* — 87 kil. *Hamont*, dernière station belge (douane en venant de la Hollande). — 89 kil. *Budel*, première station hollandaise (visite de la douane). — 98 kil. *Weert.* — 110 kil. *Baexem.* — 115 kil. *Haelen.*

122 kil. **Roermond** (p. 221), aussi sur la ligne de Mastricht à Rotterdam, par Venlo (R. 34).

128 kil. *Melick-Herkenbosch.* — 135 kil. *Vlodrop*, dernière station hollandaise. — 137 kil. *Dalheim*, localité prussienne (douane). — 144 kil. *Wegberg.* — 149 kil. *Rheindalen.* — 156 kil. *Rheydt,* où aboutit une ligne venant d'Aix-la-Chapelle. — 160 kil. *München-Gladbach,* d'où il y a encore 24 kil. jusqu'à Düsseldorf (v. p. 229).

LIGNE D'AIX-LA-CHAPELLE (suite). — 22 kil. *Berlaer.* — 28 kil. *Heyst-op-den-Berg.* — 34 kil. *Boisschot.*

42 kil. *Aerschot,* aussi sur la ligne de Louvain à Herenthals (p. 52). L'église paroissiale, du style gothique, a un riche jubé et de belles stalles du xve s.

A partir d'ici, la voie suit la vallée de la *Demer.* — 52 kil. *Testelt.* — 55 kil. *Sichem,* d'où un omnibus conduit en $^1/_2$ h. à *Montaigu,* pèlerinage dont l'église (Notre-Dame) a été fondée par Albert d'Autriche et Isabelle, sa femme.

60 kil. *Diest*, petite ville de 7300 hab., ayant un grand nombre de brasseries et de distilleries.

Embranch. sur Tirlemont, v. p. 52. Cette ligne se prolonge au N. sur *Moll* (v. ci-dessus), par *Deurne*, *Tessenderloo*, *Oostham-Quaed-Mechelen*, *Heppen*, *Bourg-Léopold* et *Baelen*, sur la Nèthe.

65 kil. *Zeelhem.* — 70 kil. *Schuelen.* — 77 kil. *Kermpt.*

81 kil. **Hasselt** *(hôt. Mauel)*, chef-lieu de la province de Limbourg et ville de 11 800 hab., connue par la victoire que les Hollandais y remportèrent sur les Belges le 6 août 1831.

DE HASSELT A MAASEYCK : 36 kil., en 1 h. $^1/_4$. Stat. : *Genck*, *Asch* et *Eelen*. **Maaseyck** est une petite ville, la patrie des frères *van Eyck*, auxquels on y a érigé en 1864 un monument en marbre, exécuté par L. Wiener de Bruxelles. — De Maaseyck à Susteren (p. 221), diligence plusieurs fois par jour, en 1 h.

87 kil. *Diepenbeek.* — 91 kil. *Beverst*, aussi sur la ligne de Liège à Utrecht (R. 33). — 95 kil. *Munsterbilsen.* — 99 kil *Eygenbilsen.* — 104 kil. *Lanaken*, dernière station belge.

110 kil. **Mastricht** (p. 71). — 115 kil. *Meersen.* — 121 kil. *Fauquemont* (flam. Valkenburg), où sont des ruines pittoresques, visibles sur la g., à travers les arbres. — 128 kil. *Wylre.* — 135 kil. *Simpelfeld* et la frontière de la Hollande et de la Prusse. Visite de la douane si l'on vient d'Allemagne.

147 kil. *Aix-la-Chapelle* (v. p. 70 et les *Bords du Rhin*, ou l'*Allemagne*, par Bædeker).

12. D'Anvers à Gand.

A. Par Puers-Termonde.

68 kil., chemin de fer de l'Etat, trajet en 1 h. 1/2 à 2 h. 1/4, pour 5 fr. 15, 3 fr. 90 et 2 fr. 60. Départ de la gare de l'Est.

D'*Anvers* à *Contich* (10 kil.), v. p. 84, 83. La ligne de Gand se détache à dr. de celle de Malines-Bruxelles (R. 9). — 14 kil. *Reetz.*

18 kil. *Boom*, petite ville de 14000 hab., sur le *Rupel*, rivière formée, env. 4 kil. plus haut, par la réunion de la Dyle et de la Nèthe. Ici aboutit l'embranch. de la ligne d'Alost mentionné ci-dessous.

D'Anvers a Alost: 48 kil., ligne de l'Etat (gare du Sud), en 1 h. 3/4, pour 3 fr. 65, 2 fr. 75 et 1 fr. 85. — 5 kil. *Hoboken*, non loin de l'Escaut, avec de nombreuses villas de riches Anversois et un grand chantier de construction appartenant à l'établissement Cockerill, de Seraing (p. 63). Embranch. sur Vieux-Dieu (p. 84). — 10 kil. *Hemixem*, où il y a une anc. abbaye de bénédictins transformée en prison. — 13 kil. *Niel.* — 16 kil. *Boom* (v. ci-dessus). — 20 kil. *Willebroek*, aussi sur la ligne de Malines à Terneuzen (p. 83), comme la stat. suivante. — 24 kil. *Thisselt.* — 29 kil. *Londerzeel*, sur la ligne de Malines à Gand (p. 83). — 32 kil. *Steenhuffel*, dont la vieille église St-Nicolas-et-Ste-Geneviève a des tableaux de 1517 et 1535. — 39 kil. *Opwyck*, sur la ligne de Bruxelles à Gand par Termonde (v. ci-dessous). — 45 kil. *Wœrtel.* — 48 kil. *Alost* (p. 120).

On traverse ensuite le *Rupel* et un terrain marécageux. — 24 kil. *Puers*, où l'on croise la ligne de Malines à Terneuzen (p. 83). — 30 kil. *St-Amand-lèz-Puers.* — 34 kil. *Baesrode*, où l'on rejoint la ligne de Malines à Gand (p. 83).

39 kil. **Termonde**, en flam. *Dendermonde* (hôt.: *du Plat-d'Etain; de l'Aigle; de la Demi-Lune*), petite ville fortifiée, de 8300 hab., au confluent de l'*Escaut* et de la *Dendre*, rivière navigable. Il y a sur l'Escaut un pont qui date de 1825. Louis XIV assiégea Termonde à la tête d'une armée considérable, en 1667; mais il dut se retirer, chassé par les inondations que les assiégés avaient produites en ouvrant les écluses. L'empereur Joseph II fit démanteler en 1784 les fortifications, qui ne furent rétablies qu'en 1822. L'a vieille *église Notre-Dame* possède deux belles compositions d'*Ant. van Dyck*, un Crucifiment et une Adoration des mages, un tableau par *Gasp. de Crayer* et des fonts baptismaux romans du XIIe s. L'*hôtel de ville*, l'anc. halle aux draps, avec un beffroi, est du XIVe s. A côté, la *Grande-Garde*, qui a une tour octogone et un vestibule du style rococo, du XVIIIe s.

Embranchements sur *St-Nicolas* (v. ci-dessous; 20 kil., en 38 à 45 min.), sur *Lokeren* (p. 119; 14 kil., en 28 min.), sur *Alost* (p. 120; 12 kil., en 22 min.), et sur *Opwyck* (v. ci-dessus) et *Assche* (18 kil.).

On franchit ensuite la *Dendre.* — 42 kil. *Audeghem.* — 45 kil. *Schoonaerde.* — 48 kil. *Wichelen.*

52 kil. *Schellebelle*, où se raccorde le chemin de fer direct de Bruxelles à Gand par Alost (R. 13). — 55 kil. *Wetteren.* La voie suit l'Escaut à une certaine distance. — 58 kil. *Quatrecht.*

61 kil. *Melle*, d'où se détache la ligne de Gand à Braine-le-Comte et Charleroi (R. 23).

64 kil. *Meirelbeke*. — On franchit enfin l'Escaut et l'on est à 68 kil. *Gand* (p. 121).

B. Par le pays de Waes.

50 kil. Chemin de fer appartenant à une compagnie, trajet en 1 h. 1/2 à 2 h. 1/2, y compris la traversée de l'Escaut. Prix: 4 fr. 50, 3 fr. et 2 fr. Les billets se prennent avant de monter en bateau, au quai St-Michel (pl. A 5). La gare est sur la rive g., à la Tête de Flandre (p. 115). Mauvais wagons.

Beau coup d'œil en arrière sur Anvers à la traversée. Le train attend à la *Tête-de-Flandre* (p. 115). On voit encore longtemps l'énorme tour de la cathédrale d'Anvers. — 4 kil. *Zwyndrecht*, où l'on passe entre le fort avancé de ce nom, à g., et un rempart qui s'étend, à dr., jusqu'au *fort Ste-Marie*.

Puis on traverse en ligne droite le *pays de Waes*, une des contrées les plus populeuses de l'Europe (277 hab. par kil. car.) et des plus fertiles. Du temps des guerres civiles qui ravagèrent si souvent les Flandres au moyen âge, ce pays n'était encore qu'une vaste bruyère; aujourd'hui il ne s'y trouve pas un pied de terrain dont l'agriculture n'ait su tirer parti. On n'aperçoit que pâturages, vergers, champs découpés en carrés et bordés d'arbres et de haies vives, çà et là de petites plantations d'arbres, etc., le tout semé de fermes isolées et de riants villages. Le sol, qui n'est guère autre chose que du sable, a été couvert, par des moyens artificiels, d'une excellente couche de terre végétale. Sous le rapport de l'agriculture, cette contrée est un pays modèle.

9 kil. *Beveren*, localité de 7000 hab., connue par sa dentelle. Elle a une église remarquable. — 15 kil. *Nieukerken*.

19 kil. **St-Nicolas** (hôt.: *des Quatre-Sceaux*, sur la Grand'Place; *du Miroir*, avant d'y arriver), ville de 25 600 hab., centre commercial et industriel du pays de Waes. Sur la Grand'Place, à 10 min. de la station, se trouve l'*hôtel de ville*, édifice moderne dans le style de la renaissance flamande, contenant une collection d'antiquités du pays de Waes. On y remarque aussi quelques maisons anciennes. L'église principale, *St-Nicolas*, a été achevée en 1696. *Notre-Dame*, construite en 1844 sur les plans d'Overstraeten, renferme d'intéressantes peintures murales par Guffens et Swerts, les premiers essais de peinture murale en Belgique.

Notre ligne croise ici celle de Malines à Terneuzen (p. 83). — 25 kil. *Mille-Pommes*.

32 kil. **Lokeren** (*hôt. du Miroir*, sur la Grand'Place; *hôt. des Stations*), ville industrielle de 18 000 hab., avec une église St-Laurent possédant des objets d'art anciens et modernes dignes d'attention. Dans le voisinage sont de grandes blanchisseries. Lokeren est le point de jonction de notre ligne avec celle de Termonde-Alost (v. p. 118) et celle de Gand-Terneuzen (p. 121).

39 kil. *Beirvelde.* — 43 kil. *Loochristy* et, à dr., le château de ce nom. On aperçoit enfin à g. le nouveau Béguinage de Gand (p. 136).

50 kil. *Gand,* station d'Anvers (p. 121).

13. De Bruxelles à Ostende, par Gand et Bruges.

Blankenberghe et Heyst.

122 kil. Chemin de fer de l'Etat. Par l'express: 1 h. 1/4 jusqu'à Gand, 2 h. à 2 h. 1/4 jusqu'à Bruges, 2 h. 1/4 à 2 h. 3/4 jusqu'à Ostende. Prix: 5 fr. 40, 4 fr. 05, 2 fr. 70; 9 fr. 40, 7 fr. 05, 4 fr. 70; 11 fr. 55, 8 fr. 70, 5 fr. 70. En train omnibus: 2 h., 3 h. 1/2 et 4 h. Prix: 4 fr. 35, 3 fr. 25, 2 fr. 20; 7 fr. 50, 5 fr. 65, 3 fr. 75; 9 fr. 25, 6 fr. 95, 4 fr. 65 c.

On part, à Bruxelles, de la *station du Nord* (p. 9). — 3 kil. *Laeken* (p. 49). — 5 kil. *Jette.* — 8 kil. *Berchem-Ste-Agathe.* — 11 kil. *Dilbeek.* — 14 kil. *Bodeghem-St-Martin.* — 17 kil. *Ternath.* — 21 kil. *Esschne-Lombeek.* On entre dans la Flandre orientale.

24 kil. *Denderleeuw.* Ligne de Courtrai, v. R. 19.

De Denderleeuw (Alost) à Jurbise, par Grammont et Ath: 56 kil., trajet en 2 h. environ, pour 4 fr. 55, 3 fr. 30 et 2 fr. 30. On remonte la rive g. de la *Dendre* (Dender). Première stat., *Okegem.* — 8 kil. *Ninove,* ville de 6400 hab., qui avait dès le milieu du XIIe s. un abbaye de l'ordre des prémontrés, aujourd'hui disparue. Il y a dans l'église deux tableaux par *de Crayer.* — Puis: *Santbergen, Ideghem, Schendelbeke.* — 22 kil. **Grammont** (p. 180). — 27 kil. *Acren,* première localité du Hainaut. — 29 kil. *Lessines,* aussi sur la ligne de Bassilly à Renaix (p. 172). Il y a d'importantes carrières de porphyre. — Plus loin: *Papignies, Rebaix.* — 40 kil. **Ath** (p. 172). — Ensuite: *Maffles, Mevergnies-Attre, Brugelette,* qui a un grand orphelinat dirigé par des religieuses; *Lens* et *Jurbise* (p. 177), sur la ligne de Bruxelles à Mons.

28 kil. *Erembodeghem.*

31 kil. **Alost,** en flam. *Aalst* (hôt.: *de Flandre; du Duc-de-Brabant; des Mille-Colonnes*), ville de 21 000 hab., sur la *Dendre,* ancienne capitale de la *Flandre impériale* et place frontière du comté. Alost fait un grand commerce de houblon. L'*église St-Martin,* du style ogival flamboyant, commencée sur un plan grandiose vers 1498, est restée inachevée; il y manque les deux tiers de la nef, la tour et le portail. Elle possède un bon tableau de *Rubens,* peint en 1631, dans l'espace de huit jours, dit-on, et représentant St Roch donné par J.-C. comme patron aux pestiférés: il y en a une copie au musée de Gand. L'*hôtel de ville* a un beau beffroi fortement endommagé par un incendie en 1879. Devant cet édifice, la *statue de Thierry Maertens,* le premier imprimeur belge, par *Jos. Geefs,* érigée en 1856. Alost est la première ville de la Belgique qui ait eu une imprimerie.

D'Alost à *Anvers,* v. p. 118.

La ligne venant d'Ath continue vers le N. sur Audeghem (Lokeren, p. 119), tandis que la nôtre tourne au N.-O. vers *Schellebelle,* qui est, comme Audeghem, une station du chemin de fer de Malines à Gand. — 44 kil. *Wetteren.* — 48 kil. *Quatrecht.* — 50 kil. *Melle* (p. 119).

57 kil. **Gand** (v. ci-dessous). Ligne d'*Anvers*, v. R. 12; de *Courtrai*, R. 18.

De Gand à Terneuzen: 36 kil., chemin de fer, trajet en 1 h. 1/2 pour 3 fr., 2 fr. 30 et 1 fr. 50 c. Le train part de la station du chemin de fer de l'Etat et fait une halte à la porte d'Anvers. Cette ligne suit la direction du canal nommé p. 122, par *Wondelghem* (v. ci-dessous), *Langerbrugge*, *Cluysen-Terdonck*, *Ertvelde*, *Selzaete*, où l'on croise la ligne de Bruges à Lokeren et dernière station belge. Puis on passe à **Sas-van-Gent** («écluse de Gand»), première station hollandaise, où se trouvent les grandes écluses du canal mentionné ci-dessus; à *Philippine*, à *Sluyskill*, et l'on est à **Terneuzen** *(Nederlandsch Logement)*, petite ville et port fortifié, où aboutit le grand canal qui relie Gand à l'Escaut. Bateau à vapeur pour Flessingue (p. 227), tous les jours, en 1 h. 1/2 (du débarcadère des bateaux à la gare de Flessingue 1/4 d'h.; omnibus).

Nota. Outre le chemin de fer de l'Etat, il y a une autre ligne appartenant à une compagnie (continuation de celle du pays de Waes), reliant les deux villes de Gand et de Bruges (48 kil.). Trajet en 65 à 95 min. Prix: 2 fr. 70, 1 fr. 80, 1 fr. 35. Départ de la station d'Eecloo (v. ci-dessous). Stat.: *Wondelghem* (v. ci-dessus), *Everghem*, *Sleydinge*, *Waerschoot*, **Eecloo**, petite ville industrielle de 10200 hab., d'où se détache, à dr., la ligne de Bruges-Selzaete-Lokeren; puis, *Balgerhoeke*, *Adeghem*, *Maldeghem*, *Syseele*, *Donck*, *Steenbrugge* et *Bruges* (v. p. 136).

62 kil. *Tronchiennes.* — 68 kil. *Landeghem.* — 71 kil. *Hansbeke.* — 74 kil. *Belle.* — 77 kil. *Aeltre.* — 87 kil. *Bloemendael.* — 93 kil. *Oostkamp.*

99 kil. **Bruges** (p. 136). Voir la carte p. 158. Ligne de Thourout (Courtrai, Ypres), v. p. 165; ligne de Blankenberghe-Heyst, v. ci-dessous.

108 kil. *Jabbeke.* — 115 kil. *Plasschendaele.* On aperçoit à g. *Oudenbourg,* qui possède les ruines d'une abbaye de bénédictins et une vieille église. Plasschendaele est le jardin potager d'Ostende et les baigneurs y vont beaucoup en excursion. — La voie traverse le canal qui se détache au S.-O. de celui d'Ostende à Bruges, et se dirige sur Dunkerque, par Nieuport et Furnes.

122 kil. *Ostende* (p. 152). Les trains ordinaires s'arrêtent à la station de la ville; les trains qui correspondent avec le bateau d'Angleterre conduisent les voyageurs jusqu'au port.

De Bruges à Blankenberghe et Heyst: 15 et 24 kil., trajet en 25 et 50 min., pour 1 fr. 15, 90 et 60 c. ou 1 fr. 85, 1 fr. 40 et 95 c. On contourne la ville à l'O. — 3 kil. *Bruges-Bassin,* le port de Bruges, où il y a de grands chantiers de bois et quelques navires. — 8 kil. *Dudzeele.* — 11 kil. *Lisseweghe* (p. 160) — 15 kil. *Blankenberghe* (p. 159). — 24 kil. *Heyst* (p. 160).

14. Gand.

Arrivée. Gand a trois gares principales: 1° la *station du chemin de fer de l'Etat* (pl. D 5-6), pour les trains de Bruxelles, Anvers, Bruges, Courtrai et Braine-le-Comte; — 2° la *station du Pays de Waes* (pl. E 3-4), pour ceux d'Anvers par le pays de Waes (R. 12 B); — 3° la *station d'Eecloo* (pl. E 3), pour ceux de Terneuzen et de Bruges par Eecloo (p. 121). Les deux dernières sont à l'E. de la ville, à 20 min. de la première.

Hôtels: **H. Royal* (pl. b, C 5), place d'Armes; **H. de la Poste* (pl. c, C 5), même place, 13. Les prix sont à peu près les mêmes dans ces maisons: ch., à partir de 2 fr. 50; boug., 50 c.; serv., 75 c.; 1er déj., 1 fr. 50; dîn., 4 fr. — *H. de Vienne* (pl. a, C 4), marché aux Grains; *H. de l'Etoile* (pl. d, C 4), rue de l'Etoile, 27, près du marché aux Grains; *H. du Lion-d'Or* (pl. e, C 4), place du Lion-d'Or, 9; *H. d'Allemagne*, à côté de l'hôt. de Vienne. — A la gare du chemin de fer de l'Etat: *H. de la Gr.-Cour-Royale*, rue de la Station, 3; *H. de la Cour-d'Autriche*, en face de la gare, etc.

Cafés: **C. des Arcades*, au côté E. de la place d'Armes (pl. C 5), avec restaurant; *C. Royal*, au théâtre (pl. 25; v. ci-dessous).

Restaurants: *Mottez*, avenue Place-d'Armes, 3; *Bouard*, rue Courte-de-la-Croix, 2 (pl. C D 4); *Rocher de Cancale* (hôtel), au coin du marché aux Oiseaux et de la rue Courte-du-Jour (pl. D 5; plat du jour, 75 c.); *Taverne St-Jean*, marché aux Oiseaux, 2; *Taverne du Théâtre*, en face du théâtre, au coin de la place d'Armes.

Vigilantes: 1 fr. la course (1 fr. 50 après 11 h. du s.); 1 fr. 50 la 1re h., 1 fr. les suivantes. — **Tramways**, voir le plan.

Théâtres. *Th. français* (pl. 25, C 5), à côté de la place d'Armes, en hiver: loges et stalles, 4 fr.; parquet, 2 fr. 50; parterre, 1 fr. *Th. flamand* (*Schouwburg*; pl. 26, D 5), rue St-Pierre.)

Poste et télégraphe (pl. 22, C 5), à côté du Th. Français, en face du palais de justice. — Télégraphe aussi à la gare de l'Etat.

Librairies: *Ad. Hoste*, rue des Champs, 49; *C. Muquardt*, même rue, 65, entre le palais de justice et le marché aux Grains.

SERVICE PROTESTANT dans l'anc. église des Capucins (pl. 15, D 5).

PRINCIPALES CURIOSITÉS: St-Bavon (en compagnie du sacristain; p. 124); vue du beffroi (p. 128); façade de l'hôtel de ville (p. 128); marché du Vendredi (p. 129); marchés aux Grains et aux Herbes (p. 130 et 131); le Grand Béguinage (p. 136).

Gand, en flam. *Gent*, ville de 136 200 hab., chef-lieu de la Flandre orientale, est situé sur l'*Escaut*, la *Lys*, et les petites rivières de *Lieve* et de *Moere*, qui s'y divisent en une foule de bras. Son enceinte a un développement de plus de 10 kilom. et comprend une superficie de plus de 2300 hect., dont une partie notable n'est toutefois occupée que par des jardins et des blanchisseries. Un grand canal de 10 m. de largeur sur 5 m. de profondeur, creusé dans le principe seulement pour la protéger contre les inondations, et qui débouche dans l'Escaut à Terneuzen (p. 121), offre à cette ville les avantages d'un port de mer. Cependant elle en profite peu, par suite des droits considérables prélevés par la Hollande depuis la séparation de la Belgique. Un second canal relie la Lys à celui de Bruges à Ostende. Les principaux articles de commerce sur cette place sont les grains, l'huile de navette, le lin, etc. Mais Gand est surtout important par ses manufactures, célèbres de tout temps: filatures et fabriques de tissus de coton et de toile, manufactures de dentelles, etc. Il s'y fabrique aussi maintenant une assez grande quantité de machines.

Gand est mentionné dans l'histoire dès le VIIe siècle. Le comté d'Artois ayant passé, vers le commencement du XIIIe s., au pouvoir du roi de France, Gand devint la capitale de la Flandre et la résidence habituelle de ses comtes. De bonne heure, il s'était développé parmi ses habitants, surtout au sein de la puis-

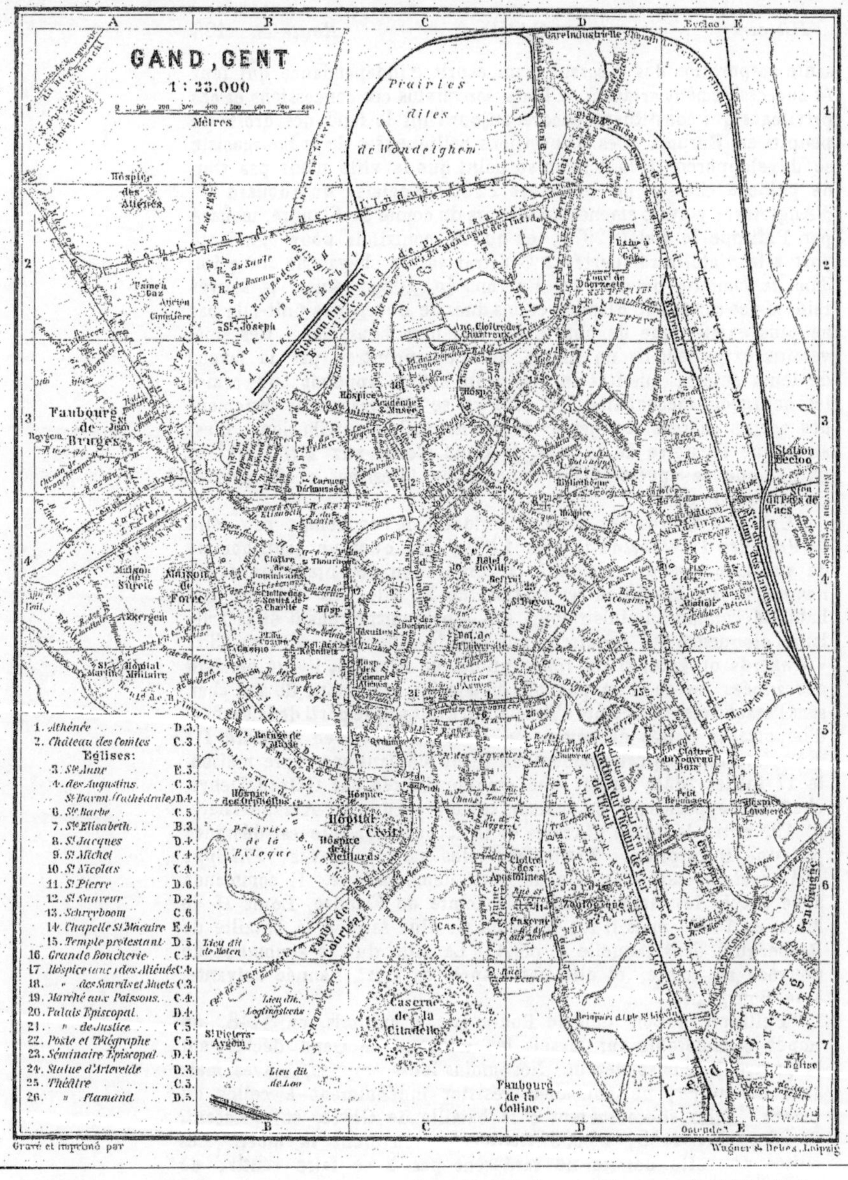

GAND, GENT
1 : 23.000
Mètres
Prairies dites de Wondelghem
Faubourg de Bruges
Maison de Force
Hôpital Militaire
Hôpital Civil
Hospice des Vieillards
Caserne de la Citadelle
Faubourg de la Colline
Station Eecloo
Station du Rabot
Jardin Zoologique
Bibliothèque
Beffroi
St. Bavon
Casino
1. Athénée D.3.
2. Château des Comtes C.3.
Églises:
3. Ste Anne E.3.
4. des Augustins C.3.
St Bavon (Cathédrale) D.4.
6. Ste Barbe C.5.
7. Ste Elisabeth B.3.
8. St Jacques D.4.
9. St Michel C.4.
10. St Nicolas C.4.
11. St Pierre D.6.
12. St Sauveur D.2.
13. Schreyboom C.6.
14. Chapelle St Macaire E.4.
15. Temple protestant D.5.
16. Grande Boucherie C.4.
17. Hospice (anc.) des Aliénés C.4.
18. » des Sourds et Muets C.3.
19. Marché aux Poissons C.4.
20. Palais Episcopal D.4.
21. » de Justice C.5.
22. Poste et Télégraphe C.5.
23. Séminaire Episcopal D.4.
24. Statue d'Artevelde D.3.
25. Théâtre C.5.
26. » Flamand D.5.
Gravé et imprimé par
Wagner & Debes, Leipzig

sante corporation des tisserands, un esprit d'indépendance qui leur fit successivement arracher à leurs souverains ces concessions et ces privilèges qui constituent encore aujourd'hui le fond des droits du peuple en Europe. Ces dispositions belliqueuses de la bourgeoisie se développèrent à la longue au point que la ville n'eut pas trop de peine à chasser de ses murs 24000 Anglais, qu'Edouard Ier d'Angleterre y avait amenés au secours du comte de Flandre, menacé par Philippe le Bel (1297), et qu'elle contribua pour une large part à la victoire remportée à Courtrai sur la chevalerie française, dans la fameuse bataille des Eperons (p. 168). Aussi la souveraineté des comtes de Flandre et des ducs de Bourgogne finit-elle par ne plus exister que de nom parmi ces fiers bourgeois. Les souverains exigeaient-ils un impôt qui ne rencontrait pas la faveur de leurs sujets, aussitôt le tocsin du beffroi appelait aux armes les bourgeois mécontents, et ceux-ci se débarrassaient lestement des agents chargés de percevoir la nouvelle contribution. C'est ainsi que l'histoire de la ville de Gand n'offre aux XIIIe, XIVe et XVe s. que le spectacle de commotions intestines et de guerres civiles continuelles.

Une des figures les plus énergiques de ce temps est celle de *Jacques d'Artevelde* (né en 1290), qui, quoique gentilhomme de naissance, se fit agréger à la corporation des brasseurs et fut nommé doyen des 53 autres métiers de la ville. Sa richesse, son habileté comme administrateur, son esprit entreprenant et sa brillante éloquence lui acquirent une grande influence. Elu en 1337 «ruwaerd» ou gardien du repos public en Flandre, il fut pendant des années revêtu d'un pouvoir dictatorial, concluant de son chef, sans l'assentiment du comte d'Artois, qui avait pris le parti de la France, d'importants traités de commerce et d'alliance avec Edouard III d'Angleterre, jusqu'au moment où il fut tué dans sa propre maison, le 17 juillet 1345, durant une émeute dirigée par Gérard Denys, chef de l'opposition. Sa maison se voit encore au Kalanderberg, nº 19, entre la place d'Armes et la cathédrale; elle est désignée par une inscription. Trente ans plus tard, son fils, *Philippe d'Artevelde,* était à la tête du parti démocratique. Il commanda avec succès les Gantois contre le comte de Flandre, Louis II de Mâle, en 1381; mais il fut défait un an plus tard, à la bataille de Rosbecque, dans laquelle il périt. La ville dut se soumettre de nouveau au comte, et elle passa après sa mort, l'année suivante, à la Bourgogne.

Philippe le Bon, duc de Bourgogne, ayant mis, en 1448, un impôt considérable sur le sel, les citoyens de Gand déclarèrent la guerre à leur souverain. Néanmoins leurs troupes, braves mais sans discipline, ne pouvaient résister indéfiniment à celles du prince. Elles succombèrent à la bataille de Gavre, sur l'Escaut, le 23 juillet 1453; 16000 Gantois y trouvèrent la mort. Les suites de cette défaite ne tardèrent pas à se faire sentir; de lourds impôts vinrent frapper les habitants, les plus précieux privilèges furent abolis, les bourgeois les plus notables, les membres du conseil à leur tête, durent aller humblement hors des portes, la corde au cou et en chemise, baiser les pieds de leur maître et implorer leur pardon: il en résulta une stagnation complète du commerce.

C'est à Gand que furent célébrées, en 1477, les noces de l'archiduc Maximilien avec Marie de Bourgogne, l'unique héritière de Charles le Téméraire, qui fit passer sous la domination de la maison de Habsbourg les riches provinces des Pays-Bas (v. p. 142). C'est ici encore que vit le jour, le 24 février 1500, le plus puissant prince de son temps, l'empereur CHARLES-QUINT. Il naquit à la *Cour du prince*, ancien château des comtes de Flandre, qui a disparu depuis longtemps, mais dont le nom est resté à une rue (p. 133). Sous le règne de Charles-Quint, Gand était peut-être la cité la plus grande et la plus populeuse de l'Europe; elle comptait 35 000 maisons et 175 000 hab. Aussi l'empereur dit-il un jour en plaisantant à François Ier, roi de France, «Je mettrai votre Paris dans mon Gand.» Le caractère turbulent des Gantois, qui, à plusieurs reprises, avait fait explosion même contre ce puissant monarque, le détermina, en 1540, à construire près de la porte d'Anvers une *citadelle*, démolie depuis, que les Gantois de l'époque nommèrent à juste titre «le tombeau de leurs privilèges et du bien-être de la ville». Les comtes d'Egmont et de Hornes y passèrent plusieurs mois de leur captivité, avant d'être exécutés sur la place de l'Hôtel-de-Ville de Bruxelles (1568). Dans l'enceinte de la citadelle fut comprise l'ancienne abbaye de St-Bavon, qui a compté parmi ses titulaires Eginhard, biographe de Charlemagne, ainsi que la *chapelle St-Macaire* (pl. 14, E 4), construction de forme octogone, du XIIe s. dont les ruines offrent encore de l'intérêt aux archéologues et aux architectes. Les fossés ont été récemment comblés et les remparts rasés, pour faire place à de nouvelles rues.

***St-Bavon** (flam. *Sint-Baefs*; pl. 5, D 4), la cathédrale, est par son ornementation intérieure une des églises les plus splendides de la Belgique; mais elle est à l'extérieur d'un style lourd, qui la rend bien inférieure aux églises françaises et allemandes du XIIIe s. La crypte a été achevée en 941, les parties à l'O., vers 1228; le chœur, commencé en 1274, vers 1300; les chapelles, du style flamboyant, au XVe s.; le transept et la nef, de 1533 à 1554. L'édifice a été considérablement dégradé au XVIe s. par les iconoclastes.

INTÉRIEUR. — On peut visiter l'église à partir de 10 h.; de midi à 4 h., il faut frapper fort à la porte à g. du grand portail. On donne 1 fr. par personne au sacristain qui ouvre les chapelles. — Le vaisseau est remarquable par ses proportions. Les voûtes reposent sur des piliers carrés massifs auxquels sont accolées des demi-colones.

Grande nef. — Dans le haut sont les noms et les armoiries des chevaliers de l'ordre de la Toison d'or. Le 23e et dernier chapitre de l'ordre fut tenu dans cette église en 1559, par Philippe II d'Espagne. La *chaire*, partie en chêne, partie en marbre, a été sculptée par L. Delvaux; elle représente l'arbre de vie, accompagné de figures allégoriques.

Bas côté du S. — 1re chap.: *G. de Crayer*, Décollation de St Jean. — 3e chap.: *de Cauwer*, Baptême de Jésus-Christ.

Bas côté du N. — 1re chap.: *Rombouts*, Descente de croix; *A. Janssens*, la Vierge avec le corps de J.-C. — 3e chap.: *G. de Crayer*, St Macaire priant pour des pestiférés. — 4e chap.: *G. de Crayer*, l'Assomption. En face, on remarque une dalle de marbre avec les noms des séminaristes qui refusèrent, en 1813, de se soumettre à l'autorité de l'évêque Lebrun, nommé par Napoléon, et durent prendre la fuite. En tête se trouve celui de l'évêque *de Broglie*, «S. Rom. Imp. Princeps» (m. 1822).

Transept. — A dr. et à g. des degrés du chœur, des statues des apôtres par *C. van Poucke* (1782). Dans le bras du N., les fonts, sur lesquels Charles-Quint fut baptisé en 1500. — On monte dix degrés pour arriver au chœur.

Chœur. — Les murs sont en partie revêtus de marbre noir, la balustrade est en marbre blanc ou d'autre couleur. Le grand autel est surmonté de la *statue de St Bavon*, en costume ducal et porté sur des nuages, par *Verbruggen*. Les *stalles* sont en acajou sculpté. Les scènes bibliques, peintes en grisaille, sont de *van Reysschoot* (1774). Les quatre grands *candélabres* en cuivre, aux armes d'Angleterre, proviennent probablement de l'église de St-Paul à Londres, par suite d'une vente faite sous le gouvernement de Cromwell. De chaque côté du chœur, autour du maître autel, sont quatre *monuments* érigés à la mémoire d'évêques de Gand pendant les deux derniers siècles. Le plus beau est celui de l'évêque *A. Triest*, par *Jérôme Duquesnoy;* c'est le premier du côté gauche.

Pourtour du chœur. — Nous commençons au bras S. du transept. 1re chap.: **Pourbus*, J.-C. au milieu des docteurs de la Loi. Le peintre y a introduit plusieurs portraits de contemporains: à g., près du cadre, le duc d'Albe, Charles-Quint, Philippe II et le peintre lui-même. A l'intérieur des volets sont représentés le baptême et la circoncision; à l'extérieur, le Sauveur et le donateur (1571). — 2e chap.: monument des frères Goethals, par *Parmentier* (1846). — 3e chap.: en face de l'autel, *Gér. van der Meire*, Jésus entre les deux larrons, tableau à volets, sur lesquels sont représentés Moïse faisant jaillir l'eau du rocher et l'érection du serpent d'airain, deux œuvres tout à fait médiocres. Au mur opposé, le monument de l'évêque *van Smet* (m. 1741). — Nous montons les degrés.

6e chap.: ***Jean* et *Hubert van Eyck*, l'Adoration de l'Agneau mystique, la plus grande et la plus remarquable des œuvres de la vieille école flamande, commencée par Hubert en 1420 et terminée par Jean en 1432. Ce chef-d'œuvre fut donné à St-Bavon par Josse Vyts, notable de Gand, et par sa femme Isabelle Burluut.

Pour le bien apprécier, il faut se le représenter dans son ensemble. Les volets fermés, on voit dans le haut les précurseurs du Messie, les prophètes et les sibylles qui ont prédit la venue du Sauveur, au milieu l'ange Gabriel saluant la Vierge, et dans le bas les portraits des donateurs, ainsi que St Jean l'Evangéliste et St Jean-Baptiste, dans des niches gothiques. — Les volets ouverts, c'est l'accomplissement de la rédemption, figurée d'une manière symbolique par l'adoration de l'Agneau et la fontaine de vie. Les cieux se sont ouverts; Dieu le Père (ou peut-être mieux le Christ, comme roi des cieux), sous les traits d'un homme plus grand que nature, à la fleur de l'âge et vêtu d'habits pontificaux splendides, bénit l'assemblée; à sa droite est assise la Vierge, vêtue de la robe bleue traditionnelle, ses cheveux blonds pris sous un diadème et flottant sur ses épaules, tandis qu'elle lit dans le livre de la Vérité; à gauche, St Jean-Baptiste, la barbe et les cheveux longs, l'air sévère, mais aux formes magnifiques et portant un manteau vert sur son vêtement de crins: il invite à l'imitation. Des deux côtés est représentée la joie du ciel, figurée par Ste Cécile faisant de la musique et des anges qui chantent, que d'anciens écrivains vantaient déjà en disant qu'on pouvait distinguer parmi eux les dessus et les basses, les ténors et les hautes-contre. Les figures aux angles, Adam et Eve après leur chute, ainsi que Caïn et Abel (dans le haut, en camaïeu), nous rappellent que la rédemption a été rendue nécessaire par le péché.

Enfin les compositions du bas nous montrent comment le sacrifice de l'Agneau s'accomplit sous les yeux de Dieu, en présence des armées célestes. «On voit l'Agneau mystique, et autour de l'autel, où il répandit son sang, se tiennent les anges, les saints et les martyrs; puis les papes et les évêques, les saintes, les ermites, les pèlerins, les croisés et les héros des premières légendes chrétiennes, s'avançant tous pour adorer l'Agneau, convergeant tous vers un point central, à travers des paysages variés, les uns à pied, s'appuyant sur des bâtons, les autres à cheval, en simple tunique ou couverts d'armures.» (Crowe et Cavalcaselle, les Anciens Peintres Flamands. Trad. de Delepierre.) — L'œuvre est à peu près divisée et coordonnée comme la Dispute de Raphaël, la terre (préparation) étant placée en regard du ciel (accomplissement).

Il est difficile de préciser la part que chacun des deux frères a prise à la composition de cette œuvre. Ordinairement, on attribue à Hubert les panneaux du centre, les figures de Dieu le Père, de la Vierge, de St Jean, d'Adam et d'Eve; à Jean, les volets et les peintures extérieures. — Cette œuvre, la plus vaste et la plus grandiose de l'école flamande primitive, a déjà passé par bien des vicissitudes. D'abord Philippe II la convoita, mais finit cependant par se contenter d'une copie, que Coxie en fit pour lui. C'est avec peine qu'elle échappa au fanatisme des briseurs d'images, en 1566, et à un incendie, en 1641. L'empereur Joseph II s'étant montré choqué de la nudité d'Adam et d'Eve, la fabrique en fit disparaître les volets de l'Eglise, en 1784. Dix ans plus tard, le tableau fut transporté à Paris, et, en 1815, lors de la restitution, les panneaux du centre furent seuls réintégrés à leur première place; l'ignorance et la cupidité en firent vendre les volets à un marchand auquel le musée de Berlin les acheta 410 000 fr. Les deux volets d'Adam et d'Eve, restés cachés à Gand jusqu'en 1861, sont actuellement au musée de Bruxelles, dont l'administration a cédé en échange des copies des volets.

7e chap.: *Honthorst*, Descente de croix; sur le côté, *de Crayer*, le Christ en croix. — 8e chap.: monuments d'évêques (*Ph.-E.* et *A. van der Noot*) du XVIIIe s., avec une Flagellation de J.-C. et une Vierge par *Helderenberg* et *Verschaffelt*. — 9e chap.: *N. Roose* surnommé *Liemackere*, le Mariage mystique de Ste Catherine avec l'enfant Jésus, à g., et la Vierge et les saintes femmes, à l'autel. — 10e chap.: **Rubens*, St Bavon quittant la carrière militaire pour embrasser la vie monastique. On dit que la figure du saint reproduit les traits de l'artiste; il est représenté à genoux, revêtu de son armure, et reçu par un prêtre sur le perron d'une église, après avoir distribué tous ses biens aux pauvres. A g., on veut reconnaître les deux femmes de Rubens en costume de l'époque; l'une semble détacher une chaîne de son cou, comme si elle était disposée à suivre l'exemple du saint. A l'autel: *O. van Veen*, la Résurrection de Lazare. A côté se trouve le monument de l'évêque *Damant* (m. 1609). — Nous descendons les degrés. Il n'y a rien de bien remarquable dans les 4 chap. suivantes. — 15e chap.: *M. Coxie*, les Sept œuvres de la miséricorde.

De la CRYPTE, sous le chœur, il n'y a que les parties occidentales, aux gros piliers courts, qui soient encore de l'ancienne crypte consacrée en 941; la moitié à l'E., avec ses nombreuses chapelles, est du style gothique. Hubert van Eyck et sa sœur Marguerite y sont inhumés.

La TOUR (446 marches) offre une vue dans le genre de celle du beffroi (2 fr. pour 1 à 4 personnes).

A l'E. de l'église est le *palais épiscopal*, achevé en 1845, d'un style qui vise au gothique.

Presque au centre de la ville s'élève le **Beffroi** (flam. *Belfrood;* pl. C 4), haute tour carrée (118 m.), qui n'a été élevée qu'aux deux tiers de la hauteur projetée et qu'on a couronnée d'une flèche en fer, de 1839 à 1853. D'après une inscription au dos du plan original, que l'on conserve aux archives de la ville, le monument aurait été commencé dès l'année 1183. Les travaux furent interrompus vers 1339. On n'est pas d'accord sur l'origine du mot *beffroi;* les uns le font dériver de l'allemand *bergfried*, tour de guet; d'autres de *bell*, cloche, et *fried*, paix, parce qu'il n'y avait que les communes, nommées aussi «villes de paix», qui eussent le droit d'élever des monuments de ce genre. Parmi les principaux privilèges réclamés de leurs princes par les cités flamandes, figurait celui d'établir un beffroi pour convoquer les bourgeois au son de la cloche *(bancloque, campana banalis)*.

Le concierge demeure dans la tour même, du côté de la rue St-Jean. Une personne seule lui donne 1 fr., une société davantage en proportion. L'entrée de la tour est à l'O. L'escalier est assez sombre et assez incommode. Il y a 386 degrés jusqu'à la troisième galerie, qui est à 82 m. de hauteur. La flèche, qui mesure 36 m., est surmontée d'un dragon en cuivre doré, long de 3 m. et servant de girouette. Ce dragon fut enlevé, lors de la 4e croisade (1204), à l'église Ste-Sophie de Constantinople, par Baudouin VIII, comte de Flandre, qui en fit don aux Gantois.

La *vue dont on jouit du beffroi, s'étend sur une grande partie de la Flandre et comprend un beau panorama de la ville. Un jour, le duc d'Albe conseillant à son maître, l'empereur Charles-Quint, de détruire l'orgueilleuse cité qui lui avait causé tant d'ennuis, le monarque conduisit le duc sur la plate-forme du beffroi, et lui dit, en lui montrant la ville: «Combien faudrait-il de peaux d'Espagne pour faire un Gant de cette grandeur?» Le duc ne revint plus sur sa cruelle proposition.

La visite du beffroi fournit l'occasion de se rendre compte du mécanisme d'un *carillon*. Celui qu'on y voit se compose de 44 cloches. L'une d'elles a été trouée par un boulet, lancé en 1789 par les Autrichiens, de l'ancienne citadelle, dans l'intention d'empêcher les citoyens de sonner l'alarme. Le boulet ne manqua pas son but, mais bien son effet, car la cloche n'a rien perdu de son timbre.

Dans le bas de la tour est la prison municipale, connue sous le nom de *Mammelokker*. Ce nom provient d'un bas-relief qui surmonte la porte d'entrée, du côté du marché au Beurre, et qui représente une jeune femme allaitant un vieillard enchaîné («Charité romaine»). Le portail et les figures sont du XVIIIe s. — Le bâtiment inachevé contigu au beffroi est l'ancienne *halle aux draps*, bâtie en 1325.

L'***hôtel de ville** (pl. C 4), situé sur la même place, se compose de deux parties toutes différentes. La façade pittoresque du N., du côté de la rue Haut-Port, a été élevée de 1481 à 1533 sur les plans de *Domin. van Waghemakere* et de *Rombout Keldermans* (p. 82), dans les formes riantes du style flamboyant, restaurée en 1829 et encore depuis peu. C'est peut-être, pour la richesse de l'ornementation, le plus charmant spécimen d'architecture gothique en Belgique. La façade de l'E., sur le marché au Beurre, a été construite entre 1595 et 1628, dans le style de la renaissance, avec trois rangs de colonnes superposés. C'est dans la salle du trône que le congrès des Provinces-Unies, signa en 1576 le traité connu sous le nom de «Pacification de Gand», qui avait pour but l'expulsion des Espagnols. Il y a dans cette salle quelques tableaux modernes et des portraits de princes autrichiens. La *chapelle*, qui fait saillie sous forme de tourelle, sert de salle des mariages. Les *archives* sont fort importantes; elles remontent jusqu'au XIIIe s.

En prenant par la rue des Grainiers, vis-à-vis de la façade septentr. de l'hôtel de ville, puis en appuyant à g. par la rue Basse et la rue du Serpent, on arrive au **marché du Vendredi** (pl. CD 3-4), grande place carrée, entourée de vieilles maisons, sur laquelle se sont passés les événements les plus importants de l'histoire de Gand. C'est sur cette place que se célébraient, avec une pompe dont nous pouvons à peine nous faire une idée aujourd'hui, les «joyeuses entrées» des comtes de Flandre, qui avaient dû préalablement jurer «d'observer et de faire observer les lois, privilèges, libertés et coutumes du comté et de la ville». C'est ici que les corporations se réunissaient au moyen âge, ici qu'accouraient à la voix de leurs chefs ces hommes avides de liberté, «ces têtes dures de Flandre», comme Charles-Quint appelait ses fiers compatriotes, quand leurs privilèges étaient ou leur paraissaient être violés. On y plantait la bannière du parti, autour de laquelle se pressaient les mécontents. Philippe d'Artevelde y reçut le serment de ses concitoyens en 1381, quand il fut appelé à les conduire contre leur souverain, le comte Louis de Flandre (p. 123). Quarante ans auparavant, lorsque le pouvoir de la cité se trouvait entre les mains de Jacques d'Artevelde, père de Philippe, Gérard Denys, plus tard son assassin, avait attaqué ici à la tête des tisserands le parti opposé, celui des foulons. La fureur de la lutte fut telle que même la présence du St-Sacrement, apporté sur le lieu du combat, ne fut point capable d'y mettre fin, et que 500 citoyens furent impitoyablement massacrés. Ceci arriva le 2 mai 1345, et ce jour néfaste fut inscrit dans les annales de la ville sous le nom de *mauvais lundi*. C'est sur le marché du Vendredi que s'exécutèrent, sous le gouvernement du duc d'Albe, les cruelles sentences du «conseil de sang», dont le résultat funeste fut l'expatriation de plusieurs milliers d'industrieux citoyens.

Il y avait sur la place une colonne surmontée de la statue de Charles-Quint, qui fut abattue pendant les troubles révolutionnaires de 1796. Depuis 1863, elle est ornée d'une *statue de Jacques d'Artevelde* (pl. 24, D 3), plus grande que nature, en bronze, par *Devigne-Quyo*. Le puissant démagogue est représenté tout armé, au moment où il fait son célèbre discours, par lequel il réussit à entraîner les bourgeois de Gand et de la Flandre, contre le gré du comte d'Artois, à prendre parti pour l'Angleterre dans la guerre entre ce pays et la France. Sur le piédestal, haut de 6 m., sont trois basreliefs rappelant les trois alliances les plus importantes de la Flandre, conclues par Artevelde. — De la partie N. de la place, on aperçoit les principaux clochers de la ville. — Au N.-O., le pont du Laitage (p. 132).

Au coin d'une rue, à l'O. du marché du Vendredi, se trouve sur un socle de pierre un *canon* en fer forgé, de 5 m. 80 de longueur sur 3 m. 30 de circonférence, nommé *de Dulle Griete* (Marguerite l'Enragée). Au-dessus de la lumière se voit la croix renversée de Bourgogne et les armes de Philippe le Bon (1419-1467).

L'église qui s'élève à l'E. derrière le marché du Vendredi est

St-Jacques (pl. 8, D 4), église fondée, dit-on, vers 1100. L'édifice actuel date de la fin du XVe ou du commencement du XVIe s.; toutefois les tours paraissent être plus anciennes.

L'intérieur est restauré depuis peu. Il y a beaucoup de tableaux de *J. van Cleef*. On y remarque aussi deux par *G. de Crayer*, des Trinitaires rachetant des chrétiens captifs chez les infidèles, et une Vierge, tous deux dans le bas côté de g.; un de *J. Maes-Canini*, les Adieux de Tobie, dans le bas côté de dr., et deux de *van Huffel*, représentant des apôtres, dans le chœur. A la chaire, une statue de St Jacques, par *van Poucke*.

Le **jardin botanique** (*plantentuin;* pl. D 3), tout près de là, est le plus riche du pays. On y entre par le n° 21 de la rue St-Georges, où passe le tramway qui mène à la porte d'Anvers. Il a été établi en 1797, et on l'appelle ordinairement *Baudeloohof*. Il y a de grandes serres. — C'est dans l'ancien couvent de Baudeloo que se trouve la *bibliothèque* de l'université et de la ville, qui compte 100 000 vol. et 700 manusc., dont plusieurs fort précieux. La salle de lecture est ouverte au public.

Sur le MARCHÉ AUX GRAINS (pl. C 4) s'élève **St-Nicolas** (pl. 10), la plus ancienne église de Gand, fondée au commencement du Xe s., mais qui, dans sa forme actuelle, est surtout du style ogival primitif et date probablement du commencement du XVe s. La tour principale est entourée de 10 petites tourelles.

L'INTÉRIEUR est modernisé. Les iconoclastes et les troubles religieux ont fait disparaître un grand nombre des anciens trésors artistiques de cette église. Le tableau du maître autel, la Vocation de St Nicolas, est de *N. Roose (de Liemaeckere)*. 2e chap. de dr.: *Maes-Canini*, la Vierge, l'enfant Jésus et St Jean. 3e chap. de g.: *Steyaert*, St Antoine prêchant pendant un orage. Sur le pilier qui fait face à ce tableau se voit, sous une petite image, marquant le tombeau d'*Olivier Minjau* et de sa femme, une inscription qui dit que ces époux «hadden tezamen een en dertich kinderen», eurent ensemble 31 enfants. Quand Charles-Quint fit son entrée à Gand en 1526, Minjau à la tête de ses 21 fils attira l'attention de l'empereur. Peu de temps après, la peste vint enlever toute la famille. Les trois vitraux du chœur, par *Capronnier* et *Laroche*, datent de 1851.

Du côté O. du marché aux Grains, sur le *quai aux Herbes* (pl. C 4), sont quelques maisons anciennes, parmi lesquelles se distingue la belle *maison des Bateliers* (n° 15), construite en 1531.

St-Michel (pl. 9, C 4), église considérable du style gothique, a été construit entre 1445 et 1480. La tour est restée inachevée. Sous la première république française, en 1794, cette église fut consacrée au culte de la Raison et dépouillée de ses objets d'art, qui furent remplacés dans la suite par des compositions modernes. A quelques exceptions près (Oth. van Veen, van Dyck, de Crayer, etc.), les tableaux sont de la première moitié de ce siècle. Les nouveaux vitraux sont de *Capronnier*. (Le sacristain demande 1 fr., et davantage si l'on est plusieurs).

Dans le bas côté du N., où l'on entre d'abord en arrivant par le pont: 4e chap., *O. van Veen*, Résurrection de Lazare; 2e chap., *de Crayer*, St Bernard, St Joseph et St Georges adorant la Ste-Trinité; 1re chap., *van Balen*, Assomption de la Vierge. — La magnifique chaire, sculptée par *J. Franck*, en 1846, repose sur un tronc de figuier, en acajou; le principal groupe représente Jésus guérissant un aveugle.

Bas côté S.: 3e chap., modèle du clocher, tel qu'il devait être exécuté; *van Bockhorst*, Conversion de St Hubert.

Transept: au S., *François*, l'Assomption; *Lens*, l'Annonciation; au N., **A. van Dyck*, Crucifiment. Cette composition célèbre, peinte en 6 semaines, sur la commande de l'église, pour 800 fl., est le seul tableau de van Dyck que possède la ville de Gand. A côté: *Paelinck*, la Découverte de la sainte croix par l'impératrice Hélène, peinte à Rome en 1822.

Chœur. — 1re chap. à dr.: *de Cauwer*, une Ame délivrée du purgatoire. 2e chap.: *van der Plaetsen*, le Pape exhortant le roi Louis XI à s'abandonner entièrement à la volonté de Dieu, peint en 1838; *Ribera*, dit *l'Espagnolet*, St François. 3e chap.: **de Crayer*, Assomption de Ste Catherine, une des meilleures compositions de ce maître. 4e chap.: *Phil. de Champaigne*, le Pape St Grégoire enseignant le chant à des enfants de chœur. 5e chap.: *van Mander*, St Sébastien et St Charles Borromée. 6e chap., derrière le maître autel: *van Bockhorst*, Allégorie représentant l'Ancien Testament, sous les figures de Moïse et d'Aaron, et le Nouveau, sous celles de St Jean, de St Sébastien et du pape. 7e chap.: *J. Maes-Canini*, Ste Famille. 9e chap.: *Seghers*, Flagellation de J.-C. 10e chap.: *Th. van Thulden*, Martyre de St Adrien. 11e chap.: *de Crayer*, Descente du Saint-Esprit.

Au marché aux Grains se rattache, au N., le MARCHÉ AUX HERBES ou aux légumes, sur la gauche duquel est située la GRANDE BOUCHERIE (pl. 16, C4; flam. *Groot Vleeschhuis*), bâtie de 1408 à 1417, sans importance comme construction et maintenant vide. On y a découvert en 1854, dans l'anc. chapelle, d'intéressantes peintures murales à l'huile, exécutées en 1448 par *Nabor Martins*, maintenant restaurées et complètement repeintes. A dr., au mur, des anneaux et des carcans, qui rappellent, comme le petit *café de la Potence* ou *'t Galgenhuis*, les exécutions qui avaient lieu ici. — Les membres de la corporation des bouchers étaient surnommés avant 1794 «les enfants du prince», parce qu'ils descendaient de l'empereur Charles-Quint et d'une jolie bouchère, qui avait obtenu de son puissant séducteur, que le privilège d'exercer l'état de boucher serait réservé aux descendants de son fils. Celui-ci avait eu à son tour quatre fils, souches des quatre familles dont se composait exclusivement la corporation des bouchers à Gand, jusqu'en 1794, les van Melle, van Loo, Minne et Deynoot.

Nous prenons maintenant à g., par le pont, pour aller à la PLACE STE-PHARAÏLDE, qui est entourée de vieilles constructions. Une *porte* dans l'angle de g., reproduction de celle d'A. Quellin détruite par un incendie en 1872, avec des sculptures par de Kessel (Neptune, l'Escaut et la Lys), forme l'entrée du *marché au poisson* (pl. 19, C4).

Au N. de la même place, au coin de la rue de la Monnaie, se voit le **château des Comtes** (pl. 2, C3), en flam. *s'Gravensteen* ou *s'Gravenkasteel*, vieux bâtiment massif, fort élevé et pourvu de créneaux, entre des constructions modernes. On l'appelle aussi vulgairement l'*Oudebourg* ou le Vieux-Bourg. Ce sont les restes de l'ancien château des comtes de Flandre, dans lequel, en 1424, Philippe le Bon, duc de Bourgogne, retint captive pendant trois mois Jacqueline de Bavière, comtesse de Hollande, l'héritière de Guillaume VI. Le château avait été bâti en 868; la porte principale qui en reste, avec les deux tours dont elle est flanquée, ne date que de 1180. Une galerie souterraine, qui débouche à une lieue de distance hors de la ville, servait probablement à introduire des soldats en temps de troubles. — Dans une rue voisine, la rue du Vieux-Bourg, en face du *pont du Laitage* (p. 129), par où l'on vient du marché du Vendredi, deux vieilles maisons intéressantes du XVIIe s., avec des bas-reliefs en terre cuite. — Le *Musée communal d'archéologie,* de création récente, se trouve dans un ancien oratoire des carmes déchaussés, rue Longue des Pierres, et contient: une riche collection de ferronneries flamandes; des boiseries; de belles tapisseries de Bruxelles du XVIIIe s.; une série de pièces de corporations rappelant les fastes des anciens corps de métier gantois; de belles pièces d'orfévrerie, etc. Entrée libre: le dim. de 10 h. à 1 h. et de 2 à 4, le vendr. de 10 h. à 1 h.; les autres jours et heures, on paie 50 c.

Musée de peinture. A la suite de la rue de la Monnaie vient la rue Ste-Marguerite, où se trouve, à côté de l'*église des Augustins* (pl. 4, C3), insignifiante à l'intérieur comme à l'extérieur, l'ancien couvent dont elle dépendait et qui est occupé par l'*Académie des Beaux-Arts.* L'Académie possède une galerie de peinture qui compte environ 250 numéros. Ce musée ne se compose pas, il est vrai, d'œuvres considérables, mais il mérite cependant une visite. Parmi les tableaux anciens (131), il faut mentionner, outre un *Rubens,* plusieurs œuvres de *G. de Crayer,* qui, à la fin de ses jours, quitta Anvers et Bruxelles pour Gand et y mourut à 87 ans, en 1669. Le musée est au second étage, et on y entre par la rue Ste-Marguerite, n° 5. L'entrée est gratuite le dimanche, de 10 h. à 1 h., et l'on paie 50 c. les autres jours. Le concierge demeure à côté, n° 7.

Ire SALLE. A g. *94, *Fr. Pourbus,* le Prophète Isaïe prédit à Ezéchias sa prochaine guérison. Sur les volets, un Crucifiment, le Donateur, l'abbé Del Rio; sur le revers, la Résurrection de Lazare, en camaïeu. 95, *Fr. Pourbus,* grand tableau à volets dont les sujets sont tirés de la vie de Jésus-Christ; 51, *M. de Vos,* Ste Famille.

IIe SALLE, la salle principale, éclairée du haut. A g.: 47, *P. Neefs le Vieux,* la Délivrance de St Pierre; 15, *de Crayer,* St Jean à l'île de Patmos; 45, *G. Maes,* St Nicolas, patron des enfants (1689); *18, *de Crayer,* le Jugement de Salomon; 1, *Th. Boeyermans,* Vision de Ste Marie Madeleine de Pazzi; 75, *Th. van Rombouts,* Allégorie de la justice échevinale des Parchons ou chefs-tuteurs, auparavant à l'hôtel de ville; 2, *Th. Boeyermans,* St Charles Borromée, secourant les pestiférés; 39, *J. van Cleef,* Ste Famille, l'enfant Jésus couronnant St Joseph; 19, *G. de Crayer,* le Martyre de St Blaise, dernière œuvre de l'artiste («1668, æt. 86»); 38, *P. Thys,* St Sébastien consolé par des anges après son martyre; 13, 17, *G. de Crayer,* Tobie et l'ange Raphaël, la Résurrection; sans num., *J. d'Arthois,* paysage; 10, *Adr. van Utrecht,* Marchand de poisson; *9, *Rubens,* St François recevant les stigmates, peint en 1632 pour l'église des franciscains de Gand, dans le genre de celui du musée de Cologne; *14, *G. de Crayer,* Couronnement de Ste Rosalie; 11, *Fr. Duchastel,* Fête de l'avènement de

Charles II, roi d'Espagne, comme comte de Flandre, en 1666, l'artiste au premier plan, un papier à la main; 12, *Verhaghen*, Présentation au temple; 22, *de Crayer*, St Simon Stock recevant le Scapulaire; *76, *Th. van Rombouts*, les Cinq sens; s. n., *van Dyck*, son portrait, en camaïeu; 4, *Jordaens*, St Ambroise; s. n., *d'Hondecoeter*, un Pélican et d'autres oiseaux; 82, *P. van den Avont*, Ste Famille dans un paysage. — Au milieu de la salle: *Fél. Bouré*, un Enfant couché épiant un lézard, marbre; *J. Joris*, Mon cavalier (jeune fille avec un polichinelle); *P. Comein*, Jeune fille avec une poupée, marbre; *Devigne-Quyo*, Eve et le serpent, plâtre.

On revient par la 1re salle à celles des tableaux modernes.

IIIe SALLE: 172, *H. Pille*, Fête en Bretagne; *P. Parrot*, le Printemps; *X. de Cock*, Troupeau de vaches; *Josselin de Jong*, la Pétition; *M. Müller*, paysage de Norvège; *Devigne*, Foire au moyen âge; *C. Richter*, Truands et ribaudes, d'après Victor Hugo (1882); *Gabriel*, Canal; *Gérard*, A la santé du pasteur; 152, *Verboeckhoven*, Au pâturage (1799); *A. Roll*, Bacchantes; *C. Gussow*, le Retour du soldat; *Coosemans*, la Mare aux corbeaux; *J. Verhas*, le Petit peintre; *Maes-Canini*, Junon; *J. Rosseels*, Clair de lune.

IVe SALLE: à g., *M. Coxcie*, le Jugement dernier; *L. Prion*, Bacchante et jeune satyre; *Meunier*, le Corps de St Etienne; 155, *Robert*, Un regret (moine, 1849); *J. van Luppen*, paysage (Luxembourg); *L. Tytgadt*, Mort de St Etienne; *Karel de Kesel*, Jeune baigneuse; *J. Delvin*, Pêcheurs; *F. Cogen*, le Navire échoué; 178, *de Braekeleer*, Querelle chez des paysans; *Vanaise*, St Liévin guérissant des aveugles; *Bource*, Cerises mûres; *de Bièfve*, la Veuve d'Egmont; *Meckel*, paysage d'Orient; *L. l'Hermite*, les Leçons de la grand' mère; *Picque*, Hébé.

Le nom de la rue voisine, la *Cour du Prince* (pl. B C 3), rappelle l'ancien château des comtes de Flandre (p. 124). — Plus loin, la rue du Rabot, conduisant à la porte nommée *le Rabot* (pl. B 3), qui joue un rôle dans l'histoire de la ville. En 1488, l'armée de l'empereur Frédéric III, venue pour appuyer les prétentions de son fils Maximilien (p. 146), tenta vainement de la prendre d'assaut. La vieille inscription flamande à l'extérieur vante la bravoure des corporations combattant sous le comte Philippe de Clèves. — C'est près d'ici que se trouvait auparavant le grand Béguinage (v. p. 136).

La *Coupure*, canal achevé en 1758, relie la Lys avec le grand canal de Bruges (p. 137). Ses bords forment une promenade agréable le soir. Sur la rive droite se trouve le **Casino** (pl. B 4, 5), bâti par *L. Roelandt*, en 1835, et qui appartient à la *Société de Botanique (maatschappy van kruidkunde)*. Il sert aux célèbres expositions de fleurs qui ont lieu ici tous les deux ans, depuis 1808. Gand, qu'on n'a pas surnommée à tort la *ville de Flore*, fait un commerce de fleurs très important; des chargements entiers de camélias, d'azalées, d'orangers et autres plantes de serre chaude ou tempérée sont expédiés d'ici en France, en Russie, en Amérique, etc. La ville compte plus de 80 établissements d'horticulture, dont les plus importants sont ceux de la *compagnie continentale d'Horticulture*, rue du Chaume, 52 (pl. B 5) et de *L. van Houtte* à Gentbrugge (tramway de la place d'Armes à Ledeberg, où l'on prend à g. de la station). On obtient facilement la permission de les visiter.

Presque en face du Casino, sur l'autre rive du canal, se trouve la *maison de force* (pl. A B 4), qui a joui d'une célébrité europénne. Le bâtiment fut commencé en 1772 sous Marie-Thérèse, mais achevé seulement en 1825. Une aile a été organisée en prison cellulaire (158 cellules) d'après le système Auburn (silence). Actuellement, il n'y a qu'env. 200 prisonniers; on y renferme surtout ceux qui ne peuvent supporter l'isolement absolu. — Non loin de là est une nouvelle *maison de sûreté*, qui compte 325 cellules et peut contenir 420 prisonniers.

Nous ferons remarquer à ce propos que la Belgique occupe peut-être le premier rang en ce qui concerne l'organisation humanitaire des prisons. La sollicitude qu'on y montre pour l'instruction et l'amélioration des prisonniers sous tous les rapports ne saurait être trop louée. Les principales maisons de ce genre, outre celles de Louvain et de Gand, sont à Anvers, Mons, Arlon, Tournai et Malines. Excepté pour les hommes spéciaux, l'entrée n'en est permise qu'avec une autorisation du ministre de la justice.

Sur la **place d'Armes** ou le *Kouter* (pl. C 5), grande place régulière entourée de deux rangées de tilleuls, ont lieu en été des concerts militaires, le dimanche et le mercredi soir, et un marché aux fleurs fort remarquable, le dimanche dans la matinée. A l'E. de cette place est le *café des Arcades*, bâti sur l'emplacement de la maison des frères *Jean* et *Hubert van Eyck*, qui ont peint ici leur célèbre chef-d'œuvre. — Dans l'angle S.-O., le *théâtre* (pl. 25, C 5), construit en 1848 sur les plans de *Roelandt*.

Le **palais de justice** (pl. 21, C 5) est un édifice imposant bâti aussi par *Roelandt*, en 1844. La Lys l'entoure de deux côtés. La façade principale, avec un haut perron et un péristyle corinthien, est au N.

La SALLE DES PAS PERDUS (78 m. de long, 23 m. de large), où l'on monte ordinairement de la rue du Commerce, contient quelques tableaux. Au mur principal, en face de l'entrée: *G. de Crayer*, François Ier de France remettant son épée au chevalier Lannoy, après la bataille de Pavie (1525); Charles-Quint abordant en Afrique; Charles-Quint et son fils Ferdinand, trois grands tableaux exécutés pour un arc de triomphe que la ville éleva à l'entrée de l'infant Ferdinand, et qui, bien que peints rapidement, ne laissent pas que d'être intéressants comme témoignages du luxe singulier qu'on déployait dans de telles circonstances au XVIe s. — Ensuite des tableaux modernes: *Math. van Brée*, Signature de la Pacification de Gand dans la salle de l'hôtel de ville; *L. de Gaeye*, Victoire de Charles Martel sur les Arabes à Tours et à Poitiers, en 732; *van Severdonck*, Combat de cavalerie entre des Néerlandais et des Espagnols, etc.

L'**Université** (pl. C 4) est encore un édifice élevé par *Roelandt*, en 1826. Sa façade, rue des Foulons, a un péristyle corinthien avec l'inscription: «Auspice Gulielmo I., acad. conditore, posuit S. P. Q. G. 1826». Traversant une première cour, puis un vestibule, que M. *de Cluysenaar* a récemment décoré de fresques représentant des hommes célèbres de la réforme, de la renaissance et de la révolution française, on arrive dans la salle académique, qui forme une sorte de rotonde à colonnes de marbre, dans le genre du Panthéon de Rome, et qui peut contenir 1700 personnes. Le *musée d'histoire naturelle* est assez riche. Le même étage renferme encore une *collection de monnaies et de médailles*, ainsi que quelques antiquités romaines. — Une *école spéciale du génie civil* et une *école des arts et manufactures* y sont annexées. Avec ces écoles, l'université compte en moyenne près de 600 élèves.

Ste-Barbe (pl. 6, C 5), l'église neuve des jésuites, au S. de la place d'Armes, au delà de la Lys, est un édifice dans le style de la renaissance, construit par Steyaert; elle se distingue à l'intérieur par de belles proportions.

Sur une hauteur à l'extrémité S. de la ville, dans un site pittoresque, s'élève **St-Pierre** (pl. 11, D 6), église fondée, dit-on, sur l'emplacement d'un temple de Mars, en 610, et plusieurs fois réédifiée, en dernier lieu après les destructions des iconoclastes (1578), de 1629 à 1718, sur les plans de *van Sante*. Il y a à l'intérieur quelques tableaux.

Bas côté du S.: *N. Roose (de Liemaeckere)*, la Nativité de J.-C.; *Er. Quellin le J.*, Triomphe de la religion catholique. — Bas côté du N.: compositions du même genre, par *van Thulden*. — Pourtour du chœur, à dr.: *Janssens*, Délivrance de St Pierre; *van den Avont*, Ste Famille avec des anges qui dansent; *A. Janssens*, la Pêche miraculeuse, dans un grand paysage. Puis cinq petites toiles en l'honneur de l'image miraculeuse de la Vierge qui est placée sur l'autel et qui date du temps de la domination espagnole; elles sont par *van Dourselaer*. De l'autre côté: *G. Seghers*, la Résurrection de Lazare; *de Crayer*, l'Ecuyer de Totila, roi des Goths, reconnu par St Benoît; *Reysschot* (m. 1795), paysage, avec la Guérison de l'aveugle; *Janssens*, paysage avec deux ermites. — Sous une pierre que rien ne distingue, repose Isabelle, sœur de Charles-Quint, femme de Christian II de Danemark.

La place qui précède cette église a été formée par la démolition d'une partie de l'ancienne abbaye; une autre partie a été convertie en caserne.

Gand a aussi son *jardin zoologique* (pl. D 6; entrée, 1 fr.), tout près de la station du chemin de fer de l'Etat. — Au N. de ce jardin s'élève *Ste-Anne* (pl. 3, E 5), grande église construite en 1853 sur les plans de L. Roelandt, et dont l'intérieur a été décoré d'ornements polychromes par Th. Canneel.

Les **Béguinages** sont une des curiosités de Gand. Ce sont deux grands couvents dont l'origine remonte jusqu'au XIIIe s. (1234 et 1235).

Les uns en font dériver le nom de celui de *Ste Bègue*, mère de Pépin d'Héristal, d'autres de celui de *Lambert le Bègue*, prêtre de Liège à la fin du XIIe s., d'autres enfin de *beggen*, prier, en anglais *to beg*. Les béguinages sont des institutions ayant pour but la vie religieuse, les œuvres de la charité (soin des malades) et une condition honorable pour les femmes de toutes les classes de la société. Le temps les a laissés subsister à peu près intacts, Joseph II ne les a pas supprimés en même temps que les autres couvents et la révolution française même les a respectés, en considération de ce que ces établissements s'étaient toujours consacrés au soulagement des pauvres et au soin des malades nécessiteux. — Maintenant, il n'y a plus de béguinages qu'en Hollande (Amsterdam, Bréda) et surtout en Belgique, environ 20, comptant plus de 1300 béguines, dont les deux tiers (près de 1000) à Gand, les autres à Bruges, Louvain, Termonde, Anvers, etc.

Pour être reçue dans un béguinage, une fille ou une veuve doit apporter un témoignage de conduite irréprochable et posséder un revenu annuel d'au moins 110 fr. Il y a de plus environ 150 fr. à payer en entrant pour le logement et l'entretien de l'église. L'admission définitive n'a lieu qu'au bout de deux ans, par un vote. Les béguines sont, il est vrai, soumises à une règle et surtout à leur supérieure ou *Grande-Dame (Groot-Jufrouw)*, qu'elles élisent elles-mêmes, mais elles ne sont point liées par des vœux. Elles regardent cependant comme une gloire de l'institution que les cas de retour dans le monde sont excessivement rares. En pareil cas, on rend l'argent versé en entrant.

Le *Grand Béguinage, auquel le percement de nouvelles rues a pris son ancien emplacement, à la porte de Bruges, a été transféré en 1875 au N.-E. de la ville, par les soins du duc d'Arenberg. On profitera, pour y aller, du tramway qui part de l'église St-Jacques et conduit aux gares d'Eecloo et d'Anvers (8 min., 20 c.), et à 3 min. de l'extrémité de la ligne, on prendra à dr. l'étroite « Oostacker-Straet », qui conduira en 5 min. à l'entrée du béguinage (v. le plan, E 3). — C'est comme autrefois une petite ville à part, entourée de murs et de fossés, avec ses portes, ses rues, ses places, 18 couvents et une église où aboutissent les rues. Les maisons, bien que généralement à deux étages, en briques et du style gothique, sont toutes différentes les unes des autres et l'ensemble présente par conséquent un coup d'œil excessivement pittoresque. Le plan de cette nouvelle cité est de *Verhaegen.*

Le Grand Béguinage compte environ 700 habitantes. Les jeunes sœurs vivent en communauté. Au bout de six ans, chaque béguine a le droit de se retirer dans l'une des petites maisons, qui contiennent de deux à quatre logements et qui, outre leur numéro, portent le nom d'un patron. Certaines béguines prennent avec elles des femmes étrangères à l'institution, leur vieille mère, des parentes ou des étrangères; le loyer leur procure un petit bénéfice. La principale occupation de la plupart d'entre elles est la fabrication de la dentelle. On peut en acheter de belle chez la Grande-Dame, en face du portail de l'église, à bien meilleur compte que dans la ville.

Deux ou trois fois le jour, les béguines doivent assister aux offices à l'église, la première fois à 5 h. du matin, la dernière fois à l'heure des vêpres (vers le soir). La réunion de ces religieuses, toutes vêtues de l'ancienne *faille* flamande noire et coiffées d'un bonnet blanc, a, surtout à la lueur du soleil couchant, quelque chose de solennel et d'émouvant. Les novices se distinguent par leur costume.

Le Petit Béguinage, dont l'entrée est rue des Violettes (pl. E 5), est organisé de la même façon. Le nombre des religieuses y est d'environ 300.

15. Bruges.

Hôtels: **H. de Flandre* (pl. a, B 5), rue Nord-du-Sablon (ch. et boug., 3 fr.; serv., 75 c.; 1er déj., 1 fr. 50; dîn., 4 fr.); **Gr.-H. du Commerce* (pl. b, B 4), rue St-Jacques, 20, vieille et bonne maison de premier rang, pas

BRUGES, BRUGGE.
1:14.000
Mètres
Canal de Bruges à Ostende
Scheepsdaele
Usine à Gaz
Station du Bassin
Bassin de Commerce
Douane
Porte de Damme
Porte d'Ostende
Séminaire Anglais
Hospice
Caserne
Carmes Déchaussés
St. Gilles
Séminaire Épiscopal
École de Musique
Hôpital Militaire
Couvent des Dames Anglaises
St. Jacques
Jésuites
Académie
St. Walburge
Athénée
St. Anne
Égl. de Jérusalem
Couvt. des Sœurs Apostolines
Grande Place
Gouvernt. Provincial
Palais de Justice
Halles
Collège St. Louis
Station Centrale
Abattoir
Capucins
Cathédrale (St. Sauveur)
Palais Episcopal
Couvt. des Sœurs de Charité
Gendarmerie
Caserne
Porte de Ste. Croix
Rempart Ste. Croix
Rempart des Casernes
Hôpital St. Jean
Notre Dame
Maison de Sûreté
St. Trond
Madeleine
Dépôt de la Mendicité
Béguinage
Rempart du Béguinage
Rempart Sainte Catherine
Porte de Gand
Rempart de la Porte de Gand
1. Banque Nationale C.4.
2. Bibliothèque Publique C.4.
3. Cour des Princes B.4.
5. Hôtel de Ville C.5.
6. Marché au poisson C.5.
7. Poste et Télégraphe C.4.
8. Salle des Concerts B.4.
9. Statue de Jean v. Eyck C.4.
10. - Memling C.4.
11. - Simon Stévin B.5.
12. Temple Anglican B.3.
13. Chapelle du St. Sang C.5.
14. Justice de Paix C.5.
Gravé et imprimé par
Wagner & Debes Leipzig.

chère (dîn., à 1 h., 3 fr.; à 5 h., 3 fr. 50). — **H. de l'Univers* (pl. c, A 5), bien situé pour ceux qui restent peu de temps à Bruges (ch., 2 fr.; 1er déj., 1 fr.; dîn., 2 fr. 50); *H. de Londres* (pl. d, A 5), *H. du Singe-d'Or* (pl. e, A 5), *H. du Comte de Flandre*, tous les quatre avec des cafés-restaurants, vis-à-vis de la station; *H. St-Amand* (pl. f, B 5), rue St-Amand; *H. de l'Ours-d'Or* (pl. g, B 5), rue Courte-d'Argent; *H. du Panier-d'Or* (pl. h, B 4), vis-à-vis des Halles, du côté N. de la Grande-Place.

Cafés-restaurants: *C. Foy*, sur la Grande Place, à l'angle de la rue Philippe-Stock; *brasserie Vogel*, même place, près du précédent; *estam. de l'Aigle-d'Or* (pl. k, B 4), place de la Monnaie, 16; *estam. de la Vache* (pl. l, C 5), place des Tanneurs, 59, tous deux très fréquentés.

Vigilantes: 1 fr. la course, 1 fr. 50 la première heure, 75 c. chaque 1/2 h. suivante. Voitures découvertes: 1 fr. 50, 2 fr. et 1 fr.

Poste et télégraphe, rue de Cordoue (pl. C 7).

PRINCIPALES CURIOSITÉS: hôpital St-Jean (p. 143); Notre-Dame (p. 140); cathédrale (p. 138); chapelle du Saint-Sang (p. 147); palais de justice (p. 148) et Académie (p. 149).

On se plaint généralement à Bruges des importunités des commissionnaires, des mendiants et des estropiés de toute espèce.

Bruges, en flam. *Brugge*, chef-lieu de la Flandre occidentale, est située à 2 h. 1/2 de la mer du Nord, avec laquelle elle communique par deux canaux profonds, praticables même aux gros navires et aboutissant l'un à l'Ecluse, le second à Ostende. Quatre autres canaux, de Gand, d'Ypres, de Nieuport et de Furnes, convergent également sur Bruges. La largeur de ses rues, le grand nombre de ses vieilles maisons, la plupart de la fin de la période gothique, attestent encore l'ancienne grandeur et l'opulence de cette ville, qui, de toutes les villes belges, a conservé le plus fidèlement le caractère du moyen âge (p. XII et XV). Mais, à l'exception du quartier entre le grand marché et la gare, elle est peu animée; ses rues sont désertes, son commerce anéanti. On n'y compte plus aujourd'hui que 44 700 hab., dont près d'un tiers sont dans l'indigence. D'un autre côté, il n'y manque pas de riches rentiers flamands, qui s'y sont retirés de préférence.

La *gare*, du style goth., encore inachevée, est située sur l'ancien MARCHÉ DU VENDREDI (pl. A 5), où les bourgeois de Bruges, après avoir élu comte de Flandre le comte Thierry d'Alsace, firent, le 30 mars 1128, la déclaration suivante aux députés du roi de France, qui venaient protester contre cette élection: «Allez répéter à votre maître qu'il est un parjure, que Guillaume de Normandie (l'usurpateur de la Flandre), sa créature, s'est rendu, par ses exactions, indigne de la couronne comtale; que nous avons fait choix du comte qui nous convient, et qu'il n'appartient pas au roi de France de s'opposer à ce choix. A nous seuls, peuple et noblesse de Flandre, revient le droit d'élire notre souverain.»

Au XIVe s. la ville de Bruges était un centre de commerce pour l'univers. Dix-sept royaumes y étaient représentés par des comptoirs ou des associations commerciales privilégiées; vingt ministres étrangers avaient domicile dans l'enceinte de ses murs, et des habitants de pays lointains dont les noms étaient à peine connus, venaient annuellement y traiter leurs affaires. Dès le commencement du

XIIIe s., Bruges fut l'entrepôt des villes de la Hanse et des négociants en laine de l'Angleterre. La Lombardie et Venise y envoyaient les produits des Indes et de l'Italie, et en exportaient ceux du nord de l'Allemagne et de la mer Baltique. Des navires de Venise, de Gênes et de Constantinople s'y déchargeaient en même temps; les magasins regorgeaient de balles de laine d'Angleterre, de toile de Flandre et de soieries de Perse. Lorsque Philippe le Bel, roi de France, entra ici en 1301, Jeanne de Navarre, voyant le luxe des vêtements des Brugeoises, s'écria: «Je me croyais seule reine, mais j'en vois des centaines d'autres autour de moi.» Bruges fut pendant longtemps la résidence des comtes de Flandre; sa plus grande prospérité date toutefois du commencement du XVe s., où les ducs de Bourgogne y tenaient leur cour. Il y avait alors de quoi occuper une brillante colonie d'artistes, dont les œuvres font encore aujourd'hui la gloire de la ville.

Dans la rue qui conduit de la gare à l'intérieur de la ville, à dr., s'élève la **cathédrale**, *St-Sauveur* (pl. B 5), édifice en briques du style goth. primitif du XIIIe et du XIVe s., sans portail, d'un aspect lourd et insignifiant et défiguré par des additions postérieures. Une partie du chœur est de la fin du XIIIe s., la nef et le transept sont de 1358-1362, les cinq chapelles du chœur de 1482 à 1527 et les voûtes du pourtour du chœur de 1527 à 1530. La tour principale, qui ressemble plutôt à un donjon, du XIIe s. dans sa partie inférieure, a été achevée en 1843. Elle rappelle, par son couronnement en galerie, les formes mauresques.

*INTÉRIEUR. — On paie 50 c. à 1 fr. au sacristain qui découvre les tableaux voilés (une société, en proportion). — L'intérieur de l'église se distingue, au contraire, par ses belles proportions. Sa longueur est de 100 m. 60, sa largeur de 37 m. 96, ou 53 m. 13 au transept, et sa hauteur de 28 m. 35. L'ornementation polychrome moderne est de *Jean Béthune.*

Bas côté du N. (à g.): au-dessus de la porte d'entrée, dont les battants en bois sculpté sont maintenant à l'Ancien-Greffe (p. 146), se trouvent cinq groupes également en bois, dorés et peints, représentant des scènes de la Passion de J.-C., exécutés vers 1460. — A l'entrée de la chapelle des fonts, deux *plaques tumulaires de métal, celle de dr. de 1439, d'un dessin superbe, celle de g. de 1518. Dans la chap., un Crucifiment peint en 1390, par un artiste inconnu de l'école de Cologne, et un beau candélabre en fer forgé. Un autre tableau, du commencement du XVIe s., représente des scènes de la vie de St Joachim et de Ste Anne.

Au mur de l'O: *Jac. van Oost le Vieux*, peintre brugeois le plus important du XVIIe s., dont on rencontre souvent les œuvres à Bruges, Descente du St-Esprit (à g., le portr. du peintre; à dr., celui de son fils); *J. van Hoeck*, Jésus en croix. Dans l'espace carré sous la tour: **P. Pourbus,* la Cène, avec Abraham et Melchisédech sur les volets, Elie sous le genévrier et, en dehors, Jésus apparaissant à un pape, plus treize petits tableaux de la confrérie du St-Sacrement (1559). A dr., *A. Claeissens*, Descente de croix (1536); à g., *Meinderhout*, le Bataille de Lépante (1672). Plus loin, *Backereel*, St Charles Borromée apportant le viatique aux pestiférés, une Descente de croix, bas-relief de cuivre doré par *P. Wolfganck*. Ensuite, de *van Oost*, le Christ triomphant du Temps et de la Mort. — Sous ce dernier tableau est la porte de la chambre des Marguilliers (v. p. 140). — Plus loin dans l'église: *Seghers*, l'Adoration des mages. — Au-dessus de la porte du S., un retable en bois doré du xve s., la Ste Famille et des Saints.

Bas côté du S. (à dr.): **Dierick Bouts* (p. 76) et non Memling, auquel on l'attribuait, Martyre de St Hippolyte (voilé).

Le panneau principal représente St Hippolyte étendu nu sur le sol. A ses membres sont attelés quatre chevaux que font marcher des hommes montés dessus ou marchant à côté. La tradition locale prétend que ces chevaux auraient été peints d'après les célèbres chevaux antiques en bronze de Venise, et en conclut que Memling aurait demeuré dans cette dernière ville. Ces affirmations sont aussi peu fondées l'une que l'autre. La plus charmante partie du tableau est le paysage de l'arrière-plan; les tons ont plus de relief et la perspective aérienne est meilleure que dans la plupart des paysages de l'école des van Eyck. Sur le volet de g., une scène de la vie de St Hippolyte; sur celui de dr., le donateur et sa femme, dans un magnifique paysage. — Les Saints à l'extérieur sont moins remarquables.

Plus loin, *Lancelot Blondeel*, la Vierge avec St Luc et St Eloi. Puis un Crucifiment attribué à tort à *Gér. van der Meire*. Enfin, de *J. Maes* (xviiie s.), Ste Agathe et Ste Dorothée.

Transept. Vitraux modernes de *Dobbelaer* (1861). Un lourd jubé en marbre du style rococo, fait de 1679 à 1682 par *Corn. ver Hoeve*, sépare le transept du chœur. La statue de Dieu le Père, au-dessus, est d'*A. Quellin le Jeune* (1682). — Sur le transept donnent, à dr. la *chap. Ste-Barbe* et à g. la *chap. de la corporation des cordonniers*, qui ont de belles portes du xve s. On remarque dans la seconde plusieurs plaques tumulaires en cuivre (à g., *Walter Copman, 1387, et Martin de Visch, 1453; à dr., les avant Schelewaerts, 1483; Adr. Bave, sa femme et son fils, 1555), un crucifix en bois du xive s. et un tableau à volets représentant les membres de la corporation, par *F. Pourbus le Jeune* (1608).

Chœur: deux grands monuments en marbre des évêques *Castillion* (m. 1753) et *van Susteren* (m. 1742), tous les deux par *Pulinx*. Tableaux du maître autel: *Janssens*, la Résurrection; *van Oost le Vieux*, St Pierre et St Jean. Les stalles, du style goth., sont de la première moitié du xve s., mais elles ont été plusieurs fois modifiées depuis. On y voit les armoiries des chevaliers de l'ordre de la Toison d'or, fondé à Bruges le 10 janvier 1429, par Philippe le Bon, à l'occasion de son mariage avec Isabelle de Portugal.

Pourtour du chœur. 1re chap., en commençant au bras g. ou bras N. du transept: porte de 1513, autel de 1517, avec un beau crucifix peint; au mur de g., deux plaques de cuivre, de 1387 et 1457; en face, de belles armoiries du XVIe s. — 2e chap.: reliquaire de Charles le Bon, comte de Flandre; vitrail moderne de *J. Béthune*. — 3e chap., dans le haut, au-dessus de l'autel: **peintre inconnu du XVe s.*, la Vierge et St Bernard. — Au pilier en face: tombeau en marbre de J. de Schietere (m. 1575) et de sa femme, avec un Crucifiment et les figures des époux et de leurs patrons, par *G. de Witte*. — 4e chap.: vitrail du XVIe s.; *Jac. van Oost le Vieux,* Jésus enfant dans l'atelier de St Joseph, peint pour le compte de la corporation des charpentiers; tombeau de l'évêque Jean Carondelet (1544); *van Oost,* Fuite en Egypte. — 5e chap., rien de remarquable. — 6e chap., derrière le maître autel: vitraux modernes par *J. Béthune* (1861). — 7e chap.: *J. van Oost,* Jésus annonçant sa Passion à sa mère et leur dernière entrevue; dans le pavé, deux plaques de cuivre, l'une richement ornée d'or et d'émaux, de Jean van Coudenberghe (m. 1525), l'autre de Bernardin van den Hoeve (m. 1517). — 8e chap.: *A. Janssens,* Adoration des bergers; *M. de Vos,* Sacre de St Eloi. — Plus loin dans le pourtour: *Er. Quellin le Jeune,* St Simon Stock recevant le scapulaire de la Vierge; au pilier, en face, un tombeau de 1642, orné d'une statuette d'après la Vierge de Michel-Ange (p. 141); *van Baelen,* l'Assomption.

La *chambre des Marguilliers,* à l'extrémité O. du bas côté S., contient, entre autres, quatre petits tableaux de *Coninxloo* (?), l'Agneau pascal, la Manne, David dansant devant l'arche et les Disciples d'Emmaüs, ainsi qu'un portrait de *Philippe le Beau,* sur fond d'or, peint par un inconnu vers 1504-1506; un petit bas-relief remarquable en bois, du XIVe s., le Sacre de St Eloi. Dans une armoire: la crosse de St Maclou, en ivoire (VIe s.); de vieux missels, etc.

***Notre-Dame** (flam. *Onze Vrouw*; pl. B 6), tout près de la cathédrale, est également une église du style ogival primitif, bâtie au XIIe s., sur l'emplacement d'une vieille chapelle, mais elle date toutefois pour la plus grande partie des XIIIe-XVe s. La flèche de sa tour, haute de 120 m., a été refaite de 1854 à 1858, et l'on a ajouté les clochetons en 1873. La petite et élégante annexe du côté N. était dans le principe un portail nommé le Paradis; on en a fait la chap. des fonts (v. ci-dessous). Cette église possède des œuvres d'art de premier ordre.

INTÉRIEUR. — Une personne seule donne 50 c. à 1 fr. au sacristain qui montre les tableaux voilés, et il y a en outre un tarif pour l'entrée de la chapelle funéraire (v. p. 142). — L'édifice mesure 72 m. de long, 50 de large et 21 de haut. Il n'a pas de transept et il n'avait dans le principe que trois nefs, mais on en a ajouté une au N., de 1344 à 1360, et une au S., de 1450 à 1474, avec des chapelles.

Bas côtés du N.: tableaux de *J. Maes*, *J.-A. Gaeremyn* et d'autres peintres du XVIIIe s. En outre, dans une niche goth., une statue de la Vierge, de 1585. La chapelle des fonts est un ancien portail (v. ci-dessus). A l'extrémité du bas côté extérieur, la *chap. de la Ste-Croix*, de 1437. Dans le bas côté N. intérieur: *Er. Quellin*, les Fiançailles de Ste Catherine de Sienne avec l'enfant Jésus.

Mur de l'O.: *G. de Crayer*, Adoration de l'enfant Jésus, avec beaucoup de saints, bon tableau de 1662; *D. Francken*, Marie Madeleine aux pieds de Jésus; *G. Seghers*, Adoration des mages avec des saints (passe pour le meilleur tableau du peintre); grand tableau à volets au milieu duquel on voit le Crucifiment et sur les côtés le Portement de croix, le Couronnement d'épines, la Descente de croix et Jésus dans les limbes, commencé par *Bern. van Orley* et restauré par *P. Pourbus*, après les fureurs des iconoclastes, en 1589.

Bas côtés du S. Au 2e pilier: *J. van Oost le Vieux*, la Vierge, avec beaucoup de saints (1648). — 3e chap.: *A. Claeissens* (?), la Vierge et l'enfant Jésus dans un paysage, avec les portraits des donateurs, Nic. de Thienen et sa femme; sur les volets, en camaïeu, l'Annonciation. A dr., un triptyque, la Vierge et l'enfant Jésus, avec des anges et les portraits de don Diego de Villega, de sa femme et de leurs enfants, par un maître inconnu (1579). — 4e chap.: **P. Pourbus*, la Transfiguration, également avec les donateurs, Ans. de Boodt et sa femme, ainsi que leurs patrons (1573; panneau du centre attribué à *Jan Mostaert*); *van Oost*, l'Ange ordonnant à St Joseph et à la Ste Vierge de fuir en Egypte. — A côté du confessionnal, l'Annonciation et l'Adoration des mages, par *Herri met de Bles*, sur fond d'or (XVe s.). — Plus loin à dr., une copie du Christ en croix de *van Dyck;* le tombeau d'Adr. van Haveskerke; au-dessus, la Cène, par *P. Pourbus* (1562).

L'ancienne *chapelle du St-Sacrement* a, dans une niche revêtue de marbre noir, au-dessus de l'autel, une **Vierge assise, avec l'enfant Jésus, groupe en marbre très remarquable, de grandeur naturelle, attribué à *Michel-Ange* et regardé comme la statue qui fut commandée par Pierre Moscron, négociant de Bruges, que Vasari désigne toutefois comme une statue en bronze: ce serait alors une œuvre de la jeunesse du grand artiste, de 1503 environ. Il n'est pas douteux que la composition ne soit de lui, mais on ne saurait guère en dire autant de l'exécution; les contours arrondis et moelleux indiqueraient plutôt la main de l'un de ses aides. La tête d'étude de la Vierge, de grandeur naturelle, faite par Michel-Ange lui-même, est conservée au musée de South-Kensington, à Londres.

Grande nef: chaire de 1743, avec bas-reliefs et statues, la Sagesse portant le globe terrestre. Un jubé de bois, de 1722, avec un crucifix de 1594, sépare la nef du chœur.

Chœur. Des armoiries au-dessus des stalles rappellent que

le onzième chapitre de l'ordre de la Toison d'or fut tenu ici en 1468. Maître autel du XVIIIe s.

Pourtour du chœur, en commençant à côté de la chap. du St-Sacrement mentionnée ci-dessus: *J. van Oost le Vieux,* Vision de Ste Rosalie, copie d'après van Dyck (au Belvédère de Vienne).

Puis on rencontre à dr. une chapelle fermée: tarif, 1 fr.; 50 c. par personne si l'on est plusieurs. Elle contient les **tombeaux de Charles le Téméraire* (m. 1477), duc de Bourgogne, et de sa fille *Marie* (morte en 1482, à 25 ans, d'une chute de cheval à la chasse), femme de l'empereur Maximilien, les derniers représentants de la puissante maison de Bourgogne et les derniers souverains nationaux des Pays-Bas méridionaux.

Les statues du père et de la fille, de grandeur naturelle et en cuivre doré, sont couchées sur des sarcophages de marbre. On y voit sur les côtés les écus richement émaillés des duchés, comtés et seigneuries que l'aimable princesse, réputée la plus riche héritière de son temps, avait apportés en dot à la maison de Habsbourg.

Le TOMBEAU DE MARIE DE BOURGOGNE, encore du style gothique, est, comme œuvre d'art, beaucoup plus important que l'autre. Il a été exécuté de 1495 à 1502 par *Pierre de Beckere*, de Bruxelles, avec l'aide de 5 ou 6 ouvriers. Inscription: «Marie de Bourgogne, archiduchesse d'Austriche, fille de Charles, duc de Bourgogne et de Ysabeau de Bourbon».

Le TOMBEAU DE CHARLES LE TÉMÉRAIRE, imitation de l'autre, a été érigé par le roi Philippe II, en l'honneur de son trisaïeul, en 1558. Il est du sculpteur *Jongelincx*, d'Anvers. La dépense s'éleva à 24 395 florins, somme considérable pour ce temps. Les dépouilles mortelles de Charles furent transférées de Nancy à Bruges en 1550, par les soins de Charles-Quint, son arrière-petit-fils. Sur le monument se lit la devise de Charles: «Je l'ay empris (entrepris), bien en aviengne!»

Ces monuments, qui se trouvaient auparavant dans le chœur, ne sont ici que depuis 1816; la chapelle était dans le principe consacrée à la mémoire de *P. Lanchals*, décapité injustement en 1488; on voit sa pierre tombale à dr. de l'entrée.

L'ancienne *chapelle de la Vierge*, derrière le maître autel, est maintenant la chap. du St-Sacrement. Elle est décorée d'ornements polychromes, et elle a un autel de L. Blanchaert (1863) et des vitraux de J. Béthune. — Mur au N. du chœur: à g., *Mater dolorosa, entourée de 7 petites peintures représentant les 7 douleurs de la Vierge, œuvre d'un maître inconnu attribuée par quelques-uns à *Jean Mostaert*, par d'autres à *Mabuse*. Plus loin, dans le haut, l'anc. tribune du seigneur Louis van der Gruuthuus, jolie construction en chêne, de 1474, qui communiquait par une galerie avec la maison de Gruuthuus, au N.-E. Ensuite des tableaux: *Jac. van Oost*, le Triomphe de l'Eglise (1652); *de Crayer* (?), St Thomas d'Aquin délivré de prison par deux anges; au-dessous (voilé), *Claeissens*, Fondation de la basilique Ste-Marie-Majeure à Rome; en face, *J. van Oost le Vieux*, Jésus et les pharisiens (1640); puis un Jésus à Emmaüs du *Caravage* (1604). — En face de ce dernier tableau, la chap. de la Trinité, fondée par la famille *Breidel*. Elle a servi longtemps de magasin et elle a été restaurée en 1868.

Une porte cochère vis-à-vis de Notre-Dame, donne accès à

l'***hôpital St-Jean** (pl. B 6; sonner), qui existe depuis plus de cinq cents ans et dont les malades sont soignés par des sœurs de charité. Au-dessus de la porte, de bonnes sculptures du XIIIe s. L'établissement est ouvert tous les jours aux étrangers, sauf les dimanches et fêtes, de 9 h. à midi et de 1 h. à 6 h. On paie 50 c. d'entrée.

Cet hôpital est en possession d'un certain nombre de ***tableaux de Memling*, qui, à eux seuls, dédommageraient amplement d'un voyage à Bruges. Ils sont exposés dans un bâtiment de la cour, l'ancienne salle du chapitre. Au milieu, sur un support tournant, se trouve la *châsse de Ste-Ursule,* la plus précieuse des œuvres de ce maître, qui attire d'abord l'attention. Ce reliquaire a la forme d'un édifice à pignons, long de 1 m. 30 environ et haut de 66 centimètres, avec une toiture gothique. Les deux flancs sont divisés en six compartiments, larges chacun d'environ 2 centim., séparés par de petits piliers, et ornés d'autant de petits tableaux à l'huile d'une rare perfection, représentant des sujets tirés de la légende de Ste Ursule et des Onze mille vierges. Dans les comptes de l'hôpital se trouve un document d'après lequel Adrien Reins, qui en était alors le directeur, aurait commandé ce reliquaire en 1480 à Memling. Le peintre aurait fait deux fois le voyage de Cologne et terminé son travail en 1486, mais la châsse, après avoir reçu les reliques, n'aurait été publiquement exposée qu'en 1489.

«La légende de sainte Ursule a été racontée de diverses manières par les anciens chroniqueurs. Tous conviennent néanmoins qu'elle était fille d'un roi chrétien de la Grande-Bretagne, et qu'un prince païen lui faisait la cour. La volonté du ciel lui fut révélée dans un songe, et elle reçut d'en haut l'ordre d'abandonner l'Angleterre plutôt que d'exposer sa foi religieuse par une semblable union.

«Suivie d'un certain nombre de chevaliers et de compagnes, elle mit donc à la voile, parvint jusqu'au Rhin, et débarqua à *Colonia Agrippina*, où le christianisme était toléré. Là, une autre vision céleste commanda à la princesse de se préparer à partir pour Rome. Elle s'embarqua de nouveau, arriva à Bâle, traversa les Alpes, et parvint à la ville sainte où le pape la reçut avec bienveillance. Le pape résolut même, probablement à la suite d'une révélation, de se joindre à la pieuse Ursule et à ses compagnes, pour leur retour en Angleterre. Dans l'intervalle, la tolérance avait cessé de régner à Cologne, et le pape, sainte Ursule et ses compagnes furent mis à mort par des soldats. Cette légende avait été peinte déjà par d'anciens artistes de Cologne, bien des années avant Memling, mais avec infiniment moins de grâce et de sentiment.

«Dans la *1re scène*, on voit sainte Ursule débarquant à Cologne, dont on aperçoit la cathédrale inachevée, St-Martin, et la porte dite Bayen-Thurm. — L'ingénuité du peintre ressort singulièrement dans la manière dont il retrace les événements. Tandis que le premier plan nous montre le débarquement, on voit plus loin dans une maison sainte Ursule assise, à laquelle un ange ordonne d'aller à Rome.

«Dans la *2e scène*, la princesse aborde à Bâle, et dans la *3e* elle arrive à Rome. La *4e* figure son retour à Bâle, la *5e*, le massacre à Cologne, et la *6e*, qui en est la suite, nous montre sainte Ursule, qui a survécu à ses compagnes, près d'être percée par la flèche d'un soldat.

«Le plus brillant de ces morceaux est la réception à Rome, bien supérieure, par le dessin et l'art de grouper les figures, à toutes les autres

compositions. Ce panneau est encore remarquable par la vérité et le naturel des figures et par l'harmonie du coloris. Après celui-ci, le meilleur tableau est le sixième, où la princesse est debout, attendant le coup mortel. Plusieurs des personnages portent des armures modernes d'acier poli, sur lesquelles viennent se réfléchir les objets environnants, avec cette fidélité d'exécution dont les peintres flamands possèdent seuls le secret. C'est la plus belle œuvre sortie du pinceau de Memling.»
(Crowe et Cavalcaselle, les Anciens Peintres flamands. Trad. de Delepierre).

Une deuxième œuvre de *Memling* est un triptyque, représentant le *mariage mystique de Ste Catherine* (n° 1). Il porte la date de 1479, qui a fait contester l'authenticité et le nom de l'artiste, dans lequel la forme du premier M (MEMELING) a fait lire d'abord Hemling.

«Le tableau d'autel peint pour les sœurs hospitalières de l'hôpital St-Jean à Bruges, représente la Vierge assise sous un dais. Son trône est environné d'une riche tapisserie, et deux anges gracieux soutiennent une couronne au-dessus de sa tête. Sur la droite, sainte Catherine, richement costumée en princesse, est agenouillée à côté de la Vierge, et un charmant enfant Jésus se penche en avant et lui met l'anneau nuptial au doigt. Derrière la sainte, un ange célèbre les fiançailles par des hymnes de joie, en s'accompagnant de l'orgue, et plus bas se tient saint Jean-Baptiste avec l'agneau. A la gauche de la Vierge, sainte Barbe est à genoux, lisant avec grande attention. Derrière elle, un ange tient un livre; puis on voit saint Jean l'Evangéliste, jeune et d'une figure douce et pensive. A travers les arcades, on voit au fond un paysage, avec quelques scènes de la vie des deux saint Jean, traitées d'une façon très pittoresque. L'un des volets représente la décollation de saint Jean-Baptiste, et l'autre, saint Jean l'Evangéliste à Patmos et la vision de l'Apocalypse. Le but de ce tableau était de faire honneur aux deux patrons de l'hôpital, et en même temps d'exprimer la piété des sœurs qui s'étaient, comme sainte Catherine, consacrées au Seigneur, et, comme sainte Barbe, dévouées aux œuvres de charité.

«Les peintres d'aujourd'hui pourraient étudier avec avantage le ton harmonieux, doux et vrai que Memling sut donner à son coloris. On oublie presque le défaut inhérent au maître, le manque de clair-obscur et le trop peu d'épaisseur de la couleur. Les réparations faites à la surface intérieure de ce tableau ne sont rien en comparaison de ce qu'a souffert l'extérieur.» *(Crowe et Cavalcaselle. Trad. de Delepierre).*

A côté de l'entrée, un tableau plus petit de *Memling* (n° 3, sous verre), également à volets, une *Adoration des mages peinte en 1479, le chef-d'œuvre de l'artiste dans sa première manière.

On prétend que le personnage maigre et barbu, avec un bonnet tel que le portent encore les convalescents de l'hôpital et qui regarde à la croisée, est le portrait du peintre. A dr., le frère Florin, donateur du tableau, à genoux et priant. Le côté intérieur des volets représente la Nativité du Sauveur et la Présentation au temple; le côté extérieur, St Jean-Baptiste et Ste Véronique. On reconnaît le mieux dans ce tableau l'influence du maître de Memling, Roger van der Weyden; les têtes sont seulement devenues plus gracieuses et l'exécution plus libre. Malheureusement des lavages l'ont beaucoup détérioré.

Un quatrième tableau de petite dimension (n° 4, sous verre), à deux panneaux fermant l'un sur l'autre, peint en 1487, représente d'un côté la Vierge en manteau rouge, offrant une pomme à l'enfant Jésus, de l'autre, le portrait du donateur, Martin van Newenhoven, incontestablement le meilleur des portraits de Memling.

Enfin il y a encore à mentionner (n° 5) le portrait à mi-corps d'une femme coiffée d'un bonnet et d'un voile, qu'une inscription moderne désigne comme celui de «Sibylla Sambetha».

Le n° 6, une Descente de croix, avec le portrait du donateur, Adr. Reins, et St Adrien, Ste Barbe, St Wilgefort et Ste Marie l'Egyptienne à l'intérieur et à l'extérieur des volets, est aussi attribué à *Memling*, mais c'est probablement l'œuvre d'un contemporain; il est loin d'atteindre à la vigueur du coloris et à la vivacité des caractères qui distinguent les autres compositions.

On trouve en outre à l'hôpital, dans la même salle, des tableaux de peintres inconnus des XVe et XVIe s., d'autres des deux *van Oost*, en particulier un chef-d'œuvre de l'aîné, un Philosophe (n° 11); des portraits de *Pourbus* (33, 34), une Vierge attribuée à *van Dyck* (29); une Pêche miraculeuse, par *D. Teniers le Jeune* (32); un Bon Samaritain, par *Nic. Maes* (39), etc.

L'hôpital lui-même mérite aussi d'être vu (240 lits). La grande galerie ouverte, distribuée, au moyen de cloisons, en salles, chambres et cuisines pour le service des malades, est remarquable par la propreté et l'ordre qui y règnent, et surtout par la haute ancienneté de sa construction. Elle est peut-être encore dans le même état que du temps de Memling. Le tout a conservé le vrai cachet du moyen âge; mais on a construit à côté un nouvel hôpital, d'une organisation toute moderne.

En suivant la rue qui conduit de la gare dans la ville, on passe devant une petite place, plantée d'arbres et ornée d'une statue assez médiocre de *Simon Stevin* (pl. 11, B 5), l'inventeur du système décimal (m. 1635), et on arrive sur la

GRANDE-PLACE (pl. B C 5). Un côté de cette place est occupé par les **halles**, construites au XIIIe et au XIVe s., mais réédifiées de 1561 à 1566, sur les plans de *P. Dierickx*. Elles forment un parallélogramme de 84 m. de longueur sur 43 m. 50 de largeur. L'aile de l'E., destinée à servir de halle aux draps, renferme maintenant les bureaux de la municipalité, etc., l'autre sert de halle à la viande depuis 1819.

Au milieu de la façade des halles s'élève le beffroi, appelé ici la **tour des Halles** ou la *Grande-Tour*. Commencée en 1291, elle fut achevée à la fin du XIVe s. Elle a 107 m. 50 de haut (402 marches) et elle penche un peu vers le S.-E. Elle se compose dans la partie inférieure de deux hauts étages carrés, flanqués de tourelles, et elle se termine par un autre étage fort élevé, de forme octogone, bâti de 1393 à 1396. La vue dont on y jouit, est très étendue. Le carillon a été établi en 1748. L'entrée est dans la cour; on monte l'escalier de dr. et on sonne dans la galerie (50 c. de pourboire à la concierge en bas, et autant au veilleur en haut). Il y a dans plusieurs salles du rez-de-chaussée, à g. dans la cour, une importante *collection d'antiquités* locales et autres, publique le dimanche de 11 h. à 1 h. et visible aussi les autres jours en s'adressant au concierge, moyennant 50 c., 1 fr. pour trois personnes.

Du côté O. de la Grande-Place, au coin de la rue St-Amand, se trouve une vieille maison d'aspect imposant, à l'enseigne du Lion de Flandre et occupée par un magasin. Elle fut, dit-on, habitée vers le milieu du XVIIe s. par Charles II d'Angleterre, qui passa à Bruges une partie de son exil.

L'autre maison au coin de la rue St-Amand, occupée aujourd'hui par un estaminet, est le *Craenenbourg* (pl. 4, B 5), où les bourgeois de Bruges tinrent enfermé pendant douze jours, en 1488, l'empereur Maximilien d'Autriche, qui se refusait à transmettre au roi de France la tutelle de son fils Philippe le Beau, héritier du comté de Flandre. Le pape eut beau menacer les bourgeois de l'excommunication et une armée impériale se mettre en mouvement pour délivrer le prince, il ne fut rendu à la liberté qu'après avoir juré en présence du conseil, des métiers et du peuple, de ne plus prétendre à la tutelle de son fils, de respecter les franchises de la cité et d'oublier les humiliations dont lui et son gouvernement venaient d'être l'objet. Quelques semaines plus tard, ce serment fut annulé par un tribunal de princes convoqué à Malines, à la demande de l'empereur Frédéric III, père de Maximilien.

Dans le voisinage, sur la PLACE DU BOURG (pl. C 5), se trouve l'**hôtel de ville** (pl. 5), commencé vers 1376, dont la façade fut probablement achevée en 1387 et qui a été restauré de 1854 à 1871. C'est un joli édifice gothique de 26 m. de longueur sur 19 de hauteur, avec de hautes fenêtres comme celles d'une église, et 6 tourelles, dont trois sur la façade et trois sur le derrière. Les 48 niches de la façade sont garnies de statues des comtes de Flandre, remplaçant celles qui furent détruites par les sans-culottes français, en 1792. Après leur avènement au trône, les comtes de Flandre avaient l'habitude de se présenter au peuple du balcon de l'hôtel de ville et d'y prêter le serment de fidélité aux franchises et coutumes de la ville (p. 137).

INTÉRIEUR. Rez-de-chaussée: dans la galerie, un tableau de *H. Dobbelaare*, acheté pour Bruges en 1857, par le gouvernement et la ville, et représentant la découverte du corps de Charles le Téméraire après la bataille de Nancy, en 1477. Le vestibule du premier étage est décoré de vues de la ville, et d'une toile de *Dobbelaare*, les Œuvres de la miséricorde. — L'ancienne *salle des Echevins*, qui occupe presque toute la longueur de l'édifice, est remarquable par sa voûte ogivale en bois à pendentifs, de la fin du XIVe s.

A g. est l'*Ancien-Greffe*, maintenant la *justice de paix* (pl. 14), construction de 1534-1537, dans le style de la renaissance, sur les plans de *J. Wallot*, et nouvellement restaurée. La salle d'audience a une grande porte provenant de la cathédrale, sculptée en 1544 par *Ant. Lambronck*. — L'édifice a un passage voûté; en prenant par là et en traversant un canal, on arrive au *marché au poisson*, d'où l'on a un très beau coup d'œil sur les derrières du palais de justice (Franc de Bruges, p. 148) et de l'hôtel de ville, sur les tours de la cathédrale et sur Notre-Dame.

A dr. de l'hôtel de ville, dans un angle de la place, se trouve l'*église St-Basile*, nommée ordinairement la ***chapelle du Saint-Sang** (pl. 13, C 5). C'est une petite construction d'aspect fort élégant, à deux étages, celui d'en bas datant de 1150, l'autre du xve s. (?). Le portail et l'escalier, de 1533, sont construits dans le style flamboyant le plus riche. Ils ont été mutilés par les sans-culottes, mais parfaitement restaurés de 1829 à 1839. Cette chapelle doit son nom à quelques gouttes du sang du Sauveur qu'elle possède, rapportées de la Terre-Sainte par Thierry d'Alsace, comte de Flandre (p. 137), et données par lui à la ville.

La CHAPELLE BASSE, dont l'entrée est au coin, fut fondée par le comte Thierry et Sibylle d'Anjou et consacrée en 1150. Elle est à trois nefs avec un chœur qui n'en a qu'une seule, et elle a de gros piliers courts et ronds. Son autel, en bois sculpté, est de 1536.

La CHAPELLE HAUTE est maintenant en restauration, et on n'en peut voir qu'une partie. On y monte de la place par un escalier construit de 1529 à 1533. Cette chapelle n'a qu'une nef. Elle est ouverte le dim. de 7 h. à 9 h. et le vendr. de 6 h. à midi, mais on peut la voir en d'autres moments pour 50 c. Les vitraux du porche sont du XVIe s., ceux de la chapelle elle-même, représentant les princes de la maison de Bourgogne et de Habsbourg jusqu'à Marie-Thérèse et François Ier, ont été faits de 1845 à 1847, d'après de vieux dessins. Le grand vitrail à l'O., la Passion de J.-C. et la translation du Saint-Sang à Bruges, est de Capronnier, d'après J. Béthune (1856); St Longin et Ste Véronique sont de J. Béthune. La décoration polychrome du chœur a été exécutée en 1856, sur les dessins de T.-H. King; l'autel, du style goth., par Mich. Abbeloos, d'après J. Béthune. La chaire est un globe terrestre reposant sur des nuages et tronqué dans le haut.

Au mur près de l'entrée, à g.: un morceau de dentelle de 1684, sous verre; un vieux tableau flamand du xve s., représentant la remise du St-Sang au comte Thierry, par Baudouin III de Flandre, roi de Jérusalem (?), et divers autres tableaux. Le mur d'en face est percé de trois arcades donnant entrée dans la chapelle où l'on expose le St-Sang. Au dessus de ces arcades, une Vierge avec le corps de J.-C., par *G. de Crayer;* à dr., un vieux tableau à volets flamand, le Crucifiment, etc. L'autel de la chapelle, en marbre, avec un crucifix en argent massif, est du XVIIe s.; la tribune destinée à l'exposition du St-Sang (le vendr. mat., de 6 h. à 11 h. $^{1}/_{2}$) est de 1866. De chaque côté de cette tribune, de bons portraits de membres de la confrérie du St-Sang, par *Pourbus* (1556). Plus loin, un tableau à volets avec de nombreuses figures, de la vieille école flamande, le Portement de croix, le Crucifiment et la Résurrection.

Le plus important de tous les tableaux est le suivant, un *triptyque de *Gérard David,* représentant la descente de croix.

Au milieu, le corps du Christ, soutenu à dr. par le vieux Nicodème. La Vierge, tendant les mains, est à genoux devant son fils, assistée par St Jean, qui soutient en même temps le bras g. du Sauveur. A dr., Marie Salomé, et dans le coin, un homme avec une boîte de baume.

Sur les volets sont Marie-Madeleine, avec Cléophas, et Jos. d'Arimathie, avec un autre homme inconnu. Enfin à l'arrière-plan s'élève le Mont-Calvaire, avec la croix. Ce tableau date probablement des dernières années de David, qui n'est estimé comme il le mérite que depuis peu de temps; il trahit par son ton brunâtre l'influence de Massys.

Au-dessus de la sortie, une Descente de croix, par *Jac. van Oost le Vieux.*

On conserve dans la *sacristie* un reliquaire d'argent doré et garni de pierres précieuses, de 1 m. 29 de haut et 61 centim. de large, fait par *Jean Crabbe* en 1617 et donné par l'archiduc Albert et sa femme Isabelle. On y montre aussi une petite couronne comme étant un présent de Marie de Bourgogne (p. 142); mais il est sûr qu'elle est de près de deux siècles moins vieille qu'elle ne le serait dans ce cas.

Dans l'angle à l'E. de la place du Bourg, se trouve le **palais de justice** (pl. C 5), l'anc. hôtel du magistrat du *Franc de Bruges* ou des *buitenpoorters*, les bourgeois du dehors. C'était antérieurement le palais des comtes de Flandre, construit de 1502 à 1608. Il fut détruit par un incendie et reconstruit de 1722 à 1727.

La CHAMBRE ÉCHEVINALE (concierge dans la cour; 50 c.), qui est restée de l'ancien édifice, renferme une magnifique **cheminée de la renaissance*, unique en son genre; elle en occupe presque tout un côté. Cette cheminée, en marbre noir dans le bas et en chêne sculpté dans le haut, a été exécutée de 1528 à 1529 par *Guyot de Beaugrant*, de la Bresse, probablement en mémoire de la bataille de Pavie et du traité de paix des Dames signé à Cambrai, par lequel la France dut reconnaître l'indépendance de la Flandre. La partie en bois est d'après des dessins du peintre *Lancelot Blondeel;* elle a été restaurée en 1580 par le sculpteur *Geerts.* Les décorations consistent en statues de grandeur naturelle et finement travaillées: au milieu, Charles-Quint; à g. du spectateur, les aïeuls maternels du prince, Marie de Bourgogne et Maximilien d'Autriche; à dr., ses aïeuls paternels, Ferdinand d'Aragon et Isabelle de Castille; à dr. et à g. de Charles-Quint, de petits médaillons de ses parents, Philippe le Beau et Jeanne de Castille, tenus par des enfants; puis des écussons aux armes de Bourgogne, d'Espagne, etc., des génies et des rinceaux. A la frise de la cheminée proprement dite; quatre bas-reliefs en marbre blanc de la même époque, représentant l'histoire de la chaste Suzanne. La salle est décorée de tapisseries, faites en 1859 à Ingelmunster (p. 166), sur le modèle des anciennes tapisseries, dont on a découvert des restes dans la cave.

Nous nous dirigeons maintenant de la place du Bourg vers la place voisine, plantée de marronniers; puis par la rue du Bourg vers la petite PLACE JEAN-VAN-EYCK (pl. C 4), qui est entourée de constructions remarquables du moyen âge et bornée à l'E. par un canal. La statue de *Jean van Eyck*, en bronze, d'après Pickery, a été érigée en 1878. Au N. de cette place est la bibliothèque de la ville et à l'O. l'Académie des Beaux-Arts.

La **bibliothèque de la ville** (pl. 2, C 4) est maintenant installée dans l'ancien *Tonlieu*, bâti en 1477 et restauré en 1878. Elle compte 15000 volumes et 580 manuscrits, dont plusieurs remarquables, ornés de miniatures, etc.; des missels des XIIIe et XIVe s., des incunables de Colard Mansion, imprimeur de Bruges

(1475-1484). La bibliothèque est ouverte tous les jours, excepté les sam., dim. et fêtes, de 10 h. à 1 h. et de 3 à 5.

L'***Académie des Beaux-Arts** (pl. C4) fut fondée en 1719 par les peintres *Jos. van den Kerckhove*, *J.-B. Erregouts*, *Marc Duvenede* et *Josse Aerschoot*, dont on rencontre souvent des tableaux à Bruges. Le bâtiment, du style gothique, datait du milieu du XIVe s., mais il a été reconstruit en 1755. Il s'appelle *de Poorters loodze*, la Loge des *poorters* ou bourgeois demeurant *intra portas*, parce qu'il servait dans le principe aux réunions des bourgeois. On doit décorer la façade de statues d'artistes de Bruges. Le musée, au second étage, est fort important pour l'étude de la vieille peinture flamande. Il est visible gratuitement le dim. de 11 h. à 1 h. et moyennant 50 c. les autres jours. Catalogue critique de *James Weale* dans les grandes librairies, mais non au musée, 2 fr. L'entrée est sur le côté, dans la rue de l'Académie.

Dans le premier VESTIBULE, des toiles modernes. — Ire SALLE: à g., 26, 28, 29, *J. van Oost le Vieux*, portr. d'homme, St Antoine en extase et St Antoine ressuscitant un mort; 34, *J. van Goyen*, Vue de Dordrecht; deux autres petits paysages du même artiste, etc. — Au milieu de la salle, une statue en marbre de peu de valeur représentant *Jean van Eyck*, par Calloigne (1820).

IIe SALLE, de chaque côté de la porte d'entrée: 7 et 8, *Gérard David* (?), le Jugement de Cambyse ou la condamnation du juge prévaricateur Sisamne. Le premier tableau représente, au fond, la subornation de Sisamne, en avant, le jugement du roi; le second, l'exécution, où le condamné est étendu sur un banc et écorché vif par le bourreau. L'un et l'autre, achevés en 1498, sont peints avec vigueur, d'un ton brunâtre et d'un fini admirable. L'ensemble de la composition est bon; les arrière-plans sont excellents, la forme et le feuillage des arbres sont bien rendus. La plupart des têtes ont aussi un caractère fortement accentué; les mains, en particulier, sont modelées d'une manière irréprochable.

Mur de dr.: *4, *Memling*, un triptyque (1484). Au centre, St Christophe, vêtu de bleu et avec un grand manteau rouge. Il lève avec surprise les regards vers l'enfant Jésus, assis sur ses épaules, comme s'il ne pouvait comprendre que celui-ci devînt de plus en plus lourd. On voit dans une grotte l'ermite appuyé sur une béquille et sa lanterne à la main. A g., St Maur lisant; à dr., St Gilles avec la biche. Le sol est couvert de violettes et d'autres fleurs. Sur le volet de dr., le donateur avec cinq fils et son patron, St Guillaume; sur celui de g., la donatrice avec onze filles et Ste Barbe. A l'extérieur sont peints, en grisaille, St Jean-Baptiste et St Georges. Ce triptyque occupe une des premières places parmi les œuvres de Memling; les têtes des trois saints dans le panneau du milieu sont de la plus grande beauté, et les reflets des rochers du rivage dans l'eau sont excellents. Malheureusement ces peintures ont beaucoup souffert en perdant leur vernis primitif. Le St Georges ne semble guère être de la main de Memling. — A dr., dans le haut: 9, *Jean Prévost* (m. 1529), le Jugement dernier. Malgré maintes bizarreries, ce tableau fait bonne impression; on remarque surtout une grande beauté et une grande variété dans les têtes du haut. A g.: 25, *Ant. Claeissens*, Festin donné en 1574 en l'honneur de J. de Schietere et Phil. van Belle; 20, *P. Claeis*, le. Traité de Tournai, en 1584.

Le mur du fond est surtout consacré à des tableaux de *P. Pourbus*, qui vint de Gouda à Bruges et y mourut en 1584: 17, le Jugement dernier, de 1551 (à dr. et à g., d'un inconnu, l'Adoration des bergers et l'Adoration des mages); 18, la Descente de croix, avec des volets en camaïeu, de 1570; à dr. et à g., 15 et 16, portr. de J. Fernaguut et des a femme, de 1551.

Mur de g.: 6, Mort de la Vierge, attribuée d'abord à Schooreel, mais d'un peintre inconnu de l'école brabançonne; il y en a une copie à la cathédrale. 3, copie réduite de la tête du Christ de *Jean van Eyck*, dont l'original est au musée de Berlin: l'inscription, «Joh. de Eyck inventor, 1420», est falsifiée. — 2, *Jean van Eyck*, portrait de sa femme (1439), peint sans flatterie, mais où les détails sont de la plus grande vérité, et l'exécution parfaite. — *1, *Jean van Eyck*, la Vierge avec l'enfant Jésus, les SS. Donatien et Georges et le donateur, le chanoine Georges van der Paelen ou de Pala. Ce tableau est d'un réalisme très prononcé. La Vierge est la plus laide que Jean van Eyck ait peinte, l'Enfant, maigre et vieillot, n'est aussi rien moins que gracieux, et le St Georges a l'air d'un soldat assez vulgaire. Le portrait du donateur, au contraire, est un vrai chef-d'œuvre, et le St Donatien forme un excellent pendant. Les figures ont les deux tiers de la grandeur naturelle et sont mieux proportionnées que dans aucun autre tableau de ce maître. Il y en a une copie au musée d'Anvers. — *5, *Gérard David*, triptyque, attribué autrefois à Memling. Au centre, le Baptême de J.-C.; sur le volet de dr., le donateur, Jean des Trompes, avec son fils et son patron; sur celui de g., la première femme du donateur, Elisabeth van der Meersch, avec quatre filles, sous la protection de Ste Elisabeth de Hongrie. Sur les faces extérieures des volets se voient la Vierge et la seconde femme du donateur, Madeleine Cordier, avec sa petite fille et sa patronne. Ce tableau montre la grande habileté de l'artiste comme peintre de paysage. Le paysage de l'arrière-plan sur le panneau principal, avec sa riche gradation et ses figures très variées, est aussi gracieux qu'on peut le concevoir. L'œuvre n'est pas datée, mais l'âge de la petite fille permet de le regarder avec assez de certitude comme de l'année 1507. —.19, copie faite au XVIIIe s. du dessin de Jean van Eyck représentant Ste Barbe (musée d'Anvers), peut-être destinée à la gravure. *12, *Gér. David*, deux petits dessins coloriés charmants, sur parchemin, la Prédication de St Jean-Baptiste et le Baptême de J.-C.

Non loin du musée est l'ancien MARCHÉ DU MERCREDI, aujourd'hui *place Memling* (pl. C 4), où l'on a érigé en 1871 une *statue en marbre de Memling*, par Pickery (pl. 10).

Le *Dr de Meyer*, qui demeure en face du pont de la Paille (pl. D 4), n° 23, possède une collection de bons tableaux des écoles flamande et hollandaise, qu'il montre volontiers aux amateurs, de préférence dans la matinée, à partir de 10 h. (s'annoncer la veille). La maison, meublée dans le style rococo, est également curieuse.

L'*église Ste-Anne* (pl. D 4) a été réédifiée de 1607 à 1612, dans le style de la renaissance. L'intérieur ne comprend qu'une nef, dont les murs ont des boiseries sculptées de 1699. La chaire est de 1675. On y remarque aussi un jubé de 1642 et des tableaux de van Oost le Vieux et de L. de Deyster.

L'*église de Jérusalem* (pl. D 4) est une petite construction simple du style ogival tertiaire, du milieu du XVe s. L'entrée est par derrière, rue de la Balle, 1re porte à dr. Sous le chœur, qui est exhaussé, se trouve une imitation du St-Sépulcre, pour laquelle le fondateur de l'église, «Messire Anselme Adornes», bourgmestre de Bruges, fit deux fois le voyage de la Terre-Sainte. Il est inhumé (m. 1483), avec sa femme (m. 1463), dans la nef, où ils ont un monument en bronze. Les vitraux sont des XVe et XVIe s.

Dans le voisinage, à l'extrémité O. de la ville, se trouve un *couvent de Dames Anglaises* (pl. E 4), de l'ordre de St-Augustin, avec un pensionnat très fréquenté. L'église qui en dépend, une construction à coupole de la renaissance, a été bâtie de 1736 à 1739 par H. Pulinx. L'autel, en mosaïque de marbres persans et égyptiens des plus rares, a été fait à Rome.

Un peu plus loin encore dans la même rue, à dr., la jolie maison de la *corporation des arquebusiers de St-Sébastien*, du style flamboyant, avec une jolie tour octogone. Elle renferme des portraits anciens et modernes, à partir du milieu du XVIIe s. Charles II d'Angleterre (p. 146), l'empereur Maximilien et d'autres grands personnages se firent recevoir membres de cette corporation.

L'*hospice de la Potterie* (pour femmes, pl. E 2) possède quelques tableaux anciens, surtout un de Pierre Claeissens, la Vierge avec l'enfant Jésus, Dieu le Père, etc., de 1608.

St-Jacques (pl. B 4), église gothique en briques bâtie de 1457 à 1518, offre aussi maintes choses remarquables.

Nous ne mentionnerons que quelques-uns des nombreux tableaux, des XVIe, XVIIe et XVIIIe s., qui y sont placés en partie comme dans un musée et avec les noms des artistes, la plupart de Bruges: *L. de Deyster*, m. 1711; *Jos. van den Kerckhove*, m. 1724, etc. — Bas côté de g. 1re chap.: plaques tumulaires remarquables de familles espagnoles, en cuivre ciselé, l'une d'elles, celle de *Catherine d'Ault*, représentée entre son frère et son ange gardien; une autre, de 1577, consacrée à la mémoire de *don Francisco de Lapuebla* et de sa femme, d'un travail très soigné; une troisième, celle de *don Pedro de Valencia* et de sa femme (1615). 2e chap.: *Lancelot Blondeel*, le Martyre de St Cosme et de St Damien, peint en 1523 pour le compte de la corporation des barbiers et des chirurgiens; *P. Pourbus*, N.-D. des sept douleurs (1556). A l'extrémité du bas côté de g., **J. van Oost le Vieux*, Présentation de la Vierge au temple. — Sur le maître autel, *J. van Bockhorst*, Adoration des mages. — A l'extrémité du bas côté de dr., à dr., une Vierge au donateur, de *P. Pourbus* (1556), et une petite chapelle avec des ornements polychromes, restaurés en 1876, et le tombeau de *Ferry de Gros, seigneur de Oyenghem, Nieuwenlande*, etc. (m. 1544) et de ses deux femmes: on remarquera surtout la statue couchée de la seconde, dans le bas. Sur le petit autel de cette chapelle, une belle terre cuite vernie de l'école des *della Robbia*, la Vierge et l'enfant Jésus entourés d'une guirlande de fruits. — Chaire, jubé et stalles de la fin du XVIIe s.

La *cour des Princes* (pl. 3, B 4), l'ancien palais des comtes de Flandre, où fut célébré en 1468 le mariage de Charles le Téméraire avec Marguerite d'York et où naquit Philippe le Beau, père de Charles-Quint, n'existe plus qu'à l'état de ruines enclavées dans une propriété particulière.

Le Béguinage (pl. A 6-7), fondé au XIIIe s., est bien inférieur à celui de Gand (p. 135). Il est à l'extrémité S.-O. de la ville, et on y entre de la place de la Vigne, dans le coin à dr., en passant sur un pont et par une porte de 1776. Les maisons, pour la plupart à un étage et peintes en blanc, entourent une place plantée de hauts arbres. L'église, *Ste-Elisabeth*, fondée en 1245 et reconstruite en 1605, a des tableaux de van Oost le Vieux, au maître autel et dans la nef de gauche.

Le Dante (Enfer, XV, 4 à 6) compare la digue qui sépare le «fleuve des larmes» du désert, à ces immenses remblais élevés par les Flamands entre l'Ecluse (l'île de Cadzand) et Bruges, pour leur servir de rempart contre les débordements de la mer:

«*Quale i Fiamminghi, tra Gazzante e Bruggia,*
Temendo il fiotto che inver lor s'avventa,
Fanno lo schermo, perchè 'l mar si fuggia.»

(Comme les Flamands, entre Cadzand et Bruges, craignant les flots qui s'avancent vers eux, élèvent un abri, pour que la mer se retire).

A 1 h. au N.-E. de Bruges, sur le canal qui mène à l'Ecluse, est situé le village de **Damme**, anciennement fortifié et port de mer considérable, mais déchu de plus en plus depuis le xve s., à mesure que la mer s'est retirée. Il y a de jolies halles, bâties de 1464 à 1468, mais mal restaurées en 1860, et sur le devant, aussi depuis 1860, un monument au poète flamand *Jacques de Coster van Maerlant* (xiiie s.), par Pickery. *L'église Notre-Dame*, fondée en 1180 et restée inachevée, mérite aussi d'être vue, ainsi que l'*hôpital St-Jean*, qui renferme quelques tableaux. Il y a un bon *estaminet* dans l'hôtel de ville, édifice du style gothique tertiaire.

16. Bains de mer de la côte de Flandre.

I. Ostende.

La GARE (pl. B 4) est au S. de la ville, loin de la mer et de la plupart des hôtels. *Omnibus* des hôtels, 50 c.; *fiacres*, 1 fr., avec franchise de 25 kilos de bagages: au-dessus de ce poids, 1 c. par kilo. Les trains en correspondance avec le paquebot d'Angleterre vont jusqu'au bassin où il stationne (pl. C D 4).

Hôtels. — SUR LA DIGUE, avec vue sur la mer, très chers au fort de la saison, où l'on paie une chambre 20 à 30 fr. au premier et 15 à 20 fr. au second, du côté de la mer. Au S.-O. du Kursaal: *H. Continental* (pl. *p*, B 2), magnifique maison, propriétaire Michens-Verhoest (dîn., 5 fr.); *H. de l'Océan* (pl. b, B 2); *H. de la Plage* (pl. a, B 2); *H. Beaurivage.* Plus loin, le *Pavillon du Rhin* (Royon-Hertoghe & Cie), restaurant qui a quelques chambres à louer. Enfin, au delà du palais du Roi (p. 155), l'*H. du Chalet-Royal*, avec restaurant.

Au N.-E. du Kursaal: *H. Royal Belge*, *Gr.-H. d'Ostende*, avec restaur.; *Gr.-H. du Littoral* (pl. *m*, C 2-3), au coin de la rue du Cerf; *H. de Russie*, entre la rue de Flandre et la rue Louise. Plus loin, l'*H. Villa-Nemrod* (pl. N, D 2), petite maison avec café-restaurant. Presque à l'extrémité de la digue, le *Gr.-H. du Phare* (pl. g, D 2), aussi avec restaurant.

Dans le voisinage immédiat de la digue: *H. Royal de Prusse* (pl. b, D 2), au coin du boulevard du Nord et de la rue des Capucines (ch., 5 fr.; serv., 1 fr.; 1er déj., 1 fr. 50; dîn., 5 fr.; pens., 10 à 12 fr.); — *H. Impérial* (pl. *o*, B 2), immédiatement derrière le Kursaal (dîn., 4 fr.); *H. de la Digue* (pl. *s*, D 2); *H. des Arcades* (pl. *l*, B 2), avec une taverne-restaur., tous ayant également dans le haut la vue de la mer.

DANS LA VILLE. Du voisinage de la digue jusqu'à la place d'Armes: **H. Mann* (pl. j, C 2), rue Louise, tout près du boulevard Iseghem; *H. du Boulevard*, à côté du précédent, avec café-restaur., petit; — **H. de Flandre* (pl. k, C 2), de 1er rang; *Welt's Hôt. du Nord* (pl. l, C 2), rue de Flandre (dîn., 2 fr. 50); — **Gr.-H. Fontaine* (pl. m, C 2; propriét. Marion; tableaux de peintres des Pays-Bas dans la grande salle à manger), grande maison de 1er rang (dîn., 5 fr.); *H. Franck* (pl. n, C 2); *H. de Vienne* (pl. o, C 2), tous trois rue Longue, entre la rue Louise et la rue de Flandre; *H. de l'Union*, rue Longue, 38, avec café-restaur.; — **H. Mertian* (pl. p, C 2), rue de l'Ouest, de 1er rang; *Cercle Catholique* (pl. q, C 2), même rue, avec une chapelle. — Plus à l'O., *H. de Suède* (pl. r, B 2), place du Théâtre, avec restaurant.

Sur la place d'Armes ou dans le voisinage: **H. du Grand-Café* (pl. v, C 2-3), au coin de la rue Louise et de la rue de Brabant, de 1er rang; *H. de l'Empereur* (pl. w, C 2-3), en face du précédent; **H. du Lion-d'Or* (pl. u, C 2), au coin de la rue de Flandre et de la rue St-Sébastien, vieille et bonne maison (dîn., 3 fr.); — *H. de Gand et d'Albion* (pl. x, C D 3), au marché aux Herbes, place plantée d'arbres; *H.-Pens. Victoria* (pl. y, C 3), rue de l'Eglise;

— *H. de la Cour-d'Angleterre* (pl. z, C 3), rue de la Chapelle, 10; *H. de Bavière*, même rue, 15; *H. de l'Europe* (pl. *a*, D 2), rue des Capucines (dîn., 2 fr. 50), et *H. de l'Etoile* (pl. *b*, C 3), tous deux plus simples; *H. St-Pierre*, rue Christine.

Encore plus loin de la mer: **Gr.-H. Marion* (pl. *c*, C 3), rue de l'Eglise, 33, de 1er rang; *H. de la Marine* (pl. *d*, C 3); *H. de la Cour-de-France* (pl. *e*, C 3), l'un à côté de l'autre, dans la rue de la Chapelle (dîn., 2 fr. 50); *H. St-Denis* (pl. *f*, C 3), en face, nº 44; *H. des Nations* (pl. *g*, C 3), nº 60; *H. de l'Agneau*, rue St-Paul, 36, modeste; — **H. d'Allemagne* ou *Stracke* (pl. *i*, C 3), rue du Quai, 24, de 1er rang (ch., 3 fr. 50; 1er déj., 1 fr. 50; dîn, 4 fr.; pens., 8 à 12 fr.); *H. du Rhin* (pl. *k*, C 4), place St-Joseph; — *H. de la Couronne*, quai de l'Empereur, près de la gare; *Ship-Hôtel* (pl. s, C 4), près de l'embarcadère des bateaux à vapeur.

Tous les hôtels de la digue et beaucoup de ceux de la ville sont fermés en dehors de la saison; les derniers sont du nombre de ceux qui restent ouverts toute l'année.

Hôtels garnis et appartements meublés en grand nombre près de la digue et dans la ville. Il est difficile, même au commencement et à la fin de la saison, de trouver une chambre à moins de 3 à 5 fr. par jour ou 15 à 30 fr. par semaine. Un petit appartement (3 chambres à coucher, salon salle à manger, et cuisine) coûte en juin environ 300 fr., en juillet 500 fr., en août 800 et en sept. 600 fr. Pour éviter tout malentendu, il est bon de fixer les conventions par écrit et de stipuler surtout exactement la durée de la location. On paie ordinairement, dans les maisons particulières, 75 c. à 1 fr. pour le déjeuner (café ou thé avec pain et beurre) et 50 c. pour le service. On n'oubliera pas, surtout dans les hôtels, de comprendre le service dans le prix de la location, sinon il figurerait encore sur la note pour 1 fr. par jour.

Restaurants. — Sur la digue, ils ont des prix en moyenne beaucoup plus élevés que dans la ville, un service quelquefois défectueux et peu agréable, des cartes sans indication de prix, etc. Le premier est le *Kursaal* (pl. B 1-2), qui comprend en outre un café et un cabinet de lecture, avec une grande salle où l'on peut mettre environ 400 tables et que l'on ferme au besoin avec des châssis vitrés. Il y a deux étages de galeries qui offrent la vue la plus étendue sur la mer et sur la terre ferme. Tout l'établissement, avec son jardin, occupe une superficie de 12000 m. carrés. Le Kursaal est le rendez-vous du monde élégant des bains et n'est ouvert qu'aux abonnés. *Abonnement*, valable en même temps pour le casino (p. 154): *1 pers.*, 1 jour, 3 fr.; 4 jours, 9 fr.; 8 jours, 17 fr.; 15 jours, 31 fr.; 1 mois, 53 fr. 50; 6 semaines, 68 fr. 50; toute la saison, 76 fr. *2 pers.*, 6 fr., 17 fr., 32 fr. 50, 53 fr. 50, 76 fr., 83 fr. 50, 91 fr.; *3 pers.*, 9 fr., 25 fr., 44 fr. 50, 68 fr. 50, 83 fr. 50, 94 fr. 75, 106 fr. Il est bon de s'assurer, avant de s'abonner, que le local et ses plaisirs vous conviennent. — Autres restaur. sur la plage: aux *hôt. Continental*, *de l'Océan*, **de la Plage* (V. Fonteyne) et *Beau-Rivage*, au *Pavillon du Rhin* (pl. f, A 1), le plus éloigné au S., avec un grand parc aux huîtres et aux homards. De l'autre côté du Kursaal, dans la partie N. de la digue: aux *hôt. Royal Belge*, *d'Ostende*, *du Littoral*, *Beau-Site*, *de Russie* (p. 152), *du Phare* (p. 152). Dans ce dernier: plat du jour, de 10 à 2 h., 1 fr. 25 à 1 fr. 50; dîn., de 2 à 7 h., 4 fr., pain et serv. compris; beefsteak aux pommes, 2 fr. Bonnes huîtres dans un estaminet près de l'estacade. — Tables d'hôte dans les hôtels, au Kursaal, pour les abonnés, et au Pavillon du Rhin (4 fr.).

Dans la ville: **Aux Frères Provençaux* (Morainville), rue de Flandre, 22, bon, mais assez cher; **Taverne Allemande* (Welt's Hôtel), même rue (bière, 30 à 50 c.).

Cafés: dans les restaurants de la digue mentionnés ci-dessus; *Grande Pâtisserie* (Broekaert), rue de Flandre, 32, avec restaur. (déj. 3 fr.; dîn., 5 fr.); **Noppeney*, au coin de la rue de Flandre et de la rue Longue, aussi une pâtisserie; à la **Société littéraire*, au rez-de-chaussée de l'hôtel de ville (pl. 7, C 3), sur la place d'Armes, avec salle de lecture. Ce local appartient à une société, et il n'est ouvert aux étrangers que sur présentation. L'entrée est gratuite pour 5 jours après cette introduction; ensuite il faut prendre un abonnement mensuel de 3 fr. — BRASSERIES: *Cave de Munich*, rue de Flandre, à l'hôtel de ce nom (p. 152); diverses autres dans la ville. — L'eau de Seltz se vend 75 à 80 c. le cruchon, 50 c. le siphon. — VIN au détail, depuis 1 fr. 10 la bout., chez *Michens-Verhoest*, rue de Flandre, 15, etc.

Bains (v. p. 156). On se baigne de 7 h. du matin à 7 h. du soir. On se procure les cartes nécessaires au bureau sur la plage. Un «coupon» donnant droit à une cabine (pas plus de 40 min.), y compris le costume et deux serviettes, 1 fr.; 2 serviettes en plus, 20 c. On paie 50 c. pour les enfants au-dessous de 6 ans. Au *Paradis*, emplacement à l'extrémité S.-O. de la digue, où les hommes se baignent sans costume, les prix sont les mêmes. Il y a une troisième place dans le voisinage de l'ancien phare (pl. DE 2), préférable pour les personnes faibles, nommée officiellement «section est». Les baigneurs font bien d'avoir leur propre costume (5 fr. et audessus dans la plupart des magasins de la rue de Flandre), quoiqu'il faille payer autant pour le faire garder que pour en louer un, car celui qu'on vous donne n'est pas toujours bon. — Le *baigneur* ou la *baigneuse*, dont on peut très bien se passer, se paie 50 c. On donne 5 c. au conducteur et autant à la personne qui nettoie la cabine. Il vaut mieux laisser à l'hôtel les objets de valeur.

Tentes et *marquises* pour s'asseoir sur la plage, 1 fr. et 1 fr. 50 par jour; 6 et 9 fr. pour 8 jours, etc. — *Chaises*, 10 c.

Bains chauds, chez *A. Tratsaert*, rue St-Sébastien, 26, avec des douches (bain d'eau de mer, 3 fr.; 12 bains, 30 fr.; bains d'eau douce, 4 fr.; la douzaine, 40 fr.); *Hoedts*, rue de l'Eglise, 23 (2 fr. 50, 24 fr. la douzaine).

Voitures de place, au chemin de fer et sur la Grand' Place: course dans la ville, 1 fr.; à l'heure, 1 fr. 50, puis 50 c. par $1/2$ h.; la nuit, 1 fr. 50, 2 fr. et 75 c. — *Paniers*, voitures un peu plus élégantes, 1 fr. 50, 3 fr. et 2 fr. Hors de la ville, il n'y a pas de tarif.

Barques pour promenades en mer, avec deux bateliers, $1/2$ h., 3 fr.; 1 h., 5 fr.; 2 h., 6 fr.; avec 3 bateliers, 5, 6 et 8 fr.; avec 4 bateliers, 6, 8 et 12 fr. Ces prix sont pour 4 pers.; si l'on est plus nombreux, il faut s'entendre d'avance, car sans cela les loueurs peuvent demander 1 fr. de plus par personne.

Anes et poneys, à l'extrémité S. de la digue: âne, 50 c. par $1/2$ h.; poney, 1 fr. l'heure.

Concerts: au *Kursaal* (p. 153), tous les jours, à différentes heures; au *pavillon*, près de l'ancien phare (pl. D 2), dans la soirée. — **Bals**: au *Casino*, salle brillante au premier étage de l'hôtel de ville, les dim., mardi et jeudi, entrée pour ceux qui ne sont pas abonnés au Kursaal, 3 fr. (*toilette de ville*).

Panorama, non loin du Kursaal. On y voit actuellement la prise de Caboul par les Anglais. Entrée, 50 c.

Courses, à l'hippodrome Wellington, plusieurs fois dans la saison.

CABINETS DE LECTURE: *J.-B. Godtfurneau*, rue Longue; *Marie Asseloos*, même rue.

MARCHAND DE JOURNAUX: *Daniels-Dubar*, rue de la Chapelle, 25. On peut s'abonner pour une semaine, etc. — La *Saison d'Ostende*, qui paraît tous les jours (5 fr. pour la saison), est le Moniteur de l'administration du Cursaal, qui la fait distribuer gratuitement à ses abonnés le dimanche.

Médecins: les doct. *Corbisier*, rue Longue; *De Hondt*, rue de la Chapelle, 62; *De Jumné*, rue Longue; *Gérard*, rue d'Ouest; *Janssens*, marché aux Herbes; *Kockenpoo*, rue Louise; *Schramme*, rue des Capucins; *van Oye*, rue St-Sébastien; *Verschuere*, boulev. d'Iseghem.

Poste et télégraphe, rue des Sœurs-Blanches, 10. Les bureaux sont ouverts de 7 h. du matin à 7 h. du soir.

Ostende (*oost*, est; *ende*, extrémité), ville de 19400 hab., est le second port de la Belgique, mais n'est important que pour la circulation des voyageurs entre le continent et l'Angleterre. On y voit rarement d'autres navires que ceux à destination de l'Angleterre. Le nombre de bâtiments pêcheurs, au contraire, y est très considérable; on en compte 160 à peu près, avec environ 850 hommes d'équipage, plus de la moitié de ce que la pêche emploie dans tout le royaume. — Ostende a soutenu durant 3 ans, de 1601 à 1604, un siège des plus mémorables, et elle ne fut rendue au général espagnol Spinola que sur l'ordre des Etats-Généraux. Les Français s'en sont emparés en 1745 et en 1794. Les fortifications ont été rasées en 1865, et la ville s'est développée depuis d'une façon étonnante du côté de la mer.

La rue principale, en venant de la gare, est la *rue de la Chapelle* (pl. C 4-3), maintenant prolongée de la place d'Armes à la digue, sous le nom de *rue de Flandre* (pl. C 2). Dans le voisinage de cette dernière se trouvent les principaux magasins, surtout de grands magasins de coquillages.

L'*église St-Pierre-et-St-Paul* (pl. 6, C 3-4) a été décorée en 1858 d'un monument consacré à la mémoire de la reine Louise, décédée ici en 1850. C'est un groupe de trois figures, par *Fraikin*: la reine mourante; au-dessus d'elle, un ange aux ailes éployées; à ses pieds, la ville éplorée. — Sur la place d'Armes (pl. C 2-3) s'élève le grand bâtiment de l'*hôtel de ville* (pl. 7), avec les salles de la *Société littéraire* (p. 153) et du *Casino* (p. 154). Il y a sur la tour un anémomètre ou appareil pour mesurer la force du vent. — L'*église Ste-Catherine*, dans la rue Christine, est un édifice dans le style du XIIIe s., achevé en 1883, sur le modèle d'une ancienne église de Gand, par Aug. van Asche. On y remarque de beaux ouvrages en bois sculpté: les confessionnaux, la chaire, etc. — Le nouveau *parc Léopold* (pl. B 3) est assez joli, bien que les arbres y soient encore petits. Il y a un café au milieu sur une hauteur.

Ostende est un des premiers bains de mer de l'Europe. La saison dure du 1er juin au 15 octobre. Le nombre des étrangers qui y viennent s'élève à plus de 12 000 chaque saison.

Une ***digue**, construite en blocs de pierre et qui a près de 2 kil. de long sur 10 m. de haut et 30 m. de large, en y comprenant le chemin des voitures (12 min.), sépare la ville de la mer dans la direction du N.-E. au S.-O. On y monte par plusieurs rampes. A l'exception du chemin des voitures, cette digue est dallée. Elle est bordée de grandes constructions neuves: hôtels, villas, etc., parmi lesquelles il y en a de belles, dans le style de la renaissance flamande, et d'autres dont le style est surchargé. Le principal édifice est le KURSAAL (pl. B 1-2; v. p. 153), bâti de 1876 à 1878, sur les plans de *Naert*, architecte de Bruxelles. La digue se prolonge au delà du *palais du Roi* (pl. A 1), édifice dans le style des chalets, jusqu'au *fort Wellington*, dans le voisinage duquel est l'*hippodrome Wellington*, de création récente, où ont lieu les courses (v. p. 154 et 161).

A toute heure de la journée la digue fourmille de promeneurs, surtout le soir de 6 h. à 8 h., et la foule ne diminue que longtemps après que le phare est allumé. On passerait des journées entières à rêver et à méditer devant ce sublime panorama, si infiniment varié dans son apparente monotonie, devant ces admirables oscillations des vagues, devant ce jeu perpétuel du déferlement des lames. Un soleil couchant bien clair, sur cette plage, est quelque chose d'incomparable.

C'est au S.-O. de la digue que sont les **bains de mer** (pl A B 1), surtout fréquentés dans la matinée. Les deux sexes se baignent en commun, en costume complet, excepté à l'emplacement dit le «paradis» (p. 154). On prend une carte (p. 154) et son costume, et l'on monte dans la première cabine venue. Aussitôt un cheval s'y attelle pour vous conduire dans la mer, et le conducteur frappe un coup du manche de son fouet sur la cabine, pour vous avertir de vous asseoir, parce qu'on va partir. En sortant de la cabine pour entrer dans l'eau, on en remarquera bien le numéro pour n'avoir pas à la chercher trop longtemps au retour. A la partie antérieure de la cabine se trouve un cordon que l'on tire, lorsqu'on désire être ramené à terre. Il faut avoir soin de tourner le dos aux vagues qui déferlent; avec un peu d'exercice on n'aura plus de peine à résister aux assauts de la lame. En la recevant en face, on risque fort d'être culbuté. Quand on est à quelques pas du rivage, on ne s'en effraie guère; mais à une certaine distance, même quand l'eau monte à peine jusqu'aux hanches, on éprouve vis-à-vis de la vague une espèce d'inquiétude qui peut facilement vous ôter le goût des bains de mer, si l'on ne parvient à s'en débarrasser au moyen de la précaution que nous venons de recommander. Si les vagues sont faibles ou font tout à fait défaut, on peut se faire donner des douches par le baigneur, c.-à-d. se faire jeter de l'eau de mer avec un baquet.

Les personnes qui savent nager, peuvent sans danger s'avancer à une certaine distance dans la mer; la pente du sol est fort douce, et ce n'est qu'à une demi-heure de distance qu'il s'abaisse brusquement, à une profondeur de 40 mètres. Il y a du reste des barques qui croisent continuellement en vue des baigneurs, pour leur porter secours au besoin. Néanmoins il faut toujours user de prudence, surtout lors du reflux, qui peut vous entraîner. C'est aussi une circonstance défavorable quand le vent souffle en sens contraire du mouvement de la marée. Si les vagues sont fortes, il est toujours plus sage de rester à proximité du bord.

Quant à la durée des bains, il serait difficile d'établir des règles absolues. La règle des Anglais, qui font autorité en matière de bains de mer, est: «*three dips and out*», trois plongeons et sortir; toutefois on pourra fort bien, suivant sa constitution, rester 2, 4 et même 10 min. dans l'eau. L'essentiel est de ne pas attendre, pour sortir, un second frisson. Il arrive souvent que l'on ne supporte pas du tout les bains de mer; on fait bien, dans ce cas, de consulter tout de suite un médecin.

Au N.-E. de la digue se trouve l'estacade (pl. E 2), composée de deux longues jetées protégeant l'entrée du port et s'avançant au loin dans la mer. Celle de l'O. a 965 pas de longueur, et celle de l'E. la dépasse encore d'environ 100 pas. Elles sont construites avec des pieux ou «estaches», recouverts d'un plancher. Il y a des bancs, où l'on peut jouir de l'air de la mer et qui offrent des distractions lorsqu'il entre ou sort quelque bâtiment à voiles, ou encore à l'arrivée et au départ des steamers anglais. On y observe aussi très bien la phosphorescence de la mer (p. 158).

Le port a un *chenal* ou entrée de 150 m. de longueur (pl. E 2). Il se divise en *avant-port*, en *bassin du Commerce*, avec quais de chargement, et en *arrière-port*. Pour empêcher l'ensablement, on a creusé un vaste *bassin de retenue* ou *de chasse* (pl. E 3-4), avec de fortes écluses, qui servent à retenir, à marée haute, de l'eau qu'on laisse échapper après le reflux, et qui balaie le chenal. Les autres bassins, ainsi que les écluses de Slykens (p. 158), datent du règne de Joseph II. — Dans le haut du nouveau bassin se trouve le *marché aux poissons* (pl. D 4), bâtiment rond avec une cour au milieu, où ont lieu les ventes mentionnées p. 158, de 7 h. à 9 h. du matin, au retour des bateaux pêcheurs.

Au delà de l'entrée du port et du bassin de chasse, qu'on longe pendant 10 min., se trouve le ***nouveau phare** (pl. F 4), haut de 57 m. Le mieux, pour y aller, est de prendre une barque à l'estacade, en faisant le prix d'avance, parce qu'il n'y a pas de tarif: 25 à 30 c., 50 à 75 c. aller et retour; les gens du pays ne paient que 10 c. pour la traversée. Un escalier de 274 marches conduit à la lanterne (50 c. de pourb.). Des prismes et des réflecteurs, emboîtés les uns dans les autres, centuplent la lumière d'une lampe à modérateur, qui brûle avec 4 mèches et dont le feu luit jusqu'à 15 lieues à la ronde. Les frais de construction de ce phare se sont élevés à 242000 fr. La vue dont on jouit du sommet, s'étend à 10 lieues sur la mer; par un temps clair, on découvre facilement Nieuport, Furnes et Dunkerque. Au N.-E., on aperçoit le Kursaal de Blankenberghe.

Une agréable distraction, pendant le séjour à Ostende, consiste à ramasser des **coquillages**. C'est après le reflux, le long des digues qui s'avancent dans la mer, qu'on en fait la plus riche moisson; on en trouve beaucoup aussi du côté N.-E. du port, où l'on peut se faire conduire en barque. On peut encore recueillir ici de beaux spécimens de la flore des dunes: algues, chardons, jonc marin, argousc, etc.

Des coquilles plus rares, provenant généralement des Indes, se vendent dans les différents magasins de la ville, surtout dans la rue de Flandre. Les prix habituels sont: un grand coquillage ordinaire ou strombe *(strombus gigas)*, avec une magnifique ouverture rose, ordinairement 1 fr. 50; le jaune-brun nommé casque *(cassis)*, 2 à 3 fr.; le blanc à deux valves, en forme de pied de cheval, nommé hippope *(hippopus)*, 2 fr.; le cône *(conus)*, orange ou cannelle, 5 fr.; le coquillage à pointes ou mure *(murex)*, 2 fr.; le coquillage en toupie *(turbo)*, 1 fr. 50; les coquilles de St-Jacques, dites coquilles à ragoût, 1 fr. la douzaine; un petit flacon rempli de toutes sortes de petites coquilles, 30 à 50 cent. Les boîtes incrustées de coquillages sont relativement chères, car elles ne sont pas confectionnées en Belgique, mais viennent du midi de la France. Depuis quelque temps, on vend les étoiles de mer comme engrais, à 4 fr. l'hectolitre. On trouve aussi sur la plage une quantité innombrable de *moules*.

Les **huîtrières**, grands réservoirs établis aux deux extrémités de la digue, près de la porte de Bruges, etc., sont remplies de centaines de mille d'huîtres presque pendant toute l'année. Les huîtres viennent d'Harwich, de Colchester et d'autres points du littoral anglais, pour être engraissées dans les parcs, c'est-à-dire nettoyées par de l'eau de mer clarifiée, etc. Le prix varie, suivant les qualités, de 5 à 8 fr. le cent et même davantage. Elles sont plus rares et moins bonnes en été. Les *homards*, pour lesquels il existe dans les parcs aux huîtres des réservoirs particuliers, viennent pour la plupart de Norvège. On les paie de 2 à 6 fr. la pièce. Les *crabes*, sortes d'araignées de mer, ont au goût quelque analogie avec le homard.

Les **poissons de mer** sont plus abondants et à meilleur marché en été, parce qu'ils ne peuvent être exportés aussi loin. Le meilleur est le *turbot*; on le paie à Ostende jusqu'à 15 fr. Puis viennent la *sole* et le *maquereau*, le *cabillaud*, l'*aigrefin*, le *merlan*, la *raie*, etc. On mange aussi beaucoup de *crevettes* ou petites écrevisses de mer, nommées *garneelen* sur le reste de la côte de la mer du Nord. Toutes ces poissons, qui du reste ne sont point pêchés à Ostende, mais en majeure partie à Blankenberghe (p. 159), se vendent publiquement, à la criée, au marché aux poissons (p. 157). Les acquéreurs sont pour la plupart des revendeuses, qui ont leur étalage sur le marché. La vente se fait au rabais, jusqu'à ce qu'un amateur dise «*myn*» (à moi).

La **phosphorescence** de la mer se remarque le mieux par une soirée d'été, à l'approche d'un orage. Il est beau alors d'assister à l'ouverture des écluses du port et d'y voir les eaux, comme des flots de feu, se précipiter vers la mer. Cette phosphorescence provient de différents animalcules, nommés «noctiluques», qui brillent comme des vers luisants à chaque mouvement de l'eau. Quand, par une nuit orageuse, on verse de l'eau de mer dans un verre, on y distingue facilement, comme points lumineux, ces animaux phosphorescents. Une poignée d'eau de mer jetée en l'air, forme en tombant des milliers d'étincelles.

Le **flux et le reflux** de la mer se répètent deux fois dans les 24 h., tous les jours 50 min. plus tard, en concordance avec le passage de la lune au méridien. Chaque fois que la mer s'est entièremant retirée, on ouvre les écluses du port et les eaux s'en écoulent avec rapidité. Il y a un tableau des marées à Ostende et à Anvers dans le Guide officiel (p. 1); on peut aussi s'en procurer un chez les libraires.

La belle saison pour les bains de mer à Ostende est en juillet et en août. Il y a alors plusieurs fêtes locales, surtout des *kermesses*. Ces fêtes ne sont pas sans intérêt pour les baigneurs qui veulent étudier les mœurs flamandes. Les sociétés de tir à l'arc ou à l'arbalète sont très nombreuses en Belgique; elles organisent ordinairement des concours pour la fête de la localité, et il est curieux de constater l'adresse qui se manifeste dans ces tirs.

Promenades: à *Slykens*, à 1/2 h. sur la route de Bruges; à *Oudenbourg* (p. 121); à *Wenduyne* (p. 160); à *Mariakerke* (p. 161).

II. Blankenberghe et Heyst.

Blankenberghe. — **Hôtels:** Sur la digue, pleins au fort de la saison et alors quelquefois peu agréables. A dr. de la montée principale: *Gr.-H. des Bains et des Familles* (pens. avec ch. du côté de la mer, 8 à 15 fr., moins chère de l'autre côté); *H. du Rhin*, avec café-restaur. (plats

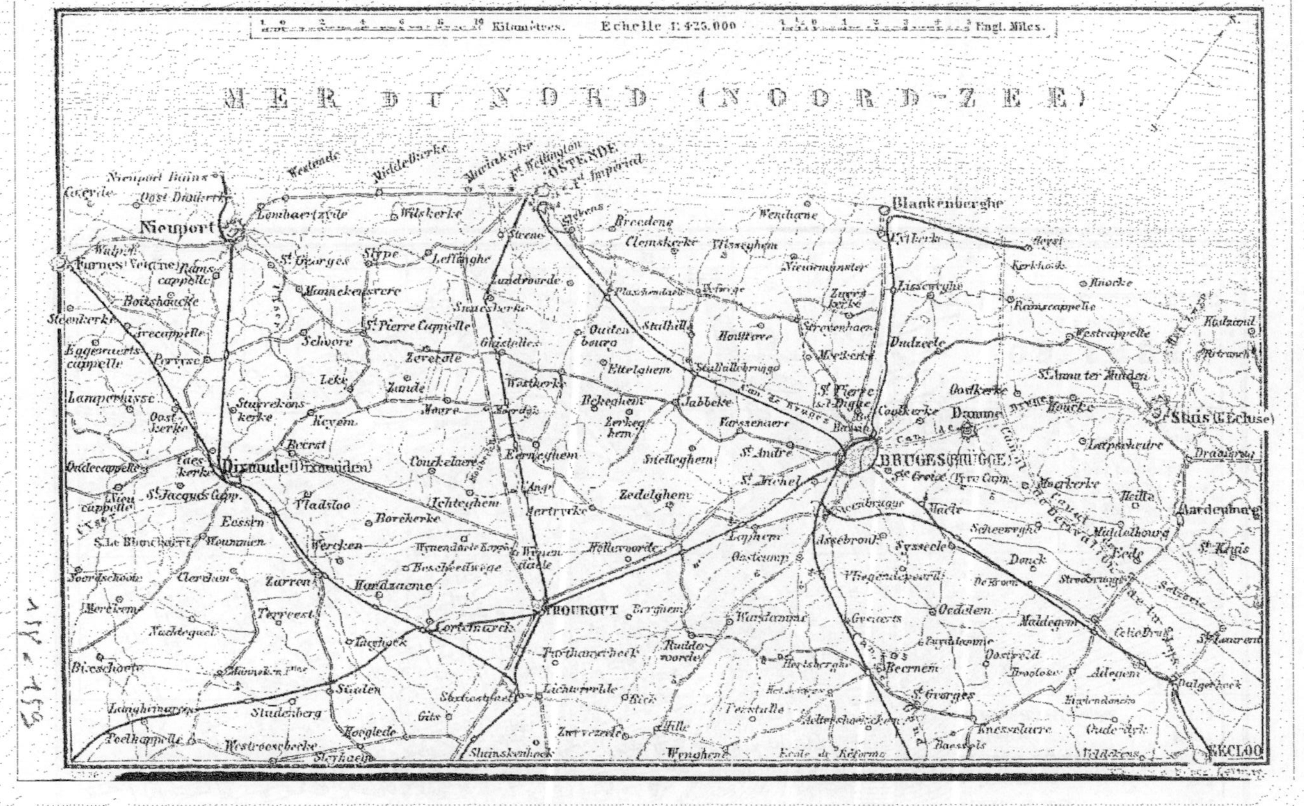

Kilomètres.
Echelle 1:425.000
Engl. Miles.
MER DU NORD (NOORD-ZEE)
Nieuport
Ostende
Blankenberghe
Bruges (Brugge)
Dixmude (Dixmuiden)
Thourout
Sluis (L'Ecluse)
Eecloo
Furnes
Westende
Middelkerke
Mariakerke
Ft. Wellington
Ft. Impérial
Damme
Lichtervelde
Cortemarck

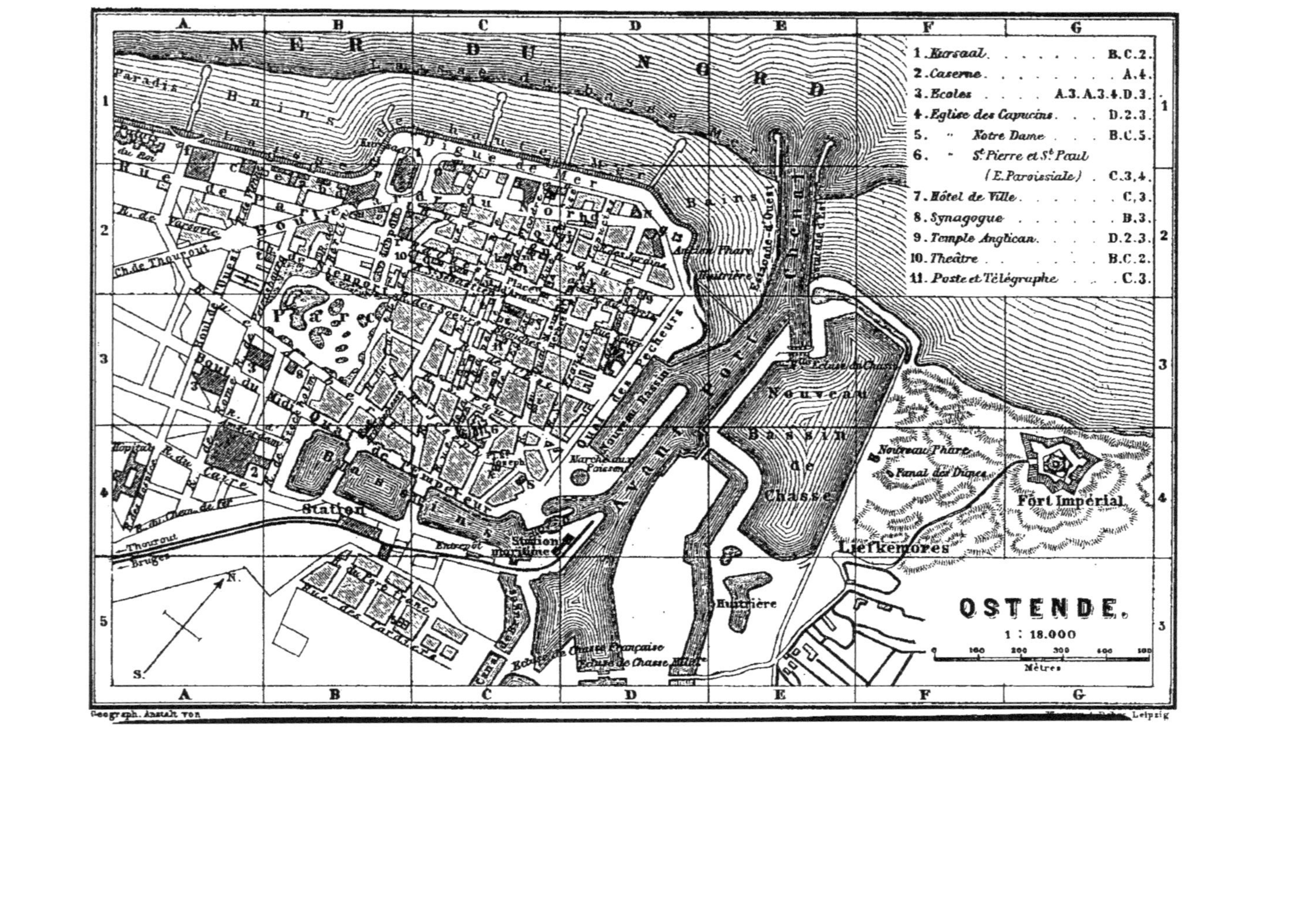

OSTENDE.
1 : 18.000
0 100 200 300 400 500
Mètres
1. Kursaal . . . . . . B.C.2.
2. Caserne . . . . A.4.
3. Ecoles . . . . A.3.A.3.4.D.3.
4. Eglise des Capucins . . . D.2.3.
5. " Notre Dame . . . B.C.5.
6. " St. Pierre et St. Paul
(E. Paroissiale) . C.3,4.
7. Hôtel de Ville . . . . C.3.
8. Synagogue . . . . . B.3.
9. Temple Anglican . . . D.2.3.
10. Théâtre . . . . . B.C.2.
11. Poste et Télégraphe . . . C.3.
MER DU NORD
Paradis
Bains
Digue de Mer
Rue de Paris
R. de Varsovie
Ch. de Thourout
Boul. de l'Ouest
Parc
Boul. du Midi
Quai de l'Empereur
Station
Station maritime
Entrepôt
Quai des Pêcheurs
Nouveau Bassin
Avant Port
Chenal
Estacade d'Ouest
Ancien Phare
Huîtrière
Nouveau Bassin de Chasse
Écluse de Chasse
Nouveau Phare
Fanal des Dunes
Fort Impérial
Lietkemores
Écluse de Chasse Française
Écluse de Chasse Milit.re
Canal de Bruges
Marché au Poisson
Thourout
Bruges
R. du Carré
Hôpital
N.
S.
Geograph. Anstalt von
Leipzig

du jour); *Pavillon des Princes*, plus loin (bonne cuisine); *H. Continental*, maison neuve de 1er ordre, recommandée. — A g. de la montée principale: *Gr.-Hôt. Godderis* (table d'hôte à 1 h., 3 fr.; souper, à 7 h , 2 fr.; pens., 7 à 15 fr.); *H. du Kursaal*, de 1er ordre (120 ch., 5 à 20 fr.); *H. Pauwels-D'Hondt*, grande maison (pens., 8 à 15 fr.); *H. Victoria*, grande maison (dîn., à 1 h. et à 5 h., 3 fr.; soup., 2 fr.; plat du jour, 1 fr.). Plus loin: *H. de l'Océan; H. de Venise; H. de l'Univers; H. du Phare*, à l'écart, à l'entrée du port (dîn., 2 fr. 50).

Dans la ville. Rue de l'Eglise, à côté de la montée de la digue: *H. du Lion-d'Or* et *H. de Bruges*, avec plusieurs dépendances, recommandés. Rue de l'Eglise, sur le chemin de la gare à la digue: *H. de Bellevue*, avec restaur.-brasserie; *H. d'Allemagne* (pens., 7 à 9 fr.); *H. de la Paix* (dîn., à 1 h., 2 fr. 50; à 5 h., 3 fr.); *H. Troch*, dans une rue entre les deux précédents; *H. de Gand*, même rue. Puis, rue de l'Eglise, 22, *Gr.-Hôt. d'Hondt*, fort bon, très fréquenté par la bourgeoisie belge (pens., 8 à 10 fr., la moitié pour les enfants). Dans le voisinage, la *Pens. du Dr Verhaeghe*, place du Marché, 32 (8 à 10 fr.), et qui a une dépendance à la montée de la digue. — Dans le voisinage de la gare: *H. du Chemin-de-Fer, des Mille-Colonnes, du Lion-Rouge*, plutôt des restaurants avec des chambres à louer.

Hôtels garnis sur la digue, où les chambres se louent 4 à 15 fr. par jour du côté de la mer, 2 fr. de plus avec un second lit, moins de l'autre côté. — Logements meublés dans la ville: *Dr Cosyn*, rue du Moulin, 23; *Dr van Mullem*, rue de l'Eglise; *Grande Maison Leroy*, même rue. On trouve des logements dans toutes les rues: ch., à lit, en moyenne, 2 à 3 fr.; à 2 lits, 3 à 5 fr. Toutefois, de la mi-juillet à la fin d'août, il est prudent de s'assurer d'avance un logement de ce genre, ou du moins d'arriver assez tôt à Blankenberghe pour pouvoir, au besoin, retourner le soir à Bruges.

Cafés et restaurants. — Outre les hôtels nommés ci-dessus: le *Kursaal*, café-restaur. seulement pour les abonnés (dîn., à 1 h. $^1/_2$, 2 fr. 50; à 5 h., 3 fr.; souper à 7 h.; beaucoup de journaux); *Cave de Munich*, à l'hôt. de l'Univers (v. ci-dessus).

Médecins: le *Dr Cosyn* et, dans la saison, plusieurs docteurs de Bruges: MM. *van den Abeele, van der Ghint, Schramme.*

Bains. Cartes: 75 c. pour les adultes, 40 c. pour les enfants. Les cabines (plus de 300) ne sont pas conduites à l'eau par des chevaux, mais par les gardiens. On donne, au départ, quelques francs de pourboire pour le séchage du linge et les chaises sur la plage. — *Tentes* sur la plage pour se mettre à l'abri contre le vent et le soleil (non contre la pluie), 1 fr. par jour. — *Costumes de bain*, 5 fr. et au-dessus. — Bains chauds, au *Gr.-H. des Familles* (p. 158).

Barques: 5 fr. la course; en société, 1 fr. par personne.

Anes, dont les conducteurs sont importuns: $^1/_2$ h., 50 c.; pour *Heys* (v. ci-dessous), 2 à 3 fr.

La *Vigie de la Côte* donne tous les dimanches la liste des étrangers et les heures de marée.

Blankenberghe, à 4 h. au N.-E. d'Ostende et à 3 h. au N. de Bruges, est une petite ville de pêcheurs d'env. 2800 hab., composée de petites habitations à un étage, et qui a beaucoup d'analogie avec Schéveningue (p. 270). Elle est devenue, depuis une dizaine d'années, la rivale d'Ostende pour les bains, et il y vient annuellement env. 10 000 baigneurs, surtout des Allemands. La vie y est en général moins chère qu'à Ostende; on y paie sur la digue les mêmes prix que de l'autre côté dans la ville. Mais il y a aussi moins de ressources et moins de confort. Les bains s'y prennent naturellement de la même façon qu'à Ostende (p. 156).

La digue et pavée en briques dans toute sa largeur (20 m.)

et forme une promenade de 1/2 h. de long, dans le genre de la digue d'Ostende, aussi toujours très animée. A dr. ou au N.-E. de la montée du milieu se construit un grand *casino*, qui doit être achevé pour 1887. De l'autre côté, près de l'hôt. Godderis, se trouve le *Kursaal*, rendez-vous des baigneurs (abonnement moins élevé qu'à Ostende). Il y a devant un *pavillon* pour la musique. A l'extrémité S.-O. de la digue s'élève le *phare*, à l'entrée du petit *port*, destiné aux bateaux pêcheurs, dont on voit cependant toujours une certaine quantité sur la plage. Comme à Ostende, l'entrée du port est protégée contre l'ensablement par des estacades, qui s'avancent jusqu'à 300 pas dans la mer, et à l'extrémité desquelles il y a des bancs.

A 1 h. 1/2 au S.-E. de Blankenberghe (station 20 min. à l'O., v. p. 121) se trouve le village de **Lisseweghe**, dont l'*église*, une anc. collégiale, est un édifice imposant du style de transition, construit vers 1250 et assez mal restauré. On y remarque, à l'extrémité du bas côté de g., une Visitation de la Vierge par *Jac. van Oost le Vieux*. La tour, bien qu'elle ne soit achevée qu'aux deux tiers, se voit a une distance de plusieurs lieues.

De Blankenberghe à Ostende par la plage, chemin monotone de 4 h. A *Wenduyne*, 2 kil. à l'O. de Blankenberghe, l'*établissement d'hydrothérapie marine*, pour les enfants malades, fondé par le Dr van den Abeele. Vue étendue de la baraque de la douane, sur la dune la plus élevée. — A Heyst, aussi par la plage, seulement 1 h. 1/2. On verra avec intérêt les travaux que nécessite continuellement l'entretien des dunes (v. p. 213).
Chemin de fer de Blankenberghe à Heyst, v. p. 121.

Heyst. — Hôtels et pensions, sur la digue: *Kursaal*, fort bon (pens., 7 à 11 fr.); *Grand-Hôtel*, du côté de la mer; *H. garni de l'Océan*, du côté du village. Plus loin: *Gr.-H. de la Plage* (beaucoup d'ecclésiastiques; bonne cuisine); *H. du Phare*, recommandé (ch. et pens. dep. 6 fr. 50 à 7 fr. 50); *H. Royal*, *H. de Flandre*. — Un peu à l'écart, dans le village: *H. Léopold II*, simple, mais qui a une bonne cuisine; *H. des Bains*, *H. Pauwels*, encore plus modestes, etc. — En général, Heyst convient aux baigneurs de la classe moyenne, surtout aux familles avec des enfants.

Le bain coûte 75 c., plus un pourb. L'organisation laisse un peu à désirer. — Anes, 1 fr. l'heure.

La gare est à quelques minutes au N. du village. On n'y trouve pas toujours des commissionnaires en nombre suffisant.

Heyst est un village de 1700 hab., à l'extrémité de la ligne de chemin de fer mentionnée p. 121. Il y vient env. 3000 baigneurs par an. Au bord de la mer s'étend, comme à Blankenberghe, une digue pavée de briques, de 20 m. de large et près de 2 kil. de long, où se trouvent les hôtels mentionnés ci-dessus, des maisons particulières et des restaurants. On voit toujours sur la plage quantité de bateaux pêcheurs de même dimension et placés à égale distance l'un de l'autre. Le mouvement des pêcheurs ramenant leur marée, leurs occupations variées autour de leurs barques et de leurs filets constituent un tableau maritime original. — On remarque dans le village une grande église catholique en briques, du style gothique.

Deux canaux, fermés par d'imposantes écluses, la *dérivation de la Lys*, construits de 1857 à 1863, aboutissent dans la mer à l'O.; ils écoulent les eaux de la plaine vers la mer. La différence du niveau de ces eaux a rendu nécessaire cette double canalisation. Leur mauvaise odeur se fait sentir à marée basse jusqu'à Heyst, lorsque le vent est d'ouest.

Un lieu de promenade favori des baigneurs de Heyst est *Knokke*, village à $^3/_4$ d'h. au N.-E., avec une station de bateaux de sauvetage et un phare. — On peut aller plus loin, en 2 h. $^1/_2$ à pied, par *Westcapelle* et *Sint Anna ter Muiden*, village d'un caractère tout à fait hollandais, à Sluis, en français *l'Ecluse* (*hôt. de Koornbeurs*, médiocre), petite ville hollandaise fortifiée, avec un port et reliée à Bruges par un canal (3 h. à pied jusqu'à cette ville). Elle a un beffroi du xve s. On fera bien de s'arranger de façon à parcourir dans la soirée le chemin dépourvu d'ombre d'Heyst à Sluis. Pour cela, on ira d'abord par le chemin de fer à Bruges, puis de là à Sluis, par *Damme* (p. 152), le long du canal, qui est bordé d'arbres et de jolies propriétés. Il y a un service de bateau à vapeur entre Bruges et Sluis les mardi, mercr., jeudi, vendr. et samedi; trajet en 2 h., départ de Bruges l'après-midi et de Sluis dans la matinée. Diligence deux fois par jour entre Sluis et Westcapelle.

III. Middelkerke et Nieuport.

Les baigneurs qui désirent des bains encore moins chers et plus calmes que les précédents vont à ceux de *Middelkerke*, de *Mariakerke* ou de *Nieuport*.

Middelkerke, à 8 kil. au S.-O. d'Ostende, est desservi régulièrement matin et soir, dans la saison, c.-à-d. du 1er juillet au 1er octobre, par des omnibus partant de la gare d'Ostende: trajet en $^3/_4$ d'h. pour 1 fr., bagages compris. Voit. à 1 chev., 8 à 12 fr.; à 2 chev., 14 fr. et davantage. Le village, qui a une église en briques, est à 5 min. de la plage. Sur les dunes se trouvent de jolies petites villas et l'*hôtel des Bains*. Il y a sur le devant un chemin pavé en briques. — Au N.-E., au-dessus des villas, est la maison du gardien du câble télégraphique sous-marin reliant la Belgique à l'Angleterre: il n'y a rien à voir. Plus loin encore, dans la direction d'Ostende, se montre l'*hospice Roger-de-Grimberghe*, fondé en 1884, pour les enfants malades. — Entre Middelkerke et Ostende, à 1 h. du village et $^3/_4$ d'h. de la ville, se trouve *Mariakerke*, qui a aussi des bains de mer (50 c.). La digue d'Ostende doit être prolongée du fort Wellington (p. 155) jusque là.

Nieuport est à 16 kil. au S.-O. d'Ostende, d'où un omnibus y conduit en 1 h. $^3/_4$. Il est desservi par un embranch. de chemin de fer partant de Dixmude (p. 165) et qui a deux stations, une pour la ville et une pour les bains, 3 kil. plus loin. Il y a 2 h. à 2 h. $^1/_2$ de trajet de Gand à Dixmude et $^3/_4$ d'h. de là aux bains de Nieuport.

La VILLE DE NIEUPORT (*hôt. de l'Espérance*, passable), sur l'*Yser*, est le port d'Ypres, autrefois bien fortifié. Elle est connue par sa défense courageuse contre les Français en 1489 et par la victoire que Maurice d'Orange y remporta, le 2 juillet 1600, à la tête des Hollandais, sur l'archiduc Albert, commandant les Espagnols. C'est maintenant un endroit calme, comptant 3500 hab. On en remarque la belle *halle aux draps*, un peu en ruine, de 1480, avec un *beffroi* encore plus ancien; l'*église*, du style goth., avec de vieilles pierres tombales; l'*hôtel de ville,* commencé en 1513 et qui renferme quelques tableaux médiocres, entre autres une représentation de la bataille mentionnée ci-dessus, donnée en 1820 par le roi de Hollande, et de vieilles vues de la ville. — En dehors de Nieuport, du côté de la mer et sur le bord de l'Yser, un vieux *phare,* construit en 1289. Les écluses des canaux d'Ostende et de Furnes, qui débouchent ici dans l'Yser, sont fort remarquables.

Nieuport-Bains a été créé en 1869 par M. *Benj. Crombez,* qui en est propriétaire. Il se compose de deux grands hôtels: **H. de la Digue* (pens., 7 à 10 fr. avec la ch., 5 fr. sans la ch.) et *H. des Bains*, dans le même genre; plus d'un *Kursaal* et d'une quantité de jolies villas, sur les dunes. L'*hôt. de la Mer,* qui se trouve derrière la digue, est très modeste. Comme aux autres bains, il y a un long chemin pavé sur ces dunes. A une extrémité, à env. 1/4 d'h. des hôtels, se trouve une petite *église,* qui sert dans la saison; à l'autre extrémité, non loin des hôtels, l'*estacade,* qui protège l'entrée de l'Yser canalisée. Cette estacade a env. 1500 m. de long et forme, comme celle d'Ostende, une excellente promenade, ayant à l'entrée des bancs d'où la vue s'étend jusqu'à Ostende même et à Dunkerque. En face, le nouveau *phare,* éclairé à l'électricité. Les bains se paient 75 c. (bon service). Bonne eau à boire. Anes pour la promenade, 1 fr. l'heure.

17. Chemins de fer du S.-O. de la Flandre.

Ces chemins de fer, appartenant à une compagnie, sont destinés à relier entre elles et avec quelques grandes villes beaucoup de petites localités, ce qui explique les nombreux arrêts et la lenteur du trajet. — La route offre peu d'intérêt; le caractère général des paysages flamands se maintient jusqu'au bout; champs, prairies, vergers et quelques bouquets d'arbres, parsemés de villages et de fermes. Les villes sont un peu mortes, mais il s'y rattache quelques grands souvenirs. *Ypres* intéressera beaucoup les artistes et les amateurs, qui verront également avec intérêt le jubé de *Dixmude* (p. 165), la halle aux draps de *Nieuport* (v. ci-dessus) et les édifices de *Furnes* (p. 165).

I. D'Ostende à Ypres: 57 kil., trajet en 1 h. 3/4, pour 4 fr. 35, 3 fr. 25 et 2 fr. 20.

Ostende, v. p. 152. — Stations: *Snaeskerke*, *Ghistelles* (hôt. de l'Europe), où vont souvent les baigneurs d'Ostende; *Moere*, *Eerneghem*, *Ichteghem* et *Wynendaele* (v. ci-dessous).

24 kil. **Thourout** (hôt.: *du Duc de Brabant*, *du Cygne*, *de l'Union*), ville de 8500 hab., tirant son nom d'un bois jadis dédié à Thor, divinité des anciens Germains (*Thorhout*, bois de Thor). Elle possède une école normale primaire. Son église est de date récente et assez belle. On voit à 1/2 h. à l'O. de cette ville le château de *Wynendaele*, autrefois aux comtes de Flandre et bien restauré depuis peu; il appartient maintenant à un banquier de Bruxelles, M. Mathieu.

Thourout est aussi sur la ligne de Bruges à Courtrai (p. 165).

31 kil. *Cortemarck*, où passe aussi la ligne de Gand à Dunkerque (p. 165). — Ensuite: *Staden*, *Westroosebeke*, *Poelcapelle*, *Langhemarck* et *Boesinghe*.

57 kil. **Ypres.** — Hôtels: **H. de la Tête-d'Or*, dans la grande rue de Lille, qui commence en face du beffroi; *H. de l'Epée-Royale*, recommandé (ch., 1 fr 50; 1er déj., 75 c.; dîn., 2 fr.), *H. de la Châtellenie*, tous deux sur la Grand' Place. — A la gare, les hôt.: *Fournier*, *du Nord*, etc.

Ypres est une ville de 16 500 hab., et l'ancienne capitale de la Flandre occidentale, sur l'*Yperlée*, rivière canalisée, et dans une contrée très fertile. Elle a encore des restes de fortifications. Au XIVe s., cette ville comptait, dit-on, 200 000 hab. et 4000 métiers de tisserands en activité; mais il y a longtemps que cette prospérité a disparu. Des émeutes, le siège de la ville et la destruction de ses faubourgs par les Gantois, en 1383, firent émigrer beaucoup de ses tisserands et réduisirent son industrie à la fabrication de la dentelle. Sa transformation en place forte, lorsqu'elle eut été prise par Louis XIV, en arrêtèrent également les progrès. La ville d'aujourd'hui n'est donc plus qu'une ombre de celle d'autrefois, mais elle a conservé de brillants monuments de sa grandeur passée, qui en font une des plus curieuses de la Belgique.

De la gare, on suit la rue des Bouchers, puis, à l'extrémité, à g., la rue du Temple; on traverse à dr. le marché au Beurre et l'on arrive sur la Grand' Place, où est la halle aux draps.

La *HALLE AUX DRAPS est la construction la plus importante de ce genre en Belgique; elle fut commencée en 1201 et achevée en 1304. La façade, d'un modèle simple et qui mesure 140 m. de développement, est percée de deux rangs de fenêtres en ogive toutes égales. A chaque extrémité s'élève une tourelle, et au milieu un grand *beffroi* carré, haut de 70 m. et également flanqué de tourelles. C'est la plus ancienne partie de l'édifice; la première pierre en a été posée en 1200 par Baudouin IX, comte de Flandre (p. 179). On a rétabli en 1860 les sculptures qui ornaient jadis la façade, 44 statues, de 31 comtes de Flandre, depuis Baudouin Bras-de-Fer (m. vers 879) jusqu'à Charles-Quint, et de 13 de leurs femmes. Elles sont l'œuvre de *P. Puyenbroeck*, de Bruxelles. — A l'E. de la halle, l'*hôtel de ville*, bâti au commencement du XVIIe s., sur les plans dressés par *J. Sporeman* vers 1575. C'est un charmant édifice de la renaissance, dont le rez-de-chaussée est une halle de 6 m. de largeur, avec des colonnes, et d'une construction hardie. L'entrée se trouve par derrière, en face de l'église St-Martin, n° 1. A l'intérieur, on remarque surtout l'ancienne *salle échevinale*, aujourd'hui salle des mariages, ornée de fresques par *Guffens* et *Swerts* (1869), représentant la joyeuse entrée de Philippe le Hardi, duc de Bourgogne, et de sa femme, la dernière comtesse de Flandre, en 1384, et d'autres scènes de l'histoire de la ville. Il y a aussi une magnifique cheminée neuve, par *Malfait*, de Bruxelles, et de vieilles peintures murales restaurées, représentant les comtes de Flandre, de 1322 à 1476. La salle est malheureusement mal éclairée. La vaste galerie au premier étage de l'aile S. de la halle aux draps a été décorée, depuis 1876, de *12 peintures murales à la cire par *Ferd. Pauwels,* représentant les principaux événements de l'histoire d'Ypres pendant sa période de prospérité, jusqu'au siège de l'an 1383 (v. p. 163). 50 c. à 1 fr. de pourb. au domestique.

La *CATHÉDRALE *(St-Martin)*, derrière la halle aux draps, a été construite au XIIIe s., où elle en a remplacé une fondée en 1083. Le chœur est de 1221 et les nefs sont de 1254, mais la tour n'a été bâtie qu'après 1434, par maître *Utenhove*. On remarque surtout le chœur et le portail S. du transept, avec une magnifique rose et un beau fronton. Il y a des portes richement sculptées, du style gothique tertiaire. Entre les piliers du porche, un arc de triomphe d'*Urbain Taillebert*, d'Ypres (1600). A l'intérieur, des fonts baptismaux en cuivre et de magnifiques stalles, sculptées par *C. van Hoveke* et *U. Taillebert*, en 1598. De vieilles fresques, dans le chœur, ont été mal restaurées en 1826. Dans le bras g. du transept, un triptyque de 1525 (fermé), représentant la chute du premier homme et la rédemption. Remarquer aussi la tribune de l'orgue, du style goth. tertiaire. La sacristie renferme quelques objets religieux anciens. Dans un cloître goth. est inhumé *Jansénius* (m. 1638), évêque d'Ypres et fondateur de la secte des Jansénistes, qui existe encore en Hollande (p. 249).

La *halle de la boucherie*, bâtiment à deux pignons sur le marché au Beurre, au S.-O., presque en face de la halle aux draps, contient le *musée* (entrée par derrière; 50 c.), collection d'antiquités, de tableaux anciens et modernes, de dessins de jolies maisons des XIVe-XVIIe s., comme il y en avait autrefois beaucoup et comme il y en a encore dans la ville, en pierre, en brique et en bois.

C'est à Ypres que se trouve l'*Ecole de cavalerie* belge.

D'Ypres à Roulers, v. p. 166.

D'YPRES À POPERINGHE ET HAZEBROUCK, 20 et 31 kil. Stations: *Vlamertinghe;* Poperinghe, ville de 11200 hab., dont l'église St-Bertin, construite vers 1300, a au portail une belle chaire en chêne sculpté. — Ensuite vient *Abeele*. Puis on traverse la frontière française, passe à *Godewaersvelde*, *Caestre*, et l'on est à *Hazebrouck*, ville de 10595 hab. sur la ligne de Lille à Calais. Voir le *Nord de la France*, par Bædeker.

La ligne d'Ostende à Ypres se prolonge vers *Comines* (p. 171), *Warneton*, *le Touquet* (douane belge), *Houplines* (douane française) et *Armentières*, où elle rejoint celle de Lille à Calais.

II. DE GAND À DUNKERQUE, PAR LICHTERVELDE: 108 kil., trajet en 3 h. 30 à 4 h. 30, pour 8 fr. 25, 6 fr. 20 et 4 fr. 15.

Gand, v. p. 121. — 8 kil. *St-Denis-Westrem*. — 10 kil. *La Pinte*, aussi sur la ligne de Courtrai (v. p. 166). — 12 kil. *Deurle.* — 17 kil. *Deynze*, sur la *Lys*, avec une vieille église. Ligne de Courtrai, v. p. 166. — Puis *Grammene* et *Aerseele.*

33 kil. **Thielt,** vieille ville de 10 300 hab., insignifiante depuis le XVIe s., mais auparavant importante par ses manufactures de draps. Elle a encore de ce temps une halle au draps et un beffroi. Embranch. de 11 kil. sur Ingelmunster (p. 166).

38 kil. *Pitthem.* — 42 kil. *Ardoye.* — 50 kil. *Lichtervelde*, sur la ligne de Bruges à Courtrai (v. ci-dessous). — 56 kil. *Cortemarck*, sur celle d'Ostende à Ypres (p. 163).

Ensuite: *Handzaeme, Zarren, Eessen.*

68 kil. **Dixmude**, en flam. *Dixmuiden*, petite ville célèbre par le jubé de son église, construit dans le style flamboyant le plus riche, vers le commencement du XVIe s. Cette église possède aussi un tableau de *Jordaens*, représentant l'adoration des mages, et quelques autres œuvres d'art. Les environs se livrent à l'élève du bétail et font un grand commerce de beurre pour l'Angleterre.

Un embranchement de 18 kil. conduit en 30 à 45 min. de Dixmude à *Nieuport-Bains* (p. 162), par *Pervyse* et *Ramscapelle.*

77 kil. *Oostkerke.* — 79 kil. *Ave-Cappelle.*

83 kil. **Furnes**, en flam. *Veurne (hôt. de la Noble-Rose)*, ville calme de 4000 hab., bien plus considérable aux siècles passés. Sur la Grand' Place est l'*hôtel de ville,* construit de 1596 à 1612, dans le style de la renaissance. Plusieurs salles sont tapissées en cuir de Cordoue, et il y a deux belles portes sculptées. A côté, l'anc. *Châtellenie*, de la seconde moitié du XVIIe s., aujourd'hui le palais de justice, et le *beffroi*, énorme construction de 1624, avec une flèche. L'*église Ste-Valburge* est de fondation très ancienne, mais on en a entrepris la reconstruction au XIVe s. et dans de telles proportions, qu'il n'y a eu d'achevé que le chœur et ses chapelles. On y voit une Descente de croix attribuée à Pourbus. Il y a dans la sacristie un reliquaire du XIVe s. L'*église St-Nicolas*, qui a une énorme tour inachevée, est du XIVe s. — Dans le voisinage de Furnes sont les petits bains de mer de *la Panne.*

96 kil. *Adinkerque*, dernière station belge. — 101 kil. *Ghyvelde*, première de France; puis *Zuydcote*, *Rosendaal*, et *Tente-Verte.*

103 kil. *Dunkerque* (Grand-Hôtel, H. de Flandre). Voir le *Nord de la France*, par Bædeker.

III. De Bruges à Courtrai: 53 kil., trajet en 1 h. 1/2 à 2 h., pour 4 fr. 20, 3 fr. 20 et 2 fr. 10.

Bruges, v. p. 136. — Stations: *Lophem, Zedelghem.*

18 kil. **Thourout** (p. 162).

23 kil. *Lichtervelde* (v. ci-dessus). — Puis *Gits, Beveren.*

31 kil. **Roulers**, en flam. *Roeselaere (hôt. du Duc de Brabant)*, ville de 16 800 hab., que domine la tour goth. de son-

église St-Michel. Il s'y fait un grand commerce de toile. Le 13 juillet 1794, les Autrichiens, commandés par Clerfait, et les Français, sous Pichegru et Macdonald, s'y livrèrent une bataille sanglante dans laquelle ces derniers remportèrent la victoire. C'était le prélude de la défaite qui fut essuyée par les Autrichiens 13 jours plus tard à Fleurus (p. 184).

Un embranchement de 23 kil. conduit de Roulers à Ypres, en 40 à 55 min., pour 2 fr., 1 fr. 40 et 90 c. Stations: *Moorslede-Passchendaele*, *Zonnebeke*. Ypres, v. p. 163.

34 kil. *Rumbeke*, avec une belle église gothique et un château du comte de Thiennes. — 38 kil. *Iseghem*, ville de 9000 hab., qui a beaucoup de manufactures de toile et aux environs de laquelle on cultive le tabac. Plus loin, le joli château du baron Gillés.

42 kil. *Ingelmunster*, petite localité dont les fabriques de tapis sont très renommées. Embranchements sur Thielt (p. 165), et sur Anseghem (p. 171) par Waereghem (v. ci-dessous).

45 kil. *Lendelede*. — 49 kil. *Heule*, avec une église goth. à clocher d'une architecture lourde. Un peu avant Courtrai, le convoi franchit la *Lys* (flam. *Ley*).

53 kil. *Courtrai* (v. ci-dessous).

18. De Gand à Courtrai et à Lille.

Chemin de fer. 44 kil. jusqu'à Courtrai, 74 jusqu'à Lille. Trajet en 1 h. 1/2 ou en 2 h. 1/2 à 3 h. 1/2. Prix des places: jusqu'à Courtrai, 3 fr. 35, 2 fr. 50, 1 fr. 70; jusqu'à Lille, 6 fr. 40, 4 fr. 80, 3 fr. 35.

Gand, v. p. 121. On suit d'abord la ligne de Lichtervelde-Dunkerque (p. 165). — 9 kil. *La Pinte*, d'où se détache, à g., la ligne d'Audenarde, Leuze et Mons.

Ligne de Gand à Mons, par Audenarde, Leuze et St-Ghislain. — A Audenarde: 27 kil., trajet en 50 min., pour 2 fr. 5, 1 fr. 55 et 1 fr. 05. — A Mons: 94 kil. en 3 h. 1/4, pour 7 fr. 15, 5 fr. 40 et 3 fr. 60. Stations: *Eecke-Nazareth*, *Gavre-Asper*, *Synghem*, *Eyne* et *Audenarde* (p. 170), où l'on croise le chemin de fer de Bruxelles à Courtrai (R. 19). Puis *Leupeghem*, *Etichove*, *Renaix*, où aboutissent des embranch. venant de Courtrai et de Bassilly (p. 172); *Anvaing*, *Frasnes* et *Leuze*, où passe aussi la ligne de Bruxelles à Lille (R. 20). Enfin *Basècles*, *Blaton* (p. 173), *Pommerœul*, *St-Ghislain* (p. 179) et *Mons* (p. 178).

12 kil. *Deurle* (p. 165). — 17 kil. *Deynze*, petite ville avec une vieille église (embranchement sur Thielt, etc., v. p. 165). — 30 kil. *Waereghem*, à l'intersection d'une ligne entre Anseghem (p. 171) et Ingelmunster (v. ci-dessus). — 35 kil. *Desselghem*. — 39 kil. *Haerlebeke*. Grande culture de tabac.

44 kil. **Courtrai.** — Hôtels: *H. du Lion-d'Or*, bon et pas cher; *H. du Damier*, tous les deux sur la Grand' Place (table d'hôte à 1 h.); *H. Royal*, en face; *H. du Midi*, à dr. de la station, bonne maison bourgeoise, avec un café; *H. du Nord*, vis-à-vis du précédent. — Buffet tarifé à la station. — Cafés: *C. Belge* et *C. Français*, sur la place.

Courtrai, en flam. *Kortryk*, est une ville manufacturière de 27 000 hab., traversée par la *Lys*. Elle est renommée par ses toiles, surtout par son beau linge de table. La fabrication des dentelles y est aussi très importante et occupe de 5 à 6000 ouvrières. Le lin de Courtrai est très estimé et la vingtième partie de son territoire est affectée à la culture de cette plante. On voit aussi dans le voisinage de vastes blanchisseries. — 2 à 3 h. suffisent pour visiter cette ville.

Prenant la rue du Chemin-de-Fer, en face de la station, et tournant à dr. à l'extrémité, on arrive à la Grand' Place, sur laquelle se trouvent, à dr. le beffroi, à g. l'hôtel de ville, en face l'église St-Martin et à côté l'église Notre-Dame.

L'*HÔTEL DE VILLE a été construit de 1526 à 1528 et restauré depuis 1846. La façade est de nouveau décorée de statues comme autrefois. L'intérieur mérite une visite, tant à cause de ses deux belles cheminées, du commencement du XVIe s., qu'à cause des fresques modernes de l'ancienne salle échevinale, au rez-de-chaussée, par *G. Guffens* et *J. Swerts.*

Voici les sujets des peintures en commençant à g. de la cheminée: 1° St Eloi consacrant la première église dédiée à St Martin, 650; 2° Dirk van Assenède lisant devant la Dame de Courtrai, comtesse Béatrix, son poëme «Floris en Blancheflour», 1261; 3° Départ du comte Baudouin IX pour la Terre-Sainte, 1202; 4° Réunion dans la salle du conseil échevinal de Courtrai des chefs de l'armée flamande, la veille de la bataille des Eperons d'or, 1302; 5° St Amand; 6° Philippe d'Alsace; 7° Gilbert de Berneville et un grand citoyen de Courtrai.

Les sculptures de la cheminée de cette salle représentent les porte-bannières de la chevalerie de Courtrai. Les statues sont celles de la Vierge, de l'archiduc Albert et de sa femme.

La cheminée de la salle du Conseil, au 1er étage, du style flamboyant le plus riche, a été exécutée avant 1527; elle est encore plus remarquable que l'autre.

Deux rangées de statuettes, d'un bon travail, représentent les Vertus et les Vices. Dans le haut: la Foi, l'Humilité, la Générosité, la Chasteté, la Charité, la Tempérance et la Vigilance; au-dessous: l'Idolatrie, l'Orgueil, l'Avarice, la Luxure, l'Envie, la Gourmandise, la Colère et la Paresse. Les bas-reliefs de la partie inférieure semblent figurer le châtiment des vices. Des consoles supportent les statuettes de Charles-Quint, de l'infante Isabelle à dr., et de la Justice à g.

Les murs sont tapissés de grandes cartes de la ville et de sa châtellenie, peintes à l'huile en 1641.

Presque en face de l'hôtel de ville s'élève le *beffroi.* — Un peu plus au N., la tour de l'église ST-MARTIN, du XVe s. Cette église, dont la nef avait été construite de 1390 à 1439 et le transept vers 1415, fut en partie incendiée par le feu du ciel en 1862, mais elle est aujourd'hui restaurée. Elle a un beau portail. La belle chaire en bois sculpté, avec statues, et le tabernacle avaient été cependant sauvés. On voit dans le chœur, à g., un joli tabernacle, en grès, haut de 6 m. 71, qui fut sculpté en 1385, et à dr. de l'entrée, un triptyque de *B. de Ryckere* (de Courtrai), de 1587, représentant à l'intérieur la descente du St Esprit, sur les volets, la création du monde et le baptême de J.-C.

La rue Notre-Dame, en face de l'hôtel du Lion-d'Or, conduit

à l'église NOTRE-DAME, fondée par le comte Baudouin IX de Flandre et achevée en 1211. Le portail et le chœur, décoré de marbres, ont été refaits au XVIIIe s. La chapelle derrière le chœur renferme une magnifique *Erection de la croix, par *van Dyck*, malheureusement placée dans un mauvais jour.

« Un des plus admirables chefs-d'œuvre que la peinture ait jamais produits : l'instrument funeste, à demi soulevé, occupe diagonalement la toile. Il se détache sur un fond nuageux, dont la mélancolie sied bien au caractère de la scène ; les vapeurs néfastes ne laissent pas entrevoir un coin du firmament. Le Rédempteur est cloué au gibet que dressent des hommes vigoureux ; . . . . une amère et poignante douleur anime ses traits. . . . Quoique fixé au bois sanglant, le Christ a une attitude majestueuse ; la couronne d'épines entoure son front comme un diadème royal. Son corps svelte et nerveux, d'élégantes proportions, se distingue aussi par quelque chose d'héroïque. . . . . La vigueur morale dont la tête de Jésus porte l'empreinte, est si grande, qu'elle produit un effet sublime. Il semble que rien ne doive tenir contre elle, contre cette force intime de la justice. La taille athlétique des bourreaux, leurs violents efforts paraissent mesquins auprès d'une telle puissance. L'exécution est digne de la pensée . . .
L'Erection de Croix marque la différence qui existe entre le génie de Rubens et celui de van Dyck. La nature avait donné à l'élève un sentiment plus poétique, dans la signification idéale de ce mot. Rubens brillait surtout par la magnificence de l'exécution, par l'habileté du pinceau et par son talent de compositeur . . . . Les toiles de van Dyck unissent fréquemment la poésie à la beauté plastique. » *(Michiels).*

Les autels à dr. et à g. sont ornés de bas-reliefs en marbre blanc, fort bien travaillés, par *Lecreux* (XVIIIe s.) ; ils représentent Marie-Madeleine entourée d'anges et St Roch parmi les pestiférés. La *chapelle des Comtes*, adossée à l'église du côté droit, date de 1373. Elle était décorée de peintures murales du XIVe s., représentant des comtes et des comtesses de Flandre, dont une partie étaient détruites ; M. *van der Platz* les a restaurées et en a continué la série jusqu'à l'empereur François II. Le Jugement dernier au mur en face de l'autel est du même artiste.

Plus loin à g., la Lys est traversée par un pont flanqué de deux grosses et vieilles tours. — Au n° 14 de la rue du Béguinage, qui conduit de Notre-Dame à la tour de St-Martin, se trouve un *musée* (25 c. de pourb.) qui renferme quelques bons tableaux modernes, parmi lesquels nous citerons, de *L. Vermote*, de Courtrai, le Peuple gantois demandant assistance à Jacques d'Artevelde, pendant la famine de 1337 ; *Jean Ruyten*, l'Occupation de Berck, en Gueldre, par les troupes de Martin Schenk ; *L. Vermote*, Jeanne d'Arc sur le bûcher ; *H. Dobbelaare*, Memling peignant la châsse de Ste Ursule à l'hôpital de Bruges (p. 143) ; *Steinicke*, le Soir dans les hautes montagnes (Tyrol) ; *H. Schaffels*, Fête de St-Job à Anvers, au XVIIe s. ; *L. Vermote*, les Remords ; — *N. de Keyser*, la Bataille des Eperons.

C'est sous les murs de Courtrai que fut livrée, le 11 juillet 1302, la célèbre *bataille des Eperons*, dans laquelle l'armée flamande, composée principalement de tisserands gantois et brugeois et commandée par le duc Guillaume de Juliers et le comte Jean de Namur, détruisit presque entièrement l'armée française, placée sous les ordres du comte d'Artois. Près de 1200 chevaliers et plusieurs milliers de fantassins furent trouvés morts sur le champ de bataille. On recueillit sur ce dernier 700 éperons d'or ayant appartenu à des chevaliers; ils furent suspendus comme trophées aux voûtes d'une église abbatiale démolie depuis. Une petite *chapelle*, construite en 1831 devant la porte de Gand, désigne le centre du champ de bataille.

De Courtrai à Bruxelles, v. ci-dessous; *à Ypres*, p. 171. — Un embranchement conduit aussi à *Renaix* (p. 166), par *Avelghem.*

Passé Courtrai, la contrée que traverse le chemin de fer devient plus accidentée et présente en quelques endroits d'assez jolis points de vue. — 50 kil. *Lauwe.* — 56 kil. *Mouscron,* où est la douane belge.

61 kil. **Tourcoing** *(hôt. du Cygne)*, première station française, où a lieu la visite de la douane. C'est une ville très industrielle, qui compte près de 52000 hab. et qui n'en avait encore que 23000 en 1866. On y voit une pyramide érigée en mémoire de la victoire que Jourdan et Moreau remportèrent dans les environs sur les coalisés, en 1794.

64 kil. **Roubaix** *(hôt. Ferraille)*, ville manufacturière très prospère comme la précédente. Sa population, qui était de 8724 hab. en 1806, est aujourd'hui d'env. 91800. Elle n'offre rien d'intéressant pour le touriste.

Près de *Croix-Wasquehal,* l'avant-dernière station, le chemin de fer franchit le canal de la Marcq ou de Roubaix, qui passe près de cette ville dans un tunnel long de 2316 m. et unit la Deule à l'Escaut. On parcourt une plaine fertile, sur des remblais, rejoint à dr. la ligne de Calais, à g. celle de Bruxelles-Tournai et celle de Paris, etc., et traverse les fortifications de Lille.

74 kil. *Lille* (hôt. de l'Europe, de France, etc.; hôt. à la gare). Voir le *Nord de la France,* par Bædeker.

19. De Bruxelles à Courtrai et à Ypres.

A Courtrai, 87 kil., chemin de fer, trajet en 2 h. à 2 h. 1/2, pour 8 fr. 25 et 6 fr. 20 par l'express, 6 fr. 60, 4 fr. 95 et 3 fr. 35 par les trains omnibus. — A Ypres: 34 kil., en 1 h. environ, pour 2 fr. 70, 2 fr. et 1 fr. 35. — Départ de Bruxelles de la *station du Nord* (p. 9).

De Bruxelles à *Denderleeuw* (24 kil.), v. p. 120. — La ligne de Gand et Ostende prend à cet endroit à l'O., celle de Grammont et Ath-Jurbise au S.-O. (v. p. 172). On entre ensuite dans la Flandre orientale et l'on passe aux stations de *Haeltert, Burst* et *Herzeele.* — 44 kil. *Sotteghem,* petite ville de 2900 hab., qui a beaucoup de fabriques de chaussures et où passe aussi la ligne de Gand à Charleroi par Grammont (p. 180). On en construit une autre dans la direction d'Ellezelles (p. 172).

Ensuite les stat. de *Rooborst, Boucle-St-Denis, Nederzwalm, Eenaeme.*

62 kil. **Audenarde.** — Hôtels: *de la Pomme-d'Or* ou *Hiddersom; du Saumon*, rue Haute, tous deux près de l'hôtel de ville; *H. de Bruxelles*, avec café-restaur., et d'autres en face de la gare.

1 h. suffit pour voir l'hôtel de ville, la curiosité principale d'Audenarde.

Audenarde, en flam. *Oudenaerde*, est une ville de 5700 hab., avec des fabriques de toile et de cotonnades assez importantes. Elle a vu naître Marguerite de Parme, fille naturelle de Charles-Quint et de Jeanne van der Gheenst, et gouvernante des Pays-Bas sous Philippe II. Cette ville est encore mémorable par la victoire remportée sur les Français, le 11 juillet 1708, par les alliés sous les ordres du duc de Marlborough et du prince Eugène de Savoie.

La rue à dr., presque en face de la gare, conduit en 10 min. au centre de la ville. On rencontre à l'entrée, sur une place, un *monument* érigé en 1867 en l'honneur des soldats d'Audenarde morts dans l'expédition du Mexique; il est de *Guill. Geefs.*

En prenant à dr. ou à g., on arrive bientôt à la place où s'élève l'**hôtel de ville, construit de 1525 à 1535 dans le style ogival tertiaire le plus élégant, sur les plans de *H. van Peede* et de *G. de Ronde*, et restauré de nos jours. Il y a au rez-de-chaussée, sur la façade, qui a 25 m. de développement, une galerie à colonnes et à arcades en ogive, et au-dessus deux étages avec fenêtres en ogive. On dirait un énorme reliquaire. Rien de plus riche que la tour du milieu (carillon), qui a cinq étages et trois magnifiques balustrades; elle se termine par une sorte de couronne surmontée d'une statue dorée. L'édifice était de plus orné d'une infinité de statuettes, dont la plupart ont disparu. Il est adossé à l'ancienne halle des drapiers, qui le firent construire. On monte par un escalier latéral, en face de l'hôtel de la Pomme-d'Or, à la salle des pas perdus, où il y a une cheminée gothique. Un domestique (50 c.) vous ouvre la salle du conseil, où l'on voit une magnifique porte en bois de la renaissance, sculptée par *Paul van Schelden*, en 1531, et une belle cheminée goth. de 1529. L'intérieur du monument est toutefois loin de répondre à l'extérieur.

Ste-Valburge, au S.-E. de la place ou à dr. en venant de l'hôtel de ville, est également un édifice remarquable, en partie du style roman du XIIe s. et en partie du style ogival des XIVe et XVe s., avec un transept très saillant et une belle tour, malheureusement inachevée. On y voit quelques tableaux remarquables par de Craeyer, van Thulden, etc., et un beau retable polychrome de la fin de la renaissance, dans la première chapelle du côté N.

Notre-Dame-de-Pamèle, 6 à 8 min. plus loin au S., sur l'autre rive de l'Escaut, avec une tour carrée à flèche sur le transept, remonte jusqu'au XIIIe s. Elle est nouvellement restaurée. De chaque côté de la nef, près du transept, se trouve une tombe avec deux statues couchées, du XVIe s.

D'Audenarde à Gand ou *à Mons*, v. p. 166.

Viennent ensuite *Peteghem, Anseghem*, première localité de la

Flandre occidentale (embranch. sur Waereghem-Ingelmunster, v. p. 166); *Vichte, Deerlyck* et

87 kil. **Courtrai** (p. 166).

94 kil. *Wevelghem.* — 99 kil. *Menin* ou *Meenen,* ville de 10 000 hab., sur la Lys, ancienne place forte. — 105 kil. *Wervicq,* ville de 6800 hab., avec une église St-Médard du milieu du XIVe s. et des manufactures de tabac. La rive dr. de la Lys (flam. Ley) est française. — 108 kil. *Comines,* où naquit le célèbre chroniqueur Philippe de Comines (1445-1509). Ligne d'Armentières, en France, v. p. 164. — 111 kil. *Houlhem,* halte. — 121 kil. *Ypres* (p. 163).

20. De Bruxelles à Tournai et à Lille.

A Tournai: 83 kil., trajet en 1 h. 1/2 à 1 h. 3/4 pour 6 fr. 30, 4 fr. 75 et 3 fr. 15; 20% de plus en train express. — A Lille: 109 kil., trajet en 2 h. 1/4 à 3 h. 1/2, pour 8 fr. 30, 6 fr. 25 et 4 fr. 15. Départ de la *station du Midi* (p. 9). — Ceci est la ligne suivie par les trains directs entre Bruxelles et Londres par Calais.

On parcourt d'abord de riches prairies où serpente la *Senne.* — 4 kil. *Forest.* — 6 kil. *Ruysbroeck.* Puis on côtoie le canal de Charleroi, dont le niveau est en certains endroits plus élevé que celui de la voie ferrée. — 10 kil. *Loth.* — 12 kil. *Buysingen.*

14 kil. **Hal** (hôt.: *du Cygne; des Trois-Fontaines; de l'Univers*), ville de 9000 hab., sur la Senne et le canal de Charleroi. Il y a un pèlerinage célèbre dans tout le pays par son image miraculeuse de la Vierge, à l'*église Notre-Dame,* autrefois St-Martin, édifice du style gothique le plus pur, commencé en 1341 et consacré en 1409. Cette église possède beaucoup de vases et autres objets en or et en argent, donnés par les empereurs Maximilien Ier et Charles-Quint, le pape Jules II, les ducs de Bourgogne, Henri VIII d'Angleterre, et les gouverneurs espagnols et autrichiens. Le maître autel, exécuté en 1533 par *J. Mone,* est un ouvrage magnifique en albâtre du temps de la renaissance, orné d'un grand nombre de bas-reliefs représentant les sept sacrements, de statuettes des quatre évangélistes, des quatre Pères de l'Eglise, d'un St Martin partageant son manteau, etc. Les fonts baptismaux, coulés en bronze en 1446, sont également d'un très beau travail. Un monument en marbre noir, représentant un enfant endormi, porte l'inscription: «Hic jacet Joachimus Galliæ Delphinus, Ludovici XI filius» (m. 1460). On voit dans une autre chapelle une caisse recouverte d'un grillage, renfermant 33 boulets de canon en fer et en pierre. La légende rapporte qu'ils ont été recueillis par la Vierge dans les plis de sa robe, pendant un siège que la ville eut à soutenir.

L'*hôtel de ville,* de 1616, avec une haute toiture, a été bien restauré dans ces derniers temps.

La ligne de Tournai laisse à g. celle de Mons (Paris) par Braine-le-Comte (p. 177).

19 kil. *Bruges-Bellinghen.* — 21 kil. *Saintes.* — 24 kil. *Bierghes.* On quitte la province de Brabant pour entrer dans celle de Hainaut.

29 kil. **Enghien**, petite ville de 4000 hab., ayant d'importantes manufactures de dentelle («point de Paris»). On y croise la ligne de Gand à Braine-le-Comte et Charleroi (R. 23). Le *parc grandiose du duc d'Arenberg, qui a des allées de vieux arbres et des étangs, renfermait le château des ducs d'Enghien, détruit à la révolution française. Il n'en reste que la vieille chapelle, avec une porte en chêne sculpté. Il y a dans le voisinage un *couvent de capucins*, dont l'église renferme depuis 1843 le *tombeau de Guill. de Croye, archevêque de Tolède, mort à Worms en 1521, ouvrage en albâtre, avec de magnifiques sculptures dans le style de la renaissance italienne.

32 kil. *Marcq.* — 38 kil. *Bassilly.*

Embranchement sur Renaix (p. 166) par *Ollignies*, *Lessines* (p. 120), *Ogy*, *Flobecq* et *Ellezelles*, d'où il y a encore une bifurcation sur Sottegbem (p. 169).

Puis *Silly-Hellebecq, Ghislenghien, Isières-Lanquesaint.* L'express n'arrête à aucune de ces localités.

53 kil. **Ath.** — Hôtels: *du Cygne; du Paon-d'Or; de Bruxelles*, non loin de la station; *H. de l'Univers*, avec un café-restaurant en face.

Ath est une ville de 9000 hab. et une ancienne place forte, sur la *Dendre*. L'*hôtel de ville* date du commencement du XVIIe s. L'*église St-Julien*, fondée en 1393, et presque entièrement incendiée en 1817, a été reconstruite depuis. Le plus ancien édifice, de 1150, est la *tour du Burbant.* On a érigé, en 1880, un monument à l'avocat Eug. Defacqz, originaire d'Ath, qui prit une part active aux événements de 1830. — Il y a aux environs d'Ath un grand nombre de fours à chaux.

D'Ath à Grammont et Alost et *à Jurbise*, v. p. 120.

D'Ath à Blaton: 19 kil., chemin de fer, en 40 min., pour 1 fr. 45, 1 fr. 10 et 70 c. — Stat. sans importance, excepté (11 kil.) **Belœil**, village où se trouve le château de ce nom, propriété de la famille de Ligne depuis cinq siècles. Le prince Charles-Joseph de Ligne, le célèbre et spirituel général (1735-1814), a fait dans ses lettres une description détaillée de ce château, de ses parcs et de ses jardins. Ceux-ci excitèrent aussi l'admiration de Delille, qui dit, dans ses *Jardins*, que Belœil est «tout à la fois magnifique et champêtre». Le château renferme un grand nombre d'objets curieux, tant sous le rapport artistique qu'au point de vue historique; une bibliothèque considérable et riche en manuscrits; une collection complète d'armes à feu depuis leur invention; d'excellents tableaux de maîtres anciens et modernes, des reliques (un morceau de la croix, un de la couronne d'épines du Sauveur) et une quantité de dons offerts aux princes de cette maison par des empereurs et des rois, depuis Charles-Quint jusqu'à Napoléon Ier.

C'est à *Blaton* que se raccordent les lignes de *Leuze* et *Tournai* (v. ci-dessous), de *Péruwelz-Tournai* (p. 173) et de *St-Ghislain-Mons* (p. 166).

58 kil. *Ligne*, berceau de l'illustre famille princière de ce nom. — 61 kil. *Chapelle-à-Wattines.* — 64 kil. *Leuze* (p. 166), petite ville sur la *Dendre*, avec une assez jolie église en forme de croix, reconstruite en 1742. Ligne de Gand à Mons, v. p. 166. — 70 kil.

TOURNAI.
1 : 17.500
Mètres
Pont des Trous
Ecoles communales
Plaine des Manœuvres
Boulevard Léopold
Rue Royale
Pl. Verte
Douane
Casernes St. Jean
Caserne d'Infanterie
Chemin de Grammont
1. Archives et Bureau de police B.3.
2. Athénée D.3.
3. Beffroi B.3.
4. Cathédrale B.3.
5. St. Brice C.3.4.
6. St. Jacques B.2.
7. St. Jean C.4.5.
8. Ste. Marguerite A.2.
9. Ste. Marie-Madeleine B.1.
10. St. Nicolas C.2.
11. St. Piat B.4.
12. St. Quentin B.2.3.
13. Rédemptoristes B.C.2.
14. Etablisst. des Arts et Métiers C.4.
15. Hôtel de Ville A.3.4.
16. Musée d'histoire naturelle A.3.4.
17. Palais épiscopal B.3.
18. Poste B.3.
19. Salle des Concerts et Redoutes B.3.
20. Statue de la Princesse d'Epinoy B.3.
21. Théâtre A.2.
22. Monument du Mortier C.2.
Geograph. Anstalt von
Wagner & Debes, Leipzig.

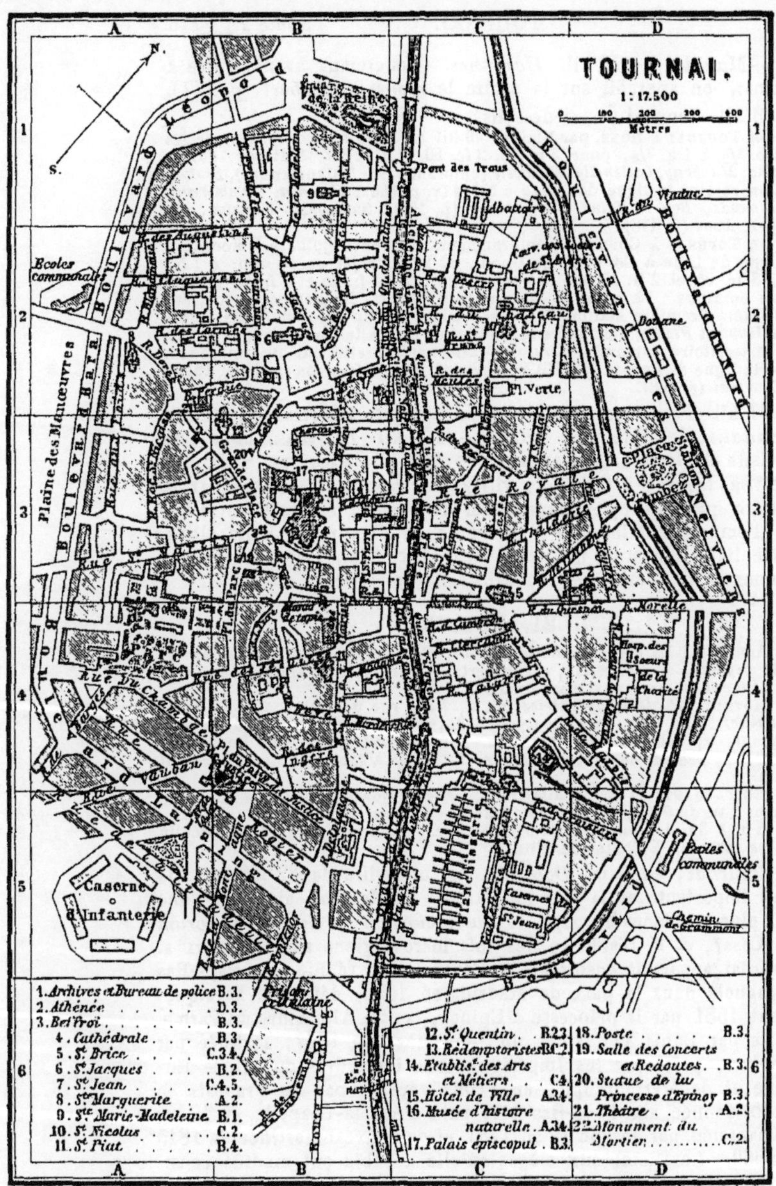

172 à 173

Bary-Maulde. — 76 kil. *Havinnes.* Longtemps avant d'être à Tournai, on aperçoit sur la droite le *mont St-Aubert* (p. 177).

83 kil. **Tournai** (v. ci-dessous).

De Tournai à Mons, par Blaton : 49 kil. (47 par Leuze, v. p. 166), trajet en 1 h. 1/2 à 1 h. 3/4, pour 3 fr. 75, 2 fr. 80 et 1 fr. 90. Stations : *Vaulx*, *Antoing*, *Maubray*, *Callenelle*, *Péruwelz* (embranch. sur Valenciennes), *Blaton*, où l'on rejoint la ligne de Leuze à Mons (v. p. 166) ; *Harchies*, *Pommerœul*, *la Hamaide*, *Boussu-Haine* ; *St-Ghislain* (p. 166), *Quaregnon-Wasmuel*, *Jemappes*, *Mons* (p. 178).

De Tournai à Courtrai, embranchement allant rejoindre à Mouscron la ligne de Lille à Courtrai et Gand : 32 kil., trajet en 40 min. à 1 h., pour 3 fr. 05 et 2 fr. 30 par l'express, 2 fr. 45, 1 fr. 85 et 1 fr. 25 par les trains omnibus. Le mont St-Aubert (p. 177) reste longtemps en vue, sur la droite. Première station *Froyenne*, aussi sur la ligne de Lille. Puis *Templeuve* et *Néchin*, stat. entre lesquelles on quitte le Hainaut pour entrer sur le territoire flamand ; *Herseaux-Estaimpuis*, relié par un embranch. avec la ligne de Renaix (p. 166) à Courtrai. Enfin *Mouscron* (p. 169), *Lauwe* et *Courtrai* (p. 166).

87 kil. *Froyenne*, aussi sur la ligne de Courtrai. — 91 kil. *Blandain*, dernière stat. belge. — 100 kil. *Baisieux*, où a lieu la visite de la douane française. — 102 kil. *Ascq*, au S.-E. duquel se trouve, à 6 kil., le village de *Bouvines*, célèbre par la victoire que Philippe-Auguste, roi de France, remporta en 1214 sur l'empereur Othon IV, le comte de Flandre et leurs alliés. Notre ligne rencontre un peu avant Lille, à g., celles de Valenciennes et de Paris. — 109 kil. *Lille* (p. 169).

21. Tournai.

Arrivée. La *nouvelle gare* (pl. D 2-3), belle construction due à l'architecte *Beyaert*, de Bruxelles, est ouverte depuis 1879. L'ancienne (pl. C 2) est devenue la gare aux marchandises.

Hôtels : *H. de l'Impératrice* (pl. a, A 3), rue de Maux, 12 ; *H. de la Petite-Nef* (pl. c, B 2), rue du Cygne, 35 ; *H. de Bellevue* (pl. d, C 2), quai Dumont, 6, avec un estaminet (ch., 1 fr. 50) ; *H. Menu*, rue Royale, 27 (pl. C D 3), près de la gare, pas cher. Le dîner à table d'hôte est partout à 1 h.

Restaurants : *Taverne Alsacienne*, *Restaur. Bavaro-Belge*, sur la Grand' Place ; *Tav. du Globe*, *Café Vénitien*, rue Royale, non loin de la nouvelle gare.

3 h. à 3 h. 1/2 suffisent pour visiter la cathédrale, l'église St-Quentin et les tableaux à l'hôtel de ville.

Tournai, en flam. *Doornik*, est une ville de 32600 hab., la plus importante et la plus industrielle du Hainaut, ainsi que l'une des plus anciennes du pays, le *Turnacum* ou la *civitas Nerviorum* de César, et la résidence des rois mérovingiens aux ve et vi^e^ s. Tournai appartint ensuite à la France, fut réunie aux Pays-Bas espagnols dans la paix de Madrid, en 1525, défendue héroïquement 1581 par la princesse d'Epinoy, contre Alexandre de Parme, prise par Louis XIV après un long siège en 1667, fortifiée par Vauban, prise par les Impériaux sous les ordres du prince Eugène et de Marlborough, en 1709 ; reprise par les Français en 1745, donnée aux Pays-Bas à la paix d'Aix-la-Chapelle, en 1748 ; démantelée par Joseph II en 1781 et de nouveau fortifiée de 1815 à 1869. Les nombreux sièges qu'elle a subis ont modifié considérablement l'extérieur de cette ville, et elle n'a conservé qu'un petit nombre d'édifices du moyen âge, mais ils sont intéressants. Les anciens remparts ont été transformés en promenades.

L'*Escaut* coupe la ville en deux moitiés presque égales; celle de la rive gauche, toutefois, est la plus animée et la plus importante; celle de la rive droite a subi dans ces derniers temps de grandes transformations et des embellissements par suite de la construction de la nouvelle gare. — De beaux et larges quais contribuent pour beaucoup à cette physionomie riante qui distingue Tournai des autres villes belges. La rivière est toujours couverte de bateaux, pour la plupart chargés de houille, provenant du bassin de Mons et à destination de Gand ou d'autres localités.

La masse de maisons qui s'élève sur la rive gauche est dominée par la ***cathédrale** (*Notre-Dame;* pl. 4, B 3), une des églises les plus splendides et les plus grandioses des styles roman et goth. On ne peut malheureusement pas en avoir une vue d'ensemble, parce qu'elle est en partie masquée par des maisons. Sa fondation remonte, dit-on, à l'an 1030. La nef est du milieu du XIIe s., c'est-à-dire du style roman dans lequel apparaît l'ogive; le transept appartient au XIIIe s. Le chœur, incendié en 1213 et reconstruit en 1242, est un magnifique spécimen du style ogival; le grand portail, originairement du style roman, est précédé d'un vestibule à arcades gothique. Quatre tours s'élèvent dans les angles du transept et une sur la croisée. Ces cinq tours surmontées de flèches et les magnifiques absides romanes qui terminent le transept, sont les plus belles parties de l'extérieur et produisent un effet imposant. Les sculptures du grand portail sont du XIIIe au XVIIe s. On remarquera les bas-reliefs qui représentent la chute du premier homme et son expulsion du paradis, œuvres de sculpteurs de Tournai du commencement du XIIIe s. (v. p. XIV).

L'*intérieur*, qui se trouve dégagé depuis 1852 des mauvaises additions faites dans les siècles suivants, est surtout la partie admirable et vraiment imposante du monument. Il est divisé en trois nefs et mesure 124 m. de long, 33 de haut dans le chœur, 24 de haut dans la nef et 24 de large ou plus de 67 au transept. La grande nef n'a été voûtée qu'en 1777. Dans cette partie, les colonnes sont fort courtes et supportent des arcades en plein cintre. Des galeries règnent au-dessus des bas côtés, plus haut un triforium et enfin des fenêtres à plein cintre. Une grande chapelle goth. a été ajoutée le long du bas côté du N. ou à g., de 1516 à 1518. — Le transept est encore plus remarquable et d'un effet plus majestueux; l'ordonnance y est la même que dans la nef, mais les colonnes sont plus élancées et le triforium beaucoup plus léger. Les arcs où aboutissent les nervures des absides sont déjà en ogive, mais parce qu'on les a modifiées au XIIIe s., pour les raccorder avec celles du chœur.

Bas côté de dr. Dans la chap., en face de l'autel, un Crucifiment de *Jordaens*. — La chap. du bas côté de g. a des vitraux du xvie s. C'est ici qu'ont lieu les offices de la paroisse, la chœur ne servant que lorsque l'évêque officie.

Transept. A dr., un tableau d'autel, la Ste Famille avec des saintes et des anges, par *M. de Nègre* (1650). Les vitraux, à quelques exceptions près, exécutés vers 1465 par *Stuerbout*, de Harlem, représentent des scènes de l'histoire de l'évêché de Tournai, qui fut doté de privilèges importants au vi^e s., par le roi Chilpéric, pour des services qu'il en avait reçus dans la guerre qu'il fit à Sigebert, roi d'Austrasie (bras dr. du transept), et par le pape Eugène III (bras g.). — Le chœur est précédé d'un jubé fort riche, en marbre blanc et noir, exécuté en 1566, par *Corn. de Vriendt*, avec des bas-reliefs dont les sujets sont tirés de l'Ancien et du Nouveau Testament. Mais ce jubé a le défaut d'être un hors-d'œuvre et de masquer le chœur, qui a de plus un mur de clôture jusqu'au sanctuaire. Quoiqu'il en soit, on n'en admirera pas moins ce chœur du style ogival le plus pur. Il n'a qu'une seule chapelle fort petite à l'abside. Les vitraux sont de *Capronnier*.

Pourtour du chœur, en commençant à g. du jubé: à dr., *Lancelot Blondeel*, l'Annonciation, la Visitation, la Nativité de J.-C., etc.; *Gallait*, Jésus guérissant des aveugles, une des premières œuvres de l'artiste. A côté du maître autel, le *reliquaire de St Eleuthère*, premier évêque de Tournai (vi^e s.), en argent doré, du style goth. et d'un riche travail, avec les figures des apôtres, exécuté en 1247. Derrière le maître autel, un monument en l'honneur de tous les évêques et chanoines de Tournai, avec des Génies et une Pietà, par *Fr. Duquesnoy* (xviie s.). De l'autre côté du maître autel, le *reliquaire de St Piat*, fait à peu près en 1280. — Plus loin, dans la chap. de g., ornée de vitraux en mémoire du concile de 1870, un grand tableau de *Rubens*, la Délivrance des âmes du purgatoire, composition pleine de hardiesse.

La sacristie renferme, entre autres curiosités, un *crucifix en ivoire, par *Duquesnoy;* un reliquaire dit de la Ste-Croix, de l'époque mérovingienne, et un diptyque en ivoire du xie s.

En face du *palais épiscopal* (pl. 17, B 3) s'élève la bibliothèque municipale, qui compte env. 8000 imprimés anciens, et 250 manuscrits, entre autres un psautier ayant appartenu à Henri VIII. d'Angleterre, un livre d'heures du xve s., orné de miniatures, etc.

Le **beffroi** (pl. 3, B 3), au S.-O. de la cathédrale, date de 1187, mais il a été en partie reconstruit après 1391 et restauré en 1852. La flèche est moderne. Il y a un carillon également moderne, qui se fait entendre toutes les 1/2 h. L'ascension du beffroi mérite d'être faite en partie pour voir l'ensemble de la cathédrale. 260 degrés jusqu'à la galerie; 25 c. à la femme qui vous ouvre et autant au gardien.

Sur la place triangulaire voisine, la Grande-Place (pl. B 3), la **statue de la princesse d'Epinoy** (pl. 20), en bronze, d'après *Dutrieux*. L'héroïque femme, *Marie de Lalaing, princesse d'Epinoy*, qui fut blessée sur les remparts dans la défense de la ville contre Alexandre de Parme, général de Philippe II, et qui ne rendit la place qu'après avoir vu tomber la plus grande partie de la garnison, est représentée tout armée, la hache d'armes à la main, conduisant les citoyens de Tournai à l'ennemi (p. 173). — Au S. était l'anc. halle aux draps du xvie s., qui s'est écroulée en 1881; on y reconstruit, sur les plans de Carpentier, un édifice destiné aux collections de peintures et d'antiquités et à l'académie de dessin.

***St-Quentin** (pl. 12, B 2-3), sur la même place, derrière la statue, est une jolie «petite cathédrale», disent les Tournaisiens, de la même époque que la cathédrale. La façade et l'intérieur sont d'excellents spécimens du style de transition. Les grand tableaux de la nef sont relatifs à la fondation de l'ordre des Trinitaires ou de la Rédemption des captifs (1198), et à la bataille de Lépante (1571). Les vitraux sont de *Béthune* (1858).

L'ancien prieuré de St-Martin, au S.-O. de la ville, sert maintenant d'**hôtel de ville** (pl. 15, A 3-4). Il est entouré de jardins. La façade porte au fronton les armes de la ville, une tour et trois lis, et celles de Belgique, le lion passant. L'hôtel de ville renferme une petite galerie de peinture, où l'on voit, entre autres: une Vierge et une Descente de croix faussement attribués à *Jean van Eyck;* des portraits donnés comme de *Rembrandt*, de *Rubens* et de *van Dyck*, un Louis XIV à cheval de *Lebrun*, la Défense de Tournai par la princesse d'Epinoy, de *van Severdonck*, et surtout un grand tableau de *Gallait* (né à Tournai en 1810), les Comtes d'Egmont et de Hornes après leur mort. — A la suite se trouve un cabinet d'antiquités, qui compte env. 600 num. et dans lequel il y a quelques ivoires très remarquables (175, du XIe s.; 170, du XIVe), des ouvrages en métal, des faïences, des médailles, etc. (50 c. à 1 fr. de pourb.). — Un bâtiment voisin (pl. 15) contient un musée d'histoire naturelle.

St-Jacques (pl. 6, B 2), église du XIIIe et du XIVe s., restaurée depuis peu par Bryenne, est dans le même genre que St-Quentin.

Saint-Brice (pl. 5, C 3-4), du XIIe s., renfermait le tombeau de Childéric (m. 480), roi des Francs.

Lors de la découverte de son cercueil, en 1655, on y trouva quantité d'objets curieux, maintenant en grande partie à la Bibliothèque Nationale de Paris; entre autres plus de 300 petites figures en or ressemblant à des abeilles, dont les vêtements du roi devaient être parsemés. Napoléon Ier en orna son manteau de couronnement pour remplacer les lis, comme symbole de la dignité impériale. L'église possède encore une agrafe de manteau, qu'on montre à la sacristie, avec deux reliquaires du XIVe s.

Dans le voisinage de cette église se trouvent quelques maisons du moyen âge. — Il faut aussi mentionner le *palais de justice*, et le *théâtre*.

Le *pont des Trous* (pl. C 1), vieux pont aux arches en ogives qui traverse l'Escaut à l'extrémité inférieure de la ville, et qui a une grosse tour à chaque bout, a été construit vers 1290. — Non loin de là, square du Mortier, la *statue de B. du Mortier* (1797-1878), naturaliste et homme d'Etat belge, marbre par Fraikin, érigée en 1883.

Les principaux articles de l'industrie de Tournai sont la *bonneterie*, la *faïence* et les *tapis*. Ces derniers s'écoulent généralement sur les marchés d'Europe sous le nom de tapis de Bruxelles. On prétend que l'art de tisser les tapis a été introduit en Europe par des Flamands qui avaient été aux croisades et l'avaient appris des

Sarrasins. La principale fabrique de tapis de Tournai est la *manufacture royale*.

Nous recommandons aux étrangers une petite excursion au **mont St-Aubert** (p. 173), pour son vaste panorama, bien qu'il n'ait que 100 m. de hauteur, parce que c'est la seule élévation des environs. Il y a au sommet une petite église dite de la *Ste-Trinité*, d'après laquelle on désigne aussi la colline. On fait la route à pied en 1 h. 1/2, en voiture en moins de 1 h. (3 à 4 fr.).

22. De Bruxelles à Mons, par Braine-le-Comte.

61 kil. Trajet en 1 h. 9 par l'express, pour 5 fr. 80, 4 fr. 35 et 2 fr. 90, et en 2 h. par les trains omnibus, pour 4 fr. 65, 3 fr. 50 et 2 fr. 30. Départ de la *station du Midi* (p. 9).

De Bruxelles à *Hal,* v. p. 171. La ligne de Mons s'y détache au S. de celle de Tournai et Lille (R. 20). — 16 kil. *Lembecq*. Embranch. en construction sur Ecaussines (p. 180). — 19 kil. *Tubize*, aussi sur les embranch. de Virginal et *Rognon* (Braine-le-Comte, v. ci-dessous). Ligne en construction sur Braine-l'Alleud (p. 182). Il y a dans le voisinage de Tubize des carrières de grès pour pavés, dont les produits s'exportent au loin. Ensuite on traverse un petit tunnel. — 24 kil. *Hennuyères.*

30 kil. **Braine-le-Comte,** en flam. *s'Graven-Brakel,* petite ville de 7300 hab. L'église possède un grand retable, avec beaucoup de figures, comme celui de Hal (p. 171), mais moins ancien (1570) et d'un style inférieur. Braine est aussi sur la ligne de Gand à Charleroi (R. 23), et c'est encore d'ici que partent les trains de l'embranch. d'Erquelines, qui se détache à la stat. suivante, *Ecaussines* (p. 180), et qui tourne au S. par *Baume* et *Bonne-Espérance.*

36 kil. **Soignies,** ville de 7900 hab. On y voit une église abbatiale de *St-Vincent*, du style roman, fondée vers 650 et réédifiée en 965: dans son état actuel, elle est du XIIe s. Le cimetière renferme des pierres tumulaires qui remontent aux XIIIe et XIVe s. On exploite dans le voisinage d'importantes carrières de pierre bleue. — Embranch. sur *Houdeng* et *Baume* (v. ci-dessus).

La voie décrit bientôt après une immense courbe, presque à l'opposé de Mons. — 42 kil. *Neufvilles.* — 45 kil. *Masnuy.*

49 kil. **Jurbise,** d'où partent des embranchem. sur Ath-Tournai (p. 173), sur St-Ghislain (p. 179) et sur Denderleeuw (p. 120).

61 kil. **Mons.** — HÔTELS: *de la Couronne*, sur la Grande-Place (dîn., 2 fr.). — *H. St-Jean*, *du Monarque*, *de l'Avenir*, tous à la gare, plutôt des estaminets ayant quelques chambres pour les voyageurs. — CAFÉS: *Grand Café*, *C. des Princes*, sur la place.

Mons, en flam. *Bergen,* est une ville de 24 100 hab., le chef-lieu du Hainaut, sur la *Trouille*. Elle doit son origine à un fort que César éleva ici pendant sa campagne contre les Gaulois. Mons fut fortifiée au XIVe s. par Jean d'Avesnes. Le 24 mai 1572, le prince Louis d'Orange s'empara de la ville par surprise et s'y maintint contre le duc d'Albe jusqu'au 19 sept., donnant de cette façon aux provinces du Nord le temps de secouer le joug espagnol. Mons fut encore prise en 1691 par Louis XIV et rendue aux Espagnols en 1697, fut reprise et occupée par les Français de 1700 à 1707, passa à l'Autriche en 1714, et tomba de nouveau au pouvoir des Français en 1746 et 1792. Les fortifications, démolies déjà sous Joseph II et reconstruites en 1818, sont de nouveau rasées depuis 1862 et remplacées par de belles promenades. Devant la gare s'élève depuis 1877 une *statue de Léopold Ier*, par Simonis.

L'édifice le plus remarquable de Mons est la CATHÉDRALE DE STE-WAUDRU, du style ogival tertiaire, qu'on aperçoit un peu à g., sur la hauteur, au sortir de la gare, avec sa petite flèche sur la croisée et des tourelles sur le transept. La construction en fut commencée en 1450, sur les plans de *Math. de Layens*, l'architecte de l'hôtel de ville de Louvain, et de son compagnon *Gilles Pole*. Le chœur fut achevé en 1502, le transept en 1519 et la nef en 1589, tout à fait même seulement en 1621. La tour n'a jamais été construite. Cet édifice est débarrassé depuis 1849 des additions qui le défiguraient.

L'intérieur mesure 108 m. 60 de long, sur 35 m. 75 de large et 24 m. 56 de haut. C'est un modèle d'élégance. Ses 60 colonnes, sans chapiteaux, s'élèvent en faisceaux jusqu'aux clefs de voûte. Il y a quelques bas-reliefs tumulaires du XVe et du XVIe s., les derniers par *Jac. Duboucque*, ainsi que de beaux vitraux de 1523, restaurés par Capronnier: le Crucifiment, avec Maximilien et son fils Philippe le Beau; la Fuite en Egypte, avec Marie de Bourgogne, femme de Maximilien, et leur fille Marguerite, ainsi que leurs patrons. On y remarque aussi des tableaux d'*Oth. van Veen*, de *van Thulden*, etc., et, dans une chap. à g. du pourtour, un autel du commencement du XVIe s., avec des bas-reliefs dont les sujets sont tirés de l'histoire de Marie-Madeleine.

En prenant en face du chœur la rue des Clercs, puis en montant à g. et en passant par une porte, nous arrivons à l'endroit le plus élevé de la ville, où il y avait un fort, dont on fait remonter l'origine à César. On l'a remplacé par une promenade, offrant de belles vues sur les environs industriels de la ville. Là aussi est le réservoir d'eau. A dr. se dresse le BEFFROI, haut de 84 m., le seul de Belgique qui soit entièrement dans le style de la renaissance. Il a été construit en 1662, sur les plans de *Louis Ledoux*, et restauré en 1864. Il y a un carillon.

Le centre de Mons est sa Grande-Place, sur laquelle s'élève l'*HÔTEL DE VILLE, édifice du style gothique tertiaire, bâti de 1458 à 1467, mais qui n'a pas été entièrement achevé. La toiture est de 1606, la tour de 1718. On voit à l'escalier à g. de l'entrée principale un petit singe en fer forgé, probablement une ancienne enseigne d'auberge.

Une des salles renferme une collection de portraits d'hommes marquants de Mons. — La salle gothique, mal restaurée de nos jours, est ornée de trois grands tableaux de *L. Paternostre*, *Mod. Carlier* et *André Hennebicq*, dont les sujets sont tirés de l'histoire de la ville. — Il y a encore dans une autre salle de vieilles tapisseries flamandes, d'après Teniers.

A dr. et à g. de l'hôtel de ville sont deux façades de la

renaissance: celle de la *maison de la Toison-d'Or* et celle de la *chapelle St-Georges.*

Une grande fête, nommée la «parade du Lumeçon», a lieu sur la place le dimanche de la Trinité.

La bibliothèque de la ville, rue des Gades, compte 40 000 imprimés et quelques manuscrits et miniatures. Il y a une collection d'antiquités et de peintures sans importance.

Les boulevards et les promenades qui entourent la vieille ville, comme nous l'avons dit ci-dessus, ont près de 5 kil. de longueur. Outre la statue de Léopold Ier mentionnée p. 178, on y remarque encore le monument moderne du célèbre compositeur *Roland de Lattre* ou *Orlando di Lasso*, né à Mons en 1520, par Frison, et, à l'E., la *statue équestre de Baudouin IX de Flandre*, qui prit part à la quatrième croisade et devint empereur de Constantinople (m. 1205), bronze par Jos. Jaquet. — Dans le voisinage est le *Vauxhall*, un jardin public: entrée, 50 c. à 1 fr. — Il y a encore sur les boulevards un grand *hôpital*, une *prison cellulaire* et une grande *école normale primaire.*

Les HOUILLÈRES des environs de Mons, nommés le *Borinage*, sont les plus productives de la Belgique. En moyenne, le Hainaut fournit par an, à lui seul, 12 millions de tonnes de charbon, valant 118 millions de fr. Toute la Belgique en produit environ 15 millions de tonnes, valant près de 148 millions de fr. La Belgique compte 110 000 ouvriers occupés dans les mines, dont 80 000 en Hainaut. De 1836 à 1841, le royaume n'a produit en moyenne que 3 millions $^1/_3$ de tonnes de charbon par an, dont $2^1/_2$ dans le Hainaut.

On aura une idée générale du pays en allant en chemin de fer à *Quiévrain*, sur la ligne de Mons à Paris par Valenciennes (v. ci-dessous), à 20 kil. de Mons (40 min.). On passe par *Jemappes* (v. ci-dessous), *Quaregnon*, *St-Ghislain*, où il y avait autrefois une vieille et riche abbaye de bernardins et qui est maintenant le centre du commerce de la houille; *Boussu*, à dr. duquel est le château du même nom, et *Thulin.* — De Quiévrain, on reviendra à Mons par *Elouges, Dour, Warquignies, Wasmes, Pâturages, Flenu*, dont le bassin était auparavant le plus productif, et *Cuesmes*. La distance est aussi de ce côté de 20 kil., mais le trajet dure 55 min.

A ces deux lignes de Mons à Quiévrain s'en rattachent plusieurs autres: à St-Ghislain, celle de Gand par Audenarde et Leuze (p. 166) et les embranch. de Jurbise (p. 177), de Frameries (p. 180), par Flenu, et de Warquignies; à Dour, la ligne de Cambrai par le Quesnoy et Bavai (v. le *Nord de la France*, par Bædeker); à Cuesmes, celles de Paris par Maubeuge et de Charleroi (v. ci-dessous).

A 1 h. au S.-E. de Mons se trouve *Malplaquet*, où le maréchal de Villars fut vaincu dans une bataille sanglante, en 1709, par Marlborough et le prince Eugène. Le 18 mai 1794, Pichegru battit dans le voisinage le duc d'York, auquel il prit 60 canons et fit 1500 prisonniers. Dix-huit mois auparavant, le 6 nov. 1792, Dumouriez et le duc de Chartres, plus tard le roi Louis-Philippe, avaient remporté à *Jemappes*, 1 h. à l'O., une grande victoire sur les Autrichiens commandés par le duc de Saxe-Teschen.

DE MONS À PARIS, deux lignes: 1° par Maubeuge, 249 kil., en 5 h. à 10 h. $^1/_4$, pour 30 fr. 10, 22 fr. 60 et 16 fr. 50; 2° par Valenciennes, 283 kil., en 6 h. 25 à 8 h. 50, pour 34 fr. 05, 25 fr. 50 et 18 fr. 65. La première ligne passe par *Cuesmes* (v. ci-dessus et ci-dessous), *Frameries*, *Quévy* (buffet), la dernière stat. belge; *Feignies* (buffet), la première en France; *Maubeuge* (20 kil.; p. 180), etc. La seconde ligne est celle de *Quiévrain*, mentionnée ci-dessus. On passe de là en France, aux stat. de *Blanc-Misseron*, *Onnaing*, *Valenciennes* (34 kil.), etc. Pour plus de détails, v. le *Nord de la France*, par Bædeker.

De Mons à Charleroi: 52 kil., trajet en 2 h., pour 4 fr. 20, 3 fr. 15 et 2 fr. 10. Stations: *Cuesmes* (v. ci-dessus), *Hyon*, *Harmignies*, *Estinnes*. — 19 kil. *Bonne-Espérance*, stat. aussi sur la ligne de Braine-le-Comte (p. 177) à Erquelines (p. 182), et avec embranch. sur Piéton (v. ci-dessous), par *Merbes-Ste-Marie*. — 24 kil. *Binche*, petite ville de 7500 hab., dont les femmes s'occupent surtout à la fabrication des « fleurs à plat » pour dentelle de Bruxelles (p. 12). — 31 kil. *Baume* (p. 177). — 33 kil. *Mariemont*, relié par un embranch. à la Louvière (v. ci-dessous). Il y a dans les environs des ruines d'un château du milieu du XVIe s., détruit à la même époque. — Puis *Morlanwelz*, *Carnières*, *Piéton*, avec embranch. sur Manage (v. ci-dessous), Gosselies (p. 181) et Bonne-Espérance (v. ci-dessus); *Fontaine-l'Evêque* (beau coup d'œil à dr. sur Charleroi), *Marchiennes* et *Charleroi* (v. p. 181).

De Mons à Manage, v. ci-dessous.

23. De Gand à Charleroi, par Braine-le-Comte.

104 kil. Chemin de fer, trajet en 2 h. 1/2 à 3 h. 3/4, pour 7 fr. 90, 5 fr. 95 et 3 fr. 95.

Gand, v. p. 121. Cette ligne traverse l'Escaut et se détache du chemin de fer de Bruxelles (R. 13) après *Meirelbeke* et *Melle*, pour se diriger vers le S. Autres stations: *Gontrode*, *Landscauter*, *Moortzeele*, *Scheldewindeke*, *Baeleghem*. — 22 kil. *Sotteghem*, où l'on croise la ligne de Bruxelles à Courtrai (p. 169).

25 kil. *Erweteghem*. — 30 kil. *Lierde-Ste-Marie*.

36 kil. **Grammont**, en flam. *Gheeraardsbergen*, ville industrielle de 9 200 hab., où passe une ligne menant au N. à *Ninove* et Denderleeuw (p. 120), au S. à *Lessines* et Ath (p. 172).

On entre ensuite dans la province de Hainaut. Stations: *Viane-Moerbeke*, *Gammerages*, *Hérinnes*. A celle d'*Enghien* (52 kil.; p. 172), on traverse la ligne de Bruxelles à Tournai et Lille (R. 20). — 59 kil. *Rognon*. Embranch. sur Tubize (p. 177).

65 kil. **Braine-le-Comte** (p. 177), aussi sur la ligne de Bruxelles à Mons (p. 178). Les voyageurs pour Charleroi y changent quelquefois de train.

71 kil. *Ecaussines*, qui a de grandes carrières de pierre bleue. On la taille en tablettes, qui sont polies et vendues sous le nom de granit des Flandres. Chemins de fer sur Baume-Erquelines (p. 177) et sur Lembecq (p. 177).

Ensuite *Marche-lez-Ecaussines* et *Familleureux*. On rencontre les premières houillères après avoir traversé le canal de Charleroi.

80 kil. **Manage**, où notre ligne croise celle de Mons et Piéton (v. ci-dessus) et d'Ottignies-Wavre.

De Manage à Mons: 24 kil., trajet en 55 min., pour 1 fr. 85, 1 fr. 40 et 95 c. Cet embranchement dessert une contrée très industrielle et excessivement riche en produits miniers, particulièrement les houillères du bassin du *Centre*, dont les produits sont expédiés par un réseau de voies ferrées fort étendu. L'industrie du fer est en même temps très développée dans le pays. Stations: *la Louvière*, *Bois-du-Luc*, *Bracquegnies*, trois localités qui possèdent des houillères considérables; *Havré*, avec le château du même nom, à g.; *Obourg* et *Nimy*. De temps à autre, on aperçoit un petit cours d'eau appelé la *Haine*, qui a donné son nom à la province de Hainaut.

De Manage à Wavre: 42 kil., trajet en 1 h. 1/2 à 2 h., pour 3 fr. 20, 2 fr. 40 et 1 fr. 60. Cette ligne est la continuation de l'embranchement précédent au N., mais les trains ne correspondent pas toujours. — Stat.: *Seneffe*, où les Français vainquirent Guillaume III d'Orange, en 1674, sous le prince de Condé et les Autrichiens, en 1794, sous les généraux Marceau et Olivier. — 8 kil. *Feluy-Arquennes*. — 14 kil. *Nivelles-Nord* (p. 182). — 15 kil. *Baulers*, où passe la ligne de Bruxelles à Charleroi (R. 24). — De Nivelles à Fleurus (p. 184), 23 kil., en 45 min.

23 kil. Genappe (*hôt. des Voyageurs*), village de 1680 hab., qui figure dans l'histoire de la bataille de Waterloo (v. p. 52). A une bonne heure de là, au S., est situé *Quatre-Bras*, où deux jours avant la bataille, le 16 juin 1815, Ney fut vainqueur des Anglais. — Les ruines de l'abbaye de Villers (p. 184) sont à la même distance de Genappe, à l'O.

28 kil. *Bousval*. — 30 kil. *Noirhat*. — 33 kil. *Court-St-Etienne* (p. 183), où l'on rejoint la ligne de Louvain à Charleroi (R. 25). — 36 kil. *Ottignies* (p. 183). Ligne de Bruxelles, R. 26. — 42 kil. *Wavre* (p. 183).

Passé Manage, la ligne de Charleroi traverse un tunnel. — 84 kil. *Godarville*. — 87 kil. *Gouy-lez-Piéton*. — 90 kil. *Pont-à-Celles*.

92 kil. *Luttre* (p. 183). La contrée est plus accidentée; la voie décrit fréquemment des courbes et franchit à plusieurs reprises le canal de Charleroi. Au débouché d'une profonde et longue tranchée, se déroule un charmant paysage, coupé par de verdoyants coteaux. — 97 kil. *Gosselies*, petite ville sur une hauteur. Embranch. de Piéton (p. 180). — 98 kil. *Roux*. — 102 kil. *Marchiennes*.

Les environs de Marchiennes et de Charleroi sont remarquables par les beaux sites qu'ils présentent et par l'activité industrielle extraordinaire qui s'y déploie. Des collines boisées et de jolis villages encadrent ou peuplent pittoresquement une plaine soigneusement cultivée et très industrielle. Des centaines de cheminées annoncent le grand nombre de houillères, de hauts-fourneaux et de verreries des alentours. On compte dans les environs de Charleroi plus de 70 puits d'extraction, dont la profondeur atteint de 1000 à 1200 m. Le canal de Charleroi est couvert de bateaux transportant à Bruxelles les riches produits de la contrée. Notre ligne atteint la *Sambre*, qu'elle franchit souvent dans le parcours qu'il reste encore à faire jusqu'à Namur.

104 kil. **Charleroi** (hôt.: **Dourin*; *Grand-Monarque*), ville fort industrielle de 15870 hab., centre de l'industrie du fer en Belgique. Elle fut fondée en 1666 par Charles II, roi d'Espagne, en l'honneur duquel l'ancien village de *Charnoy*, noyau de la ville, prit le nom de Charleroi. Louis XIV la fit fortifier par Vauban. En 1794, les Français l'investirent quatre fois, et ce ne fut qu'à la dernière extrémité, la veille de la bataille de Fleurus, le 25 juin (p. 184), que la garnison se rendit. Le 23 mai, le général autrichien Kaunitz y avait remporté une victoire sur les Français, auxquels il avait pris 25 canons, en leur

faisant 1300 prisonniers. Démantelée l'année suivante, la citadelle fut reconstruite en 1816. On en voit les remparts couverts de verdure au sortir de la station. Près de la gare, vaste et belle construction neuve, s'élève, depuis 1852, une prison du style gothique. — Le *musée archéologique*, boulevard de l'Ouest, comprend des antiquités préhistoriques, romaines et franques, trouvées dans les environs, et une collection de minéralogie.

De Charleroi à Paris: 271 kil., en 5 h. à 9 h. 15, pour 32 fr. 10, 24 fr. 05 et 17 fr. 50. — Cette ligne remonte la vallée de la *Sambre*. Stat.: *Marchiennes-Zône*, *Landelies*. — 15 kil. *Thuin*, petite ville dans un beau site, à g. sur une hauteur. — Puis *Lobbes*, *Fontaine-Valmont*, *la Buissière*, *Solre-sur-Sambre*. — 30 kil. *Erquelines* (buffet), dernière stat. belge, où a lieu la visite de la douane aux trains venant de France. Embranch. sur Braine-le-Comte (p. 177). — 38 kil. *Jeumont* (buffet), où la douane française visite les bagages non enregistrés pour Paris. — Plus loin *Recquignies*, *Maubeuge* (p. 179), etc. Pour plus de détails, v. le *Nord de la France*, par Bædeker.

De Charleroi à Vireux: 65 kil., en 2 h., pour 5 fr. 20, 3 fr. 90 et 2 fr. 60. — Stat.: *la Sambre*, *Jamioulx*, *Hameau*. — 19 kil. *Berzée*. Embranch. sur Beaumont et sur Laneffe. — 22 kil. *Walcourt*. Embranch.: 1° sur *St-Lambert*, *Florennes* et *Philippeville*, anc. place forte; — 2° sur *Fraire* et *Morialmé* (p. 183). — 27 kil. *Silenrieux*. — 34 kil. *Cerfontaine*. — 48 kil. *Mariembourg*, qui a un château et un parc appartenant à M. Warvequé. Embranch. sur Chimay (hôt.: *de l'Univers*, *Belle-Vue*), ville de 3000 hab., avec un château et un parc appartenant au prince du même nom, et sur Hastière (p. 188). — 51 kil. *Nismes*. — 55 kil. *Olloy*. — 57 kil. *Vierves*. — 65 kil. *Vireux*, petite localité française, sur la Meuse, et la ligne de *Givet* à *Mézières-Charleville* (v. le *Nord de la France*, par Bædeker).

De Charleroi à Namur, v. ci-dessous; *à Wavre et Louvain*, R. 25.

24. De Bruxelles à Charleroi et à Namur, par Luttre.

A Charleroi: 56 kil., trajet en 1 h. 3/4 à 2 h. 3/4, pour 4 fr. 25, 3 fr. 20 et 2 fr. 15. — A Namur: 81 kil., trajet en 3 h. à 3 h. 1/2, pour 6 fr. 15, 4 fr. 60 et 3 fr. 10. — Départ de la *station du Midi* (p. 9). — *Ligne directe de Bruxelles à Namur*, v. R. 26.

Bruxelles, v. p. 9. On traverse une jolie contrée couverte de pâturages et de maisons de campagne. Stations: *Forest-Stalle*, *Uccle-Stalle*, *Uccle-Calevoet*, *Rhode-St-Genèse*.

15 kil. *Waterloo* (p. 51).

19 kil. **Braine-l'Alleud** (hôt.: *du Midi*; *de l'Etoile*), localité industrielle de 6600 hab., d'où l'on va en 1/2 h. à la butte du Lion, sur le champ de bataille de Waterloo (v. p. 51), qu'on aperçoit à g.: on suit pour cela le chemin qui traverse la voie ferrée immédiatement à côté de la gare. Omnibus, v. p. 50.

24 kil. *Lillois*. — 29 kil. *Baulers*, faubourg de Nivelles (p. 181).

30 kil. **Nivelles** (*hôt. du Mouton-Blanc*), en flam. *Nyvel*, sur le *Thines*, ville de 10 000 hab. et chef-lieu d'arrondissement, où passe aussi la ligne de Manage à Wavre (p. 181), et qui a un certain nombre de fabriques. Elle doit son origine à un couvent, fondé vers 647 par Ida, femme de Pépin de Landen, et dont il reste l'église romane, bâtie au XIe s., mais défigurée à l'intérieur au XVIIIe s. La tour a été mal restaurée en 1859, après un incendie. Le trésor de l'église possède maintes curiosités.

La station porte le nom de *Nivelles-Est* et se trouve à quelque distance de la ville (*Nivelles-Nord*, v. p. 181). A *Nivelles-Est* s'embranche la ligne de *Baulers-Fleurus-Châtelineau:* 31 kil., trajet en 1 h. 5, pour 2 fr. 35, 1 fr. 80 et 1 fr. 20 (v. p. 184).

37 kil. *Obaix-Buzet.*

41 kil. **Luttre**, où notre ligne se raccorde avec celle de Gand à Charleroi (R. 23), et d'où part aussi une ligne conduisant à Charleroi par *Jumet* (11 kil.) et à Châtelineau (v. ci-dessous). — 47 kil. *Gosselies* (p. 181). — 49 kil. *Roux.*

55 kil. **Charleroi** (p. 181).

La ligne de Namur, passe ensuite devant les nombreux établissements métallurgiques de (60 kil.) *Couillet* et de (62 kil.) *Châtelineau.* En face de Châtelineau, la petite ville manufacturière de *Châtelet* (10 000 hab.). A Châtelineau se raccordent avec la ligne de Namur celles de Fleurus (p. 184), *Jumet* (10 kil.) et Givet.

De Châtelineau à Givet, embranchement desservant les nombreuses houillères et usines de la contrée: 51 kil., trajet en 1 h. 3/4, pour 3 fr. 80, 3 fr. et 2 fr. 10. Il communique par un tronçon avec *Walcourt*, sur la ligne de Vireux (p. 182). Stat.: *Bouffioulx*, *Acoz*, *Gerpinnes*, *Hensinnes*, *Oret (Morialmé)*, *Pavillons (Stave)*, *Florennes*, *Villers-le-Gambon*, *Merlemont*, *Romedenne*, *Doische*, où est la douane belge, et *Givet*, avec la douane française. Givet, v. p. 189.

La contrée devient peu à peu plus calme, la Sambre serpente par de nombreux détours à travers une riante vallée couverte de prairies et encadrée de collines boisées. — 64 kil. *Le Campinaire.* — 65 kil. *Farciennes.* — 67 kil. *Aiseau.* — 70 kil. *Tamines.*

Embranch. de 9 kil. sur Fleurus (p. 184), de 19 kil. sur Gembloux (p. 185), par *Jemeppe-sur-Sambre*, et de 21 kil. sur *Mettet*, par *Forres.*

A dr., l'ancienne abbaye de *Ste-Marie-d'Oignies*, convertie en une grande fabrique de glaces. Ensuite *Auvelais*, *Moustier*, *Floreffe.* A dr., sur une hauteur, la pittoresque abbaye de prémontrés de *Floreffe* (style rococo), actuellement un grand séminaire. Plus loin, dans une gorge boisée à g., l'anc. abbaye de *Malonne*, où se trouve une école normale primaire. — 74 kil. *Flawinnes.* Toute la vallée de la Sambre est comme semée de vieux châteaux, de villas modernes et de fabriques. — 81 kil. *Namur* (p. 185).

25. De Louvain à Charleroi.

64 kil. Chemin de fer, trajet en 2 h. 20 à 2 h. 50 min., pour 5 fr. 20, 3 fr. 90 et 2 fr. 60.

Louvain, v. p. 74. — Cette ligne touche à plusieurs endroits mémorables dans l'histoire de la guerre de 1815. Elle traverse d'abord un pays plat. Stations: *Héverlé*, avec un château et un parc du duc d'Arenberg; *Weert-St-George*, *Grez-Gastuche.* — 23 kil. *Wavre*, point sur lequel les Prussiens battirent en retraite après la bataille de Ligny: on y voit un beau monument, par van Œmberg (1859). Ligne de Manage, v. p. 181. — 27 kil. *Limal.*

29 kil. **Ottignies**, où notre ligne croise celle de Bruxelles à Namur (R. 26). — 32 kil. *Court-St-Etienne*, où aboutit la ligne de Manage (p. 181). — 37 kil. *La Roche.*

On passe ensuite devant les ruines grandioses de l'**abbaye de Villers*, de l'ordre de Citeaux, fondée en 1147 et détruite en 1796, et l'on s'arrête à (40 kil.) *Villers-la-Ville*. Les ruines sont à 5 min. environ au N. de la station. Pour y aller, on passe sous le chemin de fer et on longe la petite rivière de Thyle. A l'entrée se trouve la bonne auberge de Dumont, où les visiteurs paient 50 c. Après avoir traversé la cour, on arrive d'abord dans le réfectoire, jolie construction rectangulaire du style de transition, avec deux rangées de fenêtres; puis dans le cloître, en grande partie du style ogival des XIVe et XVe s. et du commencement du XVIe. A ce cloître se rattache l'église, également très endommagée, qui a été bâtie de 1240 à 1272, dans le style gothique, et à laquelle ont été faites plus tard quelques additions: il y a à l'intérieur des pierres tumulaires de ducs de Brabant, du XIVe s. La vieille brasserie, du style de transition, est également remarquable. On a un beau coup d'œil d'ensemble de la hauteur à l'O., devant la «porte de Bruxelles».

44 kil. *Tilly*, probablement le lieu où naquit le fameux général de la guerre de Trente-Ans. — 47 kil. *Marbais*. — 49 kil. *Ligny*, où fut livrée, le 16 juin 1815, la sanglante bataille de ce nom, entre les Prussiens (82 000), sous les ordres de Blücher, et les Français (120 000), commandés par Napoléon, bataille qui se termina par la défaite des premiers, mais après laquelle leur retraite s'effectua toutefois en si bon ordre qu'ils purent, deux jours après, prendre une part décisive à la bataille de Waterloo (p. 51). — 53 kil. *Fleurus*, où se raccordent les lignes de Landen-Ramillies-Gembloux (p. 53), de Tamines (p. 183) et de Nivelles-Baulers (p. 182). Fleurus est également un champ de bataille bien connu des temps anciens et des temps modernes: le 22 août 1622, le duc Chrétien de Brunswick et le comte Ernest de Mansfeld y percèrent à grand' peine les lignes espagnoles, pour aller au secours des Hollandais; le 1er juillet 1690, victoire des Français, commandés par le maréchal de Luxembourg, sur les Hollandais et les Allemands, sous les ordres du prince de Waldeck, et le 26 juin 1794, autre victoire des Français, de l'armée de Jourdan, sur les Autrichiens du prince de Cobourg (v. aussi p. 181). — 57 kil. *Ransart*, où passe aussi la ligne de Jumet (p. 183) à Tamines (p. 183). — 61 kil. *Lodelinsart*, village industriel (houillères, verreries). Embranch. de 8 kil. sur Châtelineau (p. 183).

64 kil. *Charleroi* (p. 181).

26. De Bruxelles à Namur, par Ottignies.

(Luxembourg).

56 kil. Trajet en 1 h. à 1 h. 1/2 par l'express, pour 5 fr. 30, 4 fr. et 2 fr. 65; en 1 h. 50 par les trains omnibus, pour 4 fr. 25, 3 fr. 20 et 2 fr. 15.

Bruxelles, v. p. 9. Départ de la *station du quartier Léopold*

(p. 9). — 2 kil. *Etterbeek*, faubourg de Bruxelles. — 4 kil. *Watermael.* — 6 kil. *Boitsfort.* — 10 kil. *Groenendael.* Ces localités, entourées de bois, sont des promenades favorites des Bruxellois; il y a de jolies villas et de petits châteaux. Entre Groenendael et (15 kil.) *la Hulpe*, on découvre dans le lointain, à dr., le lion de Waterloo (p. 51). — 19 kil. *Rixensart.* A g., un château du comte de Mérode.

24 kil. **Ottignies**, point d'intersection des lignes de Louvain à Charleroi (R. 25) et à Mons par Manage (p. 180). — 29 kil. *Mont-St-Guibert*, dans un joli site. A dr., le château et le parc de Birbaix. — 33 kil. *Chastre.* On sort du Brabant pour entrer dans la province de Namur.

39 kil. *Gembloux*, où se raccordent les lignes de Fleurus et Landen-Ramillies (p. 53) et de Jemeppe-sur-Sambre (p. 183). L'ancienne abbaye de Gembloux est occupée par l'institut royal d'agriculture. — 46 kil. *St-Denis-Bovesse.* — 50 kil. *Rhisne.* De là à Namur, qui se présente sous un aspect pittoresque, plusieurs tranchées dans un calcaire bleuâtre.

56 kil. **Namur.** — HÔTELS: **H. d'Harscamp*, marché aux Arbres, 4 (ch. et boug., 3 fr.; serv., 75 c.; 1er déj., 1 fr. 50; dîn., 3 fr.); *H. de Hollande*, place de la Station, 3 (ch., serv. et boug., 2 fr. 50; 1er déj., 1 fr. 25; dîn., 3 fr.); *H. de Flandre*, *de la Couronne*, *du Rocher-de-Cancale*, tous en face de la station. — Bon *buffet.*

Namur, chef-lieu de la province du même nom, est une ville de 25400 hab., dans un site très pittoresque, au confluent de la *Sambre* et de la *Meuse*, dont les rives sont réunies par plusieurs ponts. Par sa situation, Namur a toujours été un point stratégique important, et fortifié de bonne heure. Il n'est à peu près rien resté de ses anciens édifices, par suite des divers sièges qu'elle eut à subir, surtout de la part de Louis XIV, en 1692, et de Guillaume III d'Orange, en 1695.

A l'E. de la gare (pl. C 1) il y a une promenade publique, le *square Léopold*, et, sur une petite place voisine, une *statue de Léopold Ier*, par Geefs, érigée en 1869 (pl. 24, D 1). A l'autre côté de la gare, le *boulevard Léopold* (pl. B 1), à l'extrémité O. duquel s'élève un *monument du géologue Omalius d'Halloy* (pl. 23; v. p. 33). Au delà, le joli *parc Marie-Louise.*

La CATHÉDRALE (*St-Aubain*, pl. B 2), construite de 1771 à 1772, sur les plans du Milanais *Pizzoni*, est une belle église du style de la renaissance, surmontée d'une coupole et précédée d'un portique de colonnes corinthiennes. Elle produit surtout un bel effet à l'intérieur.

Sur les côtés du maître autel se trouvent deux statues en marbre exécutées par *Delvaux* (m. 1778) et représentant St Pierre et St Paul. C'est le même artiste qui a fait les statues des quatre Pères de l'Eglise: St Ambroise, St Grégoire, St Jérôme et St Augustin. Dans le bras g. du transept, le monument de l'évêque Pisani (m. 1826), par *Parmentier*. Derrière l'autel, un petit monument renfermant les entrailles de *don Juan d'Autriche*, le vainqueur de Lépante, mort au camp de Bouge, à 1/4 d'h. au N.-E. de Namur, le 1er oct. 1578. Il lui a été érigé par Alexandre Farnèse. Son corps fut transporté à l'Escurial. La chaire, en bois, a été sculptée par *Geerts*, en 1848. Le trésor de la cathédrale est riche.

L'*église St-Loup* (pl. 12, C 3), dans la rue du Collège, prolongement de la rue de la Croix mentionnée ci-dessus, a été construite de 1621 à 1645, dans le style propre aux jésuites. Elle a 12 colonnes doriques massives de marbre rouge. Des plaques en marbre noir revêtent les murs du chœur, et la voûte en berceau est couverte de sculptures. On y montre le trou qu'y a fait un boulet lors du siège de 1692, sous Louis XIV.

La rue de l'Ange débouche sur la Grande-Place (pl. C D 3), où est l'*hôtel de ville*, construit en 1830. C'est là aussi qu'est le bureau du commandant de place, où l'on obtient la permission de visiter la citadelle (v. ci-dessous). — Plus loin à l'E., le grand *hospice d'Harscamp* (pl. 16, D 3) et l'*église Notre-Dame* (pl. 14), qui renferme les tombeaux de Guillaume Ier et Guillaume II, comtes de Namur. — Dans le jardin de l'hospice, la statue de la fondatrice, Isabelle-Gabrielle d'Harscamp (pl. 22). — Non loin de là, au bord de la Meuse, le *casino*, lieu de divertissement datant de 1879.

A côté du pont de la Sambre, à g., à l'extrémité de la rue qui part de la Grande-Place, en face de l'hôtel de ville, se trouve l'*ancienne boucherie*, qui renferme maintenant le *MUSÉE ARCHÉOLOGIQUE (pl. 19, D 3), fondé par la société archéologique de Namur. C'est une riche collection, bien classée, d'antiquités de toute sorte, surtout romaines et franques. Elles proviennent principalement du cimetière romain de Flavion, où l'on a trouvé beaucoup de fibules émaillées, et de la villa romaine d'Anthée, ainsi que du cimetière franc de Turfooz. Il y a aussi des curiosités parmi les objets préhistoriques et les objets du moyen âge et autres. Ce musée est ouvert le dim. de 10 h. à 1 h. et visible aussi les autres jours pour les étrangers, moyennant pourboire.

La CITADELLE (pl. B C 4), sur la hauteur, dans l'angle formé par le confluent de la Sambre et de la Meuse, où beaucoup ont voulu voir le camp des Aduatiques décrit par César (De Bello Gallico, II, 29), a été construite en 1691, par Coehorn (p. 225), d'après les principes modernes, reconstruite en 1794 et considérablement agrandie par les Hollandais en 1817. On y a une belle vue sur les vallées de la Meuse et de la Sambre. Permission, v. ci-dessus.

Un vieux pont de pierre à 9 arches (pl. C 4), de 144 m. de long, relie le quartier qui est au pied de la citadelle avec le faubourg de *Jambes* (stat., v. ci-dessous). Il y a un jardin zoologique (entrée, 50 c.), où se donnent des concerts en été.

Lignes de Luxembourg et Trèves, R. 29; de Liège, R. 28; de Dinant et Givet, R. 27; de Tirlemont, p. 52.

NAMUR
1:15.000
Mètres
Bruxelles
Tirlement
Charleroi
Huy & Liège
Dinant-Givet
Arlon
Station
Poste
Prison
Boulevard
Bould du Nord
Boud. Léopold
Place de la Station
Caserne de Cavalerie
Cathédrale
Théâtre
Arsenal
Évêché
Quai de Grognon
Fbg. de Salzinnes
Sambre
Meuse
Faubourg de Jambes
Citadelle
Caserne
École de Natation
Jardin Zoologique
Club Nautique
Parc Louise Marie
Avenue
Boulevard d'Herbatte
1.Abattoir E.2
2.Athénée C.3
3.Banque Centr. C.2
4. " Nation. B.1
5.Bateaux à vapr. D.3
6.Casino C.3
Églises:
7.Carmélites B.3
8.St. Jacques C.2
9.de Jambes D.4
10.St. Jean C.3
11. - Joseph C.2
12. - Loup C.3
13. - Nicolas E.2
14.N. Dame D.3
15.Hop. Militaire D.2
16.Hosp. d'Harscamps D.3
17.Hôtel de Ville D.3
18.Kursaal D.3
19.Musée d'Antiqu. d'Archéol. Biblth. D.3
20.Palais de Justice B.2
21.Postes & Télégr. D.3
Statues:
22.Isab. Bruneel D.3
23.Omalius B.1
24.Léopold Ier D.1
25.Tour St. Georges C.3
Gravé et imprimé par
Wagner & Debes, Leipzig.

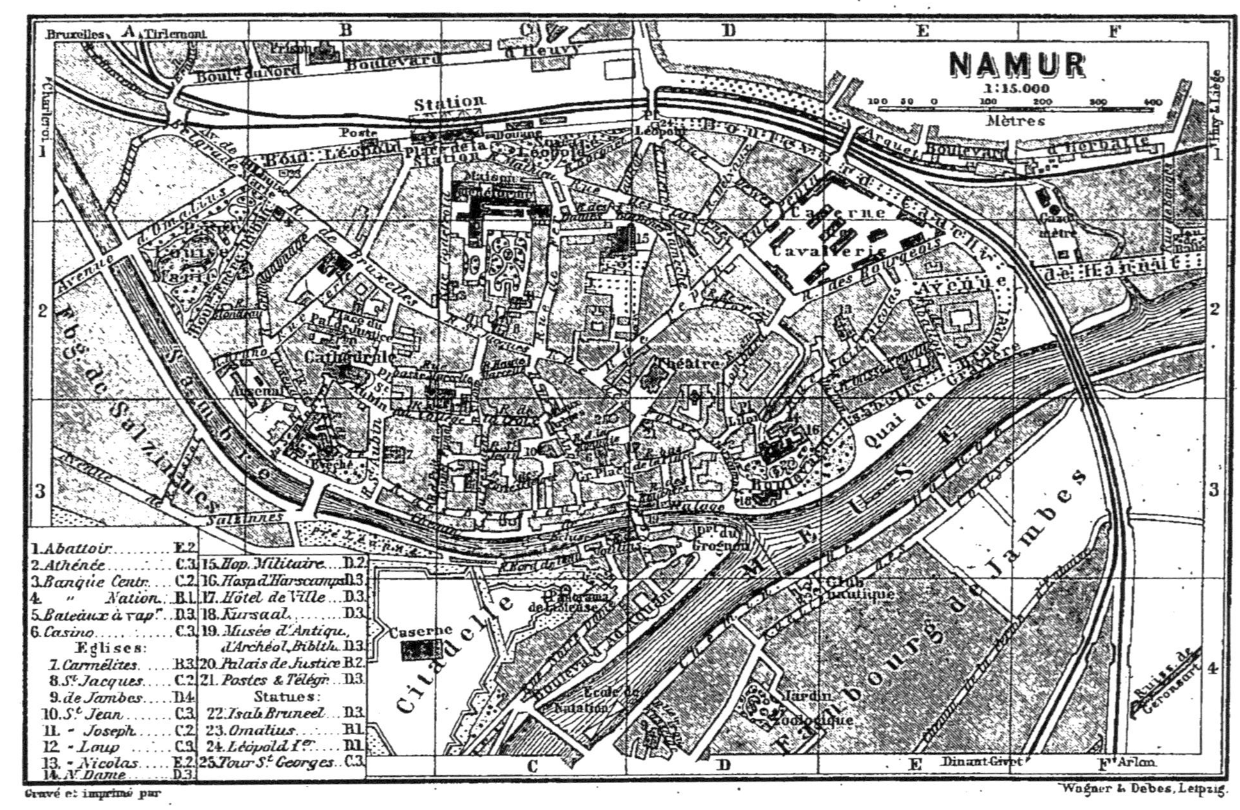

186 & 187

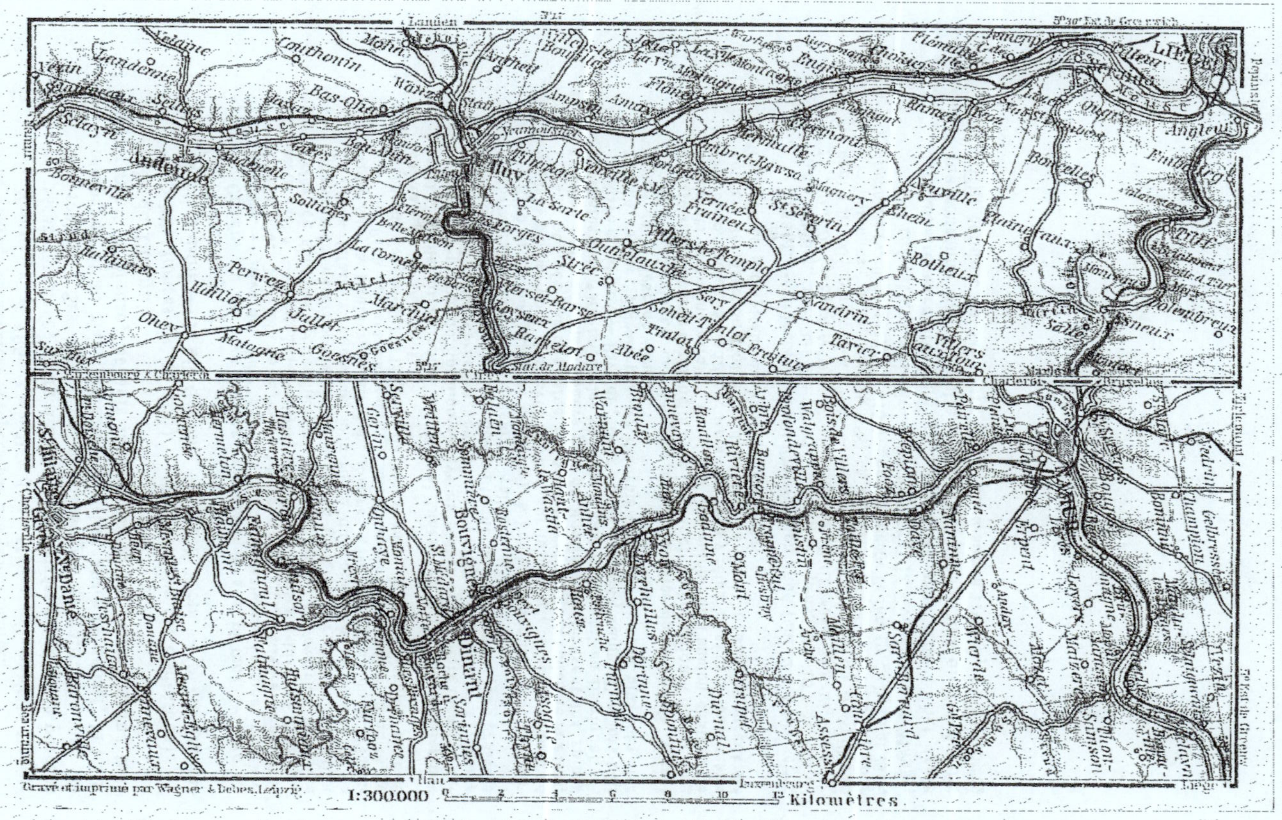

Liège
Huy
Andenne
Dinant
Givet
Bouvignes
Landen
Gravé et imprimé par Wagner & Debes, Leipzig
1:300.000
0 2 4 6 8 10 12 Kilomètres

27. De Namur à Dinant et à Givet.

A Dinant: 28 kil., trajet en 1 h., pour 2 fr. 25, 1 fr. 70 et 1 fr. 10. A Givet: 50 kil., trajet en 1 h. 1/2, pour 4 fr., 3 fr. et 2 fr. En chemin de fer, on jouit peu des beautés de la vallée de la Meuse. Nous recommandons aux piétons le chemin de la rive gauche. Les auberges dans les petites localités sur les bords de la Meuse sont en général fort bonnes, mais souvent entièrement occupées par des pensionnaires.

Namur, v. p. 185. La vallée de la Meuse en amont de Namur est assez resserrée, entre des hauteurs boisées où çà et là percent des rochers. Ses rives sont animées par de jolies maisons de campagne et de riants villages. Aussitôt après le départ, le train franchit la Meuse, et suit la rive droite du fleuve jusque tout près de Dinant.

3 kil. *Jambes* (v. p. 186). — 8 kil. *Dave* (v. ci-dessous). — 14 kil. *Lustin*. — 17 kil. *Godinne*. — 20 kil. *Yvoir*. — 26 kil. *Dinant* (v. ci-dessous).

Chemin de la rive gauche, recommandé aux piétons. — Rive g., *la Plante*. — Rive dr., *Dave*, avec un vieux château, entièrement restauré depuis peu. Non loin de là, un rocher colossal à pic. — Rive g., *Fooz*, qui reste caché. — Rive dr., *Taillefer*, avec d'importantes usines. — Rive dr., *Frêne*, où sont des grottes intéressantes. — Rive g., *Profondeville*, qui a des carrières de marbre. Plus loin, à g., un pont de fer reliant la station de *Lustin* (stat., v. ci-dessus) à la route qui conduit à la localité de ce nom, sur la hauteur. — Rive g., *Rivière*, avec le château de M. Pierrepont. — Rive dr., *Godinne* (stat., v. ci-dessus). A dr., non loin de là, le rocher de Frappe-Cul et la grotte de Chauveau. — Rive g., *Rouillon*, avec le château de M. Demanet.

La partie située entre Rouillon et Dinant est particulièrement pittoresque. Au-dessus de Rouillon s'élève un rocher de tuf, fort escarpé, appelé *la roche aux Corneilles*, en patois, «roche aux Chauwes», parce qu'on y voit toujours voltiger une multitude de ces oiseaux: il se présente plus favorablement lorsqu'on suit la vallée.

Rive dr., *Yvoir* (stat., v. ci-dessus), à l'embouchure du *Bocq*, communiquant par un pont neuf avec *Moulins*, sur la rive g., ancienne abbaye de Cîteaux occupée par une usine. [A 1 h. en remontant la vallée de la *Floye*, ruisseau qui a son embouchure près de Moulins, se trouvent les ruines du château de **Montaigle*, les plus imposants qu'il y ait en Belgique].

Rive g., *Anhée*. — Rive dr., *Houx*; puis *Poilvache*, ruines d'un fort bâti sur un rocher, détruit par les Français en 1554. Un peu plus loin, les ruines de la *Tour de Monay*.

Rive g., **Bouvigne**, une des plus anciennes villes de la contrée, vivant autrefois en discorde continuelle avec Dinant et tombée aujourd'hui au rang de simple commune rurale. On y voit les ruines de l'ancien château de *Crèvecœur*. Selon la tradition, trois femmes s'y réfugièrent avec leurs maris pendant le siège de 1554 et se donnèrent la mort, quand ils eurent été tués, en se précipitant du haut des créneaux.

Dinant. — Hôtels: **H. des Postes*, bien situé (ch., 2 à 4 fr.; serv., 75 c.; 1er déj., 1 fr. 25; dîn., 3 fr.; soup., 2 fr.; pens., 8 à 10 fr.); **H. de la Tête-d'Or* (pens., 7 fr. 50); *H. des Ardennes, de l'Europe, de Belle-Vue* (ch., dep. 1 fr. 50; pens., 6 à 7 fr.). — *Institut d'Hydrothérapie* du Dr William.

Voitures: pour *Freyr* (p. 188), à 1 chev., 5 fr.; à 2 chev., 8 fr.; pour *Montaigle* (v. ci-dessus), 10 et 15 fr.; pour la *grotte de Han* (p. 192), 18 et 25 fr.

Dinant est une ville de 6400 hab., sur la rive dr. de la Meuse, dans un site excessivement pittoresque, au pied d'un rocher aride que couronne une citadelle. Un pont, reconstruit en fer depuis 1870, conduit au faubourg *St-Médard* sur la rive g., où se trouve la gare. Belle vue de ce pont. En 1467, les habitants de Dinant durent expier terriblement l'audace qu'ils avaient eue de prendre parti pour la France contre le duc de Bourgogne. La ville fut assiégée et prise par Philippe le Bon et son fils, Charles le Téméraire, et 800 (?) citoyens furent précipités dans le fleuve. En 1554, Dinant fut prise et pillée par les Français, commandés par le duc de Nevers. Les Français s'en emparèrent encore en 1675. Les articles en cuivre de Dinant, nommés « dinanderies », étaient autrefois célèbres, depuis le XIIIe siècle. Les «couques de Dinant» sont une espèce de pain d'épice fait de farine d'épeautre et de miel, auquel on donne les formes les plus diverses.

Son *église Notre-Dame* est un bel édifice gothique de la seconde moitié du XIIIe s., avec des réminiscences du style de transition; elle est nouvellement restaurée. On en remarque les sculptures du portail méridional. Le clocher a environ 68 m. d'élévation; il atteint presque la hauteur de la citadelle.

Un escalier de 408 marches, taillées dans le roc, derrière l'église, conduit à la *citadelle*, dont les ouvrages ont été vendus en 1879, la somme de 7 millions. On paie 1 fr. d'entrée. La vue y est restreinte, mais belle. On a également un beau coup d'œil du faubourg *St-Médard,* sur la rive g.

La route de *Han* (p. 192; voiture, v. 187; trajet de 4 h.) passe par *Celle*, puis par *Ardenne* et *Ciergnon*, qui appartiennent l'un et l'autre au domaine royal de Belgique. C'est à Ardenne que commence la partie pittoresque de la vallée inférieure de la Lesse.

De Dinant à Givet, le chemin de fer suit exactement le cours de la Meuse. — 36 kil. *Waulsort.* — 42 kil. *Hastière* (hôt. de Bellevue, simple, mais bon), d'où un embranch. conduit à Mariembourg (p. 182) et Anor (v. le *Nord de la France,* par Bædeker). — 46 kil. *HeerAgimont*, où se trouve la douane belge.

A PIED, on traverse d'abord le faubourg de *Rivage*, longue rangée de maisons et de villas, fort pittoresquement situées à g. contre et sur des rochers en terrasse. A dr., une pyramide isolée et hardiment élancée vers le ciel, appelée la *roche à Bayard*, du nom du cheval des quatre fils Aymon. Dans le voisinage se trouvent des carrières de marbre noir, et tout près de là, **Anseremme** (*hôt. Beau-Séjour ;* pens., 6 à 7 fr.), beau village que dominent des rochers surplombant la vallée. Si l'on veut parcourir à pied cette partie pittoresque de la vallée, se faire passer ici sur la rive g., qu'on suit dès lors constamment; le chemin est mauvais en certains endroits. La *Lesse* vient déboucher dans la Meuse à Anseremme. Plus loin, la route va en montant.

Le plus beau point sur tout le parcours est le **château de Freyr**, propriété de la famille Beaufort-Spontin, avec de jolis jardins, sur la rive g. de la Meuse et au pied d'une colline boisée. En face se dressent, immédiatement au bord du fleuve, des rochers escarpés, fendus et creusés de cent façons diverses, aux contours bizarres, séparés quelquefois par fragments isolés ou formant des couches qui s'avancent au-dessus de l'eau. Les rives de la Meuse sont ainsi bordées de hauts rochers et présentent un aspect pittoresque jusqu'à *Falmignoul.* [A 10 kil. au S. de ce village se trouve **Beauraing** *(hôt. du Centre)*, où conduit une route et où l'on voit un vieux château magnifiquement restauré, au duc d'Ossuna. On revient de là par Givet, qui est par 9 kil., et on franchit la frontière de France après avoir fait un peu plus de la moitié du trajet].

Le chemin passe ensuite par *Waulsort*, où il y a un château et de beaux jardins; par *Hastière* (v. ci-dessus) et *Hermeton*, tous trois sur la rive g. A dr., *Blaimont*; puis *Heer*, où l'on extrait du marbre rouge. Du sommet d'une colline qui domine la route, belle vue sur Givet avec ses fortifications, et sur le cours sinueux de la Meuse.

50 kil. *Givet* (hôt. du Mont-d'Haur), ville française de 6972 hab., sur la Meuse, dominée par la citadelle de *Charlemont* (215 m.). A part sa situation, elle n'offre rien de curieux. Près de l'église, un buste médiocre de *Méhul*, le compositeur, originaire de Givet (1763-1817). Pour la suite de la vallée de la Meuse, v. le *Nord de la France,* par Bædeker.

28. De Namur à Liège.

60 kil. Chemin de fer, trajet en 1 h. 20 par l'express, pour 5 fr. 70, 4 fr. 60 et 2 fr. 85, en 2 h. par les trains omnibus, pour 4 fr. 80, 3 fr. 60 et 2 fr. 40. Cette ligne est une partie de celle de Paris à Cologne.

Namur, v. p. 185. La vallée de la Meuse, dans laquelle descend le chemin de fer, est fort belle. Des rochers sauvages et des champs de la plus belle végétation, des châteaux et des ruines, des villages dans de jolis sites, des usines et des manufactures de toute espèce se succèdent sans interruption. La contrée est fort populeuse et le terrain admirablement cultivé; partout des champs de blé, des vergers et des houblonnières. De nombreuses carrières, sur les deux rives, fournissent un excellent marbre.

9 kil. *Marche-les-Dames*. Il y a un château du duc d'Arenberg, caché derrière des bouquets d'arbres, au pied d'un rocher et entouré de jardins en terrasse. Il occupe l'emplacement d'une célèbre abbaye de l'ordre de Cîteaux, que fondèrent, en 1101, 139 dames dont les maris avaient pris la croix sous Godefroid de Bouillon. Près de là, les forges d'*Enouf*.

En face, le château de *Brumagne*, propriété du baron de Woelmont. Plus loin, à dr., le château de *Moinil*. — 11 kil. *Namèche*, beau village au milieu d'une forêt d'arbres fruitiers et communiquant avec la rive g. par un pont de fer. Sur cette rive, en face, les ruines du château de *Samson*, appuyées contre des rochers escarpés, dont la blancheur et les singuliers contours produisent un effet magnifique. Au-dessus se trouvent encore un château neuf et les ruines d'un autre château du VIIe s. ou peut-être même plus ancien. On a découvert dans le voisinage, en 1858, une grande sépulture franque.

14 kil. *Sclaigneaux*, station qui dessert le joli village de *Sclayn*, situé en face. Ensuite un tunnel.

20 kil. *Andenne-Seilles*. *Seilles*, où est la station, sur la rive g., est un grand village avec des fours à chaux et un château moderne, du style du XVe s.

Andenne, situé en face et communiquant avec la rive g. par un pont de fer construit en 1852, est une petite ville de 7100 hab., renfermant diverses fabriques, surtout de papier et de faïence.

27 kil. *Bas-Oha*, avec un château nouvellement reconstruit et entouré de longues murailles. Les collines sont couvertes de vignes. En face, les ruines insignifiantes du *château de Beaufort*, détruit en 1554. Le chemin de fer traverse, par un tunnel, la montagne derrière laquelle se cache Huy. — 29 kil. *Statte*, faubourg de Huy, sur la rive g. de la Meuse, où passe la ligne de Landen-Ciney (v. ci-dessous), qui traverse la Meuse.

31 kil. **Huy** (hôt.: *de l'Aigle-Noir* [pens., 6 fr.]; *du Mouton-Bleu*), ville de 12100 hab., sur la rive dr. de la Meuse, à l'embouchure du *Hoyoux*. La *citadelle*, bâtie en 1822 et condamnée en 1873 à être rasée, commande à la fois la ville et le cours de la Meuse. Les montagnes s'écartent en face de Huy à 1200 pas du fleuve. La belle **église Notre-Dame*, collégiale du style gothique commencée en 1311, a été restaurée au XVIe s., après un incendie, et encore de nos jours. Le portail est remarquable et présente de bonnes sculptures. On a érigé en 1868 sur la promenade au bord de la Meuse la *statue de Joseph Lebeau*, homme d'Etat né à Huy en 1794, qui contribua puissamment à l'élection du roi Léopold Ier; elle est par G. Geefs.

Un des faubourgs de Huy renfermait jadis l'*abbaye de Neumoustier*, fondée par Pierre l'Ermite (m. 1115) et dans laquelle cet ardent promoteur des croisades fut enterré. Une statue lui a été érigée dans le jardin de l'abbaye, en 1858, par le propriétaire actuel des bâtiments, M. Godin. Neumoustier était un des 17 monastères qui prospéraient jadis sous le prince-évêque de Liège dans cette petite ville de Huy, dont la population s'élevait alors tout au plus à 5000 habitants.

De Huy à Landen: 36 kil., en 1 h. 1/2 à 2 h., pour 2 fr. 75, 2 fr. 05 et 1 fr. 40. On peut prendre le train au faubourg de *Statte*, sur la rive g. de la Meuse (v. ci-dessus), ou bien à *Huy-Tilleul*, au S. de la ville. Les deux gares sont à 2 kil. l'une de l'autre et elles communiquent par un pont sur la rivière. — La voie ferrée atteint à *Moha* (6 kil.), village où se voient les ruines d'un château, la pittoresque vallée de la *Mehaigne*, petit affluent de la Meuse, et elle remonte cette vallée. Stat.: *Huccorgne*, *Fumal*, qui a un vieux château; *Fallais*, qui possède une église romane et les ruines d'un château détruit sous Louis XIV; *Braives-Latinne*. La contrée s'aplatit. *Avennes*, *Hannut*, *Avernas*, *Bertrée* sont les dernières stations. — *Landen*, v. p. 53.

De Huy à Ciney: 35 kil., en 1 h. 1/4 à 1 h. 1/2, pour 2 fr. 65, 2 fr. et 1 fr. 35. Départ de Huy-Tilleul (v. ci-dessus). La pittoresque vallée du *Hoyoux*, que remonte le chemin de fer, est aussi intéressante pour les piétons. — 6 kil. *Barse*. — 11 kil. *Modave*, stat. d'où l'on visite le château du même nom, construit au XVIIe s. par le comte Marchin, sur un haut rocher, et maintenant propriété de M. Braconnier de Liège. Puis: *Clavier-Terwagne*, *Avins-en-Condroz*, *Havelange*, *Hamois* et *Emptinne*. — *Ciney*, v. p. 191.

Le train retourne de Huy jusqu'au tunnel mentionné plus haut, puis il longe le pied de la montagne. Avant *Ampsin* (35 kil.), un petit tunnel; sur la rive g., de vieilles ruines de tours et de murailles; en face, sur la rive dr., le *château de Neuville*, de style moderne.

38 kil. *Amay*, bourg à quelque distance de la Meuse, avec une église romane à trois tours.

41 kil. *Hermalle*, avec un beau château entouré d'un parc. Près de la stat. d'*Engis*, le paysage reprend son caractère romantique. En face, à dr., s'élève le *château d'Engihoul.* Dans les grottes de la roche calcaire des environs d'Engis ont été découverts, en 1829, de nombreux ossements fossiles qui ont fait conclure à l'existence préhistorique de l'homme.

Puis, un peu plus à l'écart, couronnant une haute croupe à dr., le *château d'Aigremont*, avec ses murailles blanches, appartenant au comte d'Outremont, château bâti, selon la tradition, par les fils Aymon (p. 195). Au xve s., il fut le pivot des entreprises guerrières du comte Guillaume de la Mark, le Sanglier des Ardennes (p. 195). On voit ensuite de fort loin, à g., sur la cime d'un rocher nu et à pic, s'élevant presque du lit du fleuve, le *château de Chokier*, avec sa tour rougeâtre et ses solides murailles; c'est le berceau de la vieille famille des Surlet de Chokier. D'ici à Liège, il y a une quantité extraordinaire de fabriques, de hauts-fourneaux, de fours à coke et de fonderies de zinc.

49 kil. *Flémalle*, gros village d'où se détache un embranchement qui franchit la Meuse, et qui est surtout destiné à desservir des usines. — Les stations de la rive dr. sont *Val-St-Lambert, Seraing* et *Ougrée.* On arrive à Liège par la *station de Longdoz*, près du pont de la Boverie. — Sur la rive g., on passe à *Jemeppe* et à *Tilleur*, pour descendre à la *station des Guillemins.*

60 kil. *Liège*, v. p. 54.

29. De Namur (Bruxelles) à Luxembourg.

De Namur à Luxembourg: 163 kil., trajet en 4 h. par l'express, pour 15 fr. 50, 11 fr. 70 et 7 fr. 80, en 5 h. par les trains omnibus, pour 12 fr. 95, 9 fr. 60 et 6 fr. 25. — C'est la ligne que suivent les trains directs d'Ostende-Bruxelles à Metz, Strasbourg et Bâle.

Namur, v. p. 185. Cette ligne traverse les plateaux plus ou moins arides et les vallées des *Ardennes.* Elle offre cependant de belles échappées de vue. Après avoir franchi la Meuse, on découvre en arrière et sur la dr. un joli panorama, comprenant la ville de Namur et sa citadelle. — 9 kil. *Naninne.* — 16 kil. *Courrière.* — 18 kil. *Assesse.* — 23 kil. *Natoye.*

29 kil. *Ciney* (Grand-Hôtel), l'ancienne capitale du *Condroz* (le *Condrusi* de César), nom que portait autrefois la partie du pays située sur la rive droite de la Meuse entre ce fleuve et l'Ourthe. Ligne de Huy et Landen, v. p. 190. — 38 kil. *Leignon.* — 39 kil. *Haversin.*

49 kil. *Aye*, d'où un omnibus conduit en 1/2 h. à *Marche* (p. 197).

51 kil. **Marloie**, où aboutit la ligne directe de Liège *(ligne de l'Ourthe)*: v. R. 30. Plus loin, la voie descend considérablement et offre, à g., un beau coup d'œil sur la vallée de la Wamme.

57 kil. *Jemelle*, localité qui a beaucoup de carrières de marbre et de pierre bleue, ainsi que de nombreux fours à chaux, au confluent de la *Wamme* et de la *Lomme*, affluent de la Lesse. — *Suite de la ligne de Luxembourg*, v. p. 193.

Le nouvel embranch. de Jemelle à Beauraing, qui descend jusqu'à Eprave la vallée de la Lomme, est ouvert jusqu'à Rochefort: 4 kil., trajet en 7 min., pour 40, 30 et 20 c.

Rochefort (*hôt. Byron*, *hôt. de l'Etoile*, tous deux bons et pas chers) est une ville de 2400 hab., l'ancienne capitale du comté des Ardennes, située sur une hauteur au bord de la Lomme et dominée par les ruines d'un château, propriété particulière qu'on ne peut visiter. Il y a dans la roche calcaire des environs diverses grottes grandioses dont plusieurs sont accessibles. Une des plus belles est la **grotte de Rochefort*, dont l'entrée est dans le haut de la ville.

Elle est la propriété de M. *Collignon*, qui l'a découverte et qui fait entretenir les chemins à l'intérieur. Il fait payer 5 fr. d'entrée à chaque visiteur ou 2 fr. 50 par pers. si l'on est 20 ou davantage. Il faut 1 h. 1/4 à 2 h. pour la parcourir rapidement. Cette grotte se distingue par une variété extraordinaire dans sa configuration et la pureté des couleurs; elle est même, sous ce rapport, supérieure à celle de Han (v. ci-dessous), bien qu'elle ne l'égale nullement pour le caractère grandiose. Ses parties principales sont la *salle de Merveilles* et la *salle du Sabbat*. L'éclairage des plus beaux endroits se fait au magnésium et aux feux de Bengale. On vous fait constater la hauteur de la salle du Sabbat à l'aide d'un ballon éclairé.

Les omnibus des hôtels de Rochefort desservent régulièrement en été la grotte de Han, que personne ne doit négliger de voir: 2 fr. aller et retour. — La route qui y conduit (6 kil.) se détache, à dr. de l'hôtel Byron, de la grande route qui mène à St-Hubert (v. p. 193). On la suit tout droit. A la 5e pierre kilométrique, à g., un poteau indique la direction de Hamerenne et de Rochefort; les piétons pourront revenir de ce côté.

Han-sur-Lesse (*hôt. de Bellevue*) est à 6 kil. de Rochefort, au N. d'une chaîne de collines qui se place en travers du cours de la *Lesse*, mais qui est crevassée de telle façon que celle-ci y a trouvé un passage, nommé *Trou de Han* ou *de Belvaux*.

Le ***Trou de Han**, dit aussi *grotte de Han*, a maintenant son entrée à 1/2 h. du village, au S. des collines. Les omnibus ne vont pas au village. Le piéton arrivant de ce côté demandera après l'un des guides, les frères Lanoy, à l'hôtel de Bellevue.

On paie 5 fr. par personne, ou 7 fr. si l'on est seul. Un coup de feu tiré à la fin de la visite, pour réveiller les échos de la grotte, coûte 2 fr. pour 1 à 4 pers., et 50 c. en sus au delà de ce nombre. On donne de plus un pourboire au guide.

La grotte a environ 1500 m. de longueur en ligne droite. Elle se compose d'une série de chambres communiquant entre elles, des dimensions les plus variées. Suivant les fantastiques conformations des stalactites qu'elles présentent, ces chambres ont reçu des noms particuliers, depuis celui de *galerie de la Grenouille* jusqu'à ceux de *Boudoir de Proserpine*, *Trône de Pluton*, etc. La plus grandiose est la **salle du Dôme*, qui a 154 m. de long,

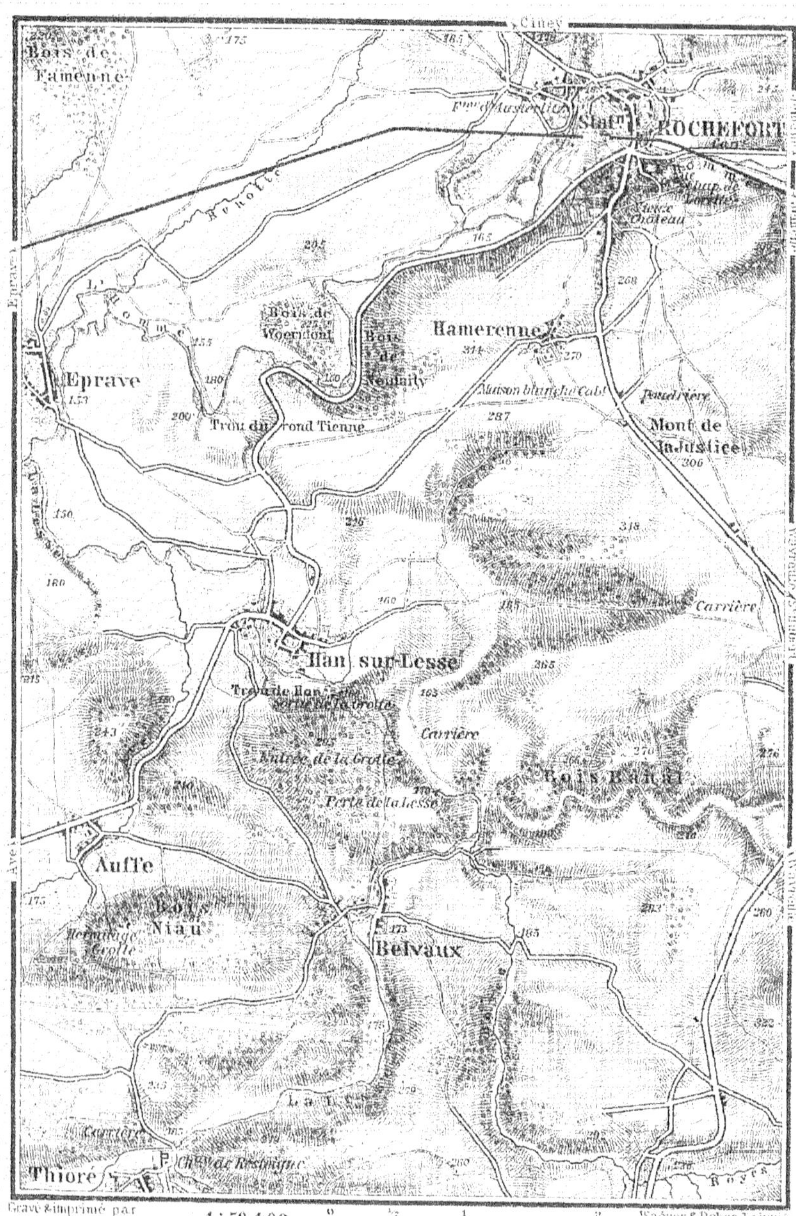

Ciney
Bois de Famenne
ROCHEFORT
Vieux Château
Hamerenne
Bois de Woeridont
Bois de Neulaily
Eprave
Trou du Rond Tienne
Maison blanche Cab.
Poudrière
Mont de la Justice
Carrière
Han sur Lesse
Trou de Han
Sortie de la Grotte
Entrée de la Grotte
Porte de la Lesse
Carrière
Bois Banal
Auffe
Bois Niau
Ermitage
Grotte
Belvaux
Carrière
Thioré
Royes
Gravé & imprimé par
1 : 59.400
Kilomètres.
Wagner & Debes, Leipzig

env. 140 m. de large et 56 m. de haut. — Il faut 2 à 4 h. pour parcourir cette grotte, qui est excessivement intéressante. La sortie en barque ménage une nouvelle surprise. Les mois d'août, de sept. et d'octobre sont les meilleurs pour la visite; au printemps, lorsque l'eau est haute, il est souvent impossible de passer dans la grotte. Le trou de Han est visité depuis 1814. La fumée des torches en a malheureusement noirci beaucoup les stalactites; on l'éclaire maintenant au naphthe, au magnésium, etc.

A 10 min. à peine de l'entrée se trouve l'endroit où la rivière se précipite en mugissant dans le gouffre, et qu'on appelle la *perte de la Lesse*; il est également curieux à voir.

La station suivante, sur la nouvelle ligne, est *Eprave*, à 4 kil. de Rochefort, au confluent de la *Lomme* et de la *Lesse*. Il y a également une grotte intéressante. S'adresser à l'aubergiste, homme complaisant qui sert de guide et qui connaît bien les environs (1 fr. 50 à 2 fr. de pourb.).

Ligne de Luxembourg (suite). — 60 kil. *Forrières.* — 66 kil. *Grupont.* Le chemin de fer longe les sinuosités de la *Lomme*. A g., sur un rocher, les tourelles pittoresques de l'ancien *château de Mirwart.*

131 kil. *Poix*, d'où un omnibus conduit en 1 h., pour 75 c., à **St-Hubert** (*hôtel du Luxembourg*), petite ville de 2500 hab., célèbre par la chapelle qui contient les reliques du saint dont elle porte le nom. L'ancienne abbaye a été convertie en pénitencier. L'*église*, beau monument du style flamboyant, à cinq nefs très élevées et avec une petite crypte très intéressante, est du XVIe s. (la façade et les tours, de 1700). Une chapelle à g. du chœur renferme un sarcophage avec 8 bas-reliefs sculptés par *Guill. Geefs.*

80 kil. *Hatrival.* — 90 kil. *Libramont*, station desservant le village de *Recogne*, qui s'étend à dr. sur la route conduisant à Bouillon (v. p. 194) et à Sedan. C'est par cette route que Napoléon III prisonnier fut conduit, le 4 sept. 1870, par des officiers prussiens et français et une escorte belge, à la station de Libramont, où il prit le chemin de fer.

De Libramont à Limerle: 32 kil., trajet en 1 h. $1/2$, pour 3 fr. 95, 2 fr. 95 et 2 fr. Stat.: *Bernimont*, *Wideumont-Bercheux*, *Morhet* et *Sibret.* — 28 kil. **Bastogne** (*hôt. Collin*), petite ville de 2000 hab., dont l'église, du XVe s., a de vieilles peintures murales et une statue de St-Christophe de 1520. Diligence pour *Wiltz* (p. 199), dans le Luxembourg, et de là pour *Kautenbach* (11 kil.; p. 199). Le trajet mérite aussi d'être fait à pied. — Le chemin de fer, qui s'arrête à *Limerle*, sera prolongé jusqu'à Gouvy (p. 198).

Autre embranch. de Libramont sur *Bertrix* (12 kil.; v. p. 194).

99 kil. *Longlier*, station pour la petite ville de *Neufchâteau* (hôt. des Postes), qui se trouve sur la dr., à 15 min. de là (2000 hab.). — 107 kil. *Lavaux.* — 115 kil. *Marbehan* (aub. Cornet, bonne), avec une belle église de construction récente. Embranch. sur *Poncelle*, *la Croix-Rouge*, *Ethe* et *Virton* (25 kil.; v. p. 194).

122 kil. *Habay-la-Neuve.* — 127 kil. *Fouches.* Puis une plaine.

136 kil. **Arlon** (hôt.: *du Nord*, *de l'Europe;* bons), ville de 7200 hab., située sur une montagne (404 m.), et chef-lieu de la province belge de Luxembourg. C'est une des plus anciennes villes

du royaume, maintenant de jour en jour plus florissante. Sur l'itinéraire d'Antonin, elle est désignée sous le nom d'*Orolaunum vicus*. Elle était jadis fortifiée. Jolie vue près de l'église. Il y a à l'hôtel du Gouvernement provincial une collection non classée d'antiquités romaines trouvées aux environs, et du nombre quantité de sculptures en pierre intéressantes.

D'Arlon à Longwy (*Longuyon*, *Nancy*): 23 kil., trajet en 3/4 d'h., pour 1 fr. 75, 1 fr. 35 et 95 c. Stat.: *Autel*, *Messancy*, (16 kil.) *Athus* (v. ci-dessous), *Mont-St-Martin*, première stat. française (douane). *Longwy*, etc., v. le *Nord de la France*, par Bædeker.

D'Arlon à Gedinne: 112 kil., trajet en 3 h. 1/2, pour 8 fr. 55, 6 fr. 40 et 4 fr. 30. On suit la ligne précédente jusqu'à *Athus*, puis on tourne à l'O. — 26 kil. *Halancy*. — 30 kil. *Signeulx*. — 34 kil. *Ruette*.

40 kil. **Virton** (hôt.: **Cheval-Blanc*; *Croix-d'Or*), petite ville de 2500 hab., adonnée surtout à l'agriculture et à l'élève du bétail, dans une jolie contrée. Ligne de Marbehan, v. ci-dessus.

46 kil. *Meix-devant-Virton*. — 53 kil. *Belle-Fontaine-lez-Etalle*. — 59 kil. *Izel*.

65 kil. **Florenville** (hôt.: *de la Poste*, bon; *du Commerce*), petite ville non loin de la frontière française, d'où l'on peut faire de belles excursions dans les *Ardennes*: une des belles parties est la vallée de la *Semoy*, petite rivière sur laquelle est située Florenville. A 1 h. 1/2 au S. de la ville, les ruines de l'*abbaye d'Orval*, fondée en 1124, dont l'église a été transformée au XVIe et au XVIIe s.; il y a à côté une auberge passable.

76 kil. *Straimont*. — 79 kil. *St-Médard*. — 85 kil. *Bertrix*. Embranch. sur Libramont (v. ci-dessus). — 97 kil. *Paliseul*. A env. 14 kil. au S., sur la route de Sedan, se trouve la petite ville de *Bouillon* (hôt. de la Poste), et dans le voisinage, le *château des Ammerois*, résidence d'été du comte de Flandre. De Bouillon à Sedan, 19 kil., serv. de malles-poste.

104 kil. *Graide-Bièvre*. — 112 kil. *Gedinne*.

141 kil. *Autel*. — 145 kil. *Sterpigny*, sur la frontière belge. — 146 kil. *Bettingen*. La visite de la douane n'a lieu qu'à Luxembourg. Embranch. sur Steinfort et Ettelbruck, au N. (p. 199), et sur Clemency, Petange (Athus) et Esch, sur l'Alzette, au S. — 150 kil. *Cappellen*. — 153 kil. *Mamer*. — 157 kil. *Bertrange*. — 163 kil. *Luxembourg* (p. 199).

30. De Liège à Marloie.

65 kil. Ligne de l'Ourthe; chemin de fer de l'Etat. Trajet de 1 h. 55. Prix: 4 fr. 95, 3 fr. 70, 2 fr. 50.

Liège, v. p. 54. On part de la *station des Guillemins*. Cette ligne suit celle de Pepinster (R. 4) jusqu'à *Angleur*, la première station (2 kil.; p. 64). Ensuite elle tourne au S., pour remonter la belle vallée de l'*Ourthe*, où l'on peut faire aussi des excursions à pied. L'Ourthe, affluent de la Meuse, traverse du S. au N. la partie principale des *Ardennes* belges, où elle a un cours très capricieux. A l'entrée de son étroite vallée, nommée le *Streupas* («pas étroit»), sur le versant de la montagne, à g., le *château de Beau-Fraipont*, avec une tour carrée massive. On passe ensuite au pied de la hauteur où s'élève le *château de Colonster*, aux nombreuses tours. En face, sur la rive dr., le *château d'Ancre*.

10 kil. **Tilff** (hôt.: *des Etrangers*; *de l'Amirauté*), gros village bien situé, sur la rive dr. de l'Ourthe, que traverse un pont tubu-

laire en fer. Cet endroit est très *fréquenté* en *été* par les habitants de Liège. Il y a une église neuve du style gothique. 15 min. plus bas, la *villa Neef,* avec un beau parc. En amont de Tilff, à 10 min. environ, bien au-dessus de la route, se trouve l'entrée d'une grotte dans la roche calcaire, encore difficilement abordable (entrée, 1 fr.; costume, 35 c.; bougies à 20 c.). Sur la hauteur, au-dessus, le *château de Brialmont.*

On passe plus loin devant le *château de Monceau,* traverse la rivière, un tunnel et des tranchées. — 15 kil. *Esneux* (hôt. de Bellevue, au bord de l'Ourthe), qui frappe de surprise par son site charmant, au pied et sur les hauts rochers d'une langue de terre autour de laquelle la rivière décrit une courbe de près de 6 kil. C'est ici le plus bel endroit de la vallée inférieure de l'Ourthe, et il est également beaucoup *fréquenté* en *été* par les Liégeois. Le bas du village communique avec la partie supérieure par un escalier en pierre, tandis que le chemin des voitures fait un grand détour. Belle *vue de différents points dans le haut, surtout de l'endroit nommé *Beaumont.*

Ensuite par la rive dr., puis par la rive g. — 19 kil. *Poulseur.* Les grandes carrières de pierre à chaux et d'ardoise, qui s'exploitent ici avec une grande activité, sont peu propres à embellir le paysage. Au-dessus du village, les ruines couvertes de lierre du château de Poulseur. En face, presque complètement minés par les carrières, les maigres restes du *château de Montfort,* connu par les légendes et qu'habitèrent aussi les quatre fils Aymon (p. 191). La vallée se rétrécit encore davantage. Le train franchit l'Ourthe. — 23 kil. *Rivage,* où se détache, à g., le chemin de fer de l'Amblève. — Suite du trajet, v. p. 196.

LIGNE DE L'AMBLÈVE, *de Rivage à Stoumont:* 22 kil., trajet en 50 min. Cette ligne, qui doit relier celle de l'Ourthe à celle de Spa à Luxembourg (R. 31), parcourt une des plus belles vallées de la Belgique. Elle remonte d'abord la rive dr. de l'Amblève, qui est ici navigable. — 1 kil. *Liotte.* On passe sous les parois crevassées de la *Belle-Roche,* et on a ensuite une belle vue des rochers de *Halleux.*

6 kil. *Martinrive.* On passe sur la rive g. et l'on voit aussi de ce côté des rochers escarpés, avec les ruines insignifiantes du *château d'Amblève,* auquel se rattache la tradition des Quatre fils Aymon. Il fut habité au XVe s. par le comte Guillaume de la Mark, le «Sanglier des Ardennes», que Walter Scott peint si bien dans son «Quentin Durward».

9 kil. *Aywaille* (hôt. du Luxembourg, fort bon), petite ville de 3500 hab., reliée à la rive dr. par un joli pont suspendu. — Ensuite un viaduc de 22 m. de haut et 160 m. de long, sur la rivière. Beau coup d'œil de là à g. sur Remouchamps et à dr. sur le château de Montjardin (p. 69). — 12 kil. *Remouchamps* (p. 68).

La rivière fait plus loin une grande courbe, que le chemin de fer coupe en passant dans un tunnel de 620 m. de long, après lequel il retourne sur la rive g. Puis il passe à *Nonceveux*, retraverse l'Amblève et atteint le *Fond des Quarreux,* bassin d'aspect sauvage, où le cours de la rivière est intercepté par un grand nombre de gros et de petits blocs de rocher. — 16 kil. *Quarreux*. On peut faire d'ici une belle excursion en aval, d'abord le long du chemin de fer, par la route, jusqu'au petit village de *Sedoz;* puis par les hauteurs, qui offrent de belles vues, jusqu'à Remouchamps, à env. 2 h. 1/2.

Le chemin de fer reste ensuite sur la rive dr., en offrant toujours une belle vue sur la vallée sauvage de l'Amblève et sur quelques gorges latérales. On passe devant *Targnon*, qui est sur une colline presque isolée.

22 kil. *Stoumont* (hôt. du Val de l'Amblève), provisoirement la dernière station. — De Stoumont à Coo, 2 h., v. p. 68; à Spa, par Desniez, Winand et Marteau, env. 5 h.

Ligne de l'Ourthe (suite). — Passé Rivage, cette ligne traverse l'Amblève et atteint presque immédiatement

24 kil. **Comblain-au-Pont**, station au pied de rochers à pic. Le village (*hôt.-pens. *Renaville-Ninâne*, souvent plein) en est à 15 min. Sur un rocher en saillie, la tour d'une ancienne église, couverte de lierre. Le chemin de Poulseur à Comblain-au-Pont est très intéressant pour les piétons: il demande 1 h. 1/4.

Puis un tunnel assez long. — 28 kil. *Comblain-la-Tour* (hôt. de l'Ourthe), à l'embouchure du Comblain, dans un endroit entouré de rochers, mais que les ardoisières rendent un peu monotone. Bientôt la vallée s'élargit et prend un caractère riant.

33 kil. **Hamoir** *(hôt. de la Station),* village assez important, en très grande partie sur la rive g., avec deux ponts, dont le plus ancien est détruit du côté de la rive dr. Sur la même rive, plus loin, le château de *Hamoir-Lassus* et son grand parc. La partie de la rivière entre Hamoir et Bomal (p. 197) est des plus pittoresques; des prairies, des hauteurs couvertes de bois luxuriants, au milieu desquels se dressent des massifs de rochers, offrent à l'œil des tableaux pleins de charme et de variété.

Excursion intéressante à pied. Demander, de l'autre côté du château de Hamoir-Lassus, aux premières maisons du village du même nom, le sentier qui passe par les hauteurs, le suivre jusqu'au pont du chemin de fer à *Sy*, dont les quelques maisons sont enclavées dans une gorge de montagne, s'y faire transporter sur la rive g., prendre à l'entrée du tunnel le sentier qui passe sous une arche, et l'on se voit tout à coup dans une sombre vallée, entourée de rochers et entièrement fermée. Allant de là à *Palogne*, on repassera sur la rive dr. et prendra un enfant pour se faire conduire par la montagne aux ruines pittoresques du château fort de *Logne*, qui fut jadis, comme celui d'Amblève, la résidence du fameux comte de la Mark (p. 195). Il y a à l'intérieur une grotte à stalactites nommée la *Cave Notre-Dame*. Pour revenir, suivre la route qui passe près de là et va d'Aywaille à *Bomal*.

Entre Hamoir et Bomal, le chemin de fer traverse plusieurs fois la rivière et un tunnel dans un haut rocher.

40 kil. **Bomal** *(hôt. de la Station),* gros village à l'embouchure de l'*Aisne*. Il présente un fort beau coup d'œil, avec son château, au-dessus de jardins en terrasse.

Excursion recommandable dans la vallée rocheuse et pittoresque de l'Aisne, en la remontant par *Juzaine* et *Aisne*, jusqu'à (6 kil.) *la Roche-à-Frêne* (aub. Courtoy-Liboutte), d'où l'on gagne *Barvaux*, par *Mormont* et *Eveux*.

Le train franchit encore une fois l'Ourthe et en suit la rive dr.

43 kil. **Barvaux** (hôt.: **de Liège; de l'Aigle Noir,* également bon), bourg de 1100 hab., bâti comme une ville. On quitte ensuite le cours de la rivière pour couper la vaste courbe qu'elle fait à l'O.

A 3/4 d'h. au-dessus de Barvaux, sur l'Ourthe, dans un site fort pittoresque, se trouve l'ancienne ville aujourd'hui insignifiante de *Durbuy* (hôt. de la Montagne), qui ne compte plus que 450 hab.: son vieux pont, une vieille chapelle, les restes des tours de ses anciennes fortifications et le château moderne du duc d'Ursel offrent un aspect tout à fait original. On peut faire une belle promenade de Barvaux jusque là, le long de la rive g., en 2 h., et revenir par la route en 3/4 d'h.

52 kil. *Melreux*. On se rapproche de l'Ourthe pour la dernière fois, et on la traverse.

Diligence 3 fois par jour de Melreux, par la vallée de l'Ourthe, qui est encore jolie, pour (19 kil.) **la Roche** (hôt.: *des Ardennes; des Etrangers*), petite ville autrefois importante, à 18 kil. de distance, dominée par les sombres ruines d'un château fort, et où débouchent de nombreuses vallées. — De la Roche part, le soir, une diligence pour une autre petite ville située à 32 kil. (plus du double en suivant le cours de la rivière), **Houffalize** (*hôt. des Ardennes:* ch. et boug., 2 fr.; dîn., 2 fr.; pens., 5 fr.), localité de 1200 hab., la plus importante de la partie supérieure de la vallée de l'Ourthe, dans un site pittoresque et entourée de belles promenades. — Diligence pour Bovigny et Gouvy, v. p. 198.

62 kil. **Marche** *(hôt. de la Cloche-d'Or),* ville de 2900 hab. et la capitale de la *Famène*, contrée très fertile en froment. Cette ville était autrefois fortifiée; Lafayette y fut fait prisonnier par les Autrichiens en 1792. A 1/2 h. au S. se trouve *Waha*, village qui a une petite église romane de 1051.

65 kil. *Marloie*, où l'on rejoint la ligne de Bruxelles à Luxembourg (p. 191).

31. De Spa (Liège) à Luxembourg.

132 kil. Chemin de fer de l'Etat jusqu'à *Trois-Vierges*, trajet en 1 h. 1/4, pour 4 fr. 80, 3 fr. 60 et 2 fr. 40; puis chemin de fer d'Alsace-Lorraine, trajet en 2 h. 1/2, pour 5 *M.* 60, 3 *M.* 70 et 2 *M.* 40. Pas d'express.

De *Liège-Pepinster* à *Spa*, v. R. 4. — On se mettra ensuite à g. La voie monte lentement, à travers une contrée accidentée et en partie boisée. — 8 kil. *Sart-lez-Spa*. — 12 kil. *Hockai*. — 16 kil. *Francorchamps*. Plus loin, un beau coup d'œil sur Stavelot.

25 kil. **Stavelot** *(hôt. d'Orange),* ville industrieuse de 4500 hab., sur l'*Amblève*. Elle fut jusqu'à la paix de Lunéville, en 1806, la résidence d'un prince-abbé relevant immédiatement de l'empire. A l'abbaye de bénédictins, fondée en 651, appartenait aussi la ville

de Malmédy, qui fut cédée à la Prusse en 1815. Il ne reste de l'église abbatiale qu'une partie du clocher, de style roman. Dans l'église paroissiale se voit la *châsse de St Remacle*, évêque de Liège de 652 à 662. C'est un ouvrage du XIVe s., de 2 m. de long, 0 m. 65 de large et 1 m. de haut. Elle est en cuivre repoussé, doré et émaillé, et elle est ornée de pierres fines et de statuettes en argent de 0 m. 03 de haut. Ces statuettes, placées dans des niches sur les côtés, représentent les apôtres, St Remacle et St Lambert.

A 8 kil. au N.-E. de Stavelot (dilig. 2 fois par jour; frontière prussienne à mi-chemin) est située, dans une jolie vallée qu'arrose la *Warche*, la ville de **Malmédy** (*hôt. du Cheval-Blanc*), appartenant à la Prusse, comme il a été dit ci-dessus, et chef-lieu du district wallon de l'ancienne abbaye de Malmédy-Stavelot. L'église abbatiale, primitivement du style roman, et le couvent, qui est occupé aujourd'hui par l'administration, forment un vaste corps de bâtiment. Le français, ou le wallon dans les basses classes, se parlent encore dans ce district, qui compte 10000 hab.

La voie ferrée reste d'abord dans la vallée de l'Amblève.

30 kil. *Trois-Ponts* (aub. des Ardennes). Ce petit village qui tire son nom de ses trois vieux ponts sur l'Amblève, la Salm et un ruisseau, s'étend derrière des rochers escarpés, qui ont été taillés à pic pour ouvrir un passage au chemin de fer. Une route neuve conduit d'ici, en 3/4 d'h., à la *cascade de Coo*, où vont beaucoup les baigneurs de Spa (v. p. 68).

On entre ensuite dans la jolie et profonde vallée de la *Salm*, où la voie traverse un tunnel et reste sur la rive g. de la rivière. — 35 kil. *Grand-Halleux*. — 41 kil. *Vielsalm*. Le village (hôt. Bellevue, bon) est assez éloigné de la station. Il y a dans les environs des ardoisières intéressantes. A dr. de la voie, les ruines du château de Salm, de la famille princière de Salm-Reifferscheidt-Dyck. On quitte ensuite la vallée. — 49 kil. *Bovigny-Courty*, d'où une diligence va 1 fois par jour à Houffalize (p. 197). — 55 kil. *Gouvy*, stat. près de laquelle on traverse la ligne de partage des eaux entre la Meuse et la Moselle, ainsi que la frontière du Luxembourg. Douane belge. On construit un embranch. dans la direction de Bastogne (p. 193).

63 kil. *Trois-Vierges* ou *Ulflingen* (hôt. Wiser, à la gare), station frontière du Luxembourg, dans la belle vallée de la *Wolz*, que la voie ferrée continue de suivre. — 67 kil. *Maulusmühle*. Il est intéressant de faire à pied le trajet d'ici à la stat. suivante. — 71 kil. *Clerf* ou *Clervaux* (hôt. Kœner), village dans un site pittoresque à l'E. du chemin de fer, avec un vieux château, que l'on voit deux fois, avant et après le tunnel, mais qui n'est pas visible de la station. Ce château a appartenu aux seigneurs de Lannoy, dont le plus connu est Charles de Lannoy, général de Charles-Quint et vainqueur de François Ier à Pavie. L'intérieur est modernisé. — 81 kil. *Wilwerwiltz*. A g., les ruines du *château de Schiebourg*. — 86 kil. *Kautenbach*, à l'embouchure de la *Wiltz* dans la *Woltz*. Embranch. de 10 kil. sur la petite ville de *Wiltz* (p. 193). — 90 kil. *Goebelsmühle*, à l'embouchure de la Woltz dans la *Sure* (Saur). De cette

Limpertsberg
Diekirch
Echternach
Eich
Spa
A
B
C
D
1
2
3
4
5
Niedergrun-wald
Obergrun-wald
Champ d. Foires aux bestiaux
Septfontaines
Clausen
Trèves (Trier)
Remich
Grund
Pl. Guill.
Pl. d. la Constit.
Pl. du Rham
Val de Pulvermühl
Trèves (Trier)
Gare Centrale
Ht. Petr.
LUXEMBOURG.
1:20 000
0 100 200 300 400 500
Mètres.
1 Abattoir . . . C.2.
2 Athénée, Biblioth., Musées . B.3.
3 Bains et lavoirs . . B.2.
4 Chambre des députés . . B.3.
5 Douanes . . . B.2.
6 Ecole de musique . . A.2.
7 Séminaire . . . B.3.
8 Eglise St. Alphonse . . B.2.
9 „ Cathédrale . . B.3.
10 „ St. Cunégonde . D.1.2.
11 „ St. Jean . . C.3.
12 Eglise St. Mathieu . B.C.1.
13 „ St. Michel . . C.2.
14 Chap. St. Quirin . . C.4.
15 Temple israélite . . B.3.
16 Temple protestant . . B.3.
17 Evêché . . . B.2.
18 Hôpital civil . . C.2.
19 Hôtel du Gouvernement . B.3.
20 H. de la maison Royale . B.2.3.
21 H. de ville, Musée Pescatore . B.3.
22 Maison curiale . . B.3.
23 Monum. de la princesse . A.2.
24 Palais de Justice . B.C.2.
25 Postes et Télégraphes . A.B.3.
26 Prisons et dép. de mendicité C.3.
27 Théâtre . . . B.2.
Geograph. Anstalt von
Wagner & Debes, Leipzig

stat. à la suivante est la partie la plus intéressante de la ligne de Luxembourg. A peu près à mi-chemin, à g., les belles ruines du *château de Bourscheid*, sous lesquelles il y a un tunnel. — 94 kil. *Michelau*, d'où l'on va en 1/2 h. à Bourscheid.

101 kil. **Ettelbruck** (*hôt. du Luxembourg*, tenu par Herckmans), petite ville dans un joli site, au confluent de l'*Alzette* et de la *Warcke*. Jolie vue de la hauteur nommée Herrenberg.

EMBRANCHEMENT au S.-O. sur *Bettingen* (p. 194), par *Colmar-Usines*, *Bissen*, *Useldingen*, *Nœrdingen*, *Eischen*, *Steinfort* et *Hagen*.

D'ETTELBRUCK À WASSERBILLIG : 53 kil., trajet en 1 h. 3/4 à 2 h. ; 1/2 h. à 3/4 d'h. de plus jusqu'à Trèves. — 4 kil. **Diekirch** (**hôt. des Ardennes*; pens., 5 fr. par jour; *hôt. du Luxembourg*), charmante petite ville au bord de la Sure. — Excursion intéressante à **Vianden** (**hôt. du Luxembourg*), à 13 kil. au N., dans la vallée de l'*Our*, petit affluent de la Sure. Il y a des ruines grandioses d'un château des comtes de Nassau, dans un site pittoresque, au-dessus de la petite ville. La jolie chapelle décagone de ce château a été restaurée en 1849. L'église de Vianden renferme quelques pierres tumulaires des XVe et XVIe s.

9 kil. *Bettendorf*. — 14 kil. *Reisdorf*. — 25 kil. *Bollendorf*. — 32 kil. **Echternach** (**hôt. du Cerf*), pèlerinage connu par la «procession sautante» (3 pas en avant, 2 en arrière), qui a lieu chaque année le mardi de la Pentecôte. Il y eut jusqu'en 1801 une abbaye relevant immédiatement de l'empire. L'église fut consacrée en 1051; elle présente à l'intérieur des colonnes alternant avec des piliers, et l'on remarque la légèreté et les beaux chapiteaux des colonnes. — 40 kil. *Rosport*. — 46 kil. *Born*. — 53 kil. *Wasserbillig*, station de la ligne de Luxembourg à Trèves.

Près d'Ettelbruck, le chemin de fer pénètre dans la vallée de l'*Alzette*, d'abord étroite et pittoresque, qu'il ne quitte plus jusqu'à Luxembourg. — 105 kil. *Colmar-Berg*, au confluent de l'Alzette et de l'*Attert*, avec un vieux château des comtes de Nassau, maintenant au roi de Hollande. — 108 kil. *Kruchten*. Embranch. de 12 kil. sur la petite ville de *Larochette*.

111 kil. *Mersch* (hôt. Steffen), au confluent de l'Alzette, de l'*Eisch* et du *Mamer*, rivières dans les vallées desquelles on peut faire de jolies excursions. A l'O.: dans la vallée de l'Eisch, le *château de Hollenfels* et sur la hauteur les ruines du *couvent de Marienthal*; dans la vallée du Mamer, le beau *château de Schœnfels*; à l'E.: le *château de Meysembourg*, propriété du prince d'Arenberg, avec un parc.

117 kil. *Lintgen*. — 121 kil. *Lorentzweiler*. — 124 kil. *Wolferdange*. — 127 kil. *Dommeldange*.

132 kil. **Luxembourg**. — HÔTELS : **H. Brasseur*, au coin des rues de l'Arsenal et Aldringer; *H. de l'Europe*, recommandé; *H. de Luxembourg*, *de Cologne*, *des Ardennes*. — RESTAURANTS : *Faber*, fort bon; *Auburtin*. — CAFÉS : *C. Italien*, *C. Metzler*, *C. de la Place*, etc. — LIBRAIRIE : *P. Brück*, qui a de bonnes photographies de Luxembourg.

Luxembourg est une ville de 16 700 hab., la capitale du grand-duché du même nom, possession particulière du roi de Hollande. Elle fut l'une des forteresses de la Confédération Germanique jusqu'en 1866. La VILLE HAUTE, qui constitue proprement la ville de Luxembourg, est située, comme un château fort, au sommet d'un plateau rocheux qui ne se continue qu'à l'O., et qui descend des trois autres côtés par une pente rapide de 64 m., pour remonter à l'opposé par une pente tout aussi escarpée. L'étroite vallée resserrée entre ces deux hauteurs est arrosée par la *Pétrusse* et par l'*Alzette*. Elle s'est couverte peu à peu d'un grand nombre d'habitations, qui forment la VILLE BASSE, composée du faubourg de *Pfaffenthal*, au N., et de ceux de *Clausen* et de *Grund*, au S.: ces deux derniers sont séparés par le *Bouc*. L'activité industrielle de cette vallée est très considérable; il y a surtout des tanneries.

La montagne et la vallée, les bizarres conformations des rochers, les jardins, les bouquets d'arbres, les gigantesques viaducs des chemins de fer et de la rue de la Gare présentent un coup d'œil d'une beauté surprenante.

Les fortifications, taillées en partie dans le roc, ont été rasées, conformément au traité de Londres de 1867, à la suite de l'évacuation par la Prusse, qui les occupait depuis 1815, au nom de la Confédération. Les anciens glacis sont transformés en promenades, d'où l'on a de beaux points de vue.

Ces puissantes fortifications dataient de cinq siècles; chaque nouveau souverain s'était attaché à y ajouter de nouveaux ouvrages, depuis Henri IV, comte de Luxembourg (empereur d'Allemagne sous le nom de Henri VII, m. en 1312) et son fils Jean l'Aveugle, le belliqueux roi de Bohême (m. 1346), jusqu'à nos jours. Vauban en construisit une grande partie sous Louis XIV, qui s'en était rendu maître en 1684.

A part son site pittoresque, Luxembourg offre peu d'intérêt pour le voyageur. Le vieil *hôtel de ville*, sur le marché aux Herbes, renferme une collection bien organisée d'antiquités romaines, franques et autres: beaux verres romains, produits de fouilles faites au camp de Dahlheim et dans des tombeaux francs à Emmering et à Waldwies. — Luxembourg a aussi une petite *galerie de peinture* (pl. 21, B 3), léguée en 1855 par J.-P. Pescatore et visible moyennant pourboire.

Du magnifique château bâti, dans le faubourg de *Clausen* (pl. D 1-2), par le comte Pierre-Ernest de Mansfeld, gouverneur espagnol de 1545 à 1604, il ne reste que quelques murs et 2 portes dans la ville basse, avec des bas-reliefs et des inscriptions de provenance romaine. Très belle vue de la *hauteur du parc* (pl. D 1), au-dessus du faubourg.

De Luxembourg à Namur, v. R. 29; *à Trèves*, v. les *Bords du Rhin* ou l'*Allemagne*, par Bædeker.

DE LUXEMBOURG À METZ, par Thionville: 60 kil., trajet en 3 h., pour 5 *M.* 40, 3 *M.* 60 ou 2 *M.* 30 (75 pf. de plus par l'express). Stat.: *Fentange*, *Bettembourg*, *Hettange-la-Grande* (all. Gross-Hettingen). — 33 kil. Thionville, en all. *Diedenhofen* (*hôt. Lefèbvre*), petite ville et place forte sur la Moselle, prise par les Allemands le 24 nov. 1870. Puis: *Uckange* (Hückingen), *Hagondange* (Hagendingen), *Maizières*, *Devant-les-Ponts*, station de Metz, à la porte de France, après laquelle le chemin de fer fait une courbe, pour passer encore à *Montigny* et s'arrêter à la gare de Metz (hôt.: *de l'Europe; de Paris*, etc.). Pour cette ville, v. les *Bords du Rhin* ou l'*Allemagne*, par Bædeker.

HOLLANDE

I. Plan de voyage.

Une excursion en Hollande pourra s'organiser à peu près de la manière suivante:

	Jours
D'Anvers à Rotterdam	$^1/_2$
Rotterdam et *Delft*	1
La Haye et *Schéveningue (Gouda)*	2
Leyde et *Harlem*	$1^1/_2$
Amsterdam et ses environs	3
Utrecht, et de là à Bruxelles, Liège ou Cologne . . .	1

II. Monnaie. Frais de voyage.

L'unité monétaire de la Hollande est le *florin* des Pays-Bas ou *gulden* (prononcer: guldenn) qui vaut 2 fr. 10 c. Ce florin se divise en 100 *cents* ou 20 *stuiver* (pron.: steuiferr), ou encore en 10 *dubbeltjes*. Il existe des pièces d'or de 10 fl., dites *gouden hentjes*, valant 21 fr. (les vieux un peu moins); des pièces d'argent de 2 fl. $^1/_2$, le *rijksdaalder* (pron.: rixdâler), valant environ 5 fr. 25; de 1 fl., de 50 cents ou 1 fr. 05, de 25 *(kwartje)*, de 10 *(dubbeltje)* et de 5 cents *(stuiver)*. Le papier monnaie hollandais est au pair avec les espèces sonnantes. Les pièces hollandaises sont assez semblables aux pièces françaises. La pièce de 20 francs vaut d'ordinaire 9 fl. 45 cents. — La valeur approximative, en francs, d'une somme indiquée en florins et cents se trouve, dans la pratique, en doublant les chiffres et en ajoutant autant de sous qu'il y a de francs. 15 fl. valent donc 30 fr. 30 sous ou 31 fr. 50 c. De même 10 cents sont 20 ou plutôt 21 centimes. Voir du reste le tableau comparatif placé au commencement de ce volume. — On prendra garde de confondre *c.* ou *cent* avec *centime*.

Les pièces étrangères sont reçues aux guichets des chemins de fer et la plupart aussi dans les grands hôtels. Les billets des banques de France, de Belgique, d'Angleterre et d'Allemagne sont à peu près au pair avec l'or et l'argent. Il y a un tarif, qui peut varier, mais dont les chiffres sont à peu près les suivants: 20 fr., 9 fl. 45; 10 fr., 4 fl. 70; 5 fr. en or, 2 fl. 35; en argent, 2 fl. 30; 1 fr., 47 cents; — un souverain d'Angleterre, 11 fl. 85; 1 shilling, 58 cents; — 20 marcs d'Allemagne, 11 fl. 80; 10 *M*, 5 fl. 90; 1 *M*, 58 cents.

Les dépenses nécessaires ne dépasseront pas 6 à 7 fl. par jour. En y ajoutant, en moyenne, 3 à 4 fl. pour frais de transport et menues dépenses, et 2 fl. de pourboires dans la visite des curiosités, nous estimons les frais journaliers d'un voyage en

Hollande à 10 fl., soit 21 à 22 fr. On pourra réduire cette somme en déjeunant au café et en dînant au restaurant. Il importe toutefois de déjeuner solidement pour ne pas être obligé de dîner avant les heures habituelles.

En général, la vie est assez chère en Hollande, bien que ce soit une exagération de dire que 1 fl. n'y soit pas plus que 1 fr. en Belgique.

III. Chemins de fer. Douane. Passeport.

Les *chemins de fer* hollandais ont la même organisation que ceux de Belgique (v. p. 1). Il y en a env. 2000 kil. en exploitation, dont plus de la moitié à l'Etat, et il y a en outre beaucoup de tramways à vapeur.

Le meilleur indicateur est celui qui paraît tous les mois sous le titre de *officieele Reisgids voor Nederland,* et qui se vend 25 c. avec la carte. Il donne aussi des renseignements sur les bateaux à vapeur, les diligences, les omnibus, etc., mais il ne donne pas les tarifs, qui se trouvent dans un livret spécial. — On notera que les trains dont les heures y sont imprimées en gros chiffres, n'ont que des voitures de 1re cl.; que les chiffres cursifs indiquent des trains de 1re et de 2e cl., et que les chiffres ordinaires sont réservés aux trains ayant les trois classes. Pour les abréviations de cet indicateur, v. p. 205.

A la *douane,* les objets neufs sont sujets aux droits; il faut les déclarer et en indiquer la valeur, sur laquelle se basent ces droits.

Pour les *passeports,* v. ce qui a été dit à propos de la Belgique, p. 2.

IV. Langue.

La langue hollandaise est une variété de la branche appelée bas-allemand; elle ne se distingue que dans quelques détails insignifiants de la langue flamande (v. p. 3). Tandis que l'idiome des Flandres et du Brabant est resté stationnaire sous les gouvernements étrangers qui ont possédé ces pays, le dialecte hollandais s'est constitué en langue littéraire et grammaticalement réglée. Les influences romanes s'y font sentir et des mots comme *kantoor* (comptoir), *kwartier* (quartier), *kapitein* (capitaine), *rekwest* (requête) et beaucoup d'autres emprunts faits à la langue française se rencontrent dans le dictionnaire hollandais. Les Hollandais peuvent se glorifier d'une littérature riche en productions de tout genre.

La langue française suffit généralement au voyageur ordinaire, surtout dans les endroits fréquentés d'habitude par les étrangers; mais il est bon, comme partout, d'avoir au moins quelque notion de la langue, de connaître les mots indispensables pour les relations forcées avec les gens du peuple. Le voyageur ne sera donc pas fâché de trouver ici quelques données sur la prononciation hollandaise, un certain nombre de mots indispensables et de petites phrases élémentaires. La connaissance de l'allemand aide naturellement à comprendre le hollandais.

Prononciation, en tant qu'elle présente des différences essentielles avec celle du français. *U* se prononce à peu près eu et quelquefois u; *v*, f; *aa, ee, oo, uu*, â, ê, ô, û; *ei*, *ij*, ou *y*, eï, par ex. dans *mijnheer*, monsieur; *ie*, î; *oe*, ou; *au, ou, ouw*, à peu près comme aou, par ex. dans *mevrouw*, madame (méfraou); *jungjuffrouw* et *juffrouw*, mademoiselle («juffrouw» se dit aux buffets et dans les magasins, même aux dames mariées).

Article, avec lequel on décline les substantifs et les adjectifs (*en* ou *s* au pluriel). Singulier. Nominatif: *de*, le, la; *het*, le (neutre). Génitif: *des, der, des* ou *van den, van de, van het*, du, de la, du. Datif: *den, der, den* ou *aan den, aan de, aan het*, au, à la, au. Accusatif: *den, de, het*, le, la, le. Pluriel: *de*, les; *der* ou *van de*, des; *den* ou *aan de*, aux; *de*, les, pour les trois genres.

Pronoms: nom., *ik*, je ou moi; dat. et acc., *mij*, à moi, me, moi; *wij*, nous; *ons*, à nous; *ons*, nous; — *gij*, tu ou toi, et vous; *u*, qu'on emploie ordinairement quand on adresse la parole à quelqu'un, à toi, te, toi, à vous ou vous; — *hij*, il, lui; *hem*, à lui, le, lui; — *het*, il, lui au neutre; — plur. pour les deux genres, *zij*, ils, eux; *hun*, à eux, leur; *hen*, eux, les; — *zij*, elle; *haar*, à elle, la, elle, pour le sing. et le plur. féminin; — *mijn, mijne*, mon, ma; — *uw, uwe*, ton, ta et votre; — *zijn, zijne*, son, sa; *haar, haare*, son, sa; — *onze, ons*, notre; — *hun, hunne*, leur; — *wie?* qui? — *wat?* quoi?

Nombres: 1, *een*; 2, *twee*; 3, *drie*; 4, *vier*; 5, *vijf*; 6, *zes*; 7, *zeven*; 8, *acht*; 9, *negen*; 10, *tien*; 11, *elf*; 12, *twaalf*; 13, *dertien*; 14, *veertien*; 15, *vijftien*; 16, *zestien*; 17, *zeventien*; 18, *achtien*; 19, *negentien*; 20, *twintig*; 21, *een en twintig*; 22, *twee en twintig*, etc.; 30, *dertig*; 40, *veertig*; 50, *vijftig*; 60, *zestig*; 70, *zeventig*; 80, *tachtig*; 90, *negentig*; 100, *honderd*; 1000, *duizend*, etc. — Le 1er, *de eerste*; le 2e, *de tweede*; le 3e, *de derde*; le 4e, *de vierde* . . . le 8e, *de achste*, etc.; le 20e, *de twintigste*; le 80e *de tachtigste*; etc. — $^{1}/_{2}$, *een half*; $^{1}/_{3}$, *een derde*; $^{1}/_{4}$, *een vierde*, etc.

Verbes auxiliaires: *zullen*, devoir (sert à former le futur); *hebben*, avoir; *zijn*, ou *wezen*, être; *worden*, devenir (pour former le passif).

Ik zal, je dois.	*ik heb*, j'ai.	*ik ben*, je suis.	*ik word*, je deviens.
gij zult.	*gij hebt.*	*gij zijt.*	*gij wordt.*
hij (zij, het) zal.	*hij (zij, het) heeft.*	*hij (zij, het) is.*	*hij (zij, het) wordt.*
wij zullen.	*wij hebben.*	*wij zijn.*	*wij worden.*
gij zult.	*gij hebt.*	*gij zijt.*	*gij wordt.*
zij zullen.	*zij hebben.*	*zij zijn.*	*zij worden.*
Ik zal hebben, j'aurai.	*gehad*, eu.	*geweest*, été.	*geworden*, devenu.

PHRASES ET TERMES USUELS.

Goeden dag. G. avond. G. nacht.	Bonjour. Bonsoir. Bonne nuit.
Mag ik u vragen, hoe ga ik naar..?	Puis-je vous demander le chemin de..?
Welke is de kortste weg naar..?	Quel est le plus court chemin pour aller à..?
Ga regt uit en dan de eerste straat links, regts.	Allez tout droit, et puis, la première rue à gauche, à droite.
Ik dank u, mijnheer.	Je vous remercie, monsieur.
Ik zal met den spoorweg (ou *met het spoor*) *rijden.*	Je partirai par le chemin de fer.
Kruijer, breng de bagage, den koffer, dezen reiszak, dat, naar het spoor.	Commissionnaire, portez les bagages, la malle, ce sac de voyage, cela, au chemin de fer.
Ik geloof het is te laat.	Je crois qu'il est trop tard.
In welke klasse gaat gij?	Quelle classe prenez-vous?
Ik zal een kaartje ou *billet voor de tweede klas nemen.*	Je prendrai un billet de (pour la) seconde classe.
Hoe laat is het? als't u belieft.	Quelle heure est-il? s'il vous plaît.
Het is kwartier voor tweeën, over drieën, halftien.	Il est 1 h. $^3/_4$ ($^1/_4$ avant 2), 3 h. $^1/_4$ ($^1/_4$ après 3), 9 h. $^1/_2$ ($^1/_2$ av. 10).
De trein vertrekt om vijf uur en komt om tien aan.	Le train part à cinq heures et arrive à dix.
Opstijgen, uitstappen, overstappen; stijg op, haast u!	Monter, descendre, changer de voiture; montez, hâtez-vous!
Hoe lang houden wij hier still?	Combien de temps arrêtons-nous ici?
Waar zijn wij nu, conducteur?	Où sommes-nous maintenant, conducteur?
Dit is de laatste station.	C'est la dernière station.
Uitgang. Kantoor.	Sortie. Bureau.
Verboden toegang	Entrée interdite.
Koetsier, breng ons naar...	Cocher, conduisez-nous à...
Wacht, ik moet nog mijne bagage halen; ik heb jets verget.	Attendez, il faut encore que j'aille chercher mes bagages; j'ai oublié quelque chose.
Bij het hôtel... ophouden.	Vous arrêterez à l'hôtel...
Hoeveel is de vracht? — Veel!	Combien la course? — Beaucoup!
Een fooi. — Genoeg.	Un pourboire. — Assez.
Kan ik een kamer hebben? met één bed, twee bedden.	Puis-je avoir une chambre? avec un lit, à deux lits.
Zeker, mijnheer.	Sûrement, monsieur.
Ik zal (wij zullen) morgen om... ure vertreken, wek mij (ons) om...	Je dois (nous devons) partir demain à..., éveillez-moi (nous) à...
Reinigen, Waschen.	Nettoyer. Laver.

Garçon, wat hebt gij te eten? Het ontbijt. Het middageten. Het avondeten. Drinken.	Garçon, qu'avez-vous à manger? Le déjeuner. Le dîner. Le souper. Boire.
Breng mij gebraden rundvleesch, schapenbout, kalfsvleesch, ham, visch, aardappelen, groente, brood, boter, eijeren, vruchten, kaas, wijn, bier, melk, koffij, suiker. Mes, lepel, vork, bord, glas, flesch.	Apportez-moi du bœuf rôti, du gigot, du veau, du jambon, du poisson, des pommes de terre, des légumes, du pain, du beurre des œufs, des fruits, du fromage, du vin, de la bière, du lait, du café, du sucre. Couteau, cuiller, fourchette, assiette, verre, bouteille.
Hoeveel bedraagt onze nota?	A combien s'élève notre note?
Wat moeten wij u betalen?	Qu'avons-nous à vous payer?
Wat is dat, mevrouw?	Qu'est-ce que cela, madame?
Hoever is het van hier, van daar?	Combien y a-t-il d'ici, de là?
In welke straat is het museum?	Dans quelle rue est le musée?
Wanneer is hed geopend?	Quand est-il ouvert?
Dagelijks, kosteloos, van tien tot drie uur, behave . . .	Tous les jours, gratis, de dix à trois heures, excepté . . .
's (*des*, art. au génit.) *woendags en 's zaturdags tegen entréegeld.*	Le mercredi et le samedi en payant (contre) une entrée.
Zondag, maandag, dingsdag, donderdag, vrijdag.	Dimanche, lundi, mardi, jeudi, vendredi.
Heden, gistern, eergistern, morgen, overmorgen.	Aujourd'hui, hier, avant-hier, demain, après-demain.
Ik wenschte eenige photographiën te koopen, gezigten van . . ., kopijen naar de schilderijen van . . .	Je désirerais acheter quelques photographies, des vues de . . ., des copies d'après les tableaux de . . .
Laat mij zien wat gij hebt.	Faites-moi (*laten*, laisser) voir ce que vous avez.
Dat is niet mooi, goed, slecht.	Cela n'est pas beau, bien, mal.
Wat is de prijs?	Quel est le prix?
Wat vraagt gij er (daar) voor?	Qu'en demandez-vous (que demandez-vous là pour)?
Ik heb geen klein geld bij mij; kunt gij mij... wisselen?	Je n'ai pas de (aucune) petite monnaie sur moi; pouvez-vous me changer . . .?
Ja, mijnheer. Neen, mijnheer.	Oui, monsieur. Non, monsieur.

Il ne sera pas inutile non plus de savoir la signification des mots importants et de connaître les principales abréviations de l'indicateur des chemins de fer (v. p. 202) qui n'ont pas été expliquées ci-dessus ou ailleurs dans ce livre.

Nederland, les Pays-Bas, la Hollande.	*Duitschland*, l'Allemagne.
	Belgie, la Belgique.

Frankrijk, la France.
Personentarief, vrachtprijs, prix des places.
Kl., classe; *f.* ou *g.* (*gulden*), florin; c., cent.
Loopt tusschen..., circule entre.
Na, après.
Door (à travers), ne s'arrête pas.
Niet rooken, on ne fume pas.
T. (*t.*), télégraphe; *b.*, buffet.
Alle uren, toutes les heures.
Dag. dagelijks, tous les jours.
Beh. ou *behave*, excepté.
Geldig voor (*één maand*), valable (pour un mois).
Verkrijkbaar aan..., se délivre à...
Voor bepalingen, zie (*op*) *bladzijde...*, pour les détails, voir page...
V., *vert.* ou *vertrek*; *afvaard* et *afrijding*, départ.
A., *aank.* ou *aankomst*, arrivée.
Vm. ou *voormiddags*, avant-midi.
Nm. ou *namiddags*, après-midi.
V. ou *vroeg*, le matin; *n.* ou *nachts*, la nuit.
Tot, jusqu'à. — *Over*, par. — *Of*, ou.
Plaats van vertrek, lieux de départ.
Aard van het vervoer, mode de transport.
Wagendienst, service de voitures.
Stoomboot die op getij varen, bateaux à vapeur qui partent avec la marée.
Kajute, cabine.
Bestemming, destination.
Afstand, distance (en kilom.).
Tijd van vertrek, temps du départ.
Duur der reis, durée du voyage.
Onbepaald, indéterminé.

V. Hôtels.

Les hôtels de premier ordre (v. p. 3) comptent pour la chambre, par jour, 1 fl. à 1 fl. 50; pour le déjeuner, composé de thé ou de café, avec du pain, du beurre et du fromage (le café est le plus souvent médiocre), 70 à 80 cents; pour le dîner à table d'hôte, vers 4 h. 1/2, 5 h. ou 6 h., sans le vin, 2 fl. à 2 fl. 50; et pour le service, 25 à 50 c. A 1 h., les Hollandais ont l'habitude de prendre un second déjeuner, composé de café, de pain, de beurre et de fromage. Les hôtels sont en général moins bien tenus en Hollande qu'en Belgique; on ne retrouve même pas toujours, dans les hôtels de second ordre, la propreté tant vantée des Hollandais. Il faut s'être fait un peu aux mœurs hollandaises, pour ne pas être disposé à se plaindre d'un certain manque d'attention des hôteliers pour les étrangers; c'est dans leur nature froide et flegmatique. Quelques grands hôtels, tenus par des étrangers, font naturellement exception à cette règle, particulièrement à Amsterdam et à la Haye.

VI. Musées.

Les musées de Hollande sont d'habitude ouverts de 10 à 3 au 4 h. Les pourboires sont interdits dans les galeries publiques. Il y a un vestiaire obligatoire, gratuit dans celles qui appartiennent à l'Etat, mais non dans les galeries municipales. En visitant les collections particulières, on donne d'habitude 1 fl.

VII. Poste et télégraphe.

La *poste* a en Hollande comme en Belgique une réglementation analogue à celles des autres pays de l'Union postale universelle. Voici les tarifs qu'il importe le plus de connaître : lettres ordinaires (de 15 grammes), pour tout le royaume, 5 cents ; pour l'étranger, 12 c. 1/2. Lettres recommandées, 10 c. en plus ; — cartes postales, 2 c. 1/2 et 5 c. ; envois sous bande, 2 c. 1/2 par 50 gr.

Lettres avec valeur déclarée : à l'intérieur du royaume, 10 c. en plus et droit proportionnel de 2 c. 1/2 par 100 fl., avec maximum de 6000 fl. ; entre les Pays-Bas et la Belgique, 2 c. 1/2 ; l'Allemagne, 5 c. ; la France, le Luxembourg, l'Autriche, le Danemark, la Russie, la Suisse, l'Italie, la Suède, la Norvège, 12 c. 1/2 par 100 fl., plus 10 c. de droit fixe.

Mandats : à l'intérieur du royaume, 5 c. par 12 fl. 50 c. ; entre les Pays-Bas et la Belgique, la France, l'Italie, le Luxembourg, la Roumanie et la Suisse, 12 c. 1/2 par 12 fl. 50 c., avec maximum de 500 fr. ; entre les Pays-Bas et l'Allemagne ou l'Autriche, 12 c. 1/2 par 12 fl. 50 c., avec maximum de 400 marks ; entre les Pays-Bas et le Danemark, la Norvège et la Suède, 12 c. 1/2 par 12 fl. 50 c., avec maximum de 360 kroner ; entre les Pays-Bas et l'Angleterre, 15 c. par 10 fl., avec maximum de 10 l. sterl. (120 fl.) ; entre les Pays-Bas et les Etats-Unis d'Amérique, 17 c. 1/2 par 12 fl. 50 c., avec maximum de 50 dollars.

Pour le *télégraphe,* voir dans les bureaux le règlement spécial et les tarifs exceptionnels. Télégramme ordinaire : pour la Hollande, 15 c. de taxe fixe et 1 c. par mot ; pour l'Allemagne, 24 c. et 6 c. par mot ; la Belgique, 25 c. et 2 c. 1/2 par mot ; l'Angleterre, 15 c. par mot ; le Luxembourg, 1 fl. 25 c. par 20 mots (la moitié de plus par série de 10 mots) ; la France, le Danemark, la Suisse, 2 fl. par 20 mots ; l'Italie, 2 fl. 50 c. par 20 mots ; l'Autriche, 2 fl. 25 ; la Suède, 2 fl. 75 ; la Norvège, 3 fl. ; l'Espagne, 3 fl. 75 ; la Russie, 4 fl. 50 c. par 20 mots ; etc.

VIII. Histoire et statistique.

Les premiers habitants des bouches du Rhin passèrent, dit-on, en Italie avec les Cimbres et les Teutons. Des tribus de Chattes, expulsées de leur pays, vinrent alors s'établir sur l'île des Bataves dépeuplée (Betuwe, p. 224). Elles furent vaincues par les Romains et subirent leur domination après la révolte de *Claudius Civilis*, jusqu'à la fin du IVe s., où les Francs Saliens, habitant les rives de l'Yssel, s'emparèrent de l'île des Bataves et se fixèrent entre l'Escaut, la Meuse et le Bas-Rhin. A ces derniers se joignirent, au N.-E. les Frisons, et à l'E. des Saxons. Tout le territoire constituant les Pays-Bas fut soumis au sceptre de *Charlemagne.*

La féodalité s'y établit sous le règne de ses successeurs. Les principaux seigneurs du pays furent les *évêques d'Utrecht,* les *ducs de Gueldre* et les *comtes de Hollande.* L'influence du pape Innocent IV fit élire *Guillaume II*, comte de Hollande, empereur d'Allemagne, et en 1512, les différents Etats des Pays-Bas furent incorporés au dixième cercle de l'empire germanique, le cercle de Bourgogne.

Sous *Charles-Quint*, qui réunit tous les Pays-Bas sous son sceptre, en 1543, la contrée avait atteint son plus haut degré de prospérité, grâce au puissant appui que l'empereur accordait au commerce et à la navigation. Mais sous son fils et successeur, *Philippe II* d'Espagne, après l'arrivée du *duc d'Albe* à Bruxelles, en 1568, commença une lutte acharnée de 80 ans contre la monarchie espagnole, alors si puissante, lutte mémorable d'où sortit la séparation des pays du sud et du nord.

Le véritable fondateur de l'indépendance des Pays-Bas a été *Guillaume de Nassau*, prince d'Orange, dit le Taciturne. A l'âge de 22 ans, Guillaume fut nommé par Charles-Quint, auprès duquel il était en grande faveur, gouverneur des provinces de Hollande, de Zélande et d'Utrecht. Il se retira ensuite devant le duc d'Albe, jusqu'en 1572, où la Hollande et la Zélande lui donnèrent le commandement en chef de leurs troupes pour tout le temps de la guerre avec l'Espagne, dans laquelle il prit Middelbourg et délivra Leyde fortement menacée. Le 29 janvier 1579 fut conclue la célèbre alliance des provinces du nord des Pays-Bas, nommée l'*Union d'Utrecht.* La tête de Guillaume ayant été mise à prix par Philippe II, les Etats y répondirent en refusant formellement l'obéissance à la couronne d'Espagne, en 1581. Le prince fut assassiné en 1584, à Delft (p. 250), lorsque les Etats voulaient le faire comte héréditaire des Pays-Bas. Le jour même de sa mort, les fonctions de stathouder furent conférées à son fils *Maurice.*

Sous le gouvernement de ce dernier (1585-1625), la république accrut sa puissance, son autorité et sa richesse; elle se déclara à plusieurs reprises contre l'Espagne. C'est alors que fut fondée la compagnie des Indes (1602). Mais en même temps surgit aussi le conflit du parti des Etats et de celui du stathouder, qu'aggravèrent de plus en plus les querelles des sectes religieuses des Arminiens et des Gomaristes (p. 216). Malgré le conseil bien fondé de Maurice, les Etats-Généraux, qui voulaient favoriser le commerce, conclurent une trêve de douze ans avec l'Espagne, en 1609. Mais le stathouder se montra énergique au milieu des dissensions qui suivirent; il fit arrêter un homme des plus influents, *Jean van Oldenbarneveldt*, le pensionnaire de Hollande, c'est-à-dire le chancelier ou le syndic qui représentait cette province, et il le fit condamner par un tribunal partial, en 1618 (v. p. 255), sans toutefois parvenir à soumettre complètement les Etats à sa volonté. Maurice mourut en 1625.

Son frère *Frédéric-Henri* (1625-1647) lui succéda comme stathouder. Ce fut sous son administration que la république parvint à l'apogée de sa grandeur. Ses armes furent heureuses sur terre et sur mer dans une nouvelle guerre contre les Espagnols; le hardi *Piet Hein* s'empara en 1628 de leur « flotte d'argent » (12 millions de florins; v. p. 249).

Le commerce des Pays-Bas s'étendait sur toutes les côtes du monde civilisé. Leurs grands navigateurs, *Houtman*, *Heemskerck*, *Davis*, *Schouten*, *Lemaire*, *Hartog*, *Edels*, *Schapenham*, *Nuyt*, *Vianen*, *Caron*, *Tasman*, *de Vries*, *van Campen* et *Berkel* explorèrent les parages les plus lointains, et les comptoirs qu'ils établirent dans les Indes orientales, surtout ceux de Batavia, ville fondée en 1619, envoyèrent en Europe une abondance de marchandises qui créa bientôt des fortunes colossales. L'école de peinture hollandaise brillait aussi alors de tout son éclat: voir l'introduction, p. XXVI. Les sciences ne restèrent point non plus en arrière, surtout les sciences exactes et la philologie classique: on cite encore aujourd'hui avec estime les noms de *Chrétien Huygens*, *Hugo Grotius*, *Isaac Vossius*, *Daniel* et *Nicolas Heinsius*, *Gronovius*, *Pierre Burman*, *Tibère* et *François Hemsterhuys*.

Frédéric-Henri ne vécut pas assez longtemps pour voir l'indépendance des Provinces-Unies sanctionnée par le traité de Westphalie. Son fils, *Guillaume II*, lui succéda en 1647, et de nouvelles difficultés avec les Etats de Hollande firent qu'à sa mort, en 1650, on résolut de ne plus nommer de stathouder. Le gouvernement passa entre les mains de quelques hommes énergiques, tels que le grand-pensionnaire *Jean de Witt*, qui géra les affaires de la république avec vigueur et intelligence. L'accroissement de la puissance maritime de l'Angleterre, lorsque l'« acte de navigation » de Cromwell supprima l'intermédiaire du commerce hollandais lui montra dans ce pays un adversaire des plus dangereux, et en seize mois seulement (1652-1654) il y eut douze batailles navales, dont la plupart furent favorables à la Hollande. C'est alors que brillèrent ces grands amiraux dont le pays se glorifie encore de nos jours, les *Tromp* (p. 250), les *de Witt*, les *Ruyter*, les *Evertsen*, les *van Galen* et autres. Cependant les Provinces-Unies durent reconnaître l'acte de navigation à la paix de 1654. La guerre éclata de nouveau avec l'Angleterre en 1665, pendant le règne de Charles II. Le grand amiral Mich. de Ruyter se posta avec sa flotte à l'embouchure de la Tamise, dont il ferma l'issue; mais cette fois encore la paix n'amena pas de résultat considérable.

Pendant ce temps, Louis XIV, roi de France, avait manifesté ses prétentions sur les Pays-Bas et en avait d'abord occupé la partie espagnole. Il fut arrêté quelque temps par suite de la triple alliance (Hollande, Angleterre, Suède) conclue en 1668 à l'instigation de Jean de Witt. Mais il renouvela en 1672 ses attaques contre l'Union, que la diplomatie avait fini par isoler, et dont la puissance sur terre était affaiblie depuis la mort du prince Guillaume. Condé et Turenne occupèrent presque sans coup férir les provinces de Gueldre, d'Utrecht et d'Over-Yssel; celle de Hollande et d'Amsterdam n'échappèrent au même sort que parce qu'on les inonda. Alors le peuple se révolta parce qu'il se crut trahi par le gouvernement, de Witt fut massacré (p. 264), et *Guillaume III* d'Orange (1672-1702) nommé stathouder héréditaire. La guerre se termina ensuite, grâce aux renforts de troupes de l'électeur de Brandebourg et de l'Espagne, par la paix de Nimègue, en 1678. Guillaume III épousa la fille du duc d'York, plus tard Jacques II. En 1688, il passa en Angleterre où l'appelaient les protestants mécontents du gouvernement des Stuarts, et il fut proclamé l'année suivante roi d'Angleterre, pendant qu'il restait stathouder des Pays-Bas. Il cessa encore moins qu'auparavant de lutter contre le développement de la puissance française; les flottes anglaise et hollandaise réunies gagnèrent en 1692 la bataille navale de la Hogue, et Louis XIV rendit une partie de ses conquêtes à la paix de Ryswyck, en 1697. Cependant Guillaume resta dès lors étranger à son pays natal, la Hollande. Il mourut sans enfant en 1702, après avoir encore amené la conclusion de la « grande alliance », faite pour disputer à la France la succession d'Espagne.

Son vaillant cousin et successeur *Jean-Guillaume le Frison* (m. 1714), prince d'Orange, se mit à la tête de l'armée qui prit part à la guerre de la succession. Les Provinces-Unies se montrèrent alors pour la dernière fois dans toute leur puissance; c'est sur leur sol, à Utrecht, que la paix fut conclue en 1714.

Les événements du XVIIIe s. méritent à peine d'être mentionnés. La Hollande étant continuellement alliée à l'Angleterre, ce fut celle-ci qui eut partout la prépondérance. En 1787, les Prussiens s'avancèrent, presque sans coup férir, jusqu'aux portes d'Amsterdam, et rétablirent le stathouder *Guillaume V* (1748-1806), que les soi-disant patriotes avaient éloigné du pouvoir.

L'autorité de la république n'était plus que l'ombre de celle d'autrefois. Les républicains français, sous la conduite de quelques patriotes réfugiés, se rendirent maîtres du pays en 1795, fondèrent la *république batave,* firent déposer «sur l'autel de la patrie» tout l'argent et tout l'or non monnayés, et décrétèrent en outre un impôt de 6 pour cent sur le revenu, renouvelé l'année suivante. *Rutger-Jean Schimmelpenninck,* homme d'Etat d'une haute capacité, fut alors élu président de la république avec l'ancien titre de «pensionnaire du Conseil». A ce régime républicain succéda, le 5 juin 1806, la royauté de *Louis Bonaparte,* que la volonté de son frère, Napoléon Ier, vint imposer au pays. Cette indépendance tout illusoire fut de courte durée et cessa en 1810. *Napoléon Ier* déclara la Hollande «une alluvion des fleuves français», et l'incorpora à son empire.

Les Prussiens de Bülow et les Russes de Benkendorf vinrent en 1813 seconder les efforts de quelques hommes courageux qui, à la

Haye et à Amsterdam, s'étaient placés à la tête du mouvement insurrectionnel. Le régime français succomba; le *prince Guillaume d'Orange*, fils du dernier stathouder, Guillaume V, mort en l'exil en 1806, fut rappelé d'Angleterre, aborda à Schéveningue le 30 nov. 1813, et reprit le gouvernement du pays comme prince souverain.

Le congrès de Vienne ayant réuni les Pays-Bas méridionaux (la Belgique) aux Pays-Bas du Nord, le prince d'Orange fut appelé à gouverner ce nouveau royaume sous le titre de *Guillaume Ier*. Cette union fut dissoute en 1830 par la révolution belge (p. 7). Dix années après cet événement, Guillaume Ier abdiqua en faveur de son fils *Guillaume II*. Ce dernier mourut subitement après 9 ans de règne, en mars 1849, laissant le trône à son fils aîné, le roi actuel, *Guillaume III*, né en 1817, qui épousa en 1839 la princesse Sophie de Wurtemberg (m. 1877) et qui s'est remarié en 1879 avec la princesse Emma de Waldeck (née en 1858). Il a eu de son premier mariage un fils, mort en 1884, et du second une fille, la princesse Wilhelmine, née en 1880.

Le *royaume des Pays-Bas* renfermait au 31 déc. 1881, avec le Limbourg, mais sans le grand-duché de Luxembourg, sur une superficie de 32 999 kil. carrés, une population de 4 225 065 hab., dont près des 2/5 catholiques et 81 000 juifs. La capitale est Amsterdam, mais le roi réside à la Haye, où le gouvernement a aussi son siège. Le pays est divisé en 11 provinces : *Brabant Septentrional* (chef-lieu : Bois-le-Duc), 5128 kil. car., 485 820 hab.; *Gueldre* (Arnhem), 5081 kil. car., 485 406 hab.; *Hollande Méridionale* (la Haye), 3022 kil. car., 805 406 hab.; *Hollande Septentrionale* (Amsterdam), 2770 kil. car., 750 419 hab.; *Zélande* (Middelbourg), 1785 kil. car., 192 137 hab.; *Utrecht* (Utrecht), 1384 kil. car., 203 702 hab.; *Frise* (Leeuwarden), 3320 kil. car., 329 130 hab.; *Over-Yssel* (Zwolle), 3345 kil. car., 277 946 hab.; *Groningue* (Groningue), 2298 kil. car., 281 597 hab.; *Drenthe* (Assen), 2663 kil. car., 122 491 hab.; *Limbourg* (Mastricht), 2204 kil. car., 246 298 hab. Il faut joindre à ces provinces le *Luxembourg* (cap. Luxembourg), gouverné par le roi des Pays-Bas sous le titre de grand-duc; sa superficie est de 2587 kil. car. et sa population de 209 570 hab.

Les *couleurs* du pays sont le bleu, le blanc et le rouge (dans le haut) superposés horizontalement, ce qui les distingue des couleurs françaises, qui sont disposées en sens vertical. — La devise du royaume est: «*Je maintiendrai*».

Les principales *colonies* des Hollandais sont, aux *Indes orientales* (Asie): Java (capit. Batavia), Sumatra, Bornéo, Célèbes; aux *Indes occidentales* (Amérique): Surinam, St-Eustache et Curaçao, avec une population d'env. 28 millions d'habitants.

La *marine marchande* disposait, au 1er janv. 1883, de 96 bateaux à vapeur, jaugeant 288 008 tonneaux, et de 701 bâtiments à voiles, jaugeant 587 473 tonneaux. La valeur de l'importation était en 1882 de 992 108 000 florins, et celle de l'exportation, de 752 061 000 fl.

L'*armée* se compose de 9 régiments *(afdeeling)* d'infanterie, 3 régiments de hussards, 1 corps du génie, 3 régiments d'artillerie de campagne, 1 corps d'artillerie à cheval et 4 régiments d'artillerie de place, plus des corps du train et de pontonniers, etc., en tout 65 014 hommes. A cela s'ajoutent les *Schutterijs*, une espèce de garde nationale, et l'arrière-ban. L'armée des colonies est forte de 30 000 hommes.

La *marine royale* comptait en juillet 1884 23 cuirassés et 93 autres bâtiments à vapeur. Elle est commandée par 2 vice-amiraux, 4 contre-amiraux, 25 capitaines de vaisseau, 37 capitaines de frégate, etc. La force des équipages est de 6800 hommes.

IX. Particularités hollandaises.

Les villes de Hollande sont généralement, comme le pays (v. p. 213), coupées dans tous les sens par des CANAUX (*grachten*), avec ponts-levis (*ophaalbruggen*) et ponts tournants (*draaibruggen*). Les rues qui longent les canaux sont ordinairement bordées d'arbres.

Les MAISONS ont généralement peu d'apparence; leurs façades sont étroites; elle sont construites en briques de couleur rouge foncée, aux jointures enduites de chaux blanche, et elles ont, dans les grandes villes, jusqu'à 6 étages peu élevés. Presque toute la hauteur de l'étage inférieur est absorbée par d'énormes fenêtres à coulisses. Les pignons sont quelquefois pourvus d'une poutre avançant sur la rue et servant à hisser des marchandises ou des provisions. Les caves sont fréquemment habitées ou servent de cuisines. Dans les petites rues latérales, les portes de ces caves sont parfois surmontées d'une enseigne portant: «*Water en vuur te koop*» (eau et feu à vendre): c'est là que les petits ménages vont acheter pour quelques cents l'eau chaude nécessaire pour le thé ou le café, avec un peu de tourbe allumée.

Tous les quarts d'heure, comme en Belgique, les clochers des églises ou des beffrois font résonner un *carillon* reproduisant un passage de quelque mélodie connue. Il faut s'y être habitué pour ne pas trouver insupportable à la longue cette sonnerie perpétuelle.

Le *gaper* (bâilleur), une tête de Turc ou de Maure, est l'enseigne consacrée des magasins de drogueries. Une espèce de couronne ornée de feuillage, d'épis de blé, de chiffons de soie et de clinquant, suspendue sous le pavillon hollandais, annonce un débit de harengs frais. Les inscriptions «*tapperij*» ou «*hier verkoopt men sterke dranken*» signifient «cabaret» ou «ici on vend des liqueurs fortes». «*Dit huis is te huur*», veut dire: «cette maison est à louer».

Les femmes hollandaises ne sauraient se passer de chaufferettes (*stoofjes*); on en voit des centaines entassées dans les églises.

Le NETTOYAGE DES MAISONS (*schoonmaken*) est pratiqué par les ménagères hollandaises avec une véritable passion. Cette opération a lieu au moins une fois par semaine, le samedi. Tous les ustensiles et meubles de la maison, les murs, à l'extérieur comme à l'intérieur, les planchers, les fenêtres, les portes, tout est vigoureusement frotté, à grand renfort de chiffons de laine, brosses et balais, et la rue même lavée.

Maisons de campagne (*buitenplaatsen* ou *buitens*). Le charme de la variété manque à la nature en Hollande; on cherche à y suppléer par les soins donnés à la culture des champs, des jardins et des prairies. Dans le voisinage des grandes villes, surtout sur le Vecht, entre Utrecht et Amsterdam, près d'Arnhem, de Harlem et d'autres localités, on remarque le long des canaux et des chaussées un grand nombre d'élégantes villas, entourées de massifs d'arbres, de jardins, de serres et d'étangs. Chacune de ces résidences champêtres porte un nom, qui est inscrit au-dessus de l'entrée et qui exprime ordinairement le sentiment de bien-être de son propriétaire. Voici quelques-unes de ces appellations: *Lust en rust* (plaisir et repos); *Wel tevreden* (bien content); *Mijn genoegen* (ma satisfaction); *Vriendschap en gezelschap* (amitié et société); *Groot genoeg* (assez grand); *Buitenzorg* (sans souci); *Net-pas* (convenable), etc.

Les costumes nationaux se sont conservés en Hollande plus que dans tout autre pays. Les plus curieux sont ceux des îles d'*Urk* et de *Marken*. Il en reste toutefois peu de chose dans les endroits que fréquentent les étrangers, les nouvelles modes ayant pénétré partout avec les chemins de fer. Le plus curieux, sinon le plus beau, ce sont encore les coiffures de femme. Voir aussi p. 307.

Moulins à vent (*molens*). Ils sont l'accessoire obligé de tout paysage hollandais. La moitié au moins sont destinés au drainage des terres, à la dérivation des eaux inutiles, qu'ils pompent et déversent dans les canaux. Les moulins hollandais sont bien plus grands et plus forts que ceux des autres pays; une aile a rarement moins de 20 à 25 m. de longueur.

Digues. La Hollande a le sol le plus bas de tout le continent européen. Il lui a fallu, pour se garantir de l'invasion de la mer et de quelques rivières, construire de puissantes digues en terre et pierre, revêtues de clayonnages, qu'il faut réparer et renouveler tous les 3 ou 4 ans. Il y en a aussi qui sont plantées d'arbres.

Les digues les plus gigantesques sont celles du Helder et de Westcapelle sur la côte occidentale de l'île de Walcheren (p. 227). On dépense annuellement pour 5 à 7 millions de florins pour l'entretien des digues et autres travaux hydrauliques. Un corps d'ingénieurs spécial *(de waterstaat)* a pour mission de surveiller l'état des eaux, de prévenir la rupture des digues, etc. Ce n'est pas à tort que les Hollandais disent: «Dieu a créé la mer et nous les côtes.» Il en est toutefois souvent de ces constructions comme des fortifications modernes, elles sont peu apparentes en comparaison de leur importance, et il arrive maintes fois qu'on en traverse sans les remarquer.

Canaux. Des canaux coupent le pays dans tous les sens. Ils ont diverses destinations et servent: 1° de voie de communication, chaque petite localité ayant son système de canaux, qui la met en rapport avec les endroits environnants; 2° de fossés de desséchement; 3° de clôtures. Les champs, les pâturages, les jardins et les maisons sont entourés ici de canaux et de fossés comme ailleurs de haies ou de palissades.

Les principaux canaux ont une largeur d'environ 20 m. et une profondeur de 2 m. Non seulement leur niveau, mais même le fond de leur lit est parfois plus élevé que les terrains avoisinants. Les principaux sont le grand *canal du Nord* (p. 307), qui a plus de 80 kil. de long, 36 m. de large et 6 à 7 m. de profondeur. Le *canal Guillaume*, dans le Brabant Septentrional, et le *canal de la Mer du Nord*, à travers l'isthme de la Hollande Septentrionale (p. 308).

Polders. On appelle ainsi des terrains qui, ayant été d'abord des marais ou des lacs, ont été endigués et desséchés. Une grande partie de la Hollande et de la Flandre se composait primitivement de marais, et des contrées entières ne sont autre chose que des polders.

Pour dessécher ces marais ou ces lacs et les approprier à la culture, il faut d'abord élever un remblai assez haut et assez solide pour contenir les eaux. Puis on procède à l'épuisement, les eaux ainsi extraites étant dirigées dans un fossé creusé de l'autre côté du remblai, d'où elles s'écoulent dans la mer ou dans un cours d'eau. Les polders de la meilleure espèce, ayant un bon sol, bien cultivé et purgé de mauvaises herbes, surtout ceux qui sont à proximité de la mer, sont d'une très grande valeur et d'une fertilité extraordinaire. Les polders les plus considérables sont ceux de *Beemster*, datant de 1608 à 1612, de *Purmer*, de *Schermer*, de *Harlem*, et de l'*Y*. Il est même aujourd'hui question de dessécher le Zuiderzée, ce qui donnerait à la Hollande une province nouvelle de 176000 hectares de superficie. Les frais de cette entreprise sont évalués à 120 millions de florins (252 millions de fr.).

32. D'Anvers (Bruxelles) à Rotterdam.

(La Haye, Amsterdam).

A. En chemin de fer.

94 kil. Trajet en 3 h. 1/2 à 4 h., pour 8 fr. 90, 6 fr. 70 et 4 fr. 75 ou 4 fl. 75, 3 fl. 75 et 2 fl. 45 cents. — Cette ligne n'offre rien de curieux, excepté les ponts du Hollandsch-Diep, des bras de la Meuse à Dordrecht et du Lek à Rotterdam.

Anvers, v. p. 84. Départ de la grande gare. On traverse le faubourg de *Burgerhout*, touche à la station d'*Anvers-Dam*, près des bassins du port, et traverse les nouvelles fortifications. — 11 kil. *Eeckeren*, où il y a beaucoup de riches maisons de campagne. Puis les bruyères monotones de la *Campine anversoise*. — 14 kil. *Cappellen*, avec quelques maisons de campagne. 5 à 6 kil. au N.-O., un peu au delà de la frontière de Hollande, est situé le village de *Putten*, dont le cimetière renferme le tombeau du peintre *Jac. Jordaens* (m. 1678), qui, en sa qualité de protestant, ne put être enterré sur le territoire d'Anvers: la vieille pierre sépulcrale existe encore, et l'on y a placé en 1877 un buste du peintre, par J. Lambeaux. — 21 kil. *Calmpthout*. — 29 kil. *Esschen*, où est la douane belge.

37 kil. **Roosendaal**, où est la douane hollandaise et où passe aussi la ligne de Venlo-Bréda à Flessingue (R. 35).

On traverse ensuite une contrée boisée. — 45 kil. *Oudenbosch*. — 53 kil. *Zevenbergen*. — (Le Grand-Central belge va encore plus loin, jusqu'à *Moerdyk*, sur le Hollandsch-Diep).

61 kil. *Zwaluwe*, où l'on rejoint la ligne de Bréda à Rotterdam (p. 225). Autre embranch. sur Moerdyk (v. p. 218).

On atteint ensuite le pont du **Hollandsch-Diep**, bras de mer qui s'est formé en novembre 1421 (v. p. 233). Cette construction grandiose fut entreprise en mai 1868 et complètement terminée en novembre 1871. La largeur de la baie, qui est de 2640 m. en cet endroit, a été réduite à 1432 au moyen de digues. Quatorze arches, chacune de 100 m. d'ouverture, franchissent cette largeur. Le plancher en fer du pont, à une seule voie, est à 4 m. 87 au-dessus du niveau des plus hautes eaux. Il y a au S. deux tabliers tournants de 16 m. de long, pour laisser passer les grands bâtiments. On a employé 235 800 quintaux de fer et d'acier pour la partie supérieure, tablier et treillis. Les 13 piles ont 15 m. de long et 3 de large. Les trois du S., pour lesquelles il a fallu établir les fondations à 16 et 19 m. au-dessous du niveau des plus basses eaux, ont été construites à l'aide de cheminées à air. Les frais se sont élevés à 5 709 000 florins (environ 12 millions de fr.), chiffre qui est resté de 2 millions inférieur à celui du devis. Coup d'œil magnifique sur le bras de mer. A l'extrémité N. du pont se trouve la station de (66 kil.) *Willemsdorp*.

76 kil. **Dordrecht**. — Hôtels: *Bellevue* (Boudier), au débarcadère des bateaux à vapeur; *Aux Armes de Hollande*, immédiatement derrière,

dans la Wijnstraat. — CAFÉ à la gare. — *Tramway* entre la gare et la ville, prenant jusqu'à 30 kilogr. de bagages.

Dordrecht, vulgairement nommé *Dordt*, est une ville de 27 800 hab., la plus ancienne et jadis la plus commerçante de la Hollande. Elle a été séparée de la terre ferme par l'inondation de 1421. La rivière, un bras de la Meuse nommé ici *Merwede* (v. p. 233), forme sous les murs de la ville un vaste port, qui permet aux plus grands navires de remonter jusqu'ici. Elle est traversée par un pont de chemin de fer (p. 216). C'est à Dordrecht aussi que s'arrêtent ordinairement les trains de bois du Rhin, dont on fait des planches dans les nombreux moulins à vent des environs. Le bois est un des principaux articles de commerce de la ville. Dordrecht possède quantité de vieilles maisons à pignon, intéressante pour les architectes.

De la gare, on suit le tramway. La ville est à 5 min., au delà d'un pont. Suivant plus loin la grande rue, on arrive aussi en 5 min. à la petite Vischbrug, et l'on prend ensuite à g. (Grœnmarkt), pour aller à l'hôtel de ville et de là à la Grande-Eglise, ou bien à dr. (Wijnstraat) au musée (v. ci-dessous).

L'HÔTEL DE VILLE, rebâti en 1850, renferme quelques tableaux: la Cène, par *Blocklandt;* l'Incendie de la Nouvelle-Eglise, avec de bons portraits, peint par *Doudyn* en 1568; Samson et Dalila, par *Honthorst;* le Synode de Dordrecht, par *S. van Hoogstraeten*, tableau qui n'a qu'une valeur historique; le Siège de Dordrecht par Jean IV, duc de Brabant, en 1418, et le Siège de Dordrecht par les Français en 1813, l'un et l'autre par *Schouman* et *Schotel.*

La GROOTE KERK, église gothique du XIVe s., avec chœur du XVe s., a 97 m. de long, 40 de large et 27 de haut dans la grande nef. Sa tour, qui a 365 degrés, est visible à plusieurs lieues à la ronde. L'intérieur de l'église, qui compte 56 piliers, est d'un effet imposant. Il y a une chaire de marbre exécutée en 1756, et des *stalles de la renaissance sculptées de 1538 a 1540 par *J. Terwen*, d'Amsterdam, les plus belles de la Hollande, mais qui se dégradent de plus en plus. Parmi les scènes des dossiers se remarque l'Entrée solennelle de Charles-Quint à Dordrecht. Le chœur est séparé de la nef par une grille en cuivre. Un monument d'une grande simplicité est consacré à la mémoire de J.-Ch. Schotel l'aîné, peintre de marine fort distingué (m. 1838). L'église possède de précieux vases sacrés.

La Wijnstraat, à dr. de la Vischbrug, passe devant une petite place où l'on a érigé en 1862 un monument au peintre *Ary Scheffer*, né à Dordrecht en 1795 et mort à Paris en 1858. C'est une statue en bronze de 2 m. 60 de haut, par Mezzera, qui refusa tout honoraire par reconnaissance pour l'artiste. — Un peu plus loin à dr. se trouve le

MUSÉE, visible tous les jours de 9 h. à 4, moyennant 10 c. (catalogue, 25 c.). Il comprend surtout des tableaux de peintres modernes, dont beaucoup originaires de Dordrecht. Il y en a de Ten Kate, n° 17; Koekkoek, 20; Andr. Schelfhout, 46; J.-Ch. Schotel, 48; Corn. Springer, 54; M. Versteegh, 69, etc. — Parmi les étrangers, on remarque Andr. Achenbach, 1 et 2; Calame, 12; Gudin, 15, etc. — Le long mur de dr. de la salle est presque uniquement consacré à *Ary Scheffer* (v. ci-dessus): tableaux (surtout des copies), dessins et quelques plâtres, entre autres une statue couchée de sa mère. Comme originaux de cet artiste, il n'y a qu'un Christ au jardin des Oliviers (I), un portrait du graveur anglais S.-W. Reynolds (VII) et une petite répétition de son Christ consolateur (p. 297), le premier de ses tableaux religieux plus tard si estimés, de 1837. — On remarquera encore un buste de marbre du grand-pensionnaire Jean de Witt, par Art. Quellin (1665). — Dans une salle voisine sont des antiquités locales.

La Wynstraat conduit plus loin à la Meuse, sur laquelle règne toujours une grande animation. En face débouche le canal de la Meuse nommé le «Noord».

La ville de Dordrecht a joué un grand rôle dans l'histoire du pays et particulièrement de l'église protestante. En 1572 y fut tenue la première assemblée des Etats libres de la Hollande, d'où résulta la constitution de le république des Provinces-Unies des Pays-Bas. Un siècle plus tard, on y nomma pour la première fois, à vie, stathouder, généralissime et amiral de la Hollande, Guillaume III, prince d'Orange. En 1618 et 1619, Dordrecht vit s'assembler dans ses murs le grand synode des théologiens protestants, convoqué pour régler les différends survenus entre les partisans de la doctrine stricte de Calvin, les *Gomaristes*, et ceux des principes plus modérés de Zwingle, les *Arminiens*. Ces derniers avaient, dès 1610, adressé aux Etats une «remontrance», qui leur a fait aussi donner le nom de *Remontrants*. Les principales thèses de cette remontrance étaient les suivantes: «Il est dans l'intention de Dieu de donner la félicité éternelle à tous les fidèles; le Christ est mort pour tous; l'homme a besoin de la grâce de Dieu, mais elle n'agit point irrésistiblement; la chute de celui qui a la grâce est impossible». Les sectateurs de la prédestination calviniste l'emportèrent, et le résultat du synode, qui avait duré sept mois et coûté un million de florins, fut la condamnation des articles mentionnés et la destitution des pasteurs arminiens. Les résolutions de ce synode eurent longtemps force de loi dans le sein de l'église réformée hollandaise.

Immédiatement auprès de Dordrecht, en aval, la ligne de Rotterdam traverse la Meuse sur un pont en fer à six piles., qui a au milieu deux grandes arches avec des tabliers tournants, et deux autres arches près de la rive du N. On a de là une belle vue. — 79 kil. *Zwyndrecht.* — 85 kil. *Barendrecht.* — 90 kil. *Ysselmonde*, avec un château à quatre tours, vis-à-vis de l'embouchure de l'Yssel hollandais dans la Meuse. — Puis encore un pont sur la Meuse (p. 242). Beau coup d'œil sur la rivière, toujours fort animée, sur les maisons et sur les canaux de Rotterdam.

94 kil. *Rotterdam*, stat. de la Bourse, et 1 kil. plus loin la gare de la porte de Delft (v. p. 234).

B. En bateau à vapeur.

Les bateaux à vapeur qui vont d'Anvers à Rotterdam les mardi, jeudi et samedi, font le trajet en 9 h. Ils partent du quai Van-Dyck (pl E 6). Prix: 2 fl. 1/2 et 1 fl. 1/2. Ces bateaux sont construits en fer et à roues; ils sont bons et commodes et ils ont à bord un restaurant bien tenu. Agences: à Anvers, *van Maenen et Comp.*, à l'angle du quai Van-Dyck et du canal au Beurre; à Rotterdam, *Verwey et Comp.*, aux Boompjes (pl. F 3). — Lorsque le temps est mauvais, on est exposé au mal de mer à certains endroits.

Le bateau traverse les eaux de la province hollandaise de *Zélande*, qui se compose de neuf îles et dont les armoiries, symbolisant la nature du terrain, portent un lion nageant, avec la devise *luctor et emergo*, je lutte et je surnage. En effet, la plus grande partie de cette province, probablement formée par des atterrissements de l'Escaut, qui a là son embouchure, se trouve bien au-dessous du niveau de la mer, et sauf sur une faible étendue, où il y a des dunes, elle est garantie des inondations au moyen de puissantes digues (p. 213). Ce pays est excessivement fertile et produit du grain en abondance. Les prairies sont également très belles.

A peine le bateau a-t-il levé l'ancre, qu'on voit encore une fois la grande cité d'Anvers dérouler son vaste hémicycle. A l'O. des bassins, le fort *Austruweel* ou *Oosterweel*.

C'est un peu en aval d'Anvers, qu'en février 1831, le lieutenant de vaisseau hollandais *van Speyk* sauva l'honneur de son pavillon au prix de sa vie. La tempête avait jeté sa canonnière à la côte, des partisans belges vinrent aussitôt l'assaillir et étaient sur le point d'insulter le pavillon, quand, d'un coup de pistolet, il mit le feu à la Ste-Barbe et se fit sauter, lui, les siens et l'ennemi.

Plus loin, à g., le *fort Calloo;* à dr., le *fort St-Philippe*. C'est dans les environs, qu'en 1585, Alexandre Farnèse (p. 6), occupé du siège d'Anvers, fit jeter sur l'Escaut le fameux pont qui barra le fleuve et coupa les communications entre les assiégés et leurs alliés de la Zélande. Pendant longtemps, les Anversois firent de vains efforts pour le détruire; enfin les brûlots de l'ingénieur italien Giambelli parvinrent à s'en approcher et en firent sauter une grande partie, d'une manière si inattendue pour l'ennemi, que 800 Espagnols y perdirent la vie. Mais ni les assiégés ni la flotte hollandaise qui stationnait près de Lillo, ne surent tirer profit de ce succès, et bientôt après la ville capitulait.

Puis, à dr., le *fort Frédéric;* à g., le *fort Liefkenshoek;* à dr., le *fort Lillo*, qui restèrent au pouvoir des Hollandais jusqu'au traité de 1839 (v. p. 7). Plus loin à g., le village de *Doel*. L'Escaut s'élargit de plus en plus; il se couvre de grands navires marchant à pleines voiles. Un peu plus bas, on arrive à la frontière de la Hollande.

Le premier endroit hollandais est le *fort Bath*. Le bateau longe ensuite le bord méridional de l'île de *Zuid-Beveland*, puis prend à dr., à *Hansweerd*, par le *canal de Zuid-Beveland*, qui traverse l'île et qui a été creusé en 1866 pour remplacer le

Kreek-Rak. Le bord oriental de l'île de Zuid-Beveland est submergé *(verdronken Land)*; c'était une plaine fertile, mais il a été inondé le 2 nov. 1532, par suite de la rupture d'une digue, et 3000 personnes y ont alors perdu la vie. A l'extrémité N. du canal, qui a environ 8 kil. de long et que traverse le chemin de fer de Flessingue, se trouve *Wemeldingen*, station de bateau pour *Goes* (p. 236). 5 kil. à l'E. se trouve *Yerseke*, endroit important pour l'élève des huîtres.

On entre ensuite dans le large bras de l'Escaut oriental, en holl. *Ooster-Schelde*, et on se dirige au N. vers le *canal de Keete*, qui sépare les deux îles de *Tholen* et de *Duiveland*. A l'entrée de ce canal, à dr., *Stavenisse*, qui a une vieille église où se voit le tombeau en marbre de Jér. van Tuyll, par Verhulst (1669). Cette station dessert la petite ville de *Tholen*, située sur la côte orientale de l'île du même nom et qui a une église intéressante. Elle est reliée à Berg-op-Zoom (p. 225) par un bac et un tramway à vapeur. A la sortie, à g., *Zyp*, d'où un omnibus conduit à la petite ville de **Zierikzée** *(hôtel van Oppen)*: la haute tour carrée de sa cathédrale reste visible pendant longtemps. L'île à dr. est *Philippsland*.

Le *canal de Keete* est célèbre dans l'histoire par la hardiesse avec laquelle, en 1575, sous le gouvernement de *Requesens*, successeur du duc d'Albe, 1700 volontaires espagnols le traversèrent, partie à gué, partie sur des ponts mobiles ou de légères embarcations, bravant le feu des Hollandais, qui les harcelaient dans de petits canots. La prise de Zierikzée, assiégée depuis un an, fut la récompense de cette téméraire entreprise.

On quitte les eaux de l'Escaut pour entrer dans les larges bras méridionaux de la Meuse, appelés *Krammer* et *Volkerak*. A g., l'île d'*Overflakkee*, sur laquelle on aperçoit au loin les clochers de *Nieuwe-Tonge* et d'*Oude-Tonge*. Puis on passe dans le *Hollandsch-Diep* (p. 214). L'entrée en est défendue par deux fortins: à dr., le *fort Ruyter;* à g., le *fort Ooltgensplaat*. Ensuite, à dr., la forteresse de **Willemstad**, élevée en 1583 par Guillaume Ier, prince d'Orange. Le bateau y aborde.

Le Hollandsch-Diep est quelquefois très agité. On distingue de plus en plus, en approchant de *Moerdyk* (p. 214), le pont imposant du chemin de fer.

Ensuite on entre dans le *Dordsche-Kil*, petit bras très étroit de la Meuse, et plus loin dans la large *Merwede* (p. 215). En approchant de Dordrecht, on voit quantité de moulins à vent et de cheminées de machines à vapeur, faisant marcher des scieries, des fabriques de ciment, etc. Enfin le pont du chemin de fer mentionné p. 216.

Dordrecht, avec la haute tour de sa Grande-Eglise, v. p. 214. Le bateau met encore 1 h. jusqu'à Rotterdam. Il quitte la Merwede et prend de nouveau par un bras plus étroit, le *Noord*. A dr., *Alblasserdam*, qui a de grands chantiers de construction, et *Kinderdyk*, aussi avec des chantiers et des fonderies de fer. Le Noord se réunit ici au Lek (p. 232), qui reprend le nom de Meuse. Puis, à dr., *Krimpen* et son clocher; à g., *t'Huis ten Donk*, belle maison de campagne entourée de hauts arbres; à g., *Ysselmonde* (p. 216); à dr., *Kralingen*, qui compte 12 000 hab. et pêche beaucoup de saumons; à g., la grande fabrique de machines de *Feyenoord* (p. 242). — *Rotterdam*, v. p. 234.

33. De Liège à Utrecht.

189 kil. Chemin de fer, trajet en 5 h. 1/4 à 6 h. 1/2, pour 17 fr. 93, 13 fr. 67 et 8 fr. 66.

Liège, v. p. 54. Le train part de la *station de Vivegnies* (v. p. 54), qui est reliée à celle des Guillemins. On longe ensuite les hauteurs qui bordent la vallée de la Meuse, mais à quelque distance du fleuve.

3 kil. **Herstal** ou *Héristal*, qui est en quelque sorte un faubourg de Liège. C'est ici que naquit Pépin d'Héristal, le maire du palais, qui finit par gouverner la France en souverain, pendant les règnes des trois rois fainéants Clovis III, Childebert III et Dagobert II. Son petit-fils, Pépin le Bref, sacré roi de France en 752 par St Boniface, mourut en 768 à Héristal. Cette localité et Aix-la-Chapelle se disputent la gloire d'avoir vu naître Charlemagne. C'est encore ici que Charles le Chauve, roi de France, conclut en 870, avec Louis le Germanique, le traité relatif au partage de la Lotharingie.

Le chemin de fer quitte ensuite la vallée et tourne à l'O. — 10 kil. *Liers*, relié par un embranch. à *Rocour* et *Ans* (p. 54). — 17 kil. *Glons*. — 20 kil. *Nederheim*.

23 kil. **Tongres** (hôt.: *du Paon; du Casque*, tous deux bons), ville de 7200 hab., l'*Aduatica Tongri* des Romains, qui fut le siège d'un évêché transféré plus tard à Liège. On en remarque la belle *église Notre-Dame*, du style gothique, achevée en 1240, sauf l'abside et la tour, qui sont du XVe s. Cette église a un riche trésor. Il y a aussi un cloître roman avec de belles sculptures.

32 kil. *Hoesselt*. — 34 kil. *Bilsen*. Embranch. sur Munsterbilsen (p. 117). — 38 kil. *Beverst* (p. 119). — 42 kil. *Diepenbeek*.

50 kil. **Hasselt** (p. 117).

57 kil. *Zonhoven*. — 66 kil. *Helchteren*. — 74 kil. *Wychmael-Beverloo*. — 78 kil. *Exel*. — 84 kil. *Neerpelt* (p. 118). — 91 kil. *Achel*, dernière localité belge. — 99 kil. *Valkenswaard*, sur le territoire hollandais. — 103 kil. *Waalre*.

109 kil. **Eindhoven** (hôt.: *Hof van Holland*), petite ville industrielle de 3500 hab., à la jonction de notre ligne et de celle de Venlo-Bréda-Flessingue (R. 35), que nous suivons jusqu'à Boxtel. — 119 kil. *Best*.

129 kil. **Boxtel** *(buffet)*, au confluent de la *Beerze* et de la *Dommel*. On laisse ici à g. la ligne de Bréda-Flessingue. Boxtel est aussi relié par une ligne de chemin de fer, sans importance

pour le touriste, à Wesel (101 kil.), en Allemagne, par Veghel, Uden, Gennep, Beugen (p. 222), Goch (p. 229), etc. — 137 kil. *Vught*, relié aussi à Bois-le-Duc par un tramway à vapeur. En deçà de la ville aboutit une ligne venant de Tilburg (p. 225).

141 kil. **Bois-le-Duc**, en holl. *s'Hertogenbosch* ou simplement *s'Bosch* (hôt.: *du Lion-d'Or; Eenhorn; de la Maison Verte*), ville de 25250 hab., chef-lieu de la province du Brabant Septentrional, sur la *Dommel*, l'*Aa* et le *canal Guillaume du Sud*. Elle doit une partie de son nom au duc Godefroid de Brabant, qui l'érigea en ville en 1184. Un tramway conduit de la gare en ville.

La CATHÉDRALE, *St-Jean*, qui est actuellement en restauration, a été bâtie de 1458 à 1498, dans le style gothique tertiaire; mais elle a une vieille tour du XIe s. et une chapelle du XIIIe s., au S. C'est une des principales constructions religieuses du moyen âge dans les Pays-Bas; elle surpasse même, pour la richesse et la variété de l'ornementation, la cathédrale d'Utrecht et l'église St-Nicolas de Kampen, qui sont de date plus ancienne. Elle a cinq nefs, celle du milieu plus élevée que les autres, un beau chœur et des chapelles rayonnantes. On remarque à l'intérieur des vitraux modernes, de *Capronnier*; un lustre de cuivre, du XVe s.; des fonts de cuivre, fondus en 1492; des stalles sculptées dans le style de la renaissance, une chaire de 1560 et un grand orgue.

Ste-Catherine contient un certain nombre de tableaux de l'ancienne abbaye de Tongerloo.

Au premier étage de l'hôtel de ville est exposé le *Gemeentelyk Museum*, composé de vieux plans et de cartes de la ville et des environs, de sceaux en argent des échevins de la ville, de 1213 à 1795, d'objets précieux, de monnaies, de tableaux, d'instruments de torture, etc. On peut visiter ce musée tous les jours dans la matinée: 1 pers., $^{1}/_{2}$ fl.; 2 ou 3 pers., 1 fl. — Il y a en outre un *musée provincial d'antiquités* assez important, composé d'antiquités romaines, franques, etc., provenant surtout du Brabant Septentrional, et de manuscrits, de tableaux, de dessins, de cartes, de monnaies. Il est visible de 1 h. à 3 dans la semaine.

Un tramway à vapeur conduit en 1 h. environ de Bois-le-Duc au magnifique château de **Heeswyk**, appartenant au baron *van Bogaert van Ter Brugge*, qui a une collection remarquable d'armes de luxe et d'ouvrages d'art du moyen âge et de la renaissance. On obtient facilement de le visiter en envoyant sa carte de visite. 1 fl. de pourboire. — Le tramway va jusqu'à *Veghel*, stat. de l ligne de Wesel à Boxtel (v. ci-dessus).

De Bois-le-Duc à Tilburg, v. p. 225.

DE BOIS-LE-DUC A NIMÈGUE (Arnhem): 44 kil., en 55 min. à 1 h. 15, pour 2 fl. 20, 1 fl. 75 et 1 fl. 10. — 6 kil. *Rosmalen*. — 14 kil. *Nuland-Geffen*. — 19 kil. *Oss*, où se fabrique beaucoup de beurre artificiel, bu'on exporte en Angleterre. — 23 kil. *Berchem*. — 27 kil. *Ravestein*. On traverse la *Meuse*. — 34 kil. *Wychen*, qui a un vieux château, maintenant au baron Osy, d'Anvers. — 44 kil. *Nimègue* (p. 222).

148 kil. *Hedel*, station avant laquelle on traverse la Meuse.

155 kil. **Bommel**, appelé aussi *Zaltbommel* (*hôt. Gottschalk*, bon), petite ville anciennement très forte, assiégée en vain par les

Espagnols en 1599, et prise en 1672 par Turenne. L'église a une des plus belles et des plus hautes tours du pays (xve s.) et de vieilles peintures murales. Les architectes devront voir la *maison Maarten van Rossum* (p. 231). — La marée se fait sentir jusqu'ici.

La voie traverse ensuite sur un grand pont le large lit du *Waal*. — 158 kil. *Waardenburg*. — 163 kil. *Geldermalsen*. Ligne d'Arnhem et de Nimègue à Gorinchem (Dordrecht), v. p. 233.

Puis on passe la *Linge*. — 171 kil. *Kuilenburg* ou *Culemborg*, où il y a sur le *Lek* ou Rhin Inférieur un pont à une seule arche, de 150 m. d'ouverture, une des plus grandes de l'Europe (viaduc de Garabit, dans la Lozère, 165 m.). Kuilenburg était la résidence des comtes de ce nom, qui figurent parmi les promoteurs de la révolution des Pays-Bas espagnols (p. 35).

A 10 kil. en amont, là où le *Rhin Courbé* se détache du Lek (p. 232), se trouve *Wyk-by-Duurstede*, peut-être le *Batavodurum* des Romains, ville importante par son commerce au temps des carlovingiens, sous le nom de *Dorestadum*. On y remarque un ancien château des évêques d'Utrecht.

En aval de Kuilenburg, *Vianen*, peut-être le *Fanum Dianæ* de Ptolémée, et *Vreeswyk*, relié à Vianen par un pont de bateaux. Il y a à Vreeswyk de grandes écluses servant au canal qui relie Amsterdam au Rhin (*de keulsche Vaart*).

48 kil. *Schalkwyk*. — 52 kil. *Houten*. Enfin un dernier pont avant Utrecht, sur le *Vieux-Rhin*.

189 kil. *Utrecht* (p. 244).

34. De Mastricht (Liège) à Nimègue et Arnhem, par Venlo.

A Nimègue: 128 kil., chemin de fer de l'Etat, en 2 h. 3/4 à 4 h., pour 6 fl. 25, 5 fl. 25 et 3 fl. 25. — De Nimègue à Arnhem: 19 kil., même chemin de fer, en 25 à 40 min., pour 95, 75 et 50 cents.

Mastricht, v. p. 71. — On suit la direction de la Meuse, mais toujours à une certaine distance. — 6 kil. *Bunde*. — 13 kil. *Beek-Elsloo*. — 21 kil. *Sittard* (hôt. Hæhnen), ville industrielle de 5100 hab. — 27 kil. *Susteren*. Diligence pour *Maaseyck* (p. 117), à 7 kil. à l'O., sur l'autre rive de la Meuse. — 32 kil. *Echt*. — 38 kil. *Maasbracht-Linne*.

45 kil. **Roermond** (hôt.: *Munster, du Lion-d'Or, de l'Empereur*), petite ville de près de 10 000 hab., au confluent de la Meuse et de la *Roer*, possédant des manufactures de tissus de laine assez importantes. Sa *cathédrale*, ancienne église d'un couvent de religieuses de l'ordre de Cîteaux, consacrée en 1234 et nouvellement restaurée, est un bel édifice du style de transition. L'église paroissiale, *St-Christophe*, renferme quelques tableaux. — Cette ville se trouve également sur la ligne d'Anvers à München-Gladbach (Düsseldorf, p. 117).

50 kil. *Swalmen*. — 56 kil. *Reuver*. — 60 kil. *Belfeld*. — 63 kil. *Tegelen*.

67 kil. **Venlo** (hôt.: *het Zwynshoofd; Huengens*), ville de

9000 hab., sur la rive dr. de la Meuse, que traverse un pont menant au village de *Blerick*, situé en face. Venlo est une ancienne place forte, qui a eu beaucoup de sièges à soutenir; les ouvrages en ont été démolis en 1868. Ligne de Bréda-Flessingue (Rotterdam), v. R. 35. D'autres lignes se dirigent sur Düsseldorf (p. 229), sur Wesel (p. 230), etc.

Bateau à vapeur sur la Meuse, de Venlo à Rotterdam, 4 fois par semaine: v. l'officieele Reisgids (p. 202).

Le chemin de fer traverse ensuite la Meuse. — Stat. de *Blerick* (v. ci-dessus), où se détache la ligne de Bréda (R. 35).

76 kil. *Grubbenvorst-Klooster*. Puis *Grubbenvorst-Lottum*. — 82 kil. *Meerlo-Tienray*. — 89 kil. *Venray*. — 96 kil. *Vierlingsbeek*. — 103 kil. *Boxmeer*, qui a un vieux château et une vieille maison commune. — 109 kil. *Beugen*, aussi sur la ligne de Wesel à Boxtel (p. 220). — 114 kil. *Cuyk*. — 119 kil. *Mook*, village près duquel furent battus et tués, dans un combat contre les Espagnols, en 1574, les princes Louis et Henri d'Orange, frères de Guillaume le Taciturne.

128 kil. **Nimègue.** — HÔTELS: **Place-Royale*, Ridderstraat, non loin du Valkhof; *Ariens*, Priemstraat, près du pont volant sur le Waal (p. 224), bon et pas cher, très fréquenté par les voyageurs de commerce; *Boggia*, Burgstraat; — *Hof van Brabant*, Korenmarkt; *de Gouden Leeuw*, Lange Hezelstraat, sans prétention. — Omnibus de la gare en ville, 20 c. — A 1 h. 1/4 à l'E. de la ville, l'**hôt. Berg en Dal* (p. 224), très fréquenté en été (omnibus; pens., 4 fl. 50 av. la ch.). On peut le recommander aussi comme restaurant.

CAFÉS: *Hamerslag*, place du Marché; *C. Suisse*, Burgstraat, avec jardin d'hiver.

BAINS: froids dans le Waal, au pont volant, près de Lent (p. 224); chauds, dans le voisinage du parc de Kronenburg.

BATEAUX À VAPEUR: pour *Arnhem*, pour *Tiel* et pour *Rotterdam*, 1 ou 2 fois par jour.

Nimègue, en holl. *Nijmegen*, le *castellum Noviomagum* de César, est une ville de 28800 hab., les trois quarts catholiques, bâtie en amphithéâtre sur sept collines de la rive g. du *Waal* (p. 231). Elle fut à plusieurs reprises la résidence des empereurs de la race carlovingienne; puis elle fit partie de la ligue hanséatique, elle adhéra en 1579 à l'union d'Utrecht (p. 245), elle fut prise en 1585 par les Espagnols, délivrée en 1591 par Maurice d'Orange, occupée par les Français, sous Turenne, en 1672, mais rendue à la paix de Nimègue, en 1678.

Les anciennes fortifications ont été transformées, de 1877 à 1884, en une large ceinture de boulevards. A l'O., non loin de la gare, est le *parc de Kronenburg*, où l'on a conservé l'une des seize tours des fortifications, et qu'on a décoré de rochers et d'une cascade.

La GRANDE-EGLISE, *St-Etienne* (Groote Kerk, St-Stevens K.), à peu près au milieu de la ville, est un édifice gothique commencé en 1272, achevé au XIVe et au XVe s. et avec des additions modernes. La voûte d'arête de la grande nef est maintenant remplacée par une voûte en berceau, que supportent 35 piliers élancés. Le chœur renferme le tombeau de *Catherine de Bourbon* (m. 1469), femme du duc Adolphe de Gueldre. Il se compose surtout d'une plaque en cuivre, sur laquelle est gravé le portrait de la duchesse. En bas, sur les quatre faces, se trouvent représentés de la même manière les douze apôtres et 16 blasons. L'orgue est fort estimé; on en joue publiquement, en été, le mardi, de 2 h. à 3 h. La tour, plusieurs fois endommagée par des incendies et les boulets ennemis, a été refaite dans le style rococo. Belle vue du sommet.

Passant par le *Kerkboog* (arcade de l'Eglise), à l'E., nous descendons à la *Grande-Place* (Groote Markt), où se trouve le *Poids Public,* construit en 1612 et restauré en 1885.

L'*HÔTEL DE VILLE (Stadhuis), plus loin à l'E., dans la Korte Burgstraat, est de la renaissance, de 1554, mais nouvellement restauré. La façade est décorée de statues d'empereurs.

La vestibule a des sièges ornés de sculptures, sur lesquels se rendait autrefois la justice criminelle. — A l'intérieur de l'hôtel se voient quelques tableaux, entre autres: le Château de Valkhof (v. ci-dessous), par *J. van Goyen:* 7 portraits des ambassadeurs qui signèrent ici, en 1678, la paix entre Louis XIV d'une part, les Etats Généraux et l'Espagne de l'autre; l'Enigme de Nimègue, représentation d'une parenté compliquée, de 1609. Il y a encore des salles avec des tapisseries et un musée.

Le musée est remarquable et visible tous les jours moyennant pourboire. Il y a une salle qui contient des objets du moyen âge et des objets modernes, par ex.: une corne à boire argentée de la corporation des bateliers; le missel de la corporation des boulangers; un tonneau en bois pour punir publiquement l'adultère; le glaive qui servit à décapiter, en 1568, les comtes d'Egmont et de Hornes (p. 39); des pièces de monnaie de Nimègue, de vieux manuscrits, des chartes, etc. Une autre salle contient des antiquités préhistoriques, romaines et germaniques, la plupart trouvées à Nimègue ou aux environs, beaucoup de nos jours, en démolissant les fortifications.

La Burgstraat se prolonge à l'E. et tourne ensuite un peu à g., où elle passe à un *monument* avec une Victoire d'après Rauch, érigé en mémoire de l'ouverture du premier chemin de fer desservant Nimègue (1865), celui qui vient de Clèves. Plus loin, la *Societeit Burgerlust*, une sorte de club où les étrangers peuvent être admis sans présentation, et le Valkhof.

Le VALKHOF est maintenant un parc sur une hauteur dominant le Waal. On y voit les maigres restes d'un palais des Carlovingiens vanté par Eginhard, le biographe de Charlemagne. Le nom du grand empereur est encore populaire à Nimègue; on l'a donné à la cloche du couvre-feu, qui sonne à 8 h. $^1/_2$-9 h. du soir, et à l'une des plus belles places du quartier neuf, près de la gare, le «Keizer Karels Plein». Il y avait au Valkhof une église dont il ne subsiste plus que l'abside. Par contre, on y trouve encore en parfait état de conservation un *baptistère* à 16 angles, consacré en 799 par le pape Léon III et réédifié au XIIe s., après un incendie (1047), puis pendant la période gothique. S'adresser au portier du parc.

Tout près du Valkhof, à l'angle oriental de la vieille ville, s'élève un bâtiment en forme de tour appelé le **Belvédère*, servant aujourd'hui de café. Il a été construit par la ville en 1646, sur les fondations d'une ancienne tour des fortifications. De la plate-forme (10 c.), on jouit d'une vue charmante, qui s'étend jusqu'à Arnhem, à Clèves, et aux hauteurs d'Elten, et qui embrasse une grande partie du territoire arrosé par le Waal, le Rhin, la Meuse et l'Yssel. — Au S.-E. du Belvédère se trouve un parc, le *Hünenpark* ou *Hünnerpark*.

On a la meilleure vue de Nimègue du village de *Lent*, sur la rive dr. du Waal, relié à la ville par un pont volant. Maurice d'Orange y construisit une redoute en 1590, le *Knodsenburg*.

Les environs de cette ville sont boisés et rivalisent pour la beauté avec ceux de ses voisines, Arnhem et Clèves. A l'un des plus beaux endroits, 1 h.-1 h.$^1/_4$ à l'E., se trouve l'**hôtel Berg en Dal* (p. 222), d'où l'on a une des plus jolies vues du cours inférieur du Rhin. Trois chemins y conduisent: le chemin direct; un au S., par la *Meerwyk* (2 h.), recommandé pour l'aller; un au N., par *Ubbergen* et *Beek*, plutôt pour le retour (1 h. $^1/_2$): on construit un tramway de ce côté. — Jolie promenade de 20 min. jusqu'au *Duivelsberg*, au *Wyler-Meer*.

De Nimègue à Clèves, v. p. 229; *à Bois-le-Duc* (p. 220).

De Nimègue à Gorinchem (Utrecht; Dordrecht): 81 kil., en 2 h. $^1/_2$ à 2 h. $^3/_4$, pour 3 fl. 85 3 fl. 20 et 1 fl. 95. — Cette ligne se détache de celle d'Arnhem à *Ressen-Bemmel* (v. ci-dessous) et se raccorde à *Valburg*, la station suivante, avec celle d'Arnhem à Gorinchem (v. p. 232).

De Nimègue à Amersfoort (Amsterdam), env. 55 kil., nouvelle ligne qui doit être ouverte durant l'été de 1885. Elle se confond avec la ligne précédente jusqu'à *Valburg* et plus loin avec celle d'Arnhem jusqu'à *Kesteren* (p. 232). Ensuite vient la station de *Rhenen*, qui a une église gothique et une belle tour, de 1492-1531. La voie y traverse le Rhin. Puis *Veenendaal*, où elle croise la ligne d'Arnhem à Utrecht (p. 233). Enfin elle passe encore l'*Eem*, et elle aboutit à *Amersfoort* (p. 316).

La ligne d'Arnhem traverse le Waal à Nimègue, sur un pont à trois arches, et parcourt la *Betuwe* (p. 232). — 5 kil. *Ressen-Bemmel*, où se détachent les lignes de Gorinchem et d'Amersfoort (v. ci-dessus). — 8 kil. *Elst*. — 15 kil. *Oosterbeek*, sur la ligne d'Arnhem à Utrecht (p. 233). — 19 kil. *Arnhem* (p. 230).

35. De Venlo à Flessingue, par Bréda.

(Rotterdam, la Haye).

208 kil. Chemin de fer, trajet en 4 h. 45 à 6 h. 50, pour 10 fl. 40, 8 fl. 30 et 5 fl. 25 c.

Venlo, v. p. 221. Notre ligne franchit la Meuse, quitte celle de Nimègue à *Blerick* et parcourt un marais de 40 kil. de long et 10 de large, nommé le *Peel*, d'où l'on tire d'excellente tourbe. — 12 kil. *Horst-Sevenum*. — 23 kil. *Helenaveen*. — 30 kil. *Deurne*.

39 kil. **Helmond** (hôt.: *De Zwaan*), ville de 7000 hab., sur le *canal Guillaume*, qu'on traverse. — 47 kil. *Nuenen-Tongelre*.

52 kil. *Eindhoven* (p. 219). — 62 kil. *Best.* — 72 kil. *Boxtel* (p. 219). La ligne de Bréda-Flessingue laisse à dr. celle d'Utrecht et continue de se diriger vers l'O. Elle traverse la *Nieuwe Ley*, petit affluent de la Dommel. — 80 kil. *Oisterwyk.*

89 kil. **Tilburg** (hôt.: *De Gouden Zwaan)*, ville de 29 500 hab., connue par ses nombreuses fabriques d'étoffes de laine. Elle a une église neuve du style gothique.

Embranch. de 31 kil. sur *Turnhout* (p. 84), par *Alphen*, *Baarle-Nassau* et *Weelde-Merxplas;* de 22 kil. sur *Bois-le-Duc* (Nimègue; p. 220), par *Udenhout*, *Helvoirt* et *Vught* (p. 220). — Tramway à vapeur pour *Kaatsheuvel*, *Waalwyk* et *Capelle.*

100 kil. *Gilze-Ryen.*

110 kil. **Bréda.** — Hôtels: **H. de la Couronne*, *H. du Cygne*, tous deux dans la rue principale ou Boschstraat; *H. de Oude Prins*, près de l'église. — Restaur. et cafés sur la place, près de l'église. — Buffet à la gare.

Bréda est une place forte de 17200 hab., sur la *Merk* et l'*Aa*.

On en remarque l'*église réformée (Hervormde Kerk)*, près de la grand'place. C'est un édifice du style ogival tertiaire, consacré en 1510, avec une fort belle tour nouvellement restaurée, au grand portail. Elle renferme le grand *monument d'Engelbert II de Nassau, général et favori de l'empereur Charles-Quint, et de sa femme Marie de Bade. Ce monument, de la renaissance, est attribué à *Michel-Ange (?)*. Les statues couchées du comte et de la comtesse, en albâtre d'Italie, reposent sur un sarcophage, et quatre statues à demi agenouillées: César, Régulus, Annibal et Philippe de Macédoine, supportent sur leurs épaules une plaque où se trouve représentée l'armure du comte, admirablement travaillée. Parmi les autres monuments, on remarque encore, en particulier, celui du comte de Borgnival (m. 1536) et celui de Dirck van Assendelfft (m. 1553), ce dernier malheureusement fort endommagé par les iconoclastes. Il y a dans le chœur une pierre tumulaire intéressante, faite après 1539, et de jolies sculptures en bois, représentant des moines dans des positions fort comiques. Il faut aussi mentionner les fonts, en cuivre, de la renaissance.

Le *vieux château* a été construit en 1350, par le comte Henri de Nassau; le nouveau, en 1696, par Guill. d'Orange, roi d'Angleterre. C'est un quadrilatère, baigné par les eaux de la Merk. — Il y a un petit parc avec de magnifiques arbres, du côté de la gare.

Tramways à vapeur pour *Oosterhout* (45 min.) et de là, d'une part pour *Dongen* (50 min.), localité de 4300 hab., d'autre part pour *Geertruidenburg* (30 min.), petite ville fortifiée de 1900 hab., sur le Biesbosch (p. 233).

De Bréda à Rotterdam: 48 kil., trajet en 1 h. à 1 h. 1/2, pour 2 fl. 60, 2 fl. 05 et 1 fl. 25 c. — On traverse un bout de pays un peu boisé, puis des prairies et la *Dintel*. — 11 kil. *Langeweg*. — 15 kil. *Zwaluwe*, où l'on rejoint la ligne d'Anvers à Rotterdam (R. 32).

120 kil. *Etten-Leur.* — 134 kil. *Roosendaal*, aussi sur la ligne d'Anvers à Rotterdam (p. 244). — 141 kil. *Wouw.*

147 kil. **Berg-op-Zoom** (hôt.: *Hof van Holland*, *Prins van Luyk)*, ville de 10300 hab., ancienne place de guerre, fortifiée par le célèbre ingénieur et général hollandais Menno van Coehorn

(1641-1704), et dont les ouvrages ont été rasés en 1867. Cette ville fut le chef-lieu d'un marquisat qui passa paralliance, en 1722, à la maison palatine, à laquelle il appartint jusqu'en 1801. L'hôtel de ville renferme quelques portraits des marquis et une magnifique cheminée du XVIe s., autrefois au château, qui sert maintenant de caserne. L'église, à laquelle on a fait aux XVe s. des agrandissements restés inachevés, a maintenant deux transepts, mais n'a pas de chœur. — Tramway à vapeur pour *Tholen,* sur l'île du même nom (p. 218; 35 min.).

153 kil. *Woensdrecht.* Puis on traverse sur une digue le *Kreek-Rak* (p. 218), canal de l'Escaut qui a été comblé pour y établir le chemin de fer, et l'on arrive dans la province de Zélande (p. 217). — 163 kil. *Rilland-Bath.* A g., le *fort Bath* (p. 217). — 166 kil. *Krabbendyk.* — 173 kil. *Kruiningen,* où on passe le canal de Zuid-Beveland. — 175 kil. *Vlake.* Puis *Kapelle,* qui a une église remarquable. — 178 kil. *Biezelinge.*

184 kil. **Goes** *(hôtel Zoutkeet),* nommé aussi *Tergoes,* ville de 6500 hab., chef-lieu de l'île du *Zuid-Beveland*, avec des restes insignifiants d'un château de Jacqueline, comtesse de Hollande (XVe s.), appelé *Ostende,* dans la cour de l'auberge du même nom. Cette ville possède des archives considérables. Sa haute *église gothique, surmontée d'une flèche au transept, a été consacrée en 1422. La salle d'audience de l'hôtel de ville, dans le style Louis XV, contient des peintures en camaïeu par J. Geeraerts.

Ensuite un pays fertile. Les habitants ont un costume intéressant. Immédiatement au delà de Goes commence le *polder de Wilhelmine*, dont la digue a été construite en 1809 et qui a 1662 hect. de superficie. — 189 kil. *'s Heer-Arendskerke.* On traverse plusieurs digues secondaires et la grande digue, qui, franchissant le bras de l'Escaut nommé le *Sloe*, relie l'île de Zuid-Beveland à celle de *Walcheren* (p. 227). — 199 kil. *Arnemuiden,* qui avait au XVIe s. un port très important, aujourd'hui transformé en terres arables.

203 kil. **Middelbourg** — HÔTELS: *Nieuwe Doelen*, fort bon; *de Abdij*, derrière la Nouvelle-Eglise; *de Flandre* (ch. et déj., 1 fl. 50). — VOITURES DE LOUAGE, chez *Pelle:* pour Dombourg, 6 fl.; Flessingue, 3 fl.; Westkapelle, 9 fl. — TRAMWAY À VAPEUR pour Flessingue toutes les 1 h. 1/2-2 h., trajet en 1/2 h., pour 25 et 30 c. (v. p. 228).

Middelbourg est une ville de 16100 hab., la capitale de la province de Zélande, reliée à Flessingue et à Veere par un canal creusé de 1867 à 1872. On y a terminé en 1876 les vastes docks dits *Prins-Hendriks-Dok.*

L'*HÔTEL DE VILLE, sur la grand'place, est un magnifique édifice goth. du XVIe s., construit par l'un des *Keldermans,* famille d'artistes de Malines (p. 82). La tour, haute de 55 m., est plus ancienne; elle date de 1507-1518. La façade est décorée de 25 statues de comtes et de comtesses de Flandre et de Zélande.

On en remarque, au premier étage, la vieille salle d'audience («Vierschaar»), qui a de belles boiseries du XVIe s. — Le MUSÉE MUNICIPAL («Oudheidskamer») comprend beaucoup de portraits d'une famille célèbre de marins de Flessingue, les *Evertsen*: *Corneille* et *Jean Evertsen*, tués dans la guerre contre l'Angleterre, en 1666; un autre *Corneille Evertsen* (m. 1706) et *Gélin Evertsen* (m. 1721), tous deux fils du premier. On y voit aussi des coupes et des bannières d'anciennes corporations, et, parmi les documents, les privilèges accordés en 1253 à Middelbourg par l'anti-empereur Guillaume de Hollande, l'acte le plus ancien rédigé en hollandais.

La *Zeeuwsch Genootschap der Wetenschappen* possède une collection très remarquable d'antiquités romaines et autres, un portrait de l'amiral de Ruyter par Ferd. Bol et des souvenirs de cet amiral, les premières longues-vues fabriquées à Middelbourg par Zach. Janssen et Hans Lipperhey, les inventeurs (vers 1610), des monnaies de Zélande, des cartes, des plans et des dessins relatifs à ce pays («Zeelandia illustrata»), un bel ameublement ancien et tous les spécimens de la faune et de la flore du pays.

Dans la rue nommée le Langendelft, qui part de la place, en deçà de l'hôtel de ville, se trouve la *Nouvelle-Église* (Nieuwe-Kerk), ancienne abbatiale, qui renferme les monuments des amiraux Jean et Corn. Evertsen (v. ci-dessus), de Guillaume de Hollande (m. 1256) et de son frère Floris (m. 1258), érigés en 1820.

A côté est l'*Abbaye* (Abdij), vaste carré de bâtiments de toutes formes, des XIIe, XIVe et XVe s., réédifiés en 1568 après un incendie, dans le style de la renaissance. C'est aujourd'hui le siège des Etats provinciaux, dont la grande salle renferme de belles tapisseries, représentant les combats des provinces maritimes contre les Espagnols, faites à Delft et à Middelbourg à la fin du XVIe s. — Il y a dans la ville quelques jolies maisons anciennes, entre autres celles qui sont connues sous les noms de «de Steenrots» (1590) et «de Gouden Zon» (1635).

A 17 kil. de Middelbourg, sur la côte occident. de *Walcheren*, se trouve **Dombourg**, qui a un établissement de bains de mer. Omnibus, 1 fl.; voit. à 1 chev., 5 fl.; à 2 chev., 6 fl. La route qui y conduit est bien ombragée. Hôtels: *Badhôtel* (pens., 5 à 6 fl.); *Schuttershof* (pens., 4 fl. à 4 fl. 1/2), tous deux bons, avec jardins près de la mer. Logements particuliers dans le village, 6 à 10 fl. par semaine. Il y vient environ 300 baigneurs par an, de la Hollande, de la Belgique et de l'Allemagne. L'organisation est encore assez primitive. Cabine, 30 c. On y est plus libre qu'à Schéveningue, mais la vie n'y est guère moins chère. Il y a aux environs de grands et beaux parcs, ceux de *Duinvliet*, du *château de Westhoven*, anc. résidence des évêques de Middelbourg; de *Duinbeek*, de *Berkenbosch*, de *Zeeduin*, d'*Overduin*, etc. — A 8 kil. de Dombourg, *Westkapelle*, où sont de grandes digues (p. 213) et un phare, dont le bourgmestre autorise gratuitement la visite.

Sur la côte N. de l'île de Walcheren, à 5 kil. de Middelbourg, se trouve **Veere**, petite ville déchue, qui a une belle église goth. et un hôtel de ville intéressant, renfermant des antiquités remarquables.

208 kil. **Flessingue**, en holl. *Vlissingen* (hôt.: *du Commerce*; *du Duc de Wellington*), ancienne ville forte, de 11 000 hab., avec de vastes bassins et d'immenses hangars pour la marine marchande. On y a fait dans ces derniers temps des travaux considérables d'agrandissement, afin d'y attirer le commerce au détriment d'Anvers.

mais les résultats se font encore attendre. La ville est entre la mer et les nouveaux bassins, situés près de la gare, à l'extrémité du canal de Middelbourg et sur la rive droite de l'*Escaut*, qui a ici 4250 m. de largeur.

Flessingue même n'offre rien de remarquable. L'*église St-Jacques* est du xve s. L'*hôtel de ville* renferme une collection d'antiquités locales. — Près de l'ancien port, une *statue de Ruyter* (1607-1676), le célèbre amiral, originaire de Flessingue, bronze érigé en 1841. Sur la dune, non loin des bains, le *monument d'El. Wolff-Becker* et d'*Ag. Deken* (m. 1804), deux femmes poètes hollandaises. Un autre rappelle le poète *Jac. Bellamy* (1757-1786), de Flessingue.

Charles-Quint s'embarqua à Flessingue en 1556, et c'est de là aussi que Philippe II partit en 1559, pour retourner en Espagne, d'où il ne revint plus dans ses Etats du Nord. La tradition prétend qu'en partant, Philippe reprocha au prince Guillaume d'Orange, qui l'avait accompagné jusqu'à cet endroit, les entraves qu'il avait mises à l'accomplissement de ses projets. Guillaume, s'étant retranché derrière les Etats, aurait reçu du monarque la réplique suivante, fortement accentuée: *No los estados, ma vos, vos!* Lorsque les «gueux de mer» eurent pris Brielle, Flessingue fut la première ville des Pays-Bas du Nord qui arbora l'étendard de la liberté, en 1572. Cette ville fut bombardée et prise en 1809 par les Anglais. Ce fut le seul résultat de cette pompeuse expédition dont la mission avait été la prise d'Anvers.

Le tramway à vapeur de Middelbourg (p. 226) passe à *Soubourg*, où Charles-Quint abdiqua en 1556. On y a érigé en 1872 un monument à l'anc. propriétaire du village, l'homme d'Etat et écrivain Phil. de Marnix, de St-Aldegonde (m. 1598).

En face de Flessingue, sur la rive g. de l'Escaut, le *fort Breskens*. 10 min. plus loin, le village de *Cadzand*, autrefois dans une île (v. p. 152); il y a de petits bains de mer.

Bateau à vapeur plusieurs fois par jour de Flessingue à *Terneuzen* (p. 121); trajet en 1 h. 1/4.

36. De Cologne à Utrecht et Amsterdam, par Arnhem.

D'Arnhem à Gorinchem (Dordrecht).

De Cologne à Zevenaar, par la rive g. du Rhin: *chemin de fer de l'Etat*, 139 kil., trajet en 3 h. 1/2 à 4 h., pour 12 marcs 40 pf., 9 ℳ 30 et 6 ℳ 20. — De Cologne à Emmerich, par la rive dr.: *chemin de fer de l'Etat*, 131 kil., en 2 h. 3/4 à 3 h. 1/2, pour 11 ℳ 20, 8 ℳ 40 et 5 ℳ 60. — D'Emmerich à Utrecht: *chemin de fer (Rhynspoorweg) hollandais*, 88 kil., en 2 à 3 h., pour 4 fl. 50, 3 fl. 40 et 2 fl. 25. — D'Utrecht à Amsterdam: 35 kil., en 3/4 d'h. à 1 h., pour 1 fl. 80, 1 fl. 40 et 90 cents. — *Billets directs* de Cologne à Amsterdam, trajet en 6 h. par le train-poste, pour 22 ℳ 30, 17 ℳ 40 et 11 ℳ 20. — La visite de la douane hollandaise se fait toujours à Zevenaar, celle de la douane allemande, à Emmerich ou à Elten.

Ligne de la rive gauche. — 2 kil. *Nippes*. — 8 kil. *Longerich*. — 14 kil. *Worringen*, connu par la bataille du 4 juin 1288, par laquelle le duché de Limbourg passa au Brabant. — 20 kil. *Dormagen*. — 30 kil. *Norf*.

36 kil. **Neuss**, ville ancienne possédant une grande église (St-Quirin), du style de transition (xiiie s.). On y croise plusieurs

autres lignes de chemin de fer. — 45 kil. *Osterath.* — 53 kil. *Oppum.* Embranchement sur Essen et Dortmund.

53 kil. **Crefeld**, ville manufacturière importante de 73 900 hab., centre principal de la fabrication des tissus de soie et de velours dans la province Rhénane. Plusieurs embranchements. — 74 kil. *Aldekerk.* — 79 kil. *Nieukerk.* Le pays est plat et annonce déjà la Hollande. — 86 kil. *Gueldre*, ancienne capitale du duché du même nom, à la Prusse depuis 1713. — 94 kil. *Kevelaer*, pèlerinage célèbre. — 100 kil. *Weeze.* — 107 kil. *Goch*, où l'on croise la ligne de Wesel à Boxtel (v. p. 220).

117 kil. **Clèves.** — Hôtels: *Maywald*, au S., sur la hauteur; *Badhôtel & H. Styrum*, à l'O. de la ville, dans le Thiergarten, à 20 min. de la gare; *Prinzenhof*, qui a un magnifique parc (v. ci-dessous); *Robbers*, aussi dans le Thiergarten; *Loock*, en face de la poste; *Holtzem*, à côté du château.

Clèves, autrefois capitale du duché de ce nom, est une ville de 10100 hab., dans un site fort agréable, sur trois collines et le versant d'une montagne boisée qui formait la rive primitive du Rhin. Son *église collégiale*, grand édifice goth. en briques du milieu du XIVe s., renferme quelques tombeaux de comtes et de ducs de Clèves, surtout d'Adolphe VI (m. 1394) et de Marguerite de Berg (m. 1425). Il y a sur le marché un *monument de Lohengrin*, érigé ici en 1882, parce que c'est à Clèves qu'est localisée la tradition du chevalier du Cygne. Sur le chemin du château, une *statue de Jean-Sigismond*, prince-électeur de Brandebourg, qui annexa le duché de Clèves en 1609. Le *château* des anciens ducs s'élève au centre de la ville, sur une hauteur pittoresque, avec la tour du XVe s. dite **Schwanenthurm*, haute de 56 m. Cette tour offre une très belle vue de la contrée, ainsi que le **Cleverberg*, montagne située à 1/4 d'h. de distance. Au S. est le *Prinzenhof*, anc. résidence de Maurice de Nassau, gouverneur du duché (1663), transformée en hôtel, et plus loin, *Berg-und-Thal*, fondé par le prince et où se voit son tombeau, restauré par Napoléon en 1811. A l'O., le *Thiergarten*, parc sur des collines que longent la route et le chemin de fer de Nimègue.

De Clèves à Nimègue: 27 kil., chemin de fer, en 3/4 d'h. à 1 h., pour 2 *M.* 20, 1 *M.* 60 et 1 *M.* 10. — Stations: *Nütterden*, *Cranenburg*, dernière localité prussienne; *Groesbeek*, où est la douane hollandaise; *Nimègue* (p. 222).

On passe ensuite le Rhin en bac. — 128 kil. *Elten*, dernière localité prussienne. — 136 kil. *Zevenaar*, première localité hollandaise. Visite douanière, v. ci-dessus.

Puis *Duiven*, *Westervoort* et (145 kil.) *Arnhem* (p. 230).

Chemin de fer de la rive droite. — Cette ligne traverse les remparts et les fossés de Deutz. — 4 kil. *Mülheim-sur-le-Rhin.* — 13 kil. *Küppersteg.* La voie franchit la *Dhün*, puis la *Wupper*, avant *Langenfeld.* Avant *Benrath*, un château royal, bâti en 1768 par Charles-Théodore, prince-électeur du Palatinat.

38 kil. **Düsseldorf** (hôt.: **Breidenbacher Hof; Europæischer Hof;*

Rœmischer Kaiser; Kœlnischer Hof, *H. Thüngen*, etc.), ville de 95 500 hab., anc. capitale du duché de Berg, connue dans le monde artistique par son *académie de peinture*, fondée en 1767 et réorganisée en 1822. Pour les détails, voir les *Bords du Rhin* ou l'*Allemagne*, par Bædeker.

Embranchement de 31 kil. sur Venlo (p. 221), par *Viersen*, *Dülken*, *Boisheim*, *Breyel* et *Kaldenkirchen*, dernière station prussienne.

49 kil. *Calcum*, station qui dessert *Kaiserswerth*, ville très ancienne, à 1/2 h. de là, au bord du Rhin. Elle était autrefois dans une île. On y voit des restes d'une forteresse franque, qu'agrandit considérablement l'empereur Frédéric Barberousse. — 63 kil. *Duisbourg*, ville également fort ancienne et très florissante, de 43 300 hab. Le chemin de fer traverse la *Ruhr*, sur laquelle se fait un transport considérable de charbon.

71 kil. **Oberhausen** (*buffet* à la gare), où se raccordent la ligne de Cologne-Minden, l'embranchement de Ruhrort et la ligne de Hollande. Cette dernière prend au N., par *Sterkrade* et *Dinslaken*. — 98 kil. *Wesel*, forteresse importante à l'embouchure de la *Lippe* dans le Rhin. Embranch. de 38 kil. sur *Winterswyk* (p. 320), par *Bocholt*, et de 60 kil. sur *Venlo* (p. 222). — 118 kil. *Empel*.

131 kil. **Emmerich**, ville d'un caractère hollandais. A l'extrémité supérieure s'élève la tour gothique de l'*église Ste-Aldegonde* (1283); à l'extrémité inférieure, la *cathédrale*, du style de transition (XIe-XIIe s.), avec une crypte remarquable.

140 kil. *Elten*, où l'on rejoint la ligne précédente (p. 229).

162 kil. *Arnhem*. — Suite de la ligne, v. p. 233.

Arnhem. — Hôtels: **Gr.-H. du Soleil*, au pont du Rhin, près du chemin de fer et du débarcadère des bateaux hollandais (ch., 1 fl. 1/2; boug., 30 cents; serv., 25 c.; 1er déj., 70 c.); **H. Bellevue*, dans un endroit dégagé, à l'O. de la ville, convenable pour un séjour; *H. des Pays-Bas*, sur le Groote Markt, donnant par derrière sur le Rhin; **Zwynshoofd* (la Hure, enseigne assez fréquente en Hollande), dans la ville; *H. de Paauw* (du Paon), non loin de la gare, petite mais bonne maison de 2e ordre. — Pour un séjour: **H. garni Planten en Vogeltuin*, assez cher.

Cafés-restaur.: **C. Central* et *à la gare*, au premier.

Fiacres: la course dans la ville, avec 25 kilos de bagage, 75 c. Voiture pour une excursion à Klarenbeek et Rozendaal, par la Steenen Tafel, avec retour par Bronbeek et Velp (2 h. 1/4 à 2 h. 1/2), environ 3 fl.

Tramways: dans la ville, pour *Velp* (p. 232), pour *Ede* et *Wageningen* (p. 233) et pour *Oosterbeek* (p. 233), *Renkum* et *Wageningen*.

Bateaux à vapeur pour Nimègue et Rotterdam, etc., 1 ou 2 fois par jour en été.

Arnhem, l'*Arenacum* des Romains, ville de 45 370 hab., dont la moitié sont catholiques, a été longtemps la résidence des ducs de Gueldre et est encore aujourd'hui le chef-lieu de la province de ce nom, dont les habitants sont ainsi caractérisés par un ancien dicton populaire: «Hoog van moed, klein van goed, een zwaard in de hand is't wapen van Gelderland» (haute en courage, petite en biens, une épée à la main, c'est là le blason de la Gueldre). Cette ville est située sur le versant méridional (*Veluwezoom*) des hauteurs de la *Veluwe* (v. p. 232). Elle fut fortifiée à neuf vers la fin du

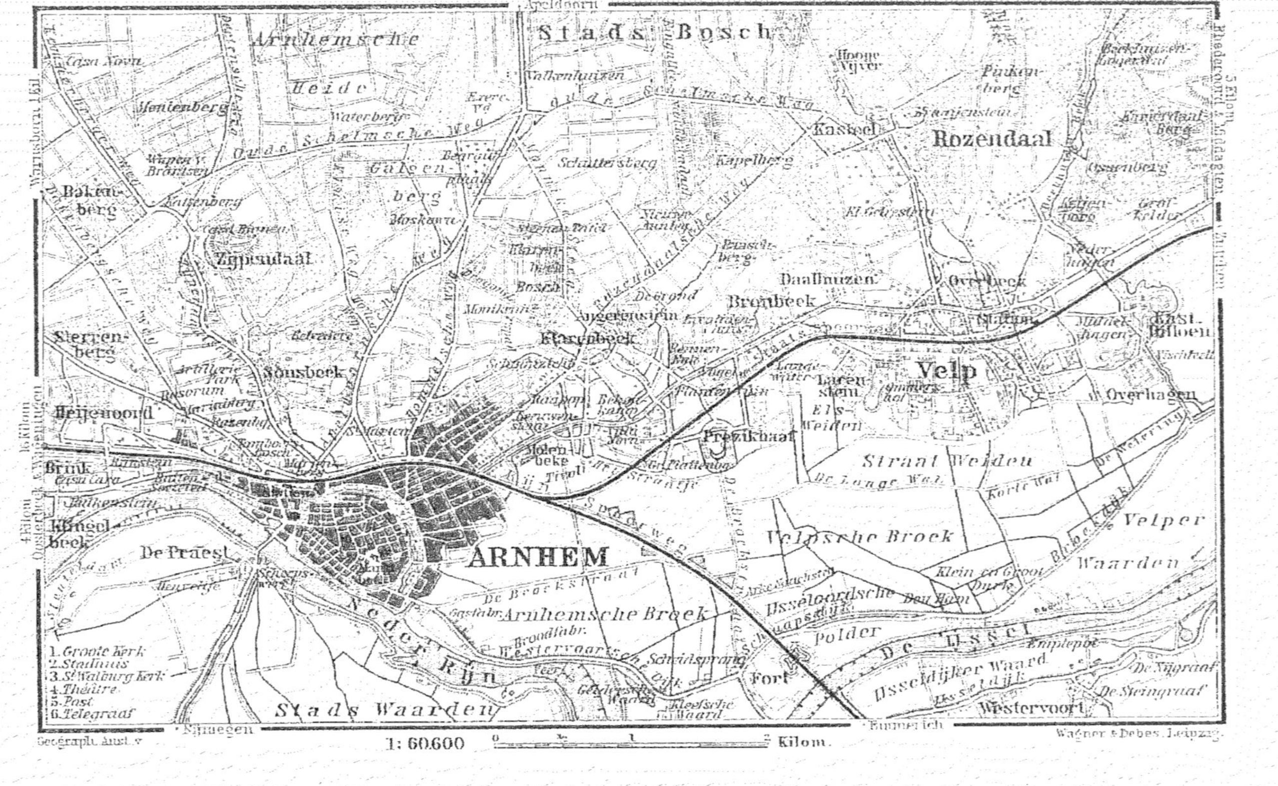

Apeldoorn
Stads Bosch
Arnhemsche
Heide
Rozendaal
Kasteel
Zijpendaal
Sonsbeek
Heijenoord
Klarenbeek
Bronbeek
Daalhuizen
Overbeek
Velp
Overhagen
Prezikhaaf
Straat Weiden
Velpsche Broek
Velper
Waarden
ARNHEM
De Praest
Arnhemsche Broek
Neder Rijn
Stads Waarden
Polder
De IJssel
IJsseldijker Waard
Westervoort
Fort
1. Groote Kerk
2. Stadhuis
3. St. Walburg Kerk
4. Théâtre
5. Post
6. Telegraaf
Nijmegen
Emmerich
1: 60600
Kilom.
Geograph. Anst. v.
Wagner & Debes, Leipzig

XVIIe s. par le général Coehorn (p. 225), après la prise de la place par les Français en 1672. Il y avait en 1813 un camp retranché français aux portes de la ville; il fut pris d'assaut, ainsi que la ville, par un détachement du corps prussien de Bülow. Les anciennes fortifications ont été converties en promenades. Arnhem est la ville où se retirent de préférence les Hollandais qui ont fait fortune aux Indes, et c'est l'une des plus belles du pays, s'embellissant encore tous les jours par de nouvelles constructions.

De la gare, à l'extrémité N.-O. de la ville, on arrive, en appuyant à g. et par différentes rues, au Grand-Marché (Groote Markt), sur lequel se trouvent la Grande-Eglise et l'hôtel de ville. La *Grande-Eglise* (*Groote Kerk*; pl. 1), du style ogival tertiaire, fut commencée en 1452. Elle renferme, dans le chœur, le monument de Charles d'Egmont, duc de Gueldre (1513), statue couchée en marbre blanc, sur un sarcophage en marbre blanc et noir, orné des statues des apôtres, etc. Sous un baldaquin de bois au mur septentrional du chœur, à une certaine hauteur, se voit une statue agenouillée revêtue de l'armure que le duc portait de son vivant. (Le sacristain demeure au N. de l'église; on lui donne 15 cents).

En face du chœur de l'église, à l'E., s'élève l'*hôtel de ville* (pl. 2), appelé *Duivelshuis*, la maison du Diable, à cause de la décoration de sa façade, des masques fantastiques et des cariatides représentant des démons enchaînés. Cet édifice fut construit et habité d'abord par Martin van Rossum, général du duc Charles de Gueldre, l'infatigable adversaire de Charles-Quint. Il est mal restauré.

La *bibliothèque* publique, derrière l'hôtel de ville, se compose surtout d'ouvrages sur la théologie, l'histoire et la jurisprudence.

Le *Museum van Oudheden en Kunst*, également au Grand-Marché, comprend des sceaux, des monnaies, des portraits, des modèles de constructions, etc. La principale curiosité est un diptyque en ivoire sculpté, du XIIIe s., formant la couverture d'un manuscrit (Evangiles) du XIVe s., qui provient du couvent de Bethléem, près de Dœtinchem (arrondiss. de Zutphen).

Ste-Walburge (pl. 3), église catholique à laquelle conduit la Walburg-Straat, à dr. (S.) de l'hôtel de ville, renferme un grand autel moderne en bois sculpté, et une belle chaire également moderne, en bois et en pierre, du style gothique.

Le Rhin se divise en deux bras en amont d'Arnhem. Le plus fort de ces bras coule dans la direction de l'O. vers Nimègue (p. 222) et prend le nom de *Waal*, qu'il conserve jusqu'à sa jonction avec la Meuse (p. 221). L'autre bras, beaucoup plus étroit et se dirigeant vers le N., s'appelle pendant quelque temps *canal de Pannerden*, puis il reprend le nom de *Rhin* ou Rhin Inférieur. Celui-ci se bifurque à son tour un peu au-dessus d'Arnhem; la partie O. (bras g.) conserve le nom du fleuve, celle qui coule vers le N. s'appelle *Yssel* (pron. *éissel*; v. p. 317) et se jette dans le Zuiderzée. Le Rhin Inférieur passe à Arnhem, Wageningen, Rhenen et Wyk-by-Duurstede (v. p. 221). Près de cette dernière localité, il s'en détache à dr. un nouveau bras, le *Rhin Courbé (Kromme Rhyn)*, lequel se bifurque à son tour à Utrecht en deux branches. Celle de dr., le *Vecht*, se jette près de Muiden dans le Zuiderzée; celle de g., le *Vieux-*

Rhin, près de Katwyk (p. 278) dans la mer du Nord. Le bras du Rhin Inférieur qui se forme à g. de la ville de Duurstede s'appelle le *Lek* et se réunit à la Meuse à peu de distance de Rotterdam, à Krimpen (p. 219). Il est probable que c'est à la suite de la grande inondation de 839 que le bras moyen du Rhin, qui était jadis le plus fort, est devenu un petit cours d'eau insignifiant, tandis que le Lek, primitivement un canal creusé par les Romains, a pris les dimensions considérables d'un fleuve.

Cette bifurcation et la réunion ultérieure du Lek et de la Meuse, ont formé une île étendue et fertile appelée *Betuwe* (*Bat-au*, bonne contrée); la plaine aride qui s'étend d'Arnhem jusqu'au Zuiderzée s'appelle au contraire *Veluwe* (*Vel-au*, contrée stérile).

Les ENVIRONS D'ARNHEM sont supérieurs en beauté à toute autre contrée de la Hollande. On visite surtout **Sonsbeek*, campagne du baron van Heeckeren, dont l'entrée est permise les lundi et mercredi. Elle est près de la station du chemin de fer, à 15 min. de la ville. Sonner là où est l'écriteau «Bel voor den Poortier». Pourboire: 1 pers., $1/2$ fl.; plusieurs personnes ensemble, 1 fl. à 1 fl. $1/2$. Belle vue du belvédère (100 marches), qu'on aperçoit de fort loin; elle s'étend jusqu'à l'Eltener-Berg et jusqu'aux hauteurs de Clèves.

Immédiatement au-dessous de la ville s'élève le *Reeberg*, petite hauteur avec des jardins et un casino, où il y a souvent concert. Plus haut, la maison de plaisance de *Heijenoord*. Le bois qui l'environne est sillonné par des allées dans tous les sens et pourvu de bancs pour les promeneurs.

Dans la direction opposée, à l'E. de la ville, s'élève une chaîne de collines que longe la *route de Zutphen et qui est toute couverte de villas et de charmants jardins, toujours ouverts aux étrangers. Voiture, v. p. 230. A une bonne heure d'Arnhem, à g., *Klarenbeek*, où l'on a une magnifique vue sur la vallée du Rhin, près de la «Steenen Tafel» (table de pierre). A *Bronbeek*, à côté de Klarenbeek, se trouve l'hôtel des invalides de l'armée des colonies, fondé par Guillaume III. Il mérite une visite; on y voit beaucoup de canons et d'autres armes provenant du butin de la guerre avec les Atchinois (50 c.). Plus loin, près du village de *Velp*, que traverse le chemin de fer (v. p. 319; tramway d'Arnhem, 25 c.), se trouve *Rozendaal*, autre maison de campagne qui a un beau parc, toujours visible sous la conduite du gardien ($1/2$ fl.; une soc., 1 fl.; hôtel à côté). Puis *Biljoen*, *Beekhuizen* (hôtel garni dans un site charmant, recommandé; pens., 3 fl. $1/2$), *Rhederoord*, *Middachten*, qui a une magnifique allée de hêtres, etc.

D'Arnhem à Nimègue, v. R. 34; *à Zutphen et Salzbergen*, R. 49.

D'ARNHEM À GORINCHEM (Dordrecht): 81 kil., en 2 h. $1/2$ à 2 h. $3/4$, pour 3 fl. 60, 3 fl., 1 fl. 80. — Cette ligne se confond avec celle de Nimègue jusqu'à *Elst* (11 kil.); puis elle prend à l'O. et rejoint à *Valburg* le tronçon de raccordement de la ligne de Nimègue (p. 224). Ensuite: *Zetten-Andelst*, *Hemmen-Dodewaard*, *Kesteren*, où se détache la nouvelle ligne d'Amersfoort (p. 224), *Echteld*.

40 kil. **Tiel** (hôt.: *Meyer; Gorbelyn*), vieille ville de 9000 hab., sur la rive dr. du *Waal* (p. 231), jadis importante par son commerce. Elle fut vainement assiégée par les Espagnols en 1582, mais elle fut prise par Turenne en 1672.

Puis *Wadenoyen*, dans un joli site. — 55 kil. *Geldermalsen*, sur la *Linge*, où l'on croise la ligne de Liège-Boxtel à Utrecht (R. 33). — *Beest; Leerdam; Arkel.*

81 kil. **Gorinchem** ou *Gorcum (hôt. des Pays-Bas)*, ville de 9700 hab., une des premières que les Gueux de mer arrachèrent aux Espagnols, en 1572. Elle est située à l'embouchure de la Linge dans la *Merwede*, qui n'est autre que la Meuse, ainsi nommée depuis son confluent avec le Waal, 3 kil. en amont, jusqu'aux abords de Rotterdam, où elle reprend son premier nom.

En face de Gorinchem se trouve *Woudrichem* ou *Worcum* et un peu au-dessus le *château de Loevenstein*, qui devint en 1619 la prison de *Hogerbeets*, pensionnaire (président) du conseil de Leyde, et de *Hugues Grotius (de Groot)*, le savant pensionnaire de Rotterdam, condamnés à la reclusion perpétuelle, comme partisans des Arminiens (p. 216). Hugues Grotius parvint à s'échapper en 1620, dans une caisse à livres, avec l'aide de sa femme.

6 kil. en aval de Gorinchem se trouve le *Biesbosch*, marécage de plus de 100 kil. car., produit en 1421 par une inondation qui engloutit plus de 72 villages et 100 000 habitants. Il est traversé par la *Nieuwe Merwede*, une rivière artificielle.

Le dernier tronçon du chemin de fer doit être ouvert en 1885; il traverse la Merwede env. aux deux tiers du trajet entre Gorinchem et Dordrecht, et il rejoint ensuite la ligne d'Anvers à Dordrecht et Rotterdam (R. 32).

Ligne d'Utrecht-Amsterdam (suite). — Passé Arnhem, on a quelques beaux coups d'œil à dr. sur Sonsbeek (v. p. 232), à g. sur la Betuwe (p. 232). — 166 kil. *Oosterbeek*, où il y a beaucoup de maisons de campagne. Dans le voisinage, la maison de *Duno* et le *château de Doorwerth*, l'un et l'autre à la famille van Brakel. Ligne de Nimègue, v. p. 224. — La voie s'engage dans de profondes tranchées. On atteint les grandes bruyères qui s'étendent jusqu'au Zuiderzée. — 170 kil. *Wolfhezen*. — 178 kil. *Ede*. Tramway pour la ville de *Wageningen*, située à 1 h. $^1/_2$ au S., et que desservent aussi des tramways d'Arnhem. Il y a une école d'agriculture, *'s Ryks Landbouwschool*, où se font des essais de culture et qui possède un musée, dans lequel figure, entre autres, une collection de charrues. — Puis on aperçoit à dr., sur les collines (62 m.) à la lisière du bois, une pyramide en terre élevée par les soldats français sous les ordres de Marmont, lors du couronnement de Napoléon Ier, en 1805. — 185 kil. *Veenendaal*, village célèbre par son miel.

197 kil. *Maarsbergen*. — 207 kil. *Zeist*. Tramways pour Driebergen (p. 249) et Utrecht (p. 244). Le village de *Zeist*, qui reste caché, est depuis 1746 un des principaux établissements de la secte

religieuse des *frères moraves*, qui y possèdent une maison d'éducation. Les environs sont très bien cultivés: jardins, vergers, bois, champs, tout présente un aspect riant et prospère. Il y a beaucoup de maisons de campagne. — Le chemin de fer franchit le canal (*Vaartsche Rhyn*) qui relie la ville d'Utrecht au Lek.

219 kil. **Utrecht** (v. p. 244). D'Utrecht à Rotterdam et à la Haye, R. 38; à Amersfoort, p. 316.

La voie longe à dr. le *Vecht* (p. 231), qui reste cependant caché. La rivière et l'ancienne route sont bordées de maisons de campagne et de jardins, surtout entre *Maarssen* et *Loenen*. Il est très intéressant de faire, par exemple jusqu'à Nieuwersluis (v. ci-dessous), une promenade par le bateau à vapeur qui parcourt le Vecht plusieurs fois le jour.

226 kil. *Maarssen*. — 231 kil. *Breukelen*, où aboutit la ligne de Rotterdam (p. 244). — 235 kil. *Nieuwersluis*, où on traverse le Vecht. — 238 kil. *Loenen-Vreeland*. — 243 kil. *Abcoude*. On voit partout des jardins et des canaux; toutefois les environs immédiats d'Amsterdam ne se composent proprement que de polders (p. 213). Le plus remarquable, et l'un des plus profonds de toute la Hollande (plus de 5 m. au-dessous du niveau de la mer), est le *Diemer-Meer*, que le chemin de fer longe à l'O. avant d'entrer dans la gare.

254 kil. *Amsterdam* (p. 286).

37. Rotterdam.

Gares. Rotterdam a trois gares, deux pour le *Staatsspoorweg* et le *Hollandsche Spoorweg* qui dessert, au N. la Haye, Leyde, Harlem et Amsterdam, au S. Dordrecht, Venlo et Anvers; la *gare de la Bourse* (pl. E 3), au milieu de la ville, et la *gare de la Porte de Delft* (pl. B 1). — La 3e est la *Rhyn-Spoorweg-Station* (pl. G 3), pour les trains de Gouda et Utrecht (Amsterdam; Arnhem).

Hôtels: *H. des Bains* (pl. a, E 3), au bord de la Meuse, près du débarcadère des bateaux à vapeur (dîn., 2 fl. 50); *Victoria* (pl. b, D 5), au Willemsplein, avec vue sur le port; *Gr.-H. du Passage* (pl. c, D 2), à côté du nouveau passage, dans la Hoogstraat; **H. des Pays-Bas*, Korte Hoogstraat (pl. D 2; ch. et déj., 1 fl. 75; serv., 25 c.; boug., 30 c.); *H. Guilliams* (pl. d, D 2), au Groote Markt. — *H. de Hollande* (pl. e, E 2), dans la Hoogstraat, très fréquenté par les voyageurs de commerce (ch. dep. 1 fl. 25, tout compris; 1er déj., 75 c.); *H. St-Lucas* (pl. f, D 2), même rue; *H. Coomans*, au Hoofdsteeg (pl. E 2), avec un café-rest., recommandé; *H. de l'Europe* (pl. g, E 3), en face de la poste; *H. Weimer* (pl. f, F 3), quai Espagnol (Spaensche Kade); *H. Verhaaren* (pl. i, F 3), même quai; *H. St-Petrus*, Hoogstraat, 171; *H. Leygraaf* (pl. k, C 5), Westplein, près du parc.

Cafés et restaurants: *Grand-Café*, avec restaurant, au passage (v. ci-dessus); *Zuid-Hollandsch Koffyhuis*, *Nieuw Koffyhuis* (théâtre le soir), tous trois Korte Hoogstraat (pl. D 2-3); **rest. Fritschy*, au coin du Gelder'sche Kade et du Gapersteeg; *rest. Stroomberg*, Westnieuwland, 26, tous deux près de la Bourse. — Taverne: *Au Gourmet* (A. van Witzenburg), dans le passage. — Brasseries: *Münchener Kindl*, Hoofdsteeg, 33 (beau local); *Zum Lœwenbrœu*, Hoogstraat, 353.

Fiacres. Tarif, y compris le pourboire: la *course*, 1 ou 2 pers., 60 c.; 3 ou 4 pers., 70 c.; l'*heure*, 1 fl. 20; chaque heure suivante, 1 fl. Après minuit, jusqu'à 6 h. du matin: la course, 90 c.; l'heure, 1 fl. 50. Gros

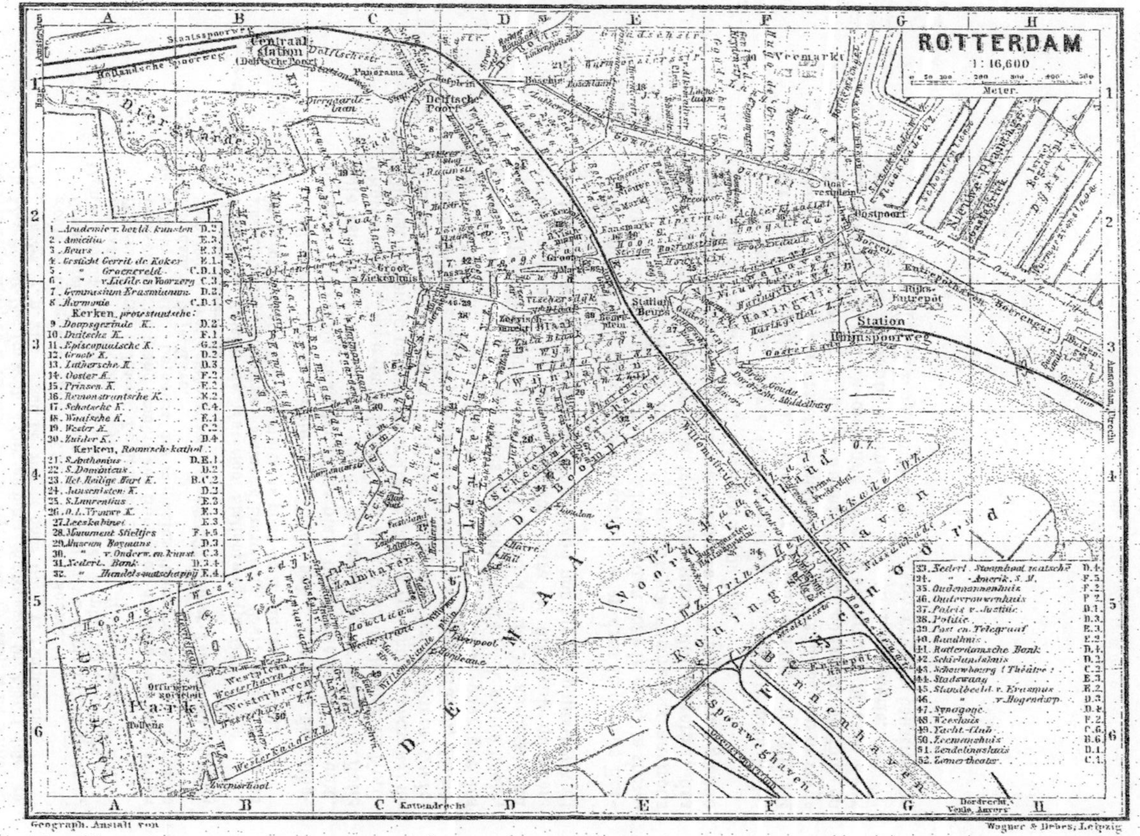
ROTTERDAM
1 : 16,600
Meter.
1. Academie v. beeld. kunsten D.2.
2. Amicitia E.3.
3. Beurs E.3.
4. Gesticht Gerrit de Koker E.1.
5. " Groeneveld C.D.1.
6. " v. Liefde en Voorzorg C.3.
7. Gymnasium Erasmianum D.2.
8. Harmonie C.D.1.
Kerken, protestantsche:
9. Doopsgezinde K. D.2.
10. Duitsche K. F.1.
11. Episcopaalsche K. G.2.
12. Groote K. D.2.
13. Luthersche K. D.3.
14. Ooster K. F.2.
15. Prinsen K. F.2.
16. Remonstrantsche K. E.2.
17. Schotsche K. C.4.
18. Waalsche K. E.1.
19. Wester K. C.2.
20. Zuider K. D.4.
Kerken, Roomsch-kathol.:
21. S. Anthonius D.E.1.
22. S. Dominicus D.2.
23. Het Heilige Hart K. B.C.2.
24. Jansenisten K. D.3.
25. S. Laurentius E.3.
26. O. L. Vrouwe K. E.3.
27. Leeskabinet E.3.
28. Monument Stieltjes F.4.5.
29. Museum Boymans D.3.
30. " v. Onderw. en kunst C.3.
31. Nederl. Bank D.3.4.
32. " Handels-maatschappij E.4.
33. Nederl. Stoomboot maatsch. D.4.
34. " Amerik. S. M. F.5.
35. Oudemannenhuis F.2.
36. Oudevrouwenhuis F.2.
37. Paleis v. Justitie D.1.
38. Politie D.3.
39. Post en Telegraaf E.3.
40. Raadhuis E.2.
41. Rotterdamsche Bank D.4.
42. Schielandshuis D.2.
43. Schouwburg (Théâtre) C.2.
44. Stadswaag E.3.
45. Standbeeld v. Erasmus E.2.
46. " v. Hogendorp D.3.
47. Synagoge D.2.
48. Weeshuis F.2.
49. Yacht-Club C.6.
50. Zeemanshuis B.6.
51. Zendelingshuis D.1.
52. Zomertheater C.1.
Centraal Station (Delftsche Poort)
Hollandsche Spoorweg
Staatsspoorweg
Diergaarde
Panorama
Delftsche Poort
Veemarkt
Oostpoort
Nieuwe Plantage
Station Beurs
Station
Rijnspoorweg
Rijks-Entrepôt
De Maas
Noordereiland
Koningshaven
Spoorweghaven
Binnenhaven
Westerhaven
Park
Kattendrecht
Dordrecht, Venlo, Anvers
Amsterdam, Utrecht
Geograph. Anstalt von Wagner & Debes, Leipzig

colis, 15 c. Les cochers réclament habituellement 1 fl. pour conduire, avec des bagages, de l'une des gares dans la ville.

Tramways. La station principale est au *Beursplein*, entre la Bourse et la gare (pl. E3). — Pour *Kralingen* (p. 219), à l'E. de la ville. — Tramways à vapeur pour *Delfshaven* (1/2 h.) et pour *Schiedam* (1/2 h.): v. p. 249.

Bateaux à vapeur. De petits bateaux à vapeur font un service actif sur la Meuse entre le parc (p. 242) et le Rhyn-Spoorweg; ils offrent l'occasion de voir le port et les quais, toujours intéressants. — Grands bateaux pour *Delft* (p. 250), 6 fois par jour, en 1 h. 1/2; *Nimègue* (p. 222), 1 fois, en 8 à 9 h.; *Arnhem* (p. 230), 1 fois, en 10 h.; *Brielle*, 3 fois, en 2 h.; *Dordrecht* (p. 214), 10 à 12 fois, en 1 h. 1/2; *Gouda* (p. 243), 4 ou 5 fois, en 2 h. 1/2; *Bois-le-Duc* (p. 220), 2 fois, en 6 h.; *Middelbourg* (p. 226), 1 fois, en 7 h.; *Anvers*, v. p. 217. Pour *Londres* et pour *Hull*, v. l'Indicateur.

Poste et télégraphe (pl. 39, E3), près de la Bourse.

Commissionnaires, portant un habit brun et un képi: colis à la main, 1/4 d'h., 10 c.; 1/2 h., 15 c.; malle, 20 c., 10 c. de plus après 8 h. du soir.

Librairies: *W.-J. van Hengel*, Hoogstr., 385; *H.-A. Kramers & fils*.

Objets d'art: *Oldenzeel*, Zuidblaak, 16.

Changeurs: un grand nombre aux Boompjes, d'autres dans le voisinage de la Bourse, etc. Le cours des monnaies étrangères est plus favorable à Rotterdam qu'à la Haye.

Théâtres: *Groote Schouwburg* (pl. 43, C2); *Zomer-Theater* (pl. 52, C1); *Feestgebouw*, Linker Rotterkade (pl. D1).

Panorama, Bataille de Waterloo, Stationsweg (pl. C1).

Principales curiosités: statue d'Erasme (p. 236), musée Boymans (p. 237), promenade des Boompjes et pont de la Meuse (p. 242).

Rotterdam est une ville de 170000 hab., dont 1/4 de catholiques et 7000 juifs, et la deuxième place de commerce du royaume. Elle est située sur la rive dr. de la *Meuse*, qui y reçoit la *Rotte* (Rotterdam, «digue de la Rotte»), à env. 5 h. de la mer du Nord. Elle est traversée par une quantité de canaux *(grachten* ou *havens)* de dimensions diverses, dont voici les principaux: *Leuve-Haven*, *Oude-Haven*, *Nieuwe-Haven*, *Scheepmakers-Haven*, *Wyn-Haven*, *Blaak*, *Haringvliet*, etc. Ces canaux sont assez profonds pour que les grands navires venant des Indes puissent y entrer. A marée haute, l'eau s'élève, suivant le vent, de 1 m. 50 à 2 m. 50 au-dessus du niveau ordinaire. La communication entre les différents quartiers de la ville se fait au moyen d'un grand nombre de ponts-levis et de ponts tournants.

Il entre à peu près 4000 bâtiments par an dans le port de Rotterdam. Les principaux articles d'importation sont le café, le sucre, le riz, le tabac, le thé et les épices. Il y a encore aux environs des chantiers de construction très importants, des sucreries, des distilleries d'eau-de-vie, des manufactures de tabac et une grande fabrique de machines, au Feyenoord (p. 219).

La *gare de la Bourse* (Beurs-Station; pl. E3), la principale, est située au milieu de la ville, sur le haut *viaduc* qui relie les chemins de fer d'Anvers et d'Amsterdam. Ce viaduc est un ouvrage d'art remarquable; il est à double voie et construit surtout en fer; les arches ont en moyenne 16 m. d'ouverture, et avec deux ou trois piles en fonte alterne une pile en maçonnerie.

La **Bourse** (pl. 3, E3), en face de la gare, est une construction en pierre de 1722, sur les plans de *van der Werff*, avec une grande cour entourée d'arcades, couverte en 1868. La Bourse ouvre à 1 h. Les salles du haut renferment une collection d'instruments de physique, propriété de la *Bataafsch genootschap* (Société batave), et un musée industriel, appartenant à la *Vereeniging voor Geschiedenis en Kunst*. Ce musée est de création récente, mais il contient déjà de beaux verres anciens, des meubles, des vitraux peints, des faïences de Delft, des armes, des imprimés, etc. Il est visible tous les jours de 10 h. à 4 h., moyennant 25 c. dans la semaine et 10 c. les dimanches et fêtes. L'entrée est sur le derrière, dans le Beurssteg. — Il y a un carillon dans la tour de la Bourse.

A l'O. se trouvent la *poste* et le *télégraphe* (pl. 39, E 3), dans un grand bâtiment neuf, et plus loin, dans la direction du musée Boymans (p. 237), le *marché au poisson* (pl. D 3), construit en 1882 et décoré de bas-reliefs en bronze d'après Artus Quellin.

Sur le Grand-Marché (pl. D E 2), qui n'est en grande partie qu'un pont couvrant un canal, se dresse la *statue d'Erasme de Rotterdam* (pl. 45), né ici en 1467 et mort à Bâle en 1536: son véritable nom était *Gerrit Gerritsz.* Cette statue, en bronze, a été érigée à l'illustre savant par sa ville natale, en 1622, et elle porte une longue inscription en hollandais et en latin. Erasme est représenté en robe de docteur, la barrette sur la tête et lisant dans un grand livre. Quand un bourgeois de Rotterdam montre cette statue à un étranger, il manque rarement de lui dire qu'Erasme tourne un feuillet de son livre chaque fois qu'il «entend» sonner minuit à la grande tour. Ce monument est attribué à *Hendrik de Keyser*, père du peintre Thomas de Keyser.

Au N. du Grand-Marché passe la Hoogstraat ou *rue Haute*, une des plus animées de la ville, sur une digue qui la traverse et qui était primitivement destinée à la garantir des inondations. — Dans une rue latérale conduisant à l'église St-Laurent, la Wyde Kerkstraat, n° 3, se trouve la maison où naquit Erasme, désignée par une petite statue.

St-Laurent (*Groote-Kerk*; pl. 12, D 2) est une église gothique en briques, consacrée en 1477, avec un chœur de 1487. On l'a restaurée dans ces derniers temps.

Intérieur. (Le sacristain demeure au S.; il reçoit, pour montrer l'église, 25 cents par personne; pour accompagner sur la tour, 50 c. d'une pers., 75 c. de deux). — St-Laurent est, comme la plupart des églises hollandaises, encombré de stalles et de bancs de bois. Ce qui attire l'attention de l'étranger, ce sont les monuments en marbre de quelques célébrités maritimes, du vice-amiral *Witte Corneliszoon de With* (m. 1658), du vice-amiral *Cortenaer* (m. 1665), du contre-amiral *van Brakel* (m. 1690), etc., tous avec de longues épitaphes latines ou hollandaises. Les armoiries qui décoraient les tombes dans cette église comme dans les autres du pays, ont été détruites à la fin du siècle dernier par les républicains français. Une belle grille en cuivre, de 1711-1715, sépare la nef du chœur. Le grand *orgue* est regardé par quelques-uns comme l'égal de celui de Harlem pour l'étendue et la puissance de son. Il a trois claviers, 72 registres et 4762 tuyaux; l'un de ces derniers a 17 pouces de diamètre et

32 pieds de longueur. L'organiste touche de son instrument et en explique le mécanisme moyennant 10 fl. par heure.

La TOUR qui s'élève sur la façade de l'église a 64 m. de haut (326 degrés de pierre) et se compose de trois étages. L'ancienne flèche en bois a été remplacée en 1645 par une toiture plate, et, d'après une inscription, la tour elle-même a été renforcée en 1650 par un adossement considérable sur toute la façade. Le panorama qu'on a du haut de la tour donne une excellente idée du caractère du pays: l'œil ne découvre que canaux, maisons de campagne, moulins à vent, avenues d'arbres tracées au cordeau, et on ne saurait dire si c'est l'eau ou la terre qui prédomine dans ce paysage. La vue embrasse toute la ville avec ses canaux et le viaduc du chemin de fer, la rivière, et au loin les clochers de Brielle, Schiedam, Delft, la Haye, Leyde, Gouda, Dordrecht, etc.

Non loin de là, à l'E. sur le Kaasmarkt, l'*hôtel de ville* (*Stadhuis;* pl. 40, E 2), édifice moderne qui a un péristyle d'ordre ionique et qui donne par derrière sur la Hoogstraat.

Le MARCHÉ-NEUF (*Nieuwe-Markt;* pl. E 2), dans le voisinage, est décoré d'une *fontaine* monumentale, érigée en 1874 en mémoire de la fête triséculaire de l'indépendance des Pays-Bas (p. 208), célébrée en 1872.

La Hoogstraat aboutit à l'O. à la KORTE HOOGSTRAAT (pl. D 2), où se trouvent plusieurs des cafés les plus fréquentés (p. 234) et le *passage*, jolie construction du style de la renaissance, élevée en 1878-1879 sur les plans de J.-C. van Wyk. Ce passage débouche à l'autre extrémité près de la place de Hogendorp (p. 241).

Le ***musée Boymans** (pl. 29, D 3) contient une collection de tableaux légués à la ville en 1847, la plupart des écoles flamande et hollandaise. Il est inférieur aux galeries de la Haye et d'Amsterdam, mais néanmoins d'un grand intérêt. L'ancien bâtiment a brûlé en 1864, et on n'a pu sauver que 163 tableaux, plus ou moins endommagés, tandis que plus de 300, surtout les grands, ainsi que treize cartons contenant des dessins et de nombreuses gravures, furent complètement détruits. Le nouvel édifice a été achevé en 1867 et la galerie enrichie depuis par des achats et des dons considérables, de sorte qu'elle compte maintenant 350 numéros. Elle occupe en tout 9 salles, 3 au rez-de-chaussée, comprenant les dessins, et 6 au premier étage, renfermant les peintures. — Entrée: en payant 5 cents, le dimanche de 11 h. à 4 h. et le mercredi de 10 h. à 4 h.; moyennant 25 cents, les mardi, jeudi, vendredi et samedi de 10 h. à 4 h. Le lundi tout est fermé, à moins que ce ne soit un jour de fête. Catalogue, en français, 75 cents. Les noms des peintres sont inscrits sur les cadres.

REZ-DE-CHAUSSÉE. — A g., trois salles avec des DESSINS, dont le musée possède plus de 2000. Un certain nombre sont exposés dans des cadres aux murs, les autres sont visibles les mardi, jeudi et samedi de 10 h. à 4 h., moyennant 25 cents. Parmi ceux qui sont exposés, on remarque, dans la 1re salle: à g., la représentation d'un Theatrum Anatomicum (probablement celui de Leyde), attribué par les uns à *Frans Hals*, par Vosmaer à *Buyteweg*, de

Leyde; en face de l'entrée, 8, une Adoration des bergers, bas-relief peint de la seconde moitié du XVIe s.; au mur de dr., des dessins de *Gasp. Netscher* et *A. van Ostade;* du côté de l'entrée, une belle tête par *Goltzius.* — 2e salle: dessins anciens, surtout de *W. van de Velde,* des Vaisseaux, des Combats sur mer; de *Rubens,* Jésus en croix, et dessins modernes. Sur la table, une Réunion de peintres des Pays-Bas à Rome, vers 1613.

Salle à dr. du vestibule: 405, portr. de Napoléon Ier d'après David; 250, *Pieneman,* Guillaume III; 29, *Bisschop,* Henri, prince des Pays-Bas, et des portraits de bourgmestres de Rotterdam. — Au rez-de-chaussée se trouvent aussi les *archives municipales,* avec une collection de livres, de gravures et de dessins relatifs à Rotterdam, ainsi que la *bibliothèque de la ville,* qui compte 30 000 vol. (s'adresser au bibliothécaire de 11 h. à 3).

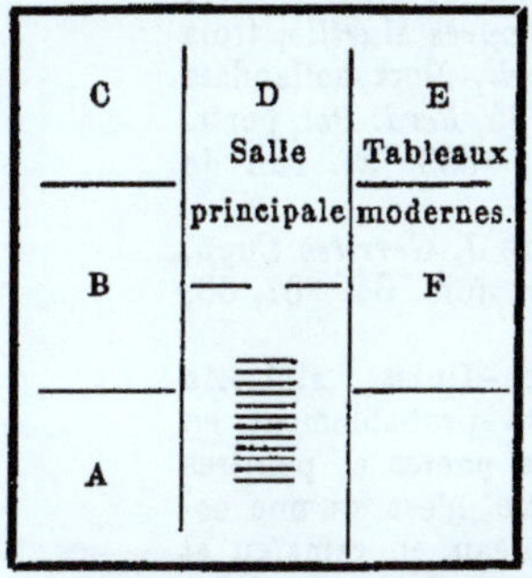

PREMIER ÉTAGE. — Dans l'escalier, deux grands paysages d'*Ad. Pynacker* (261, 262), des portraits de *Netscher* (223), *Simon de Vos* (356-358), *Barth. van der Helst* (112, 113), etc.

SALLE *A:* 216, *J. Mytens,* le Grand pensionnaire Cats et sa cousine Cornelia Baars; 195, *J.-Miense Molenaer,* Joyeuse société; 275, *Is. van Ruisdael,* paysage avec des vaches. — 380, *Adr. Willaerts,* Embouchure de la Meuse à Brielle (1633); 45, 46, *P. Brueghel le Vieux,* Vues de villages; 190, *Mich. Mierevelt* (p. 251), portrait du grand pensionnaire J. van Oldenbarneveldt; 64, *Alb. Cuyp,* Tête de vache; 286, 285, *Dirk van Sandvoort* (peut-être un élève de Rembrandt), Berger et bergère; 308, *H.-M. Sorgh,* Intérieur de maison de paysan; 305, *P. van Slingeland,* portr. de Jean de Crombrugge (1677); 196, *J.-M. Molenaer,* Joyeuse société de paysans (1642); 197, *Nic. Molenaer,* Une blanchisserie; 254, *Egbert van der Poel,* Incendie la nuit; 83-86, *C.-W. Eversdyck* (commencement du XVIIe s., à Goes), tableaux de corporations, œuvres peu remarquables.

SALLE *B:* 399, bon portrait par un peintre inconnu du XVIe s.; 301, *J. van Schooreel,* portrait; 74, *Alb. Durer* (?), portr. d'Erasme, fortement restauré; 396, autre portr. d'Erasme. — 115, *Barth. van der Helst,* portrait (1669); 56, *Phil. de Champaigne,* portraits de deux artistes (1654); sans num., *W.-C. Heda,* nature morte; *78, *Gerbr. van den Eeckhout,* Ruth et Booz; 20, *N. Berchem,* Une caverne; 389, *Thomas Wyck,* Femme entourée d'enfants dans une chambre; s. n., *P. Claesz,* nature morte; 323, *A. van den Tempel,* groupe de portraits (1671); 182, *J. van der Meer* de Harlem, Vue du village de Noordwyk; 202, *Paul Moreelse*, Vertumne et Pomone. — 124, *G. Honthorst*, Soldat allumant sa pipe; 284, *Saftleven*, Vue du Rhin; 360, *S. Francken*, Cavaliers pillant un village; 158, *P. Lastman*, la Fuite en Egypte, probablement peinte en Italie (1608), où l'artiste s'attacha à Elzheimer. 76, *A. van Dyck*, esquisse du grand portrait de Charles Ier avec sa famille qui se trouve à Windsor; 306, *Fr. Snyders*, Chasse au sanglier; 75, *van Dyck*, groupe de saints dans des nuages, esquisse; 359, *Fr. Francken*, Un bal; 332, *Esaias van de Velde*, Combat la nuit; 353, *J.-J. van Vliet*, Vieillard (modèle de Rembrandt); 82, *Allart van Everdingen*, Un torrent; 425, *d'après Murillo*, trois enfants (original en Angleterre); 317, *A. Stork*, Port hollandais en hiver; 116, *V. de Heusch*, Paysage d'Italie; *35, *Ferd. Bol*, portr. de femme; 324, *Tilborch*, Famille flamande; *333, *Es. van de Velde*, Homme à cheval.

Salle C. Au mur de dr., des tableaux de *J. Gerritsz Cuyp*, num. 60, *58, 59, et de son fils *Albert Cuyp*, num. 64, *67, 68, *61 et 63. — 163, *J. Livens*, St Pierre.

*268, *Rembrandt*, l'Union des Provinces-Unies, allégorie dont les détails sont peu intelligibles, peinte probablement en 1648, l'année de la paix de Westphalie, que poètes et peintres des Pays-Bas ne se lassaient de célébrer. Ce n'est qu'une esquisse, probablement l'ébauche d'un grand tableau, en camaïeu et inachevée, mais d'un coloris admirable, aux tons dorés et pleins de chaleur.

Le premier plan et une partie du second représentent l'intérieur d'une forteresse. A g., un lion couché et attaché par deux chaînes, dont l'une est fixée à dr. dans une muraille sur laquelle sont placées les armes de la ville d'Amsterdam, avec les mots: «Soli Deo Gloria», et dont l'autre est attachée au siège de la Justice, qui est derrière, dans une attitude suppliante. Le lion lève la tête et pose la patte sur un faisceau de flèches, symbole des Provinces-Unies, dont les armes sont placées autour de lui. Au premier plan, au centre et à dr., sont des chevaliers qui se préparent au combat pour l'indépendance du pays. Au fond, à g., la bataille et l'ennemi qui fuit.

Au-dessus, 283, *Saenredam*, l'Eglise Ste-Marie à Utrecht. Plus loin, 149, *Salomon Koninck*, le Peseur d'or; 77, *Gerbr. van den Eeckhout*, portr. d'enfant. — *277, *J. van Ruisdael*, Champ de blé éclairé par le soleil, d'une grande beauté, peint évidemment sous l'influence de Rembrandt; 246, *Adr. van Ostade*, Vieillard lisant dans son cabinet; 221, *Aart van der Neer*, Clair de lune; 21, *Job Berck-Heyde*, la Vieille Bourse à Amsterdam; 384, *Em. de Witte*, Marchande de poisson à Amsterdam; *278, *J. van Ruisdael*, Route sablonneuse à travers une forêt; 185, *Gabr. Metsu*, Ecclésiastique dans son cabinet de travail; 279, *J. van Ruisdael*, le Vieux marché au poisson d'Amsterdam, avec figures par *J. van Battum*. — 151, *Jac. Koning*, Un pâtre avec son troupeau; 352, *H. van Vliet*, Intérieur d'église; 170, *Nic. Maes*, Un homme et une femme avec un enfant.

Salle *D*, salle principale: A dr., 304, *D. Seghers*, Fleurs; *109, *J.-Dav. de Heem*, Fruits, belle toile; *117, *Meindert Hobbema*, paysage; 172, *Nic. Maes*, portr. d'Anna van Loon, femme de Guill. Nieuport; 36, *Ferd. Bol*, portr. d'homme; 150, *Phil. de Koninck*, paysage; 280, *Rach. Ruysch*, Fleurs; 342, *L. Verschuier*, la Meuse à Rotterdam.

*334, *Adr. van de Velde*, le Maréchal ferrant, intéressant comme une de ses premières œuvres (1658); 372, *Adr. van der Werff*, Mise au tombeau; 276, *Sal. van Ruisdael*, Vue d'une rivière avec des navires et des vaches dans l'eau (l'air est d'une transparence extraordinaire); *88, *K. Fabritius*, portr. d'homme, regardé autrefois comme une œuvre de Rembrandt, dont il n'est pas indigne; 248, *A. Palamedesz*, Société distinguée; 345, *H. Verschuringh*, Maréchal ferrant. — 335, *Adr. van de Velde*, Pâturage (de la même année que le n^{0} 334); 387, *Phil. Wouwerman*, Un cavalier; 206, *Fréd. de Moucheron*, Paysage montagneux; 231, *Jac. Ochtervelt*, Jeune femme à laquelle un homme offre une huître; 54, 55, *Corn. Janszoon van Keulen*, portr. d'homme et de femme; 121, *Melch. d'Hondecoeter*, Oiseaux morts.

41, *J. Both*, Paysage italien; 140, *J. van Kessel*, Environs d'Amsterdam; 7, *Ludolf Bakhuisen*, Mer houleuse sur la côte de Hollande; 386, *Phil. Wouwerman*, Pillage, avec un village en feu à l'arrière-plan; 247, *Is. van Ostade*, Voyageurs devant une auberge; 114, *Barth. van der Helst*, Un cavalier et une dame dans un parc, ce dernier peint par *A. van Everdingen*.

*118, *Meindert Hobbema*, petit paysage des plus charmants.

«Au second plan, deux hommes pêchent sous de grands arbres, dans un cours d'eau qui couvre tout le premier plan et tourne à gauche vers le lointain, où l'on aperçoit une maison de paysan entourée de grands arbres. Le premier et le second plan sont dans l'ombre des nuages et le troisième est éclairé par les rayons du soleil». *(Burger)*.

312, *J. Steen*, la St-Nicolas, joyeux tableau de famille, avec 7 personnes; 336, *Willem van de Velde le Jeune*, le Port de Texel; 338, *Abr. Verboom*, Paysage au coucher du soleil, avec des chasseurs qui se reposent; 22, *Gerritsz Berck-Heyde*, Vue de Cologne; 111, *Barth. van der Helst*, portr. d'un pasteur (1638). — *106, *Frans Hals*, portr. d'homme. 165, *J. Lingelbach*, Paysage italien.

392, *Zeeman*, Mer calme; 414, le Charlatan, par un inconnu. 313, *J. Steen*, le Malade imaginaire: il s'imagine avoir des pierres dans la tête; le médecin feint de l'opérer et laisse tomber quelques cailloux dans un bassin tenu par une vieille femme; le patient, assis et fortement attaché, crie de toutes ses forces, et des curieux placés au dehors, regardent en riant par la fenêtre. 6 (au-dessus), *L. Bakhuisen*, grande Marine; 15, *J. Beerstraten*, le Vieil hôtel de ville d'Amsterdam, avec figures par *J. Lingelbach*; 369, *J. Weenix*, Cygne mort; 81, *Allart van Everdingen*, Paysage avec une cascade; 263, *Adam Pynacker*, les Bords rocheux d'un lac; 222,

Eglon van der Neer, Un seigneur et une jeune femme; 376, le Dentiste, par un inconnu; 388, *J. Wouwerman* (de Harlem), les Dunes; 16, *J. Beerstraten*, Vue d'une ville (1654). *90, *G. Flinck*, Une dame assise sous un arbre tendant la main à un homme debout devant elle, une des meilleures productions de ce maître, d'une époque où il imitait librement Rembrandt (1646).

Salle *E:* tableaux modernes. A g.: 428, *Greuze*, Une mère et son enfant, esquisse; 351, *S.-L. Verveer*, la Mer à Katwyk, l'après-midi; 269, *Rochussen*, Manœuvre d'artillerie en Hollande; 166, *Lingeman*, Corps de garde au xviie s.; 432, *J. Ouvrié*, Vue de Rotterdam. — Salle *F*, suite des tableaux modernes: 270, *Rochussen*, Bataille de Malplaquet, en 1709; 184, *Mesdag*, Lever de soleil sur la côte de Hollande; 198, *P.-M. Molyn*, Callot, le peintre, au milieu de Bohémiens; 13, *J. van de Sande-Bakhuizen*, Un canal de la Haye; 288, 289, *Ary Scheffer*, le comte Eberhard de Wurtemberg coupant la nappe entre lui et son fils et le même près du corps de son fils mort sur le champ de bataille (ballade d'Uhland); 326, *H.-A. van Trigt*, les Derniers jours d'Erasme; *142, *Klinkenberg*, Vue du Vyverberg, à la Haye.

Derrière le musée, sur la place de Hogendorp (pl. CD 3), la *statue de Gysbert Karel van Hogendorp* (pl. 46), homme d'Etat hollandais, «Voorstander van vrijen Handel» et «Ontwerper van Neêrlands Grondwet» (1762-1834), par le sculpteur Geefs.

Au Coolsingel se trouvent un bel *hôpital* (*Groot-Ziekenhuis;* pl. C.2) et le *théâtre* (pl. 43, C 2). En face de l'hôpital, au Coolvest, le nouveau *gymnase Erasme* (pl. 7, D 2), avec un beau groupe au fronton.

Au N. de la ville, à la *porte de Delft* (pl. CD 1), la seule qui subsiste des anciennes portes de Rotterdam, se trouve un joli **jardin zoologique** (*Diergaarde;* pl. AB 1; entrée, 50 c.), surtout riche en oiseaux. Les animaux féroces reçoivent leur pâture à 7 h. du soir en été et à 2 h. 1/2 à partir du 1er septembre. Il y a un restaurant.

La **maison des missions** (*Zendelingshuis;* pl. 51, D 1), au Regter-Rotte-Kade, possède un musée ethnographique composé surtout d'objets provenant des colonies hollandaises dans les Indes (Java, Bornéo). Les étrangers sont toujours admis à le visiter. La «société des missions hollandaises» a été fondée en 1797.

A l'O. de la ville est un nouveau quartier considérable. Le long de la rivière s'étendent le *Willems-Plein* et le *Willems-Kade* (pl. D C 5-6). — A l'extrémité O. de ce dernier est situé le *Yacht-Club* (pl. 49), dont le «musée maritime», collection d'objets du xviie s. relatifs à la marine, avec une exposition permanente d'objets nouveaux du même domaine, est visible tous les jours de 10 h. à 4 h. moyennant 25 c. dans la semaine, et 10 c. les dimanches et fêtes. — De l'autre côté du Veerhaven se trouve le *Zeemanshuis* (pl. 50, B 6), hospice pour les marins.

Le *parc (pl. A B 6) qui s'étend à l'O. le long de la Meuse, offre une promenade agréable. Il y a des pièces d'eau et des cafés, et l'on y jouit aussi de beaux coups d'œil sur le cours animé de la Meuse. Il s'y donne en été des concerts militaires à l'*Officieren-Societeit.* Au milieu de ce parc est la *statue de Hendrik Tollens*, poète patriote hollandais, de Rotterdam (1778-1856), marbre par Strackée (1860).

Le long de la Meuse s'étend un beau quai nommé ***de Boompjes**, *les Petits-Arbres* (pl. D E 4), à cause des arbres chétifs dont il est planté. Une centaine de bateaux à vapeur, en destination de villes hollandaises ou rhénanes, de ports de France, d'Angleterre, de Russie ou de la Méditerranée, viennent s'amarrer ici (v. le plan). On peut les visiter quand cela ne gêne pas le travail à bord; au besoin, on s'adressera à l'un des officiers.

A l'extrémité supérieure du quai, la Meuse est franchie par deux **ponts** (pl. E F 4): le *pont du chemin de fer*, ouvert en 1877, qui repose sur neuf piles, en comptant celles de l'île sur laquelle il passe, le *Noordereiland,* et celles qui se trouvent de l'autre côté, et le *pont des voitures et des piétons,* achevé en 1878, qui a env. 850 m. de long et qui repose sur quatre piles.

On fera une jolie promenade, par ce dernier pont, dans l'île du Nord (Noordereiland). A l'extrémité du pont, à dr., le *café-restaur. Fritschy,* qui jouit d'une belle vue sur Rotterdam. Il y a au milieu de l'île un parterre, nommé *place du Bourgmestre Hoffman* (pl. F 4-5), avec le *monument de Stieltjes* (m. 1878), l'ingénieur qui donna les plans du port de la rive g., quand on eut reconnu que les nouveaux ponts gênaient trop la circulation sur la Meuse. Ensuite vient le **port du Roi** (*Konings-Haven;* pl. F G 4-5). Là se trouvent, à dr., les bureaux de la comp. hollandaise-américaine (pl. 34), qui transporte les émigrants: on peut, en le demandant (pourb.), visiter un des ses bateaux. Le chemin de fer et la route traversent le port sur des ponts tournants qui s'ouvrent assez pour laisser passer de grands bâtiments.

Au delà du port du Roi s'étend l'île de *Feyenoord*, au S.-O. de laquelle sont deux autres ports. En passant devant les magasins de la même compagnie hollandaise-américaine, puis par une espèce de porte et par un pont tournant, on arrive au **port intérieur** (pl. F G 5-6), long d'env. 900 m., et un autre pont conduit enfin au **port du chemin de fer** (pl. F 6), long de 1200 m., avec des magasins de chaque côté. — Si l'on ne veut pas revenir par le même chemin, il y a au dernier pont un petit bateau à vapeur qui conduit aux Boompjes pour 5 c.: dép. toutes les 20 ou 30 min. — A l'E. de l'île de Feyenoord se trouvent la fabrique de machines et les chantiers de la *Nederlandsche Stoomboot-Maatschappy*, compagnie de navigation fondée en 1823, qui occupe plus de 1000 ouvriers.

38. De Rotterdam à Utrecht et à Amsterdam, par Gouda.

61 et 72 kil. Chemin de fer (*Nederlandsche Rhyn-Spoorweg*), qui se bifurque à Harmelen, 20 kil. en deçà d'Utrecht, le tronçon de g. menant directement à Amsterdam, sans passer par Utrecht, et abrégeant de 32 kil. — A Utrecht, en 1 h. 1/4 pour 2 fl. 70, 2 fl. 05, 1 fl. 35 c. (20 0/0 de plus par l'express). — A Amsterdam, en 1 h. 1/2 à 2 h., pour 3 fl. 75, 2 fl. 95 et 1 fl. 85.

Rotterdam, v. p. 234. La contrée ne présente que canaux et pâturages. — 7 kil. *Capelle*. — 11 kil. *Nieuwerkerk*. On traverse dans sa partie orientale le grand polder du *Zuidplas*. — 16 kil. *Moordrecht*. Puis on passe une rivière dite la *Kromme Gouw*.

20 kil. ***Gouda**, appelé aussi *Ter-Gouw* (**hôt. de Zalm*, sur le Marché), ville de 17400 hab., à l'embouchure de la *Gouw* dans l'*Yssel* hollandais. Une ceinture de beaux arbres lui donne un aspect riant et original. 2 h. suffisent pour voir les vitraux de la Grande-Eglise et pour visiter le musée. — De la gare, on suit à g. une rue qui tourne bientôt à dr. et qui traverse plusieurs canaux. On arrive en 8 min. au Marché, où s'élève l'*hôtel de ville*, bâti en 1449 dans le style goth. tertiaire. On voit de là la Grande-Eglise, dont l'entrée est au S., du côté du chœur. Le sacristain demeure en face, au n° A 33; chaque visiteur lui donne 20 cents.

La GRANDE-EGLISE (*Groote-Kerk* ou *St-Janskerk*), fondée en 1485 et rebâtie en 1552 après un incendie, est un curieux monument de la fin du moyen âge. Ses arcades sont à plein cintre et soutenues par des piliers ronds. Elle a une voûte de bois en berceau. Ses **vitraux*, aux couleurs splendides, sont les plus importants de la Hollande, où l'on cultiva aussi beaucoup la peinture sur verre au XVIe et au XVIIe s. Ils ont été donnés, après l'incendie, par les autres villes de Hollande, par des princes et des particuliers. Il y en a qui sont plus anciens que ceux de Ste-Gudule, à Bruxelles (p. 20).

Il y a 29 grandes fenêtres et 13 petites, les plus remarquables (12) exécutées de 1555 à 1577 par les frères *Wouter* et *Dirk Crabeth*, les autres plus tard, jusqu'en 1603, par leurs élèves et leurs successeurs. Une partie de ces vitraux ont été endommagés par un violent ouragan au XVIIe s. et mal restaurés à cette époque et de nos jours. Les plus anciens représentent des sujets bibliques, des saints et les donateurs; les autres montrent la transition des sujets religieux aux sujets de la vie bourgeoise, avec armoiries et allégories. Les vitraux des frères Crabeth sont les suivants, en commençant au grand portail: n° 5, Salomon et la reine de Saba; 6, Judith et Holopherne; 7, la Cène, don de Philippe II d'Espagne, avec son portrait; 8, Châtiment d'Héliodore; 12 (plus loin dans le pourtour), la Nativité de J.-C.; 14, la Prédication de St Jean-Baptiste; 15, le Baptême de J.-C.; 16, la Prédication de J.-C.; 18, St Jean-Baptiste en prison; 22, Jésus chassant les vendeurs du temple, don de Guillaume Ier d'Orange, agrandi plus tard; 23, le Lavement des pieds, et dans le haut, le Sacrifice d'Elie; 24, dans le bas, St Pierre et St Jean guérissant le boiteux; dans le haut, St Philippe baptisant l'Eunuque. — On conserve à la sacristie les dessins coloriés et les cartons des frères Crabeth. — Dans une salle voisine se trouve aussi l'importante *bibliothèque de la ville*.

Le MUSÉE MUNICIPAL, sur le Marché, se compose principalement d'antiquités provenant de la ville, de tableaux de corporations et de portraits de *Wouter Crabeth* (v. ci-dessus), de *Corn. Ketel* (né à Gouda en 1578), etc. Un tableau de corporation de *Ferd. Bol* mérite particulièrement l'attention, de même qu'un magnifique calice avec sa patène, en argent doré et émaillé, datant de 1425.

On a érigé en 1880 des statues en bronze à *Corn. de Houtman*, fondateur du commerce de la Hollande dans les Indes, et à son frère *Fréd. de Houtman* (fin du XVIe s.); elles sont de Strackée, sculpteur d'Amsterdam.

La principale branche d'industrie des habitants consiste dans la confection de briques, dites *klinkers*, faites avec la vase retirée de l'Yssel, qui est excellente pour cet usage.

Il y a un tramway à vapeur conduisant de Gouda à *Bodegraven* (p. 252), stat. de la ligne de Leyde à Utrecht: trajet en 40 min.

De Gouda à la Haye: 28 kil., trajet en $^1/_2$ h. ou $^3/_4$ d'h., pour 1 fl. 45, 1 fl. 15 et 70 c. Stat.: *Zevenhuizen-Moerkapelle, Zoetermeer-Zegwaard* et *Voorburg.* — *La Haye,* v. p. 253. Tramway pour Schéveningue (correspondance), v. p. 270.

Ligne d'Utrecht-Amsterdam (suite). — 32 kil. *Oudewater*, également sur l'Yssel. On y voit, à l'hôtel de ville, un tableau de Dirk Stoop représentant les massacres commis en 1575 par les troupes de Philippe II d'Espagne.

37 kil. **Woerden,** petite ville de 4000 hab., située sur le Vieux-Rhin, autrefois fortifiée. Elle fut cruellement ravagée en 1672 par les armées de Louis XIV, sous les ordres du maréchal de Luxembourg, comme le rapporte Voltaire. Occupée en 1813 par les Hollandais, cette place fut prise d'assaut et saccagée de nouveau par les troupes françaises commandées par le général Molitor. Si l'on y descend, faire un tour sur les promenades qui ont remplacé les anciens remparts et qui offrent une belle vue de la ville et des environs, et voir l'hôtel de ville, petit édifice original, devant lequel il y a un vieux pilori.

De Woerden à Leyde, v. p. 252.

41 kil. *Harmelen*, où se séparent les lignes d'Utrecht et d'Amsterdam. Celle d'Utrecht continue dans la même direction. L'eau disparaît; on aperçoit de petites collines et l'on entre dans une plaine bien cultivée. — 61 kil. *Utrecht* (v. ci-dessous).

La ligne d'Amsterdam tourne à g. et atteint, à *Breukelen* (49 kil.), celle d'Arnhem-Utrecht à *Amsterdam* (72 kil.; R. 36).

39. Utrecht.

Utrecht a deux gares: celle du *Rhynspoorweg* ou du chemin de fer Rhénan (pl. A 3; v. R. 36, 38) et celle de l'*Oosterspoorweg* ou du chemin de fer de l'Est (pl. D 4; v. R. 49). Elles sont reliées entre elles par un tronçon de voie ferrée.

Hôtels: **H. des Pays-Bas* (pl. a, C 2), sur le Janskerkhof; *H. de l'Europe*

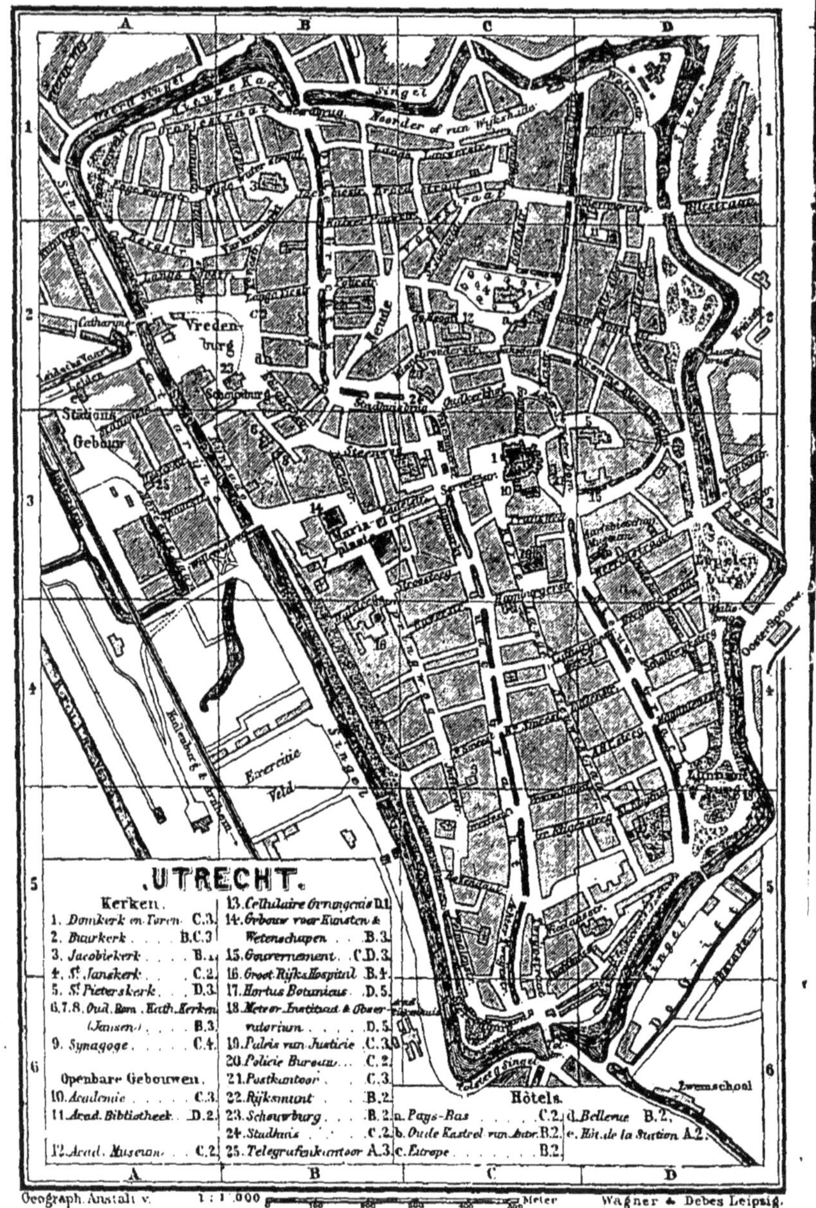
UTRECHT.
Kerken.
1. Domkerk en Toren C.3.
2. Buurkerk B.C.3
3. Jacobiekerk B.1.
4. St. Janskerk C.2.
5. St. Pieterskerk D.3.
6.7.8. Oud. Rom. Kath. Kerken (Jansen.) B.3.
9. Synagoge C.4.
Openbare Gebouwen.
10. Academie C.3.
11. Acad. Bibliotheek D.2.
12. Acad. Museum C.2.
13. Cellulaire Gevangenis D.1.
14. Gebouw voor Kunsten & Wetenschapen B.3.
15. Gouvernement C.D.3.
16. Groot Rijks Hospitaal B.4.
17. Hortus Botanicus D.5.
18. Meteor. Instituut & Observatorium D.5.
19. Paleis van Justicie C.3.
20. Policie Bureau C.2.
21. Postkantoor C.3.
22. Rijksmunt B.2.
23. Schouwburg B.2.
24. Stadhuis C.2.
25. Telegrafenkantoor A.3.
Hôtels.
a. Pays-Bas C.2.
b. Oude Kasteel van Antwerpen B.2.
c. Europe B.2.
d. Bellevue B.2.
e. Hôt. de la Station A.2.
Vredenburg
Schouwburg
Stations Gebouw
Exercitie Veld
Singel
Zwemschool
Geograph. Anstalt v. Wagner & Debes Leipzig.
Meter

(pl. c, B 2), *H. de Bellevue* (pl. d, B 2), sur la Vreeburg; *H. du Vieux-Château-d'Anvers* (pl. b, B 2), sur l'Oude Gracht; *De Liggende Os*, vieille maison hollandaise au Vreeburg (pl. A B 2; ch., serv. et boug., 2 fl.; dîn., à 4 h. 1/2, 2 fl. 50); *H. de la Station* (pl. e, A 2), en face de la gare du Rhin (restaur. et café; ch., 2 fl. 25; dîn., 2 fl.).

Restaurants: *Haagsche Koffyhuis*, au Vreeburg; *Riche*, Oude Gracht, 63 (pl. C 3); *Wiener Café*, Oude Gracht, 30 (pl. B 2); *Lotz*, Oudkerkhof, 84, près de l'hôtel de ville. — *Tivoli*, lieu de divertissement, avec jardin, au Singel (pl. D 2).

Fiacres: des gares dans la ville, 1 ou 2 pers., 60 c.; 3 pers., 70 c.; 4 pers., 80 c. A l'heure, 1 à 4 pers., 1 fl.; chaque 1/4 d'h. en plus, 25 c.

Tramways pour *Zeist* (p. 233), de la gare du chemin de fer Rhénan, toutes les 1/2 h. dans la semaine en été, toutes les 20 min. le dim. (25 c.), et un autre pour *Vreeswyk* (p. 221).

Poste, derrière la cathédrale; télégraphe, au Paushuizen (p. 247).

Utrecht est une ville de 74 300 hab., dont 1/3 de catholiques, et le chef-lieu de la province hollandaise du même nom. C'est une des plus anciennes villes des Pays-Bas, le *Trajectum ad Rhenum* (gué du Rhin) des Romains, puis le *Wiltabourg* des Frisons et des Francs. Dagobert Ier, roi des Francs Austrasiens, y fonda la première église à l'usage des Frisons qui habitaient la contrée, et dont fut alors évêque saint Willebrord. Saint Boniface y prêcha également l'Evangile. Les archevêques d'Utrecht, qui relevaient de celui de Liège, étaient au moyen âge des prélats puissants et très influents. La ville fut de bonne heure célèbre pour la splendeur de ses églises. Elle appartint d'abord à la Lorraine, puis à l'empire d'Allemagne, et elle fut souvent la résidence des empereurs. Charles-Quint y bâtit en 1530 le château de *Vreeburg* (*Vredenburg*, château de la Paix), espèce de bastille que les citoyens démolirent en 1577, pendant les guerres contre l'Espagne. La place où il se trouvait, à l'entrée de la ville, près de la station du chemin de fer Rhénan, en a conservé le nom. Le précepteur de Charles-Quint, *Adrien Floriszoon Boeyens*, plus tard pape sous le nom d'Adrien VI (1522), un des hommes les plus pieux et les plus savants de son époque, naquit à Utrecht en 1459. C'est aussi à Utrecht, dans la salle académique actuelle, que fut conclu, en 1579, sous la présidence du comte Jean de Nassau, frère de Guillaume le Taciturne, le pacte fondamental qui constitua en Etat fédéré et indépendant les sept provinces de Hollande: Zélande, Utrecht, Gueldre, Over-Yssel, Frise et Groningue. C'est ici encore que se réunissaient les Etats-Généraux, transférés en 1593 à la Haye. La ville souffrit considérablement des contributions que Louis XIV lui imposa en 1672. Le 11 avril 1713, y fut signée la paix qui mit un terme à la guerre de la succession d'Espagne.

Le Rhin Courbé (p. 231) se divise à Utrecht en deux bras: l'un porte le nom de *Vieux-Rhin* jusqu'à son embouchure dans la mer du Nord, près de Katwyk; l'autre, appelé le *Vecht*, se jette dans le Zuiderzée près de Muiden. La ville est traversée par deux canaux, l'*Oude Gracht* et la *Nieuwe Gracht*. Chose curieuse, leur niveau est considérablement plus bas que les maisons, et il y a dans les quais des sous-sols en partie habités.

La ***cathédrale** (pl. 1, C 3), église gothique sous le vocable de St Martin, a été construite de 1254 à 1267, par l'évêque Henri de Vianden. Elle en a remplacé une fondée en 720 par St Willebrord, évêque d'Utrecht, achevée en 1015 par Adelbold, l'un de ses successeurs, et détruite par un incendie. Celle d'aujourd'hui était une vaste basilique en forme de croix, une des plus grandes des Pays-Bas; une violente tempête en fit écrouler la nef le 1er août 1674. Comme cette nef n'a pas été rebâtie, la tour se trouve séparée par une grande place du transept et du chœur.

L'intérieur (25 cents au sacristain, qui demeure dans l'angle N.-E. de l'église) a été encombré de bancs en bois, qui ont fini par défigurer presque entièrement ce bel édifice, dont la voûte gothique et les 18 piliers produiraient sans cela un effet grandiose. Sa hauteur est de 35 m. Il y a quelques tombeaux: ceux des évêques *Guy d'Avesnes* (m. 1317), *Jean van Arkel* (m. 1378) et *George d'Egmont* (m. 1559), et celui de l'amiral *van Gent*, mort en 1672 au combat naval de Soulsbai, monument en marbre blanc et noir exécuté en 1676 par *Rombout Verhulst*. Dans les grands caveaux sont inhumés les viscères des empereurs Conrad II et Henri V, morts l'un et l'autre à Utrecht, et dont les corps furent transportés à Spire.

Les beaux **cloîtres* goth. attenant à l'église et qui la relient à l'université, sont en restauration, sur les plans de Cuypers.

Sur la place entre la cathédrale et sa tour a été érigée en 1883 la *statue de Jean de Nassau* (v. ci-dessus), en bronze, par J.-T. Stracke.

La **tour de la cathédrale**, qui avait autrefois 111 m. de haut, n'en a plus aujourd'hui que 103. Elle a été construite de 1321 à 1382, sous la direction de *Jean ten Doem*, du Hainaut. Elle est carrée et à trois étages, dont celui du haut est octogone et travaillé à jour. Il y a dans le bas une voûte servant de passage, haute de 11 m. Un St Martin à cheval sert de girouette. Le carillon se compose de 42 cloches, dont celle du St-Sauveur, pesant 8000 kilos et ornée d'un Christ, date du xve s. Il faut monter 120 marches jusqu'à la demeure du sacristain, où est affiché le tarif à payer pour monter au sommet (1 ou 2 pers., 25 c.; plus de 2 pers., chacune 10 c.); de là, 200 marches jusqu'à la galerie, et 138 de la galerie à la plate-forme; total, 458 marches. La vue est immense.

L'**Université** (pl. 10, C 3), immédiatement à côté de la cathédrale, avec laquelle elle communique par les cloîtres nommés ci-dessus, compte 36 professeurs et plus de 500 étudiants. Cette célèbre université fut fondée en 1636. Il faut en mentionner le *musée d'histoire naturelle*, avec des préparations anatomiques du Dr. Koning, les *laboratoires de physique* et *de physiologie*, l'*institut météorologique* et la *salle académique* («aula»), l'ancienne salle du chapitre, du style goth., restaurée en 1879 d'après d'anciens plans. La salle du Sénat contient deux portraits de professeurs par *Fr. Hals* et *Rembrandt*.

A l'E. de la cathédrale se trouve l'*église St-Pierre* (pl. 5, D 3), fondée en 1039, mais plusieurs fois restaurée. C'était primitivement une basilique à colonnes et à plafond. Elle a encore une crypte curieuse à colonnes. Elle sert actuellement au culte d'une communauté wallonne.

St-Jean (pl. 4, C 2), église romane de l'an 1050, avec un chœur gothique de 1539, au N. de la cathédrale, renferme quelques monuments d'un intérêt secondaire. — Sur la même place est l'*anatomie* de l'université (pl. 12).

St-Jacques (Jacobikerk; pl. 3, B 1), au N.-O., a été fondé en 1173 et restauré en 1882, sur les données de F.-J. Nieuwenhuis. On y remarque, sous l'orgue, le monument du pasteur Huibert Duifhuis (m. 1581).

La *bibliothèque de l'université* (pl. 11, CD 1-2), qui possède 110 000 volumes et 1500 manuscrits, entre autres un psautier avec des miniatures du IXe s., se trouve depuis 1819 dans le palais construit en 1807 pour le roi Louis Napoléon. La salle de lecture est ouverte de 11 h. à 4 h.

Le *Paushuizen* (pl. 15, CD 3) ou la maison du Pape, sur la Nieuwe Gracht, rappelle encore le souvenir du pape Adrien VI, qui l'a fait bâtir en 1517, quand il était doyen de St-Sauveur. C'est maintenant l'hôtel du Gouvernement, avec le bureau du télégraphe, etc. Il y a dans le pignon une statue du Christ du XVIe s., dont la tête est une imitation de celle du Christ de Michel-Ange à Ste-Marie-de-la-Minerve, à Rome.

Le ***musée archiépiscopal** (*Aartsbisschoppelyk Museum*; pl. D 3) comprend toutes les branches de l'art religieux; il est d'une grande importance pour l'histoire de cet art dans les Pays-Bas. On peut le visiter tous les jours, excepté les dim. et fêtes, de 10 h. à 5 h., moyennant 50 cents.

Les salles sont très petites. La collection comprend surtout des tableaux, pour la plupart d'artistes inconnus des Pays-Bas des XVe-XVIIe s. — Ire SALLE: à l'entrée, des œuvres de l'*école de Cologne*; au mur de dr., quelques tableaux de l'*école de Sienne*; à la fenêtre, de précieuses reliures des XIe-XIIIe s.; en face, des miniatures de peu de valeur artistique. — IIe SALLE: à g., de précieuses broderies d'ornements d'église, des XVe et XVIe s.; au milieu, de vieilles Bibles, etc.; à la porte de la 3e salle, un portr. d'homme et un portr. de femme probablement de *J. van Schooreel*. — IIIe SALLE: broderies des XVe et XVIe s.; en face de la fenêtre, un grand tableau du XVIe s., représentant quatre pèlerins en adoration devant la crypte de Bethléem; dans les vitrines, des ciboires et d'autres vases sacrés; des ivoires, surtout une Vierge byzantine, du XIe s. — IVe SALLE: sculptures; grand tableau de *Werner van den Vakkert* (1620), Jésus bénissant les enfants.

Ve SALLE, à l'étage supérieur: ornements d'église et étoffes des XIIIe-XVIe s., de diverses provenances, surtout des brocarts de Gênes et d'Utrecht. — VIe SALLE: dentelles de divers pays.

L'église catholique *Ste-Catherine*, près du musée, dans le Katherinsteeg (pl. C D 4), est une construction du style goth. tertiaire (1524), restaurée en 1880 sur les données de van den Brink. Elle est ornée de peintures polychromes et il y a un jubé de Mengelberg, d'Utrecht.

Le **Museum Kunstliefde**, une petite galerie de tableaux au premier étage du bâtiment des Arts et des Sciences (pl. 14, B 3), est visible gratuitement les dim. et fêtes, de midi à 4 h., et moyennant 25 c. les lundi, mercr. et vendr., de 1 h. à 4 h. Il se compose surtout de tableaux de la vieille école d'Utrecht, à la tête de laquelle se trouvait *Jean van Schooreel* (1495-1562), un des premiers peintres des Pays-Bas qui voyagèrent en Italie. Il y a quelquefois des expositions de peintures modernes, et alors on ne peut voir les tableaux anciens. — Nouveau catalogue raisonné par de Vries et Bredius, avec fac-similés et armoiries, 1 fl. 50.

Principaux tableaux: *63-67, *J. van Schooreel*, portraits de 38 bourgeois et ecclésiastiques d'Utrecht qui firent ensemble le pèlerinage de Jérusalem; 68, *Schooreel*, la Vierge et l'enfant Jésus, tableau de la chapelle de l'hôpital de la Croix; *Joachim Wtewaal*, Marchande de légumes; 53, *Paul Moreelse* (élève de Mierevelt), portrait de femme; 31, *Hendrik Goltzius*, Ecce homo; 61bis, *Roeland Savery*, Fleurs; 22, *J.-C. Droogsloot*, Vue du marché aux Oies et de l'hôtel de ville d'Utrecht au commencement du XVIIe s.; 3, *Abr. Bloemaert*, Adoration des mages; 50, *G.-A.-G.-F. Mollinger*, paysage; d'un inconnu, le portrait d'un personnage important du XVIe s.; *J. van Haensbergen*, portrait d'un enfant; **Thom. de Keyser*, portrait d'une femme avec deux enfants; *G. Honthorst*, Mort de Sénèque, St Pierre; *Barth. van der Helst*, Ste Famille, un des rares tableaux de cet artiste qui ne soit pas un portrait; *Ferd. Bol*, Dame en costume de chasse; *Wappers*, le bourgmestre van der Werff au siège de Leyde.

L'hôtel de ville (pl. 24, C2), construit en 1830, renferme aussi un petit *musée d'antiquités*, au second étage; il est visible tous les jours, excepté les dim. et fêtes, de 10 h. à 4, gratis le mercredi, moyennant 10 c. les autres jours.

Ire SALLE: à l'entrée, deux riches chapiteaux du XIe s.; à g., 75, un haut-relief peint, représentant St Jean-Baptiste, aussi du XIe s.; *147, un haut-relief avec la Vierge, St Jacques et le donateur à genoux, du XVe s., le tout provenant d'églises d'Utrecht. — IIe SALLE: bas-reliefs avec des saints, provenant de cheminées du XVe s., surtout les num. 117, 116 et 115, St Martin partageant son manteau, quatre saints et la statue couchée du tombeau d'un chevalier, du XIVe s.; puis des consoles en bois sculpté du XVe s. — IIIe SALLE: partie supérieure d'un pignon dans le style de la renaissance, avec une statue de Charles-Quint. — IVe SALLE: antiquités romaines, à g., et germaniques, à dr. Dans les armoires, des terres cuites. Sur les tables, des bronzes, des ivoires et des armes préhistoriques. Aux fenêtres, des statuettes en terre cuite et en bronze, des monnaies romaines et des médailles modernes. A la sortie, des inscriptions romaines. — Ve SALLE: au milieu, sous verre, un modèle de la cathédrale; ensuite des instruments de torture du XVIIe s.; à l'entrée, une grande cruche en grès, avec les trois Grâces et de beaux ornements de la renaissance, par *J. Eemensz* de Cologne (1578); pistolet d'arçon de fabrique française, avec de riches ornements en cuivre, aussi de la renaissance; modèle d'une maison bourgeoise hollandaise de la seconde moitié du XVIIe s., avec des meubles richement sculptés, des portraits en miniature de *Moucheron* et d'autres artistes, des ivoires, un poêle en argent, etc.; 280, une petite table avec sculptures en bois sur laquelle, dit-on, fut signée la paix d'Utrecht, en 1713; collection de sceaux et de flans pour les monnaies. — VIe SALLE: beaucoup de dessins du XVIIe s. représentant la cathédrale avant et après l'écroulement, et d'autres églises d'Utrecht, par *P. Saenredam*, *H. Saftleven*, *J. Domer*, etc.; le portr. d'Adrien IV, *d'après Schooreel;* des monnaies du moyen âge dans l'ordre chronologique, à partir de 1027. — VIIe SALLE: Vues d'Utrecht des XVIIe et XVIIIe s.; modèle d'une écluse près de la ville.

La *monnaie* ('s Ryks Munt; pl. 22, B2), où se frappe toute la monnaie du royaume et des colonies, est sur la promenade; elle possède une collection de monnaies et de médailles, de sceaux, etc.

Le *Museum van Kunstnyverheid* ou musée industriel, fondé en 1884 à la Wittevrouwenbrug (pl. D 1), est ouvert tous les jours de 1 h. à 4 h., gratuitement le dimanche et moyennant 25 c. les autres jours. — Le *Schulmuseum* ou musée scolaire est visible aussi tous les jours, de 10 h. à 4 h. (25 c.).

A l'E. de la ville se trouve le **mail** *(Maliebaan)*, promenade célèbre longue de mille pas, formée de six rangées de tilleuls et où se voient de belles maisons. On y arrive en passant par le pont dit Maliebrug (pl. D 4). Les anciens *remparts*, bordés çà et là d'eau courante, forment aussi de jolies promenades.

Les ENVIRONS D'UTRECHT présentent à plusieurs lieues à la ronde des sites fort agréables. Ce sont des pays fertiles, traversés par les bras du Rhin et des canaux, et transformés presque partout en jardins. On y voit de tous côtés de charmantes habitations, de somptueuses maisons de plaisance et des parcs bien entretenus. Le plus beau de ces châteaux est le *Soestdyk*, à 4 h. au N. de la ville, dans le voisinage de la station de Baarn. Il a été offert en 1816 par les Etats-Généraux au prince d'Orange, plus tard le roi Guillaume II (m. 1849), en reconnaissance de sa bravoure à la bataille de Waterloo, et il appartient toujours à la couronne. — Autres excursions d'*Utrecht* à *Zeist* (p. 233), *Driebergen* et *Doorn* (3 h. de route; tramway), ou bien à *Amersfoort*, à *Hilversum* (p. 316), etc.

Utrecht est le siège principal de la fameuse *église janséniste*, qui n'existe plus que dans les Pays-Bas, où elle compte environ 27 communautés, avec 5350 âmes.

40. De Rotterdam à Amsterdam, par la Haye, Leyde et Harlem.

84 kil. Chemin de fer *(Hollandsche Spoorweg;* gares, v. p. 234), trajet en 2 h. à 2 h. 3/4, pour 3 fl. 75, 2 fl. 85 et 1 fl. 85. On n'a droit qu'à une franchise de 5 kilogr. de bagage.

Rotterdam, v. p. 234. — Le pays se compose de pâturages monotones; on ne voit autour de soi que moulins à vent et canaux. A g., *Delfshaven*, ville de 11 500 hab., sur la Meuse, où naquit le célèbre marin Piet Hein (m. 1629), qui vainquit plusieurs fois les Espagnols et s'empara entre autres de leur «flotte d'argent» en 1628 (p. 209): on lui a érigé un monument en 1870. Tramway pour Rotterdam (p. 235).

5 kil. **Schiedam** *(hôt. Hulsinga)*, ville de 24 100 hab., sur la *Schie*, où sont les principales distilleries hollandaises, et qui en compte plus de 220. Le genièvre qui s'y fabrique est très renommé. Le marc est employé à engraisser environ 30 000 porcs par an. — Tramway pour Rotterdam (1/2 h.; p. 235). Omnibus 6 fois par

jour (1 h.) pour *Vlaardingen*, un des ports les plus importants pour la «grande pêche», c'est-à-dire celle du hareng et de l'aigrefin.

15 kil. **Delft.** — Hôtels: *Schaap*, au Groote Markt, café avec quelques chambres, médiocre; *Heerenlogement*, près de la porte de la Haye. — *Café* aussi en face de la gare.

Tramway de la porte de Rotterdam (pl. B C6) à la porte de la Haye (pl. A1) et à la Haye (p. 253).

Bateau à vapeur pour Rotterdam, 6 fois par jour, en 1 h. 1/2: 30 c.

Delft est une ville riante de 26600 hab., dont 1/3 cathol., située sur la *Schie*, qui se jette dans la Meuse à Delfshaven. Elle a des canaux bordés de tilleuls et aux eaux bien claires. Un incendie la détruisit presque tout entière en 1536, et elle a beaucoup souffert en 1654 de l'explosion d'une poudrière; mais elle a encore des édifices remarquables, des xvie et xviie s. C'est la patrie du savant *Hugues Grotius* ou *Hugo de Groot* (1583-1645), auquel on va ériger un monument (tombeau, v. p. 251). Delft fut renommée, au xviie et au xviiie s., pour ses faïences imitées des porcelaines de Chine et du Japon. La fabrication a été reprise depuis peu, par M. *Joost-Thooft*, dont l'établissement n'est visible qu'avec une autorisation, qu'il faut demander par écrit.

Au sortir de la gare (pl. A5), on aperçoit la tour de la Nieuwe-Kerk. On passe à g. un pont sur la *Singel-Gracht*, puis on longe tout droit ce canal jusqu'au suivant, l'Oude Delft, qui traverse la ville du N. au S. Là se trouve, à g., le *Gemeenlandshuis van Delfsland* (pl. 1), édifice du xve s. Là aussi est

Le *Prinsenhof* (pl. 10), ancien palais des princes d'Orange, aujourd'hui complètement transformé et servant de caserne. Il est célèbre dans l'histoire par la mort tragique de Guillaume le Taciturne (p. 208), fondateur de l'indépendance des Pays-Bas, qui y fut assassiné en 1584: sa tête avait été mise à prix par Alexandre Farnèse. En entrant par la porte en face du clocher de l'église et en traversant la cour, une petite porte à dr. vous conduit à la place mémorable. On y voit une inscription et les trous que les balles tirées par l'assassin ont faits dans la muraille.

En face du Prinsenhof se trouve la *Vieille-Eglise* (*Oude-Kerk*; pl. 4), du style gothique, reconstruite au xve s.: elle a une tour légèrement penchée.

Intérieur (sacristain à g. en face du transept; 15 c.). On y voit le tombeau de l'amiral *Maarten Harpertszoon Tromp* (m. 1653), qui fut vainqueur dans 32 combats sur mer. Le dernier, qu'il livra aux Anglais et dans lequel il perdit la vie, est représenté sur le monument. C'est lui qui, après avoir battu près des dunes la flotte anglaise sous l'amiral Blake, traversa le Pas-de-Calais avec un balai attaché au grand mât, pour indiquer qu'il l'avait débarrassé des Anglais. Un autre monument rappelle la mémoire de l'amiral *Piet Hein* (m. 1629; p. 209). Enfin nous citerons encore le tombeau d'une fille de Phil. de Marnix (p. 228), érigé en 1655 et restauré en 1856; celui du naturaliste *Leeuwenhoek* (m. 1723) et la chaire, du milieu du xvie s., semblable à celle de la Haye (p. 264).

L'*Eglise-Neuve* (*Nieuwe-Kerk*; pl. 3, C4), sur la Grande-Place, où demeure le sacristain, no 79 (15 c. par pers.), est également du style gothique et du xve s. (1412-1476). Elle renferme le

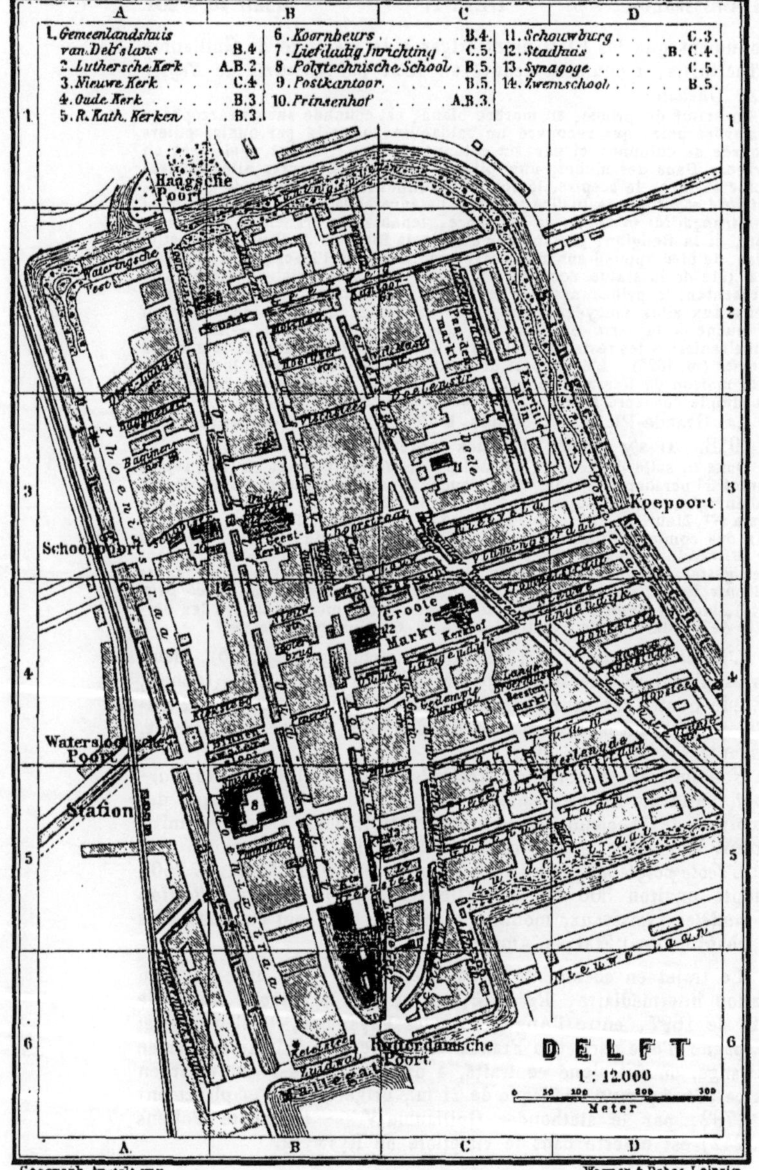

1. Gemeenlandshuis van Delfslans . . . B.4.
2. Luthersche Kerk . . . A.B.2.
3. Nieuwe Kerk . . . C.4.
4. Oude Kerk . . . B.3.
5. R. Kath. Kerken . . . B.3.
6. Koornbeurs . . . B.4.
7. Liefdadig Inrichting . . . C.5.
8. Polytechnische School . . . B.5.
9. Postkantoor . . . B.5.
10. Prinsenhof . . . A.B.3.
11. Schouwburg . . . C.3.
12. Stadhuis . . . B. C.4.
13. Synagoge . . . C.5.
14. Zwemschool . . . B.5.
Haagsche Poort
Koepoort
Schoolpoort
Waterslootsche Poort
Station
Groote Markt
Rotterdamsche Poort
Paardenmarkt
Doele
DELFT
1 : 12.000
Meter
Geograph. Anstalt von
Wagner & Debes, Leipzig.

*monument que les Etats firent ériger à la mémoire de Guillaume le Taciturne, monument achevé en 1621 par *Hendrik de Keyser* et *A. Quellin.*

La statue du prince, en marbre blanc, est couchée sur un sarcophage en marbre noir, que recouvre un baldaquin supporté par quatre piliers entourés de colonnes et par six colonnes isolées, le tout également en marbre. Dans des niches, aux piliers, sont quatre figures allégoriques: la Liberté, avec le sceptre, le bonnet traditionnel et la devise: *je maintiendrai piété et justice;* la Justice, avec la balance et la devise de Guillaume: *sævis tranquillus in undis;* la Prudence, tenant une branche d'épine à la main, et la Religion, portant d'une main la Bible et de l'autre une petite église, le pied appuyé sur une pierre angulaire avec l'inscription: *Christus.* A la tête de la statue couchée se trouve une autre statue, en bronze, représentant le prince assis et revêtu de son armure, et aux pieds une Gloire aux ailes éployées, également en bronze et haute de 2 m., qui ne touche à la terre que par les doigts du pied gauche. — La même tombe renferme les restes mortels de la femme de Guillaume et de son fils *Maurice* (m. 1625). L'église est devenue le caveau de tous les princes de la maison de Nassau-Orange. Elle renferme en outre un monument fort simple consacré à *Hugues Grotius* (p. 233, 250).

La Grande-Place est bordée à l'O. par l'*hôtel de ville*, bâti en 1618. Il s'y trouve quelques tableaux remarquables.

Dans la salle du conseil, un tableau de *Mierevelt*, peint en 1611, représentant 36 personnes à table, des arquebusiers, aux figures pleines de vie et d'énergie, mais groupés sans art; puis les portraits des princes Guillaume Ier, Maurice, Philippe-Guillaume et Fréd.-Henri d'Orange, ainsi que ceux des comtes Guillaume-Louis et Ernest-Casimir de Nassau, également par *Mierevelt.* L'un des autres tableaux, où figurent 31 personnes faisant force gestes, est de 1592 et, selon une inscription, l'œuvre de *Johannes Willemsz Delph;* un troisième est de *Rochus Delff*, un autre de *Jacob Delff* (1648), etc. — Enfin le cabinet du bourgmestre renferme encore les portraits de Frédéric V du Palatinat et de H. Grotius, par *Mierevelt.*

L'*hôpital de la ville* (Liefdadig Inrichting; pl. 7, C 5), deux portes plus loin que la synagogue, au fond d'une allée (sonner), possède quatre tableaux dits d'anatomie. L'un d'eux, par *Mierevelt*, a été peint en 1617; c'est un des plus anciens de ce genre. Les autres sont moins vieux.

Non loin de la *porte de Rotterdam* (pl. B 5) se trouve l'*arsenal,* bâtiment sombre, entouré en partie d'un fossé et orné des armoiries de l'ancienne république de Hollande. Ce fut primitivement l'entrepôt de la compagnie des Indes Orientales.

L'*école polytechnique* (pl. S, B 5), près de l'Oude Delft (p. 250), compte environ 300 élèves. Elle renferme la célèbre *collection de modèles* (vaisseaux, moulins, machines, etc.) qui était autrefois au chantier de l'Etat, à Amsterdam.

Le trajet en chemin de fer de Delft à la Haye dure 15 min. Station intermédiaire, *Ryswyck*, connu par le célèbre traité de paix de 1697, entre l'Angleterre, les Pays-Bas, l'Allemagne et l'Espagne d'une part et la France de l'autre. Le château du prince d'Orange, où fut signé ce traité, a disparu; mais le souvenir en est perpétué par un obélisque de 21 m., érigé sur son emplacement en 1792, par le stathouder Guillaume V. — Le poète Tollens (p. 242) est enterré dans le cimetière de Ryswyck.

23 kil. **La Haye** (p. 253). Embranch. de *Gouda*, v. p. 244.

33 kil. *Voorschoten.* A dr., le clocher du village, qui est relié à Leyde et à Voorburg par un tramway à vapeur (40 et 25 c.). Ensuite on traverse le petit bras du Rhin qui conserve le nom de Rhin jusqu'à son embouchure dans la mer du Nord.

38 kil. **Leyde** (p. 273).

De Leyde à Woerden (Utrecht) : 34 kil., trajet en 1 h. 10. — 10 kil. *Hazerswoude-Koudekerk.* — 15 kil. *Alphen.* — 20 kil. *Zwammerdam.* — 23 kil. *Bodegraven.* Tramway de Gouda, v. p. 244. — 34 kil. *Woerden* (p. 244).

41 kil. *Warmond.* Le bâtiment aux nombreuses fenêtres qu'on aperçoit à g., est un grand séminaire. — 48 kil. *Piet-Gyzenbrug.* A g., l'église neuve de *Noordwykerhout.* — 54 kil. *Veenenburg.* — 59 kil. *Vogelenzang.*

A 1/2 h. à l'E. de Vogelenzang se trouve, près du village de *Bennebroek*, la maison *Hartenkamp*, célèbre par le séjour qu'y fit Linné (1736-1738), chez le riche négociant Georges Clifford, alors ambassadeur d'Angleterre, où il écrivit son ouvrage intitulé *Hortus Cliffordianus* et composa son «Système de la nature».

La voie traverse pendant quelque temps le versant oriental des dunes de la mer du Nord.

67 kil. **Harlem** (p. 279), où se détache de la ligne d'Amsterdam celle d'Alkmaar et du Helder (p. 310).

La ligne d'Amsterdam prend à l'E. Le canal, le chemin de fer et la grande route courent parallèlement l'un à côté de l'autre. Au sortir de Harlem, à dr., le *fort aan de Liede.* Le chemin de fer traverse une vaste plaine, formée à dr. par le polder de Harlem et à g. par le nouveau polder de l'Y (p. 308). Le polder de Harlem formait encore il y a env. 40 ans une vaste nappe d'eau, la *mer de Harlem*, qui avait 6 lieues de longueur sur 3 de largeur et 4 m. de profondeur. Cette mer s'était produite par érosion du rivage dès le xve s., et elle s'agrandissait toujours; elle a été desséchée de 1840 à 1853, et les frais se sont élevés à 13 millions 1/2 de florins. Environ 19000 hectares de terrain ont été ainsi rendus à l'agriculture. Les ventes de terres dans ce polder immense (p. 213) ont produit en moyenne 500 fl. par hectare, et on dit que leur valeur a quadruplé. Il est entouré de canaux et compte déjà 2000 hab. Les hautes cheminées sont celles des machines hydrauliques de MM. Leeghwater, Cruquius et van Lynden, qui ont servi au desséchement et servent encore à l'entretenir.

A *Halfweg* («mi-chemin»), l'unique station entre Harlem et Amsterdam, on remarque les puissantes écluses qui séparaient les eaux de l'Y (prononcez *éi*) de la mer de Harlem. Tout à côté de la voie ferrée se trouve le château de *Zwanenburg* (château des Cygnes), du xviie s., actuellement transformé en fabrique de sucre de betteraves. Il y a 250 ans, ce château était encore à 500 m. de la mer de Harlem, et avant le desséchement, l'eau en baignait les murailles.

84 kil. *Amsterdam* (p. 286).

'S GRAVENHAGE.

1. *Badinrichting* . . . . . C.5.D.3.
2. *Bazar, Koninkl., (De Boer)* . . . C.2.
3. *Bibliotheek, Koninkl.* . . . . E.4.
4. *De Club* . . . . E.4.
5. *Diaconie Weeshuis* . . . . B.C.7.
6. *Diligentia* . . . . D.4.
7. *Gasthuis* . . . . B.6.
8. *Gebouw van Kunsten en Wetenschappen* F.5.
9. *Gerechtshof* . . . . D.5.
10. *Geschutboorderij* . . . . . F.3.
11. *Geschutgieterij* . . . . . E.F.4.
12. *Gevangepoort* . . . . D.4.
13. *Gouvernement v. Z. Holland* . . E.4.
14. *H. Geest Hoffe* . . . . C.6.
15. *Hoogde Raad d. Nederlanden* . D.5.
16. *Kabinet van Couvée* . . . . . D.5.
17. „ „ *Goupil & Co.* . . . D.4.
18. „ „ *Jhr. Steengracht* . . D.4.

Kerken:

19. *Apostolische K.* . . . . . . B.3.
20. *Bethlehems K.* . . . . B.4.
21. *Fransche K.* . . . . C.D.4.
22. *H. Antonius en Lodewijks K.* . . F.5.
23. *H. Jakobus K.* . . . . D.3.
24. *Hoogduitsche K.* . . . . . . E.5.
25. *H. Theresia K.* . . . . B.5.
26. *H. Willebrordus K.* . . . . . B.5.
27. *Klooster K.* . . . . D.4.
28. *Luthersche K.* . . . . C.6.
29. *Onze Lieve Vrouwe K.* . . . . A.3.
30. *Oud Roomsche K.* . . . . . . C.4.
31. *Remonstrantsche K.* . . . . B.C.5.
32. *St. Joseph K.* . . . . D.7.
33. *Willems K.* . . . . E.2.

34. *Leeseinrichting* . . . . . C.4.
35. *Manege of Rijschool* . . . . D.E.3.
36. *Ministerie v. Binnenl. Zaken* . . D.5.
37. „ *v. Buitenl. Zaken* . . D.5.
38. „ *v. Financiën* . . . D.4.
39. *Ministerie v. Justitie* . . . D.E.5.
40. „ *v. Koloniën* . . . E.5.
41. „ *v. Marine* . . . . D.4.
42. „ *v. Oorlog* . . . . E.5.
43. „ *v. Waterstaat, Handel* C.4.

Monumenten:

44. *v. Neêrlands Bevrijding 1813* . D.2.
45. *v. Koning Willem II* . . . . D.5.
46. *v. Prins Willem I* . . . . . E.5.
47. *v. Prins Willem I (Ruiterstandb.)* C.4.
48. *v. Hertog v. Saxen Weimar* . . E.4.
49. *v. Spinoza* . . . . C.6.

Musea:

50. *Gemeente Museum* . . . . E.4.
51. *Meermanno Westreenianum* . . F.4.
52. *Prins Hendrik* . . . . . . B.2.
53. *Prins Mauritshuis* . . . . . E.5.
54. *Muzijkschool, Koninkl.* . . . . B.5.
55. *Paleis Prinses Hendrik* . . . E.4.
56. „ *Prins v. Oranje* . . . D.4.
57. „ *Prins v. Wied* . . . E.F.4.
58. *Politie* . . . . C.5.
59. *Postkantoor* . . . . C.5.
60. *Ridderzaal* . . . . D.5.
61. *Rijks-Archief* . . . . . . E.5.
62. *Stadhuis* . . . . C.5.
63. *Staaten-Generaal* . . . . . D.5.
64. *Synagoge, Israëlitische* . . . C.6.
65. „ *Portugeesche* . . E.F.4.
66. *Teeken Akademie* . . . . . F.5.
67. *Telegraafkantoor* . . . . . D.5.
68. *Théâtre* . . . . E.4.
69. *Vischmarkt* . . . . C.5.
70. *Vrijmetselaars Loge* . . . . E.5.
71. *Witte of Litteraire Societeit* . . E.5.

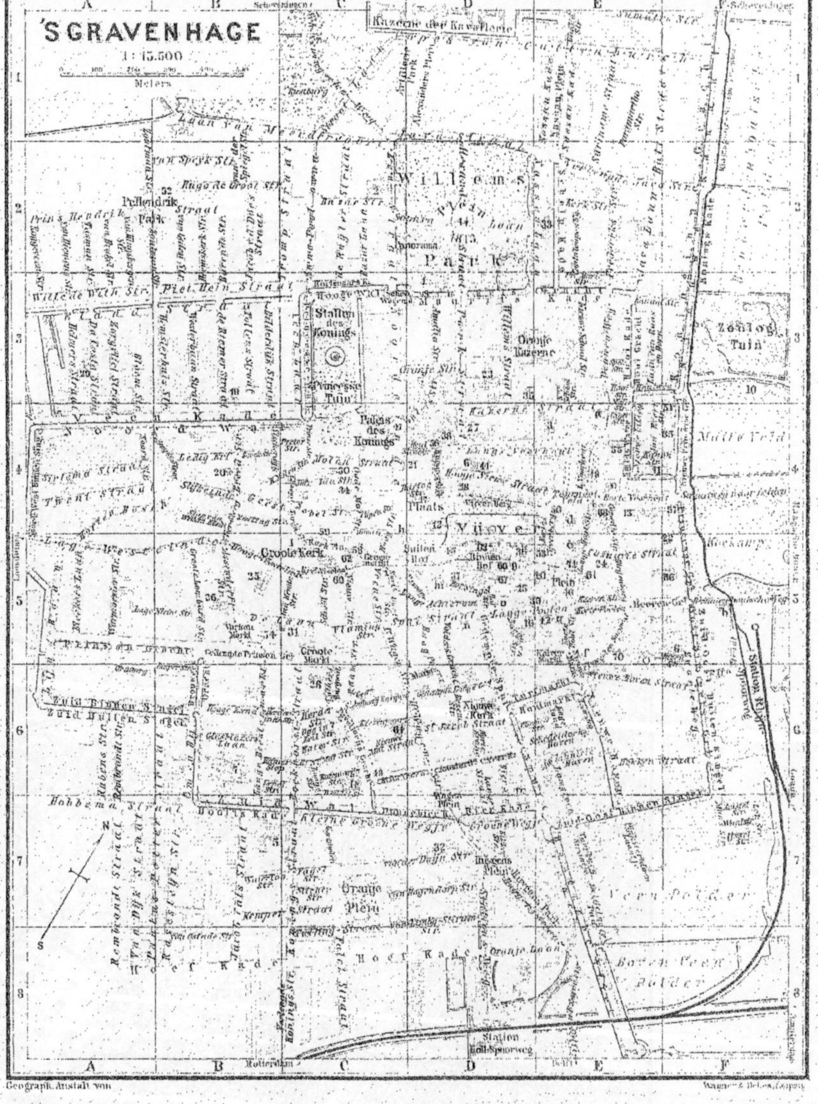

Geograph. Anstalt von Wagner & Debes, Leipzig

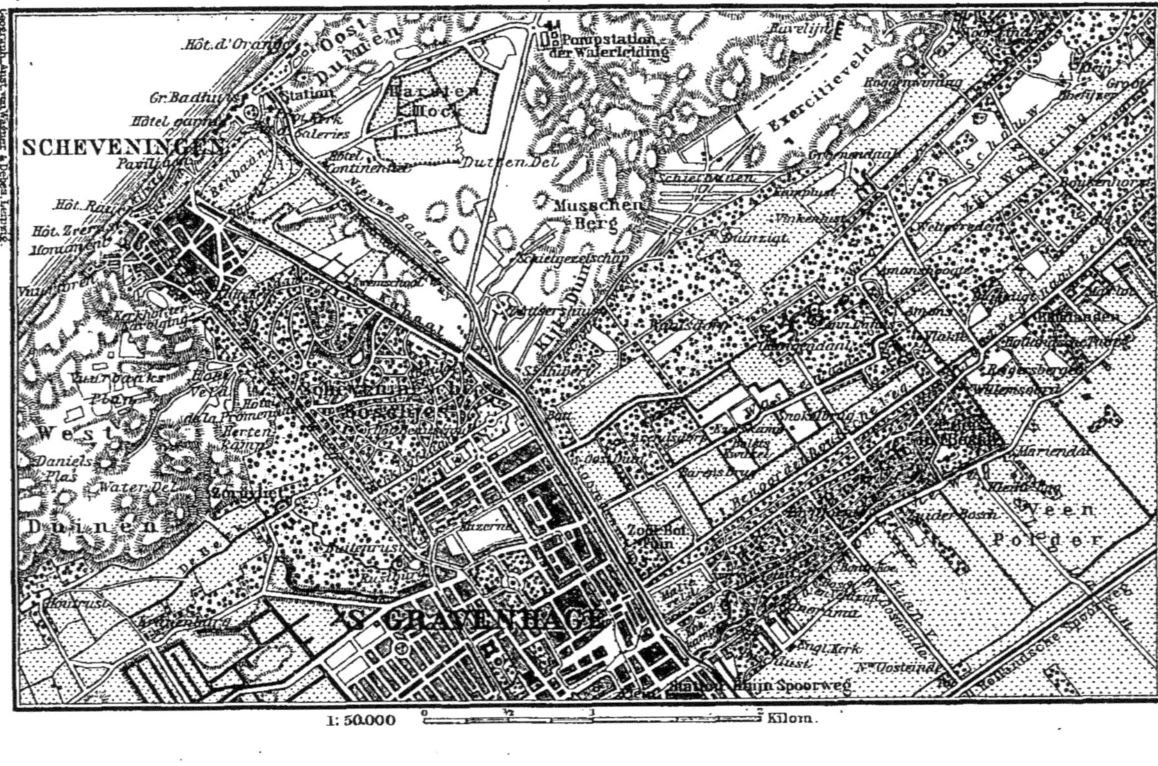

SCHEVENINGEN
'S GRAVENHAGE
Oost Duinen
West
Duinen
Hôt. d'Orange
Gr. Badhuis
Hôtel garni
Paviljoen
Hôt. Rauch
Hôt. Zeerust
Monument
Station
Karelen Hock
Duinen Del
Pompstation der Waterleiding
Exercitieveld
Musschen Berg
Nieuwe Badweg
Schuttersduin
Kijk Duin
Daniels Plas
Water Del
Zorgvliet
Kazerne
Zool. Bot. Tuin
Ween
Polder
Voorschoten
Leiden
Hollandsche Spoorweg
Rhijn Spoorweg
Geogr. Anst. v. Wagner & Debes, Leipzig
1: 50.000
0 ½ 1 2 Kilom.

41. La Haye ('s Gravenhage, den Haag).

Arrivée. La Haye a deux **gares**: 1° celle du *chemin de fer Hollandais* (pl. D 8), pour les trains de Rotterdam, Leyde, Harlem et Amsterdam; — 2° celle du *chemin de fer Rhénan* (pl. F 5-6), pour les trains de Gouda (Rotterdam, Amsterdam), Utrecht et Arnhem. Tramways et vigilantes aux deux gares; tramway à vapeur pour Schéveningue à la seconde et bientôt aussi à la première.

Hôtels: **H. des Indes* (pl. a, E 4), au Lange Voorhout (ch., 1 fl. 50; dîn., 2 fl.); **H. Bellevue* (pl. b, F 5), près du parc et de la gare du chemin de fer Rhénan; **H. de l'Europe* (pl. c, E 5), Lange Houtstraat, 61; **H. du Vieux-Doelen* (pl. d, E 4), Turnooiveld (ch., 1 fl. 50; dîn., 2 fl.); *H. Paulez* (pl. e, E 4), en face du théâtre (bonne cuisine); *H. du Maréchal-de-Turenne* (pl. f, E 5), Nieuwe Markt (dîn., 1 fl. 50). — *H. du Café-Central*, Lange Pooten (pl. g, D 5), avec un grand café-restaur., recommandé (ch., 1 fl. 50; 1er déj., 70 c.; dîn., 2 fl.); *H. de la Grande-Cour-Impériale* (pl. h, C D 4), au Buitenhof; *H. Toelast* (pl. i, C 5), au Groenmarkt; *H. Neuf*, au nouveau passage (p. 263); *H.-Restaur. Maassen* (pl. l, D 6), Eerste Wagenstraat, 22; *H. des Deux-Villes* (pl. m, D 5), au Buitenhof, recommandé; *Guilliams' Hôt. du Commerce* (pl. n, D 5), Spuistraat, 61; *H. du Lion-d'Or* (pl. o, D 5), Hofstraat; *H. des Sept-Eglises-de-Rome* (pl. p, D 6), au Spui; *H. du Globe* (pl. q, E 5), au Plein, 10, avec café-restaurant. — *H. Beauséjour*, v. p. 270.

Restaurants: **Van der Pyl*, Plaats, 18 (pl. C 3; dîn., 2 fl. à 2 fl. 50); au **Café Central* (v. ci-dessous); *Maassen* (hôtel, v. ci-dessus).

Cafés: **Café du Passage*, au nouveau passage (p. 263); **C. Central* (pl. g, D 5), Lange Pooten, aussi restaur.; *C. de la Hollande-Méridionale*, sur le Vischmarkt (pl. C 5), en face de la Grande-Eglise, le plus grand; *C. St-Hubert*, Hoogstraat, 5 (pl. C 4-5); *C.-Rest. Goudenhoofd*, Groenmarkt, au coin de la Hoogstraat; *C. Français*, côté S. du Plein. — Patisseries: **Monchen*, Lange Houtstraat (pl. E 4-5), près du Plein; *Sprecher*, au Plein.

Brasseries: *Linke*, Venestraat, 20 (pl. C 5); *Münchener Kindl*, *Alteburg*, tous deux Spuistraat (pl. D 5); *Stadt Erlangen*, Eerste Wagenstraat, 4; *Beyersch Bierhuis*, Kettingstr., 8.

Vigilantes. Stations aux gares, au Tournooiveld, au Huygensplein, au Buitenhof, au Plein, dans l'Oranjestraat, etc. On compte à l'heure, d'après le tarif suivant, qui est pour les voit. à 1 cheval. Les voit. à 2 chev. coûtent la moitié en sus.

	1 ou 2 pers.	3 ou 4 pers.		1 ou 2 pers.	3 ou 4 pers.
15 minutes .	— 50 c.	— 60 c.	1 heure . .	1 —	1 25
20 minutes .	— 75	1 —	1/4 d'h. suiv.	— 25	— 25

Bagages, 10 c. par colis. — Les péages ne sont pas comptés dans ces prix. — Il est interdit aux cochers de demander un pourboire, mais ils peuvent demander à être payés d'avance. — Pour Schéveningue, v. p. 270.

Tramways des gares des chemins de fer Hollandais et Rhénan et du Plein dans diverses directions (v. le plan). — Pour *Delft*, toutes les 1/2 h., trajet de plus de 1/2 h. Départ de l'extrémité supérieure du Spui, puis par la Huygensstraat (pl. D E 7-8) et enfin par *Ryswyck* (p. 251). Prix: jusqu'à la porte de la Haye (Haagsche Poort), à Delft, 25 c.; jusqu'à la porte de Rotterdam, 30 c. — Tramways a vapeur pour *Schéveningue* (v. p. 270), pour *Loosduinen* (v. pl. A 5), pour *Naaldwyk* et pour *'s Gravesande*.

Théâtre (pl. 68, E 4), au Plein. Représentations en français les lundis, jeudis et samedis, en hollandais les mardis et vendredis, ces dernières en hiver seulement.

Panorama: au Bezuidenhoutsche Weg, au S. du Bois (v. la petite carte des environs). On y voit la bataille des Pyramides et un diorama du Caire. Entrée, 40 c.

Poste (pl. 59, C 5), derrière la Grande-Eglise, ouverte de 6 h. 1/4 du matin à 10 h. du soir.

Télégraphe, bureau principal au Binnenhof (pl. 67, D 5), près du musée.

Bains chauds: au Mauritskade (pl. 1, D 3), bien organisés, avec un bassin de natation, et à Schéveningue.

Objets d'art: *Goupil & Cie* (pl. 17, D 4), au Plaats, 20; *Brouwer*, Noordeinde, 12; *M.-M. Couvé* (pl. 16, D 5), Lange Pooten, 41 (entrée libre). — Expositions artistiques temporaires à la *Teekenacademie* et dans le nouveau *Gebouw voor Kunst en Wetenschappen* (pl. 8, F 5), où se donnent aussi quelquefois des représentations.

Le *Grand Bazar Royal de Boer* (pl. 2, C 2), dans la Zeestraat, 72, offre un grand choix d'objets chinois et japonais, d'articles de quincaillerie, de bronzes, de cristaux, etc. — *Magasin royal de bronzes*, richement assorti, Kneuterdyk, 1.

PRINCIPALES CURIOSITÉS: ***musée de peinture* (p. 255), *Binnenhof* (v. ci-dessous), *Plein* (p. 263), *Korte* et *Lange Voorhout* (p. 266), *Schéveningue* (p. 270). Le musée de peinture est à 20 min. de la station du chemin de fer Hollandais et à 10 min. de celle du chemin de fer Rhénan.

La Haye, aujourd'hui ville de 131 400 hab., dont $^1/_3$ de catholiques, était d'abord un rendez-vous de chasse des comtes de Hollande, et c'est de là que lui vient le nom *s'Graven Haag*, le parc des comtes. Elle est le siège des Etats-Généraux depuis le XVIe s., et elle a été comme telle, au XVIIe s. et au commencement du XVIIIe s., le centre de négociations diplomatiques très importantes. Cependant la jalousie des villes représentées aux Etats l'exclut de leur assemblée, et la Haye resta le «plus grand village de l'Europe» jusqu'au règne de Louis Bonaparte. Devenue une grande ville, grâce au séjour de la cour, des représentants des puissances étrangères et de beaucoup de familles nobles (il n'est pas rare d'y entendre parler français), grâce à la présence d'une forte garnison et comme siège des principaux corps de l'Etat, elle est dépourvue de ces sources de richesse qui ont fait fleurir les autres villes du pays. D'autre part, aucune parmi celles-ci n'a autant de belles rues, de somptueux édifices et de places publiques spacieuses et grandioses. On remarque surtout, sous ce rapport, le quartier du N.-E., avec le *Vyverberg* (montagne du Vivier), le *Kneuterdyk* (digue du Linot), le *Lange* et le *Korte Voorhout* (avant-bois), le *Noordeinde* (extrémité du Nord), etc.

La partie la plus animée de la ville est aux environs du *VYVER (vivier; pl. D 4-5), étang situé presque au centre de la ville, avec un îlot et des cygnes, et bordé de belles avenues. Une machine à vapeur, établie dans les dunes, envoie de l'eau dans l'étang et dans les canaux et y entretient un courant à peine sensible dans la direction de Rotterdam, d'où l'écoulement a lieu dans la Meuse, aussi par des moyens artificiels.

Le **Binnenhof** (cour intérieure; pl. D 5), au S.-E. du Vyver, est un assemblage irrégulier de bâtiments anciens et modernes, au milieu desquels est une place et qui était autrefois entouré de fossés. Il a été restauré et en partie reconstruit dans les dernières années. On y entre par plusieurs portes. Sa fondation remonte au milieu du XIIIe s., où l'anti-empereur Guillaume de Hollande y construisit un palais, agrandi plus tard par son fils Florent V, qui y transféra sa résidence en 1291. Les stathouders y demeurèrent à partir de Maurice de Nassau.

Au centre de la place est l'ancienne SALLE DES CHEVALIERS

(pl. 60), construction en briques du temps de Florent V, ressemblant à une chapelle du XIIIe s., avec de hauts pignons et deux tourelles; elle renferme maintenant les archives du ministère de l'intérieur.

Derrière, à l'E., le TRIBUNAL (*Geregtshof;* pl. 9), où se voient, dans la salle de la cour d'assises, quelques bons bas-reliefs de 1511 et, dans la salle de la Chambre civile, sept tableaux de *G. Lairesse,* représentant des sujets de l'histoire romaine. L'entrée est dans le passage au S.-E., près du télégraphe.

L'aile N. du Binnenhof contient les SALLES DES ETATS-GÉNÉRAUX (pl. 63, D 5). L'ancienne salle du temps de la république, avec deux vieilles cheminées et des tableaux allégoriques de *Parmentier,* est nouvellement restaurée. On verra la *salle des Trêves,* construite en 1697 par Guillaume III et destinée aux réceptions. Elle renferme sept portraits de stathouders par Brandon et d'autres artistes, et elle a un riche plafond. Il y a un curieux écho. L'entrée de ces salles est dans l'angle E. de la cour, là où se trouve l'inscription «Ministeria van Waterstaat, Handel en Nijverheid».

Le Binnenhof a été, dans les temps glorieux de la république, témoin d'un événement qui remplit une sombre page dans les annales des Pays-Bas. C'est ici que Maurice d'Orange fit arrêter, en 1699, le pensionnaire de Hollande *Jean van Oldenbarneveldt*, avec ses savants amis *Hugues Grotius* (de Groot), pensionnaire de Hollande, et *Hogerbeets*, pensionnaire de Leyde. L'arrestation eut lieu pendant l'assemblée et dans une des salles des Etats-Généraux. Les deux derniers furent enfermés au château de Loevenstein (p. 233) et Oldenbarneveldt condamné à mort, «parce qu'il avait essayé de rompre le lien des Etats-Unis des Pays-Bas et avait profondément affligé l'église de Dieu». Le noble vieillard, alors âgé de 72 ans, fut exécuté le 13 mai 1619, au Binnenhof. La lettre écrite par Oldenbarneveldt à sa femme et à ses enfants, avant d'être conduit au supplice, est un monument de tendresse et de grandeur d'âme. Nous mentionnons plus loin (p. 264) un second acte non moins odieux qui se passa près d'ici au même siècle.

En entrant au Binnenhof par la porte du N.-E., ornée des armes du comté de Hollande, et en allant à g., on arrive à une maison isolée en bois, qui porte le n° 29 et qui a une cour précédée d'une grille; c'est le MAURITSHUIS (pl. 53, E 5), maison construite par Jean-Maurice de Nassau (m. 1679), gouverneur du Brésil, au nom de la compagnie des Indes, et où se trouve aujourd'hui le

****Musée de peinture.**

Ce musée (*koninklijk Kabinet van schilderijen),* un des plus célèbres de l'Europe, est visible tous les jours, savoir: dans la semaine, de 10 h. à 4 h. (3 en hiver, oct.-avril); les dim. et fêtes, de midi et demi à 4 ou 3 h. Pas de pourboire (v. p. 206).

Le noyau de la galerie de la Haye a été formé par les collections des princes de la maison d'Orange. Frédéric-Henri (m. 1647) et Amélie de Solms-Braunfels, sa femme, commandèrent déjà beaucoup de tableaux à des artistes hollandais et flamands, de sorte qu'ils en laissèrent près de 250 à leurs quatre filles. Guillaume III de Hollande fonda au château de Loo une galerie qui fut vendue après lui à Amsterdam. Le stathouder Guillaume V (1748-1806) commença une nouvelle collection et réunit peu à peu plus de 200 tableaux, dont une partie se trouvent encore au musée. L'acquisition de la galerie Slingeland l'enrichit considérablement. La fuite du prince d'Orange en 1795, à l'approche des troupes françaises, eut pour conséquence la confiscation des tableaux. Ils furent réunis à ceux du Louvre et rendus seulement en partie en 1815; 68 restèrent au Louvre. La galerie ne comptait plus en 1817 que 173 numéros; mais leur nombre s'accrut bientôt rapidement, grâce au zèle du roi Guillaume Ier. Aujourd'hui, le catalogue mentionne plus de 300 tableaux, dont 200 de l'école hollandaise, environ 40 flamands, 20 allemands, 40 italiens, etc.

Rembrandt et *Potter* sont les héros de la galerie. Les cinq tableaux de Rembrandt sont tous dans sa première manière, et nous en montrent les plus beaux spécimens. *J. Steen*, *Terburg*, *Gér. Dov*, *Adrien van Ostade*, *Adrien van de Velde* sont aussi représentés par des chefs-d'œuvre. Parmi les paysages, les plus remarquables sont les trois de *Ruisdael* et ceux de *van der Meer de Delft*, dont le mérite a été seulement reconnu dans ces derniers temps. — Excellent catalogue en français par *Vict. de Stuers* (1 fl. 50), et extraits de ce catalogue en français et en hollandais (50 cents).

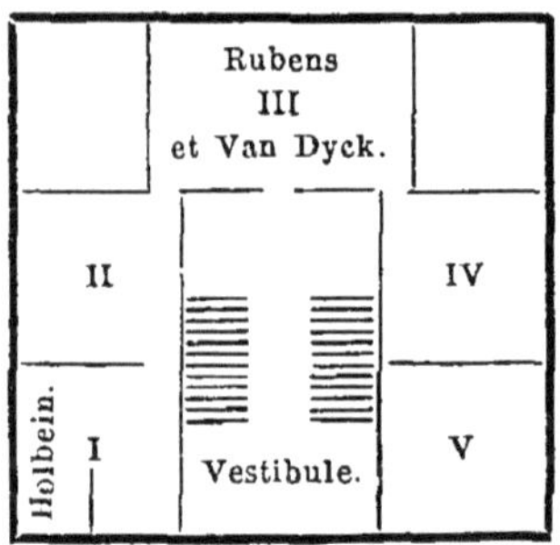

Rez-de-chaussée. — Nous visitons d'abord, en face, la salle III, la principale, consacrée à l'école flamande. Au milieu, 219, 220, *D. Seghers*, Fleurs; 215, *Rubens*, portrait de Michel Ophovius, confesseur de l'artiste et plus tard évêque de Bois-le-Duc; au-dessus, 206ter, *van Dyck*, Ste Madeleine. Aux murs, en commençant à dr. de l'entrée : 217, *école de Rubens*, le Départ d'Adonis; 223, *Dav. Teniers le J.*, la Bonne cuisine. Au-dessus, 221, *Fr. Snyders*, Gibier, la figure par *Rubens*. — Plus loin : *203, 204, *van Dyck*, deux portraits désignés autrefois à tort sous les noms de Duc et Duchesse de Buckingham; le catalogue en fait, d'après les armoiries du coin, «Sir... Sheffield» et sa femme Anna Wake. 224, *Dav. Teniers le J.*, Un alchimiste; 206bis, *van Dyck*, portrait d'Andr. Colyns de Nole, sculpteur d'Anvers, grisaille. — A la fenêtre, 9 et 10, deux bonnes terres cuites, portraits des amiraux de Ruyter et van Gent. — Mur de g. : *213, *214, *Rubens*, Isabelle Brant et Hélène Fourment, première et seconde femme du peintre, deux excellents portraits; 222, *Fr. Snyders*, grande Chasse au cerf, Diane et paysage de *Rubens;* *209, *Jac. Jordaens,* Faune et Nymphe, demi-figures, grandeur naturelle, une des meilleures œuvres de l'artiste. *206, *van Dyck,* portr. de Quintyn Simons, peintre d'Anvers, œuvre remarquable de l'artiste, peinte avant son séjour en Angleterre. 216, *Rubens,* Adam et Eve dans le Paradis, les animaux de *J. Brueghel.* — 205, *van Dyck,* portr. de Constantin Huygens et de ses cinq enfants, six médaillons séparés, probablement un plafond de la maison Huygens. 207, *Fr. Francken le Jeune* et *Fr. Pourbus le Jeune,* Bal à la cour d'Albert et d'Isabelle, vers 1615.

Salle II. A dr.: 225bis, *M. van Valckenborg le J.* et *J. Francken,* Alexandre le Grand dans l'atelier d'Apelles, avec beaucoup d'esquisses de tableaux célèbres; 210, *J. Jordaens,* Vénus se réfugiant dans une grotte, copie d'après *Rubens;* 201, *Phil. de Champaigne,* portrait de Jacques Govaerts; 202, *Gonz. Coques,* Intérieur d'une galerie de tableaux. — En face: 19bis, *Corn. van Haarlem,* les Noces de Pélée et de Thétis. — 3e mur: 34^{a}, 34^{c}, *Hendrik Goltzius,* Mercure (1611), Minerve; 166, *Es. van de Velde,* le Dîner (1614); 168ter, *Adr. van der Venne,* Dispute de paysans, grisaille.

Salle I. A dr.: 235, 236, *A. Elshaimer,* Paysages italiens. — Mur de g., 19, *Cornelis van Haarlem,* le Massacre des Innocents. — Au milieu de la salle, 40bis, 40ter, *Marten Heemskerck van Veen,* la Nativité de J.-C. et l'Adoration des mages; derrière, l'Annonciation. — En face, 226, *Roger van der Weyden,* Descente de Croix; 237, *Hans Holbein le J.,* portr. d'une jeune femme, des premiers temps de l'artiste, lorsqu'il habitait encore Bâle; *240, *Holbein,* portr. d'homme, excellent spécimen de son style dans la suite (1542); *95, *Ant. Moro,* portr. d'homme; 231, 232, 233, *B. Beham,* portr. d'Elisabeth, de Maximilien et d'Anne d'Autriche enfants; 316^{quater}, *école florentine (P. di Cosimo?),* portr. de l'architecte Sangallo, attribué par Burger à *Alb. Durer;* 239, *d'après Holbein,* portr. de Jane Seymour, reine d'Angleterre; *238, *Holbein,* portr. de Robert Cheseman (1533); 241, *d'après Holbein,* portr. d'Erasme de Rotterdam; 316ter, *école florentine (P. di Cosimo?),* portr. d'un musicien.

Salle IV: portraits de princes de la maison d'Orange, de leurs parents et d'autres personnages célèbres, entre autres: à dr. dans le haut, 92bis, de *Mytens,* le portr. d'une princesse; 76 à 84, de *Mich. van Mierevelt* de Delft, surtout le 82, Guillaume le Taciturne, et d'autres de *Ravesteyn.* Les noms des personnes représentées sont inscrits sur les cadres.

Salle V, aussi des portraits d'hommes célèbres des xviie e. xviiie s., entre autres: 15, 16, de *F. Bol,* l'Amiral et le Vice-amirat de Ruyter; 51^{quater}, *Honthorst,* le Grand-Electeur de Brandebourgl

Premier étage. — Escalier (VI), à g., en commençant à la fenêtre, 47, *Melch. d'Hondecoeter,* le Corbeau dépouillé des plumes dont il s'étapa tiré; 128 (au-dessous), *Schalcken,* Jeune femme attachant une boucle d'oreille; 6, *L. Bakhuisen*, Un port hollandais; 69, *Jean Lingelbach*, Marche du stathouder Guillaume II sur Amsterdam (1650); 37^{b}, 37^{c}, *Fr. Hals,* portr. de J. Olycan et de sa femme (1625); entre les deux, s. n., *E. de Witte,* Intérieur d'église; 70, *Lingelbach*, Charles II partant de Schéveningue pour l'Angleterre; 5, *L. Bakhuisen*, Débarquement de Guillaume III, roi d'Angleterre, dans l'Oranje-Polder, en 1692; 14, *Bloemart*, Noces de Pélée; 445, *P. Codde,* Soldats jouant au trictrac. — A dr., en commençant à la fenêtre: 52, *van Hoogstraeten*, Dame lisant dans un vestibule; 96, *P. Moreelse*, portr. de la comtesse Amélie-Elisabeth de Hanau. *184, *Phil. Wouwerman*, Manège de campagne: dans un parc, un cavalier vu de dos exerce son cheval au manège; à droite une dame, assise dans un carrosse attelé de six chevaux gris pommelés, s'est arrêtée pour regarder. 97, *P. Moreelse*, portr. de la comtesse Ernestine de Ligne-Arenberg; 36, 37, *J. Verhaeghe*, paysages; 11, 9, *Nic. Berghem*, le Gué, paysage italien; Pastorale, d'une grandeur exceptionnelle; 33, *César van Everdingen*, Diogène cherchant un homme sur le marché de Harlem (on y remarque le grand-pensionnaire Steyn et sa famille); 180, *J. Wynants,* Un chemin dans les dunes, avec figures de *Lingelbach;* 64, *Phil. Koninck*, Vue de l'embouchure d'une rivière hollandaise; 195, portr. du grand-pensionnaire Jean de Witt, par un peintre inconnu. — Parmi les bustes, nous mentionnerons le n° 3, celui de Guillaume le Taciturne, par *Hendrik de Keyser.*

X	IX / Potter.	XIII
Anatomie de Rembr. VII	VI Escalier.	XI
VIII		XII

Salle VII (v. le plan ci-dessus). A dr.: 31^{a}, *Corn. Dusart,* Intérieur de cabaret; 168^{a}, *W. van de Velde,* Combat naval entre les Hollandais et les Anglais (1666); 65e, *P. Lastman,* Résurrection de Lazare (1632). — Mur de dr.: 66, *J. Livens* (?), portr. d'homme; 95bis, *Paul Moreelse*, portr. de l'artiste.

**115, *Rembrandt*, la Leçon d'anatomie. Ce tableau représente le professeur d'anatomie Nicolas Tulp, avec sept des principaux membres de la corporation deschirurgiens d'Amsterdam. Il était destiné à décorer, avec d'autres du même genre, la salle d'anatomie («Snijkamer») d'Amsterdam. Legénie de Rembrandt a su faire du groupe de portraits dont on l'avait chargé, un chef-d'œuvre de premier ordre, qui a éclipsé et fait oublier les autres. C'est avec raison que Burger signale cet enseignement, émis avec autorité et recueilli avec empressement et respect, comme la représentation la plus vraie de la Science. Cette toile se trouvait encore en 1828 à l'école d'anatomie d'Amsterdam, à laquelle le roi Guillaume Ier l'acheta 32000 fl. Voir aussi p. xxix.

« Dans une salle d'amphithéâtre voûtée, le savant professeur *Nicolas Tulp*, ami et protecteur de Rembrandt, est représenté démontrant sur un sujet l'anatomie du bras. Il est de trois quarts tourné à gauche, vêtu d'un pourpoint et d'un manteau noirs, avec col uni rabattu et manchettes unies; chapeau mou, à très larges bords; barbe au menton et moustaches; sa main gauche, mi-soulevée, fait un geste explicatif, pendant que la droite saisit avec des ciseaux un des tendons du bras disséqué. — Le cadavre est couché devant lui, de biais et en raccourci, sur une table. — Un groupe de cinq figures est échelonné à la droite du docteur, et deux autres personnages sont assis en avant de la table, tout à fait à gauche. Ces sept auditeurs ne sont pas des écoliers et des carabins quelconques, mais des docteurs à barbe drue, tous, sauf un, maîtres jurés de la guilde des chirurgiens d'Amsterdam (leurs noms sont inscrits sur un papier que tient l'un d'eux). Tous, têtes nues, sont vêtus de noir et ont des fraises plissées, rabattues. Un seul porte la fraise tuyautée et ferme, à la mode qui va passer. — Peut-être y a-t-il encore d'autres auditeurs dans la salle, car le professeur regarde devant lui, comme s'adressant à une assemblée qu'on ne voit pas, et trois de ceux qui l'entourent jettent aussi par là un coup d'œil. — Les compositions de Rembrandt ne sont jamais emprisonnées dans leur cadre: il y a toujours l'infini tout autour. — L'angle inférieur de la toile, à droite, est occupé par un immense in-folio ouvert, contre lequel se dressent dans l'ombre les deux pieds du cadavre. — Il est singulier qu'on ne pense point à ce cadavre qui est là, tout de son long sur le dos, et dont on pourrait toucher les pieds; qu'on ne le voie pour ainsi dire point, quoique tout le corps, la poitrine bombée et le bras droit, en pleine lumière au milieu de tous ces vêtements noirs, prennent un ton blême et verdâtre, extrêmement vrai. On peut être sûr que ce sujet a été peint d'après nature, aussi bien que toutes ces têtes animées et vivantes. C'est là le merveilleux artifice de cette composition, qui, en présence de la mort, ne fait songer qu'à la vie. — Dans le haut du tableau est inscrite la signature: *Rembrant* (sic) *f.* 1632.» (*Burger*, *Musées de la Hollande.*)

61, *Th. de Keyser*, portr. d'un magistrat (1631); *32, *Gerbr. van den Eeckhout*, Adoration des mages.

En face, 3e mur: *105, *Adr. van Ostade*, le Ménétrier.

L'artiste ambulant égaie un nombreux auditoire par ses productions devant une vieille maison en décadence. En transportant la scène en plein air, le peintre a trouvé une excellente occasion pour introduire dans son tableau les reflets de lumière les plus variés. Peu de toiles d'Ostade peuvent se comparer à celle-ci pour la fraîcheur de la composition, le charme de la scène et le fini de l'exécution. Ce tableau a été peint par l'artiste à l'âge de 63 ans, en 1673.

*62, *Th. de Keyser,* les Echevins d'Amsterdam assemblés pour l'arrivée de Marie de Médicis, en 1638, peut-être seulement l'esquisse d'un grand tableau et cependant une composition pleine de vie. *185, *Phil. Wouwerman*, paysage dit la Voiture de foin; 117, *Rembrandt,* portrait en demi-figure d'un jeune homme, qui est peut-être l'artiste lui-même, peint, selon Vosmaer, vers 1630. *165, *Adr. van de Velde*, la Plage de Schéveningue, animée de groupes charmants et avec une perspective aérienne qui ne se rencontre guère dans les autres œuvres de l'artiste. 17, *Jan* et *Andries Both*, Paysage italien.

*104, *Adr. van Ostade*, Intérieur d'une maison de paysans; 134, *J. Steen,* le Dentiste. — De l'autre côté de la porte: 188, *Ph. Wouwerman*, le Repos des chasseurs; 102, 103, *G. Netscher,* portr. de M. et Mme van Waalwyk; 41, *J. van der Heyde,* Vue de ville, avec figures d'*A. van de Velde;* 130, *Schalcken*, le Médecin empirique; 101, *Netscher*, portr. de l'artiste, de sa femme et de sa fille (1665); 129, *Schalcken*, la Morale inutile.

SALLE VIII. A dr.: *28, *Gér. Dov*, la Jeune ménagère.

Une femme avec un enfant au berceau et une petite fille, toile très soignée. On l'appelle souvent aussi «le Ménage». C'est une des perles du musée, et elle est à la hauteur du plus célèbre tableau de ce maître, la Femme hydropique du Louvre. Elle porte la date de 1658.

170, *A. de Vois*, Un chasseur. *116, *Rembrandt*, Suzanne sur le point de se mettre au bain, effrayée par l'approche des deux vieillards (on ne voit que la tête de l'un d'eux dans les broussailles).

Placé à côté de la Leçon d'anatomie et du Siméon, ce tableau est ordinairement peu remarqué, et c'est à tort. Suzanne, qui ressort parfaitement sur un fond sombre, est au contraire une des figures de femme les plus remarquables de Rembrandt, non pas, il est vrai, par la beauté des formes dans le sens classique, mais par la perfection avec laquelle est rendue la nature. Il est probable que Saskia, femme de Rembrandt, lui a servi de modèle.

73, *Gab. Metsu*, Un chasseur; 18, *Jan* et *Andries Both*, Paysage italien.

**114, *Rembrandt*, la Présentation de J.-C. au temple, nommée ordinairement «Siméon au temple», la première grande composition connue de l'artiste, peinte en 1631, peu de temps après qu'il se fût fixé à Amsterdam.

«Au milieu du temple, dont l'architecture fantastique se perd dans l'ombre, est un groupe sur lequel se concentre l'effet lumineux. Sept personnes: Siméon à genoux, tenant dans ses bras l'enfant Jésus et levant les yeux vers le ciel; barbe et cheveux blancs; grand manteau doré; — la Vierge à genoux, vue de face, mains croisées contre la ceinture; robe d'un azur très clair; — Saint Joseph à genoux, dans la demi-teinte, et portant les deux colombes destinées à l'offrande; un peu à gauche et en pendant au Siméon, le grand-prêtre, debout, de profil perdu, presque de dos, avec un long manteau traînant; il élève la main droite en pleine lumière, comme pour bénir; — derrière la Vierge, deux rabbins, debout. A gauche et au fond, dans la nef, divers groupes presque imperceptibles parmi les ténèbres, semées cependant de rayons d'or à quelques reliefs des colonnes ou des décorations architecturales. A droite, dans une pénombre transparente, une foule qui monte ou descend un perron au sommet duquel se tient un prêtre. En avant et au premier plan, du même côté, un banc où sont assis deux vénérables personnages. C'est sur l'appui de ce banc qu'est le monogramme RH (Rembrandt Harmensz) et la date 1631..... Cette petite merveille, la première dans l'ordre chronologique de l'œuvre, révèle déjà pleinement, par l'ampleur de la touche et l'originalité de l'effet général, le style propre à Rembrandt;.... seulement la Vierge, qui se dessine tout entière en clair, est peinte avec une minutie un peu froide.» (*Burger.*)

*113, *Paul Potter*, paysage avec des vaches et des porcs. — A la 1re fenêtre: *87, 86, *Fr. van Mieris le Vieux*, le Peintre avec sa femme (il agace un chien qu'elle tient sur elle); portr. du professeur Florentius Schuyl de Leyde; 85, *Fr. van Mieris le Vieux*, les Bulles de savon; 29, *Gér. Dov*, Jeune femme avec une lampe. — A la 2e fenêtre: *164, *Adr. van de Velde*, paysage rempli d'arbres et avec des bestiaux, tableau de petites-dimensions, mais plein de vie et d'un coloris charmant.

2e mur: *181, *Phil. Wouwerman,* l'Arrivée; *112, *Paul Potter,* la Vache qui se mire, ou des bestiaux au bord d'un canal, dont l'eau réfléchit l'image d'une vache au premier plan; à l'arrière-plan sont des hommes qui se baignent (1648). *72, *J. van der Meer van Delft,* Vue de Delft. *182, *Phil. Wouwerman,* le Départ; 40, *Corn. de Heem,* Fruits; 186, *Phil. Wouwerman,* Grande bataille; 71a (dans le coin), *Nic. Maes,* Diane et ses compagnes; 179, *J. Wynants,* la Lisière d'une forêt.

3e mur: 162, *Jac. Ochtervelt,* le Marchand de poisson; 75, *Gabr. Metsu,* la Justice protégeant la veuve et l'orphelin; 120, *Rach. Ruysch,* Fleurs; 169, *Hendr. Willemsz van Vliet,* Vue de l'intérieur de la Vieille-Eglise de Delft; 174, *J. Weenix,* Gibier mort; 71, *Nic. Maes,* portr. d'homme; 12, *Nic. Berchem,* Attaque d'un convoi dans un défilé. — En recommençant au mur de l'entrée: 18aa, *P. Codde,* Un bal; 46, *Gérard van Hoeckgeest,* le Monument de Guillaume le Taciturne à Delft (p. 251).

Salle IX (v. le plan, p. 258). A dr. de l'entrée: 45, *Hoeckgeest,* Vue de l'intérieur de l'Eglise-Neuve de Delft. — *139, *J. Steen,* l'Estaminet.

Cette scène est quelquefois désignée sous le nom de «Tableau de la vie humaine», parce qu'il en est qui pensent que, comme Hogarth, Steen a suivi des tendances moralisatrices dans la représentation de la vie joyeuse et voulu stigmatiser les faiblesses humaines. Il y a environ 20 personnes dans cette scène. Tandis que les plus âgées se délectent à manger des huîtres, les enfants jouent avec un chien et un chat. Steen lui-même y figure amusant la société; une jeune femme le regarde, un bon gros compère rit, avec un verre de vin à la main. A l'arrière-plan, des joueurs de cartes et des fumeurs.

21, *A. Cuyp,* portr. de M. de Roovere, directeur de la pêche du saumon à Dordrecht; *118, *Rembrandt,* l'Officier, tête d'étude, probablement le portrait de l'artiste, peint, selon Vosmaer, vers 1634.

48, *Melch. d'Hondecoeter,* la Ménagerie du prince Guillaume III au château de Loo; 187, *Ph. Wouwerman,* Un camp; *145, *Gér. Terburg,* portr. de l'artiste; *122, *Jac. van Ruisdael,* la Cascade *42, *Barth. van der Helst,* portr. du peintre d'animaux P. Potter, peu de temps avant sa mort (1654).

*111, *Paul Potter,* le Jeune taureau, de grandeur naturelle, tableau le plus populaire de toute la galerie.

Les Français avaient emporté cette toile à Paris, où elle figurait à côté des œuvres de Raphaël et du Titien, c.-à-d. au premier rang. Le Taureau de Potter, acheté 630 fl. en 1749, vaut bien aujourd'hui cent fois plus. Si vanté qu'ait toujours été ce Taureau, qui, soit dit en passant, est accompagné d'une vache, d'une brebis avec son agneau, d'un bélier et d'un pâtre, il faut cependant reconnaître que plusieurs des petits tableaux du même genre de ce maître sont plus charmants et plus finis que celui-ci, où les grands animaux ont trop de relief et où la lumière est répartie uniformément, sans demi-tons, sur toute la surface.

*135, *J. Steen,* la Ménagerie (1660).

Plusieurs degrés conduisent d'une plate-forme dans une cour, où coule un ruisseau et où l'on voit à dr. un arbre dépouillé de ses feuilles, sur les branches duquel se balance un paon. Des canards barbotent dans l'eau, des pigeons et des poules becquètent du grain par terre. Sur un des degrés est assise une jeune fille qui fait boire un agneau dans une écuelle. Un domestique à tête chauv, avec un panier d'œufs, s'entretient joyeusement avec cette fille, tandis qu'un autre, debout sur la plate-forme, avec une poule sous le bras, la regarde en souriant. La dernière figure surtout, le vrai type du «krom» hollandais, est d'un naturel qu'on ne saurait surpasser, et d'une vivacité saisissante.

A la fenêtre du milieu: *Lingelbach*, paysage; 183, *Phil. Wouwerman,* Halte de chasseurs; 10, *Nic. Berghem*, Chasse au sanglier; 39, *J. de Heem*, Guirlande de fleurs et de fruits; 74, *Gabr. Metsu,* les Amateurs de musique. — 3e mur, à la fenêtre:

167, *Will. van de Velde le Jeune*, Vue de l'Y; 173, *J. Weenix*, le Cygne mort; 22, *Dirk van Delen* et *Ant. Palamedesz,* la salle du Binnenhof à la Haye, pendant la grande assemblée des Etats-Généraux, en 1651; 168, *W. van de Velde le J.*, Mer calme avec des vaisseaux. — Nous revenons au côté de l'entrée.

50 et, plus loin, 49, *Melch. d'Hondecoeter,* Poules et canards, Oies et canards; 136, *J. Steen*, Médecin tâtant le pouls à une jeune fille; *123, *Jac. van Ruisdael*, la Plage.

*138, *J. Steen*, Famille du peintre, tableau dans sa meilleure manière, peint avec ampleur et énergie.

«Le vertueux Jan Steen a rassemblé autour de lui toute sa famille. Où peut-on être mieux que dans sa maison,... si ce n'est au cabaret? — La réunion est composée de onze personnes. Naturellement J. Steen est à table, au milieu, de face, longs cheveux, large chapeau. Que fait-il? Il rit et il fume en attendant qu'il boive. A sa gauche, sa bonne grosse femme, en cornette blanche, en caraco de velours bleu bordé de fourrure, bourre une pipe; soyez sûr qu'elle va fumer. Elle a près d'elle une autre femme, une sœur peut-être. La vieille mère de Steen, assise à gauche au premier plan, fait jouer sur son jupon rouge un petit enfant debout, en robe citron et en bourrelet. Le vieux père, en lunettes, debout contre la cheminée, chante d'après un papier qu'il tient à la main; il accompagne sans doute le fils aîné de Steen, gentil garçon debout, en pourpoint gris et qui joue du flageolet. En avant, un chien, des ustensiles de cuivre et un mortier, sur lequel est la signature». *(Burger.)*

*124, *Jac. van Ruisdael*, Vue de Harlem prise des dunes d'Overveen, payé 6700 fl. en 1827.

«Au premier plan une prairie plate et rase où sont étalées, sur l'herbe, de longues bandes d'étoffe blanche. Les maisons de la blanchisserie se groupent un peu à gauche. Au delà, l'œil se perd sur une campagne unie, presque sans arbres et sans habitations, jusqu'à la ligne du ciel. La ville et un clocher de Harlem se discernent à peine, bien loin, bien loin à l'horizon. Et ces lieues de pays sont représentées sur une petite toile haute de 1 pied 8 pouces (50 centim.)!» *(Burger).*

137, *J. Steen*, Un médecin visitant une jeune femme malade.
*144, *Gér. Terburg*, la Dépêche.

Un officier tient à la main une lettre qu'un trompette vient de lui remettre, toile connue aussi sous le nom de «l'Interruption», une des plus belles œuvres de ce maître, pleine d'expression et de vie, mais qui a malheureusement un peu noirci.

Salle X ou cabinet de gauche: *Corn. Troost*, 147 à 161, quinze tableaux au pastel, représentant des usages de la première moitié du xviiie s., sans valeur artistique.

Salle XIII ou cabinet de droite. Cette salle et les deux dernières contiennent des tableaux des écoles italienne, espagnole et française. Il n'y a guère ici que des tableaux de peintres inconnus et sans importance. 297, *d'après le Titien*, portr. d'un Vénitien et de sa maîtresse; 299, *le Dominiquin*, la Sibylle de Cumes.

SALLE XI (v. le plan, p. 258) : 292, *Fabr. Santafede* (m. 1634), Ste Famille; 277, *Gasp. Poussin*, paysage; 268, *P. Bordone*, le Christ bénissant; 256, *Murillo*, Buste de jeune homme; 257, *école de Velazquez*, portr. de l'infant Charles-Balthazar, fils de Philippe IV d'Espagne; 297bis, *école du Titien*, portr. de femme. — 274, *Cignani*, la Tentation d'Adam et d'Eve; 289, 290, *Salv. Rosa*, Moines en prière; 280, *L. Mazzolino*, le Massacre des innocents; 264, *vieille copie d'après Fra Bartolommeo*, Ste Famille.

SALLE XII : 259, *M. Cereso*, Madeleine repentante; 267, *P. de Cortone*, Ste Famille; 293, Vénus et l'Amour, vieille copie d'après une gravure de Raphaël; 253, *Jos. Vernet*, Cascade; 255, *d'après Murillo*, la Vierge; 298, *école du Titien*, la Vierge avec l'enfant Jésus et Ste Catherine; 286, *Salv. Rosa* (?), paysage; 300, *école de Vicence*, la Vierge et des saints.

Sur le PLEIN (pl. E 5), place à l'E. du musée de peinture, s'élève la *statue de Guillaume Ier d'Orange* (pl. 46), en bronze par *Royer*. L'inscription signifie: «A. Guillaume Ier, prince d'Orange, père de la patrie, le peuple reconnaissant, 1848». Sur la face opposée se lit la devise du prince: «sævis tranquillus in undis».

A l'O. de la place se trouve le *ministère des colonies* (pl. 40). et à côté, un peu en arrière, avec avant-cour et vestibule, le tribunal ou *Hooge-Raad* (pl. 15). — Au S., le nouveau *ministère de la justice* (pl. 39), magnifique construction en brique et en pierre dans le style de la renaissance hollandaise. — En face, le *ministère de la guerre* (pl. 42), l'ancienne maison des députés de Rotterdam du temps de la république. — Au N.-O., le beau bâtiment des *Archives de l'Etat* (pl. 61), habité à la même époque par les députés d'Amsterdam. On conserve, entre autres, dans ces archives un exemplaire du traité de Westphalie (1648), dans une belle cassette. — Au N.-O., le local de la *Witte Societeit* ou *Société Littéraire* (pl. 71). On n'y est admis qu'en se faisant présenter par un membre de la Société. — Non loin de là, le nouveau *musée municipal* (p. 264).

Le Binnenhof touche au S.-O. à une grande place nommée le BUITENHOF (cour extérieure; pl. D 5; pron. Beuitennhof). Elle est également bornée au N. par le Vyver. On y voit la *statue de Guillaume II* (pl. 45), le feu roi (m. 1849), bronze médiocre d'après George. — Au S., un *passage* ouvert en 1885, dans le style de la renaissance hollandaise, avec magasins, hôtel, café, etc.; il aboutit à la Spuistraat.

C'est dans la **Gevangenpoort** (pl. 12, D 4), vieille tour au N.

du Buitenhof, que fut retenu prisonnier, en 1672, *Corneille de Witt*, faussement accusé d'avoir comploté contre la vie du prince Guillaume III. C'est là que Corneille et son frère Jean, le grand-pensionnaire, furent mis littéralement en pièces par une foule fanatisée, qui avait forcé l'entrée de la prison (v. aussi p. 209; leur tombeau est dans la Nieuwe Kerk). L'ancienne prison, où se voit une collection d'instruments de torture, est ouverte gratuitement, dans la semaine à partir de 10 h., les dim. et fêtes à partir de midi et demi jusqu'à 4 h.

Plus loin au N., le Plaats et le Vyverberg (v. p. 254 et ci-dessous).

Au Buitenhof se rattachent, au S.-O., le GROENMARKT (marché aux herbes), puis le VISCHMARKT (marché au poisson; pl. C 5).

Là se trouve l'***hôtel de ville** (pl. 62), construit en 1565, agrandi d'une aile au N. en 1734, restauré et agrandi de nouveau en 1882-83. Cet édifice pittoresque est un des plus intéressants dans son genre en Hollande. Il marque la transition au style libre, plus tard spécial au pays (v. aussi p. 274 et 279). Les sculptures du haut, du côté de la Grande-Eglise, sont de *J.-B. Xavery*. Dans le vestibule du côté de la Nieuwe Straat se voient les sièges des anciens échevins («Schepenenbank») et une représentation du jugement de Salomon, en trois tableaux, par *Willem Doudyns*. Il n'y a guère sans cela rien de curieux dans l'hôtel de ville.

La **Grande-Eglise** ou *Groote Kerk* (*St-Jacques*; pl. C 5), du style goth., a été construite aux XVe et XVIe s. Le clocher est de forme hexagone, et il a une flèche moderne en fer. L'intérieur a de belles voûtes. Il y a quelques monuments, entre autres celui de l'amiral Wassenaer Obdam, tué en 1665 dans la guerre contre les Anglais (Sund), et, dans la sacristie, quelques restes du monument en albâtre d'un seigneur van Assendelft (m. 1636) et de sa femme. On y remarque aussi des boiseries: la chaire, de 1550, et quelques cadres, de la première moitié du XVIe s., contenant des armoiries de chevaliers de la Toison d'Or. Il y a un grand orgue, construit en 1881 par Witte, d'Utrecht; on en joue publiquement le mardi de 3 h. à 4 h.: entrée, 25 cents. Le sacristain demeure au n° 13 de la place de l'Eglise, près de la poste (25 c.).

En face, au S., se trouve la *halle au poisson* (pl. 69, C 5), où les habitants de Schéveningue viennent vendre le produit de leur pêche. La ville entretient dans la cour quelques échantillons de l'oiseau qui figure dans ses armoiries, la cigogne.

Au N. du Vyver (p. 254) s'étend le VYVERBERG, qui est planté d'arbres, et à l'E. de là, la place dite Tournooiveld (pl. D E 4). C'est là que se trouve, depuis 1884, au coin du Korte Vyver, le **musée municipal** ou *Haagsch Museum* (pl. 50), auparavant au Korte Beestenmarkt. Il se compose de tableaux anciens et modernes, en partie remarquables. Il y a surtout, parmi les premiers, un certain nombre de tableaux d'arquebusiers par *J. van Ravesteyn*, peintre favori du conseil et de la haute société de la Haye (1572-1657). Ce musée est public, dans la semaine, de 10 h. à 3 h. ou 4 h. en été; les dim. et fêtes, de 1 h. à 3 h.

TABLEAUX ANCIENS: 10, *Gerrit Berck-Heyde*, le Vyverberg en 1692; *33, *J. van Goyen*, Vue de la Haye, côté S. de la ville, le plus grand tableau et l'un des plus importants de ce maître, qui reproduit admirablement le charme du coloris des paysages d'automne en Hollande, toile de 1 m. 69 de haut et 4 m. 58 de large; 39, *Joachim Houckgeest* (1re moitié du XVIIe s.), Un enseigne du drapeau vert des princes d'Orange; 53-55, *M. Miereveltle Vieux*, portr. de Guillaume le Taciturne, demi-figure de grandeur naturelle; portr. du prince Frédéric-Henri et de la princesse Amélie de Solms (1634), et encore deux autres portraits. *64, *J. van Ravesteyn*, Un festin auquel prennent part dix-sept membres du conseil et neuf officiers de la corporation des arquebusiers, dont le capitaine reçoit, comme cela se pratiquait tous les ans, la coupe de la bienvenue. Le costume, non pas celui du XVIIe s., mais l'ancien, avec de hauts chapeaux à petits bords et des fraises droites, convient parfaitement à l'attitude sérieuse et digne de ces personnes. Ce tableau est daté de 1618. *65, *J. van Ravesteyn*, 15 membres du conseil municipal, en demi-figure, autour d'une table avec un tapis vert et vêtus d'habits noirs, dont un arrière-plan également vert fait ressortir la couleur. Sauf celle des chairs, il n'y a que deux couleurs dans cette toile, le vert et le noir, et cependant l'artiste a obtenu l'harmonie la plus parfaite et un effet vraiment charmant. *66, *J. van Ravesteyn*, 25 officiers d'arquebusiers de la corporation de St-Sébastien, au moment où ils descendent les degrés du local de leurs réunions, tous engagés dans une conversation fort animée et formant un tableau d'une vérité frappante. 67, *J. van Ravesteyn*, Six officiers de la Compagnie Blanche des arquebusiers (1638); 92-95, *P. van der Werff*, plusieurs portraits; 114, inconnu, portr. de Spinoza. En outre des vues de la Haye, etc.

TABLEAUX MODERNES: 12, *J. Bosboom*, Intérieur de l'église St-Pierre de Leyde; 13, *Henri Bource*, Femmes et enfants de pêcheurs de Schéveningue, un soir d'été; 19, *J. Hanedoes*, Dunes des environs de Harlem au soleil couchant; 26, *van Hove*, Intérieur d'une synagogue; 27, *Ten Kate*, le Jour de l'échéance; 33, *Mesdag*, Marine; 50, *Elch. Verveer*, Quatre vieux pêcheurs.

Ce musée comprend encore des antiquités et d'autres curiosités appartenant à la ville: verres, porcelaines, médailles, bannières de corporations, etc.

L'hôtel Steengracht (pl. 18, D 4), au baron de ce nom, Vyverberg, n° 3 (pl. 18, D 4), à l'O., dans la direction du Plaats, renferme une excellente collection de tableaux anciens et modernes. Elle est ordinairement ouverte avec la plus grande bienveillance aux amateurs, de 10 h. à 4 h. (1 fl. de pourb.). Il y a des catalogues.

Les TABLEAUX MODERNES français et hollandais sont réunis dans la 1re salle. A dr. de l'entrée: *Gérôme*, le Désert; *Decamps*, Chiens et enfants; *Willems*, Dame et cavalier. A g. de l'entrée: *Verveer*, Canal d'Amsterdam; *Horace Vernet*, la Dernière cartouche; *Winterhalter*, Femmes romaines; *Waldorp*, marine. — Mur en face: **Meissonier*, Soldats jouant aux cartes; *Bouguereau*, Jeune fille tricotant; *Blees*, Au berceau; *Landelle*, Jeune fille avec des fruits; *Villegas*, la Sieste. — Autre mur: à g., *Meyer*, marine; *Kobell*, paysage avec des vaches; *Verschuur*, Chevaux à l'écurie; *Noël*, Au cabaret; *Schelfhout*, l'Hiver, près de Harlem; *Navez*, Femmes romaines; **Koekkoek*, Une forêt.

Parmi les *TABLEAUX ANCIENS figurent des œuvres des principaux maîtres de l'école hollandaise du XVIIe s.; il y en a plus de 80, remplissant les deux salles suivantes.

IIe salle: à g., **Rembrandt*, Bethsabée après le bain, observée de loin par David. La belle Juive est assise sur une table garnie d'un tapis, à côté du bassin où elle s'est baignée, dans un parc au feuillage touffu, et entourée de deux femmes qui la servent. Ce tableau a, dans son ensemble de l'analogie avec celui de Suzanne, au musée (p. 260), mais il lui est supérieur. Le clair-obscur, sur lequel le corps nu de cette femme se détache parfaitement, comme dans l'autre, est traité de main de maître et rappelle la célèbre Ronde de nuit d'Amsterdam. Et en effet Bethsabée a été peinte à peine un an après l'achèvement de cette grande page, en 1643 (Vosmaer). — Comme pour faire mieux ressortir ce chef-d'œuvre, on a mis au-dessous un tableau d'*Adr. van der Werff* représentant le même sujet; sa Bethsabée, d'une beauté élégante et correcte, produit l'effet d'une figure de cire, à côté de celle de Rembrandt, aux tons si chauds.

Nous mentionnerons en outre, de *Rubens* (?), deux têtes d'apôtres (St Pierre et St Paul); *Adr. van de Velde*, des Animaux; *Rubens* (?), Bacchus ivre; *Alb. Cuyp*, Un cheval; *Rubens*, Jésus enfant; *Jordaens*, Une fontaine; **P. de Hooch*, Une réunion de musiciens; *B. van der Helst*, des portr. d'homme et de femme; *Wynants* et *Wyntrank*, Une ruelle; **P. Potter*, Trois vaches; *Nic. Maes*, Une paysanne faisant des beignets, que mange un enfant.

IIIe salle. Mur de dr., en commençant à la fenêtre: *Jac. van Ruisdael*, Une cascade; *Adr. van Ostade*, Intérieur de cabaret; **Terburg*, Mère peignant sa fille; *Karel du Jardin*, Jeune berger jouant avec son chien; *Dav. Teniers le Jeune*, les Sept œuvres de la Miséricorde; *J. Steen*, le peintre et sa famille dans son estaminet, presque de grandeur naturelle, par conséquent de dimensions exceptionnelles pour cet artiste; *Metsu*, Mère avec un enfant malade; *Will. van de Velde*, Marine; *J. Steen*, Visite de médecin; Une mère et sa fille, toile attribuée à *Rembrandt*. — Mur de l'entrée: *All. van Everdingen*, Une cascade; *Adr. van Ostade*, Un porc conduit au marché; *F. Bol*, portrait; *L. Bakhuisen*, Marine. — 3e mur: *G. Netscher*, deux portraits; *Adr. Brouwer*, Scène rustique; *Hobbema*, grand paysage avec des maisons aux toitures rouges; *Th. de Keyser* (?), Faiseuse de dentelle; *Fr. van Mieris*, Garçon avec un panier d'oiseaux; *Mieris* et *Slingeland*, la Souris prisonnière; *Gér. Dov*, portraits d'homme et de femme; *Ary de Vois*, Paysan qui fume; *Adr. van Ostade*, Paysans. Il y a en outre beaucoup de paysages.

Sur la place voisine, nommée Kneuterdyk (pl. D 4), se trouve le *ministère des finances* (pl. 38), l'ancienne maison d'Oldenbarneveldt. En prenant à g. de cette place, on arrive à la rue nommée Noordeinde (pl. C 4-3), où est le *palais du Roi*, qui date du stathouder Guillaume III et qui renferme quelques tableaux de famille sans importance: il n'est visible qu'en l'absence de la famille royale.

Devant le palais est une ***statue de Guillaume Ier d'Orange** (pl. 47), statue équestre en bronze d'après *Nieuwerkerke*, qui fut érigée en 1845 par le roi Guillaume II. Le piédestal est orné des armes des sept provinces.

Derrière le monument passe la *Paleisstraat*, rue neuve percée dans l'ancien jardin, qui conduit à l'Orangestraat. Plus loin enfin la Parkstraat, conduisant au Willemspark (p. 268) et où se trouve, à dr., la nouvelle église St-Jacques (pl. 23, D 3), construite par *P.-J.-H. Cuypers*.

A l'E. du Kneuterdyk est le Lange-Voorhout (pl. D E 2), place plantée d'arbres et bordée de belles constructions, qui forme avec le Kneuterdyk et le Noordeinde le quartier distingué de la ville.

Au S. de cette place, n° 7, se trouve le **ministère de la Marine** (pl. 41, D 4), qui possède, dans la **salle des modèles*, au 1er étage, une collection très complète de tous les objets relatifs aux constructions navales, aux armements de vaisseaux et à la navigation. On peut la voir gratuitement dans la semaine, de 10 h. à 3 h. Sonner. Pas de pourboire.

Modèles de vaisseaux de toute espèce, depuis les vaisseaux de guerre hollandais du XVIIe s. jusqu'aux vaisseaux à tourelles de nos jours; bâtiments au long cours, etc. Modèles de différentes parties de vaisseaux: gouvernails, boussoles, sextants, ancres, etc. Modèles de bouches à feu et autres armes. Modèles de cales sèches pour le radoub des navires, «chameaux» ou engins dont on se servait beaucoup dans le Zuiderzée, avant l'ouverture du canal du Nord (p. 307), pour faire traverser des bas-fonds à de lourds navires. Modèle des chantiers d'Amsterdam, avec les machines qui y fonctionnent. Grand plan relief de Hellevoetsluis. Les souvenirs historiques qui se trouvaient ici précédemment sont maintenant à Amsterdam.

Presque en face, dans un autre grand bâtiment du Lange Voorhout, no 34, se trouve la **bibliothèque royale** (pl. 3, E 4), ouverte tous les jours, excepté les dimanches et fêtes, de 10 h. à 3 h. Elle est riche d'environ 300 000 vol. On y remarque surtout les miniatures en grisaille du livre d'heures de Philippe le Bon, duc de Bourgogne, exécutées de 1455 à 1465 et dont quelques-unes, l'Annonciation et le Couronnement de la Vierge, sont dans le style de *Memling;* le livre d'heures d'Isabelle de Castille, de 1450, un Evangile du Xe s. et un psautier de la seconde moitié du XIIe s., également avec miniatures. Les choses les plus importantes sont placées sous verre.

Le riche cabinet des monnaies, des médailles et des camées, dans le même batiment, n'est ouvert que le lundi, le mercredi et le vendredi, de 10 h. à 3 h. Il compte plus de 40 000 pièces de monnaie et médailles et plus de 300 camées, la plupart antiques, entre autres l'Apothéose de l'empereur Claude, un des plus grands que l'on connaisse. Il y a en outre une collection de sceaux assyriens et babyloniens.

Une partie de ces pierres taillées proviennent du célèbre archéologue *Hemsterhuis*, après lequel elles ont appartenu à la princesse *Gallitzin*. Celle-ci les envoya à examiner à *Gœthe*, et les connaisseurs savent comment en jugeait cet homme, qui pour être grand poète, n'en était pas moins profondément versé dans l'étude de l'art antique. On peut lire à la p. 206 du tome 25 de ses œuvres (édition allemande en 40 vol.) la liste des numéros qu'il a particulièrement relevés comme les plus beaux et le plus empreints du véritable cachet antique.

Dans la partie O. du Lange-Voorhout est le *monument du duc Ch.-Bern. de Saxe-Weimar* (pl. 48, E 4), qui entra au service de la Hollande en 1815 et se distingua à Waterloo (p. 51), contre l'insurrection belge (1831), et dans les guerres des Indes orientales en 1849 (m. 1862). — Non loin de là, au Korte-Voorhout, le *théâtre royal* (pl. 68, E 4) et le *palais de la princesse Marie* (pl. 57, F 4), fille du feu prince Frédéric des Pays-Bas, mariée au prince de Wied.

Sur le bord du canal dit Prinzesse-Gracht est la *fonderie de canons* (pl. 11) et un peu plus loin, le MUSEUM MEERMANNO-WESTREENIANUM (pl. 51, F 4), qui comprend une collection un peu disparate d'objets divers légués par le comte Meermann (m. 1816) et le baron Westreenen (m. 1850): vieux ouvrages manuscrits et imprimés, monnaies, vases antiques, etc.

Parmi les *manuscrits*, nous signalerons surtout: un fragment d'un Ancien Testament du ve s.; un Evangile, du ixe s.; une Bible rimée, en flamand, de 1332; une Bible française, avec miniatures de Jean de Bruges, faites pour Charles V, roi de France (1371); la Morale d'Aristote, en français, de 1376, avec miniatures en grisaille; la Cité de St Augustin, traduction française avec de nombreuses miniatures par un peintre français nommé *Raoul de Presles* (fin du xve s. ou commencement du xvie), et un autre manuscrit avec illustrations de la vieille école flamande et de l'école hollandaise. — Parmi les *imprimés* figurent des spécimens des premiers essais avec des planches de bois gravées, comme on en fit beaucoup, surtout en Hollande, à la fin du moyen âge; des incunables de *Gutenberg*, de *Caxton*, le premier imprimeur anglais (m. 1491), etc.

Ce musée n'est pas ouvert assez souvent; il l'est seulement le premier et le troisième jeudi du mois, de 10 h. à 4 h., et pour le visiter, il faut se procurer la veille, de 10 h. à 3 h., une carte du conservateur de la bibliothèque royale. On est conduit par un employé.

Le Willemspark (pl. D 2), place circulaire entourée de jolies maisons avec jardins, dans l'angle N.-O. de la ville, sur le chemin de Schéveningue, est décoré depuis 1869 d'un grand ***monument national** (pl. 44), érigé en mémoire du rétablissement de l'indépendance hollandaise, en 1813, et du retour du prince Guillaume-Frédéric d'Orange-Nassau, plus tard le roi Guillaume Ier. Sur un puissant soubassement en forme de pilier, auquel on monte par 11 degrés, s'élève une haute construction carrée, qui sert à son tour de base à une autre plus petite, de même forme et ornée des armes du royaume et des sept provinces. Le sommet est couronné par une Batavia en bronze, tenant le drapeau national de la main gauche et de la droite un faisceau de flèches. Derrière se trouve le lion de Hollande. Du côté du monument qui est tourné vers la ville se voit le prince Guillaume-Frédéric, prêtant serment à la constitution. Sur le revers sont Gysbert-Karel van Hogendorp, Fr.-Adr. van der Duyn et le comte L. de Limbourg-Stirum, les chefs du mouvement en novembre 1813 (« Oranje boven! »). Enfin sur les deux petites faces sont les figures allégoriques de la Liberté et de la Loi. Toutes ces statues, en bronze, ont été modelées par *J. Jaquet*. Au soubassement, au-dessous des figures de la Liberté et de la Loi, se voient deux bas-reliefs représentant le soulèvement du peuple et l'arrivée du roi. Le plan de tout le monument est dû à *van der Wayen-Pieterszen* et à *Koelman*. — Non loin de là est le *Grand Bazar Royal* (p. 254).

Au Prins-Hendrik-Plein, n° 4, non loin du chemin de Schéveningue, se trouve le **musée du Prince-Henri** (pl 52, B 2), collection d'appareils techniques, de modèles, de dessins divers, etc., d'instruments de musique et d'objets d'art. Il est visible tous les jours de 1 h. à 4 h.

Il faut encore mentionner l'**Eglise-Neuve** ou *Nieuwe Kerk* (pl. D 6), au Spui, construite par *H. de Keyser* (p. 236). La charpente y est restée apparente à l'intérieur; il devait y avoir une voûte en bois. Cette église renferme les tombeaux de De Witt (p. 264) et de Spinoza.

La **statue de Spinoza** (pl. 49), en bronze, par *Hexamer*, élève de Dumont de Paris, a été érigée en 1880 devant la maison dont il habita une mansarde, de 1671 à sa mort, en 1677, Paveljoengracht, 32, en face de la Doubletstraat et de l'hospice du St-Esprit (pl. 14, C 6).

Le **jardin zoologique et botanique** (pl. F 3) est très fréquenté, mais surtout comme lieu de divertissement. On paie 50 cents d'entrée, et l'on peut s'abonner. Il s'y donne des concerts en été, le lundi soir et souvent le vendredi, en hiver le samedi, à 2 h.: on paie alors 1 fl. Il y a un café-restaurant.

Au S. du jardin zoologique se trouve le *Malieveld* (mail), champ de manœuvres de la garnison. Plus loin, le magnifique et célèbre ***bois de la Haye** *(het Bosch)*, qui s'étend à une heure de distance et qui est percé de charmantes allées. Il faisait jadis partie de la vaste forêt qui existait sur les côtes de la Hollande. Il y a au milieu un local avec jardin appartenant à la *Witte Societeit* mentionnée p. 263. Musique militaire le dimanche de 2 h. à 3 h. $^1/_2$ et le mercredi de 7 h. à 9 h. $^1/_2$ du soir. — Dans le voisinage, le *panorama* mentionné p. 253. Le bois présente d'abord des avenues régulières, bordées de magnifiques arbres, et plus loin, c'est une véritable forêt. Voir la petite carte p. 253.

C'est dans ce parc que se trouve, au N.-E., à $^1/_2$ h. de la ville, la maison du Bois. Le tramway de la ligne Plein-Bezuidenhout mène jusqu'à la Laan van Nieuw-Oosteinde (p. 270). Les promeneurs qui y vont à travers le bois, appuient à dr. à l'extrémité de l'étang, pour arriver à la porte grillée du mur qui entoure la propriété.

La **maison du Bois** *('t huis ten Bosch)*, une résidence royale, a été construite en 1647 par la princesse Amélie de Solms, veuve du prince Frédéric-Henri d'Orange (p. 208), en souvenir de son époux.

L'INTÉRIEUR mérite d'être vu. Sonner à la porte du pavillon de droite. Pourboire: 1 à 3 pers., 1 fl.; 4 pers. et plus, 2 fl. — Dans la salle à manger, des grisailles par *de Wit* (1749), imitant à s'y tromper des bas-reliefs et représentant Méléagre, Atalante, Vénus, Adonis et des génies; des porcelaines de Chine et de Saxe, des faïences de Delft. — La salle chinoise renferme des tapisseries en papier de riz du XVIIIe s. Sur la table, une collection de portraits en miniature de personnages célèbres. — Dans la salle japonaise, des tapisseries brodées, avec des oiseaux et des plantes aux couleurs chatoyantes, données en 1795 au prince Guillaume V d'Orange; de petites armoires japonaises, etc.

La pièce la plus remarquable de ce palais est la **salle d'Orange*, de forme octogone et décorée de peintures exécutées par des artistes de l'école de Rubens, représentant des sujets tirés de la vie du prince Frédéric-Henri. Cette haute salle à coupole est éclairée en partie par des fenêtres sur les côtés. Les murs ont près de 15 m. de haut; ils sont couverts de toile dans le bas et de bois dans le haut. Le mur principal est occupé par le Triomphe du prince sur des ennemis de toute espèce, vices, maladies, etc., par *Jordaens*. Les autres peintres qui ont pris part à la décoration de la salle, sont: *van Thulden*, *Zoutman*, *de Bray*, *Grebber*,

Livens, *Honthorst* et *César van Everdingen*. Une des meilleures compositions est un groupe de cyclopes. — V. aussi p. XXIV.

Jolie EXCURSION à faire de la Haye (2 à 3 h. en voiture): par la route de Leyde («Straatweg naar Leiden»; pl. F 4) et le bois de la Haye, puis par la «Papenlaan» à *Voorschoten* (p. 252), à la *digue de Leyde* (Leidsche Dam), et au *Voorburg*, dans le voisinage duquel est un lieu de divertissement très fréquenté, avec un restaurant, et retour par la *Laan van Nieuw-Oosteinde*, au S. du bois.

42. Schéveningue (Scheveningen).

Voir le carton du plan de la Haye, p. 253.

La distance entre la Haye et Schéveningue est de 4 à 5 kil. Les communications sont entretenues par des tramways.

I. TRAMWAY À VAPEUR (*Stoom-Tramway*), appartenant à la compagnie du chemin de fer Rhénan. Départ de la gare de la compagnie (pl. F 6-5), tous les 3/4 d'h. pendant la saison des bains, et aussi, pour les voyageurs venant par le chemin de fer (Utrecht, Gouda), 1/2 h. après l'arrivée de chaque train. La station de Schéveningue est dans le voisinage du Gr.-Hôt. des Bains. Prix: 1re cl., 25 c.; 2e cl., 15 c.; par abonnement, pour 10 fois, 1 fl. 50 et 1 fl. La distribution des billets se fait dans le train. Au retour de Schéveningue, on peut avoir immédiatement son billet de chemin de fer et faire enregistrer ses bagages à destination.

II. TRAMWAY À VAPEUR de la gare du chemin de fer Hollandais (pl. D 8; p. 253), en construction.

III. TRAMWAYS ORDINAIRES: du *Plein* (pl. D 3,4), deux lignes, par l'ancien et le nouveau chemin, la première divisée en 5, la seconde en 4 sections, pour chacune desquelles on paie 5 c.

VIGILANTES, des gares de la Haye: 1 ou 2 pers., 1 fl. 50; 3 à 5 pers., 1 fl. 75; colis, 10 c. Voir aussi p. 253.

Hôtels. — Il est prudent, durant la saison, de s'assurer un logement d'avance. — * *Gr.-H. des Bains & Kurhaus* (p. 272), ouvert en juillet 1885: ch. dep. 3 fl. par jour; 1er déj., de café ou thé, avec pain, beurre et fromage, 80 c.; table d'hôte, 2 fl. 50. — **H. d'Orange*, appartenant à une société, au N. du précédent, aussi dans un endroit dégagé, sur les dunes: ch. dep. 2 fl. 50; table d'hôte, 2 fl. 50. A côté, le *Pavillon*, comprenant 12 logements séparés, de 1500 à 1800 fl. pour la saison, avec l'ameublement. — *H. des Galeries*, au S. du Gr.-H. des Bains, un petit côté seulement est tourné du côté de la mer, avec un restaurant, un café et des magasins au rez-de-chaussée: ch. dep. 1 fl. 50 (1 fl. 25 avant le 21 juillet); lit supplém., 75 c. à 1 fl. par jour; lit d'enfant, 35 à 50 c.; serv., 25 c., 15 pour un enfant; boug., 25 c.; 1er déj., 60 c.; pens., 3 fl. 50 à 4 fl., vin non compris; table d'hôte, 2 fl. — **H. Garni*, à une société, ayant env. 190 ch. de 1 fl. et au-dessus: table d'hôte, 2 fl. à 2 fl. 50, 1er déj., 70 c.; serv., 25 c.; pens., 4 fl. sans la chambre. — *H. Rauch* et *H. Zeerust*, également sur les dunes au bout de la rue principale, recommandés: ch., 1 à 6 fl., un peu moins chère avant et après le fort de la saison. — *H. Pension*, *H. de l'Union*. — Il y a encore sur les dunes quantité de nouvelles villas.

Derrière les dunes, où l'on ne voit par conséquent pas la mer: **H. Continental*, Nieuwe Badweg, à 5 min. du Gr.-H. des Bains, de 1er ordre; *H. Deutschmann*, au même endroit. Il y a en outre du côté du village quantité d'hôtels-pensions avec restaurants et de villas meublées, naturellement moins chers que les hôtels précédents. Dans le village même: l'*hôt.-rest. St-Hubert* (ch., 1 fl. à 1 fl. 50; dîn., 1 fl. 50; pens., 3 à 4 fl.); l'*hôt.-café-rest. Belvédère;* plus loin, l'**hôt. de la Promenade*, avec jardin-restaur. (stat. de tramway), et l'**hôt.-rest. Beauséjour*, à la sortie du bois de Schéveningue du côté de la Haye. — Les logements particuliers dans le village sont mal organisés. Il faut débattre les prix d'avance, et il est prudent de faire les conventions par écrit.

Bains. On se baigne tous les jours, depuis 7 h. du matin jusqu'au soir dans la semaine et seulement jusqu'à 2 h. le dimanche. Les cartes se prennent au bureau devant le Gr.-H. des Bains, sur la plage. Grande voiture à tente, 70 c.; sans tente, préférée ordinairement par les hommes, 50 c. Abonnement: hommes, 20 bains, avec deux serviettes, 7 fl.; dames, 10 bains, 4 fl. Les premières voitures sont pourvues d'une barre de fer à laquelle les personnes faibles peuvent se tenir, pour recevoir ainsi la vague avec moins de fatigue. Petite voiture, 20 c. avec le linge; abonnement pour la saison, 7 fl. 50. Pourboire, 10 c. chaque fois. On se baigne aussi maintenant en commun, mais il y a encore des places réservées pour les hommes et les femmes qui le préfèrent.

Bains de mer chauds, douches et bains de vapeur, parfaitement organisés au Gr.-Hôt. des Bains, de 7 h. du mat. à 4 h. du s., 75 cents et un pourboire.

Abonnement qu ont à payer les baigneurs: pour la saison, 15 fl.; «Cartes secondaires» pour les membres de la famille, 5 et 3 fl. L'abonnement donne droit à prendre part aux bals et aux soirées dansantes, aux concerts et aux représentations théâtrales ordinaires. En cas de concert et de représentation extraordinaires, les abonnés paient moitié prix.

MÉDECIN, M. le docteur *Mess*, qui a une villa sur les dunes, à côté de l'Hôt. Garni. Il donne des consultations au Gr.-Hôt. des Bains de 7 h. à 8 h., de 10 h. à midi et de 3 h. à 4 h.

POSTE ET TÉLÉGRAPHE: Keizerstraat, 294; bureau auxiliaire au Gr.-Hôt. des Bains.

ANES: 1/2 h., 20 c.; 1/2 journée, 1 fl. 25; avec une voiture, à l'heure, 50 c.; 1/2 j., 2 fl.; attelage de deux ânes, à l'heure, 75 c.; 1/2 j., 2 fl. 50.

Pour les *promenades en mer*, il n'existe que des moyens très défectueux.

On trouve à louer sur la plage des fauteuils d'osier en forme de niche, dits pavillons, des tentes et des chaises.

Le journal *le Petit Courrier* contient la liste des étrangers.

Deux chemins, un ancien et un nouveau, relient la Haye à Schéveningue.

L'ANCIEN CHEMIN est une bonne route pavée en briques, construite dès le milieu du XVIIe s. Il commence à la porte N.-O. de la ville (pl. C 1) et il est bordé d'arbres (tramway, v. p. 270). Sur la droite, jusqu'au canal, s'étend un parc qui a quantité de chênes séculaires, les *Scheveningsche boschjes* ou petit bois de Schéveningue, qui offre de magnifiques promenades. A g., le château royal de *Zorgvliet*, habité autrefois par Cats (m. 1660), homme d'Etat et poète hollandais. Plus loin, une rangée de villas et l'*hôtel-restaur. de la Promenade* (station du tramway, moitié prix jusque là). De la porte de Schéveningue, à la Haye, on compte 1/2 h. jusqu'à la nouvelle église catholique, à l'entrée du village de Schéveningue, et 3/4 d'h. jusqu'à la plage.

Le NOUVEAU CHEMIN conduit directement de l'angle N. de la ville (pl. F 1) au Gr.-Hôt. des Bains. Il longe d'abord le canal qu'il traverse à peu près à mi-chemin. Ce chemin est dépourvu d'ombre. C'est celui que suivent le tramway à vapeur du chemin de fer Rhénan et un des tramways ordinaires. On voit à dr. à quelque distance, sur les dunes, le grand bâtiment du *réservoir d'eau* de la Haye, visible le mardi et le jeudi de midi à 4 h. (belle vue).

Schéveningue, en holl. *Scheveningen* (pron. Squéveninngue), nommé aussi *Schevelingen*, est un village de pêcheurs de 14 800 hab., composé de maisons coquettes en briques, et abrité du côté de la mer par de hautes dunes. Son église, édifice du style gothique tertiaire terminé en 1472, était autrefois au milieu du village; mais une grande marée, le 1er nov. 1570, inonda toute la partie située au delà et détruisit 125 maisons, de sorte que cette église en forme maintenant l'extrémité O. Le terrain monte insensiblement et la mer reste cachée à la vue jusqu'au moment où l'on arrive au sommet des dunes.

Dans le haut des dunes s'étend, du village jusqu'à l'hôtel d'Orange (env. 1 kil. $^1/_2$), une TERRASSE pavée en briques, qui forme une excellente promenade, et dans le bas, du côté de la mer, un chemin carrossable. A l'extrémité S.-O. de la terrasse se trouvent un *phare* (Vuurtoren), à visiter pour lui-même et pour la vue (15 c.), et le *Monument*, obélisque érigé en 1865 en souvenir du retour de Guillaume Ier (p. 210) après l'occupation française. Près de l'église du village, les hôtels Zeerust et Rauch. Plus loin quelques villas, le Gr.-Hôt. des Bains et les autres hôtels mentionnés p. 270, autour desquels se sont aussi groupées quantité de nouvelles villas. Un peu en arrière au même endroit, un *temple protestant.*

Le *Gr.-H. des Bains*, qui sert en même temps de *Kurhaus*, est le rendez-vous des baigneurs. Cette grande et belle construction, élevée en 1884-85, sur les plans des architectes allemands Henkenhof et Ebert, a plus de 500 m. de long, et elle est entourée de galeries couvertes, servant d'abri en cas de pluie. La salle de réunion, qui est richement décorée et qui a un dôme de verre, peut contenir 2500 personnes.

Il vient, dit-on, environ 20 000 baigneurs par an à Schéveningue. Le fort de la saison est du 15 juillet au 15 septembre; plus tôt et plus tard, les prix sont moins élevés. La plage est excellente. Schéveningue a deux avantages sur tous les autres bains de la mer du Nord, la proximité de la Haye et le voisinage d'un magnifique bois.

Sur la PLAGE ou au large se voient de nombreuses barques de pêcheurs *(pinken)*. Au retour de la pêche, qui a lieu le plus souvent à marée haute, le produit en est vendu aux enchères (v. p. 158). Les poissons achetés sont aussitôt triés par l'acquéreur, suivant l'espèce et la grosseur, puis mis par couches dans des paniers et portés au village. De là, ils sont transportés à la Haye, soit sur la tête, par de robustes villageoises, soit dans des charrettes traînées par des chiens. La pêche au hareng est assez considérable, et les gens de Schéveningue vont quelquefois avec leurs barques jusque sur les côtes d'Ecosse.

C'est en vue de Schéveningue que l'amiral Ruyter battit, en 1673, les flottes combinées de la France et de l'Angleterre.

43. Leyde (Leiden).

V. le plan, p. 272.

HÔTELS : *H. du Lion-d'Or* (pl. a, D 3), tenu par Smulders (ch. et déj., 2 fl.; serv., 25 c.; dîn., 2 fl. 25, vin compris); **H. Levedag* (pl. d, D 4; ch., serv. et boug., 2 fl. 50); **H. Central*, nouveau (dîn., 1 fl. 75); *H. Smits de Zon* (du Soleil; pl. b, E 4), tous quatre dans la Breedestraat; *H. de la Poste*, avec café-restaur., sur l'Aal-Markt (pl. D E 3).

CAFÉS-RESTAURANTS : *Zomerzorg*, près de la gare, avec un joli jardin; *C. Suisse*, Breedestraat, 84; *Stadt Nürnberg*, même rue, 16 (bonne bière); *C. Neuf*, id., 107, en face de l'hôtel de ville.

TRAMWAYS: de la gare (pl. B 1) à la *porte de Zyl* (pl. H 2), par le Beestenmarkt (pl. C 2) et par la rue de Harlem; un autre du même endroit à la *porte de Hoogewoerd* (pl. H 5), le seul important pour les étrangers, parce qu'il conduit aux principales curiosités de la ville. — TRAMWAY A VAPEUR pour Harlem et pour Katwyk (p. 278).

VOITURE: de la gare en ville, 60 c.; à l'heure, 1 fl.

Leyde est une des plus anciennes villes de la Hollande, bien que ce ne soit pas sans doute le *Lugdunum Batavorum* des Romains. Elle compte 42 900 hab., mais elle pourrait en contenir 90 à 100 000 comme autrefois, du temps de sa prospérité industrielle. Elle est traversée par le *Vieux-Rhin*, au cours très lent et qui y forme plusieurs bras semblables à des canaux. Cette ville eut à soutenir de la part des Espagnols un siège terrible, qui dura du 31 oct. 1573 au 24 mars 1574. Louis de Nassau la délivra, mais elle fut encore bloquée jusqu'au 3 oct., où Guillaume d'Orange perça les digues de la Hollande Septentrionale et put s'avancer avec une flotte chargée de vivres. Leyde a vu naître beaucoup de peintres célèbres de l'école hollandaise: Lucas de Leyde, Joris van Schooten, Jac. van Swanenburgh, le grand Rembrandt, J. Steen, Gér. Dov, Gab. Metsu, J. van Goyen, Fr. van Mieris, P. Slingeland, etc.; mais elle n'en possède presque rien. On y voit encore un certain nombre de vieilles maisons à pignons dans le style hollandais.

La partie la plus vieille de Leyde est l'ancien château ou le **Burgt** (pl. E 3-4), situé au centre de la ville, sur une colline. Les fondations de cet édifice circulaire, récemment mal restauré et couronné de créneaux, sont indubitablement d'une époque très ancienne. Les chroniqueurs parlent de Drusus et de Hengist. L'histoire en fait mention pour la première fois à la fin du xe s. Il appartient maintenant à l'hôtel de Burgt et les personnes qui ne demeurent pas à l'hôtel paient 10 cents d'entrée.

Dans le voisinage se trouve **St-Pancrace** (pl. 2, F 4; *Hooglandsche Kerk*), église du style goth. tertiaire rebâtie au xve s. et nouvellement restaurée. Elle a trois nefs, même au transept, et elle présente à l'intérieur de vastes proportions. La grande nef n'a jamais été élevée à la hauteur qu'elle devait avoir; on l'a couverte d'une voûte en bois à plein cintre. Aux bras de la croix, dont les frontons sont richement décorés, s'élèvent des tourelles aux formes fantastiques. Contre l'un des 38 piliers se trouve le monument sans importance du bourgmestre van der Werff (m. 1604), l'intrépide défenseur de la ville durant le siège de 1574, avec un médaillon.

En faisant quelques pas au S.-O. du Burgt, on arrive à un pont avec un portique en bois construit en 1825, appelé *Kornbeurs* bourse aux grains; pl. 13, E 4). Ce portique conduit à la *Breedestraat* (rue large), par abréviation *Brêestraat*, rue principale de la ville, qui, avec son prolongement, l'Oude et le Nieuwe Hoogewoerd, traverse toute la ville en y décrivant une sorte de S.

En entrant dans cette rue, on voit à dr. la longue façade de l'***hôtel de ville** (*stadhuis;* pl. 20, E 4), un des plus beaux spécimens du style hollandais de la fin du XVIe s., avec un haut perron et une tour au couronnement pittoresque. Au-dessus de la porte latérale du N. se lit l'inscription suivante:

NAE SWARTE HVNGERNOOT — ALS'T GOD DEN HEER VERDROOT
GEBRACHT HAD TOT DE DOOT — GAF HI VNS WEDER BROOT,
BINAEST ZES-DVIZENT MENSCHEN, — ZO VEEL WI CVNSTEN WENSCHEN.

(Quand une noire famine eut mis à mort près de 6000 personnes, Dieu le Seigneur, s'en étant lassé, nous donna de nouveau du pain autant que nous pouvions en désirer).

Ce chronogramme renferme le millésime du fameux siège de 1574, et les 131 lettres et signes typographiques dont il se compose, répondent aux 131 jours que dura ce siège.

Non loin de la poste, le beau local des réunions de la *Minerva,* la principale corporation d'étudiants.

Le ***musée d'antiquités** (*Museum van Oudheden*; pl. 16, C 3), à l'extrémité O. de la Breedestraat, est public le dimanche de midi, les mardi, jeudi et samedi de 11 h. à 4 h., et visible tous les jours moyennant pourboire (50 c.). Il occupe 11 salles et il est surtout riche en objets égyptiens; mais il a aussi des sculptures grecques, dont serait fier plus d'un grand musée.

REZ-DE-CHAUSSÉE. — Ire SALLE (à dr.), **divinités indiennes**: Brahma, le créateur; Wichnou à la trompe d'éléphant, le conservateur; Chiwa, le destructeur, reposant sur des crânes, en nombreux exemplaires, des grandeurs les plus diverses (ces dieux forment la fameuse trinité indienne, symbolisant à la fois le soleil, l'eau et le feu; la puissance, la sagesse et la justice; le présent, l'avenir et le passé); Mundi, dieu subordonné à Chiwa, sous la forme d'un taureau, en lave; des restes de Carthage; un singulier gardien de temple muni d'une épée.

IIe et IIIe SALLES, **sculptures grecques et romaines**. — IIe SALLE: statues drapées, bustes; statue d'empereur romain portant une cuirasse, en face de l'entrée; 76, *Trajan;* 75, *Auguste;* 129, à dr. de la porte de la 3e salle, buste d'*Adrien.*

IIIe SALLE. Au milieu, sur un autel rond orné de bas-reliefs: *103, *tête colossale de Bacchus*, provenant d'une statue, d'un travail remarquable, mais fort endommagée. Mur de dr.: *52, *statue de Jupiter*, avec l'égide au bras g. et l'aigle sur un tronc d'arbre à côté de lui, remarquable par son bon état de conservation et l'originalité. A la fenêtre, 62, Jeune Pan. A côté, au mur, un *ex-voto à Esculape et à Hygie*, de la bonne époque. Mur de g.: *statue d'Apollon* appuyé sur le trépied, fortement restaurée, la tête provenant peut-être d'une statue de Vénus; à g. et à dr., Bacchus avec le jeune satyre. — En outre, des inscriptions romaines, en partie avec des bas-reliefs. — Dans le haut à dr., 352, une *tête d'Apollon* fort ancienne, mais très mal conservée.

IVe SALLE, **antiquités égyptiennes.** Au commencement, plusieurs grands sarcophages en pierre, avec les figures des défunts, leurs noms et leurs biographies en hiéroglyphes; des inscriptions tumulaires grecques de l'Egypte, déjà pour la plupart d'origine chrétienne. A g. de la porte, la pyramide du tombeau d'un scribe royal; des statues tumulaires à genoux. Au mur en face, des statues assises provenant de tombeaux, entre autres deux groupes, l'homme et la femme. Dans les intervalles, aux murs, des pierres gravées et des bas-reliefs, des pierres tombales couvertes d'hiéroglyphes et la plupart aussi de couleurs bien conservées, surtout le n° 26, au milieu du mur principal. Du côté de l'entrée, une niche avec des bas-reliefs, imitation d'une chambre sépulcrale égyptienne. — Au fond de la salle, quatre piliers et une porte donnant entrée dans un tombeau égyptien, qui renferme une grande niche en forme de temple, faite d'un énorme bloc de syénite, sous le roi *Amasis*, au VIe s. av. J.-C. Mur de g.: bas-relief du tombeau du roi *Horus* (XVe s. av. J.-C.), représentant des prisonniers enchaînés et demandant grâce, peut-être des Juifs. — On monte de cette salle au

PREMIER ÉTAGE. — Ire SALLE, suite des antiquités égyptiennes: momies et objets qui les accompagnaient, parures, fleurs, etc.; sarcophages dans de grandes caisses vitrées; momies d'animaux, tels que chats, oiseaux, etc.; dans les armoires, de petites statuettes en bois et en bronze et des porcelaines égyptiennes. — A la sortie à dr., un peu plus haut, deux longs cabinets renfermant de nombreux manuscrits sur papyrus, en partie très précieux, en hiéroglyphes et en écriture hiératique. — IIe et IIIe SALLES et cabinet voisin: antiquités égyptiennes telles que statuettes, parures, scarabées, bronzes et ustensiles, vaisseaux et leurs équipages, en bois sculpté; vases en terre, en albâtre, etc.

IVe et Ve SALLES, **antiquités grecques et romaines.** Ces salles sont disposées comme les colombaires romains, avec des niches dans les murs pour les urnes cinéraires. Dans la 1re, surtout des urnes romaines, des vases et des inscriptions provenant de tombeaux; au mur de g., un *vieux sarcophage chrétien*, avec des scènes de la vie du défunt. Dans la 2e, des *urnes cinéraires étrusques*, la plupart avec la figure du défunt sur le couvercle et quelques-uns aussi avec des bas-reliefs sur le devant, les sujets en partie d'après la mythologie, entre autres, 400, Ulysse et le Cyclope. A l'entrée et au milieu sont des *monuments funèbres grecs*, quelques-uns de la meilleure époque, mais le plus grand nombre de la décadence. Le plus remarquable est le grand ***bas-relief d'Archestrate*, fille d'Alénos, de Sunium, un des monuments attiques les plus considérables et les plus beaux, du IVe s. av. J.-C. La défunte y est représentée assise, dans une attitude noble, avec une sœur ou une amie plus jeune devant elle et une domestique derrière.

DEUXIÈME ÉTAGE: plâtres d'après l'antique; bronzes, armes et casques grecs, romains et étrusques; vases grecs et romains de style primitif et moins anciens; vases en terre; modèles de tombeaux antiques.

TROISIÈME ÉTAGE: reproductions en liège d'édifices antiques; modèles de constructions lacustres dans le lac de Zurich; modèle d'un «lit de Géant» de la province de Drenthe (p. 318), antiquités germaniques, idoles des anciens Teutons, etc.

Le **musée d'histoire naturelle** (*Museum van natuurlyke Historie;* pl. 15, C4), dans un local très bien distribué, le longdu canal de Rapenburg, n° 28, est ouvert au public tous les jours, le dimanche excepté, de 10 h. à 4 h. Il est surtout riche en produits des Indes orientales et occidentales. La partie consacrée aux *oiseaux* comprend la collection du célèbre ornithologue Temminck (m. 1858). Le cabinet d'*anatomie comparée* est très riche.

St-Pierre (*Pieterskerk;* pl. 1, D4), église en forme de croix latine et à cinq nefs, construite en 1315, est la plus grande de la ville. Elle renferme les monuments d'un grand nombre de savants.

Le monument du célèbre médecin *Boerhaave* (m. 1738) porte la modeste épitaphe: «*Salutifero Boerhavii genio sacrum*». D'autres tombeaux rappellent la mémoire des professeurs, tels que *Dodoëns*, *Spanheim*, les deux *Meerman*, *Clusius*, *Scaliger*, *Camper*, *van der Palm*, etc. On y voit encore celui de l'historien *J. Luzac*, une des victimes de l'explosion de 1807 (p. 278), le monument d'un étudiant, de la compagnie de volontaires de 1830, qui s'était formée pour combattre les Belges, etc. Enfin l'on remarque les clôtures du chœur, avec de riches balustres et une frise de la renaissance, ainsi que la chaire.

Une tradition rapporte qu'après la glorieuse défense de la ville, en 1574, le prince d'Orange voulant récompenser les habitants d'une conduite aussi héroïque, leur laissa le choix entre la franchise d'impôts pour un grand nombre d'années et l'établissement d'une **université**. Quelle que soit l'authenticité de cette tradition, il est bien constaté que la fondation de l'université date de l'année 1575. Elle acquit bientôt une réputation européenne et attira les savants les plus renommés de l'époque. Nous citerons les noms de Hugues Grotius, Descartes, Saumaise, Scaliger, Boerhaave, Ruhnkenius, Wyttenbach, Arminius et Gomar (p. 216), etc. De nos jours encore, l'université soutient son ancienne réputation, surtout par ses facultés des sciences et de médecine (46 professeurs, plus de 800 élèves). La plupart des cours se font au domicile des professeurs, très peu dans le local même de l'université, l'*Académie* (pl. 8; C5E5). Les murs de la salle du sénat académique sont ornés des portraits de tous les professeurs qui se sont succédé depuis la fondation de l'université jusqu'à nos jours. La bibliothèque (pl. 26, D5), la plus ancienne et la plus riche de la Hollande, compte plus de 300 000 vol. et 5600 manuscrits précieux. Des sommes considérables ont été accordées à l'université pour de nouvelles constructions et des améliorations.

Le **jardin botanique** (pl. C5), ouvert au public jusqu'à 1 heure, est organisé d'après les systèmes de Linné et de Jussieu. Il est très riche en plantes exotiques, surtout des Indes orientales. On cultive dans les serres le cannellier, le quinquina, le caféier, le cotonnier, le mahagon (acajou), le lin de la Nouvelle-Zélande, le papyrus, le bambou, le sagoutier, le camphrier, la dionée (attrape-mouche), la trichélie, l'arrow-root, le tamarinier, un grand nombre d'espèces de palmiers, etc.

A côté du jardin botanique s'élève l'*observatoire* (pl. 17), qui jouit d'une réputation considérable.

Au n° 108 du Nieuwe Hoogewoerd, prolongement de la Breedestraat, se trouve le **musée ethnographique** (*het Rijks ethnographisch Museum*; pl. 14, G5), ouvert dans la semaine de 10 h. à 4 h. et les dimanches de midi $^1/_2$ à 4 h.

Il se compose surtout de la collection d'objets japonais recueillis par le colonel *de Siebold*, médecin au Japon de 1822 à 1830, qui eut bien de la peine à l'apporter de ce pays, presque complètement fermé aux Européens jusqu'en 1853. A la mort du fondateur, en 1866, la collection fut acquise par l'Etat. Elle comprend, entre autres, un autel domestique, des images de saints, des figures en bronze, des tablettes à calculer, des instruments de chirurgie, des éventails, des parasols, des aiguilles aimantées, des jouets d'enfants, des objets en sucre, des instruments de musique, de nombreux ouvrages en bambou, des figures anatomiques, deux armures, des drapeaux, des tableaux, une idole (dragon), des filets, un grand nombre de livres japonais, des modèles divers, une grande maison de campagne, des vêtements garnis des plus fines broderies, des parures, des épingles à cheveux, des pipes, des couteaux, des ciseaux, des chapelets, des amulettes, du papier, des cartes à jouer, des ouvrages en paille, des malles de voyage, des boîtes à lettres, des pinceaux pour écrire, des balais, de la soie, de la bijouterie, un modèle de cimetière, un autel du Tibet, des peintures enchâssées dans des cadres dorés singulièrement sculptés, etc. On y voit en outre de nombreux objets de Sumatra, de la Floride, de Célèbes, de la Nouvelle-Guinée, des îles Aroë, de Chine, des Indes, etc., qu'on y a ajoutés dans ces derniers temps, et qui proviennent en partie de l'anc. cabinet de curiosités de la Haye.

Le **musée municipal** (pl. 25, D 2), Oude Singel, 32, dans l'ancienne halle aux draps *(Lakenhal)*, bâtie en 1640, se compose d'une collection d'antiquités locales de toutes sortes et de quelques tableaux intéressants, provenant en grande partie de l'hôtel de ville. Il est visible tous les jours de 10 h. à 4 h., moyennant 10 c. dans la semaine et gratuitement le dimanche et le 3 oct., jour anniversaire de la levée du siège de 1574. Catalogue, 30 c.

Dans l'escalier, des vitraux du XVIe s., grisailles représentant des comtes et des comtesses de Hollande.

PREMIER ÉTAGE Au milieu de la grande salle, deux vitrines contenant, celle de g. des objets en or et en argent du XVIIe et du XVIIIe s., celle de dr. des verres de la même époque, ainsi que des souvenirs du siège déjà mentionné, des monnaies, des médailles. Aux murs, de nombreux tableaux dits de régents et des portraits; au petit mur de dr.: 11, *Gov. Flinck*, portrait d'homme; à dr., 7, *Adr. Brouwer*, des Paysans; à g., 57, *Dom. van Tol* (élève de Gér. Dov), Femme faisant des beignets, et quatre garçons. A g., 143, un tableau de «régents» de 1618, par un maître inconnu. La tapisserie en face de l'entrée, n° 166, représente la levée du siège de Leyde; elle date de 1587. — Il y en a de pareilles dans les salles latérales.

SECOND ÉTAGE. Les tableaux réunis ici sont plus importants; ce sont aussi pour la plupart des tableaux de «régents» et d'arquebusiers. Au mur principal, en face de l'entrée, une grande toile très médiocre de *van Brée* (m. 1839), le Bourgmestre van der Werff s'offrant lui-même à ses concitoyens affamés qui lui demandent à manger ou la reddition de la ville. A g. et à dr., six tableaux d'arquebusiers (num. 40, 37, 34, 38, 36 et 39), par *Joris van Schooten*, qui naquit en 1587 à Leyde: ses têtes sont pleines d'expression et habilement peintes, mais il n'essaie pas encore de grouper ses personnages avec art. Du même peintre, au mur de g., n° 32, la Misère durant le siège. A côté, 71, Une sortie; 70, *P. van Veen* (1570-1639, à Leyde), l'Arrivée des Gueux de mer. Là aussi un portrait médaillon en terre cuite du bourgmestre van der Werff, du XVIIe s. Au petit mur de dr.: 17, *Lucas de Leyde* (célèbre comme graveur), le Jugement dernier, seul grand tableau authentique de l'artiste. A dr. et à g., 9 et 10, *Corn. Engelbertsz* (à Leyde), Crucifiment avec de nombreuses figures, et des volets sur lesquels sont représentés le sacrifice d'Abraham et le serpent d'airain, la descente de croix et six autres scènes de la vie de J.-C. — Dans la petite salle voisine, 5 tableaux singuliers d'*Is. Claesz. van Swanenburgh* (m. 1614), père de l'artiste du même nom qui fut le maître de Rembrandt; ils représentent la vieille manufacture de draps de Leyde et l'entrée des drapiers flamands. — Dans la salle de l'autre côté, de vieilles armes et des bannières.

Sur la promenade, non loin de la porte dite Rynsburger Poort, par laquelle on entre dans la ville en venant de la gare, la statue du médecin *Herman Boerhaave* nommé p. 275, par Strackée. — Derrière est l'*hôpital académique*, et bien plus loin l'*hôpital militaire*. — Au Galgewater (pl. B C 3), la nouvelle école navale ou *Kweekschool voor de Zeevaart*.

Les deux grandes places à dr. et à g. du canal *Steenschuur* (pl. E 5), n'existent que depuis 1807, où eut lieu ici une terrible explosion de poudre. On a construit depuis sur celle du N. des bâtiments pour l'université (pl. 8). L'autre, qui porte encore le nom de Grande-Ruine sert de champ de manœuvres. On y a inauguré en 1884 le *monument du bourgmestre van der Werff* (v. ci-dessus).

A 2 h. au N.-O. de Leyde se trouve Katwyk. Il est desservi par un tramway à vapeur, qui part de la gare et fait le trajet 18 fois le jour en été, en 40 min. Il y a aussi un bateau à vapeur, qui part du pont du Beestenmarkt (pl. C 2) et qui y va env. 12 fois le jour, en 1 h.: prix, 25 et 10 c.

Katwyk, ou *Katwyk-aan-Zee*. — Hôt.: **Groot Badhôtel*, **H. Levedag*, *H. Zeerust*, *H. & Pens. van Tellegen*, **H. de Zwaan*, tous au bord de la mer, simples, mais bons. Il y a aussi des villas et des appartements à louer: s'adresser au bourgmestre. — C'est un village très fréquenté pour les bains de mer par les Hollandais et les Allemands. Il est situé près de l'embouchure d'un canal, pourvu d'énormes écluses, qui vient en aide au Rhin, pour en déverser les eaux dans la mer.

Une violente tempête étant venue amonceler des dunes impénétrables sur la côte en 839 (p. 232), l'embouchure du Rhin fut ensablée depuis lors jusqu'en 1807, date de la construction des écluses. Abandonné à lui-même, le fleuve se perdait dans les sables avant d'atteindre la mer. Une partie des eaux étaient devenues stagnantes et avaient transformé toute la contrée en marais. Pour obvier à cet inconvénient et aussi pour créer une nouvelle issue à la mer de Harlem (p. 252), on a construit un grand canal à 3 écluses, dont la première à 2 couples de portes, la seconde à 4, et la troisième, la plus proche de la mer, à 5 couples. A la marée montante, les portes sont fermées, pour empêcher les eaux de la mer de faire irruption. Ces eaux s'élèvent alors à une hauteur de 4 m. contre les écluses, et leur niveau est souvent de beaucoup supérieur à celui du canal. Lors du reflux, on ouvre les portes pour 5 à 6 h., afin de laisser écouler les eaux qui se sont amassées dans le canal et de balayer le sable déposé par la mer. On évalue à plus de 3000 m. cubes la masse d'eau qui s'écoule en une seconde par les écluses. Quand la mer est grosse et que le vent souffle vers la côte, empêchant les eaux de se retirer dans le temps ordinaire, on ne peut pas ouvrir les portes. Les digues élevées à l'entrée du canal et le long de la côte sont des ouvrages d'un caractère vraiment grandiose; les fondements des écluses sont des pilotis enfoncés dans le sable mouvant et revêtus d'une solide maçonnerie en pierre de Belgique. Ces magnifiques travaux hydrauliques ont été exécutés sous le règne du roi Louis Bonaparte, par l'ingénieur *Conrad* (p. 280). Ils dépassent, par la solidité et l'ingénieuse combinaison, tous les ouvrages analogues en Europe. Ils ont été considérablement agrandis depuis qu'on y a dirigé l'un des canaux d'écoulement de la mer de Harlem. Il y a dans les environs des fours à chaux destinés à brûler les coquilles amoncelées sur la plage.

Entre Leyde et Katwyk est *Endegeest*, maison de campagne avec un beau parc appartenant aujourd'hui à M. Gevers; elle fut habitée pendant plusieurs années par Descartes, qui y composa ses principaux ouvrages de philosophie et de mathématiques.

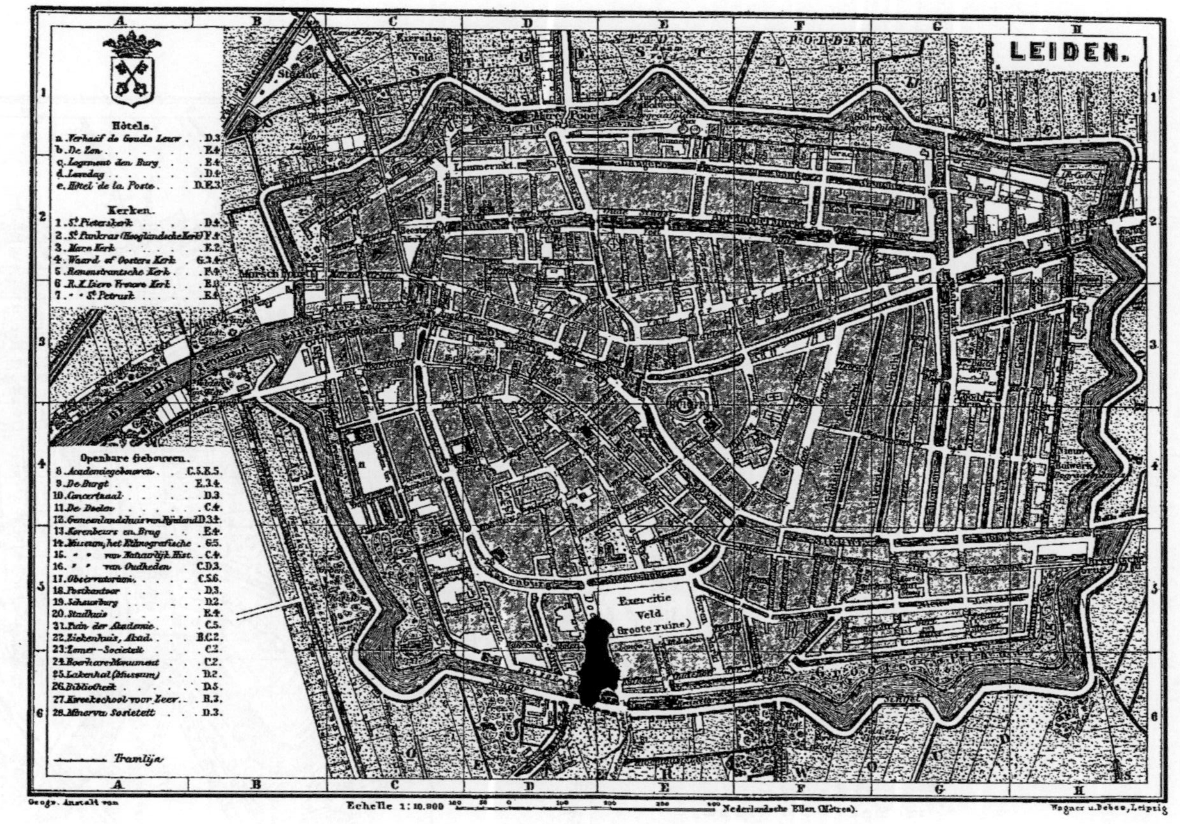

LEIDEN.
Hôtels.
a. Verhaaf de Goude Leeuw . . D.3.
b. De Zon . . . . . E.4.
c. Logement den Burg . . E.4.
d. Levedag . . . . D.4.
e. Hôtel de la Poste . . D.E.3.
Kerken.
1. St. Pieterskerk . . . . D.4.
2. St. Pankras (Hooglandsche Kerk) F.4.
3. Mare Kerk . . . . E.2.
4. Waard of Oosters Kerk . G.3.4.
5. Remonstrantsche Kerk . . F.4.
6. R.K. Lieve Vrouwe Kerk . . E.3.
7. " " St. Petrus . . . E.4.
Openbare Gebouwen.
8. Academiegebouwen . . C.5.E.5.
9. De Burgt . . . . E.3.4.
10. Concertzaal . . . . D.3.
11. De Doelen . . . . C.4.
12. Gemeenlandshuis van Rijnland D.3.4.
13. Korenbeurs en Brug . . E.4.
14. Museum, het Ethnografische . G.5.
15. " " van Natuurlijk Hist. . C.4.
16. " " van Oudheden . C.D.3.
17. Observatorium . . . C.5.6.
18. Postkantoor . . . . D.3.
19. Schouwburg . . . . D.2.
20. Stadhuis . . . . E.4.
21. Tuin der Academie . . . C.5.
22. Ziekenhuis, Akad. . . B.C.2.
23. Zomer-Societeit . . . C.2.
24. Boerhave Monument . . . C.2.
25. Lakenhal (Museum) . . . D.2.
26. Bibliotheek . . . . D.5.
27. Kweekschool voor Zeev. . . B.3.
28. Minerva Societeit . . . D.3.
Tramlijn
Exercitie Veld (Groote ruine)
Stads Polder
Echelle 1:10.000
Nederlandsche Ellen (Mètres).
Geogr. Anstalt von Wagner u. Debes, Leipzig

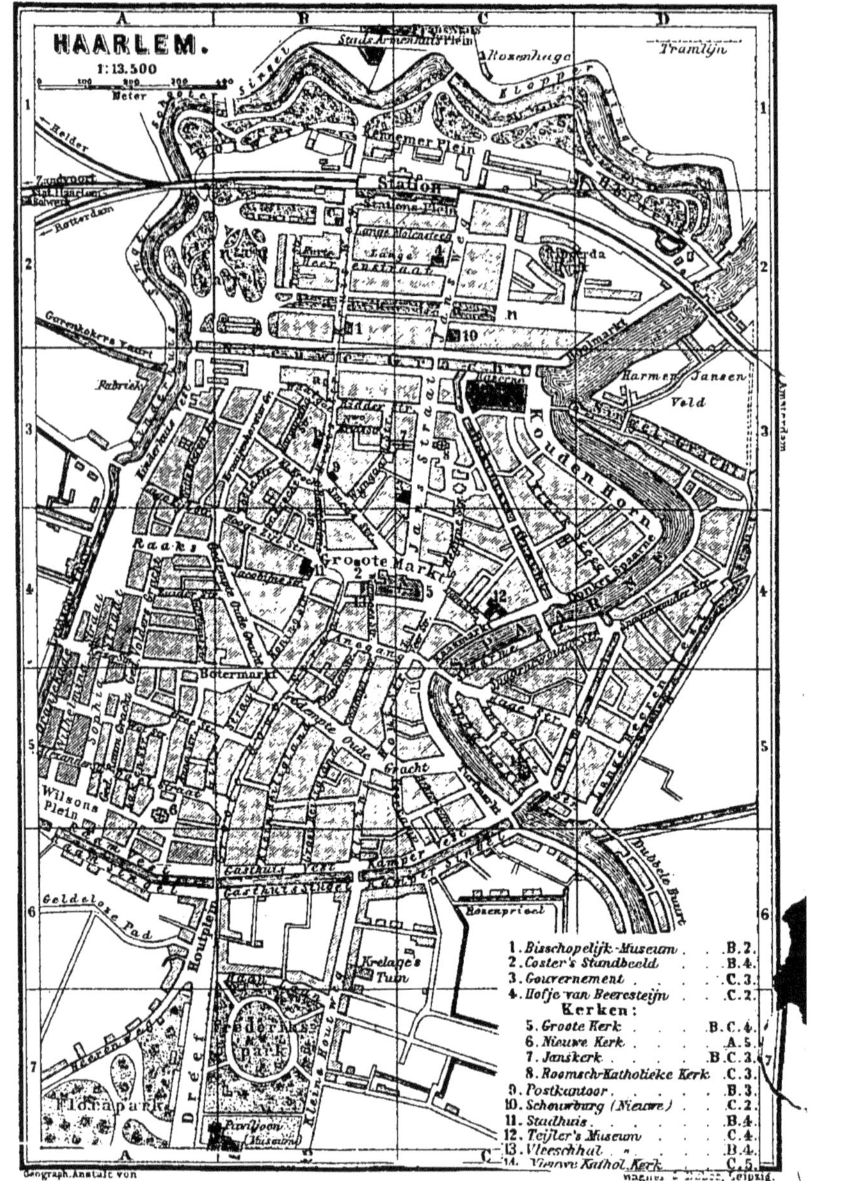

HAARLEM.
1:13.500
Meter
Tramlijn
Rozenhage
Kennemer Plein
Station
Stations Plein
Lange Heerenstraat
Zandvoort
Rotterdam
Helder
Gorenbokers Vaart
Fabriek
Harmen Jansen Veld
Amsterdam
Kouden Horn
Raaks
Groote Markt
Botermarkt
Sophia
Wilsons Plein
Gracht
Kamper Vest
Gasthuis Vest
Gasthuis Singel
Dubbele Buurt
Rozenprieel
Geldelooze Pad
Houtplein
Krelage's Tuin
Frederiks park
Florapark
Dreef
Kleine Houtweg
Paviljoen (Museum)
1. Bisschopelijk-Museum . . B.2.
2. Coster's Standbeeld . . B.4.
3. Gouvernement . . C.3.
4. Hofje van Beeresteijn . . C.2.
Kerken:
5. Groote Kerk . . B.C.4.
6. Nieuwe Kerk . . A.5.
7. Janskerk . . B.C.3.
8. Roomsch-Katholieke Kerk . C.3.
9. Postkantoor . . B.3.
10. Schouwburg (Nieuwe) . . C.2.
11. Stadhuis . . B.4.
12. Teijler's Museum . . C.4.
13. Vleeschhal . . B.4.
14. Nieuwe Kathol. Kerk . C.5.
Geograph. Anstalt von
Leipzig.

44. Harlem.

Hôtels : **H. Fünckler* (pl. a, B 3), à 6 ou 8 minutes de la gare, dans la Kruisstraat (ch. et serv., 1 fl. 75; boug., 30 c.); *H. du Lion-d'Or* (pl. c, B 2), même rue, un peu plus près de la gare; *De Leeuwerik* (l'Alouette; pl. b, B 3), de 2e cl., très fréquenté par les voyageurs de commerce et recommandé (ch. et boug., 1 fl. 50). — Il y a encore deux bonnes maisons, qui ne sont toutefois que pour un séjour prolongé, les *hôt. van den Berg* et *t' Wapen van Amsterdam*, en dehors de la ville, au bois de Harlem : ch. et déj., 2 fl.; boug., 25 c.; serv., 50 c.

Près de la gare, à dr. de la sortie, quelques cafés-restaurants, où l'on peut aussi coucher, simples, mais pas chers. — *Café-rest. Brinkmann*, Groote Markt, 11, recommandé.

Tramway de la gare au Pavillon (p. 283), par le Kruisweg, la Kruisstraat, l'hôtel de ville (p. 280) et la Groote Houtstraat. Prix : 10 c. — Tramway à Vapeur à Leyde (p. 273), départ du bois de Harlem.

Voitures : à 1 chev. de la gare dans la ville avec 25 kilogr. de bagages, 60 c.; à l'heure, dans la ville, 1 fl.; en dehors de la ville, 1 fl. 50. Excédant de bagages, 20 c. par 25 kilogr.

Harlem, qui a 45 500 hab., est la résidence du gouverneur de la province de Hollande Septentrionale, une des plus propres et des plus belles villes du royaume et un centre d'industrie assez important. Elle est située sur la *Spaarne*, qui la traverse en décrivant plusieurs courbes, et elle est entourée de riches jardins et de beaux parcs, en partie de création récente. Ses nombreuses maisons anciennes à pignons, en briques et en pierres, sont intéressantes pour les architectes.

Harlem fut longtemps la résidence des comtes de Hollande. Comme Leyde, elle eut à soutenir, du 12 déc. 1572 au 13 juillet 1573, un terrible siège de la part des Espagnols, que commandait Frédéric de Tolède, fils du duc d'Albe. Elle fut prise malgré la défense la plus héroïque, à laquelle les femmes même prirent part, dit-on, sous la conduite de Kenau Simons Hasselaar. La capitulation fut suivie de l'exécution du commandant, des soldats, des ministres protestants et de 2000 citoyens. Les Espagnols furent chassés quatre ans plus tard. Harlem atteignit son plus haut degré de prospérité dans le premier quart du xviie s., où il s'y développa une très grande activité artistique. C'est ici que vivaient alors : Cornelis Corneliszoon, H. Goltzius, H.-C. de Vroom, P. Soutman, les deux Grebber, Fr. Hals, qui les surpassait tous, etc.

Le Kruisweg et la Kruisstraat, son prolongement, conduisent en 12 min. environ, de la gare, au Groote Markt. A mi-chemin, Kruisweg, 59, le *musée épiscopal* (pl. 1, B 2), qui contient une collection d'objets religieux anciens, provenant surtout de l'évêché de Harlem. Ce musée, bien inférieur à celui d'Utrecht, est visible tous les jours, sauf les sam., les dim. et les jours de fêtes, de 10 h. à 5 h., moyennant 25 c.

Au milieu de la ville est le Groote Markt ou Grand-Marché (pl. B C 4), avec la Grande-Eglise, l'hôtel de ville (p. 280), l'ancienne *halle* (pl. 13, B 4), construction originale à pignon, un des plus curieux échantillons du style hollandais de la fin du

XVIe s., et l'*ancien hôtel de ville*, de 1250, qui sert maintenant de caserne.

La **Grande-Église** (*St-Bavon;* pl. 5, B C 4), qui date de la fin du XVe s., est un édifice grandiose en forme de croix, long de près de 140 m. et très élevé, avec une tour de 80 m. de haut, achevée en 1516. Elle est en restauration depuis quelques années.

INTÉRIEUR (le sacristain demeure au S. du chœur). — Les voûtes reposent sur 28 colonnes, sur lesquelles on a découvert des peintures ornementales du XVIe s. La grande nef et le chœur étaient, il semble, destinés à avoir des voûtes de pierre, mais ils n'ont que des voûtes de bois à nervures, datant du commencement du XVIe s. On remarquera les stalles et la grille de cuivre qui sépare le chœur de la nef, dont le style présente un mélange original des styles ogival tertiaire et de la renaissance, et que décorent de nombreuses armoiries des donateurs. — A un pilier à dr. du chœur est un monument consacré à la mémoire du constructeur des écluses de Katwyk (p. 278), *Conrad* (m. 1808), et de son compagnon *Brunings* (m. 1805). Les petits modèles de navires suspendus à une arcade ont remplacé en 1668 d'autres navires analogues, détruits par le temps, qui avaient été placés ici en mémoire de la 5e croisade, commandée en partie par le comte Guillaume Ier de Hollande. A côté du chœur est la pierre tombale du poète Bilderdyk (m. 1831). La *chaire*, en bois sculpté, avec une belle balustrade de cuivre, est du XVIIe s. On voit dans le mur un boulet de canon provenant du siège de 1573. Le joli groupe en marbre qui se trouve sous l'orgue, représente la poésie et la musique religieuses, rendant grâce à la ville de Harlem pour la construction de cet instrument; il est de *Xavery*.

L'*orgue de Harlem, construit de 1735 à 1738 par Chrétien Muller et complètement restauré en 1868, passait autrefois pour le premier du monde, quant à la dimension et à l'étendue du son, et c'est encore aujourd'hui un des plus importants qui existent. Il a 4 claviers, 64 registres et 5000 tuyaux, dont les plus grands ont 39 centim. de diamètre et 10 m. de longueur. On en joue pour le public le mardi de 1 h. à 2 et le jeudi de 2 à 3; en d'autres moments, il faut payer 13 fl. pour l'entendre (1 ou plusieurs pers.).

Vue étendue de la tour. On demande 1 fl.!

Sur la place, devant l'église, se voit depuis 1856 la *statue de Coster* (pl. 2, B 4), haute de 4 m., en bronze, d'après *Royer*.

Les Hollandais ont longtemps attribué à Coster l'invention de l'imprimerie, mais le différend est maintenant vidé en faveur de *Gutenberg*. Il existait déjà des planches en bois servant à l'imprimerie au commencement du XVe s., et il est possible que Gutenberg ait eu l'idée des caractères mobiles en voyant des planches de ce genre faites dans les Pays-Bas; mais les prétentions des habitants de Harlem ne sont plus soutenables maintenant, car il est prouvé que toute la personne de l'«imprimeur» Laurent-Janszoon Coster est le produit de l'imagination et de la vanité d'une famille de la ville au XVIe s. Voir l'ouvrage du Dr A. van der Linde, «De Haarlem'sche Costerlegenders», la Haye, 1870.

L'**hôtel de ville** (pl. 11, B 4), vis-à-vis de la Grande-Eglise, est l'ancien palais du comte de Hollande, transformé en 1633. Le *MUSÉE qui s'y trouve est ouvert tous les jours, moyennant 25 c. dans la semaine, de 10 h. à 4 h. en été et 3 h. en hiver, et gratuitement le dimanche, de midi à 4 h. Il occupe une place éminente parmi les collections hollandaises, bien qu'il ne soit pas riche en tableaux. En effet, c'est ici seulement qu'on apprend à connaître le plus enjoué des peintres, le plus grand coloriste après Rembrandt, *Frans Hals*, originaire de Harlem

(p. XXXII). Il y est représenté par quatre grands tableaux, qui permettent de suivre ses progrès et qui intéresseront surtout les amateurs. Mais les autres méritent aussi de fixer l'attention, au point de vue historique, parce qu'ils donnent une idée d'ensemble de cette catégorie de peintures représentant des corporations, depuis 1583 jusqu'à la fin du XVIIe s.†

On monte un escalier à g. et on entre dans un vestibule dont le plancher est du XIIIe s. et aux murs duquel sont des portraits et des armoiries de comtes et de comtesses de Hollande, ainsi qu'un tableau moderne qui représente la défense de Harlem (p. 279). — Traverser de biais ce vestibule et sonner pour se faire ouvrir le musée.

Ire SALLE, rien d'important. — IIe SALLE : à g., 192, *A. Willaerts*, et à dr., 183, *Vroom*, Combat naval de Gibraltar, en 1607 ; 30, *Corn. Corneliszoon*, Repas d'archers, de 1599 ; dans le haut, à l'escalier, 144, *Pot*, Apothéose du prince Guillaume. — Dans le corridor à dr. : 155, *Schooreel*, Adam et Eve ; 61, *F.-P. de Grebber*, Repas d'archers, de 1610 ; 66, *P. de Grebber*, fils du précédent, Frédéric Barberousse donnant ses armoiries à Harlem, en présence du patriarche de Jérusalem, peint en 1630.

IIIe SALLE. Tout le grand mur de g. est occupé par les ***tableaux de corporations d'archers et de régents de Fr. Hals*, placés dans l'ordre chronologique. Le premier, no 71, date de l'année, où le peintre avait 30 ans. Il représente un repas des officiers des archers de St-Georges, et il se distingue par le relief et la vigueur du coloris ; il surpasse même sous ce rapport les tableaux suivants. Un second tableau que l'artiste peignit pour les archers de St-Georges, le no 72, est de 1627, de même que le 73, un Repas des officiers des archers de St-Adrien (« Cloveniersdoelen »). Le talent de Fr. Hals atteignit tout son développement vers 1630. On voit de quelle puissance était doué son pinceau dans le no 74, son *œuvre capitale, de 1633 : la Réunion des officiers des archers de St-Adrien, avec quatorze personnages de grandeur naturelle, entre autres le colonel Jean-Claaszoon Los, trois capitaines, trois lieutenants, deux enseignes et cinq sergents. Viennent ensuite, no 75, les Officiers et les sous-officiers des archers de St-Georges (1639), et, 76, les Régents ou directeurs de l'hôpital Ste-Elisabeth, de 1641, dans un style qui rappelle beaucoup celui de Rembrandt. Après un long intervalle, sur lequel sa biographie ne donne pas de renseignements, Hals composa encore, lorsqu'il avait déjà 80 ans, les no 77 et 78, les Régents et les Régentes de l'hospice des vieillards, tous deux de 1664. — Ensuite : 18, *J. de Bray*, les Régentes de la léproserie, de

† Le musée vient de s'enrichir, grâce au legs *Fabr. van Leyenburg*, d'une certaine quantité de tableaux, parmi lesquels il y a deux portraits de Frans Hals, et on va l'agrandir, ce qui amènera des changements considérables dans la classification.

1667; 158, *Soutman,* des Archers, de 1642; 60, *F.-P. de Grebber,* Repas d'archers, de 1660; 20, *J. de Bray,* Séleucus se laissant crever un œil pour sauver son fils, de 1676; 159, *Soutman,* des Archers, de 1644; *175, *Verspronck,* les Régentes de l'hospice du St-Esprit; 27, *Corn. Cornelisszoon,* Repas d'archers, de 1583; 21, *J. de Bray,* Apothéose du prince Frédéric-Henri (1681); 104, *Holsteyn,* Parabole de la vigne du Seigneur (1647). — Au mur au milieu de la salle: *79, *80, *Fr. Hals,* portr. d'Albert et de Cornélie van Nierop (1631); 177, *Victors,* élève de Rembrandt, portr. d'un bourgmestre d'Amsterdam (1661); 170, 171, *Verspronck,* portraits (1637); *161, *Terburg,* portr. de famille. — Du côté de la sortie: *96, *Barth. van der Helst (J. van Ravesteyn?),* des Archers, de 1630; 62, *F.-P. de Grebber,* des Archers, de 1619.

IVe SALLE. A dr., 89, *Marten van Heemskerck,* St Luc faisant le portrait de la Vierge (1532); *15, *16, *J. de Bray,* Régents et Régentes de l'orphelinat (1663 et 1664); entre les deux, 181, *Vroom,* Arrivée du comte de Leicester à Flessingue en 1586, peinte en 1623; 1, *P. Arsten,* Nabuchodonozor et les jeunes gens dans la fournaise ardente, de 1575; 93, *Heemskerck,* Ecce Homo, de 1559; *164, *Adr. van de Velde,* paysage; *6, *G. Berck-Heyde,* l'Hôtel de ville de Harlem (1671); 184, *Vroom,* vue de Harlem; 26, *A. Brouwer,* les Fumeurs; 116, *P. Lastman* (maître de Rembrandt), la Nativité; 9, *J. Berck-Heyde,* l'Atelier de Fr. Hals: une vingtaine de jeunes peintres, assis autour d'une table, dessinent d'après nature; Fr. Hals lui-même est debout près de la porte et parle à Ph. Wouwerman, qui est venu le voir. 24, *P. Brueghel le J.,* Proverbes flamands; 151, *Saenredam,* l'Eglise-Neuve de Harlem. Il y a en outre dans cette salle un certain nombre de vieux imprimés, entre autres le « Spiegel onzer behoudenis », sur lequel s'appuyaient surtout les défenseurs de la légende de Coster.

Le gardien du musée montre encore une collection d'ANTIQUITÉS DE HARLEM: des armes, des verres et des instruments de torture. On y remarque surtout la *coupe de St-Martin, faite en 1604 pour le compte de la corporation des brasseurs, qui la paya 360 fl. Le couvercle a été modelé par *H. de Keyser* et les médaillons par *Ern. Janszoon van Vianen,* d'après *H. Goltzius.*

La *bibliothèque municipale,* dont l'entrée est au Prinsenhof, derrière l'hôtel de ville, possède une riche collection de manuscrits et de livres relatifs à l'histoire du pays. Elle est ouverte les mercredi et samedi de 2 à 3 h.

Le **musée Teyler** (pl. 12, C 4), fondé par *Pierre Teyler van der Hulst* (m. 1778), qui légua son immense fortune moitié aux pauvres et moitié pour favoriser le progrès des sciences, est visible tous les jours, excepté les jours fériés et le samedi, de 11 h. à 3 h. (25 c. de pourb.). Il est installé dans un vieux bâtiment de la Damstraat, augmenté depuis peu, du côté de la Spaarne, d'une partie considérable dans le style de la renaissance, sur les plans de l'architecte viennois Ch. Ulrich. Ce musée comprend des collections diverses, savoir: un *cabinet de physique*, avec des appareils de chimie, des instruments d'optique, des machines hydrauliques et électriques (les plus grandes machines électriques de l'Europe, à 4 batteries de 25 jarres chacune; un grand aimant; le modèle du télescope catoptrique de Herschel); un *cabinet de géologie*, riche en minéraux et en fossiles, entre autres celui d'un plésiosaure ou ichthyosaure à long cou; une *galerie de peinture*, plus de 80 tableaux modernes, dans une salle éclairée du haut, en particulier d'*Eeckhout, Schelfhout, Koekkoek, Schotel, Verveer, J. Koster, Ten Kate, Mesdag, van Hove, Bosboom* (catalogue). On y voit aussi une précieuse collection d'eaux-fortes et de dessins d'anciens maîtres, et il y a une *bibliothèque* considérable, ouverte les mercr., jeudi, vendr. et sam. de 1 h. à 4 h. Au premier étage se trouve une grande salle où ont lieu des conférences scientifiques. L'administration publie aussi des «archives du musée Teyler» et ouvre tous les ans un concours.

Dans l'angle entre les deux bâtiments du musée Teyler se trouve l'ancien *Poids Public*, dans le style de la renaissance hollandaise. — En face de la Damstraat, sur la rive dr. de la Spaarne, est le local de l'*académie des Sciences* hollandaise, qui a son siège à Harlem (secr., le prof. J. Bosscha).

L'*Eglise-Neuve* (Nieuwe Kerk; pl. 6, A 5) a une belle tour, de même que la nouvelle *église catholique* (pl. 14, C 5).

Le ***bois de Harlem** *(het Hout)*, au S. de la ville, est un magnifique parc planté de hêtres et peuplé de daims apprivoisés, qu'entourent de belles promenades, des cafés, etc. Il y a un charmant parc de création récente, le *Florapark* (pl. A 7).

Dans ce bois, à 7 min. de la porte du Bois *(Houtpoort)*, est le **Pavillon** (*Paviljoen Welgelegen*, Pavillon bien situé; pl. AB 7), qui appartint pour un temps à Louis Bonaparte, roi de Hollande. Il renferme une galerie de peinture qui va être réunie à celle du nouveau Musée National d'Amsterdam (p. 301), ce qui amènera ici de grands changements.

Au premier étage est un *musée industriel* (Museum van Kunstnyverheid) fondé en 1877 et visible tous les jours de 10 h. à 4 h., moyennant 25 c. Il se compose de modèles, de reproductions et de dessins des produits les plus célèbres de l'industrie des temps anciens et des temps modernes. Ils sont classés par catégories, de la manière suivante: tissus, bois sculptés, ouvrages en métal, ivoires, poteries, architecture, sculpture, dessins et costumes. Les gravures forment une collection de 4000 numéros. — A ce musée se rattache une école de dessin industriel, installée dans une dépendance du Pavillon et qui compte maintenant 225 élèves.

Le Pavillon renferme encore le *musée colonial*, fondé en 1871. Il est également visible tous les jours, de 1 h. à 4 h., moyennant

25 c. On y entre par la grande allée du Bois, la seconde porte à g. C'est une riche collection de toute sorte de produits des colonies et des possessions de la Hollande en Amérique et en Asie, surtout des Indes orientales. Les objets sont classés par groupes: minéraux, aliments, bois, huiles et résines, plantes textiles et tissus, médicaments, matières employées dans la teinture et la corroierie, produits industriels et artistiques, curiosités ethnographiques. Le directeur des deux musées est M. van Eeden.

L'**horticulture** est la principale industrie de Harlem, qu'elle a rendue célèbre. Il y a au S. et à l'O. de la ville des champs entiers de jacinthes, de tulipes, de crocus, de renoncules, d'anémones, de narcisses, de lis, etc. C'est vers la fin d'avril et au commencement de mai que ces immenses parterres de fleurs étalent leurs beautés multicolores et répandent leurs plus suaves parfums. Beaucoup de grands jardins d'Europe s'approvisionnent à Harlem. Un des plus considérables de cette ville est celui de MM. *Krelage et fils*, au S., à g. à la Petite Houtpoort, Petit Houtweg, 17-27 (pl. B 6). On est admis à le visiter, de préférence de 10 h. à midi et de 2 à 4 du soir, de 6 à 8 en été. On s'inscrit et l'onest conduit par le jardinier (pourboire). Cet établissement publie tous les ans un grand nombre de catalogues.

Durant les années 1636 et 1637, il régna en Hollande une véritable manie pour les tulipes. Des espèces rares et remarquables par leur beauté furent vendues à des prix inouïs. On trouve dans une liste officielle de tulipes vendues à Alkmaar, le 5 févr. 1637, les prix suivants: un oignon de «vice-roi» (blanc à taches violettes) pesant 658 grains (on les vendait au poids), 4200 fl.; un autre de 410 grains, 3000 fl.; un «amiral Liefkens» de 59 grains, 1015; un «Bellaart» de 399 grains, 1520 fl.; un «Sjery Katelyn» de 619 grains, 2610 fl., etc. Les oignons de tulipes atteignirent des prix encore bien plus élevés à la Bourse, où l'on spécula sur ces objets comme aujourd'hui sur les rentes et les actions. On en vendit que l'on ne possédait pas, pour des sommes énormes, en s'engageant à les fournir à jour fixe. Un seul «Semper Augustus» s'est payé 13000 fl.; 200 grains (poids) de la même plante, 4500 fl.; 400 d'«amiral Liefkenshoek», plus de 4000 fl.; un «amiral Enkhuizen», plus de 5000 fl. On rapporte qu'une seule ville hollandaise aurait à cette époque vendu pour 10 millions d'oignons de tulipes, et l'on cite une personne d'Amsterdam qui aurait gagné à ce commerce, en quatre mois de temps, 68000 fl. Mais les acheteurs ayant enfin refusé de payer et les Etats ayant déclaré, en 1673, que les stipulations faites dans ces marchés insensés n'avaient plus valeur légale, les prix tombèrent immédiatement, et l'on put dès lors avoir un «Semper Augustus» pour 50 fl. Un siècle plus tard, le commerce des jacinthes prit à son tour de semblables proportions; une liste de 1734, dans le genre de celle dont il est question ci-dessus, mentionne un «Bleu Passe non plus Ultra» à 1600 fl. M. *J.-H. Krelage* possède dans sa bibliothèque une collection intéressante d'ouvrages relatifs au commerce des tulipes.

Les ENVIRONS DE HARLEM (v. la carte, p. 306) sont célèbres parmi les Hollandais. L'endroit le plus fréquenté est le beau village de **Bloemendaal**, avec ses nombreuses maisons de campagne et ses riants jardins. Un omnibus y va plusieurs fois par jour en été de la gare (25 c.; voit. partic., 4 à 5 fl.). Il est situé à 1 h. au N.-O. de la ville, près des dunes. Un des points les plus élevés de ces dunes, à 60 m. au-dessus du niveau de la mer, est la *montagne de Bréderode* ou les *Marches Bleues* (Blaauwe Trappen), à 30 à 40 min. de Bloemendaal, dans le voisinage du grand hospice provincial d'aliénés de *Meerenberg* et des imposantes ruines en briques rouges du *château de Bréderode*, jadis résidence des comtes de ce nom, qui ont joué un rôle important dans l'histoire du pays (p. 35; bon restaurant *Velserend*, à quelques pas des ruines). On a des dunes une vue qui embrasse à l'E. toute la plaine de la Hollande Septentrionale, avec ses belles cultures et ses forêts, la ville de Harlem, les anciennes «mers» de Harlem et de Wyk, l'Y, la ville d'Amsterdam et les nombreux moulins à vent des environs de Zaandam. A l'O., la vue s'étend sur les monticules formés par les dunes. Toute l'excursion, de Harlem à Bréderode, par Bloemendaal, en y comprenant l'ascension des dunes (environ 20 min. de Velserend) et le retour, demande env. 3 h. en voiture (à 1 chev., 4 fl.). — Vue du même genre, rendue célèbre par les paysages de Ruisdael, des dunes situées à env. 10 min. du village d'*Overveen*, 1/2 h. à l'O. de Harlem, sur la route de Bloemendaal. Chemin de fer, v. ci-dessous.

A 1 h. 1/2 au S.-O. de Harlem se trouvent les bains de mer de *Zandvoort*, desservis par un embranch. de chemin de fer. Trajet en 20 min. Prix: 60, 45 et 30 c. Stat. intermédiaires: *Haarlem-Bollwerk, Overveen* (v. ci-dessus). On a dans le trajet l'occasion de se faire une bonne idée de la nature des dunes, que l'on traverse. — Une voiture de Harlem à Zandvoort coûte 4 à 5 fl.

Zandvoort. — HÔTELS : **H. Kurzaal*, près de la gare (pens., 7 fl.); *H. de l'Océan*, tous deux sur les dunes, ayant vue sur la mer; — *H. Victoria*, un peu à l'écart. — Plus au S., près du village, mais encore sur les dunes: *H. Kaufmann*, *Groote Badhuis*, *H. & Café Belvédère*, et plusieurs villas, entre autres la *Villa Maris* (ch. dep. 14 fl. par sem.; pens., 3 fl. 1/2 par jour). — Dans le village, l'*H. Driehuizen*, et beaucoup de logements particuliers. Le prix de la pension, dans les hôtels, varie entre 4 fl. 1/2 et 7 fl. 1/2.

BAINS : 30 c., 50 c. avec le costume; 12 cachets, 5 fl. Cabines roulantes. ANE pour promenade, 1 fl. l'heure. — BATEAU À VOILE, 1 fl. l'heure.

Zandvoort, naguère encore un modeste bain de mer, uniquement fréquenté par les Hollandais, s'est tellement développé dans les derniers temps, qu'il fait jusqu'à un certain point concurrence à Schéveningue. Le chemin de fer conduit jusqu'au pied des dunes. On monte de la gare, par un escalier, à une *galerie couverte*, où sont des boutiques, des cafés et des débits de vin et de bière. A côté est l'*hôtel Kurzaal*, dont les ailes s'arrondissent du côté de la mer autour d'un pavillon où joue un orchestre. L'établissement ne date que d'une dizaine d'années et porte le nom de *Nieuw-Zandvoort*, par opposition au vieux *Zandvoort*, village de pêcheurs à près de 10 min. de là au S., où aboutit la route de Harlem. — On pourra faire une promenade au canal du Nord (p. 306; 2 h.) et revenir par le chemin de fer.

45. Amsterdam.

GARES. Amsterdam a deux gares: la *gare centrale provisoire* ou *Hulpstation* (pl. CD 2), pour tous les trains, même ceux du chemin de fer Rhénan, et la *gare du chemin de fer Rhénan* (*Rhyn-Spoorweg*; pl. G 4-5), où s'arrêtent aussi les trains allant à Utrecht, Gouda, la Haye, Rotterdam, Leeuwarden, Groningue, Arnhem, etc. On construit une gare centrale (pl. D 2; v. p. 305). — *Fiacre*, pour 1 à 4 pers., bagages compris: 1/2 h., 70 c.; 1 h., 1 fl., chaque 1/4 d'h. de plus, 25 c. Service de nuit, v. p. 287.

Hôtels. A proximité du chemin de fer Rhénan: **Amstel-Hôtel* (pl. a, F 5), grande entreprise par actions d'après le système américain, avec bureau de chemin de fer, télégraphe, bains, etc., avec 200 chambres, dont celles du haut sont organisées d'une façon un peu défectueuse. Prix: ch., 1 fl. 50 et au-dessus; 1er déj., 75 c.; boug., 25 c.; serv., 50 c.; table d'hôte à 5 h. 1/2, 2 fl. 50. Cet hôtel a l'inconvénient d'être un peu loin du centre de la ville, mais les nouveaux moyens de transport (tramway, bateaux à vapeur et fiacres) y remédient jusqu'à un certain point. — **Brack's Doelen-Hôt.* (pl. b, E 4), *H. Rondeel* (pl. c, E 4), *H. des Pays-Bas* (pl. d, E 4), tous trois dans la Doelenstraat et dans le même genre (dîn., 2 fl. 50; 1er déj., 80 c.; boug., 50 c.); **Bible-Hôt.* (pl. e, D 3), entre le Damrak et la Warmoesstr., récemment agrandi (120 ch. dep. 1 fl. 75, avec la boug. et le serv.; 1er déj., 80 c.; dîn., 2 fl. 50), ce dernier fréquenté par les Américains. — De 2e ordre: *H. du Passage*, Prins-Hendrik-Kade, 21, au passage (pl. D 2), ouvert en 1881 (ch., serv., boug. et 1er déj. dep. 1 fl. 85; dîn., av. 1/2 bout. de vin. 2 fl. 50); **H. Adrian* (pl. k, D 4), **H. Café-Neuf* (ch., 1 fl. 50; boug., 30 c.; 1er déj., 70 c.), **H.-Café Suisse* (pl. g, D 3), tous trois Kalverstraat, avec cafés; **H. des Mille-Colonnes*, Rembrandtsplein, avec café-restaur. (v. ci-dessous); **H Krasnapolsky*, avec un grand café-rest. (v. ci-dessous), Warmoesstr. (pl. D 3); **H. Keizerskroon* (pl. i, D 4; dîn., 2 fl.); **Stad Elberfeld* (pl. p, E 3), Achterburgwal, fréquenté par les négociants; *De Oude Graaf* (pl. l, D 3; dîn., 2 fl.), *Poolsche Koffyhuis*, *De Jonge Graaf* (dîn., 1 fl. 50), tous dans la Kalverstr.; *H. Haas* («het Haasje», pl. o, D 3), Papenbrugsteeg (ch. et déj., 1 fl. 75); *Oldewelt* (pl. q, D 2), Nieuwendyk, 100; *H. & Café Central* (pl. r, D 2; ch., 1 fl. 60 à 2 fl. 60), Prins-Hendrik-Kade; *H. & Café Rembrandt*, Rembrandtsplein (pl. E 4); *H. Wapen van Friesland*, Warmoesstr. (pl. D 3); *H. du Palais-Royal*, Paleisstr., près du Dam, modeste (ch. et déj., 1 fl. 50; dîn., 1 fl.-1 fl. 50); **H. Américain* (pl. s, D 5), grand hôtel appartenant à une société, Leidsche Plein; *H. Hollandais* (pl. t, D 5), au même endroit; *H. des Indes* (pl. u, D 6), van Baerlestr., 78, au coin de la Pieter-Cornelis-Hoofdstr. (pl. D E 7), près du parc Vondel, convenable pour un séjour. Ces hôtels sont un peu éloignés, dans le voisinage du nouveau musée (p. 298); mais ils communiquent par un tramway avec l'intérieur de la ville.

Restaurants, dans tous les *hôtels*, excepté les premiers mentionnés plus haut, puis dans les *cafés* dont il sera question ci-dessous. Ils sont remplis de monde et bruyants vers 5 h. Ensuite: **rest. Riche*, Rokin, 84, près du Dam, maison française de 1er ordre (dîn., 3 à 5 fl.); **Krasnapolsky* (v. ci-dessous), Warmoesstraat; *Panopticum*, Amstelstr., en face du Grand-Théâtre (pl. E 4); *De Karseboom* (Ebel), Kalverstraat; **Port van Cleve*, près de la poste, en face de l'Eglise-Neuve; *Café Neubauer*, Kalverstraat, 2; *Gehring*, Warmoesstraat; **Münchener Kindl*, Rokin, 20, et Warmoesstraat, 178; *Schützenliesl*, Warmoesstr., 157; *Kœcke*, Damrak, 60; *Wiener Café*, Rokin, 22; *Café Riener*, Rokin, 126; *Hofbræu*, Rokin, 20; *Café Altenburg*, Damrak, 95; *Bavaria*, Kalverstr., 165 (dîn., de 5 à 8 h., 1 fl. 50).

Cafés: **Krasnapolsky*, Warmoesstraat (pl. D 3), maintenant un des plus grands de l'Europe, avec un jardin et de nombreux billards, en même temps hôtel-rest.; **Mille-Colonnes*, au Rembrandtsplein; *Poolsche Koffyhuis*, *C. Suisse*, *C. Neuf*, *Nieuwe Amsterdamsche Koffyhuis*, tous Kalverstraat; **C. Continental*, Sarphati-str., à côté de l'Amstel-Hôt. (pl. H 5), avec un jardin; *C. Paviljoen* et *C. Vondel*, Vondelstr., près du parc de ce nom (p. 302). — PÂTISSERIE: *Hartmann*, Kalverstraat.

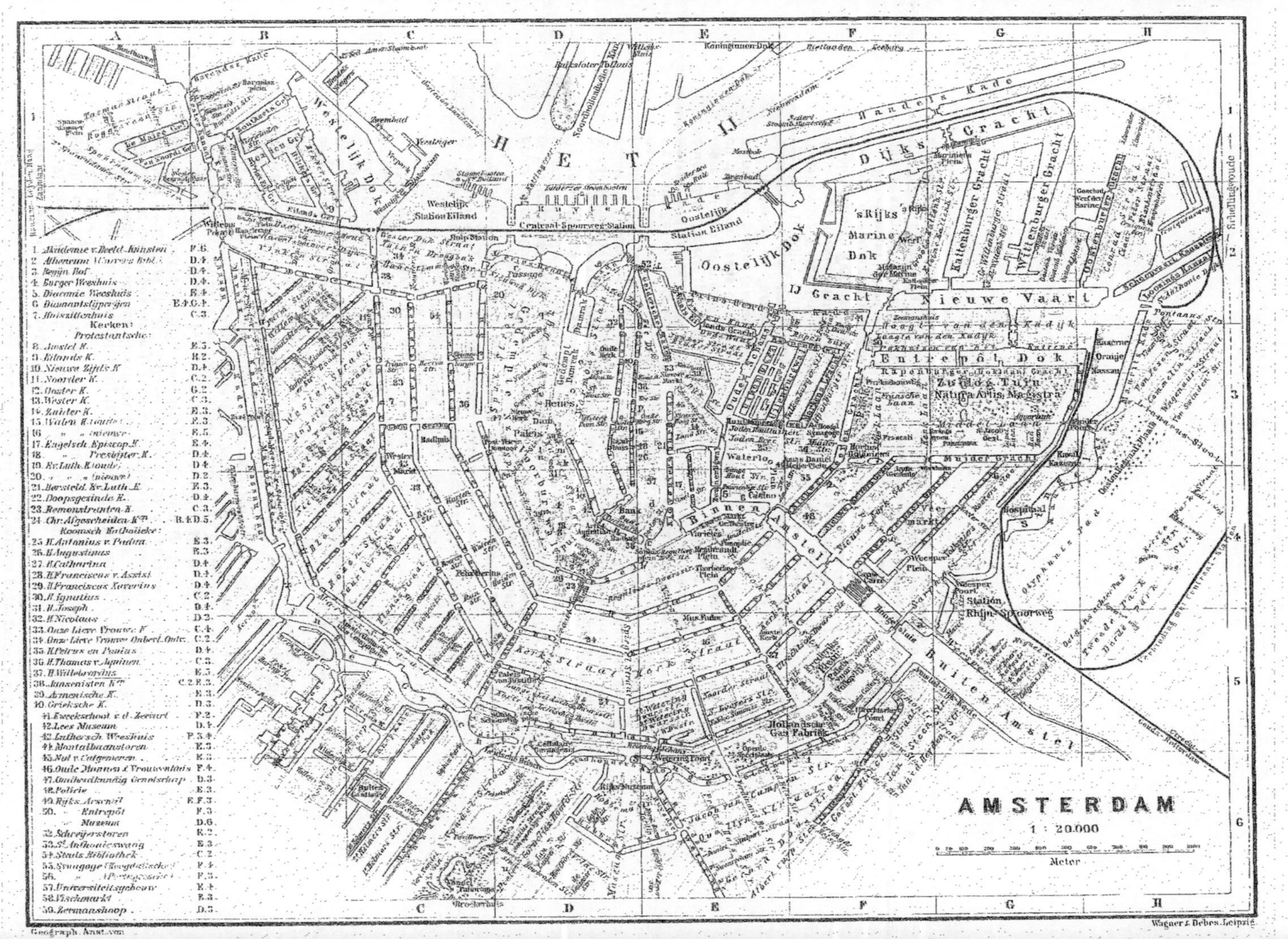
AMSTERDAM
1 : 20.000
Meter
1. Akademie v. Beeld. Kunsten F.6.
2. Atheneum (Curvers Bibl.) D.4.
3. Begijn Hof D.4.
4. Burger Weeshuis D.4.
5. Diaconie Weeshuis E.4.
6. Diamantslijperijen E.4. G.4.
7. Huiszittenhuis C.3.
Kerken:
Protestantsche:
8. Amstel K. E.5.
9. Eilands K. E.2.
10. Nieuwe Zijds K. D.4.
11. Noorder K. C.2.
12. Ooster K. G.2.
13. Wester K. C.3.
14. Zuider K. E.3.
15. Walen K. (oude) E.3.
16. „ „ (nieuwe) E.5.
17. Engelsch Episcop. K. E.4.
18. „ Presbijter. K. D.4.
19. Ev. Luth. K. (oude) D.4.
20. „ „ „ (nieuwe) D.2.
21. Hersteld. Ev. Luth. K. E.3.
22. Doopsgezinde K. D.4.
23. Remonstranten K. C.3.
24. Chr. Afgescheiden Kn. B.4. D.5.
Roomsch Katholieke:
25. H. Antonius v. Padua E.3.
26. H. Augustinus E.3.
27. H. Catharina D.4.
28. H. Franciscus v. Assisi D.4.
29. H. Franciscus Xaverius D.4.
30. H. Ignatius C.2.
31. H. Joseph D.4.
32. H. Nicolaus D.3.
33. Onze Lieve Vrouwe K. C.4.
34. Onze Lieve Vrouwe Onbevl. Ontv. C.2.
35. H. Petrus en Paulus D.4.
36. H. Thomas v. Aquinen C.3.
37. H. Willebrordus E.5.
38. Jansenisten Kn. C.2. E.3.
39. Armenische K. E.3.
40. Grieksche K. D.3.
41. Kweekschool v. d. Zeevaart F.2.
42. Lees Museum D.4.
43. Luthersch Weeshuis F.3.4.
44. Montalbaanstoren E.3.
45. Nut v. Algemeenen E.3.
46. Oude Mannen & Vrouwenhuis F.4.
47. Oudheidkundig Genotschap D.3.
48. Policie E.3.
49. Rijks Arsenaal E.F.3.
50. Entrepôt F.3.
Museum D.6.
52. Schreijerstoren E.2.
53. St. Anthonieswaag E.3.
54. Stads Bibliotheek C.2.
55. Synagoge (Hoogduitsche) F.4.
56. „ (Portugeesche) F.3.
57. Universiteitsgebouw E.4.
58. Vischmarkt E.3.
59. Zeemanshoop D.3.
HET IJ
Westelijk Dok
Oostelijk Dok
Centraal-Spoorweg-Station
Westelijk Station Eiland
Oostelijk Station Eiland
Handels Kade
Dijks Gracht
's Rijks Marine Werf
Kattenburger Gracht
Wittenburger Gracht
Oostenburger Gracht
Nieuwe Vaart
Entrepôt Dok
Zoolog. Tuin Natura Artis Magistra
Binnen Amstel
Buiten Amstel
Kerk Straat
Station Rhijn Spoorweg
Hollandsche Gas Fabriek
Damrak
Paleis
Bank
Schellingwoude
Geograph. Anst. von
Wagner & Debes, Leipzig.

Des maisons célèbres pour les LIQUEURS sont celle de *Lucas Bols* et de *Wynand-Fockink*, fondées en 1575 et 1679. Elles ont des débits dans de vieux locaux très fréquentés aux heures de la Bourse, la première au Pylsteeg, entrée par la Damstraat, n° 19, tout droit dans le passage (pl. D 3); la seconde, Kalverstraat, 32. Les meilleures espèces sont le curaçao, le «Half en Half» et le «Maagbitter».

Fiacres. Tarif: de 6 h. du matin à min., 1/2 h., 70 c.; 1 h., 1 fl.; chaque 1/4 d'h. en sus, 25 c.; de min. à 6 h. du matin, 1 fl. 20, 2 fl. et 40 c. Il n'est rien dû pour les bagages.

Tramways: du *Dam* (pl. D 3), la station centrale, et du *Leidsche Plein* (pl. D 5) dans toutes les directions (v. le plan). Prix, partout 12 c. 1/2, même avec correspondance («overstap kartjes»). — TRAMWAY A VAPEUR de la place de Harlem (pl. B 2) à *Sloterdyk* (15 c.) et du chemin de fer Rhénan (pl. G 4-5) à *Muiden* (p. 308), *Naarden* et *Hilversum* (p. 316).

Bateaux à vapeur (v. l'*Officieele Reisgids*). I° BATEAUX DU PORT (*Havenstoombootdienst*): 1, du *Prins-Hendrik-Kade*, au N. du Damrak (pl. D 2), en traversant l'Y, au *Koninginnendok* (p. 290); puis aux *Rietlande*, au N.-E. de la ville, et, en longeant les écluses mentionnées p. 307, au *Zeeburg*, jardin et lieu de divertissement à l'extrémité S. de ces écluses; départ toutes les 1/2 h.; — 2, du *Schreyerstoren* (pl. 52, E 2) à *Nieuwendam* (p. 308), toutes les heures de 7 h. à 11 h. et de 1 h. à 7 h.; — 3, de l'extrémité N. du *Rokin* près du *Dam* (pl. D 3) à la *Schollenbrug*, en s'arrêtant à divers endroits, entre autres à l'Amstelstraat, à l'Amstelhôtel, toutes les 10 min.; — 4, sur l'*Amstel*, de l'Achtergracht (pl. F 4) à *Ouderkerk*, village au S. d'Amsterdam toutes les heures, de 7 à 11 et de 1 à 7; — 5, du *De Ruyter-Kade* (pl. D 2), au *Tolhuis* (p. 306), tous les 1/4 d'h. — On peut louer des bateaux pour des excursions, pour lesquelles il y a des tarifs.

II° AUTRES BATEAUX: pour *Zaandam*, v. p. 306; *Alkmaar*, 2 fois par jour; *Purmerend*, 6 fois par jour; *Kampen* et *Zwolle*, tous les jours; *Leyde*, plusieurs fois par jour; *Rotterdam*, *Hoorn*, *Harlingen*, tous les jours, etc.

Poste et Télégraphe (pl. D 3), au Nieuwezyds-Voorburgwal, derrière le palais royal, et plusieurs bureaux auxiliaires.

Théâtres (les grands sont fermés en été): *Stads-Schouwburg* (pl. D 5), près de la porte de Leyde; *Grand-Théâtre* (pl. E 4), Amstelstraat. Au Stads Schouwburg (théâtre de la ville), on ne donne guère que des comédies et des tragédies hollandaises, et l'opéra une fois par semaine. Il y a aussi un corps de ballet. Les prix varient et se trouvent indiqués sur les affiches. On commence à 7 h. 1/2. — *Parkschouwburg* (pl. F 3), près du parc, local décoré à l'orientale, pour les opéras et les féeries. — *Frascati* (pl. F 3), Middellaan, près de la Parklaan, donnant des vaudevilles hollandais. — *Palais de l'Industrie* (Paleis voor Volksvlyt; pl. F 5), local pour les expositions industrielles, près de la porte d'Utrecht, dans le voisinage de la rive g. de l'Amstel, est aussi affecté à des réunions de société; il s'y donne des concerts les jeudis à 8 h. du soir et les dimanches à 1 h. 1/2. Entrée, ordinairement 50 à 75 c. On y sert des rafraîchissements. — Le *Salon des Variétés* (pl. E 4), Amstelstraat, petit théâtre à deux rangs de loges, est très fréquenté (60 cents d'entrée); on y fume et prend de la bière ou du punch, sans être trop exigeant quant au talent des acteurs ni au mérite des pièces (vaudevilles, etc.).

Concerts: au *Parkschouwburg* (p. 302), ordinairement de la musique classique, le dim. avant-midi et à 8 h. du soir, et plusieurs fois dans la semaine, le soir; entrée, généralement 1 fl.; — au *Palais de l'Industrie* (Paleis voor Volksvlyt, v. ci-dessus); — au *jardin zoologique* (p. 303), en été; — au *jardin Linné* (*Linnæus*; p. 308); — au *parc Vondel* (p. 302) et quelquefois au *Tolhuis* (p. 306), jardin très fréquenté, jouissant d'une belle vue sur la ville, ces derniers seulement en été.

Panoramas: Plantage Middellaan (pl. G 3), avec une salle d'exposition, et au parc Vondel. — PANOPTICUM (pl. E 4), Amstelstraat: entrée, 50 c.

Bains: *chauds*, au Rokin (pl. D 4); à la Heerengracht, près de la Leliegracht (pl. C 3), près du dock de l'E.; dans les hôtels, etc.; *froids*, dans l'Y, au dock de l'O. et surtout au dock de l'E. (pl. C 1; E 1), et dans l'Amstel, à la Schollebrug, où conduit un petit bateau à vapeur.

Magasins. Les plus beaux sont dans la Kalverstraat, la Damstraat et la Paleisstraat, et au Nieuwendyk (pron. Nîvendaïk). — LIBRAIRIES: *Stilpke*, Kalverstr., 179; *Seyffardt*, Damrak, 99, à côté de la Bourse; *J. Muller*, Singel, 286, etc. — PHOTOGRAPHIES, chez *H. Parson*, Kalverstraat, 218. — CIGARES, entre autres chez *Hajenius*, sur le Dam, au coin du Beurssteeg; chez *Reynvaan*, vis-à-vis de l'hôtel des Pays-Bas. — OBJETS D'ART: chez *van Pappelendam*, Wolvenstraat, 19 (pl. C D 4), beaucoup de tableaux anciens et modernes et de dessins; *Fr. Buffa & fils*, Kalverstr., 39, des gravures et des tableaux; *F. Muller & Cie* (Scheltema), Doelenstr. — ANTIQUITÉS: *Boasberg*, Kalverstr., 63; *Gand Stikker & Molpurgo*, Kalverstr., 49 (aussi de vieux tableaux); *Speyer & Zoon*, Kalverstr., 10. — ARTICLES POUR DESSINATEURS: chez *C.-L.-C. Voskuil*, Reguliers-Brêestr., 32, entre la Kalverstr. et le Rembrandtsplein.

CHANGEURS: *Twentsche Bank*, Spuistr.; *Kramer & Cie*, Vygendam, entre le Dam et la Damstraat (pl. D 3); *Anspach & Donk*, Nieuwezyds-Voorburgwal, près de la poste.

Jours et heures d'ouverture des musées, etc.

Bibliothèque municipale, au Singel, du côté du Heiligenweg, tous les jours, de 10 h. à 3; en juillet et en août seulement deux fois par semaine.

Bourse (p. 292), pour les affaires, tous les jours, de 1 h. à 2 h. 1/2; 25 c. d'entrée.

Broeker-Huis (p. 302), tous les jours; entrée, 50 c.

Chantiers de l'Etat (p. 290), tous les jours, de 9 h. à midi et de 1 h. 1/2 à 5 h.; 50 c. de pourboire.

Ecole navale (p. 291), les lundi, mardi, jeudi, vendr. et sam., excepté au mois d'août: pas de pourboire.

Entrepôt de l'Etat (p. 303), tous les jours.

Hôtel de ville (p. 294), tous les jours, de préférence le matin avant 9 h., le soir après 4 h., en dehors des heures de bureau.

Institut des aveugles (p. 304), le mercredi, de 10 h. à midi.

Jardin botanique (p. 302), tous les jours; entrée, 25 c.

Jardin Linné ou *Linnæus* (p. 308), école d'horticulture, à la Muiderpoort (pl. I 3), près du Watergraafsmeer, tous les jours moyennant 50 c. Concert le mardi à 7 h. 1/2 du soir en juin, juillet et août.

Jardin zoologique (p. 303), tous les jours, en été de 6 h. du mat. à 10 h. du soir; mais les grands animaux ne sont visibles alors que jusqu'à 7 h. Entrée, 50 c. Concert en été le mercr. soir et le lundi avant-midi et dans la soirée.

Musée National (p. 298), comprenant l'ancien musée du *Trippenhuis*, le *musée van der Hoop*, etc. (il doit être ouvert en juillet, 1885).

Musée Fodor (p. 296), tous les jours, excepté le mardi, de 10 h. (dim. 11) à 3 h. ou 4 h. Entrée: le dim., 25 c.; les autres jours, 50 c.

Palais-Royal (p. 293), tous les jours; 50 c. de pourb., autant pour monter à la tour.

Panoramas et *panopticum*, v. p. 287.

PRINCIPALES CURIOSITÉS: nouveau *Musée National* (p. 298), *musée Fodor* (p. 296), *Palais* (p. 293), *jardin zoologique* (p. 303), et le *port*, où l'on passera au Koninginnendok et à Nieuwendam ou au Tolhuis (p. 306).

Amsterdam, capitale, mais non le siège du gouvernement du royaume des Pays-Bas, est située à l'embouchure de l'*Amstel* dans une baie aujourd'hui fortement endiguée et canalisée du Zuiderzée, nommée l'Y (pron «éï»). Elle date du commencement du XIIe s. (1204 environ), époque à laquelle Gisbert II, seigneur d'Amstel, construisit en cet endroit un château fort et le *Dam* ou la digue qui donna son nom à la ville. Le comte Florent V en fit en 1275 un port franc pour la Hollande et la Zélande, et elle fut définitivement réunie à la Hollande en 1311. Elle se développa rapidement au XIVe s. et servit de refuge à un grand nombre de marchands émigrés de Flandre et de Brabant. Un tiers de la ville brûla en 1421, sous Jean de Bavière; mais elle se releva bientôt, et lors du soulèvement des Pays-Bas contre le régime espagnol, Amsterdam occupait déjà une position très importante parmi les villes du Nord. L'empereur Maximilien Ier lui permit en 1490 de placer la couronne impériale dans ses armes. Toutefois la prospérité d'Amsterdam date en réalité de son affranchissement, en 1578, et de la guerre qui porta atteinte à la grandeur d'Anvers. Ces événements firent affluer dans ses murs une multitude de citoyens industrieux, de négociants entreprenants, que chassait l'intolérance religieuse du gouvernement espagnol. De 1585 à 1595, le territoire de la ville fut presque doublé; Maurice d'Orange lui était particulièrement favorable. La trêve de 1609, la fondation de la compagnie des Indes, l'extension des relations commerciales, élevèrent rapidement la ville au premier rang parmi les cités commerçantes de l'Europe. Quelques événements, comme la tentative que fit Guillaume II d'Orange (1650) pour s'en emparer par surprise, et l'expédition de Louis XIV en 1672, ne lui furent pas sensiblement nuisibles. Après la chute de la république batave, en 1806, Amsterdam devint la résidence du roi Louis Bonaparte, et elle fut la troisième ville de l'empire français de 1810 à 1813. Sa population s'élève à 366 800 hab., ou 400 000 avec les faubourgs, parmi lesquels il y a 80 000 cathol., 30 000 juifs allemands et 3500 juifs portugais.

Le commerce y est très important, bien qu'il atteigne à peine le tiers de celui d'Anvers. Le mouvement du port a été, en 1882, de 1702 navires, jaugeant plus de 900 000 tonneaux. Amsterdam est une des places les plus importantes de l'Europe pour les denrées coloniales, que fournissent les possessions hollandaises dans les Indes, surtout pour le tabac et le café (Java), le sucre, le riz, les épices. L'industrie y est également assez développée; elle a des raffineries de sucre, des manufactures de tabac et des ateliers pour la taille du diamant (p. 304), ainsi que des raffineries de camphre et des fabriques de machines, de bougies, de bleu de cobalt, etc.

La vieille ville a la forme d'un segment de cercle, dont l'Y serait la corde et qui aurait son arc du côté de l'intérieur des terres. De nombreux canaux, nommés *grachten*, la traversent dans tous les sens et la divisent en 90 îlots, qui communiquent entre eux par environ 300 ponts. Il y a 1 m. à 1 m. 20 d'eau et autant de vase. Pour obvier aux émanations, l'eau est renouvelée au moyen d'une dérivation du canal de la Mer du Nord (p. 307) et la vase enlevée avec des dragues. Quelques canaux ont été entièrement comblés dans ces derniers temps. Les plus considérables sont les suivants, qui forment comme trois enceintes concentriques: la *Prinsengracht*, qui a 45 m. de large; la *Keizersgracht* et la *Heerengracht*, le dernier ayant aussi 45 m. de large et à peu près 4 kil. de long. Ils sont bordés d'ormes et présentent un coup d'œil agréable, pittoresque même en maints endroits. Les constructions les plus remarquables, dont un certain nombre encore dans le style hollandais des XVIIe et XVIIIe s., sont le long de la Keizersgracht et de la Heerengracht. En général, les maisons d'Amsterdam sont hautes, étroites, avec pignons sur la rue, généralement bâties en briques rouges et d'un extérieur assez uniforme. Le *Singel-Gracht*, qui a env. 10 kil. de longueur, sépare la vieille ville des nouveaux quartiers, qui se sont élevés depuis une quinzaine d'années et qui s'étendent toujours d'avantage, au S., entre l'Amstel et le Vondelspark; à l'E. et depuis peu aussi à l'O.

Amsterdam est bâtie sur des *pilotis* de 4 à 6 m. de longueur. Le sol étant composé de limon et de sable mouvant, la solidité des édifices dépend entièrement de ces pilotis, enfoncés dans les couches inférieures de sable fixe. Les ouvrages souterrains absorbent souvent la moitié des frais de construction. En 1822, les pilotis ayant cédé, un grand magasin de grains s'enfonça dans le limon. Un insecte, le taret ou perce-bois, a déjà aussi fait courir plus d'un danger à la ville. L'entretien des ponts, des digues et des canaux absorbe, dit-on, plus de 1000 florins par jour, et ce n'est qu'à une surveillance assidue, appliquée à tout cet ensemble d'ouvrages hydrauliques, qu'Amsterdam doit de ne pas être engloutie.

Le *port est formé par l'Y. Il a été complètement transformé depuis 1872, par la construction de digues et de quais grandioses, destinés, avec le nouveau canal de la Mer du Nord (p. 307), à maintenir Amsterdam au premier rang parmi les ports marchands du continent. Au milieu, sur un îlot artificiel, s'élève la nouvelle *gare centrale* (pl. D 2), sur les plans de Cuypers. A l'O. et à l'E., deux autres îlots artificiels, le *Westelyk-Station-Eiland*, avec la gare provisoire (Hulp-Station), et l'*Oostelyk-Station-Eiland*. C'est ici, au *de Ruyter-Kade*, quai longeant ces îlots au N., qu'ont leurs places les bateaux faisant le service des ports de Hollande et ceux de l'Angleterre, tandis que le *Westelyk-Dok* (pl. B C 1), l'*Oostelyk-Dok* (pl. E 2) et surtout le *Handelskade* (pl. F G 1), qui s'étend au loin à l'E., sont réservés aux grands vapeurs qui desservent l'Amérique et les Indes. Ces derniers, qu'on peut visiter, partent tous les quinze jours, le samedi. — A la suite de l'Oostelyk-Dok, à l'E., viennent le *Ryks-Marine-Dok* et le *Ryks-Werf* (pl. F 2), pour la marine royale: entrée, Gr. Kattenburger-Straat (v. p. 288). — Au N. de l'Y est le *Koninginnendok* (pl. E 1), dock flottant de l'*Amsterdamsch-Droogdok-Maatschappy*. On peut y entrer; on s'y rend par les petits bateaux à vapeur (p. 287). La ville, les compagnies de chemins de fer, les particuliers rivalisent dans toutes ces constructions; il n'est pas d'invention ni de progrès des temps modernes qui n'aient été mis à profit.

La ville proprement dite est bornée au N. par le PRINS-HENDRIK-KADE ou *quai Prince-Henri* (pl. D E 2), nommé auparavant *Buitenkant*. Il est bordé de vieilles maisons et de vieux magasins à pignons. Les nouvelles constructions ont ôté à l'Y son coup d'œil très pittoresque à cet endroit. La partie du quai en hémicycle, au milieu, est l'anc. quai d'où partaient jadis les transatlantiques. Là aussi, le **Schreyerstoren** (*tour des Pleureurs*; pl. 52, E 2), tour construite vers 1482 et ainsi nommée en souvenir des pleurs versés au départ par les femmes et les enfants. Elle est maintenant occupée par la direction du port. En face, la station télégraphique du canal de la Mer du Nord, indiquant la direction du vent, la hauteur des eaux, etc. — Au Schreyerstoren se trouve une des principales stations des bateaux du port (p. 288).

Plus loin à l'E., sur le quai Prince-Henri, la *maison de Ruyter* (n° 131), avec le portrait du grand amiral en bas-relief. — Un peu en arrière, à l'Oude-Schans, la vieille *Tour Montalban* (pl. 44, E 3). A l'extrémité du quai, l'*Ecole navale (kweekschool voor de zeevaart*; pl. 41, F 2), reconstruite en 1879-80 sur les plans des architectes W. et J.-L. Springer, dans le style de la renaissance hollandaise. L'établissement existe depuis 1785. Entrée, v. p. 288. — De l'autre côté de la Nieuwe-Heerengracht, le *Zeemanshuis* (pl. F 2), hospice pour les matelots sans occupation, visible tous les jours, excepté le dimanche, de 10 h. à 1 h. — *Entrepôt*, v. p. 303. — *Dock de la marine royale*, v. p. 290.

Le Geldersche-Kade conduit du Schreyerstoren, au S., au NIEUWE MARKT ou *Marché Neuf* (pl. E 3), où se trouvent le *marché au poisson* (pl. 58), fort animé le matin, et le *St-Anthonieswag* (pl. 53), ancienne porte de la ville, de 1488 à 1585, plus tard poids public, occupé ensuite pendant longtemps par diverses corporations et maintenant par les pompiers.

La Vieille-Église (*Oude Kerk*; pl. D 3), à l'O. du marché, est un édifice gothique du commencement du XIVe s. Le sacristain demeure à l'E., au n° 76.

A l'INTÉRIEUR, elle a 42 colonnes sveltes et une voûte à plein cintre en bois. Les vitraux peints datent de 1555 et représentent des sujets tirés de l'histoire de la Vierge: l'adoration des mages, la visitation, l'annonciation et la mort de la Vierge. A dr. de l'entrée sont deux fenêtres ornées des armoiries des bourgmestres de 1578 à 1767; la deuxième rappelle la reconnaissance de l'indépendance des Provinces-Unies par Philippe IV (1648). Le monument de l'amiral *Jac. van Heemskerk*, mort en 1607 à la bataille navale de Gibraltar, dans laquelle furent vaincus les Espagnols, est accompagné d'une inscription en vieil hollandais renfermant une allusion à deux tentatives faites par lui pour découvrir une route plus courte vers les Indes orientales, par l'océan Glacial, et à son hivernage à la Nouvelle-Zemble. D'autres monuments ont été aussi érigés dans cette église au vice-amiral *Abraham van der Hulst* (m. 1666), aux amiraux *Sweers* (m. 1673), *van der Zaan* (m. 1669) et *Cornelis Jansz* (m. 1633), au général *Paul Wirtz* (m. 1676), etc.

En prenant plus loin la *Warmoesstraat* et en traversant ensuite la partie du *Damrak-Kanal* (pl. D 3) qui a été comblée en 1880 et où l'on doit construire une nouvelle Bourse, on arrive au Dam (pl. D 3), grande place qui forme le centre de la ville et qui occupe le côté O. de la digue à laquelle elle doit une partie de son nom. Là se trouvent la Bourse, le Palais-Royal et l'Eglise-Neuve et aboutissent les rues les plus animées. — Le Dam est une des principales stations des tramways, et dans le voisinage, au Rokin, se trouve aussi une halte des petits bateaux à vapeur du port (p. 287).

Au N.-E. du Dam, s'élève la **Bourse** (*Koopmans Beurs;* pl. D 3), bel édifice bâti sur 3469 pilotis et achevé en 1845. Elle a un péristyle formé de 14 colonnes ioniques, et une toiture en verre. Celui qui ne connaît pas encore le tumulte d'une Bourse, ne devrait pas négliger de voir celle d'Amsterdam, aux heures des affaires (p. 288). Pendant une semaine, en août ou en septembre, la Bourse est abandonnée aux ébats bruyants des enfants d'Amsterdam; ils y circulent toute la journée au bruit des tambours et des fifres. Cette permission se rattache, dit-on, à un fait historique. Des enfants auraient découvert en 1622 que les Espagnols allaient faire sauter l'ancienne Bourse, et auraient empêché l'exécution de leur dessein.

Le côté O. de la place est occupée par l'Eglise-Neuve et le Palais-Royal. Au milieu, devant le palais, s'élève un grand monument en mémoire de la campagne de 1830-31, contre les Belges, nommé la *Croix de métal*, d'après la médaille commémorative. Il se compose d'un socle hexagone et d'un haut piédestal carré supportant une statue de la Concorde, par L. Royer (1856).

L'Eglise-Neuve (*Nieuwe Kerk;* pl. D 3), du style ogival tertiaire, construite de 1408 à 1470 et restaurée après des incendies et les ravages des anabaptistes en 1421, 1578 et 1645, est un des plus beaux édifices religieux de la Hollande. C'est une basilique en forme de croix, avec une tour qui n'a été achevée que dans le bas et élevée en 1847 jusqu'à la hauteur du premier étage.

L'INTÉRIEUR (sacristain à l'angle S.-E. du Dam, n° 6; 25 c.), à voûte en bois, noircie par le temps, a de beaux restes de vieux vitraux peints, représentant la levée du siège de Leyde (p. 273), et une chaire qui se distingue par le fini de ses sculptures, exécutée en 1649 par *Vinckenbrinck*. Le chœur est séparé de la nef par une belle grille en cuivre massif, de 4 m. de haut. A la place du maître autel s'élève le monument du célèbre amiral *Michiel Adrianszoon de Ruyter*, la terreur des mers, «immensi tremor oceani», selon les termes de l'épitaphe: de Ruyter mourut en 1676 des suites de ses blessures à la bataille de Syracuse. Aux piliers du chœur sont les monuments et le buste du contre-amiral (schout-bijnacht) *Wouter Bentinck*, décédé en 1781, à l'âge de 36 ans, à la suite des blessures qu'il reçut à la bataille du Doggersbank, et le monument de l'amiral *Jean de Galen*, mort en 1653, des blessures reçues au combat de Livourne, contre les Anglais. A g. de l'entrée, un autre monument, consacré à la mémoire de *J.-H. van Kinsbergen*, «summi classibus belgicis præfecti maximi» (1819). En face, le monument de *van Speyk* (p. 217), avec l'inscription: «Aan Jan Carel Josephus van Speyk, luitenant ter zee, ridder der militaire Willemsorde, geboren te Amsterdam den 31. jan. 1802. Hij handhaafde op den 5. febr. 1831 voor Antwerpen de eer van 's lands vlag ten koste van sijn leven». (A J.-Ch.-J. van Speyk, lieutenant de marine, chevalier de l'ordre militaire de Guillaume, né à Amsterdam le 31 janvier 1802. Il soutint, le 5 févr. 1831, devant Anvers, l'honneur du pavillon national au prix de sa vie). Une inscription, sur un pilier du bas côté S., à côté de la grille, rappelle le souvenir de *Juste van den Vondel* (m. 1679; v. p. 302).

Le ***Palais-Royal** (*het Paleis;* pl. D 3), anciennement l'hôtel de ville, a été commencé en 1648, immédiatement après la conclusion de la paix de Westphalie, sous le bourgmestre Tulp et d'après les plans de *Jac. van Kampen*, et il était à peu près achevé en 1655. Il repose sur 13659 pilotis et mesure 80 m. de long, sur 63 m. de large et 33 m. de haut: la hauteur de la tour, qui renferme un carillon, est de 51 m. En 1808, la ville l'offrit au roi Louis Bonaparte qui en fit sa résidence. Cet édifice en pierre, d'une architecture sérieuse, produit un excellent effet comme hôtel de ville, mais un palais royal n'ayant qu'une petite entrée et situé sur une place publique, c'est quelque chose de singulier. De bons bas-reliefs aux deux frontons, par *Artus Quellin le Vieux*, rappellent la prospérité de la ville commerçante, reine des mers. L'intérieur évoque aussi le souvenir du temps où y siégeaient les représentants d'une bourgeoisie riche et puissante. Toutes les pièces ont été richement décorées, par *A. Quellin le V.* et ses élèves, de sculptures de marbre dont l'ensemble est imposant, et qui se distinguent également dans les détails par une exécution ferme et énergique, par un pittoresque contenu dans de justes limites.

L'entrée du public se trouve sur le derrière, au Voorburgwal (v. p. 288). On monte par l'escalier de service au premier étage, et l'on visite d'abord l'ancienne galerie du Nord, divisée maintenant en trois salles, dont les murs sont tout revêtus de marbre blanc. Dans la 1re salle, Jupiter et Apollon, par *A. Quellin;* dans la 2e, au-dessus des portes de l'ancien secrétariat et de l'ancienne salle des mariages, deux bas-reliefs représentant la Discrétion et la Fidélité; dans la 3e, Saturne et Cybèle, par *A. Quellin*, et un vase moderne en malachite, don de l'empereur de Russie.

Un corridor conduit ensuite aux appartements royaux, qui ont des tentures en damas de soie et des meubles dans le style du premier empire. — Dans la CHAMBRE À COUCHER DU ROI, au-dessus d'une belle cheminée, un grand tableau par *N. de Helt-Stocade*, Joseph et ses frères, de 1656, et un riche plafond par *Corn. Holsteyn*. — La SALLE D'AUDIENCE est l'ancien cabinet du bourgmestre. Elle contient plusieurs tableaux: le Dévoûment de van Speyk (p. 217), par *Wappers* et *Eeckhout;* Marcus Curius Dentatus refusant les présents des Samnites, une des plus grandes toiles de *Gov. Flinck;* Fabricius dans le camp de Pyrrhus, par *Ferd. Bol*. Le plafond est encore de *C. Holsteyn*. — La SALLE DES AIDES-DE-CAMP a un plafond par *J.-C. Bronchhorst* et au-dessus d'une riche cheminée, un tableau de *J. Livens*, le Consul Suessa forçant son père à descendre de cheval pour lui rendre hommage. — D'une galerie qui a un plafond par *Bronchhorst*, on voit la salle nommée VIERSCHAAR, l'ancien tribunal de la ville, dont les murs sont tout revêtus de marbre blanc. Quatre cariatides, symbolisant la Honte et le Châtiment, supportent une frise avec des bas-reliefs représentant la Sagesse, dans le jugement de Salomon; la Justice, ou Brutus faisant mettre ses fils à mort, et la Miséricorde, ou Séleucus se faisant crever un œil pour son fils.

Le SALON DU THÉ a un plafond par *N. de Helt-Stocade* (1655), une belle cheminée, une armoire florentine en mosaïque, une riche garniture en porcelaine de Sèvres, etc. — Dans la PETITE SALLE À MANGER: Jéthro conseillant à Moïse de ne pas juger lui-même les différends du peuple, mais d'en charger soixante-dix vieillards, par *Bronchhorst*, dont c'est le tableau principal; en face, la Prière de Salomon, par *Gov. Flinck;* entre deux grandes cheminées, Moïse choisissant les soixante-dix vieillards, par *Jac. de Witt;* au-dessus des portes, des *grisailles, aussi par *de Witt:* on les prendrait pour des bas-reliefs.

La GRANDE SALLE À MANGER, ancienne galerie du Sud, est également toute revêtue de marbre blanc. Les quatre statues de marbre, Mercure et Diane, Mars et Vénus, sont les pendants de celles de l'ancienne galerie du Nord et comme elles par *A. Quellin*, qui reçut pour chacune 900 fl. Au-dessus de deux portes, celles des salles où avaient lieu les délibérations relatives aux banqueroutes et où se faisaient les assurances maritimes, deux jolis bas-reliefs: la Chute d'Icare, entourée d'ornements où se voient des rats et des souris rongeant des caisses vides et des papiers; Arion sur le dauphin.

La CHAMBRE DE LA REINE contient un bon tableau de *J. Livens*, la Prudence, la Justice et la Paix. — La SALLE DU TRÔNE, qui vient ensuite, a pour principaux ornements une belle cheminée et un tableau de *Ferd. Bol*, Moïse sur le Sinaï, malheureusement masqués par le dais.

La GRANDE SALLE, destinée aux réceptions et aux fêtes, est une des plus grandes de l'Europe, mesurant 36 m. de longueur, 30 de hauteur et 18 de largeur sans les colonnes. Les murs en sont également revêtus de marbre blanc. Dans le pavé, aussi en marbre et recouvert d'un lourd tapis fait à Deventer (p. 320), se trouve incrustée une représentation du ciel, en cuivre, qu'on ne montre pas au public. Au-dessus de l'entrée du côté de la salle du trône: la Justice ayant à ses pieds l'Ignorance et la Chicane; à g., le Châtiment; à dr., un squelette, maintenant voilé; dans le haut, Atlas portant le ciel. Du côté E. de la salle, où aboutit le grand escalier, une représentation allégorique de la ville d'Amsterdam, entourée de la Force, la Sagesse et l'Abondance. Dans les coins, quatre portes, dont trois sont maintenant condamnées, donnant sur de petites galeries de marbre, qui conduisent aux anciennes galeries du Nord et du Sud. Les murs en sont décorés, comme ceux de la salle du trône, de drapeaux et de trophées des guerres avec l'Espagne et d'objets provenant des Indes. On y voit aussi le drapeau du général Chassé au siège d'Anvers.

La *tour*, qui a pour girouette un vaisseau doré, mérite qu'on en fasse l'ascension, à cause de la vue, qui s'étend jusqu'à Harlem, Utrecht et Alkmaar et sur le Zuiderzée.

Le coin de la Kalverstraat et du Dam (v. p. 292) est formé par la maison de la société dite **Zeemanshoop** (*Espoir du marin;* pl. 59, D 3). Cette société compte près de 600 membres, parmi lesquels sont un grand nombre des principaux habitants d'Amsterdam. Un capitaine de vaisseau qui en fait partie, a le droit de porter au grand mât de son navire un petit pavillon rouge, avec son numéro comme membre de la société.

La KALVERSTRAAT (pl. D 3-4), rue qui part de l'extrémité S. du Dam, est une des principales artères de la ville. Il y a de beaux magasins, beaucoup d'hôtels et de cafés, etc., et elle est très animée le soir, après 9 h., où les voitures en sont exclues. — Le prolongement, la *Reguliers-Brêestraat*, aboutit à la *place Rembrandt* (p. 295).

L'hôtel de ville (pl. D 3), depuis que celui des XVIIe-XVIIIe s.

a été transformé en Palais-Royal, est l'ancien hôtel de l'Amirauté, à l'Oudezyds-Voorburgwal. Il renferme 200 tableaux, parmi lesquels il y a d'excellentes toiles de *Fr. Hals*, *Ferd. Bol*, *van der Helst* et *Gov. Flinck*, représentant des corporations, etc., et des vues d'Amsterdam par *Lingelbach*, *P. Saenredam*, etc. Toutefois la plupart doivent être transférés au nouveau Musée National (p. 300).

L'**Université** (pl. 57, E 4), subventionnée par la ville, compte env. 50 professeurs et 600 élèves. Elle est parfaitement organisée, surtout en ce qui concerne les sciences naturelles. Les laboratoires de physique et de chimie et le jardin botanique (p. 302) sont très remarquables.

La *bibliothèque de l'Université*, restaurée en 1881, a de précieux manuscrits, entre autres un De Bello Gallico du xe s.; un Nouveau Testament en syriaque, un Sachsenspiegel du xive s., des lettres de savants des Pays-Bas, etc. Elle compte 100000 vol., dont 8000 sur la littérature indienne, de la bibliothèque Rosenthal, donnée en 1880 par ses héritiers. La bibliothèque est ouverte tous les jours de 10 h. à 3 h.

La société **Arti et Amicitiæ**, une association de peintres, a dans son hôtel, au Rokin (pl. D 4), deux salles contenant une *galerie historique* de plus de 200 tableaux et peintures relatives à l'histoire des Pays-Bas, parmi lesquels il y a beaucoup de bonnes choses. C'est aussi dans ce local qu'ont lieu, de temps à autre, des expositions des beaux-arts, où souvent l'on peut voir les objets d'art anciens très remarquables que possèdent encore bien des particuliers en Hollande. Entrée: 25 ou 50 c. — Dans le voisinage, le *Leesmuseum* (pl. 42), cabinet de lecture qui a beaucoup de journaux; on y est admis sur présentation.

Sur la PLACE REMBRANDT (*Rembrandtsplein*; pl. E 4) se trouve depuis 1852 une *statue de Rembrandt*, en bronze, d'après *Royer*: «Hulde van het nageslacht» (hommage de la postérité). — Pour la maison de Rembrandt, v. p. 304. De la place à la Kalverstraat, à l'O., v. p. 294; au *jardin botanique* et au *jardin zoologique*, au N.-E., par la Binnen-Amstel, v. p. 302.

Au S. de la place Rembrandt est la PLACE THORBECKE (pl. E 4), décorée d'une statue de *Jean-Rod. Thorbecke* (m. 1872), qui fut longtemps le chef du parti libéral en Hollande et trois fois ministre.

A peu de distance, Heerengracht 511, côté N., près de la Vyzelstraat (pl. E 4), se trouve la **maison J.-P. Six**, qui renferme une *galerie de peinture de grande valeur et dont beaucoup de tableaux ont toujours appartenu à la famille. Une partie, échue par héritage à la famille Loon, a toutefois été vendue à Paris en 1877, pour la somme de 3 175 000 fr. Le fondateur de la galerie a été *J. Six* (1618-1702), bourgmestre d'Amsterdam à partir de 1691, longtemps l'ami et le protecteur de Rembrandt et qui fut aussi en relations d'amitié avec J. Livens et Gov. Flinck. Les amateurs obtiennent aisément la permission de visiter la collection en envoyant leur carte. On donne un pourboire et quelque chose pour une bonne œuvre (v. p. 206).

Nous mentionnerons seulement quelques-uns des principaux tableaux. Dans le VESTIBULE: *P. Potter*, Homme à cheval (1653); *Aart van der Neer*, Clair de lune. — Dans la SALLE A MANGER: *Terburg*, Fille écrivant; *L. Bakhuisen*, deux marines; *Nic. Elias*, portr. de Nic. Tulp, le professeur (p. 258); *Gov. Flinck*, Isaac bénissant Jacob; deux petits *portraits semblables à des miniatures, représentant Six et sa femme, Marg. Tulp, fille du professeur, peut-être par *Rembrandt*, de 1655.

GRANDE SALLE: à dr., **Rembrandt*, portrait du bourgmestre Six en 1656, la tête achevée, le reste esquissé à grands traits et de main de maître. En face, **Rembrandt*, la mère du bourgmestre, Anna Six, née Wymer, à l'âge de 57 ans (1641). — Plus loin, à côté du premier tableau, *J. Steen*, Jeune fille mangeant des huîtres; *Adr. van de Velde*, Vue de Schéveningue; *Berck-Heyde*, la Heerengracht il y a 200 ans; *Troost*, Réunions; *Terburg*, Concert; *Potter*, Bestiaux, avec une laitière lavant ses seaux, au premier plan (1647); *Gér. Dou*, Fille à une fenêtre, avec une corbeille de fruits (1657); *Fr. Hals*, portrait d'homme; *Nic. Maes*, Un enfant de la famille Six; **Rembrandt*, le Docteur Ephraïm Bonus, juif portugais, peint en 1647 (20 centim. de haut); *Wouwerman* et *Ruisdael*, le Gué; *Wouwerman*, Un marché.

Au PREMIER ÉTAGE se trouve encore une petite salle éclairée du haut. A dr. de la porte: *P. de Hooch*, Maîtresse de maison donnant du linge; *Wouwerman*, l'Etable; *Weenix*, More offrant un perroquet à une dame (Othello?); *Nic. Maes*, la Curieuse; *Gér. Dov*, le Dentiste; **A. Cuyp*, Flotte hollandaise; dans le haut, trois portraits de *Mierevelt*; *Both*, Pêcheurs tirant leurs filets. — Mur du fond: *Ruisdael*, paysage avec de la neige; **A. Cuyp*, marine avec un clair de lune; *Adr. van de Velde*, Vache brune; **Metsu*, Marchande de harengs; *Berchem*, Une forêt; *Adr. van Ostade*, Marchands de poisson (1672); **Hobbema*, Une forêt; *A. de Lorme*, la Grande-Eglise de Rotterdam (1657); *Adr. van Ostade*, Intérieur de paysans; *A. van de Velde*, la Vache qui boit. — Troisième mur: *Ruisdael*, Chapelle dans un bois; **J. van der Meer van Delft*, Rue de Delft et paysanne avec un pot de lait; *M. d'Hondecoeter*, Dindon, cygne et lièvre morts; *S. Koninck*, le Savant (1646); *Everdingen*, paysage avec de la neige; *Ruisdael*, le Ruisseau dans le bois; **J. Steen*, Noce (1653); *Gerbr. van den Eeckhout*, la Femme adultère devant J.-C.; *Fr. Hals* (?), Homme jouant de la guitare; *Ochterveldt*, Mangeurs d'huîtres.

Le ***musée Fodor** (pl. E 5), Keizersgracht, 609, est une fondation du négociant *Ch.-Jos. Fodor* (m. 1860), qui, avec la précieuse collection de toiles de maîtres anciens et modernes que contient le musée, légua à la ville le capital nécessaire pour la construction de l'édifice, due à Outshoorn, et pour son entretien. Comme la galerie Hertford, à Londres, c'est une des plus importantes collections de tableaux français depuis le commencement de notre siècle. Meissonier, Decamps, Ary Scheffer, etc., y sont représentés par des œuvres excellentes. Il y a aussi de très bons tableaux de cabinet des écoles belge et hollandaise. Ce musée est visible tous les jours, sauf le mardi, dans la semaine de 10 h. à 4, moyennant 50 cents; les dim. et fêtes de 11 h. à 4, moyennant 25 c. Les noms des peintres sont marqués sur les tableaux.

1re salle: à dr., 54, *H. Koekkoek*, Barques de pêcheurs sur la plage; 25, *L. Dubourcq*, la Campagne romaine; *34, *Ch. Immerzeel*, paysage avec animaux; 135, *E. Fichtel*, élève de Delaroche, Partie d'échecs (1858); *156, *Lindlar*, élève de Schirmer, le Lac des Quatre-Cantons; 78, *W. Roelofs*, Paysage de Hollande; 71, *van Oos*, nature morte; 50, *H. Koekkoek*, marine; 15, *J. Bos-*

boom, la Cène dans la Grande-Eglise d'Utrecht; 138, *Gudin*, Village de pêcheurs en France.

IIe salle: à dr., *128, *Decamps*, Chevaux au pâturage; 110, *Verlat*, Chien et perroquet; *124, *Rosa Bonheur*, Voiture à deux chevaux; *147, *Meissonier*, Moine au lit d'un mourant, petit tableau acheté plus de 4000 fr. à Paris en 1853; 158, *Pettenkoven*, Paysans hongrois; 108, *Verboeckhoven*, Brebis; 140, *Gudin*, Côte d'Espagne; 116, *Waldorp*, Canal avec un pont-levis; 114, *Verveer*, Kermesse à Schéveningue; 142, *Guillemin*, Visite chez des pauvres; *93, *Schelfhout*, Navire échoué à Schéveningue; 96, *Scholten*, le Cheval mort; 57, *A. de Lelie*, Jeune fille écurant un chaudron; *129, *Decamps*, Ecole turque; *152, *A. Achenbach*, paysage avec un moulin en temps de pluie; 79, *Roelofs*, paysage; 127, *Decamps*, la Trace perdue; 73, *Pieneman*, portr. du fondateur du musée; 131, *Decamps*, Troupeau au pâturage pendant un ouragan, acheté 23 735 fr. à Paris, en 1860; *146, *Decamps*, Caravane traversant une rivière (6940 fr.); *81, *Ary Scheffer*, le Christ consolateur, d'après St Luc (IV, 18), composition très connue (v. p. 216; payé 52 500 fr.); 122, *J. Beaume*, Religieux du St-Bernard; 94, *Schelfhout*, l'Hiver, paysage; 38, *N. de Keyser*, François Ier dans l'atelier de Benvenuto Cellini; 153, *A. Calame*, Paysage suisse; 121, *Willems*, Idylle d'atelier; 95, *Schelfhout*, grand paysage; *157, *Pettenkoven*, Bohémiens buvant de l'eau; *130, *Decamps*, Vue d'une ville d'Asie-Mineure; 27, *Gallait*, Femme au repos avec deux enfants; 137, *Fleury*, Palissy dans son atelier; *58, *Leys*, Auberge flamande; 103, *C. Springer*, le Marché de Harlem; 133, *Diaz de la Pena*, Nymphe et Amourettes; 80, *Ary Scheffer*, Grecs de la guerre de l'indépendance.

IIIe salle: à dr., 35, *Karssen*, Vue d'une ville; 36, *Kobell*, paysage, et des dessins. — IVe salle, suite des DESSINS, entre autres, 849, une tête de femme, de *Watteau*, et des copies à l'aquarelle de tableaux célèbres de la vieille école de Hollande. Le reste et les dessins de maîtres anciens, tels que *Gér. Dov*, *Adr. van Ostade*, *Adr. van de Velde*, *van Dyck*, etc., et l'Atlas d'Amsterdam, etc., légués à la ville par L. Splitgerber (m. 1879), sont montrés le jeudi et le samedi, moyennant 1 fl. au profit des pauvres.

La société **Felix meritis** (pl. C 4), société scientifique fondée en 1777, Keizersgracht, 324, à l'angle de la Beerenstraat, possède dans la salle de lecture du rez-de-chaussée, à dr., un grand et bon tableau de *Nic. Maes*, une Vieille femme disant son bénédicité. Il y a au premier des plâtres, des instruments de physique et de mathématiques, une bibliothèque, un observatoire et une belle salle de concert. Pourb., 25 à 50 c.

Au S. d'Amsterdam s'étend, comme nous l'avons dit p. 290, tout un quartier neuf, comprenant beaucoup de constructions remarquables. Là se trouve, entre autres, place Frédéric, le palais de l'Industrie (*paleis voor Volksvlyt;* pl. F 5), édifice presque tout en fer et en vitres, élevé de 1855 à 1864, sur les plans de *Corn. Outshoorn*, et destiné à des expositions de toute sorte, à de grands concerts, des représentations théâtrales, etc. (v. p. 287). Son dôme elliptique, haut de 57 m., est couronné par une Victoire de 7 m., due au sculpteur belge *Jaquet*. La grande salle peut contenir 12000 personnes. — En traversant près de là la *Haute-Ecluse* (Hooge-Sluis; pl. F 5), où l'on a de jolis coups d'œil, des deux côtés, on arrive à la *gare du chemin de fer Rhénan* (p. 286).

De l'autre côté de la Singel-Gracht, qui formait encore il y a une vingtaine d'années la limite de la ville, s'élève le grand et bel édifice où vont être enfin dignement installées les collections publiques.

*Musée National.

Ce musée (*Ryks-Museum;* pl. D E 6), construit de 1877 à 1885, sur les plans de *P.-J.-H. Cuypers,* est un monument qui occupe une superficie de 11000 m. car., dans le vieux style hollandais de la renaissance, mêlé de gothique et de roman. La façade principale est au N., du côté du Stadhouderskade. Les sculptures de cette partie sont de *Fr. Termeylen*, de Louvain, et de *Bart. van Hove*, d'Amsterdam. L'extérieur présente sans cela une riche décoration d'après le *prof. Sturm*, des mosaïques aux nombreuses figures, faites de faïences peintes et émaillées, représentant les principales époques de l'art dans les Pays-Bas et leurs plus grands artistes. L'édifice est entouré d'un jardin et d'une belle grille en fer.

La FAÇADE PRINCIPALE a une Victoire sur son fronton. Le haut-relief au-dessus du passage représente les Pays-Bas entourés de la Sagesse et la Justice, la Beauté et la Vérité et des artistes de la contrée, qui viennent leur rendre hommage: au milieu, à dr., les architectes Eginhard (p. 223), Jean ten Doem (p. 246) et Keldermans (p. 82); à g., le sculpteur Klaas Sluter et les peintres anciens, Dirk Bouts et Lucas de Leyde; à la suite des premiers, Rembrandt et ses contemporains, après les seconds, les peintres moins anciens. — Les bas-reliefs sur les côtés ont pour sujets, à dr. la Peinture et le Dessin, à g. l'Architecture et la Sculpture. Dans les niches entre ces bas-reliefs, les statues de l'Art et de l'Histoire. — Les bas-reliefs au-dessus des fenêtres sont relatifs à la fondation du nouveau musée. — Dans le haut, aux extrémités du fronton, les statues de l'Inspiration et de l'Etude. — Dans le bas, aux entrées de dr. et de g., l'Architecture et la Sculpture, la Peinture et la Gravure.

Les faïences peintes représentent les villes et les provinces des Pays-Bas. Au milieu: Amsterdam, la Haye, Harlem, Leyde, Delft, Dordrecht et Rotterdam, les principaux centres artistiques du royaume.

En traversant le passage voûté et garni de colonnes du milieu de l'édifice, on arrive à la FAÇADE DU SUD, très remarquable par ses faïences. Au-dessus du passage, Rembrandt, entouré de ses élèves, peignant les Syndics des Drapiers (p. 301); à dr., David de Bourgogne, évêque d'Utrecht, recevant la visite des frères van Eyck (p. 126); à g., Réception d'Alb. Durer à Bois-le-Duc. Dans le fronton du milieu, les princi-

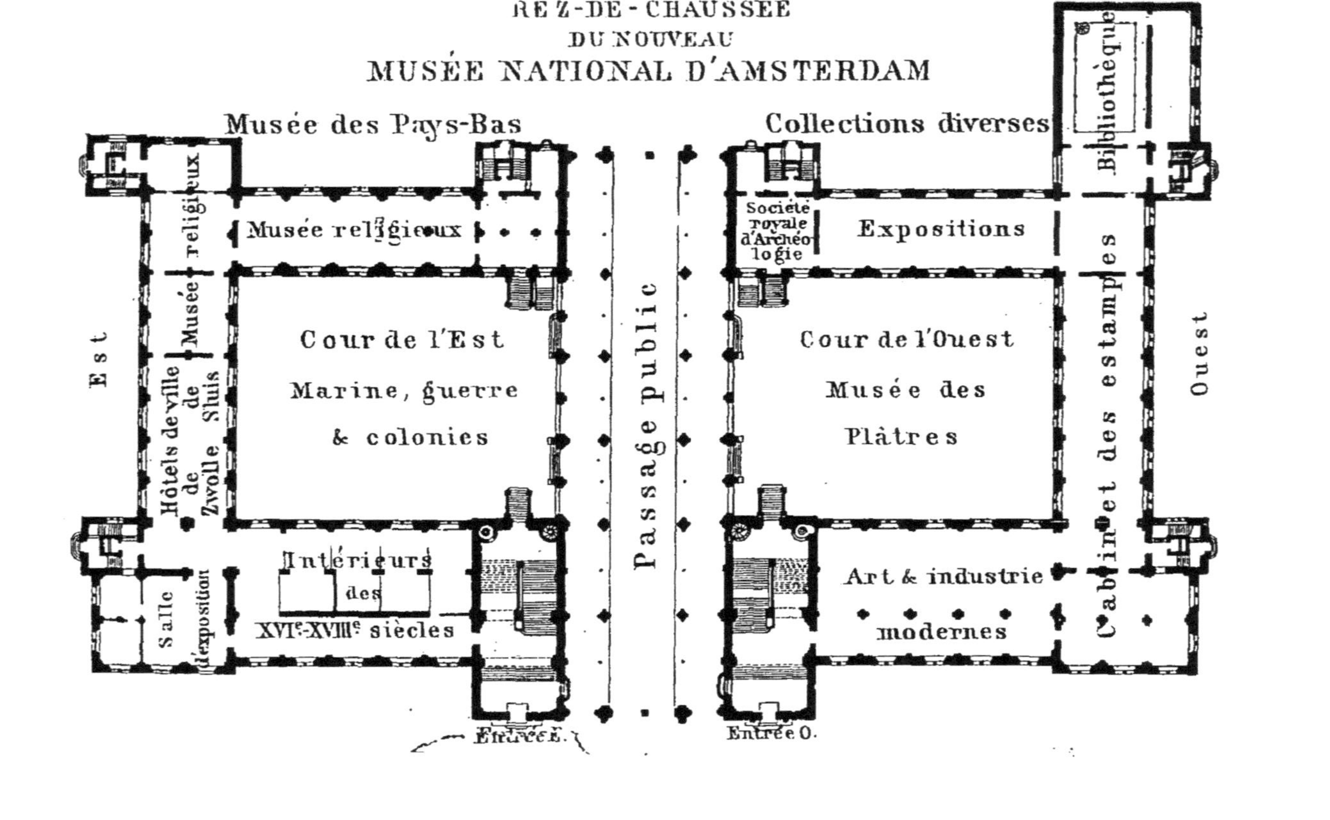
REZ-DE-CHAUSSÉE
DU NOUVEAU
MUSÉE NATIONAL D'AMSTERDAM
Musée des Pays-Bas
Collections diverses
Est
Ouest
Musée religieux
Musée religieux
Hôtels de ville de Zwolle de Sluis
Salle d'exposition
Intérieurs des XVIe-XVIIIe siècles
Cour de l'Est
Marine, guerre & colonies
Passage public
Cour de l'Ouest
Musée des Plâtres
Société royale d'Archéologie
Expositions
Art & industrie modernes
Cabinet des estampes
Bibliothèque
Entrée E.
Entrée O.

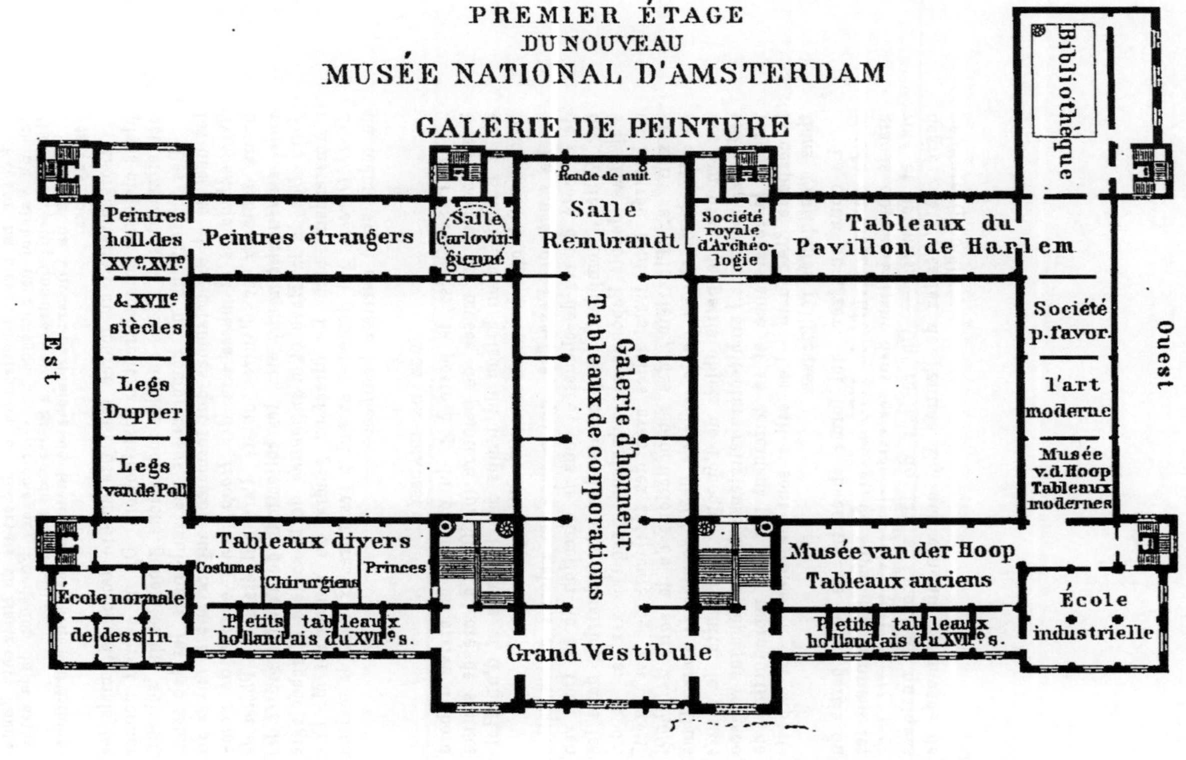
PREMIER ÉTAGE
DU NOUVEAU
MUSÉE NATIONAL D'AMSTERDAM
GALERIE DE PEINTURE
Est
Ouest
Peintres holl. des XVe, XVIe & XVIIe siècles
Legs Dupper
Legs van de Poll
Peintres étrangers
Salle Carlovingienne
Ronde de nuit
Salle Rembrandt
Galerie d'honneur
Tableaux de corporations
Société royale d'Archéologie
Tableaux du Pavillon de Harlem
Bibliothèque
Société p. favor. l'art moderne
Musée v. d. Hoop Tableaux modernes
Tableaux divers
Costumes
Chirurgiens
Princes
École normale de dessin
Petits tableaux hollandais du XVIIe s.
Grand Vestibule
Musée van der Hoop
Tableaux anciens
Petits tableaux hollandais du XVIIe s.
École industrielle

paux protecteurs des arts dans les Pays-Bas, depuis Charlemagne (p. 223) jusqu'à Guillaume Ier. — Aux ailes de la façade: la Fondation du château de la Haye par Guillaume de Hollande, celles de la corporation de St-Luc, à Amsterdam, et de la manufacture de tapisseries de Middelbourg; les villes de Hollande donnant des vitraux à la Grande-Eglise de Gouda; Amélie de Solms décidant de faire décorer de peintures la maison du Bois, à la Haye; la Fondation du premier musée par la république batave.

FAÇADE DE L'EST: Construction de St-Servais de Mastricht; Fondation du Valkhof de Nimègue par Charlemagne; Fondation de la cathédrale d'Utrecht; Construction de St-Jean de Bois-le-Duc.

FAÇADE DE L'OUEST: Triomphe de toutes les célébrités artistiques des Pays-Bas.

L'organisation du musée n'est pas encore terminée, mais les plans ci-joints en montrent la distribution. On ne saurait donner actuellement (mai 1885) que les indications générales qui suivent.

Les collections ne comprennent pas seulement les tableaux, les dessins et les estampes qui formaient auparavant le *musée du Trippenhuis* et le *musée van der Hoop*, mais encore de nombreux tableaux et d'autres objets d'art qui étaient à l'*hôtel de ville*, au *Huissittenhuis*, etc., les collections de l'ancien *musée des Pays-Bas* de la Haye et d'*antiquités* de la société d'archéologie d'Amsterdam, etc. Le directeur général du musée est M. *Fr.-D.-O. Obreen*, qui demeure et qui a ses bureaux dans la maison du même style derrière l'édifice.

REZ-DE-CHAUSSÉE.

De l'ENTRÉE EST, la porte à g. du passage, on arrive d'abord à un escalier du musée de peinture (p. 300), décoré de statues de la Batavia, d'un Frison du temps des Romains et d'un Hollandais du temps des guerres contre l'Espagne.

Le **musée des Pays-Bas**, qui occupe les galeries et les salles de ce côté du rez-de-chaussée, sous la direction de M. Dav. van der Kellen, comprend les produits des arts industriels dans les Pays-Bas depuis l'époque carlovingienne jusqu'au XIXe s. A dr. de l'entrée sont trois salles avec des *intérieurs* des XVIe, XVIIe et XVIIIe s. Plus loin, des reproductions de la *salle de l'hôtel de ville de Zwolle* et de la *salle de l'hôtel de ville de Sluis*. Dans des armoires, de petits objets de l'époque. — Ensuite, le *musée religieux*, montrant l'architecture religieuse depuis l'époque romane jusqu'à la renaissance et se terminant par une reproduction de la chapelle d'Adouard. Ces salles sont destinées à des expositions d'antiquités religieuses.

La COUR DE L'EST, qui forme au centre de cette partie du musée un espace vitré de 1170 m. car. de superficie, contient les grands objets rentrant dans les catégories suivantes: *guerre*, *marine* et *colonies*. — On revient de là, en montant quelques degrés, à l'escalier de l'entrée E., qui conduit au musée de peinture (p. 300).

L'ENTRÉE OUEST donne aussi accès à un escalier décoré de trois statues, la Paix, la Richesse et l'Industrie. De là on entre à dr. dans une très grande salle où doivent avoir lieu des *expositions de produits de l'art et de l'industrie modernes.*

Le cabinet des estampes, sous la direction de M. Phil. van der Kellen, occupe ensuite trois salles, où se voient en particulier les œuvres de Rembrandt, représentées en général par plusieurs exemplaires à différents états. La première salle contient les portraits, la deuxième, bien plus grande, le reste de la collection, et la trosième est la salle d'étude.

La bibliothèque, dans une aile spéciale, occupe les trois étages, reliés par un joli escalier en fer. Elle est richement décorée de peintures et de sentences, comme les autres parties de l'édifice.

Une longue salle en retour d'équerre est destinée à diverses expositions.

La salle des antiquités d'Amsterdam, une salle carrée à la suite de la précédente, comprend une partie des objets recueillis par la *société d'Archéologie:* meubles sculptés, ustensiles de menage, armes de luxe, etc. Le reste est au premier étage, dans la salle correspondante.

La COUR DE L'OUEST contient le noyau d'un *musée de plâtres*, d'après des ouvrages d'art des Pays-Bas: portail de St-Servais à Mastricht, grille du chœur d'Enkhuizen, tombeau d'Engelbert de Nassau, fronton de l'hôtel de ville de la Haye. On y voit aussi l'orgue sculpté et peint de l'église luthérienne d'Amsterdam, du XVIIe s. — On descend de cette cour dans le sous-sol, disposé en cryptes, etc.

PREMIER ÉTAGE.

On monte au premier par l'escalier de l'entrée E. et on en redescend par celui de l'entrée O.

La ****galerie de peinture**, formée par la réunion des tableaux des musées du Trippenhuis et van der Hoop, de l'hôtel de ville, du Huissitenhuis et du pavillon de Harlem, occupe presque tout l'étage. Elle est sous la direction du directeur général du musée, M. Obreen. Catalogue abrégé de 1885, avec 50 illustrations, 1 fl. Pour les détails, voir encore les anciens catalogues des diverses collections.

Le GRAND VESTIBULE, long de 40 m., est décoré de splendides vitraux, par *W.-J. Dixon*, de Londres. Les trois du milieu rappellent les principales périodes de la peinture, de l'architecture et de la sculpture; celles des côtés, les autres arts et la science; les panneaux du haut, les divers états et l'industrie. Les murs doivent être plus tard décorés de peintures et sont actuellement recouverts de tapisseries. — Même décoration dans les salles destinées aux peintures, ce qui est une hardiesse dont l'effet est problématique.

La GALERIE D'HONNEUR, où l'on passera du vestibule, occupe le milieu de l'édifice au-dessus du passage. Dix cloisons la subdivisent en cabinets. On doit y placer un choix de tableaux de corporations, formant une collection modèle d'un genre de peinture propre à la Hollande. Du nombre seront le célèbre Banquet des arquebusiers par *Barth. van der Helst*, de 1648; un *Frans Hals* de 1637, des *Govert Flinck* de 1642, 1645 et 1648, provenant du Trippenhuis et de l'hôtel de ville; des *Ferd. Bol* de la Léproserie et du Huissittenhuis, etc.

La SALLE REMBRANDT forme l'extrémité de la galerie. Son plafond vitré est supporté par quatre statues colossales de marbre, les Heures du jour. En face de l'entrée se trouve la Ronde de nuit de *Rembrandt*, le plus célèbre et le plus grand tableau de ce maître, de 1642, représentant en réalité la compagnie de l'arquebuse du capitaine Fr. Banning Cock, au sortir de la maison de la corporation, située sur le Singel et où le tableau est resté jusqu'au commencement du XVIIIe s. — La même salle renferme encore, de *Rembrandt*, un autre tableau de corporation célèbre, les Syndics des drapiers, de 1661, une tête d'étude et un portrait de femme. — A la frise, une petite notice biographique sur le grand artiste.

On passe ensuite, à g., dans la *Salle Carlovingienne*, qui a une riche coupole; puis dans la galerie des *peintres étrangers*, destinée aux tableaux des écoles flamande, allemande, française, italienne et espagnole: il n'y en a pas de valeur exceptionnelle. — Puis viennent deux salles consacrées aux *peintres hollandais des XIVe, XVe et XVIe s.* — Ensuite une salle avec le LEGS DUPPER, la collection d'un amateur de Dordrecht, m. en 1870, comprenant des œuvres de *J. Steen*, *Gér. Dou*, *Adr. van Ostade*, *Jac. Jordaens*, etc. — Plus loin, la salle du LEGS VAN DE POLL, dû au baron de ce nom (m. 1880), où figurent de bons tableaux de *N. de Keyser*, *Rembrandt* (portr. de femme), *J. Steen*, *P. Potter*, etc.

Traversant de là un corridor, on arrive dans une galerie divisée en trois par des cloisons, où se trouvent surtout des tableaux des LEGS BICKER, DE WITTE, VAN CITTERS, VAN SWINDEREN et LIOTARD, qui comprennent beaucoup de tableaux de costumes intéressants. A cela s'ajoutent, dans la travée du milieu, les tableaux qui ont appartenu à la corporation des chirurgiens, dans le genre de la célèbre Anatomie de Rembrandt (p. 258), le premier de 1604, et des portraits de princes, dans la troisième travée.

Les CABINETS parallèles à cette galerie, au nombre de cinq, renferment de magnifiques petits tableaux de l'école hollandaise, de *Gér. Dou*, *Fr. van Mieris le Vieux*, *J. Steen*, *Terburg*, *G. Metsu*, etc., auparavant au Trippenhuis.

Les CABINETS correspondants, de l'autre côté du vestibule, contiennent la suite des petits tableaux hollandais.

Le MUSÉE VAN DER HOOP, légué en 1854 par le banquier de ce nom, commence dans la galerie parallèle à ces cabinets, par les tableaux anciens, au nombre desquels se trouvent la Fiancée juive de *Rembrandt* (1662) et des toiles charmantes de *J. Steen, Gér. Dou, Jac. van Ruisdael, Hobbema, P. de Hoogh, Fr. Hals,* etc., des œuvres de *Rubens, van Dyck, Teniers le Jeune.*

Un corridor sépare cette galerie de la salle où sont les *tableaux modernes du musée van der Hoop*, à la suite de laquelle viennent deux salles avec les tableaux de la *société pour favoriser l'art moderne.*

Les deux dernières salles de la galerie de peinture comprennent les anciens *tableaux du pavillon de Harlem* (p. 283), au nombre d'env. 200, et une dernière salle contient les petites *antiquités* de la société d'Archéologie. — On se retrouve ensuite dans la salle Rembrandt et la galerie d'honneur.

Dans l'angle N.-E. du musée est l'ÉCOLE DE DESSIN, sous la direction de M. *W.-B.-G. Molkenboer*, et dans l'angle N.-O., ainsi que dans quelques salles du second étage, l'ÉCOLE INDUSTRIELLE, dirigée par M. *J.-R. de Kruyff.*

Près du musée est le *__parc Vondel__ (pl. C 6), créé depuis une quinzaine d'années dans une prairie marécageuse. C'est une belle promenade très fréquentée. Il a 2 kil. de long et seulement 300 m. de large. Dans la Vossiusstraat, qui borne ce parc à l'E., le nouveau local de l'*institution des aveugles* (p. 304). A 500 m. de l'entrée du parc se voit la *statue de Juste van den Vondel*, le plus grand poète hollandais (m. 1679), érigée en 1867. Les principaux ouvrages de ce poète sont des tragédies, dont quelques-unes, comme Gisbert d'Amstel ou le Sac (supposé) d'Amsterdam, en 1296, sont encore représentées aujourd'hui. Il y a dans le voisinage du monument un panorama peint par *Jules Garnier*, représentant Constantinople et le Bosphore (entrée, 1 fl.), et un café, le *Paviljoen.* Plus loin, le *Melkhuis*, une laiterie. A l'extrémité du parc, le *Broeker Huis*, qui renferme une collection de curiosités hollandaises, surtout de Broek, village à 2 h. au N. d'Amsterdam, qu'on visitait autrefois pour cela. Une ligne de tramway ramène de cet endroit au Dam, par le Leidsche-Plein.

Les QUARTIERS EST sont aussi de création récente. Il y avait là auparavant, avec quelques maisons de campagne, un grand parc nommé «Plantage»; il en est resté le *Park* (pl. F 3), qui appartient maintenant à une société et où se trouve le théâtre dit *Park-Schouwburg* (p. 287).

La grille en face forme l'entrée du **jardin botanique** (pl. F 3), nommé ordinairement *Hortus* (botanicus). Il est surtout remarquable par ses nombreuses variétés de palmiers et une belle serre avec la victoria-regia, qui attire beaucoup de visiteurs dans les soirées d'été, quand cette plante est en fleurs. Entrée, v. p. 288.

Le ***jardin zoologique** (pl. G 3), propriété d'une société qui s'intitule *natura artis magistra*, et vulgairement appelé pour cela *Artis*, est à peu de distance du jardin botanique. C'est un des plus riches établissements de ce genre en Europe, à peine inférieur à celui de Londres. Il a 11 hect. de superficie. Une simple visite demande env. 3 h. Un guide est inutile.

L'entrée (v. p. 283) se trouve dans la *Kerklaan* (pl. FG3). On a d'abord à g. les chameaux, les lamas et les cerfs; derrière est la galerie des oiseaux chanteurs et des perroquets et la galerie des *reptiles*, qui contient de magnifiques serpents et amphibies. La partie consacrée à la pisciculture (seulement en hiver et au printemps) mérite aussi d'être vue. C'est par centaines de mille que l'administration met tous les ans de jeunes saumons et de jeunes truites dans les rivières de la Hollande. A côté est la cage des *singes*. — Au delà de l'étang peuplé d'oiseaux aquatiques, diverses espèces de bêtes à cornes et de moutons, et à g., le grand bâtiment des *animaux carnassiers*, à côté duquel est celui des éléphants. — Plus loin, on passe devant les antilopes, les girafes, les zèbres, etc., les aigles, les vautours, les buffles et les *hippopotames*. Dans l'angle N.-E. du jardin, une grande grotte avec un bassin pour des *otaries* ou lions de mer. — Le grand bâtiment à dr. de l'entrée est un café-restaurant (dîner, de 4 h. à 7, 1 fl. 50 sans le vin; à la carte à partir de midi). — Plus loin, du même côté du jardin, dans l'ancien bâtiment, des collections d'animaux empaillés et de squelettes, et plus loin encore, un *musée ethnographique*, composé principalement d'objets des Indes, du Japon, de la Chine, etc., avec une riche bibliothèque. — Il y a depuis 1881 un vaste *aquarium*: entrée, 50 c.

Le grand édifice dans la rue dite Middellaan, l'*hospice St-Jacques* (pl. G3), est un asile pour les vieillards des deux sexes de confession catholique. — A côté, un PANORAMA, où se voit le siège de Harlem par les Espagnols en 1572-73, peint par *P. Tetar van Elven*.

A l'E. de la *porte de Muiden* (Muiderpoort, pl. GH3), la seule porte de la ville qui subsiste encore, est situé le grand cimetière de l'Est, et $1/4$ d'h. plus loin, le *jardin Linné* (p. 308).

L'**Entrepôt-Dok** (pl. FG3), au N. du jardin zoologique, est le port franc d'Amsterdam, pour les marchandises qui sont destinées à l'étranger ou qui doivent rester provisoirement, pour une autre raison, franches de droits. Il y a à l'entrée (pl. 50) un «concierge» qui fait venir quelqu'un pour accompagner le visiteur (pourb., 25 à 50 c.). Le canal que bordent les magasins, a 7 m. de profondeur, de sorte que les plus forts navires marchands peuvent s'y décharger. Les magasins du côté N. sont exclusivement réservés au commerce des colonies indiennes de la Hollande. Il y a de grandes provisions de vin, de grains, de sucre, de café, de riz et d'indigo.

Pour revenir des quartiers E. dans l'intérieur de la ville, on passera par le QUARTIER JUIF (pl. FE3), habité depuis des siècles presque uniquement par des juifs. La malpropreté qui y règne, contraste étrangement à côté de la propreté hollandaise. Partout on y voit des magasins de vieux habits et d'objets anciens de toute sorte, etc. Les juifs forment à peu près le dixième de la population d'Amsterdam et possèdent dix SYNAGOGUES. La plus grande, celle des *juifs portugais* (pl. 56, F 3), dans la Muiderstraat, date de 1670; elle a été, dit-on, construite sur le modèle du temple de Salomon, et elle possède des objets précieux. Les juifs portugais d'Amsterdam sont les descendants de ceux qui émigrèrent ici dans la première moitié du XVIIe s., par suite de leur expulsion du Portugal. Amsterdam fut aussi le refuge d'un grand nombre de juifs allemands, qui vinrent s'y soustraire aux vexations et aux oppressions de tout genre auxquelles ils étaient en butte dans leur pays. Les juifs forment encore aujourd'hui dans la ville une population très influente, grâce aux grandes richesses dont ils disposent. Dans les anciennes luttes entre la république et les stathouders, ils ont toujours été attachés au parti de ces derniers. Le père de la philosophie moderne, *Baruch Spinoza*, né à Amsterdam en 1632, était fils d'un juif portugais réfugié dans cette ville.

La maison nº 68 de la Sint-Anthonies-Brêestraat, près de l'extrémité O. de la Joden-Brêestraat (pl. E 3), est désignée par une inscription comme celle que *Rembrandt* habita de 1640 à 1656.

Les ateliers d'Amsterdam pour la TAILLE DU DIAMANT ont été célèbres de tout temps. L'art de polir le diamant fut pendant longtemps le secret des juifs d'Amsterdam et d'Anvers; on l'ignorait en Europe avant le XVe s. Aujourd'hui encore, cette industrie est, à Amsterdam, exclusivement entre les mains de familles juives portugaises. La plupart de leurs établissements se trouvent dans la Zwanenburgerstraat (pl. 6, E 4) et dans le Roeterseiland, à l'E. de l'Achtergracht (pl. 6, G 4). On peut les visiter du lundi au vendr., en particulier celui de *Koster*, Zwanenburgerstraat, 12, de 9 h. à 3 h. (50 c. de pourb.). Voici sommairement le procédé suivi dans les ateliers pour la taille du diamant. Une machine à vapeur, établie à l'étage inférieur, fait tourner à l'étage supérieur de petits disques de fer, au nombre de 30 à 40 par atelier. Devant chacun de ces disques, humectés d'huile et saupoudrés de poussière de diamant, est assis un ouvrier qui tient un diamant enchâssé dans du plomb, le presse contre cette sorte de meule et produit ainsi une facette en quelques minutes. Pour cliver ou fendre le diamant, on se sert de fils en métal également saupoudrés de poussière de diamant.

La ville d'Amsterdam est renommée pour le grand nombre de ses **établissements de bienfaisance** (plus de 100), entretenus par la charité privée, au profit des malades, des vieillards, des orphelins, des aliénés, des aveugles, etc.

L'*institut des aveugles* (pl. C 4), qui doit être transféré en 1885 de la Heerengracht à la Vossiusstraat (pl. D 6; p. 302), est un des premiers établissements de ce genre, fondé en 1808. Il compte de 50 à 60 élèves âgés de 5 à 18 ans, qui reçoivent des leçons de lecture, d'écriture, de calcul, de géographie, de travaux manuels, de langues et de musique. On se sert pour l'enseignement de livres et de cartes imprimés en relief. Il y a le mercredi, de 10 h. à midi, des leçons publiques auxquelles on assistera avec intérêt. En partant, on achète quelque objet fabriqué par les aveugles, ou bien l'on dépose une offrande dans le tronc. — Il y a un second établissement pour les aveugles adultes au Stathouderskade; il compte environ 80 personnes.

Il y a de ces établissements de bienfaisance qui ont un extérieur monumental, par ex. l'*hospice réformé pour les vieillards* (pl. 46, F 4), au Binnen-Amstel; l'*hospice St-Jacques*, mentionné p. 303, etc.

Quelques maisons d'orphelins ont adopté un uniforme particulier; les élèves de l'*orphelinat communal* (pl. 4, D 4), parmi lesquels van Speyk (p. 217) reçut sa première éducation, ont des vestes noires et rouges (couleurs de la ville); les orphelines de l'hospice catholique sont habillées en noir, avec un fichu et un bonnet blancs; les luthériennes le sont en brun ou en bleu et noir. La *Diaconie* (pl. 5, E 4), aussi sur l'Amstel, est encore un orphelinat comptant de 1000 à 1200 enfants. Les dimanches, on voit beaucoup de ces orphelins dans les rues, surtout dans la Kalverstraat. Les garçons semblent affectionner particulièrement leur costume à deux couleurs. La mine fraîche de ces enfants témoigne des bons soins dont ils sont l'objet.

La **société d'utilité publique** (*maatschappy tot nut van 't algemeen*; pl. 45, E 3), dont le but est d'éclairer et de moraliser les classes inférieures, et qui est répandue dans presque toutes les villes du royaume et même dans les colonies, exerce une grande influence. Elle a été fondée en 1784 par un ministre baptiste de Monnickendam (p. 313), *Jean Nieuwenhuizen*, et elle eut d'abord son siège à Edam, d'où elle fut transférée en 1787 à Amsterdam. On peut en faire partie en payant une cotisation annuelle de 5 fl. 25. Dans toute localité réunissant un minimum de 8 souscripteurs, il peut être établi une succursale nommée «département». Le nombre de ces départements s'élève à 333, comptant plus de 17 400 membres. Le conseil d'administration, qui siège à Amsterdam, se compose de 10 directeurs et d'un secrétaire général. Une assemblée générale a lieu tous les ans, au siège de la société, le deuxième mardi du mois d'août. La société cherche à atteindre son but par trois moyens principaux: 1° en améliorant l'instruction et l'éducation de la jeunesse (publication d'ouvrages scolaires, tant pour les jeunes gens que pour les instituteurs, établissement de bibliothèques populaires, création d'écoles des pauvres, professionnelles et du dimanche, amélioration des bâtiments d'école); 2° en propageant les lumières de l'enseignement parmi les adultes (livres populaires, sociétés de lecture, cours publics, caisses de retraite et d'épargne); 3° en décernant des récompenses pour actes de dévouement et de générosité.

Une très grande tolérance en matière religieuse a toujours favorisé les sectes en Hollande. Pour avoir une idée des différentes *confessions* existant à Amsterdam, il suffit d'en énumérer les églises. En fait d'églises protestantes, on en compte 10 réformées calvinistes (ce sont les plus anciennes), 2 wallones, 1 anglaise presbytérienne, 1 anglaise épiscopale, 1 pour les remontrants (p. 216), 2 pour les luthériens de la confession d'Augsbourg largement interprétée, 1 pour les luthériens de la confession d'Augsbourg strictement observée, communauté formée en 1791; 1 pour les luthériens de l'ancienne croyance, 1 pour les mennonites ou baptistes, etc. Les églises catholiques, grandes et petites, sont au nombre de 17, outre 2 qui appartiennent à la secte des jansénistes. Il y a même un *béguinage* catholique (pl. 3, D 4) dans le genre de ceux de Gand et de Bruges, qui existe depuis le XIVe s. Enfin il faut encore compter les synagogues des juifs déjà mentionnées et le local des réunions de la communauté indépendante, bâti en 1880.

46. Environs d'Amsterdam et Hollande Septentrionale.

Les **environs d'Amsterdam** n'ont rien de pittoresque; mais on y verra avec intérêt les *canaux* et les *écluses* grandioses construits depuis le commencement de ce siècle pour tenir ouvert le port, que l'ensablement progressif du Zuiderzée a fermé de ce côté aux grands navires (v. p. 290). Un autre système d'écluses est destiné à la défense de la contrée, qu'il permet d'inonder complètement en cas de guerre. Amsterdam est en effet la place principale de la Hollande, comme Anvers est celle de la Belgique (v. p. 87).

La province de la **Hollande Septentrionale**, de 80 kil. de longueur sur 40 à 45 kil. de largeur, est aujourd'hui enveloppée par la mer du Nord et le Zuiderzée. L'isthme qui la rattachait au continent a disparu depuis le percement du canal de la Mer du Nord (p. 307). Les côtes sont sablonneuses, et le reste du territoire se compose d'argile et de marécages. Le terrain est à certains endroits 4 et 5 m. plus bas que le niveau de la mer; il est garanti à l'O. par les dunes, à l'E. par de hautes digues. Les polders (p. 213) avec leurs métairies, sont intéressants pour l'agriculteur. Le bétail élevé sur cette langue de terre est renommé pour sa beauté et l'abondance de son lait; les moutons le sont pour le moelleux de leur laine et la saveur de leur chair. Le pays offre sans cela peu d'intérêt, si ce n'est encore par les anciens costumes et de vieux usages qui s'y sont mieux conservés qu'ailleurs. Il n'y a guère à visiter que les villes de *Hoorn*, *Enkhuizen* et *Alkmaar*, où l'on voit quelques édifices du temps de leur prospérité, aux XVIIe et XVIIIe s., et le *Helder*, comme station de la flotte hollandaise.

I. Excursions aux environs d'Amsterdam.

CANAL DU NORD. — En face d'Amsterdam, sur la pointe de terre au N. de l'Y, se trouve le **Tolhuis** *(Péage)*, où il y a un *jardin* très fréquenté (p. 287) offrant une belle vue sur le port et la ville. C'est près de là qu'aboutit, par la grande écluse nommée *Willemssluis*, le CANAL DU NORD *(Noord-Hollandsche Kanaal)*, construit de 1819 à 1825 par *Blanken*, et qui a coûté env. 8 millions de florins. Il a partout 35 à 40 m. de largeur et plus de 6 m. de profondeur. Son niveau est à plus de 3 m. au-dessous de celui de la mer à Buiksloot, 2 kil. au N. de Tolhuis. Il traverse toute la Hollande Septentrionale, jusqu'au Helder (p. 311), et il a 75 kil. de long.

ZAANDAM. — Une excursion à Zaandam peut se faire par le chemin de fer de Hoorn (p. 309) et par le bateau à vapeur («Prins van Oranje») qui part env. 10 fois par jour du Westerhoofd, au quai du Prince-Henri (pl. D 2), et qui fait le trajet en $^3/_4$ d'h.: prix, 30 et 20 c. aller et retour.

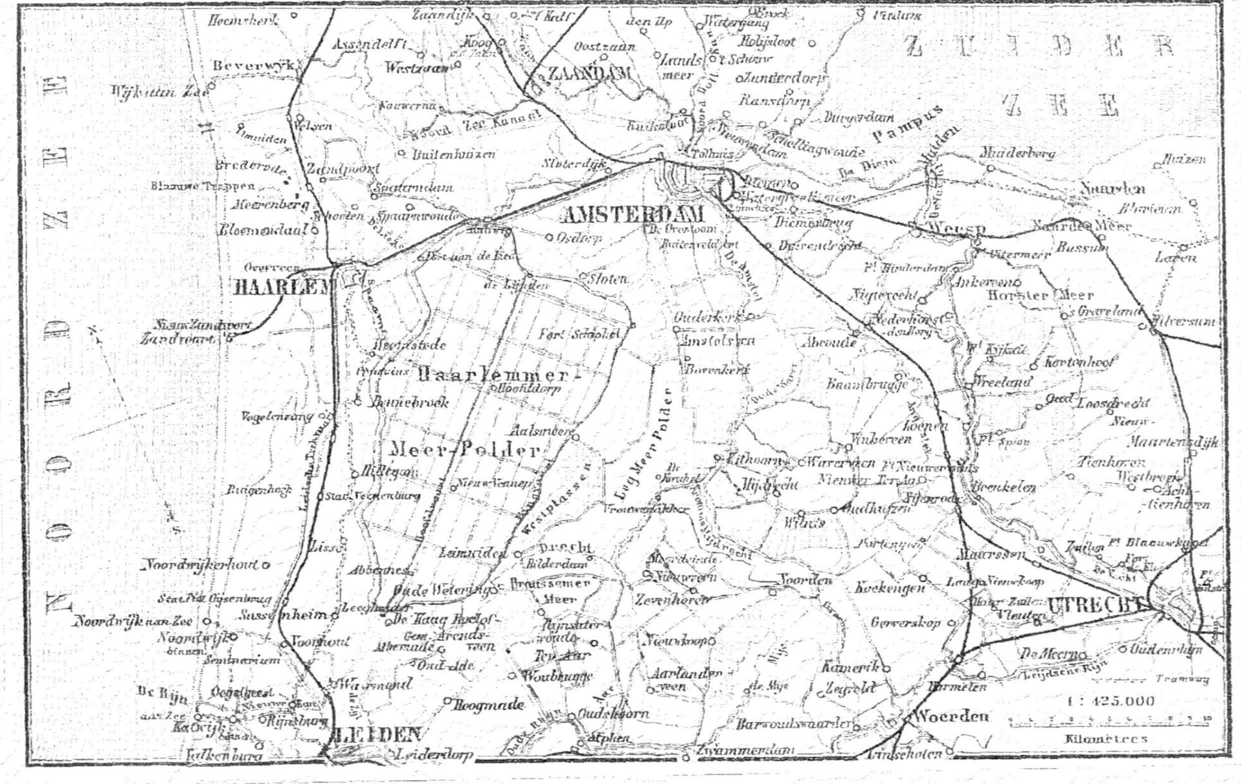
NOORD ZEE
ZUIDER ZEE
Pampus
HAARLEM
AMSTERDAM
ZAANDAM
LEIDEN
UTRECHT
Woerden
Haarlemmer-
Meer-Polder
Leg Meer Polder
Westplassen
Horster Meer
Naarder Meer
Beverwyk
Heemskerk
Assendelft
Westzaan
Zaandijk
Koog
Oostzaan
den Ilp
Watergang
Holijsloot
Landsmeer
Zunderdorp
Ransdorp
Durgerdam
Buiksloot
Schellingwoude
Wijk aan Zee
Velsen
Ijmuiden
Noord Zee Kanaal
Buitenhuizen
Sloterdijk
Zandpoort
Brederode
Blaauwe Trappen
Meerenberg
Bloemendaal
Spaarndam
Spaarnwoude
Schoten
Overveen
Zandvoort
Osdorp
Sloten
Fort Schiphol
Heemstede
Hoofddorp
Bennebroek
Vogelenzang
Aalsmeer
Lisse
Leimuiden
Noordwijkerhout
Noordwijk aan Zee
Noordwijk
Sassenheim
Voorhout
Abbenes
Oude Wetering
Roelofarendsveen
Warmond
Oud Ade
Hoogmade
Woubrugge
Alphen
Oudshoorn
Katwijk
Rijnsburg
Oegstgeest
Valkenburg
Leiderdorp
Zwammerdam
Drecht
Bilderdam
Braassemer Meer
Nieuwveen
Zevenhoven
Nieuwkoop
Aarlanderveen
Uithoorn
Mijdrecht
Wilnis
Vinkeveen
Waverveen
Ouderkerk
Amstelveen
Bovenkerk
Abcoude
Baambrugge
Loenen
Vreeland
Breukelen
Maarssen
Vleuten
De Meern
Oudenrijn
Kamerik
Zegveld
Harmelen
Barwoutswaarder
Linschoten
Kockengen
Gerverskop
Woerden
Diemerbrug
Duivendrecht
Nigtevecht
Muiden
Muiderberg
Weesp
Naarden
Huizen
Bussum
Laren
Hilversum
's Graveland
Kortenhoef
Loosdrecht
Nieuw-Maartensdijk
Tienhoven
Westbroek
Achttienhoven
Zuilen
Ft. Blauwkapel
1 : 425.000
Kilomètres
Tramway

10 kil. **Zaandam** (*Café-Rest. Suisse,* au port, bon, mais assez cher), nommé aussi à l'étranger, par corruption, *Saardam,* est une ville de 13 000 hab., parmi lesquels on compte plusieurs millionnaires. Elle est située à l'embouchure de la *Zaan* dans l'Y, à environ 10 min. de la gare. C'est une localité riante, d'aspect tout à fait hollandais. Ses petites maisons, en bois ou en briques, sont entourées de jardins. Environ 400 moulins s'élèvent le long de la Zaan jusqu'aux villages de *Zaandyk*, *Koog*, *Wormerveer* et *Krommenie* (v. p. 310). Ils servent aux usages les plus variés: à faire de l'huile, à scier du bois, à monder de l'orge, à broyer des couleurs, à fabriquer du papier, du ciment, etc.

La *cabane de Pierre le Grand* est pour ainsi dire le palladium de Zaandam (guide, inutile, 10 c.). Pour s'y rendre, on suit d'abord la route qui longe le port au S., jusqu'à une hôtellerie, le *Czaar Peter Logement*, et là on descend dans une ruelle étroite, on traverse un pont, et on arrive, 125 pas plus loin, à une cour où se trouve la célèbre cabane. Elle est construite en planches brutes et maintenant abritée contre les intempéries par une toiture reposant sur des piliers en briques.

L'intérieur (25 c. de pourb.) se compose de deux chambres et d'une alcôve. Les parois sont toutes couvertes de noms, parmi lesquels on remarque surtout ceux des empereurs Alexandre Ier (1814) et Alexandre II (1839). Il y a en outre une représentation de la vieille cabane, quelques portraits de Pierre le Grand, etc. La cabane fut habitée par Pierre le Grand pendant le séjour qu'il fit à Zaandam, en 1697, pour apprendre la construction navale, dans le chantier de Mynheer *Calf*, et pour se mettre ainsi en état de diriger en connaisseur les travaux maritimes de son empire. D'après la tradition, il y serait arrivé incognito sous le nom de *Pierre Michaelof*, en costume de charpentier et en compagnie d'autres ouvriers. De fait, son séjour à Zaandam ne fut que de huit jours. Il fut tellement ennuyé de l'affluence des curieux, qu'il préféra retourner à Amsterdam, où les chantiers de la compagnie des Indes lui permettaient de travailler sans être dérangé. Il est à noter que les expressions techniques de la marine russe sont encore aujourd'hui pour la plupart d'origine hollandaise.

Pour aller du port à la gare (10 min.), suivre tout droit, à l'O., la direction de la *Zaan* et tourner à g. dans la troisième rue bordée de jeunes arbres.

Canal de la Mer du Nord. — Le canal du Nord (p. 306) ne suffisant plus à la navigation, on décida en 1862 de relier directement Amsterdam à la mer. Le bras de mer de l'Y, qui était peu profond, a été en conséquence rétréci jusqu'à ne plus former qu'un canal, qu'on a prolongé en perçant l'isthme appelé *Holland op zyn smalst.* Les travaux ont commencé en 1865, et le **canal de la Mer du Nord** était livré à la circulation le 1er nov. 1876. Depuis le mois d'août 1877, il est accessible aux navires du plus fort tonnage. Ce canal a env. 25 kil. de long, 60 à 100 m. de large (canal de Suez, 80 à 100) et 7 à 8 de profondeur. Le niveau de l'eau y est à 0 m. 50 au-dessous du 0 de l'échelle hydrométrique d'Amsterdam. Trois puissantes écluses, une de 22 m. et deux de 11 m. de largeur, barrent l'entrée de ce canal aux flots; les jetées qui la protègent s'avancent jusqu'à 1400 m. dans la mer. Il y a deux phares à l'entrée. Les travaux, en y comprenant la digue à l'E. près de Schellingwoude (v. ci-dessous), ont coûté plus de 35 millions de florins, 6 millions payés la ville d'Amsterdam, plus de 10 millions de florins retirés de la vente des nouveaux terrains (3000 fl. en moyenne par hectare) et le reste à la charge de l'Etat.

A côté des écluses se trouve YMUIDEN (hôt.: *Nommer Een; Willem Barendsz*), localité qui s'est formée depuis peu et qui compte déjà 1500 hab.

Des bateaux à vapeur («Dolphin», «Stad Purmerend») font 2 à 3 fois par jour le service d'Amsterdam à Ymuiden. Le trajet dure 1 h. 3/4 et coûte 60 et 40 c., 1 fl. et 60 c. aller et retour. On part du quai Prince-Henri (pl. D 2). Stations intermédiaires: *Westzaan, Buitenhuizen (Assendelft)* et *Velsen*. De la station de chemin de fer de Velsen (v. p. 310), on met 35 min. pour aller aux écluses, par un chemin sablonneux, le long du canal. Il y a encore 20 min. de là à l'embouchure.

DIGUE ET ÉCLUSES DE SCHELLINGWOUDE. — Pour protéger le canal de la Mer du Nord contre les flots et les sables du Zuiderzée on a fermé l'Y du côté E., à *Schellingwoude*, par une digue de 2 kil. de long, qui a au milieu cinq écluses pour permettre la communication avec le Zuiderzée et pour régulariser le niveau de l'eau. La plus grande de ces écluses a 100 m. de long sur 20 de large, et elle descend jusqu'à 5 m. au-dessous du niveau de l'eau. Il y a 56 portes à deux battants, 22 en fer et 34 en bois, les deux plus grandes pesant chacune 680 quintaux. Les écluses seules ont coûté de 5 à 6 millions de florins. — On va en 40 min. à la digue, de la porte de Muiden (pl. GH 3; p. 304; tourner à g. à la sortie), et en 1/2 h. de là aux écluses. — Il faut 1/2 h. pour aller de Schellingwoude à *Nieuwendam*, d'où un bateau à vapeur mène à Amsterdam (v. p. 288), ou bien pour aller au jardin de *Zeeburg* (p. 288).

A MUIDEN. — On fera enfin une jolie excursion jusqu'à Muiden, par le tramway à vapeur (p. 287), en passant au *jardin Linné*, où il y a une école d'agriculture et d'horticulture; puis au polder de *Watergraafsmeer* et à *Diemerbrug*. — *Muiden* est une petite ville qui a beaucoup souffert d'une explosion en 1882. Elle est à l'embouchure du Vecht (p. 315) dans le Zuiderzée. — Le tramway se prolonge au delà sur *Muiderberg*, où il y a de petits bains de mer; sur *Naarden* et *Hilversum* (p. 316).

II. D'Amsterdam à Hoorn et à Enkhuizen.

32 kil. jusqu'à Hoorn, chemin de fer, en 1 h. 3/4, pour 2 fl. 60, 2 fl. 10 et 1 fl. 30. — 20 kil. de Hoorn à Enkhuizen et route desservie par un tramway à vapeur. — Ces villes sont également desservies plusieurs fois le jour par un bateau à vapeur: v. l'Officieele Reisgids.

Départ de la *Hulpstation* (pl. C 2; v. p. 286). La voie traverse sur une digue la partie desséchée de l'Y et sur un pont le *canal de la mer du Nord* (p. 307).

10 kil. *Zaandam* (p. 307). La ligne de Hoorn se détache ici de celle du Helder (p. 310). Ensuite elle traverse la *Zaan*, passe à *Oostzaan* et longe le *polder de Wormer*.

14 kil. **Purmerend** (hôt.: *Vergulde Roskam, Heerenlogement*), petite ville de 5000 hab., située entre les polders de Purmer, de Wormer et de Beemster. Ce dernier, qui est un des plus beaux, fut desséché de 1608 à 1612. Il commence à la porte de Beemster au S. de la ville. Le prix ordinaire du terrain est de 3000 fl' l'hectare. On peut arriver en 1 h. 1/2 à pied au centre du polder appelé *Midden-Beemster*, où se trouve le bon hôtel du Heerenhuis. — Bateau à vapeur plusieurs fois le jour (1 h. à 1 h. 1/4, 25 et 15 c.). de Purmerend à *Edam*, village célèbre par ses fromages à croûte rouge. Le Prinsenhof y renferme quelques tableaux.

Le chemin de fer longe ensuite à l'E. le Beemster. Stations: *Kwadyk, Oosthuizen, Avenhorn*.

32 kil. **Hoorn** (**hôt. Doelen*), ville de 10000 hab., la vieille capitale de la Hollande Septentrionale. Elle a beaucoup de constructions anciennes dont les murs présentent souvent, comme décoration, un heureux mélange de briques de couleur. Il faut mentionner: la *tour de l'Eau*, au bord du Zuiderzée; l'*hôtel de ville*, qui possède quelques tableaux; le *St-Jans-Gasthuis*, le *poids public*, etc. La *Grande-Eglise* renferme le monument du vice-amiral Floriszoon. A Hoorn eut lieu en 1573 une bataille navale entre les Hollandais et les Espagnols, dans laquelle fut pris l'amiral qui commandait ces derniers. En 1580 y naquit Guillaume Schouten, le navigateur qui doubla le premier, en 1616, la pointe méridionale de l'Amérique et lui donna son nom. — Diligence tous les jours de la semaine pour *Alkmaar* (p. 310), trajet en 2 h. 1/2, pour 1 fl. 25 et 1 fl.

La route de Hoorn à Enkhuizen (20 kil.; tramway à vapeur) traverse la contrée la plus riche de la Hollande Septentrionale. Les maisons des paysans ressemblent à des villas. La plupart sont comme dans des îles, entourées de fossés avec de petits ponts du côté de la route.

Enkhuizen (*hôt. Oranjezaal*) est une ville de 5700 hab., très importante au XVIIe s. Elle comptait alors 40000 hab., et elle avait 400 bateaux allant à la pêche au hareng, tandis qu'elle n'en a plus un seul aujourd'hui. Il en est resté, comme souvenirs, l'*hôtel de ville*, de 1688; la *Westerkerk*, église dont le chœur a une *clôture en bois de la renaissance (1543-1572), avec une frise dans le genre de celle de Dordrecht (p. 215), peut-être du même artiste; une belle *porte* avec une tour, etc. Enkhuizen est la patrie du peintre Paul Potter (1625-1654). — Bateau à vapeur tous les jours, sauf le dimanche, pour *Harlingen* (p. 314).

III. D'Amsterdam et de Harlem au Helder.

D'Amsterdam au Helder: 86 kil. (de Harlem, 81); chemin de fer, trajet en 2 h. 1/2 à 2 h. 3/4, pour environ 4 fl., 3fl. 25 et 2 fl. — Il y a en outre tous les jours, matin et soir, un bateau à vapeur allant à Alkmaar. Le trajet est intéressant; il dure 3 h. et coûte 75 et 50 c. Départ du Westerhoofd, quai Prince-Henri (pl. D 2); station intermédiaire, *Zaandam*.

D'AMSTERDAM A UITGEEST: 23 kil., chemin de fer, trajet en 3/4 d'h. — Jusqu'à *Zaandam*, v. p. 307. On laisse à dr. la ligne de Hoorn. — 13 kil. *Koog-Zaandyk*. — 16 kil. *Wormerveer*. — 18 kil. *Krommenie*. Toutes ces localités, avec leurs jolies maisons entourées de jardins et leurs nombreux moulins à vent, sont situées sur la Zaan, qui ressemble à un canal. On aperçoit au S. la Grande-Eglise de Harlem. — 23 kil. *Uitgeest* (v. ci-dessous).

DE HARLEM A UITGEEST: 18 kil., chemin de fer, trajet en 38 min. — *Harlem*, v. p. 279. — On traverse une contrée agréable et passe devant Bloemendaal. — 4 kil. *Zandpoort* (hôt. Duinlust), dans le voisinage duquel se trouvent, à g., la maison d'aliénés de Meerenberg et les ruines du château de Brėderode (p. 285). A dr., de riches pâturages avec de beau bétail. — 9 kil. *Velsen*. Beaucoup de villas et de parcs. Puis on traverse le *canal de la Mer du Nord* (p. 307).

11 kil. *Beverwyk*. Encore des villas et des parcs.

Tramway à vapeur pour *Wyk-aan-Zee*, trajet en 20 min., pour 15 c. Wyk-aan-Zee (*Vereenigte Hôtels*: ch., 90 c. à 2 fl.; pens., 2 fl. 75 et 3 fl. 50 sans la ch.) est un bain de mer très fréquenté depuis peu, situé devant des dunes à travers lesquelles une route de voitures conduit à la plage en 3 min. Bains: 25 à 35 c. pour les hommes, 40 à 50 pour les dames. — Bateau à vapeur pour Amsterdam, par Beverwyk, en 2 h. 1/4 (80 c., 1 fl. 20 aller et retour). Promenade, par la plage, jusqu'à Ymuiden (3/4 d'h.; v. p. 308).

18 kil. *Uitgeest*, où se raccordent les lignes d'Amsterdam et de Harlem.

27 kil. *Heilo*. — 34 kil. *Castricum*, où furent battues, le 5 oct. 1799, par le général français Brune, les troupes anglaises qui avaient débarqué au Helder (v. p. 312).

39 kil. **Alkmaar** (hôtels: *De Burg*; *Toelast*; restaur. et cafés près du Poids public), ville de 14400 hab., qui tire son nom (tout mer) des marais qui l'environnaient jadis et qui sont maintenant desséchés. Alkmaar est célèbre dans l'histoire de l'indépendance des Pays-Bas par sa brave et heureuse défense contre les Espagnols en 1573. La ville est à 6 ou 8 min. de la gare. Le chemin qui y conduit traverse de jolies promenades.

La grande et belle *église St-Laurent*, édifice gothique avec un transept et une haute voûte en charpente, mérite une visite. Sur le mur occidental, on voit un tableau à sept compartiments représentant les sept œuvres de la miséricorde. Il y a des stalles dans le style de la renaissance. Dans le chœur, le vieux tombeau du comte Florent V de Hollande (m. 1296). Dans le bas côté du N., la plaque tumulaire, en cuivre ciselé, de P.-Claas Palinck

(1546). La tour de cette église s'est écroulée au xve s.; on en voit une représentation, avec celle de l'église même, sur un des murs du chœur. — Le sacristain demeure sur la petite place plantée d'arbres au S.

Il y a deux *églises catholiques* modernes, l'une du style goth., l'autre du style roman.

Dans la Langestraat, la rue principale d'Alkmaar, est situé l'*hôtel de ville*, construit en 1507, dans le style goth., avec une tour. Il y a depuis une dizaine d'années un musée composé d'antiquités locales, de quelques tableaux, etc. Il est visible le lundi et le vendredi, de 1 h. à 3, moyennant 25 c.

Ire SALLE: plusieurs tableaux de *C. Heck;* sculptures peintes du portail de l'orphelinat, instruments de torture, etc. — IIe SALLE: à dr., *Honthorst*, Ste Famille (1632); au-dessous, *Ravesteyn*, un portr. d'homme; *Cés. van Everdingen* (d'Alkmaar, comme son frère Allart, le célèbre paysagiste), portr. en pied d'un amiral, portr. en buste de Régents (1634) et deux grands tableaux de corporations, peints en 1659 sous l'influence de van der Helst; *W. van de Velde le Vieux*, la bataille de Copenhague de 1658, grand carton dessiné à la plume; *Cés. van Everdingen*, Lycurgue montrant l'influence de l'éducation, peint sous l'influence de Honthorst. — En face, des tableaux de corporations des xvie-xviie s., sans valeur artistique; la Famille du bourgmestre van Leylingen, par *P. de Grebber* (1623). Puis diverses représentations des sièges de Harlem et d'Alkmaar par les Espagnols, une Vue du Poids public d'Alkmaar et, de *W. Bartius*, les Archers nobles (1634). — Au milieu de la salle, des sculptures et des armes. — IIIe SALLE: petits objets d'art, surtout des sceaux, des armoiries, etc.

Le commerce de fromages est très important à Alkmaar. Un marché hebdomadaire y attire les paysans de toute la Hollande Septentrionale. 4 à 5 millions de kilogr. de fromage passent annuellement sur la balance de la ville. Le bâtiment où se trouve cette dernière, le *Poids public*, construit en 1582, a une jolie tour. Il est à g. à l'extrémité de la Langestraat. Le jour du marché, le vendredi, la belle place devant ce bâtiment, au bord d'un canal fort animé, est couverte de piles de fromages rouges et jaunes, et les rues sont remplies des voitures bariolées des paysans. — Sur la promenade publique est un monument médiocre en mémoire du siège de 1793, érigé en 1876.

A l'O. d'Alkmaar, à 1 h. environ, était situé le *château d'Egmond*, berceau de la famille de ce nom, si célèbre dans l'histoire des Pays-Bas. Il a été détruit par les Espagnols; il n'y en a plus que des ruines insignifiantes, à *Egmond-Binnen*. On voit aussi à *Egmond-op-den-Hoef* des ruines d'une ancienne église abbatiale. L'abbaye s'était fait de bonne heure un nom par la culture des sciences; ses annales sont importantes pour l'histoire du pays. Elle fut détruite en 1572 par les briseurs d'images. A *Egmond-aan-Zee* est un phare décoré d'un lion colossal, construit en 1833 en mémoire du lieutenant van Speyk (p. 217).

La voie traverse le canal du Nord (p. 306), qui passe derrière les dunes, et tourne un peu au N.-E. A dr., les champs fertiles du *polder de Schermer*. — 46 kil. *Hugowaard*. — 51 kil. *Noord-Schaarwoude*. — 60 kil. *Schagen*. — 69 kil. *Anna-Paulowna* et son *polder*.

81 kil. (de Harlem) **Le Helder** (hôt.: *Bellevue*, à la gare; *Den*

Burg, au port, ayant une belle vue sur le Zuiderzée), ville de 20 000 hab., qui n'était qu'un village de pêcheurs au XVIIIe s. Sa prospérité date de Napoléon Ier, qui y fit élever en 1811 des fortifications considérables continuées par les Hollandais.

A 1 kil. à l'E. de la ville et communiquant avec elle par une route qui passe sur la digue du Helder, se trouve *Nieuwe-Diep*, port à l'entrée du canal du Nord, avec les chantiers et les arsenaux de la marine hollandaise, ainsi qu'une école navale, l'ensemble désigné sous le nom de *Willemsoord*. On voit dans le port une partie de la flotte hollandaise.

Le Helder et Nieuwe-Diep ont un peu perdu depuis l'ouverture du nouveau canal de la Mer du Nord; ils comptaient ensemble 21 300 hab. en 1877.

La pointe extrême de la Hollande Septentrionale étant, plus que toute autre partie du pays, exposée aux envahissements de la mer, cette position est aussi celle qui est abritée de tous les côtés par des digues, élevées dans les dimensions les plus grandioses. La grande digue du Helder a 10 kil. de longueur et 4 m. de largeur à son sommet. Elle descend à 60 mètres dans la mer, sous un angle de 40 degrés; la marée la plus haute est loin d'en atteindre le sommet, la plus basse en couvre toujours les fondements. A certains intervalles, on voit s'avancer dans la mer, à plusieurs centaines de mètres, de forts batardeaux proportionnés à la hauteur et à la longueur de la digue. Cet ouvrage gigantesque est entièrement composé de blocs de granit de Norvège.

Une PROMENADE sur la route de la digue est intéressante. Cette route s'étend de Nieuwe-Diep jusqu'au delà du Helder, vers la première redoute du *fort Prince-Royal*. Le *fort Kyk-Duin* s'élève sur le plus haut point de la dune du N. Au milieu est un phare *(vuurtoren)* qui mérite une visite, tant à cause de son mécanisme que pour la belle vue dont on y jouit sur la mer.

C'est non loin de cette dune que les flottes anglaise et française d'une part et celle des Hollandais de l'autre se livrèrent une bataille sanglante le 21 août 1673. Les Hollandais, commandés par *de Ruyter* et *Corn. Tromp*, remportèrent la victoire. Plus d'un siècle après, en septembre 1799, 10 000 Anglais et 13 000 Russes, placés sous les ordres de l'amiral Abercrombie et du duc d'York, abordèrent à ce même endroit. Le duc, aussitôt le débarquement opéré (19 sept.), expédia les Russes à la poursuite des Français; mais ne connaissant point le terrain, ils se perdirent dans les bois épais du versant E. des dunes et furent coupés en grande partie et faits prisonniers à la bataille de *Bergen*. Les Anglais, après avoir remporté le 2 oct. suivant une victoire décisive près d'Alkmaar, vinrent occuper cette ville; mais trois jours plus tard, à la suite du combat de Castricum (p. 310), ils se virent forcés de se retirer devant les forces supérieures du général *Brune*, après avoir vainement cherché à détacher les Hollandais de l'alliance française.

En face du Helder, de l'autre côté du détroit du *Marsdiep*, qui ne s'ensable jamais, se trouve l'île du **Texel**, desservie 3 fois le jour par un bateau à vapeur ($^3/_4$ d'h.). On aborde ordinairement à *Oudeschild*. A 1 h. de là est *de Burg*, le chef-lieu de l'île.

L'île du Texel, à peu près de 18600 hectares de superficie, et où vivent 6400 hab., se compose en majeure partie de pâturages, nourrissant environ 34000 moutons, qui produisent annuellement de 150000 à 200000 livres de fine laine. Du lait des brebis, on confectionne un fromage vert très recherché. Cette couleur est produite par les excréments des moutons, qu'on lie dans un morceau d'étoffe et qu'on trempe dans le lait. La viande des moutons est également renommée et se paie à Amsterdam plus cher que toute autre. La pointe septentrionale de l'île s'appelle *Eyerland* (terre aux œufs), à cause du grand nombre d'oiseaux de mer, venant généralement de la Norvège, qui y font leur ponte. Ces œufs sont recueillis et vendus à Amsterdam.

Le trajet entre cette île et *Harlingen* (p. 314) se fait, quand le vent est favorable, en 5 à 6 h. avec un bateau à voile (10 à 12 fl.).

47. D'Amsterdam à Groningue, par Harlingen.

D'Amsterdam à *Harlingen*, bateau à vapeur tous les jours excepté le dimanche, les lundi, mercr. et vendr. de l'Oosterdoksdyk, les mardi, jeudi et sam. du quai de Ruyter (pl. E 2), trajet en 6 h., pour 3 fl. 50 et 1 fl. 50. Restaurant à bord. — De Harlingen à *Groningue*, chemin de fer, en 2 h. 1/4 à 3 h., pour 3 fl. 75, 3 fl. et 1 fl. 75.

Il se fait des parties de plaisir, les dim. et fêtes, à l'*île de Marken* (v. ci-dessous). Départ d'Amsterdam à 10 h. 1/4, du quai de Ruyter; de l'île à 4 h. Prix: 1 fl. aller et retour.

Amsterdam, v. p. 286. Le bateau se dirige d'abord pendant 1/2 h. à l'E., puis tourne vers le N., près du phare de la pointe S.-E. de la Hollande Septentrionale, et passe devant l'île de *Marken*, sur la pointe de laquelle s'élève également un phare. Cette île est presque uniquement habitée par des pêcheurs qui ont conservé un costume original. A l'O., on découvre les clochers de *Monnickendam*, d'*Edam* et de *Hoorn* (p. 309).

Après 3 h. 1/2 de course, le bateau aborde à *Enkhuizen* (p. 309).

C'est d'Enkhuizen à Kampen, au S.-O., que sera construite la digue destinée à faciliter le dessèchement de la partie S. du Zuiderzée (v. p. 213). Elle aura 40 kil. de long, 50 m. de large à la base et 8 au-dessus du niveau de la mer.

Le bateau quitte la côte E. de la Hollande Septentrionale et prend la direction du N.-E. Bientôt on découvre le phare de Stavoren, sur la pointe extrême de la côte O. de la Frise; il est visible de presque tous les points du Zuiderzée.

Stavoren (en dialecte du pays *Staerum*), une ancienne ville, la cité du dieu *Stavo*, qui est le Thor des Frisons, est tout à fait déchue et compte aujourd'hui à peine 700 hab. Elle fut jadis la résidence des rois frisons, et elle eut une importance commerciale considérable au commencement du XIIIe s.

D'après une vieille légende, la veuve d'un riche armateur aurait un jour chargé son capitaine de vaisseau de lui rapporter ce qu'il trouverait de plus précieux. Le capitaine lui ayant rapporté une cargaison de froment, la veuve aurait fait jeter le grain dans le Zuiderzée, à l'entrée du port, et c'est ainsi que se serait produit le funeste banc de sable qui l'obstrue maintenant.

On construit un nouveau port, en vue de relier Stavoren à Enkhuizen par un bac à vapeur, et un chemin de fer de ce port à Sneek (p. 318).

A l'E. de Stavoren est le *Gaasterland*, contrée boisée qu'entourent de vastes marécages. Là est aussi *Wyckel*, dont l'église renferme le tombeau du célèbre ingénieur et général hollandais Menno van Coehorn (m. 1704), un sarcophage de marbre noir, avec sa statue couchée et des bas-reliefs en marbre blanc.

Le bateau longe la côte O. de la Frise et s'arrête un instant à la petite ville de *Hindeloopen*, dont le haut clocher se voit de loin. Plus au N., la petite ville de *Workum*.

Harlingen (hôt.: *Heerenlogement, t'Haagsche Wapen)*, ville de 10 200 hab., avec un port construit de 1870 à 1877, s'élève près de l'emplacement où, en 1134, toute une ville fut ensevelie dans les flots. En 1566, une nouvelle inondation, d'une violence inouïe, vint derechef affliger la contrée, et c'est alors que le gouverneur espagnol, *Robles de Billy,* fit reconstruire et améliorer les digues. La reconnaissance que lui portaient les habitants s'est manifestée par un monument qu'ils lui ont érigé à proximité de la ville, sur la digue. On l'appelle vulgairement le *Steenen Man*, l'homme de pierre. La gare est à env. $^1/_4$ d'h. de distance de la ville, mais il y a des trains qui vont jusqu'au port. — Tramway pour Sneek, v. p. 318.

Le trajet en CHEMIN DE FER de Harlingen à Groningue est monotone; les regards rencontrent partout des pâturages coupés de canaux.

10 kil. **Franeker** (hôt.: *de Korenbeurs*), petite ville autrefois célèbre par son université, qui a eu pour professeurs plusieurs savants de grand renom, tels que *Vitringa, Heineccius, Schultens, T. Hemsterhuis*, *L.-C. Valkenaer*, etc. Elle avait été fondée en 1585 et elle fut supprimée en 1811 par Napoléon Ier. La principale curiosité de la ville est un planétaire, inventé et construit de 1774 à 1781 par Eise Eisinga, modeste bourgeois de Franeker, et dans lequel les mouvements des planètes, du soleil et de la lune sont calculés parfaitement selon les lois astronomiques.

16 kil. *Dronryp*. — 23 kil. *Deinum*.

27 kil. **Leeuwarden** (hôt.: **Nieuwe Doelen; 't Wapen van Friesland; Phœnix;* bon *restaur. van den Wal,* à côté du dernier hôtel; café: *Friesch Koffyhuis*). C'est une ville de 29 000 hab., l'ancien chef-lieu du pays des Frisons, faisant un grand commerce de grains et de bestiaux. De la gare, en passant à côté du nouveau marché aux bestiaux, on arrive à un canal (Willemskade) bordé de jolies maisons de plaisance. Prenant ensuite la Prins-Hendrikstraat, on passe au Zaailand, square entouré de divers édifices: le nouveau *palais de justice*, l'*Ecole réale*, la *Bourse*, etc. Sur le Hofplein, au milieu de la ville, se trouvent l'*hôtel de ville,* qui

a une vieille salle remarquable, et l'ancien *château* des gouverneurs de la Frise de la maison de Nassau-Diez, ancêtres directs de la famille régnante de Hollande. Ce château, sans importance comme édifice, est habité maintenant par le commissaire royal de la Frise. On remarque encore l'*Olde Hoofd*, tour gothique inachevée; la *Kanselary,* palais de justice construit du temps de Charles-Quint et transformé en prison; un *musée* (Friesch Genootschap van geschied, oudheit en taalkunde), comprenant une collection ethnographique, un cabinet de médailles et des antiquités locales, entre autres deux belles chambres de Hindeloopen.

Leeuwarden est un centre important pour l'orfévrerie; on n'y compte pas moins de 25 ateliers indépendants. Ils fabriquent, en particulier, ces bijoux originaux dont les Frisonnes se parent la tête. Les femmes Frisonnes sont célèbres par leur beauté, surtout celles de la campagne, comme on peut le voir à Leeuwarden les jours de marché. — En été, il y a concert l'après-midi dans le joli jardin nommé *Stadtuin* ou *Prinsentuin*: entrée, 50 c.

De Leeuwarden à Meppel et Zwolle, v. R. 48.

Les Frisons sont la seule tribu germanique qui ait conservé son nom depuis le temps de Tacite. — La petite ville de *Dokkum*, où St Boniface, l'apôtre de ces contrées, fut martyrisé le 5 juin 755, est reliée par un tramway à la stat. de Veenwoude (v. ci-dessous). — Le peuple frison se distingue autant par sa force physique que par son courage, sa franchise et son grand esprit d'indépendance. «Les Frisons», dit leur vieux code, «seront libres, tant que les vents souffleront des nuages et que le monde existera.» Ils se considèrent comme ayant formé dès les temps les plus anciens une nation indépendante. Dans les traités conclus par Charlemagne avec les Saxons et les Frisons, ceux-ci n'étaient tenus, à titre de gens libres, que de payer la dîme au clergé. L'empereur fit recueillir leurs lois, et elles existent encore en langue latine. On en conserve aussi un autre recueil plus récent en langue nationale, appelé le livre de l'*Asega*.

La *langue frisonne* est sensiblement différente de la langue hollandaise; elle tient le milieu entre le vieux saxon et le danois; néanmoins elle a été considérablement altérée par le contact avec les provinces voisines.

Autres stations jusqu'à Groningue: *Tietjerk, Hardegaryp, Veenwoude,* d'où il y a des tramways conduisant à Bergum et à Dokkum (v. ci-dessus), *Buitenpost, Visvliet, Grypskerk, Zuidhorn, Vierverlaten.*

81 kil. (de Harlingen) *Groningue* (p. 321).

48. D'Amsterdam et d'Utrecht à Leeuwarden et à Groningue.

D'Amsterdam à Amersfoort: 46 kil., trajet en 1 h. à 1 h. 1/2, pour 2 fl. 30, 1 fl. 85 et 1 fl. 15. D'Utrecht à Amersfoort: 22 kil., en 1/2 h. à 3/4 d'h., pour 1 fl. 10, 85 et 55 c. — D'Amersfoort à Leeuwarden: 157 kil., 3 h. 1/2 par le train-poste, 5 h. 1/2 à 6 h. 1/2 en train omnibus, pour: 7 fl. 90, 6 fl. 15 et 3 fl. 85. — D'Amersfoort à Groningue, 164 kil., trajet de même durée, pour 8 fl. 70, 7 fl. et 4 fl. 35 c.

D'Amsterdam (p. 286). — Le train se dirige vers l'E. en traversant le polder de *Watergraafsmeer,* dont les prairies bien vertes présentent un coup d'œil agréable. — 16 kil. *Weesp,* petite ville sur le *Vecht.* Vient ensuite un autre polder, l'ancienne *mer de Naarden.* — 23 kil. *Naarden-Bussum.* La petite ville fortifiée de Naarden (hôt. de Kron), dont l'église a des peintures goth., est à quelque distance au N. Le chemin de fer tourne au S. — 29 kil. *Hilversum*, où aboutit le tramway à vapeur d'Amsterdam par Muiden (p. 308) et d'où se détache un embranchement allant sur Utrecht. Contrée riante invitant aux excursions en voiture et à pied. — 37 kil. *Baarn*, où beaucoup de riches habitants d'Amsterdam ont des maisons de campagne. Beau bois nommé *Baarn'sche Bosch* (*Soestdyk*, v. p. 249). Nous traversons l'*Eem.* — 46 kil. *Amersfoort.*

D'Utrecht (p. 244). — Le chemin de fer qui relie les provinces d'Utrecht et de la Frise est sans intérêt particulier pour le touriste; la contrée est plus monotone qu'aucune autre; on n'y rencontre même plus de canaux. — 9 kil. *De Bilt.* — 16 kil. *Soest.*

22 kil. **Amersfoort** (hôt.: *Muller; de Zwaan*), ville industrielle, d'environ 14500 hab., sur l'*Eem*, dans un site qui forme une sorte d'oasis au milieu de ce vaste pays sablonneux. Son plus beau monument est sa *Grande-Tour*, haute de 94 m., qui faisait partie d'une église gothique détruite par une explosion de poudre en 1787. Amersfoort compte encore bon nombre de jansénistes (p. 249). — En deçà de la ville, à 25 min. de la gare, une hauteur avec un pavillon d'où l'on a un beau coup d'œil sur la contrée environnante.

D'Amersfoort à Zutphen et Rheine, v. p. 318; à *Nimègue*, v. p. 224.

Le district que l'on parcourt ensuite est la *Veluwe* ou «pays stérile», entre le Zuiderzée et l'Yssel, dont le sol est sablonneux et où se trouvent les principales hauteurs de la Hollande (jusqu'à 110 m.). On y cultive cependant beaucoup de tabac. — 10 kil. (d'Amersfoort) *Nykerk.* — 18 kil. *Putten.* — 22 kil. *Ermels-Veldwyk.*

27 kil. **Harderwyk** (hôt.: *de la Paix; 't Wapen van Zutphen*), petite ville et port sur le Zuiderzée, où se réunissent les hommes enrôlés pour l'armée des Indes. Son université, fondée en 1648, a été supprimée en 1811.

33 kil. *Hulshorst.* — 39 kil. *Nunspeet.* — 48 kil. *Elburg-Epe.* — 57 kil. *Wezep.* — 61 kil. *Hattem.* On traverse l'*Yssel* sur un long pont en fer avec un tablier tournant.

67 kil. **Zwolle** (hôt.: *Heerenlogement*, sur le marché, très fréquenté par les voyageurs de commerce et recommandable; *Nieuwe Keizerskroon*, non loin de là). C'est une ville de 23400 hab. et le chef-lieu de la province d'Over-Yssel, sur une petite rivière appelée l'*Eau Noire (Zwarte Water)*, qui se jette dans le Zuiderzée. On y remarque, en arrivant de la gare, une vieille porte gothique dite la *Sassen-Poort*, construction en briques flanquée de quatre tours surmontées de flèches et avec une lanterne au centre. — L'église principale, *St-Michel*, à côté du marché, possède une belle chaire sculptée de 1620 et un orgue remarquable. L'*hôtel*

de ville renferme quelques portraits. L'église neuve près de là, avec une grosse tour carrée, est l'église catholique.

A 1 h. de Zwolle est le *mont Ste-Agnès* où il y avait un couvent dans lequel *Thomas a Kempis*, l'auteur de l'Imitation de Jésus-Christ, vécut 64 ans et mourut en 1471, à l'âge de 92 ans. Cet endroit sert de cimetière aux habitants aisés de la ville, parce que chaque fosse que l'on creuse dans les environs immédiats de Zwolle se remplit d'eau. Une vieille pierre tumulaire du même cimetière passe pour celle de Thomas a Kempis. — Excursion à *Vilsteren*.

De Zwolle à Zutphen, v. p. 320.

De Zwolle à Kampen : 13 kil., chemin de fer, trajet en 20 min., pour 50, 30 et 25 c. Stat. intermédiaire, *Mastenbroek*.

Kampen (hôt. : *des Pays-Bas; Dom van Keulen*) est une ville riante de 17 500 hab., sur l'*Yssel*, non loin de son embouchure dans le Zuiderzée. Elle fait un commerce considérable. Elle a des églises du XIVe s., *St-Nicolas*, de grandes dimensions, et *Ste-Marie*. Son **hôtel de ville* a été bâti au XVIe s., agrandi en 1740 et 1741 et restauré en 1830. La façade de l'aile la plus ancienne, précédée d'un petit perron, est décorée de statues bien conservées du XVIe s., placées dans des niches gothiques. Magnifiques *boiseries, du commencement du XVIIe s., dans une des salles du même côté. Une autre salle a une grande et belle cheminée ornée d'une quantité de statues, de 1543, ainsi que quelques bons portraits d'anciens gouverneurs. — Il y a à Kampen un nouveau pont sur l'Yssel.

Bateau à vapeur tous les jours de Kampen et de Zwolle à Amsterdam, trajets en 4 h. 1/2 et 6 h. 1/4.

On franchit le *Vecht* après Zwolle. Le pays est un peu plus accidenté. — 74 kil. *Dalfsen*. — 82 kil. *Dedemsvaart*. — 88 kil. *Staphorst*.

94 kil. **Meppel** (hôt. : *Heerenlogement; de Bonte Koe*), ville de 7700 hab., possédant des voileries et des fabriques d'étoffes de coton. Son marché est important, surtout pour le beurre. C'est ici que la ligne se bifurque, à g. sur Leeuwarden, à dr. sur Groningue (p. 321). On change ordinairement de voiture.

Ligne de Leeuwarden. — Cette ligne continue à suivre la direction du N. et franchit le canal de Drenthe *(Drendsche-Hoofd-Kanaal)*. — 99 kil. *Nyenveen*. — 107 kil. *Steenwyk*.

C'est à l'E. de Steenwyk que sont situées les colonies de pauvres de Frederiksoord, Wilhelminaoord et Willemsoord, fondées par une société de bienfaisance, à la suite des disettes de 1816 et 1817, et qui comptent maintenant ensemble env. 2000 hab. Chaque colon reçoit 2 hect. 1/2 à 3 hect. de terre, ou quelques moutons, une vache et un porc. Les 400 à 450 maisons de la colonie sont situées pour la plupart vis-à-vis les unes des autres, séparées par de larges rues se coupant à angle droit et plantées d'arbres fruitiers ou autres. Ces maisons n'ont qu'un étage, occupent une surface d'environ 6 m. carrés, sont bâties en briques et couvertes de roseaux. Chacune d'elles est entourée du terrain qui lui est assigné.

Les COLONIES DE VEENHUIZEN, 3 h. à l'O. d'Assen, se composent de 3 grandes maisons à 10 min. l'une de l'autre, primitivement destinées à des orphelins, mais maintenant organisées comme celle d'OMMERSCHANS, à 3 h. au S.-E. de Meppel (v. ci-dessus), un dépôt de mendicité fondé en 1821.

115 kil. *Peperga.* — 117 kil. *Wolvega.* — 126 kil. *Oude-Schoot.* — 130 kil. *Heerenveen,* dans une jolie contrée où il y a quantité de maisons de campagne. Tramway pour *Joure,* devant être prolongé jusqu'à Sneek (v. ci-dessous). — Ensuite, à g., quelques lacs, dont le plus grand s'appelle la *mer de Sneek.* Il y a beaucoup de petits moulins le long des canaux. — 140 kil. *Akkrum,* qui communique par un bateau à vapeur avec *Sneek* (hôt. de Wynberg), ville commerçante de 10 000 hab., faisant un grand commerce de beurre et de fromage, et *Bolsward* (hôt. de Wynberg), autre ville commerçante, de 5300 hab., qui a une belle église et un bel hôtel de ville.

145 kil. *Grouw.* Puis *Idaard-Roordahuizum.* — 150 kil. *Wirdum.* — 157 kil. *Leeuwarden* (p. 314).

DE MEPPEL À GRONINGUE. — On se dirige d'abord vers l'E., en longeant à une certaine distance l'*Oude Diep.* Stat. de *Ruinerwold.* — 102 kil. *Koekange.* — 108 kil. *Echten.* — 113 kil. *Hoogeveen,* où l'on tourne au N. — 124 kil. *Beilen,* village après lequel on franchit le *canal d'Orange, Hooghaden* et

139 kil. (d'Amersfoort) **Assen** (*hôt. Somer,* bon), jolie petite ville de 7800 hab., le chef-lieu de la province de Drenthe, dans un endroit boisé. On voit à *Rolde,* à 1/2 h. de voiture d'Assen, et dans d'autres localités de la contrée telles que *Gieten, Eext, Borger,* etc., des sépultures appelées «lits» ou «tombes de Géants», des dolmens composés de 4 ou 5 pierres énormes plantées en terre et recouvertes d'une autre pierre. On y a trouvé, dans des fouilles, des urnes cinéraires, des haches en silex, etc.

Plus loin, la voie suit le cours de l'*Oude Aa.* — 150 kil. *Vries-Zuidlaren,* dans le voisinage duquel se trouve, à *Tinarlo,* tout près du chemin de fer, un dolmen bien conservé. — 154 kil. *De Punt.* — 158 kil. *Haren.*

164 kil. *Groningue* (p. 321).

49. D'Amsterdam et d'Arnhem à Zutphen et à Rheine.

D'Amsterdam à Zutphen, directement: 106 kil., trajet en 2 h. 20 à 2 h. 45; d'Arnhem: 30 kil., en 38 min. à 1 h. — D'Amsterdam à Zutphen, par Arnhem: 122 kil., en 2 h. 1/2 par la grande vitesse. — De Zutphen à Rheine: 93 kil., en 2 h. 1/2 à 3 h. 1/2. — Cette ligne est celle que suivent les express de nuit d'Amsterdam et de Rotterdam en Allemagne.

D'AMSTERDAM À AMERSFOORT (46 kil.), v. p. 316. — 62 kil. *Barneveld,* village dans un joli site, un peu au S.

89 kil. **Apeldoorn** (hôt.: *de Moriaan; Apeldoorn; het Loo* ou *Keizerskroon; de Nieuwe Kroon,* les deux derniers près du château),

localité prospère de 3000 hab., dans un beau site, sur le *Grift* et le *canal de Dieren*. Il y a beaucoup de papeteries, travaillant surtout pour les Indes. Dans le voisinage est le *château de Loo* ou *het Loo*, résidence favorite du roi Guillaume Ier et du roi actuel. Il a un *parc magnifique qu'on peut visiter tous les jours à partir de 10 h. (s'adresser au jardinier). Quant au château lui-même, il n'est visible qu'en l'absence du roi.

Le chemin de fer traverse ensuite le canal de Dieren. — 102 kil. *Voorst*, également dans un joli site et avec des maisons de campagne. — 106 kil. *Zutphen* (v. ci-dessous).

Arnhem, v. p. 230. La ligne suit la direction du *Nouvel Yssel* ou *Yssel de Gueldre*, bras du Rhin qui commence au-dessus d'Arnhem et qui doit son origine à un canal creusé l'an 13 av. J.-C., par le général romain Drusus, pour réunir le Rhin au Zuiderzée. Le chemin de fer s'en approche toutefois rarement. — 7 kil. *Velp* (p. 232). Il y a aussi à cet endroit et plus loin beaucoup de jolies maisons de campagne. — 12 kil. *De Steeg*, stat. qui dessert *Rhedersteeg*, séjour d'été favori des Hollandais, avec le *château de Rhederoord*, dans le voisinage duquel est le bon hôtel *de Engel*. Belle promenade à pied de Steeg à la stat. de Dieren, par l'Allée de Dieren.

17 kil. *Dieren*, qui a de jolies maisons de campagne.

Un tramway conduit d'ici en 2 h. à *Terborgh*. Il passe à *Doesborgh* (hôt. Geldria), petite ville au confluent du Vieux et du Nouvel Yssel, prise d'assaut par les Espagnols en 1585, et plus loin à *Doetinchem*, une autre petite ville. — Dans le voisinage de Dieren se trouve aussi l'établissement hydrothérapique de *Laag Soeren*.

23 kil. *Brummen*, où sont quantité de maisons de campagne de riches hollandais. A l'E., les collines de la Veluwe (p. 232).

30 kil. **Zutphen** (hôt.: **Keizerskroon; Hollandsche Tuin*, au Groenmarkt), à l'embouchure de la *Berkel* dans l'Yssel, ville jadis fortifiée, de 14 400 hab. Son principal édifice est l'*église Ste-Walburge* ou la *Groote Kerk*, bâtie au commencement du XIIe s. Elle renferme des fonts baptismaux en bronze de 1527, style renaissance; un lustre gothique en fer doré, malheureusement défiguré par une appropriation pour le gaz; des bas-reliefs à la chaire et le mausolée de la famille van Heeckeren (p. 232). La salle capitulaire, avec des chapiteaux ornés de sculptures curieuses, a conservé l'ancienne bibliothèque du clergé catholique; les livres (manuscrits et incunables) sont attachés aux pupitres par des chaînes de fer. La tour, détruite par la foudre, a été reconstruite en 1600. — La tour du Wynhuis, à deux galeries, est pourvue d'un carillon. — Zutphen fait un grand commerce de bois flotté, qui vient de la Forêt-Noire par le Rhin.

A 1 h. au N. de Zutphen, une colonie agricole, établissement de bienfaisance appelé le *Mettray néerlandais* (environ 150 enfants).

De Zutphen à Winterswyk (Allemagne): 44 kil., trajet en 1 h. 5. Stat.: *Vorden*, *Ruurlo*, *Lichtevoorde-Groenlo*, etc.

De Zutphen à Zwolle : 46 kil., trajet en 1 h. 1/4 à 1 h. 1/2, pour 1 fl. 50, 1 fl. 20 et 65 c. — Cette ligne traverse d'abord un beau pont sur l'Yssel et reste ensuite sur la rive dr. — 8 kil. *Gorsel.*

16 kil. **Deventer** (hôt. : *de l'Ange; de Moriaan; de Keizer*, ce dernier près de la gare et recommandé), ville aisée de 19 600 hab., sur la frontière des provinces de Gueldre et d'Over-Yssel. Sa grande *église St-Lébuin* est un vieil édifice imposant, dont la tour goth., d'une fort belle construction, est un des principaux ornements de la ville. Cette église a une crypte de la fin du XIe s. L'*hôtel de ville* renferme un beau tableau de *Gérard Terburg*, représentant la salle du conseil avec les bourgmestres et les secrétaires de la ville. Cette ville a des fonderies de fer et des fabriques de tapis, mais elle est encore plus renommée pour ses pains d'épice. Deventer est la patrie du philologue Jacques Gronovius (1645-1716) et du théologien Gerrit Groote (1340-1384).

A 10 kil. à l'E. est le village de *Bathmen*, dans l'église duquel on a découvert en 1870 des fresques du XIVe s. (1379?).

21 kil. *Diepenveen*, à l'E. de la gare. — 26 kil. *Olst*, sur l'Yssel (4400 hab.). Il y a beaucoup de briqueteries. — 32 kil. *Wyhe* (hôt. : de Brabantsche Wagen; Greeve), village fort étendu, de 4000 hab., ayant beaucoup de belles maisons de campagne, entouré de magnifiques bois, etc. — 39 kil. *Windesheim*, où il y a eu jadis un couvent. — 46 kil. *Zwolle* (p. 316).

La ligne de Zutphen à Salzbergen traverse également l'Yssel et plus loin plusieurs canaux et affluents de cette rivière. — Stat. : *Laren, Lochem, Markelo, Goor, Delden.* Dans le voisinage de cette dernière localité, le *château de Twickel*, à la famille van Heeckeren, avec un joli parc (hôt. Carelshaven). — 45 kil. (de Zutphen) *Hengelo*, où passe une autre ligne venant d'Allemagne (Munster-Gronau) et allant à Zwolle (p. 316) par Almelo. — Puis *Oldenzaal* et *Gildehaus*, première localité prussienne.

71 kil. **Bentheim** (hôt. : *Bellevue; *Bad Bentheim*), petite ville dans un joli site, dominée par le château du même nom, dont les parties les plus anciennes remontent, dit-on, au Xe s. (?). — Bentheim a un établissement de bains dont les eaux sont efficaces contre la goutte et les rhumatismes. — C'est ici qu'a lieu la visite de la douane.

76 kil. *Schüttorf.* — 85 kil. *Salzbergen*, où l'on rejoint le chemin de fer de Westphalie.

93 kil. **Rheine** (*hôt. Schulze; buffet* à la gare). V. l'*Allemagne*, par Bædeker.

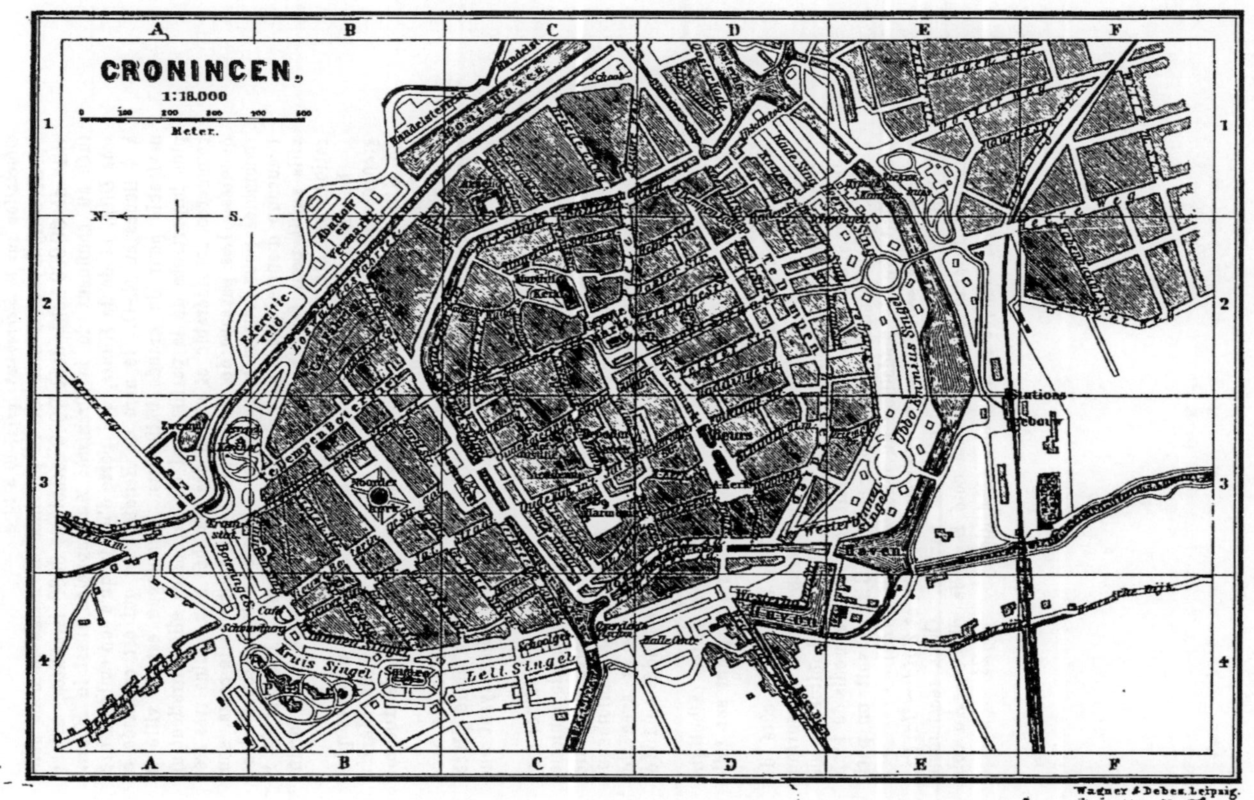
GRONINGEN.
1:18.000
0 100 200 300 400 500
Meter.
N.
S.
Exercitie-veld
Kruis Singel
Lett. Singel
Stations-gebouw
Ubbo Emmius Singel
Westersingel
Wagner & Debes, Leipzig.

50. Groningue (Groningen).

Hôtels: *Doelen, sur le Groote Markt; *Nieuwe Munster, à l'entrée de la ville; *Zeven Provincien*, sur le Groote Markt; *t'Wapen van Amsterdam*; *Het Blaauwe Paard*, près de l'Eglise-Neuve, bon et pas cher.

Cafés-restaur. *J. van der Sluis*, sur le Vischmarkt; *de Boer*, sur le Groote Markt.

Tramway de la gare au *Groote Markt* et de là à l'*Ebbingeport*, avec bifurcation sur le *Sterrebosch:* prix, 10 à 12 c.

Groningue, chef-lieu de la province du même nom et belle ville de 50 000 hab., dont 7000 cathol. et 3000 israélites, est située au confluent de la *Drentsche Aa*, appelée aussi le *Hoornsche Diep*, et de la *Hunse*, qui porte d'ici jusqu'à son embouchure, à 4 lieues au N.-O., le nom de *Reitdiep*, et qui est canalisée et navigable pour de grands bâtiments. Groningue est la ville la plus importante de la partie nord du royaume; elle entretient un commerce considérable et elle a des marchés aux grains très fréquentés. Les paysans de la province, qui cultivent le colza, sont renommés pour leur richesse et sont presque tous propriétaires, beaucoup d'entre eux ayant de 10 à 20 chevaux. L'aspect de la ville suffit pour faire bien augurer de sa prospérité. Ses fortifications ont été rasées dans ces derniers temps.

Le Groote Markt, la place du marché, est une des plus grandes places de la Hollande. On y voit l'**église St-Martin** (pl. C 2), bel édifice gothique avec une tour haute de 105 m., bâtie en 1627, après un incendie.

En face, l'**hôtel de ville** (pl. C 2), bâtiment considérable avec une colonnade, reconstruit en 1810. Plus loin, une autre place, le Vischmarkt, avec la Bourse, et derrière, une église ayant une flèche dans le genre de celle de St-Martin.

L'**Université**, au N. du marché (pl. C 3), est un édifice imposant construit en 1851, ayant sur la façade un péristyle ionique. Il y a au premier étage un excellent musée d'histoire naturelle, et l'on y forme un musée d'antiquités du pays. Sa bibliothèque possède un Nouveau Testament édité par Erasme et avec des notes marginales de Luther. L'université, qui fut fondée en 1614, compte 39 professeurs et environ 350 étudiants.

Vis-à-vis de l'Université est la *Broederkerk*, église catholique où l'on remarque un grand chemin de la croix, peint sur toile par *L. Hendricx* (1865).

L'**institut des sourds-muets**, plus loin de l'autre côté du canal, a été fondé en 1790 par le pasteur *Guyot*, et il est surtout entretenu par la libéralité des habitants. Il compte habituellement 200 élèves. Un examen public s'y fait tous les mercredis de 11 h. à midi. Sur le square qui le précède (pl. C 3) se voit un petit monument avec le médaillon du fondateur (m. 1828).

Près de là sont les **ports** (*Ooster*, *Noorder* et *Zuider-Haven*), où l'on trouve toujours quantité de navires. On a récemment construit de grands entrepôts du côté E. de la ville. — Au coin d'une rue, l'*Oude kiek in't jat straat* (pl. C 3), la première à g. du canal avant le port, on voit, au-dessus de la porte d'une maison, la tête d'un homme barbu, sous laquelle on lit: *Ick kiek noch in't* (je le vois encore). C'est un souvenir du siège de 1672, soutenu contre les armées de l'évêque de Munster et de l'électeur de Cologne, et qui fut abandonné parce que les assiégeants ne purent empêcher l'arrivée des renforts et des approvisionnements par le Reitdiep. L'inscription veut dire que le barbu ne craignait aucun danger tant qu'il voyait encore l'embouchure du Reitdiep *(jat* ou plutôt *gat)* ouverte aux vaisseaux de son pays.

De Groningue à Delfzyl: 30 kil., chemin de fer, trajet en 1 h. 40. On longe le *canal de l'Ems.* Stat.: *Landweg, Sauwerd, Bedum, Stedum, Loppersum, Eenrum, Oosterwydwert, Apingadam, Oude-Nieuwe-Weg.* — Delfzyl est situé sur le *Dollart*, golfe d'environ 2 lieues de large, qui s'est formé en 1277 à l'embouchure de l'Ems. En face de Delfzyl est la ville allemande d'*Emden.*

De Groningue à Brême, par Nieuweschans, 172 kil. A 1/2 h. de la 5e station, *Winschoten* (34 kil.), se trouve *Heiligerlee*, où l'on a érigé en 1873 un monument en souvenir de la victoire que Louis de Nassau, frère de Guillaume le Taciturne, remporta sur les Espagnols en 1568, victoire par laquelle les Hollandais commencèrent pour leur indépendance une lutte qui devait durer 80 ans. Ce monument représente la Hollande tenant un drapeau, avec un lion rugissant à côté d'elle et Adolphe de Nassau (frère cadet) mourant à ses pieds.

La partie méridionale de la province de Groningue, qui n'était autrefois qu'une espèce de désert, a été transformée de nos jours par ses habitants laborieux en une contrée fertile: il s'y crée toujours de nouveaux villages.

LISTE DES ARTISTES

FLAMANDS, HOLLANDAIS ET BELGES MENTIONNÉS DANS CE GUIDE,

AVEC NOTICES BIOGRAPHIQUES.

ABRÉVIATIONS : *A.*, architecte ; *P.*, peintre ; *S.*, sculpteur ; *N.*, né en . . . ; *M.*, mort en . . . ; *av.*, avant ; *ap.*, après ; *env.*, environ ; *?*, douteux. — Les chiffres romains à la fin d'un grand nombre d'articles sont des renvois aux pages de l'introduction. — *Y* correspond au *ij* hollandais.

Achtschelling (Lucas), P., de Bruxelles. 1570-1631.

Aelst (Guillam ou *Willem van)*, P. holl., de Delft. 1620-1679. A Delft et Amsterdam, en France et en Italie. — XXXVI.

Aertsen ou *Aertsens (Peeter)*, surnommé *de Lange Peer*, P. holl., d'Amsterdam, élève d'Allart Claasz à Amsterdam. 1505-1573. A Amsterdam et à Anvers.

Alma Tadema (Lourens), P., de Dronryp, élève de Leys. N. 1836. A Londres.

Alsloot (Denis van), P. de paysage. Commenc. du XVIIe s.

Ansiaux (Jean-Joseph-Eléonore-Antoine), P. belge, de Liège, élève de Vincent. 1764-1840.

Anthonissen (Cornelis), P., d'Amsterdam. XVIe s. — XXVII.

Arthois (Jacques d'), P., de Bruxelles, élève de J. Mertens. 1613-1665(?).

Asselyn (Jan), dit *Crabettje*, P. holl., de Diepen, élève d'Es. van de Velde. 1610-1660. A Rome et à Amsterdam. — XXXV.

Avont (Pieter van den), P. belge, de Malines. 1600-1652. A Anvers.

Backer (Adr.), P., d'Amsterdam. 1643-1686. A Amsterdam.

— *(Jacob)*, P. holl., de Harlingen. 1609-1651. A Amsterdam. — XXXI.

— *(Jacques de)*, P., d'Anvers. XVIe s.

Backereel (Gilles), P., d'Anvers. 1572-? A Anvers.

Baeckelmans, A. contemp., d'Anvers.

Baen (Jan de), P. holl., de Harlem, élève de son cousin, Piemans, et de Jacob Backer. 1633-1702.

Bakhuisen (Ludolf), P. holl., d'Emden, élève d'A. van Everdingen et de H. Dubbels. 1631-1708. A Amsterdam.

Bakhuisen ou *Bakhuyzen (Jul. van de Sande-B.)*, P., de la Haye. N. 1835.

Balen (Hendrik van) le Vieux, P. flamand, d'Anvers, élève d'Adr. van Noort (?). 1560?-1632. A Anvers. — XXIV.

Baurscheit (Jean-Pierre van) le Jeune, S. et A., d'Anvers, élève de son père. 1699-1768. A Anvers.

Beerstraaten (Jan), P. holl., élève de son frère Alexandre (?). Peignait vers 1650-1690.

Bega (Cornelis), P. holl., de Harlem, élève d'A. van Ostade. 1620-1664. A Harlem. — XXXIII.

Berchem ou *Berghem (Nicol.* ou *Claas-Pietersz)*, P. holl., de Harlem. 1620-1683. En Italie, à Harlem et à Amsterdam. — XXXV.

Berck-Heyde (Job), P. holl., de Harlem, élève de Jacob de Wet. 1630-1693.

— *(Gerrit)*, P. holl., de Harlem, probablement élève de son frère aîné, Job B. 1638-1698. A Harlem.

Béthune d'Ydewalle (Jean), P. sur verre contemporain, à Gand.

Beyaert (H.), A. belge contemporain.

Beyeren (Abrah.), P. holl. de la Haye. Milieu du XVIIe s. M. ap. 1665.

Biéfve (Edouard de), P., de Bruxelles, élève de Paelinck. 1808-1882. A Bruxelles et à Paris.

Biset (Karel-Emanuel), P., de Malines, formé à Paris. 1633-1685. A Anvers et à Bréda.

Blanchaert, S. contemporain, élève de Béthune. A Gand.

Bles (Herri ou *Hendrik de)* ou *Herri met de Bles*, dit *Civetta*, P., de Bouvignes, près de Namur. 1480?- ap. 1521. En Italie et dans les Pays-Bas.

Blocklandt (Anthonie van Montfort), dit *van Blocklandt*, P. de Montfort. 1532-1583. A Utrecht.

Bloemaert (Abraham), P. holl., de Gorcum. 1565-1658(?). A Utrecht. — XXV.

— *(Hendrik)*, P., fils et élève d'Abraham Bl., florissait vers 1632.

Blondeel (Lancelot), P. et A., de Bruges, formé en Italie. Env. 1495-1561. A Bruges.

Bockhorst (Johann van), dit *Langjan*, P., de Munster en Westphalie, élève de Jordaens. 1610?-1668. A Anvers.

Boeyermans (Théod.), P., d'Anvers. 1620-1677. A Anvers.
Bol (Ferd.), P. holl., de Dordrecht, élève de Rembrandt. 1611-1681. A Amsterdam. — XXX.
Bosboom (Jan), P., de la Haye, élève de van Brée. N. 1817. A la Haye.
Bosch (Jérôme), P. flam., de Bois-le-Duc. 1460-1516.
Bossuet (Franç.-Ant.), P., d'Ypres. N. 1800. A Bruxelles.
Both (Andriès), P., d'Utrecht, frère de J. Both, élève de son père et de Hendr. Bloemaert (P. van Laar à Rome). 1609?-av. 1644.
— *(Jan)*, P. holl., d'Utrecht, élève d'Abr. Bloemaert. 1610-1652. A Rome et à Utrecht. — XXXVI.
Bource (Henri-Jacques), P. de genre, d'Anvers, élève de Wappers, de Dyckmans et d'Ary Scheffer (à Paris). N. 1826. A Anvers.
Bouré (Ant.-Félix), S. contemporain, à Bruxelles.
Bouts (Dierick ou *Dirk)*, nommé auparavant à tort *Stuerbout*, P., de Harlem. 1400?-1475. A Louvain. — XVII.
Braekeleer (Ferd. de), P., d'Anvers, élève de J. van Brée. N. 1792. A Anvers.
Brakenburg (Rich.), P. de Harlem, élève d'Adr. van Ostade (?). 1650-1703. A Harlem.
Bray (Jan de), P. d'histoire, de Harlem. M. 1697.
Brée (Matthias-Ign. van), P., S. et A., élève de J. van Regemorter à Anvers et de Vincent à Paris. 1773-1839. A Anvers.
— *(Phil.-Jac. van)*, P., frère de Matth., élève de son frère et de Girodet à Paris. 1786-1871. A Pavie, Paris et Bruxelles.
Brekelenkam (Quiryn), P. holl. Florissait vers 1653-1669.
Breuck (Jacques de), A. et S. du XVIe s., à St-Omer.
Breughel, v. Brueghel.
Bril (Paul), P. flam., d'Anvers. 1556-1626. A Rome. — XIX.
Bronchhorst (J.-G. van), P. holl. et P. verrier. 1603-1680.
Brouwer (Adr.), P. flam., d'Audenarde, élève de Fr. Hals à Harlem (Rubens à Anvers). Env. 1605-1638. A Anvers. — XXXIII.
Brueghel (Peeter) le Vieux ou *le Drôle*, P. flam., de Bréda. Env. 1520-1569. A Anvers et à Bruxelles. — XIX.
— *(Peeter) le Jeune*, dit *Br. d'Enfer*, P. flam., de Bruxelles, fils du précédent. 1564-1637 ou 38. A Anvers. — XIX.
Brueghel (Jan), dit *Fluweelen-Br.* ou *Br de Velours*, P. flam., de Bruxelles, également fils de Br. le Vieux. 1568-1625. En Italie et à Anvers. — XIX.
Bruyn (Barth. de), P., de Cologne, florissait entre 1524 et 1560.
Buytenweg (Willem), P., de Rotterdam, élève de H. Maartensz. N. av. 1600. A Harlem.

Calloigne (Jan-Robbert), S., de Bruges. 1775-1830. A Bruges, à Paris, à Rome et à Gand.
Camphuysen (Govert), P. holl., de Gorcum. 1624-1674.
Capronnier (J.-B.), P. sur verre contemporain, à Bruxelles.
Carlier (Jean-Guillaume), P., de Liège, élève de Berth. Flémalle. Env. 1638-1675. A Liège et en France.
Cauwer (Joseph de), P., de Beveren. 1778-1854. A Gand.
Cels (Cornelis), P., de Lierre, élève de A. Lens, à Bruxelles. 1778-1859.
Ceulen (van), v. Janssens (Cornelis).
Champaigne (Phil. de), P., de Bruxelles, élève de Fouquières et de l'Allemand, à Paris. 1602-1674. A Bruxelles et à Paris.
Charle-Albert, P. et A. contemporain, à Bruxelles.
Chauvin (Aug.), P., d'Aix-la-Chapelle. N. 1818. A Liège.
Claeissens (Anthonie) le Vieux, P., d'Anvers, élève de Q. Massys (?). Vers 1498.
— *(Anthonie) le Jeune*, P., de Bruges. N. 1614.
Clays (Paul-Jean), P. de marine, de Bruges, élève de Gudin. N. 1819. A Bruges.
Cleef (Jan van), P., de Venlo, élève de Luigi Primo et de Gasp. de Crayer. 1646-1716. A Gand.
Cluysenaar (Alfr.), P. contemporain, à Bruxelles.
Cocx, v. Coques.
Codde (Pieter), P. holl. d'Amsterdam. 1600-1650? — XXXIV.
Coeberger, v. Koeberger.
Coninxloo (Gillis van), P. flam., d'Anvers. 1544-1604? A Anvers, à Franckenthal et à Amsterdam.
Coomans (Pierre-Olivier-Jos.), P., de Bruxelles, élève de P. van Hasselaere, de Keyser et Wappers. N. 1816.
Coques ou *Cocx (Gonzalès* ou *Gonsalve)*, P. flam., d'Anvers, élève de P. Brueghel le J. et de Dav. Ryckaert le J. 1614-1684. A Anvers.
Cornelissen, v. Kornelissen.

Corneliszoon (Cornelis van Haarlem), P. holl., de Harlem. 1562-1638. A Harlem. — XXVII.
Coxie, *Coxcie*, *Coxcien* ou *Coxyen (Michael van)*, P., de Malines, élève de son père, Michel C., et de Barend van Orley. 1499-1592. A Malines et à Bruxelles. — XVIII.
Crabeth (Dirk), P. sur verre, à Gouda. Florissait en 1557-1568.
— *(Wouter)*, P. sur verre, frère de Dirk, à Gouda à partir de 1560.
Craesbeeck (Joos ou *Josse van)*, P. flam., de Neer-Linter. 1608?-1654. A Anvers et à Bruxelles.
Crayer ou *Craeyer (Gaspar de)*, P. flam., d'Anvers, élève de Raphaël van Coxie, à Bruxelles, le plus important des peintres flamands de cette époque qui ne furent pas de l'école de Rubens. 1582-1669. A Bruxelles et à Gand. — XXIII.
Cristus (Petrus), P., de Baerle. 1444-1472 à Bruges. — XVI.
Cuyp (Jacob-Gerritsz), P. holl., de Dordrecht, élève d'Abr. Bloemaert. 1575?-1649? A Dordrecht. — XXVIII.
— *(Aalbert)*, P. de Dordrecht, élève de son père, J.-G. Cuyp. 1620-1691. A Dordrecht. — XXXV.
Cuyper (J.-B. de), S., d'Anvers. 1807-1852.
— *(Jean-Léon. de)*, S., à Anvers, fils du précédent.
Cuypers (P.-J.-H.), A. contemporain, à Amsterdam.
Czermak (Jaroslaw), P., de Prague, élève de Gallait, à Bruxelles, et de Rob. Fleury, à Paris. 1831-1879. A Paris.

David (Gérard), P., d'Ouwater. 1450?-1523. A Bruges et à Anvers. — XVII.
Debay (J.-B.-Jos.) le Vieux, S., de Malines. 1779-1863.
Decaisne (Henri), P., de Bruxelles, élève de P.-J.-C. François, J.-L. David, Girodet et Gros. 1799-1852. A Paris.
Decker (Corn.), P. holl., élève de Sal. van Ruysdael, membre de la corporation de Harlem en 1643. M. 1678. A Harlem.
Delcour (Jan), S., de Hamoir. Milieu du XVIIe s. à 1707. A Liège.
Delen (Dirk van), P. holl. de Heusden, élève de Fr. Hals(?). 1607?-1673? A Arnemuiden, Harlem, Delft et Anvers.
Delff (Jacob-Willemszen), P., de Delft, fils et élève de Willem-Jacobsz D., et petit-fils de Johannes D. 1619-1661. A Delft.
Delff (Johannes ou *Jacob* [?] *-Willemsz)*, P., de Delft. M. 1601. A Delft.
— *(Rochus)*, P., de Delft, fils de Jacob Willemszen. A Delft.
Delvaux (Laur.), S., de Gand, élève de D. Plumier, à Bruxelles. 1695-1778.
Deventer (Willem-Anthonie van), P., de la Haye, élève de Jul. van de Sande-Bakhuisen. N. 1834.
Devigne-Quyo (Petrus), S., de Gand, élève de J.-R. Calloigne. 1812-1877.
Deyster (Lodewyk de), P., de Bruges, élève de J. Maes. 1656-1711. A Bruges.
Diepenbeeck (Abraham van), P. flamand, de Bois-le-Duc, élève de Rubens. Env. 1599-1675. A Anvers. — XXIV.
Dillens (Adolphe), P., de Gand, élève de son frère, Henri D. 1821-1877.
Dou ou *Dov (Gérard* ou *Gerrit)*, P. holl., de Leyde, élève du graveur Bart. Dolendo, du peintre sur verre P. Kouwenhoven et de Rembrandt. 1613-1675. A Leyde. — XXXI.
Doudyns (Willem), P. holl., de la Haye. 1630-1697. A la Haye.
Dov, v. Dou.
Drooch-Sloot, *Droech-Sloot* ou *Droogsloot (Joost-Cornelisz)*, P. Florissait de 1616 à 1666 à Utrecht.
Drost (Geraert), P. 1638?-1690?
Ducaju (Jos.-Jacq.), S. et P. contemporain, à Anvers.
Duchâtel, *Duchastel* ou *du Châtel (François)*, P. flam., de Bruxelles, élève de D. Teniers le J. 1625-1694. A Bruxelles et à Paris.
Duck (J.-A.), P. holl. (Dirk Hals). Vers 1630-1650 à Harlem(?). — XXXIV.
Ducq (Jan le), P. d'animaux holl. 1636-1695.
Dujardin, v. Jardin.
Duquesnoy (Henri ou *Hieronymus)*, S., de Bruxelles, père de François et de Jérôme.
— *(François)*, S., de Bruxelles, élève de son père (Poussin et Titien à Rome). 1594-1644 ou 42. A Bruxelles et à Rome.
— *(Jérôme)*, S., frère de François. 1612-1654.
Durlet (Fr.-André), S., A. et P., d'Anvers, élève de Laenen et de F. Berkmans. 1816-1867.
Dusart (Corn.) le Jeune, P., de Harlem, élève d'A. van Ostade. 1660-1704. — XXXIII.
Dyck (Ant. van), P. flam., d'Anvers. 1599-1641. A Anvers et à Londres, aussi à Gênes et à Rome. — XXIII.

Dyckmans (Jos.-Laur.), P., de Lierre, élève de Vervoort, Thielmans et Wappers. N. 1811.

Dyk (Phil. van), P. holl., d'Amsterdam, élève d'Arn. van Boonen. 1680-1752. A Amsterdam, la Haye, Middelbourg et Cassel.

Eeckhout (Gerbrand van den), P. holl., d'Amsterdam. 1621-1674. A Amsterdam. — xxx.

— *(Jacob-Jos.)*, P. et S. holl., d'Anvers. 1793-1861. A la Haye, Malines, Bruxelles et Paris.

Elshaimer ou *Elzheimer (Adam)*, P., de Francfort-s.-M. 1578-1620. A Rome. — xxvi.

Engelbertz ou *Engelbrechtsen (Corn.)*, P., de Leyde. 1468-1533.

Everdingen (César van), P. holl., d'Alkmaar. 1606-1679. A Alkmaar et à Harlem.

— *(Allart van)*, P. holl., d'Alkmaar, frère du précédent, élève de Roel. Savery, à Utrecht. 1621-1675. A Alkmaar, à Harlem et à Amsterdam. — xxxv.

Eyck (Hubert van), P. flam., de Maaseyck, chef de la vieille école flamande. Env. 1366-1426. A Gand. — xiv.

— *(Jan* ou *Jean van)*, P. flam., de Maaseyck, frère de Hubert. Ap. 1380-1440. A Gand, la Haye, Lille et Bruges. — xv.

Eycken (J.-B. van), P., de Bruxelles, élève de Navez. 1817-1853. A Bruxelles.

Eyckens, v. Ykens.

Fabritius (Bernard), P. holl., de Delft. Env. 1620-1669. — xxxi.

— *(Karel)*, P. holl., de Delft, élève de Rembrandt à Amsterdam. 1624-1654. A Delft. — xxxi.

Fayd'herbe (Lucas), S. et A., de Malines, élève de Max l'Abbé et de Rubens. 1617-1694. A Malines.

Fictor, v. Victor.

Fictoor, v. Victors.

Flémalle, *Flemael*, *Flémal* ou *Flamael (Bertholet)*, P., de Liège (Hendr. Trippez et Gér. Douffet). 1614-1675. A Florence, à Paris, à Bruxelles et à Liège.

Flinck (Govert), P. holl., de Clèves, élève de Lamb. Jacobsz à Leeuwarden et de Rembrandt à Amsterdam. 1615-1660. A Amsterdam. — xxxi.

Floris, v. Vriendt.

Fourmois (Théod.), de Presles. 1814-1871.

Fraikin (Ch.-Aug.), S., de Herenthals. N. 1819. A Bruxelles.

Franchoys, v. François.

Franck (Jean), S. de Gand, élève de son père, Charles Fr., et de David d'Angers. N. 1804. A Anvers, à Paris et à Louvain.

Francken (Franç.) le Vieux, P., de Herenthals, frère d'Ambr. et de Jér. Fr. le V., élève de Fr. Floris. 1544-1616. A Anvers.

— *(Ambr.) le Vieux*, P., de Herenthals, frère de Franç. et de Jér. Fr. le V., élève de Marten de Vos ou de Fr. Floris (?). 1545?-1618. A Anvers.

— *(Fr.) le Jeune*, P. flam., d'Anvers, élève de son père Franç. Fr. le V. (Rubens). 1581-1642. A Anvers.

François ou *Franchoys (Lucas) le Vieux*, P., de Malines. 1574-1643.

— *(Pierre-Jos.-Cél.)*, P., de Namur, élève d'Andr. Lens. N. 1759. A Bruxelles.

Fyt (Jan), P. flam., d'Anvers, élève de J. van Berch. 1609-1661. A Anvers.

Gabriel (Paul-Jos.), P. et S., d'Amsterdam, élève de son père, de Cartellier et de Canova. 1785-1833. A Amsterdam.

Gaesbeeck (A. van), P. holl. M. 1650. — xxxi.

Garemyn (Jan), P. 1712-1799. A Bruges.

Gallait (Louis), P., de Tournai, élève de Hennequin (Rubens, van Dyck). N. 1810. A Tournai, à Paris et à Bruxelles.

Geefs (Jos.), S., d'Anvers. 1808-1860. A Anvers.

— *(Charles)*, S. contemporain, à Bruxelles.

— *(Guill.)*, S., d'Anvers, frère de Jos., élève de Ramage, à Paris. 1806-1883. A Anvers.

Geel (J.-Fr. van), S., de Malines, élève de P. de Valck. 1756-1830. A Malines et Anvers.

Geeraerts (Martin-Jos.), P., d'Anvers, élève d'Abr. Godyn. 1707-1791. A Anvers.

Geerts (Karel-Hendrik), S., d'Anvers, élève de van Hool et de van der Ven à Anvers. 1807-1855. A Anvers et à Louvain.

Geirnaert (J.), P., d'Eecloo, élève de Herreyns à Anvers et de Paelinck à Gand. 1790-1859.

Gelder (Aart de), P. holl., de Dordrecht, dernier élève de Rembrandt. 1645-1722. A Dordrecht.

Geldorp (Gortzius), P., de Louvain. 1553-1616. A Anvers et à Cologne. — xix.

Gent (Josse ou *Justus van)*, P., de Gand (Gent), élève de Hub. van Eyck (?). Vers 1410-ap. 1471.
Gherardo della Notte, v. Honthorst.
Godecharle (G.-L.), S., de Bruxelles, élève de Delvaux. 1750-1835. A Bruxelles.
Goes (Hugo van der), P., d'Anvers, de Gand ou de Bruges (?). Env. 1420-1482. A Bruges et à Gand. — XVI.
Goltzius (Hendrik), P., de Mulbrecht (Juliers). 1558-1617. A Harlem.
— *(Hubert)*, P., de Wurtzbourg, élève de son père, Rudiger Goltzius et de Lamb. Lombard, à Liège. 1526-1583. — XVIII.
Gossart ou *Gossaert (Jan)*, dit *Jan van Mabuse*, P., de Maubeuge (Mabuse). Env. 1470-1532. A Anvers, à Middelbourg et à Utrecht. — XVIII.
Goubau (Ant.), P., d'Anvers. 1616-1698. A Anvers.
— *(Franç.)*, P., d'Anvers. 1622-1678 ou 79. A Anvers.
Goudt (Hendrik van), P., d'Utrecht, élève d'Adam Elzheimer à Rome. 1585-1630. — XXVI.
Govaerts (A.), P. de paysage dans le style de Savery, au XVIIe s.
Goyen (Jan van), P. holl., de Leyde, élève d'Is. van Swanenburgh, Jan de Man et Willem Gerritsz, à Leyde. 1596-1656. A Leyde et à la Haye. — XXXV.
Grebber (Frans-Pietersz de), P., de Harlem, élève de Corn. van Haarlem. 1579-1649. — XXVII.
— *(Pieter de)*, P., de Harlem, fils du précédent, élève de son père et de Hend. Goltzius. 1600-ap. 1665.
Greive (Joh.-Conr.), P., d'Amsterdam, élève de P.-F. Greive et de G. Springer. N. 1837.
Groux (Ch.-Corn.-Aug. de), P., de Comines. 1825-1870.
Grupello (Gabriel de), S., de Geersberge, élève d'A. Quellin (?). 1644-1730. A Bruxelles et en Allemagne.
Gruyter (Willem), P. de marine contemporain, d'Amsterdam.
Guffens (God.), P., de Hasselt, élève de N. de Keyser, à Anvers. N. 1823.

Haas (Jean-Hub.-Léon, de), P. d'animaux contemporain, de Hedel. A Bruxelles.
Hackaert, *Haekaert* ou *Hakkert (Jan)*, P. holl., d'Amsterdam. 1636?-1699. A Amsterdam.
Hagen (Jan ou *Joris van der)* ou *Verhagen*, P. holl., de la Haye (Ruisdael). 1635-1662? A la Haye.
Hals (Frans) le Vieux, P. holl., d'Anvers. 1584-1666. A Harlem. — XXXII.
— *(Dirk)*, P. holl., de Harlem, élève de Frans Hals le Vieux, son frère aîné. N. av. 1600, M. 1656. — XXXIV.
— *(Frans) le Jeune*, P. holl., de Harlem, fils et élève de Frans H. le V. Florissait de 1637 à 1669.
Hamman (Ed.-Jean-Conr.), P., d'Ostende. N. 1819. A Paris.
Heda (Willem-Klaasz), P., de Harlem. 1594- ap. 1678.
Heere (Lucas de), P., de Gand, élève de son père, Jan de H., de sa mère, Anna Smyters, et de Fr. Floris. 1534?-1584.
Heem (Jan-Davidsz de), P. holl., d'Utrecht, élève de son père, David de H. 1600?-1683 ou 84. A Utrecht et Anvers. — XXXVI.
— *(Corn. de)*, P., d'Utrecht?, élève de son père, Jan de H. 1623?-ap. 1671. A Anvers et à la Haye.
Heemskerck (Marten van) ou plutôt *M. van Veen*, P., de Heemskerck, en Hollande, élève de J. van Schoorеel (Michel-Ange en Italie). 1498-1574. A Harlem. — XXV.
Heil (Daniel van), P. 1604-1662. A Bruxelles.
Helst (Barth. van der), P. holl., de Harlem. 1611-1670. A Amsterdam. — XXXII.
Hemessen, *Heemsen*, *Hemsen* ou *Hemissen (Jan van)*, P. flam. M. av. 1566. A Anvers.
Hennebicq (André), P. contemporain de Tournai, élève de Portaels. A Mons.
Herreyns (Guill.-Jacques), P. et A. flam., d'Anvers, élève de son père, Jacques H. 1743-1827. A Anvers et à Malines.
Herri de Bles, v. Bles.
Heusch (Willem de), P., d'Utrecht. M. 1699?
Heuvel (Ant. van den), dit *Don Antonio*, P., de Gand, élève de Gaspar de Crayer ou de N. Roose. 1600-1677. A Gand.
Heyde ou *Heyden (Jan van der)*, P., de Gorcum. 1637-1712. A Amsterdam. — XXXVI.
Hobbema (Meindert), P. holl., d'Amsterdam. 1638-1709. A Amsterdam. — XXXVI.
Hoeck ou *Hoecke (Jan van den)*, P., d'Anvers, élève de Rubens. 1598-1651. A Anvers. — XXIV.
Hondecoeter (Gillis) ou *d'Hondecoeter*. P. holl., d'Anvers. Peignait à Utrecht et à Amsterdam de 1609 à 1630.
— *(Melchior)*, P. holl., d'Utrecht, élève de son père, Gysbert Hond. (m.

1653), et de J.-B. Weenix, son oncle. 1636-1695. A la Haye et à Amsterdam.

Hondius (Abraham), P., de Rotterdam. 1638-1695. A Rotterd. et à Londres.

Honthorst (Gérard van), dit *Gherardo della Notte*, P. holl., d'Utrecht, élève d'Abr. Bloemaert à Utrecht (Caravage à Rome). 1590-1656. A Utrecht, à la Haye et à Londres. — XXV.

Hooch, *Hoogh* ou *Hooge (Pieter de)*, P. holl., de Rotterdam. 1632-1681. A Delft et à Harlem (?). — XXXI.

Hoogstraeten ou *Hoogstraten (Samuel van)*, P. holl., de la Haye, élève de son père, Dirk H., et de Rembrandt. 1627?-1678. A Rome, Londres, la Haye et Dordrecht.

Hool (J.-B. van), S., d'Anvers, élève de F. van Ursel. 1769-1837. A Anvers.

Hove (Barth.-J. van), P., de la Haye. 1790-1880.

— *(Victor van)*, S. et P., de Renaix. N. 1825. A Bruxelles.

Huchtenburgh ou *Hughtenburgh (Jan van)*, P. holl., de Harlem, élève de Thom. Wyck à Rome et de Fr. van der Meulen à Paris. 1646?-1733. A Harlem et à Amsterdam.

Huffel (Pierre van), P., de Grammont, élève de Herreyns, à Malines. 1769-1844. A Gand.

Huysmans (J.-B.), P., d'Anvers. 1654-1711?

Huysum (Jan van), P. holl., d'Amsterdam, élève de son père, Justus. 1682-1749. A Amsterdam. — XXXVI.

Janssens (Abraham), P. flam., d'Anvers, élève de J. Snellinck. 1567-1632. A Anvers. — XXIII.

Janssens, *Janson* ou *Jonson (Cornelis) (J. van Ceulen)*, P. holl. 1590?-1662 ou 64. A Londres et à Amsterdam.

— *(Fr.-Jos.)*, S., de Bruxelles. 1744-1816. A Bruxelles.

— *(Vict.-Hon.)*, P., de Bruxelles. 1664-1739. A Bruxelles.

Jaquet (Jean-Jos.), S. contemporain, d'Anvers. A Bruxelles.

Jardin (Ed. du) ou *Dujardin*, P., d'Anvers, élève de G. Wappers. N. 1817. A Anvers.

— *(Karel du)* ou *Dujardin*, P. holl., d'Amsterdam, élève de Nic. Berchem. Env. 1625-1678. A la Haye, à Amsterdam et en Italie. — XXXV.

Jehotte (Louis), S., de Liège, élève de Kessels et de Thorwaldsen à Rome. N. 1803.

Jongelincx (Jacob), S., d'Anvers. 1531-1606. A Anvers.

Jonghe (J.-B. de), P., de Courtrai, élève du sculpteur Réable et du peintre Ommeganck. 1785-1844. A Courtrai et à Anvers.

Jordaens (Jacob), P. flam., d'Anvers, élève d'Adam van Noort à Anvers. 1593-1678. A Anvers. — XXIV.

Kaiser (Joh.-Wilh.), graveur, d'Amsterdam, élève de Taurel. N. 1813. A Amsterdam.

Kalf (Willem), P., d'Amsterdam, élève de Hendr. Pot. N. av. 1630, M. 1693.

Keldermans ou *Keldermann*, famille d'archit. de Malines, dont le principal représentant fut *Rombout K.*, au XVIIe s.

Kerckhove ou *Kerchove (Jos. van den)*, P., de Bruges, élève de J. Erasme Quellin. 1670-1724. A Bruges.

Kerricx (Guillaume), S., de Termonde, élève d'A. Quellin le J. 1652-1719. A Anvers.

Kessel (Jan van), P., d'Amsterdam, élève de Ruisdael (?). 1648-1698.

Ketel (Corn.), P., S. et A., de Gouda, élève de Blocklandt à Delft. 1548-1602. A Gouda, Londres et Anvers.

Keulen, v. Janssens (Cornelis).

Key (Adr.-Thom.), P., d'Anvers (?), élève de Will. K., son oncle. Env. 1544-1590.

Keyser (Hendrik de), A., S. et P., d'Utrecht, élève d'Abr. et Corn. Bloemaert. 1565-1621. A Amsterdam.

— *(Thom. de)*, P. holl., d'Amsterdam, fils du précédent. 1595-1667. A Amsterdam. — XXVIII.

— *(Nicaise de)*, P., de Santvliet, près d'Anvers. 1813-1880. A Anvers.

Kobell (Jan), P., d'Utrecht, élève de W.-R. van der Wall. 1782-1814.

Koeberger, *Coebergher* ou *Coeberger (Wencesl.)*, P. et A. flam., d'Anvers, élève de Mart. de Vos. Env. 1561-1635. A Anvers, à Paris, en Italie et à Bruxelles.

Koekkoek (Barend-Corn.), P., de Middelbourg, élève de son père, Joh.-Herm. K., de Schelfhout et de van Os, à Amsterdam. 1803-1862.

— *(Hermann)*, P., de Middelbourg, frère du précédent et aussi élève de leur père. N. 1815.

Koninck ou *Koning (Phil. de)*, P., d'Amsterdam, élève de Rembrandt. 1661-1689? — XXXI.

— *(Salomon)*, P. holl., d'Amsterdam, élève de Dav. Colyn, Franç. Fernando et Claas Moeyaert, à Amsterdam (Rembrandt). 1609-1658? A Amsterdam. — XXVIII, XXXI.

Koning (Jacob), P. holl., élève d'Adr. van de Velde (?). Env. 1650-1689.

Kornelissen (Jac.), P. holl., d'Oostzanen. Florissait vers 1506-1530, à Amsterdam. — XVII.

Kruseman (Corn.), P. d'Amsterdam, élève de C.-H. Hodges, Ravelli et J.-A. Daiwalle. 1797-1857. A Amsterdam.

Lairesse ou *de Lairesse (Gérard)*, P. holl., de Liège, élève de son père, Reinier L., et de Berth. Flémalle, à Liège. 1641-1711. A Liège et à Amsterdam.

Lamorinière (J.-P.-Fr.), P. de paysage contemporain, à Bruxelles.

Lastman (Pieter), P. holl., d'Amsterdam, élève de Gerrit Pietersz à Amsterdam (d'Elzheimer en Italie). Env. 1580-1649? A Amsterdam. — XXVI.

Lens (Andr.-Corn.), P., d'Anvers, élève de Charles Ykens et de Balth. Beschey à Anvers. 1739-1822. A Anvers et à Bruxelles.

Lerius (Jos.-Henri-Fr. van), P., de Boom, près d'Anvers. 1823-1876.

Leyde (Lucas de), *Lucas Jacobsz*, dit *Lucas van Leyden*, P., de Leyde, élève de son père, Huig Jacobsz, et de Corn. Engelbrechtsen. 1494-1533, A Leyde. — XVIII.

Leys (Hendrik), P., d'Anvers, élève de Braekeleer. 1815-1869.

Liemaeckere (Nic. de), dit *Roose*, P., de Gand, élève de Marcus Geerards et d'O. van Veen. 1575-1646.

Lies (Jos.), P., d'Anvers. 1821-1865.

Lingelbach (Jan), P., de Francfort-s.-M. 1622-1687. A Francfort, à Rome et à Amsterdam.

Lingeman (Lamb.), P., d'Amsterdam, élève de P.-F. Greive. N. 1829.

Lint (Pierre van), P., d'Anvers, élève de Rol. Jacobs. 1609-1690. A Anvers et à Rome.

Livens, *Lievens* ou *Lievensz (Jan)*, P. holl., de Leyde. 1607-1672? A Leyde, en Angleterre, à Anvers et à la Haye. — XXVIII.

Lombard (Lamb.), nommé à tort *Lamb. Suavius* ou *Susterman*, P. et A., de Liège (J. Gossart à Middelbourg et Raphaël à Rome). 1505-1566. A Liège.

Mabuse, v. Gossart.

Madou (J.-B.), P., de Bruxelles, élève de François. 1796-1877.

Maes (Nic.), P. holl., de Dordrecht, subit l'influence de Rembrandt et celle des peintres flamands à Anvers. 1632-1693. A Delft, Amsterdam et Anvers. — XXXI.

Maes-Canini (J.-B.-Lodewyk), P., de Gand, élève de son père et de B. Ingles. 1794-1856.

Mander (Karel van) le Vieux, P. et critique d'art, de Meulenbecke, en Flandre. 1548-1606. A Rome, Bruges, Harlem et Amsterdam. — XVIII.

Markelbach (Alex.), P. contemporain, à Bruxelles.

Massys, *Matsys* ou *Metsys (Quinten* ou *Quentin)*, P., de Louvain. 1466-1531. A Louvain et à Anvers. — XVII.

Matthieu (Lamb.-Jos.), P., de Burc, prov. de Namur, élève de M. van Brée à Anvers. 1804-1861. A Louvain.

Meer (Jan van der) ou *Vermeer*, P. holl., de Harlem. 1628-1691. A Harlem. — XXXVI.

— *(Jan van der)* ou *Vermeer*, P. holl., de Delft. 1632-1675. A Delft. — XXXI.

Meert (Peeter), P. flam., de Bruxelles. 1619-1669. A Bruxelles.

Meire (Gér. van der), P., à Gand entre 1452 et 1474 (J. van Eyck). — XVI.

Memling ou *Memlinck (Hans)*, P., élève de Rog. van der Weyden. N. av. 1430? M. av. le 10 déc. 1495. A Bruges. — XVI.

Mesdag (Hendrik-Willem), P., de Groningue, élève d'Alma Tadema. N. 1831.

Metsu (Gabr.), P. holl., de Leyde, élève de Gér. Dov à Leyde. 1630-ap. 1667. A Amsterdam. — XXXIV.

Meyer (J.-H.-Louis), P., d'Amsterdam, élève de J.-W. Pieneman. 1809-1863.

Mierevelt (Mich.-Jansze), P. holl., de Delft. 1567-1641. A Delft et à la Haye. — XXVIII.

— *(Pieter)*, P., de Delft, fils et élève du précédent. 1595-1632. — XXVIII.

Mieris (Frans van) le Vieux, P. holl., de Leyde, élève du peintre sur verre Abr. Torenvliet et de Gér. Dov. 1635-1681. A Leyde. — XXXI.

— *(Willem van)*, P., de Leyde, fils et élève de Mieris le V. 1662-1747. A Leyde.

Mignon ou *Minjon (Abraham)*, P., de Francfort-s.-M., élève de J.-Dav. de Heem à Utrecht. 1640-1679. A Wetzlar et à Francfort.

Moer (J.-B. van), P. contemporain, à Bruxelles.

Molenaer ou *Molenaar (Jan-Miense)*, P. holl., de Harlem. M. 1668. A Harlem.

— *(Nic.* ou *Klaes)*, P., de Harlem. M. 1676. A Harlem.

Moor (Karel de) le Vieux, P., de Leyde, élève de Gér. Dov et d'Abr. van den Tempel (Fr. van Mieris et Gér. Schalcken). 1656-1738.

Mor, *Moor* ou *Moro (Ant.)*, P., d'Utrecht, élève de J. van Schooreel à Utrecht (maîtres italiens). 1512-1576 à 78. A Utrecht, Anvers, Madrid, Lisbonne, Londres et Bruxelles. — XIX.

Moreelse (Paul), P. holl., d'Utrecht, élève de Mich. Mierevelt à Delft. 1571-1638. A Utrecht. — XXVIII.

Moro, v. Mor.

Mostert ou *Mostaert (Jan)*, P., de Harlem, imitateur de Gér. David. 1447-ap. 1549. A Harlem.

Moucheron (Fréd. de), P. holl., d'Emden, élève de J. Asselyn à Amsterdam. 1633- ap. 1713. A Amsterdam.

Musscher (Mich. van), P., de Rotterdam, élève d'Abr. van den Tempel, de Metsu et d'Adr. van Ostade. 1645-1705.

Mytens (Arn.), P., de Bruxelles, élève d'Ant. Santvoort à Rome et de Corn. Pyp à Naples. 1541-1602.

— *(Daniel Mart.) le Vieux*, P., de la Haye. 1590- ap. 1658. A la Haye et en Angleterre.

— *(Jan* ou *Aart-Izaak)*, P., de Bruxelles, élève d'A. van Opstal et de N. van der Horst. 1612-1671 ou 72.

Navez (Franç.-Jos.), P., de Charleroi, élève d'Isidore et de Jos. François à Bruxelles et de David à Paris. 1787-1869. A Bruxelles.

Neefs ou *Neeffs (Pieter) le Vieux*, P., d'Anvers (?), élève de Hendrik van Steenwyk. 1570?-1651?

— *(Pieter) le Jeune*, P., d'Anvers, fils du précédent. 1601- ap. 1675.

Neer (Aart van der), P. holl., d'Amsterdam (?). 1603-1682? A Amsterdam. — XXXVI.

— *(Eglon van der)*, P. holl., d'Amsterdam, fils du précédent, élève de son père et de Jacob van Loo (A. van der Werff et Ad. Elzheimer). 1643-1703. A Rotterdam, Amsterdam, Bruxelles et Düsseldorf.

Netscher (Caspar ou *Gaspard)*, P. holl., de Heidelberg, élève de Koster à Arnhem et de Terburg à Deventer. 1639-1684. A la Haye. — XXXIV.

— *(Constant.)*, P. holl., de la Haye, élève de son père, Gasp. N. 1669 ou 1670-1722. A la Haye.

Nieulant (Will. van), P., d'Anvers. 1584-1635.

Nooms, v. Zeeman.

Noort (Adam van), P., d'Anvers. 1557-1641. — XXI.

Ochtervelt ou *Uchtervelt (Jacob* ou *Jan)*, P. holl. du XVIIe s., de l'école de Metsu.

Odevaere (Joseph-Dionysius), P., de Bruges, élève de David à Paris. 1778-1830.

Ommeganck (Balth.-Paul), P. et S., d'Anvers, élève de H.-J. Anthonissen. 1755-1826.

Oost (Jacob van) le Vieux, P., de Bruges (Ann. Carrache). 1600-1674. A Bruges.

— *(Jacob van) le Jeune*, P., de Bruges, fils et élève du précédent. 1637-1713. A Lille.

Orley (Barend ou *Bern. van)*, P., de Bruxelles. N. entre 1488 et 1490, M. 1542. — XVIII.

Os (Georg.-Jacob-Joh. van), P., de la Haye, élève de son père, Jan van Os. 1782-1861. A Amsterdam et à Paris.

Ostade (Adr. van), P. holl., de Harlem, élève de Frans Hals. 1610-1685. A Harlem. — XXXIII.

— *(Izack* ou *Isaac van)*, P. holl., de Harlem, élève de son frère Adr. 1621-1649. A Harlem. — XXXIII.

Paelinck (Jos.), P., d'Oostacker, élève de David à Paris, 1781-1839. A Gand, à Rome et à Bruxelles.

Palamedesz (Ant.), dit *Stevaerts*, P. holl., de Delft (Mierevelt et Fr. Hals). Env. 1601-1673. A Delft. — XXXIV.

Pape (Abr. de), P. holl. M. 1666. — XXXI.

Pasture (Rogelet de la), v. Weyden.

Patinir ou *Patenier (Joachim)*, P., de Dinant. M. vers 1524. A Anvers. — XIX.

Pauwels (Wilh.-Ferd.), P., d'Eeckeren, élève de du Jardin et de Wappers. N. 1830. A Anvers, Weimar, Dresde et Ypres.

Peede (Hendrik van), A., à Audenarde de 1527 à 1530.

Pepyn (Martin), P., d'Anvers. 1575-1642 ou 43. A Anvers.

Pieneman (Jan-Willem), P., d'Abcoude. 1779-1853. A Delft, à la Haye et à Amsterdam.

— *(Nic.)*, P., d'Amersfoort, fils et élève du précédent. N. 1809.

Poelenburg ou *Poelenborch (Corn. van)*, P. holl., d'Utrecht, élève d'Abr. Bloemaert et d'Elzheimer. 1586-1667. A Utrecht. — XXVI.

Portaels (Jean-Franç.), P., de Vilvorde, élève de Navez et de P. de la Roche. N. 1818.

Potter (Pieter), P. holl. d'Enkhuizen. 1587?-1646? A Enkhuizen et à Amsterdam.

— *(Paul)*, P. holl., d'Enkhuizen, élève de son père, Pieter P., à Amsterdam et de Jacob de Wet à Harlem. 1625-1654. A Delft, à la Haye et à Amsterdam. — XXXIV.

Pourbus (Pieter), P., de Gouda, élève de Lancel. Blondeel (?). 1510(13?)-1584. A Bruges. — XIX.

— *(Frans) le Vieux*, P., de Bruges, élève de son père, Pieter P., et de Fr. Floris. 1542-ap. 1591. A Bruges et à Anvers.

— *(Frans) le Jeune*, P., d'Anvers, fils et élève du précédent. 1572-1622. A Anvers et à Paris.

Pynacker (Adam), P. holl., de Pynacker, près de Delft, imitateur de J. Both. 1621-1673. A Delft. — XXXVI.

Quellinus ou *Quellin (Artus* et non *Arthur) le Vieux*, S., d'Anvers, fils d'Erasme Q. Ier, élève de son père et de B. Duquesnoy à Rome. 1609-1668. A Anvers, à Amsterdam et en Allemagne.

— *(Artus) le Jeune*, S., de St-Trond, fils et élève du précédent. 1625-1670. A Anvers.

— *(Erasme) le Jeune* ou *Q. II*, nommé à tort *le Vieux*, P., d'Anvers, élève de son père, Erasme Q. Ier ou le Vieux, et de J. Verhaegen à Anvers (Rubens). 1607-1678. A Anvers. — XXIV.

— *(Jan-Eras.)*, P., d'Anvers, fils et élève du précédent (Véronèse). 1634-1715. A Anvers.

Ravesteyn ou *Ravestyn (Jan van)*, P. holl., de la Haye. 1572?-1657. A la Haye. — XXVIII.

Rembrandt (Harmensz van Ryn), P. holl., de Leyde, élève de Jac. van Swanenburgh à Leyde et de P. Lastman à Amsterdam. 1607-1669. A Amsterdam. — XXVIII.

Robbe (Louis-Marie-Dominique), P., de Courtrai. N. 1806. A Courtrai et à Bruxelles.

— *(Henri)*, P., de Courtrai. N. 1807. A Bruxelles.

Roelandt (Ludov.), A., de Nieuwpoort, élève de Percier et Fontaine à Paris. 1786-1864. A Liège et à Gand.

Roelofs (Willem), P., d'Amsterdam, élève d'A.-H. Winter à Utrecht et de H. van de Sande-Bakhuisen à la Haye. N. 1822. A Bruxelles.

Rombouts (Théod. van), P., d'Anvers, élève d'Abr. Janssens le Vieux. 1597-1637. A Rome, à Florence et à Anvers. — XXIII.

Roose, v. Liemaeckere.

Royer (Louis), S., de Malines, élève de J.-F. van Geel à Amsterdam. 1793-1868. A la Haye et à Amsterdam.

Rubens (Pierre-Paul), P. flam., né à Siegen (Nassau), élève de Tob. Verhaegt, d'Ad. van Noort et d'Oth. van Veen à Anvers. 1577-1640. En Italie et à Anvers. — XX.

Ruisdael (Izack van), P. holl., M. 1677.

— *(Jacob van)*, P. holl., de Harlem, fils et élève du précédent. Env. 1625-1682. A Harlem et à Amsterdam. — XXXV.

— *(Salomon van)*, P. holl., de Harlem, frère d'Iz. van R. M. 1670. A Harlem.

Ruysch (Rachel), P. holl., d'Amsterdam, élève de Will. van Aelst. 1664-1750. A Amsterdam et à la Haye. — XXXVI.

Ryckaert (Dav.) le Jeune, P. flam., d'Anvers, élève de son père, Dav. R. 1612-1662. A Anvers.

Sadée (Phil.), P., de la Haye, élève de J.-E.-J. van den Berg à la Haye. N. 1837. A la Haye.

Saenredam (Pieter), P. holl., d'Assendelft, élève de Fr. de Grebber à Harlem. 1597-1665. A Harlem.

Saft-Leven (Herman), P. holl., de Rotterdam, élève de J. van Goyen. 1609-1685. A Rotterdam et Utrecht.

Sallaert (Ant.), P. flam., de Bruxelles, élève de Mich. de Bordeaux. 1590?-ap. 1648. A Bruxelles.

Sandrart (Joachim von), P., de Francfort-s-M., élève de Honthorst à Utrecht. 1606-1688. En Angleterre, à Venise, Rome, Amsterdam, Augsbourg et Nuremberg.

Sandvoort (Dirk van), P., élève de Rembrandt (?). Milieu du XVIIe s.

Savery (Roelant), P. holl., de Courtrai, élève de son frère aîné Jacob, à Amsterdam (?). 1576-1639. A Utrecht. — XIX.

Schalcken (God.), P. holl., de Dordrecht, élève de Sam. van Hoogstraeten et de Gér. Dov. 1634-1706. A Dordrecht et à la Haye. — XXXI.

Schampheleer (Edmond de), P. de paysage contemporain, à Bruxelles.

Scheemaeckers (Pieter), S., d'Anvers, élève de P. Verbruggen. 1640-1714. A Anvers.

Scheffer (Ary), P., de Dordrecht, élève de Guérin à Paris. 1795-1858. A Paris.

Schelfhout (Andr.), P., de la Haye. 1787-1870. A la Haye.
Schendel (Petrus van), P., de Terheyden, près de Bréda, élève de van Brée à Anvers. 1806-1870. A Amsterdam, à Rotterdam, à la Haye et à Bruxelles.
Schooreel, *Schorel* ou *Schoorl (Joan van)*, P., de Schoorl, près d'Alkmaar. 1495-1562. A Rome, à Utrecht et à Harlem. — XIX.
Schooten (Joris van), P. holl., élève de C. van der Maes à Leyde. 1587- ap. 1650.
Schotel (Joh.-Christianus), P., de Dordrecht, élève d'A. Meulemans et de M. Schouman. 1787-1838. A Dordrecht.
— *(Petrus-Joh.)*, P., de Dordrecht, fils et élève du précédent. 1808-1865.
Schouman (Mart.), P., de Dordrecht, élève de M. Versteeg et d'Aart Sch., son oncle. 1770-1853.
Schut (Corn.), P., d'Anvers, élève de Rubens. 1597-1655. A Anvers. — XXIV.
Seghers (Daniel), P. flam., d'Anvers, élève de Brueghel de Velours. 1590-1661. A Anvers.
— *(Gérard)*, P., d'Anvers. 1591-1651. A Anvers et à Madrid. — XXIII.
Simonis (Eug.), S., de Liège, élève de Kessel et de Finelli à Rome. N. 1810. A Liège et à Bruxelles.
Slingeland (Pieter van), P. holl., de Leyde, élève de Gér. Dov. 1640-1691. A Leyde. — XXXI.
Slingeneyer (Ern.), P., de Loochristy, près de Gand, élève de G. Wappers. N. 1820 ou 23.
Sluys, A. belge. 1782-1861.
Snayers (Peeter), P. flam., d'Anvers, élève de Seb. Vrancx. 1593- ap. 1669. A Anvers et à Bruxelles.
Snyders (Fr.), P. flam. d'Anvers. 1579-1657. A Anvers. — XXIII.
Sorgh et non *Zorgh (Hendrik-Mart.)*, dit *Rokes*, P. holl., de Rotterdam (?), élève de Willem Buitenweg. 1621-1682. A Rotterdam.
Soutman (Pieter), P., de Harlem, élève de Rubens. 1580-1657.
Springer (Corn.), P., d'Amsterdam, élève de Karsen. N. 1817.
Stallaert (Jos.), P. contemporain, de Tournai. A Bruxelles.
Steen (Jan), P. holl., de Leyde, élève de Nic. Knupfer à Utrecht. 1626?-1679. A Leyde, Harlem et Delft. — XXXIV.
Stevens (Ant.-Palam.), nom donné à tort à Stevaerts, v. Palamedesz.
— *(Jos.)*, P. contemporain, de Bruxelles. N. 1815 ou 19. A Paris.
— *(Alf.)*, P. contemporain, de Bruxelles, élève de Navez et de Roqueplan à Paris. N. 1828.
Stobbaerts (J.-B.), P. contemporain, à Anvers.
Stoop (Dirk), P. holl. 1610? - 1686. A Utrecht et à Lisbonne.
Strackée (F.), S. contemporain, à Amsterdam.
Stroobant (Fr.), P., de Bruxelles. N. 1819.
Stuerbout, v. Bouts.
Susterman, v. Lombard.
Suys (Léon) le Jeune, A. contemporain, à Bruxelles.
Swanenburgh (Izack-Claes van), P. M. 1614.
— *(Jacob-Izack van)*, P., fils du précédent. 1580-1658. — XXVIII.
Swanevelt (Herman van), P., de Woerden (Claude Lorrain à Rome). 1620? - 1656. — XXXVI.
Swerts (Jan), P., d'Anvers, élève de Nic. de Keyser. 1820-1879.

Teniers (David) le Vieux, P. flam., d'Anvers, élève de son frère aîné, Julien T. (Elzheimer à Rome). 1582-1649. A Anvers.
— *(David) le Jeune*, P. flam., d'Anvers, fils et élève du précédent. 1610-1690. A Anvers et à Bruxelles. — XXV.
Ten Kate (Herman-Fréd.-Karel), P., de la Haye, élève de Kruseman. N. 1822.
Ter Borch, *Terborch* ou *Terburg (Gér.)*, P. holl., de Zwolle, élève de son père et de Fr. Hals à Harlem. 1608-1681. A Deventer. — XXXIV.
Thulden ou *Tulden (Théod. van)*, P., de Bois-le-Duc, élève d'Abr. Blyenberch et de Rubens à Anvers. 1607? - 1676? A Paris, à Anvers et à Bois-le-Duc.
Thys ou *Thyssens (Peter) le Vieux*, P., d'Anvers, élève d'A. Deurwaerder. 1616-1677 ou 79. A Anvers.
Tilburg ou *Tilborgh (Egidius* ou *Gilles van)*, P., de Bruxelles, élève de son père. 1625-1678? A Bruxelles.
Tol (Dom. van), P. holl., élève de Gér. Dov. XVIIe s.
Troost (Corn.), P., d'Amsterdam, élève d'Arn. Boonen. 1697-1750. A Amsterdam.
Tschaggeny (Karl), P., de Bruxelles. N. 1815.
Tuerlinckx (Jos.), S., de Malines, élève de van Brée et de W. Geefs, à Bruxelles. N. 1820.

Uchtervelt, v. Ochtervelt.
Uden (Lucas van), P., d'Anvers. 1595-1672 ou 73. A Anvers. — XXIII.

Ulft (Jacob van der), P. holl., de Gorcum. 1627-1688? A Gorcum.
Utrecht (Adr. van), P. flam., d'Anvers, élève de Harmen de Ryt. 1599-1652 ou 53. A Anvers.

Vaenius, v. Veen.
Veeken (J.-B. van der), P. sur verre flam. du XVIe s.
Veen (Mart.-Heemskerck van), v. Heemskerck.
Veen ou *Ven (Jan A. van der)*, S., de Bois-le-Duc. N. au commencement du XIXe s.
— *(Oth. van)*, *O. Vaenius* ou *Venius*, P. flam., de Leyde. 1558-1629. A Liège, Leyde, Anvers et Bruxelles. — XXI.
Velde (Esaias van de), P. holl., d'Amsterdam. Env. 1590- ap. 1652. A Harlem, la Haye et Leyde.
— *(Willem van de) le Vieux*, P., de Leyde, père des deux suivants. 1610-1693. En Angleterre.
— *(Adr. van de)*, P. holl., d'Amsterdam, fils et élève du précédent à Amsterdam. 1635-1672. A Amsterdam et à Delft. — XXXV.
— *(Willem van de) le Jeune*, P. holl., d'Amsterdam, frère d'Adrien, aussi élève de leur père et de Sim. de Vlieger. 1633-1707. A Amsterdam et à Greenwich. — XXXVI.
Venne (Adr. van de), P. holl., de Delft, élève de l'orfèvre Simon Valck. 1589-1665. A Middelbourg et à la Haye.
Verboeckhoven (Eug.-Jos.), P., de Warneton, élève de son père, Barthél. V. (Potter, Ommeganck). 1798 ou 99-1881. A Bruxelles.
— *(Charles-Louis)*, P., de Warneton, frère du précédent et aussi élève de leur père. N. 1802.
Verboom (Abraham-H.), P. holl., de Harlem, vers la fin du XVIIe s.
Verbruggen (Pieter), S., d'Anvers, père du suivant. M. 1686.
— *(Henri-Franç.)*, S., d'Anvers, fils et élève du précédent. 1655-1724. A Anvers.
Verhaagt(Tob.), P., d'Anvers. 1566-1631
Verhaghen (P.-J.), P. d'Aerschot. 1728-1811. A Louvain.
Verhas (Jean), P. contemporain, à Anvers.
Verhulst (Rombout), S., de Malines ou de Bréda, élève de Rombout, de Verstappen et de Fr. van Loo. 1623(30)-1696.
Verkolje (Jan), P. holl., d'Amsterdam, élève de J. Livens. 1650-1693.
Verlat (Ch.), P., d'Anvers, élève de Nic. de Keyser. N. 1828 ou 24. A Weimar.
Verlinde (Pierre-Ant.), P., de Winoxbergen. N. 1801. A Paris et à Anvers.
Vermeer, v. Meer.
Verschaeren (Jean-Ant.), P., d'Anvers, élève de Herreyns. 1803-1863.
Verschaffelt (Pierre-Ant., Chev. de), S., de Gand, élève de P. de Sutter et de Bouchardon à Paris. 1710-1793. A Rome et Mannheim.
Verschuier ou *Verschuer (Lieve)*, P., de Rotterdam. M. 1686.
Verschuur (Wouterus ou *Walter)*, P., d'Amsterdam, élève de P.-G. van Os et de C. Steffelaar. 1812-1874.
Verspronck (Corn.-Engelszoon), P., de Harlem, élève de Corn. Cornelisz et de Karel van Mander, XVIIe s. A Harlem.
— *(Jan)*, P. holl., de Harlem, fils du précédent et élève de Fr. Hals. 1597-1662. A Harlem.
Versteeg (Mich.), P., de Dordrecht, élève de J. van Leen. 1756-1843.
Verveer (Salom.-Léon.), P., de la Haye, élève de B.-J. van Hove. 1813-1876. A la Haye.
— *(Elchanon)*, P., de la Haye, élève du précédent et de H. Ten Kate. N. 1826.
Victor ou *Fictor (Jacomo)*, P. holl., probablement parent du suivant. A Amsterdam en 1670.
Victors, *Victor*, *Victoor* ou *Fictoor (Jan)*, P. holl., élève de Rembrandt. Florissait de 1640 à 1662 en Hollande. — XXXI.
Vieillevoye (J.-B. de), P., de Verviers. M. 1855. A Liège.
Vigne (Félix de), P., de Gand. 1806-1862.
— *(Petrus de)*, S., de Gand, frère du précédent. 1812-1877.
Vinck (Franz), P. contemporain à Anvers, élève de Leys.
Vinck-Boons (David), P. holl., de Malines, élève de son père, Phil. V. B. à Amsterdam. 1578-1629. A Amsterdam. — XIX.
Vinckenbrinck (Alb.), S., à Sparendam. XVIIe s.
Vlieger (Simon de), P. holl., de Rotterdam. Env. 1600- ap. 1656. A Delft et à Amsterdam.
Vliet (Hendrik-Willemsz van ou *van der)*, P. holl., de Delft, élève de son père, Willem van V., et de Mich. van Mierevelt à Delft. Env. 1605-1675. A Delft. — XXXVI.
Vois (Arie ou *Adr. de)*, P. holl., de Leyde, élève de Nic. Knupfer à Utrecht et d'Abr. van den Tempel à Leyde. 1641-1698. A Leyde.

Vos (Mart. de), P. flam., d'Anvers, élève de Fr. Floris. 1531-1603. A Venise et à Anvers.
— *(Corn. de)*, P. flam., de Hulst, élève de David Remeeus. Env. 1585-1651. A Anvers.
— *(Simon de)*, P. flam., d'Anvers, élève de Corn. de Vos. 1603-1676. A Anvers.
Vriendt (Corn. de), A., d'Anvers, frère du suivant. 1518-1575. A Anvers.
— ou *Vrint (Frans)*, dit *Fr. Floris*, P., d'Anvers, le plus important des Flamands de son temps qui imitèrent les Italiens. Env. 1520-1570. A Anvers. — XVIII.
— *(Alb. de)*, P. contemp., à Bruxelles.
Vroom (Hendrik-Corneliszen), P. holl., de Harlem. 1566-1640. A Harlem.

Waldorp (Ant.), P., de 't-Huis-ten-Bosch, près de la Haye, élève de Breckkenheimer. 1803-1861.
Wappers (Gust.), P., d'Anvers, élève de J.-J. van Regemorter, de van Brée et de Herreyns. 1803-1874. A Anvers.
Wauters (Emile), P., de Bruxelles, élève de Portaels et de Gérôme à Paris. N. 1846. A Bruxelles.
Weenix (J.-B.), P. holl., d'Amsterdam, élève de J. Micker et d'Abr. Bloemaert à Utrecht et de Cl. Moeyaert à Amsterdam. 1621-1660. A Amsterdam et à Utrecht.
Weenix (Jan), P. holl., d'Amsterdam, fils et élève du précédent. 1640-1719. A Amsterdam et à Utrecht.
Werff (Adr. van der), P. holl., de Kralinger-Ambacht, près de Rotterdam, élève de Corn. Picolett et d'Eglon van der Neer. 1659-1722. A Rotterdam.
— *(Pieter van der)*, P. holl., de Kralinger-Ambacht, près de Rotterdam, frère et élève du précédent. 1665-1718. A Rotterdam.
Weyden (Roger ou *Rogier van der)*, dit aussi *Roger* ou *Rogelet de la Pasture*, P., de Tournai. 1399 ou 1400-1464. A Tournai, à Bruxelles et à Louvain. — XVI.
Wiener (Léop.), S. contemporain, à Bruxelles.
Wiertz (Ant.-Jos.), P. et S., de Dinant, élève de Herreyns et de van Brée. 1806-1865. A Bruxelles.
Willaerts ou *Willarts (Adam)*, P. holl., d'Anvers. 1577-1666? A Utrecht.
Willebords ou *Willeboorts (Thom.)*, dit *Bosschaert* ou *Bossaert*, P., de Berg-op-Zoom, élève de Gér. Seghers. 1613-1656. A Anvers.
Willems (Florent), P., de Liège. N. 1816? A Paris.
Willemssens (Louis), S., d'Anvers, élève d'A. Quellin le V. 1630-1702. A Anvers.
Winne (Liévin de), P. contemporain, de Gand, élève de Félix de Vigne.
Wit (Jacob de), P., d'Amsterdam. 1695-1754. A Amsterdam.
Witte (Emanuel de), P. holl., d'Alkmaar, élève d'Evert van Aelst à Delft. 1607-1692. A Delft et à Amsterdam. — XXXVI.
— *(Gaspard de)*, P., d'Anvers. 1618-1680 ou 81. A Anvers.
Wolfvoet (Joh.-Victor), P., d'Anvers, fils de Victor W., élève de son père et de Rubens. 1612-1652. A Anvers.
Wouters (Ch.-Augustin), P., de Boom, près d'Anvers. N. 1811. A Malines.
Wouwerman (Phil.), P. holl., de Harlem. 1619-1668. A Harlem. — XXXIV.
— *(Pieter)*, P. holl., de Harlem, frère du précédent et aussi élève de leur père. 1623-1683. A Harlem.
— *(Jan)*, P. holl., de Harlem, frère des deux précédents et élève de l'aîné. 1629-1666. A Harlem.
Wtewaal ou *Wttewaal (Joach.)*, P., d'Utrecht. 1566-ap. 1625.
Wulffaert (Adr.), P., de Goes, élève de Ducq, à Bruges, et de Gallait. N. 1804. A Anvers et à Gand.
Wyck (Thom.), P. holl., de Beverwyck, près de Harlem. 1616?-1677. A Harlem.
Wynants (Jan), P. holl. N. 1600?, peignait à Harlem et à Amsterdam de 1641 à 1679. — XXXV.
Ykens (Jean), S. et P. à Anvers. XVIIe s.
— ou *Eyckens (Pieter)*, P., d'Anvers, fils et élève du précédent. 1648-1695 ou 96. A Anvers.
Zeeman (Reinier ou *Remi)* ou *Nooms* (?), P. holl., d'Amsterdam. N. 1612?, à Amsterdam jusqu' après 1660.
Zeghers, v. Seghers.
Zorgh, v. Sorgh.

TABLE ALPHABÉTIQUE

Imprimerie de F. A. Brockhaus à Leipzig.

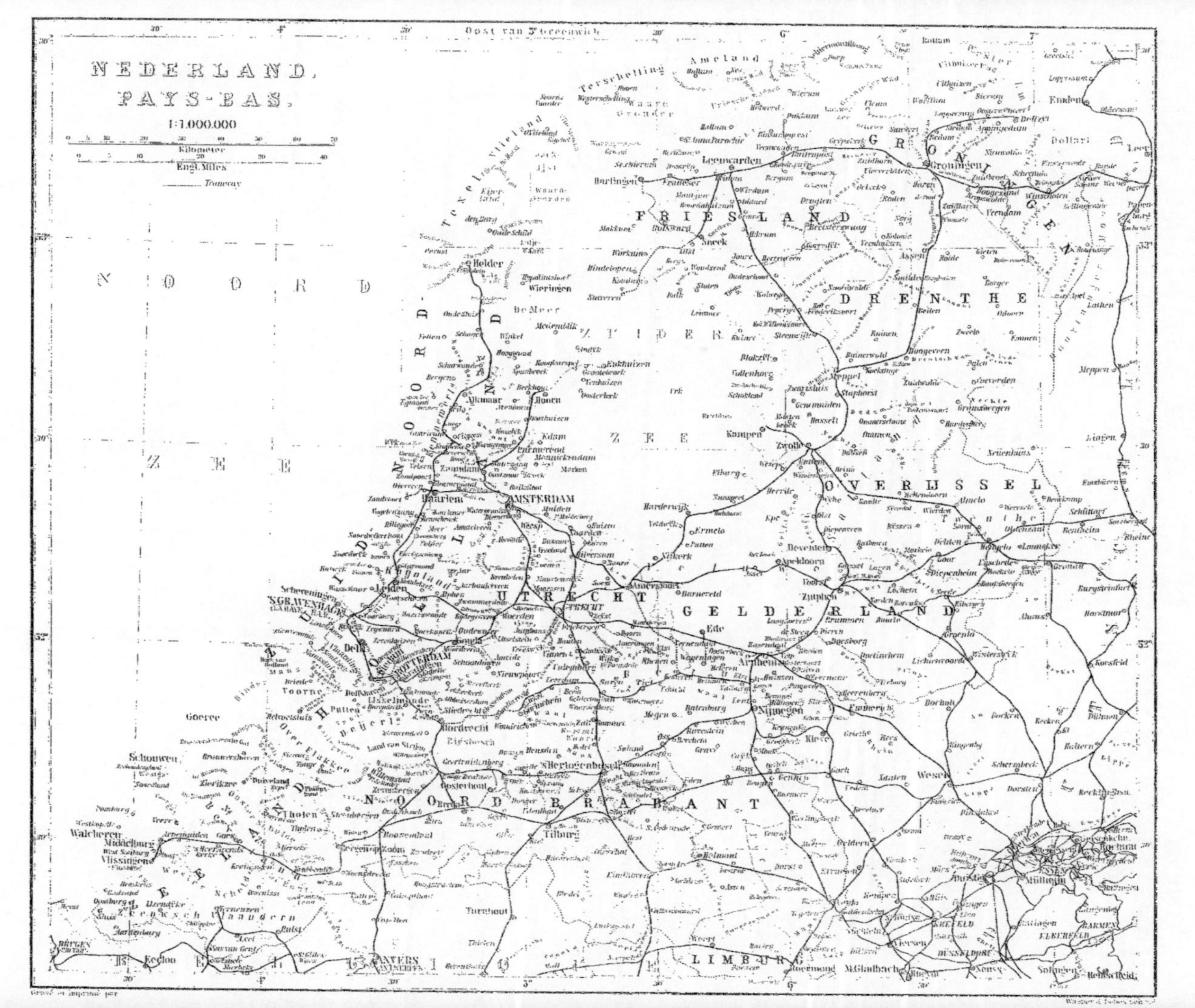
NEDERLAND,
PAYS-BAS.
1:1.000.000
Kilometer
Engl. Miles
Tramway
Oost van Greenwich
NOORD ZEE
ZUIDER ZEE
FRIESLAND
GRONINGEN
DRENTHE
OVERIJSSEL
GELDERLAND
UTRECHT
NOORD HOLLAND
ZUID HOLLAND
ZEELAND
NOORD BRABANT
LIMBURG
AMSTERDAM
ROTTERDAM
'S GRAVENHAGE
Leeuwarden
Groningen
Zwolle
Arnhem
Nijmegen
Utrecht
Haarlem
Helder
Tilburg
ANVERS

www.ingramcontent.com/pod-product-compliance
Ingram Content Group UK Ltd.
Pitfield, Milton Keynes, MK11 3LW, UK
UKHW020258230726
13925UKWH00001B/110